中国考古学
九十年代的思考

张忠培

文物出版社

封面题签　宿　白
封面设计　张希广
责任编辑　蔡　敏
责任印制　陆　联

图书在版编目（CIP）数据

中国考古学：九十年代的思考/张忠培著. —北京：
文物出版社，2005.7
ISBN 7-5010-1735-2

Ⅰ. 中…　Ⅱ. 张…　Ⅲ. 考古学 – 中国 – 文集
Ⅳ. K87 – 53

中国版本图书馆 CIP 数据核字（2005）第 031928 号

中国考古学：九十年代的思考

张忠培　著

＊

文 物 出 版 社 出 版 发 行
（北京五四大街 29 号）
http://www.wenwu.com
E-mail：web@wenwu.com

北京盛兰兄弟印刷公司印刷
新 华 书 店 经 销
787×1092　1/16　印张：24.5　插页：2
2005 年 7 月第一版　2005 年 7 月第一次印刷
ISBN 7-5010-1735-2/K・909　定价：136.00 元

作者近照

目　　录

序

　　我曾经说过，20 世纪的后半期，大致以 1976 年为界，可分为前 25 年和后 25 年。后 25 年，尤其是邓小平同志南巡讲话之后的近十年的时间，是中国深切反思以实现转化的时期，是中国经济提速拥抱加快走向一体化的世界经济的时期。我在这十年经历了自己人生中最艰难也是极为重要的转折。这一转折的内在思想变化，部分地反映在我的考古著述之中。从 90 年代的著述中选择一些文章结集这本《中国考古学：九十年代的思考》的目的，是向读者介绍我于中国这最重要的十年中在考古学方面的认识转化。

　　这本文集收论著 31 篇。其中的《苏秉琦与 21 世纪考古学》、《后岗一期文化研究》、《关于马家窑文化的几个问题》和《陕西史前文化的谱系研究与周文明的形成》四篇，分别是同李季、乔梁、李伊萍和孙祖初合作写成的。《晋陕高原及关中地区商代考古学文化结构分析》一文，则是由朱延平、乔梁和我共同写作的。我们合作的具体情况，在各篇文章之后，我均作了记述。我珍惜这些同道和我共同建立的友谊，感谢他们的支持，让我将这些文章收入这个集子。

　　宿白先生是我的老师。他于 1996 年给我一个荣誉，让我同他一起接受《中国文物报》蒋迎春的采访，结果就形成了《中国文明灿烂辉煌——宿白、张忠培谈九六中国十大考古新发现》这篇对记者的谈话。我得到季庚师的允许将这篇采访录收入这个集子，这令我十分感激。同样令我感激的是：季庚师应我的请求为这本集子书名题签。

　　这本集子名为《中国考古学：九十年代的思考》，故收进这集子的论著，均应是写于或发表于 20 世纪 90 年代的文章。我于 90 年代发表的文字约 70 篇，所以只选择一小部分编成这本集子，目的已如前述，仅是介绍我于中国这最重要的十年中在考古学方面的认识转化，或为在 90 年代我对中国考古学的方向或重要问题的一些主要思考和提出的基本认识。同时，被收进这本集子的极少量文字，或发表于 1989 年，或是 2000 年的工作，为什么将它们也收入这集子，仍需作些说明。一是因为 90 年代是 20 世纪 80 年代连接 21 世纪的过渡时期，所以我在 90 年代关于考古学的认识转折，既和 80 年代的认识相关联，又自然地延续到 21 世纪；或许更为重要的是，从编辑这本集子的某些部分的完整性来考虑，是需要这些文章的。

　　这一文集共辑入 31 篇论著。除了《中国文明灿烂辉煌——宿白、张忠培谈九六中国十大考古新发现》外，将其余 30 篇文字分为如下四组：

　　一组计有 10 篇。这组主要的内容：一是如何按照秉琦师指明的方向将中国考古学推向前进；二是对中国考古学的回顾与前瞻，也就是评估中国考古学已走过的路，又应怎样走向未来的问题；三是对中国考古学于 90 年代出现的一些重要问题，如传入的国外考古学的思潮，夏商周三代断代工程、聚落考古、考古学与文物保护的关系和考古学持续发展等这些重要问题的认识。

　　二组共 13 篇。这组文字基本上是讲考古学文化分期、序列与谱系，涉及的年代为史前和夏、商、周三代时期，地域则是黄河流域、淮河流域、白山黑水和长城地带。

　　三组只收 4 篇。中国文明起源、形成和走向秦汉帝国的道路这一由苏秉琦先生提出的"文明论"，是我 90 年代最为关心的一个课题，故发表了一些文章对这一问题提出了不同于诸家的较系统的自己的认识。这里只收入了其中的四篇，虽不全面，却大致表达了我对中国古代社会制度与社会性质的基本认识。

　　四组仅 3 篇，基本上是谈人与自然的关系。

　　收入这集子四组 30 篇文字，有些文章涉及的内容并不单一。例如编入二组的《东灰山墓地研究——兼论四坝文化及其在中西文化交流中的位置》，就是一篇综论。这篇综论除涉及考古学文化分期与谱系外，还讨论了居民种族及健康、产业及社会制度和中西文化关系诸问题，又如《考古学——连接中国西部古代之桥》，除了谈人与自然的关系外，还涉及民族关系、中西文化关系以及如何以史为鉴的问题等等。可见，某些文章编入某一组，只是据该文主题或其某一侧面所谈的问题而作出暂时的设定。从这方面观察或评论分组，那么，这里所作出的分组就只具有暂定的意义。

　　总之，这本文集包含的学术内容，既是我于 90 年代让材料牵着鼻子走所遇到的问题以及对这些问题的讨论，又是怎样面对新思潮与中国考古学传统和如何尊重传统又突破传统诸问题的检讨。除了这本集子所涉及的内容以外，我在 90 年代初还曾做过一点考古学的普及工作。但这方面的工作，一是做得并不太好，二是没有坚持下来，而给我留下了深深的遗憾！这些文字均未收进这本集子。

　　学海无涯，个人的作为只是这无涯的学海中的一滴水，而且，这滴水终将被蒸发。前面仍是广阔、深邃的海，路漫漫其修远兮，且迂回曲折，人活着，处于一定社会关系之中，只得上下求索，才能到达追求的目的地。人生真是苦海啊！写到这里，我想起那些在 90 年代支持、鼓励过我的师长与朋友。这些人太多了，漏一，我都会感到内疚，所以我在此就不一一说到他们的名字了。下面的几位，还得在这里记下他们的大名。他们是：苏秉琦、林耀华、邓广铭、白寿彝、宿白、谢辰生、沈竹、王济夫、艾青春、黄景略、高明、徐苹芳、严文明、杨富斗、赵德润、许倬云及秦孝仪。前五位均是我的老师；黄景略、高明和严文明，是我的老同学，相交甚久，在90年代又加深了友谊；其他几位都是于90年代进入深交的朋友和先生。我在这里向他们致以深切的谢意！苏秉琦、林耀华、邓广铭、白寿彝、王济夫和杨富斗诸位师长和朋友，都已离开了人世，但他们的为人却令我对他们产生了深切的敬意和怀念！在90年代，妻子马淑芹不仅如以往那样承担了全部家务，还为我的保健操劳，天天陪我散步，使我的身体日益健康起来，让我能以较好的精力全心地投入考古学研究和文物保护事业，我能做出点成绩，与她的无我的支持有着密切的关系。

我能以这本集子和读者见面，还得力于朱延平、郭瑞海、任亚珊、许永杰和蔡敏诸位。朱延平协助我做了大量选编与校对工作，郭瑞海、任亚珊和许永杰找人给这本集子清绘了大量插图，蔡敏承担了这本集子的编辑工作。在这集子即将出版之际，我向他们致以深切的谢意。

2004年6月25日晨于小石桥公寓

苏秉琦与 21 世纪考古学

敬爱的苏秉琦先生离开我们已经两年了。在即将迎接世纪之交的时候，回顾苏秉琦先生对 20 世纪中国考古学所开拓的道路，展望这条道路在新世纪可能的走向，不仅是对苏先生深深的怀念和感激，也会使我们对中国考古学的未来拥有更深刻的思索和更清醒的认识。

一

也许我们在谈论 21 世纪的中国考古学之前，还是应该把目光先移向即将逝去的 20 世纪，移向苏秉琦先生的堪称世纪性的学术开拓。

显然，我们想要追寻一代宗师的足迹，不仅是感叹他曾作出的那些远见卓识的学科建议，重复他所留下的那些脍炙人口的学术结论。我们更需探究他所选择的学术之路，已经或者将会呈现怎样的运行轨迹。只是想估量，他倾平生心血所创建的学术平台，达到何种高度和强度，能否承载我们向新世纪的冲击。

细观苏秉琦先生治学的精要，哪些有可能超越时空，成为新世纪中国考古学启示录？

大家感受最深的方面之一，是苏秉琦先生特别善于把握宏观整体对微观局部的制约，重视抽象理论对具体实践的指导，而且更重视始终以实践为前提的二者之间的反馈和互动。可以说，他的考古生涯，始终在最基础的田野工地追寻着最高层次的理论建设。也许没有哪位学者能在微与著之间，实与虚之间，像他那样追求极致的了。

他主张考古专业的学生一定要亲自摸陶片，大量地拼缀陶片，可能没有哪个学生一开始就能接受这种初级工人式的劳动，而且很多人现在还持异议。实际上，他心目中，是见微知著，是大开大阖，是以此为基础在拼缀考古学文化，以最终拼缀古代文明。

他从不厌烦琐地比较细枝末节开始，陶鬲的"折足"与"联裆"，彩陶花瓣的勾曲与平直，型型相别、式式相因，今天很多人读起来仍然恍若天书。他抱定从最小单元寻找一种规律，在坚实的基础上层层推导、循循以求的理念。如果这种规律在一种器物上存在，在多种器物上是什么结果呢？如果对像有规律地扩大带来的多重复杂性，是相叠还是相斥，是相合还是相悖？

从摸陶片、拆花纹，到修国史、建体系，他完成着认识领域一般人难以想像的巨大跨度和反差。但现在看来，这种世纪性营造的构筑是坚实的。你可以不同意他描绘的某一具体元素的演变，也可以不赞成某些宏观区块的划分，但你不可能无视从最小元素开始的浩瀚积累和严谨推算，因为这个体系欢迎验算，也包含修正。

这就为中国考古学跨入新世纪准备了丰厚的资源。我们可能会拥有更进步的资料信息处理手段，更敏锐的历史眼光，更新颖的解释系统，但是我们仍然需要从最基本的元素做起。幸运的是我们不必再从头做起。我们在新世纪有了健康成长的较高起点，有了大步推进的前沿阵地。这就是我们前面所说的学术平台，即苏秉琦先生建立的中国考古学体系。

苏秉琦先生建立的中国考古学体系，并不像有些人片面理解的那样，只是用点、线、面的概念，机械地划定了"区、系、类型"的范围；或者只是刻板地划定了文明起源的时刻。相反，苏秉琦先生学说的基础，在于承认文化的多样性和互动性，把文明起源与形成区分清楚，在于承认文明起源的多样性与互动性，在于承认走向秦汉帝国的过程中以一种文明为主导的多类文明的相互作用，在于明确了世界社会历史运动中的共性与个性、一般与特殊的关系。

正是由于文化多样性的存在，避免了"近亲"结合引起的呆滞退化，才使诸多原始文化有充分的新鲜基因相互交流，才为文明的起源与形成准备了足够广阔的空间。同样，多元的各考古学文化，自身形成与结构也是多元、多谱系的。各种文化因素不断地遗传、变异、膨胀、萎缩，相互间不停地碰撞、亲和、分裂、交融，在运动中激活了潜在的能量，在传递中积聚了前进的动力。

也正是由于从起源到形成是一个长期积累的过程，人类也好，农业也好，畜牧业也好，国家也好，我们在树立历史里程碑的同时，更要注意一个个脚印构成的历史足迹，仔细估价每迈出一步的因果和影响。对过程理解透彻了，划分阶段就将成为形式逻辑的完善。

苏秉琦先生在晚年深恶痛绝地把串糖葫芦式的一脉单承历史观称为"怪圈"，认为贻害了人们几千年。他的动态的观察与分析方法，将会使我们在新的世纪继续受益匪浅。前面讲过，考古是一门以发现引人注目的学科，我们几乎每年都在改写考古教科书的局部论述。在新的世纪，不难预料会有更多的新发现来改写已知的考古学文化区系类型的划分。关键在于我们的认识要保持动态的系统，才能使理论与发现一同成长。

苏秉琦先生坚持了认识论的普遍规律，坚决反对那种往已有的理论框架里填充材料的做法，不管是多么权威的理论，认为这是危害中国考古学成长的又一个怪圈。也许从这种特定意义上讲，理论是灰色的。九百六十万平方公里的土地，上下五千年的文明史，每年成百上千项考古发掘成果，那么异彩纷呈的世界，那么生动活泼的材料，你为什么不开动自己的脑筋，使用自己的语言，寻找新的视角和线索？

实事求是，解放思想，实践是检验真理的唯一标准。奇怪的是，这些家喻户晓的老生常谈，贯穿到我们学科中，运行得并不流畅。不能自觉地卸去 20 世纪历史给我们枷铐的重负，下个世纪也不会轻装走路。

作为学者的个人气质，苏秉琦先生之所以能成为一代宗师，是能把非常严谨的科学态度和超然的想像力结合起来。一种豁达甚至浪漫的情怀，一种纯真甚至童稚的心性，看起来似乎只是一种个人的修养，实际上体现了学识所达到的境界。于是，才能同晚生相交忘年，教学相长；才能同时代与日俱进，而不知老之将至。

也许在新的世纪，哲学和人文科学、自然科学的总体修养，心性与天性的和谐统一，将最终促成或制约中国考古学者所能达到的境界和高度。

二

苏秉琦先生作为学者，不仅关心学科的建设，同时还怀着强烈的责任感，牵挂着文物保护工作，牵挂着事业发展和队伍建设。

苏秉琦先生一向极为珍视留存至今的古代遗迹、遗物。如果非发掘不可，就要尽量做到科学、周密，最大限度获取所包含的丰富信息。如果不能保证挖开后的妥善保存，就不能急功近利。因此，苏秉琦先生全力支持依法在经济建设中进行考古发掘为主的方针，表现了以国家民族长远利益为重的战略眼光。

同时，苏秉琦先生又提出了在经济建设考古发掘中抓课题的大思路。不仅是跟在推土机后面抢救回收，而要识高行远，未雨绸缪。只有加强学术调查和规划，对本地区亟待解决的主要学术课题心中有数，知道如何把发掘中获取的分散资料纳入学术课题轨道，"不打无准备之仗"，才能避免仓促上阵，才能变形式上的被动为实质上的主动。20 世纪 80 年代在全国范围进行的文物大普查，编撰《中国文物地图集》，按古文化分区进行区域性专题考古调查，这些有组织的前瞻性工作，应该说都与苏秉琦先生这种指导思想有关。实际上，近些年来中国考古学相当一部分丰硕成果，都来自推土机前的考古发掘工地。

1984 年在成都举行的全国考古工作汇报会上，苏秉琦先生对考古工作和队伍建设提出了极具个性语言的见解，这就是后来广为流传的关于佛教"丛林"和"佛、法、僧"的生动比喻。他明确地从战略高度，把考古事业能否香火延年、鼎盛，与理论建设、基地建设、资料建设和队伍建设紧密联系成一体。

近些年来，一大批重点工地建立了考古工作站，使数量浩瀚的原始资料，特别是陶片等，得以系统收藏。使得考古工作者有了定居点，可以比较专心地不断补充发掘和整理资料。无论于学问还是于自身，都有稳定而长足的提高。通过在发掘现场举办考古领队培训班，以考核岗位资格的形式，促进一线队伍和后备力量考古理念和技术的交流与整合。苏秉琦先生又躬身主持的长城地带、环渤海地区等考古学学术座谈会，使不同的"丛林"跨越行政区划乃至亲族考古学文化区获得沟通。他亲自倡导的苏鲁豫皖考古会战，不仅是加强研究长期被人们忽略的淮河流域的古文化与古文明，更是为了探索二里头文化——夏文明的渊源。

中国考古学到20世纪末能取得扎扎实实的进展，当和这种以田野为本、以资料为本、以育人为本的战略和学风密不可分。

建立田野考古工作站、保存发掘资料标本、对专业人员实行继续教育和岗位培训、召开专题性学术研讨会，都是早已有之的做法，哪一项都不是苏秉琦先生的发明和专利。苏先生的高明之处在于，他把这些不同侧重的工作视为一个有机整体，视为中国考古学为向新世纪冲击而集聚的资本，赋予全新的内容和期望。也可以解释为，这就是苏秉琦先生一直强调的考古工作的"中国特色"所在。

苏秉琦先生对田野考古工作站忠实地按照出土单位全面保留标本资料特别重视。他多次强调，再好的考古报告和论著都是十三经的注疏，原始标本资料才是十三经的原文。再精彩的注和疏都不可避免地受到作者时代和学识的局限，今后的研究者，唯有机会读到原文，才可能另辟蹊径，寻求新的真知灼见。

实际上，近年来不少学者通过对老资料的再认识，不仅认识到很多新发现的文化类型当年曾经失之交臂，而且可以演绎出全新的天地。

对于考古发掘这种不可重复、对不可再生资源的索取（同时也是一种有控制的破坏），能够完整、系统地封存一批重要的原生资料和记录，对下一个世纪考古学的恩惠，恐怕远远胜于眼下在什么级别刊物上发表多少篇论文的统计。

考古工作是要人去进行的，队伍的兴衰决定事业的成败。1984年在山东兖州筹建全国考古领队培训班时，苏秉琦先生语重心长地指出，历史上的黄埔军校也好，叶挺将军为北伐集训的"铁军"也好，学制都很短，参训几个月的时间，到底在业务上能有多大提高？关键是凝聚一种精神，建立一种使命感。正是有了这么一种求道的精神，考古工作者才在艰苦寂寞的环境中，始终保持着激情和热忱。这种献身求道的精神，对于下一个世纪的考古事业，对于探索历史的真实，无疑是巨大的财富。

苏秉琦先生总愿把考古基地比做"丛林"，恐怕还有很多20世纪末能实现的深意。佛教要弘扬佛法，除了必须有大批虔诚的僧人，还要有民主活跃的论辩气氛。"丛林"应当是开放式的，远方的和尚可以自由来往"挂单"。方丈也不是终身制的，至少能通过竞争，把自己主持的那处"丛林"办出特色。掌门人不仅有继承衣钵的义务，更有开拓佛法的责任。不仅要在经学义理造诣上略胜一筹，还要能兼容并蓄，还要能经营香火，广种福田……

如果有一天我们真的拥有了若干个这样的基地和掌门人，也许我们就真的拥有了中国考古的新世纪。

三

中国考古学在20世纪所取得的骄人成绩是举世公认的。那么，在21世纪可持续发展就成为大家思考和关心的题目。

科学技术的飞速发展，特别是以计算机和网络技术为代表的信息产业的爆炸性进展，给所有的人文学科带来前所未有的震撼和冲击。人们大声疾呼加强复合型人才的培养，建立计算机数据库和分析系统，引进多种自然科学的鉴定、测定、探测手段，引进多种新颖的或不太新颖的考古学理论，加快与国际接轨的速度。

我们必须这样做，我们别无选择。

但我们首先考虑的还应该是中国考古学本身，如果我们不知道中国考古学要做什么，连自己的轨道都没有了，也就谈不上再和谁接轨了。

人们都在深思。中国考古学本身需要做些什么，以在新世纪抓住机遇和迎接挑战。

我们在充分肯定20世纪中国考古学走过的辉煌历程时，必须清醒地看到前方道路的坎坷遥远。

关于考古学的根本任务，苏秉琦先生特别强调"修国史、写续篇"的目标。20世纪的中国考古学已经表明不再是仅能充当证经补史的角色，而是能动地参与中国古史的建筑工程。不仅在证明商史、夏史是信史方面发挥了决定性作用，而且在一步一步追寻着从猿到人、从村落到帝国等等——这一跌宕起伏的古代历史长途。

考古学家不仅关心考古新发现，更加关心对资料信息的提取和解释。从器物时空定位到功能的详查，进而深入对背后社会关系进行探讨。到本世纪末，对中国文明从起源到形成，所经历的普遍或独特历程，其中的规律、模式、例外，都成为关注的热点。

让考古学继续在重建中国文明史的伟业中发挥不可替代的独特作用，不仅给中国考古学界的新生代留下了广阔的操作空间和用武之地，同时也提出了苛刻的要求。

考古界应该更快地从迷恋于资料信息的占有，转入对资料信息的共享、共商、共研。更快地从对现象的描述，转入对背景、因果、互动影响等的深入研究。总之，在新世纪的头几个十年，中国考古学无论对自身理论，还是对历史学科，都应该有突破性贡献。

苏秉琦先生多次提到中国与世界或世界中的中国这一重大科研方向，也是留给新世纪的大题目。虽然我们有很多学者开始把更多的注意力投向边疆地区与周邻文化的联系，但从总体来说，我们在研究中国的考古学文化区系类型时，还是把中国看成近似封闭的文化系统，主要从内部寻找其变革的诱因和动力。如果放到世界古文明的大范围去研究相互间文化能量、信息的传递和释放，也许对中国自己事情的理解就会更加深刻透彻。

至于再进一步，利用中国考古学文化在世界上独一无二的连续、缜密编年体系和中国考古学家对数千年古文明发展史的丰富体验，主动出击，去深入解析周邻文化，以至推而广之，重新诠释整个世界的文明系统，同时定会更好地反观我们自己的系统。多坐标、多相位的观照体系，显然有利于我们这个星球上每一处古文明的精确定位。这将是一个真正的世纪性任务，用我们的研究成果和体系，去赢得东西方学者关于文明对话的共同话语。

谈论21世纪中国考古学的可持续发展问题，还必须研究如何稳定、扩大队伍和更多融入社会的问题。不管基于什么客观原因，如果队伍越来越萎缩，与社会越来越隔膜，是没有前途的。翻开苏秉琦先生的著作，总给人一种促膝谈心，娓娓道来的亲切感。用目前评价计算机软件性能的术语，就是"与人对话的界面非常友善"。苏秉琦先生在晚年，特别注重科学的大众化问题。所以，人们期望在新的世纪，一流的考古学家在努力吸引更多的青年菁英加盟之外，还能深入浅出地向公众介绍考古学的原理和成就。考古学本来就是关于人的科学，有必要让更多的人们了解和关心它。

苏秉琦先生在晚年竭力用生命最后的光和热为中国考古学的未来铺路。他并不满足中国考古学和他本人在过去的世纪所取得的成就。他的思维，他的目光，始终集注在未来。在晚年，他曾对学生深情地说："21世纪的考古，我看到了"。

我们也都看到了。当21世纪来临时，我们会努力实现先生的憧憬。

这篇文章先由张忠培提出主旨，经同李季讨论，由李季执笔写成初稿，再经张忠培略作修改而成。原刊《苏秉琦与当代中国考古学》，科学出版社，2001年。

中国考古学的昨天、今天和明天

20 世纪的绝大部分时间，基本上是在热战和冷战中度过的。在这个世纪的最后十年，人们终于争来了可以憧憬更美好未来的和平与发展的局面。在此世纪转换之际，我们这些从事考古学研究的人们，不时地出现了前瞻性思考，或禁不住要问：21 世纪的考古学将会是怎样的考古学？我们都不是预言家，未来的事情不好预测。不过，前瞻思考的真理性，往往即深藏于对往昔的回顾和对今日现实的审察之中。因此，为了思考中国考古学的未来，还得从这个学科的昨天和今天谈起。限于篇幅，尤其是个人的能力，在检讨这一问题之前，我想做如下的说明：

1. 这里将要讨论的中国考古学，不包括香港和台湾两地的中国考古学，也不含国外对中国考古学的研究，是指中国内地的中国考古学，这是一个界定。

2. 同时，无论是作为内地的中国考古学的援手学科，还是被内地的中国考古学所渗透的学科，范围都十分广大，在一般情况下，本文均不涉及，这是第二个界定。

3. 再次，内地的中国考古学研究的年代下限，早已进入宋元，从秦汉到宋元并已取得了十分可观的成果，而本文将要讨论和涉及的问题，基本上限于先秦，且只作些鸟瞰，这是第三个界定。

在此三个界定的前提下，对所拟题目加以讨论。

一 以往走过的路

关于这一问题，我在《中国考古学史的几点认识》一文中，提出过如下的认识：

"观察中国考古学产生以来至今的过程，可认为以下事件表述了中国考古学前进与发展的主流，它们是：1. 1921 年安特生主持的仰韶村发掘；2. 1931 年梁思永揭示的后岗三叠层；3. 1948 年苏秉琦发表的《瓦鬲的研究》（是 1940 年写成的《陕西宝鸡斗鸡台所得瓦鬲的研究》一文的摘要，刊《斗鸡台沟东区墓葬》）；4. 1959 年夏鼐发表《关于考古学上文化的定名问题》（《考古》1959 年 4 期）；5. 1975 年苏秉琦《关于考古学文化的区系类型的问题》学术讲演（《苏秉琦考古学论述选集》，文物出版社，1984）；6. 1985 年苏秉琦发表《辽西古文化古城古国——试论当前考古工作重点和大课题》讲演（《辽海文物学刊》创刊号，1986）。这样，以往的中国考古学已走过了五个时期，今天正经历着它的第六个阶段。"①

中国考古学的过去与现在，学者选择研究方向的歧异，学者之间认识的差别，功夫的深浅，水平的高低以及学科地区发展不平衡的状态，都是恒见的现象。我的上述意见，没有涉及考古学史应涉及的这些问题，讲的只是中国大陆考古学的主流，对学科具有导向意义的重要实践，或对研究对象的内在规律的理论揭示，以及可作为考古学史分期标志的重大科学事件。这六个阶段，是中国大陆考古学对学科内在发展逻辑的揭示过程，也是学科承前启后具有质变阶段性意义的历史演变过程。我对中国大陆考古学以往所走过道路的这些认识，是在 1993 年提出来的。在世纪之交的今天，中国大陆考古学的发展仍未出现新的质变。我自认为这些见解，尚合时宜。

在以往发表的一些文章中，曾讨论这些作为考古学史分期标志的重大科学事件的作用与意义，须说明的是：我只是从学科的理论和方法论建设的角度，来评估具有考古学史分期标志意义的那些重大科学事件，故未言及揭示后岗三叠层的殷墟发掘和《瓦鬲的研究》的斗鸡台的发掘。这并非是忽视这两项发掘的意义。在傅斯年提出的"上穷碧落下黄泉，动手动脚找东西"这一方针指导下，并由他策划的殷墟发掘，向世界展示出一个较为完整、灿烂的商代后期文明，奠定了殷商史研究的基础，同时把中国考古学的发掘及研究水平推进到当时世界的先进行列，引起了世人的注目。斗鸡台的发掘，确立了先周文化和西周考古学分期，揭开了探索先周文化研究的序幕，证实了周人和商人属于不同的文化谱系。无论是从中国考古学的形成、早期发展和对以后的学术传承及产生的影响，还是从对当时史学研究的推进及确立考古学在整个史学中的作用和地位来看，这两项考古发掘工作，尤其是殷墟的发掘，冲破了时代的藩篱，具有不可动摇的历史地位，是仰韶村发掘所难以匹敌的。

大家知道，中国考古学者一贯认为：中国考古学是广义的中国史学的一翼。那么，中国考古学的诞生、形成和发展，在这广义的中国史学中起着什么作用？占有怎样的地位？它对狭义史学有什么作用和意义？这是我想在这里讨论的问题。然而，这些问题不仅涵盖面较大，且是动态的，实在不易说清楚。我只能讲些个人的认识，目的是抛砖引玉，起到引起讨论的作用。

中国的传统史学，是通过文字资料研究历史的狭义史学。金石学只是这种史学的附庸。在上一世纪和本世纪之交，基于中国社会的变革和西方进步思想的传入，传统思想出现了近代化的趋势。随着新文化运动，尤其是"五四"运动的兴起，加快了传统史

① 张忠培：《中国考古学史的几点认识》，《中国考古学：实践·理论·方法》，第 47～48 页，中州古籍出版社，1994 年。

学变革的步伐，在本世纪 20 年代，当中国思想史上的启蒙与救亡的双重奏，演变为科玄之争的时候，中国古史领域涌现出了新的态势：一是疑古风潮的兴起；二是以仰韶村和周口店的发掘为标志的中国考古学的诞生。前者侧重于"破"，后者侧重于"立"，同时对传统思想展开了勇猛的进攻，古史研究出现了革命性的变化。"疑古"廓清了经籍中的关于古代的荒谬传说，使三皇五帝的神圣地位失去了依据，震动了当时的学术界，对古史研究起了进步的作用，然而却不能建设起一座真实的古史大厦。同时，"疑古"往往疑过了头，从疑经籍走到了疑人疑事，诚如杜正胜先生所说的"历史研究本来只能就少数流传下来的史料论证其史实，也就是据史料之'有'而说'有'的史事，不能因为史料不传而断定必无其事。"[①] 或如傅斯年所指出的"古史者，劫灰中之烬余也。据此烬余，若干轮廓有时可以推知，然其不可知者多矣。以不知为不有，以或然为必然，既违逻辑之戒律，又蔽事实之概观，诚不可以为术也。今日固当据可知者尽力推至逻辑所容许之极度，然若以或然为必然则自陷矣。"[②] 故史学随同"疑古"步入了"迷茫"。

而考古学在中国的出现，则打破了以文献为研究对象和附以金石学的狭义历史学的治学传统，开拓了它们不可问津的新史学领域，导致广义史学的产生，并同"疑古"一道促进了史学的近代化。至迟到本世纪 30 年代初，考古学在广义的史学中业已成了一门相对独立的学科，获得了巨大的发展。到了 30 年代中期，考古学者已做了大量的田野工作，积累了相当丰富的资料，产生了一些新的学术认识。现摘要说明如下：

在铁器时代，对一些城址进行了调查与勘探，并发掘了燕下都，搞清了东周城址的规模和某些城址的文化面貌。在青铜时代，通过殷墟、辛村卫国墓地和斗鸡台的发掘，揭示出较为完整、灿烂的商代后期文明，奠定了殷商史研究的基础；认识到商、周属于不同文化的谱系，确立了西周和先周的考古学文化分期。此外，还开始了商文化起源的探索，并认识到除商周青铜文明外，中国境内还存在诸如鄂尔多斯青铜器和辛店、寺洼、沙井，以及被后来区分出来的夏家店上、下层文化这类青铜器时代的遗存。在新石器时代及铜石并用时代，识别出仰韶、齐家、马厂、良渚、龙山和昂昂溪为代表的文化遗存，展开了仰韶和龙山文化相互关系以及中国文化与文明的讨论。在旧石器时代，除发现引起世界轰动的中国猿人及其遗存外，还在北京、东北、内蒙古和甘肃发现了旧石器中、晚期的墓葬及其他遗存，开始认识到中国旧石器时代的文化面貌区别于欧洲，以及中国猿人的一些体质特征亲近于蒙古人种的事实。所有这些发现及研究成果，基本上

---

① 杜正胜：《从疑古到重建——傅斯年的史学革命》，第 6 页，台北，1995 年。
② 傅斯年：《性命古训辩证》，《傅斯年全集》（2），第 30 页，联经出版事业公司，1980 年。

建立了从旧石器时代至东周时期遗存的年代序列，显示出中国古代文化与文明的多元性与复杂性，和境外同时代的遗存相比均具有自身特征，在某些方面又存在一些类似性，因而引起了学术界、尤其是史学界的普遍注目。"东西夷夏说"提出后，被30年代中国古代社会性质的论战中广泛引证，从而使史学超出了"疑古"，摆脱了随"疑古"俱来的"迷茫"。正是依靠考古学，史学才走上了重建古史的康庄大道。

二 走向未来的起点

中国考古学从未停滞不前。前进的道路尽管曲折、崎岖、险峻，但总有人攀登。即使在烽火连天的抗日战争中，中国考古学者仍推进了西南和西北地区的考古工作。1949年以后，尤其是1978年以来，中国考古学无论在具体问题的研究方面，还是于学科的理论建设以及学者个人学术素养方面，均取得了前所未有的进步，完成了重建古史的基本任务。现就个人的理解，试作提要式的说明：

1. 在中国境内发现的智人化石，已具备了蒙古人种的体质特征。例如铲形门齿，且上可追溯到北京猿人，下与中国新石器时代居民相联系。旧石器石代文化可分为南、北两大文化系统，北方又可分为两个亚系统。在河北、湖南、江西及广西已发现超万年前的几处新石器时代遗存，尽管从文化上还不能确定它们和旧石器时代文化之间的直接传承关系，但可推定中国的新石器时代文化是由中国境内的旧石器时代文化发展而来的。同时，据旧石器时代和新石器时代文化之间存在的谱系差异来看，可以估定旧石器向新石器的文化转化或演进，无疑是多元的。

2. 基本上搞清了先秦时期考古学文化的序列与编年，探明了黄河流域、长江中下游与辽河流域及燕山南北地区的诸考古学文化谱系。它们的源头均可追溯到公元前五六千年。这些不同谱系的诸考古学文化，至迟从公元前5000年起就存在着文化、经济等方面的交往。随着时间的推移，这种交往愈益密切，以至于形成多元一体的文化格局，为周秦实现政治统一打下了深厚的文化基础。

3. 关于生产技术与经济，考古学研究为我们提供了下面述及的一些认识：

（1）导致旧石器向新石器时代的转变是社会经济发展的结果。黄河流域及长江中下游地区旧石器向新石器时代过渡的同时，发明了粟或稻作农业。据有关资料推知，这类农作物在当时人们的食品结构中仍只占很小的比重；食物的基本来源，仍依靠渔猎和采集。黑龙江、乌苏里江、松花江、嫩江乃至辽河流域的较早甚至或晚至三四千年前的新石器时代居民，尚过着渔猎生活。无疑，可以推定他们的祖先是依靠渔猎经济的提高而实现从旧石器向新石器时代转化的。可见，种植农业的出现或农业革命，不是旧石器向新石器时代转化的唯一前提，同时即使在那些发明种植农业而由旧石器转化为新石器时代早期的居民经济中，种植农业也并不处于重要地位。不过，应当指出的是，如果种植农业发明的意义，在发明之初尚不显著，甚至还相当微小的话，那么在以后的社会生活中，则愈益显露出其重要地位了。

在世界上少数几个农业起源中心之中，中国拥有粟作和稻作两种。大约公元前6000 年左右，粟作农业已在居民的生活中占据了相当的地位。长江中游的稻作农业，可追溯到公元前11000 ～公元前12000 年，公元前4000 年的稻作遗迹已被考古学揭示出来。同时，公元前6000 年在汉水上游及淮河流域的老官台文化及裴李岗文化遗址中，所发现的稻谷痕迹或稻粒印痕、炭化稻谷及稻米，说明早在此时稻作农业已开始自南向北传播。

（2）考古学的发现与研究使人们认识了磨光、穿孔、制石及治玉工艺的演变过程。直至旧石器时代晚期，人们还普遍地使用打击方法制作石器，尽管这时期的山顶洞人已发明了磨光、穿孔的技术，但只限于加工石质饰品而已。甚至在长江中游已进入新石器时代的蛤蟆洞遗址中，与早期陶器伴存的仍是打制石器。可见，以磨制技术加工石质生产工具的出现，很可能晚于陶器的发明，至少长江中游是这样。换言之，使用打制石器并发明了陶器的新石器时代文化，这是旧石器向新石器时代过渡的一个类型。同时，被学术界列入新石器时代的河南许昌灵井和陕西大荔沙苑遗址，则是既未见磨光石器，又无陶器的遗存，他们当是旧石器向新石器过渡的另一种类型。看来无论是陶器，还是磨光石器，都难以认作是新石器时代到来的唯一标志。

公元前第6 千纪出现的切割石材的技术，经过不断的改进，到了公元前4 千纪晚期，线割石材技术和双面钻孔技术发展起来，整体抛光、棱角清晰、刃口锋利及双面钻孔的石器广泛流行。公元前3 千纪后期，单面钻孔替代了双面钻孔的技术。至此，制石技术发展到了顶峰。此后，似乎再难见到如此精致加工的石器了。

公元前4 千纪晚期，基于社会需要和制石工艺提供的技术，制玉工艺发展起来，形成了红山文化和良渚文化两个玉文化中心。这时期的制玉，已运用了切削、阴刻浮雕、杆钻钻孔，以及旋转机械工具琢磨和抛光技术。这样复杂的技术，导致专门治玉的匠人从石匠中分化出来。

（3）关于制陶技术的发明与演进。迄今发现的年代最早的陶器，是蛤蟆洞和仙人洞遗址中出土的陶器，经碳十四测定，两地陶器的年代，均为公元前12000 ～公元前13000 年。蛤蟆洞陶器的陶胎分层，内外表皮均作糙面，显然是以某种质地编织物做模或范，以贴塑法制作成型的。自此以后的相当长时间，各地居民均以贴塑法制作陶器。到公元前6000 年，长江及黄河流域出现了泥条盘筑技术，辽河流域及广大东北地区则发明了泥圈套接法制陶技术。至公元前5000 年发明了陶轮，半坡文化居民在陶轮上用泥条盘筑法制作陶器，然后轮旋加工口沿，使之造型规整。公元前第4 千纪中期偏早，即西阴文化泉护遗址三期的居民，已用陶轮制作小型陶器了。从此，轮制陶器技术逐步推广，到公元前3千纪初期前后，轮制制陶技术已相当普及了。顺便说一下，这时期还出现了城，发明了水井和用于建筑的土坯。应当指出的是，自此包括整个公元前3千纪，自伊洛河以下的黄河流域和长江中下游诸文化的轮制制陶技术的普及程度及轮制技术的发展水平，远远高于其他地区。公元前2千纪初期前后，吴越及百粤地区出现了用高岭土制作的印纹硬陶，到了商代前期，吴越地区发明的原始瓷器，已在相当广阔的范围内流传起来。伴随着轮制制陶技术的普及，很可能出现了制陶的专业家族，至于制瓷专业匠人从制陶匠人中分离出来的时代，显然较此要晚得多，具体年代尚待研究。

（4）冶金技术的出现及其发展。这种比治玉、制陶显然更复杂的工艺，已在公元前5千纪悄悄地出现了。到公元前第4千纪晚期，马家窑文化、义井文化和红山文化都掌握了制铜技术，采用了冶炼、范铸和锻打及砥磨技术制作铜器。从这个时期开始，中国进入了铜石并用时代。这一时期的社会分工获得了纵深发展，出现了专门从事制石、制陶、治玉、冶铜的家族或匠人。随着聚落分化，出现了城或中心聚落，社会以家族为单位出现了贫富分化，巫师和掌握军权的王成了社会的显贵。总之，这是一个继旧石器转变新石器时代之后，伴随着技术革命飞跃发展而来的社会大变革时代。尔后，历经龙山时代的技术进步，至夏代进入青铜时代。尽管目前我们只知道齐家文化经历了由纯铜发展到青铜，及四坝文化东灰山居民经历了由砷铜到制作青铜的过程，但从夏时期不同谱系的诸考古学文化的铜制品在形制方面存在的差异来看，可以认为中国制铜工艺的起源及其初步发展当是多元的。在夏代诸考古学文化的制铜技术水平中，二里头文化最为先进，其次是四坝文化的火烧沟居民和夏家店下层文化，再次为齐家文化。四坝文化火烧沟居民的制铜业，在四坝文化乃至陕甘宁青地区，就其技术发展水平来说，是一孤岛，它的存在很可能与中西文化交流有关。商代的青铜工艺显然继承于二里头文化，至商代后期达到了鼎盛时期。周人承袭了商人的青铜工艺，到西周后期又掌握了冶铁术。中国炼铁技术的出现，很可能缘于中西文化交流，但由于已掌握了高度发达的冶炼青铜技术，使这一新技术较快地获得了创造性的发展。至春秋晚期，开始用固体还原法生产块炼铁，几乎同时发明了铸铁。战国早期出现了生铁脱碳农具，这一时期已制作被认为是近代科学技术产物的球状石墨锻铸铁。铁农具的出现，使五口之家的个体家庭可以独立地经营农业，导致井田制被破坏，为实行郡县制的中央集权的秦汉帝国的出现提供了前提。

（5）家畜饲养与主营畜牧经济居民出现的问题。中国古代居民饲养家畜始于何时？目前尚未搞清楚。最早被饲养的动物可能是猪、狗两种，其次是鸡。至公元前3千纪初期前后，水牛、黄牛、山羊和绵羊都成了饲养的动物。从目前所见的资料来看，到龙山时代甚或晚至夏代才开始养马。半坡文化时期即公元前第5千纪，居民的肉食品的主要来源，仍然来自渔猎业。到公元前第 4 千纪，家畜饲养业获得了发展，此期的西阴文化居民肉食品的重要来源，似乎已可以依靠家畜饲养了。在公元前 3 千纪初期前后，甘青及东北地区的养羊业，增加了其在家畜饲养业中的比重。长城地带居民的饲养业乃至畜牧业，经夏代及商代前期发展起来，到殷墟时期，沿长城地带自东而西便出现了主营畜牧经济、同时兼营农业的一些考古学文化。从这些考古学文化谱系观之，可知其来源有二：一是由渔猎居民转化而来，他们分布于长城地带的东部；另一是自农业居民中分离出来的，他们分布在长城地带西部。从这时期起，黄河流域的农业居民和长城地带的畜牧居民之间，展开了长期的拼杀、战争和经济、文化交流。张家口至大同地区，似乎具有三岔口地带的战略地位，是长城地带东、西牧民之间，以及他们同黄河流域农民之间相互争夺的要地，同时也是进行经济、文化交流的重要场所。正是这些活动，才较广泛地沟通了欧亚大陆的文化交流。当然，东西文化经常性、大规模的交往，则是自西汉打通西域之后的事。

4. 基于考古学于最近十余年来重视宗教遗存研究，使我们对宗教有了一些新的认识：

人类社会的宗教观念出现得很早，山顶洞人安葬死者时，在尸体上撒赤铁矿石的行为，便是出于宗教信仰。近十年来发现的重要宗教遗存有：濮阳西水坡伴有蚌壳铺成的动物形象的墓葬，大地湾 F411 和表现行巫场面的地画，牛河梁的"坛、庙、冢"，反山、瑶山的祭坛，福临堡的陶祖与石祖，桥村 H4 的羊肩胛卜骨，凌家滩 M4 的玉质卜卦器具等等。至迟公元前 3 千纪初期以前，中国考古学文化居民的宗教信仰就存在着一定的区别。例如，大汶口文化以及凌家滩 M4 为代表的文化使用龟算，桥村 H4 为代表的文化用骨卜，而良渚文化则以"黄琮礼地"。在以后的历史过程中，由于文化交流，乃至不同考古学文化的融合，经过人们的选择，这些相异的考古学文化的宗教，便汇聚起来成为融合后的新考古学文化居民的共同信仰。换句话讲，上述的宗教遗存所反映的宗教文化，便是中国宗教信仰的源头之一，为后来宗教信仰的发展奠定了基础。

宗教信仰是科学不发达的产物，凡是科学占领不到的领域，往往是宗教信仰的所在。在此前提下，宗教信仰是人类所在的自然和社会关系的辐射。自然界不仅不和谐，而且是不平等的。自然灾害威胁着植物、动物及人类的安全，动、植物界本身亦存在着食物链和优胜劣汰、弱肉强食的生存竞争，因而反映和认识自然界关系的宗教信仰，也就是反映一个不平等的世界。所以，即使在平等社会里所产生的宗教信仰的世界也是不平等的。它创造了超出自然和人类自身，而又受到人类崇拜和侍奉的神。随着人们的神观念的发展，导致神权的产生，以及对沟通人、神的半人半神的巫师的崇拜。前面提到的公元前 5000 年濮阳西水坡有蚌塑动物和殉人的巫师墓葬，表明在远离王权出现之前的母权制社会的宗教信仰的世界，就已存在神权和崇拜巫师。这在客观上为以后王权的产生，提供了思想环境。历史的发展说明，那些最初为实现权力统治的代表人物，便是从传统思想中请出了神权，加以宣扬、扩充，演出政教合一和王权神授这类魔术，以实践他们的权力。

冯友兰先生曾说过："每个大宗教就是一种哲学加上一定的上层建筑，包括迷信、教条、仪式和组织。这就是我所说的宗教。"① 从这个意义上说，在道教出现前，中国还没有自己的宗教。从一般意义上讲，中国是有宗教的，这就是起源很早而流传颇久的，以敬天祭祖为中心的泛神教。崇拜、神化祖先与祭祖无疑是社会和宗教发展到一定阶段才出现的现象。母权制时代崇拜女性祖先，父权制时代的红山文化居民祀奉女神，说明当时尚未创造出与现实社会体制相适应的男神的同时，也反映处于母权制时代的红山文化先民已有崇拜女祖的宗教信仰。前面述及的福临堡的陶祖、石祖，是迄今见到的崇拜男性祖先的最早的宗教信仰之实证。李大钊先生说过："君臣关系的'忠'，完全是父子关系的'孝'的放大体。因为君主专制制度完全是父权中心的大家族制度的发达体。"② 中国的君主专制政体延续了两千余年，因此，以敬天祭祖为中心的泛神教就长久不衰。

5. 考古学的研究提出了古代文明的新认识。苏秉琦先生于 1985 年发表的《辽西古文化古城古国》演讲，是他继提出"考古学文化区、系、类型论"之后，指挥中国考古学这支乐队演奏出以"古文化、古城、古国"、"古国、方国、帝国"为主题的又一新的交响乐，启动了从考古学研究文明起源、形成及走向秦汉专制帝国道路的列车，使中国考古学出现了前所未有的升华，进入了黄金时代。从此，关于古代文明的研究成了热门话题，使那些怀有成见或持异见的人也卷了进来。这一课题的讨论正在向纵深发展，迄今取得的成果是：

（1）明确了文明起源与形成的不同含义，认识到两者既存在区别，又有着联系。恩格斯说："国家是文明时代的概括"，"国家是表示：这个社会陷入了不可解决的自我矛盾，分裂为不调和的对立面，经济利益互相冲突的阶级不致在无谓的斗争中把自己和社会消灭，就需要有一种表面上驾于社会之上的力量，这种力量应当缓和冲突，把冲突保持在'秩序'的范围以内；这种从社会中产生但又自居于社会之上，并且日益同社会脱离的力量，就是国家。"③ 国家的出现是文明形成的同义语，这一观点已基本上成为考古学界的共识。学界的分歧主要表现在对文明形成的标志的认识上。有的学者认为：城市、文字、金属器和礼仪性建筑，并以这些要素的综合视为文明形成的标志，正

①　冯友兰：《中国哲学史》，第 2～3 页，北京大学出版社，1996 年。
②　《李大钊文集》，下卷，第 178 页，人民出版社，1984 年。
③　《马克思恩格斯选集》（4），第 166 页，人民出版社，1972 年。

如不少学者指出的那样，由于已被公认的几个原生的文明古国，各自都不是同时具备这些要素，因而难以依此探讨中国古代文明形成的问题。还有的学者据"国之大事，在祀与戎"而提出"当祀与戎复杂到需要专人从事这种职业……并且已被从事这种职业的人予以控制的时候，便进入到国家的阶段。"① 文明起源是文明形成之前诸文明要素的孕育过程，故需在前国家或文明形成之前的社会中，求索文明的起源。

（2）关于文明形成于何时的问题，已突破了形成于夏代说，有些学者认为形成于龙山时代，有的学者认为更早，即公元前 3200 年左右的良渚文化和同时期的黄河流域半坡四期及长江中游其他诸文化，均已进入文明时代。文明起源及形成的不均衡性和"满天星斗"说，已基本成为考古学界的共识。

（3）苏秉琦先生探讨了中国文明起源、形成的不同道路或模式，以及中国与中国以外的世界文明的关系等问题，认为可区分为"原生型"、"次生型"、"续生型"以及面向海洋与欧亚大陆的"中国两半块和世界两半块"是相互衔接的②。这些别开生面的认识，虽有待于论证，无疑却是发人深思的。

（4）关于古代文明社会的性质与发展阶段的问题，除有人坚持奴隶制社会说外，还有不少学者认为中国未经历过奴隶制社会阶段。如杜正胜先生和日知教授认为中国古代社会是城邦制③；苏秉琦先生指出中国古代文明孕育于发达的古文化，而经过"古城"、"古国"、"方国"进入到秦汉帝国，论证了从文化的多元一体到政治上多元一统的发展过程④；我则认为：包括西周在内的古代文明社会的基本内涵是："父权家族、贵族、平民、农村公社（井田制）、神权、王权、宗法制、礼制和分封制。这些内涵的损益及其形成的结构，表现出这时期社会的阶段变化"，而将其区分为半坡四期文化及其稍后时期，龙山时期或其后段，夏商时期和西周四个阶段⑤。

以上仅从重建古史的角度检讨了中国考古学，尤其是最近二十余年来所取得的成绩。据此可知，考古学在改变自身面貌的同时，也成为三代及其以前的历史研究的最重要的支柱。

至于考古学渗透于自然科学、其他人文社会科学，及自然科学和科技参与考古学研究所取得的成果，则更说明考古学已成为研究中国古代历史的最重要的学科。关于这些以及中国考古学理论、方法的进步，因篇幅所限，在此就不一一讨论了。

---

① 张忠培：《良渚文化的年代和其所处社会阶段》，《文物》1995 年 5 期。
② 苏秉琦：《中国文明起源新探》，香港商务印书馆，1997 年。
③ a. 杜正胜：《周代的"封建城邦"》，《古代社会与国家》，台北，允晨文化，1992；b. 日知：《古代城邦史研究》，人民出版社，1989 年。
④ 苏秉琦：《中国文明起源新探》，香港商务印书馆，1997 年。
⑤ 张忠培：《中国古代文明之形成论纲》，《考古与文物》1997 年 1 期。

三 对未来的希望与预测

我们已检讨了这门科学的历史与现状。这里还应指出的是：代表中国考古学水平的层位学和类型学的理论与实践，不仅在中国，在世界上也处于最先进的行列。为了中国考古学的未来，我们于此仍需对本学科自身的局限性做些讨论。

考古学和其他学科一样，存在着天生铸就的和受制于一定时代科学水平的局限性。考古学是揭示古代遗存及其呈现的时空矛盾，并据此探讨人们社会关系、人们与自然关系的一种历史学科。由于考古学遗存是物质的，就难以研究人们非物质的、需要语言、文字所表达的那些活动，只能探讨人们于物质方面的，及其所体现的精神方面的活动内容。同时，目前的学科手段也难以确切地了解遗存所在的时、空，更不能准确地说明留下遗存的人们当时所处的自然及人文的环境。我们只有如实地承认考古学的局限性，并清楚地分辨出哪些是天生铸就的，哪些是受时代科学水平的限制，而又可以依靠科学的发展来突破的，才能避免把"考古学研究当作艺术的自由创作"，避免幻想，科学地预测它的未来。

未来百年的考古学可能出现什么样的变化？在我们的头脑中是一片茫然。这里只能对今后一二十年中的中国考古学，提出如下几点希望：

1. 填补空白，加强薄弱环节

中国考古学现状存在如下四个不平衡，即地区不平衡、同一地区不同年代或文化遗存的研究不平衡、同期或文化遗存类型的研究不平衡、同类型遗存的研究水平的不平衡。当务之急是解决这些不平衡状态，填补空白，加强薄弱环节。对此试做如下说明：

（1）地区不平衡问题。在中国考古学研究中，仍以黄河流域及长江中、下游地区最为先进，西南及新疆相对落后，其他地区处于两者之间。这是就大地区而言。这类地区的不平衡，还可以细分之，如西南诸省之间的考古学研究又存在不平衡，在一省之内还存在地区或河流之间的不平衡。即使在考古学工作做得比较好的地区，例如陕西省的考古工作就存在渭河流域、汉水流域和陕北地区之间的不平衡等等。

（2）同一地区的不同年代或文化遗存的研究的不平衡。后进地区不必说，即使先进地区也广泛地存在这类不平衡，例如山东地区龙山文化的研究，不如大汶口文化的研究；自后岗遗址发现后，河南省境内的龙山时代遗存已发现了 60 余年，遗憾的是，我们至今仍说不清楚河南省境内有几种龙山时代的文化，以及它们分布的范围如何等等。

最后，再谈谈同期或同文化的遗存类型研究和同类型遗存研究水平的不平衡问题。住地和墓地是任何同期或同文化遗存的基本类型。在这方面，只有半坡文化的住地和墓地都同时进行了比较广泛的研究，至于其他同期或同文化遗存，往往不是仅仅揭示或主要研究了墓地，就是只研究了住址。而红山文化在注重宗教遗存研究的同时，却忽视了住址和普通墓地的研究。其结果是使我们难以全面地把握同期或同一文化的内涵。同类型遗存的研究水平不平衡的状况，也是广泛存在的。如同一类型的墓地，有的不仅搞清了分期，还明白了它的布局，探讨了其时的社会制度，有的则不甚了了。洛阳中州路西工段发掘的 260 座东周墓葬，虽不能搞清楚这些墓葬所属的墓地，但苏秉琦先生却在对这些墓葬做了分型、分期研究的基础上，探讨了东周社会的变化。然而，此后发掘的其他时期墓地或墓葬的研究，都未能达到这样的水平。

科学发展无止境，是个赶先进、创先进的过程。在解决旧的不平衡的同时，又将出现新的不平衡。不平衡永远存在。如果我们以现今先进水平为标准，在今后二十年左右时间内，把以上提出的几个不平衡问题解决了，中国考古学将出现崭新的局面。

2. 两步并成一步走

所谓两步是指"区、系、类型研究"和"文明起源、形成及走向秦汉帝国道路的研究"，或"文明起源与形成的研究"。这两个课题都是苏秉琦先生提出来的，前者是他于 1975 年提出的，后者是他在 1985 年提出的。这两个课题提出的先后，自然与其时考古学发展的水平有关。然而，至今考古学文化序列与谱系研究的落后地区，对这两个课题的探讨，是否仍旧机械地分作两步走？

两步并成一步走是可以做得到的。因为解决考古学文化序列、谱系这类问题，采用打一二条探沟，甚至沿遗址的断崖切出适当的剖面的小规模发掘，就可以达到目的。例如，苏秉琦先生在 50 年代初便使用清理断崖的办法，解决了分布于渭河流域的西阴文化、客省庄文化和西周文化的先后顺序问题；我于 60 年代初调查吉林市市郊 50 余处遗址，用分析比较遗址的陶片组合的方法，认识了它们分属于三种文化及其先后关系。解决文明起源与形成的问题，则需要做大规模的发掘工作，甚至全面的揭露。不过，任何一种考古学文化必定分布于一定的地域，而这一地区内的某些小区域的文化分布及结构等状况，往往是所在地区文化分布与结构的缩影。这就使我们选择探索文明起源，或形成的遗存而进行全面揭露的同时，也可调查与试掘小区域内的遗存，以解决该地区考古学文化的序列与谱系问题。这种将"区、系、类型"和"文明起源与形成"结合起来进行研究的工作方法，也完全适应于配合基本建设的考古工作。在 1958 ~ 1959 年配合黄河水库工程中，我们于大规模和全面揭露泉护村遗址及元君庙墓地的同时，对渭南和华县的遗存也仔细地进行了调查试掘，结果既探明了元君庙墓地所反映的社会制度问题，也基本上搞清了这一地区考古学文化的序列与谱系。因此，两步并成一步走是可以做到，而且，它是后进地区考古学研究迎头赶上甚或超过先进地区考古研究的一种可行的方法。

3. 开展聚落群的研究，探讨聚落与聚落群的变异

聚落的研究，是中国考古学的一个传统。80 年代以来聚落考古得到了进一步的发展，但聚落群的研究似乎未引起更多人的注意。揭示聚落同期诸单位的布局，是聚落考古的基本追求。这里所说的同期，最好不是依类型学确定的，而是诸建筑单位处于同一地面，或能据层位关系断定的同一地面。聚落群的研究，则是在探明聚落的前提下，探讨同一文化同时期聚落分布及聚落间的关系，并据此求索由居住于一定数量聚落的共同体所组成的社群的组织结构等方面情况。这是进行聚落群研究的目的。认定聚落群共时，是搞好聚落群考古的关键。这对三代及其以前的考古学来讲，比探明聚落内诸单位同期更难。确定聚落共时的最可靠的证据，是聚落间交往的物件和交通道路。这类证据很难被保存下来，即使保存下来也不易被发现或难做工作。目前主要是依据碳十四测定和类型学研究来确认聚落的共时。前者机率过小，不易认定出被研究的聚落是否真正共时；后者虽可靠一些，但在类型学确定的期别中有的期别的年代较长，据此定为共时的聚落，有的实非同时。这是从事聚落群考古研究时必须注意的。搞清楚同时期诸考古学文化，和同一谱系的不同时期考古学文化的聚落与聚落群，就明白了它们的空间变异和时序变迁。聚落形态、内涵、结构与布局和人们所在社会的经济、人际关系及意识形态，乃至生态环境均存在密切的联系，故聚落与聚落群的研究，就能从整体上把握同一文化同时期居民社群的关系，以及同一文化或同谱系的不同时期考古学文化居民社会的历史变化，和不同谱系的诸考古学文化的生态环境、社会现象及社会结构的异同及其相互关系。聚落群研究的作用及意义如此重要，故对透物见人、研究历史为目标的中国考古学来说，应当把它作为一项极其重要的工作开展起来，并尽力做好。

4. 跟上自然科学与技术的发展步伐，积极利用当代自然科学与科技成果，使 21 世纪的中国考古学获得更多的支撑和生长点

利用自然科学与技术成果加强考古学研究，是中国考古学的良好的传统。1949 年以来，将自然科学与技术成果用于考古学研究所经历的道路，虽有曲折，总的趋势是使这一传统得到了光大。至今已在碳十四测年、金属成分及工艺分析和栽培作物种属与进化，以及人骨性别、年龄及种属的鉴定等方面，进行了大量的工作，摄取了相当系统的信息。同时，对陶瓷成分及烧成温度、石玉器材料进行分析，对植物孢粉、野生及驯养动物种属进行鉴定，将航空摄影及物理勘探技术运用于考古调查，把计算机技术及概率论运用于考古学研究，在开发科技成果用于文物保护等方面也都获得了可喜的成绩。总之，将自然科学与科技运用于考古学研究，提高了资料的信息质量及文物保存水平，使

考古学显示出更为丰富的内涵及旺盛的生命力，增进了考古学研究的能力。但同时我们应该冷静地看到目前存在的问题：首先是对自然科学与科技运用于考古学能量的评估，确存在失实的倾向；其次是已做过的工作大多缺乏系统性；再次，或许更重要的是，从当今自然科学与科技发展状况来看，自然科学与科技运用于考古学研究及文物保护的实践，不仅未能充分发挥其能量，而且还存在许多空白，如 DNA 检测及分析技术，碳、氮同位素及微量元素分析，以及概率统计和弗晰数学原则等等。为了推进新世纪的考古学工作，必须从中国考古学的实际需要出发，本着积极稳妥、实事求是、循序渐进的态度，跟上自然科学与技术的前进步伐，加强文字、图纸及照相资料的保存，推进文物保护工作，以多角度、全方位地诠释考古现象，更全面地揭示中国古代社会的历史进程。

概言之，两步并成一步走，加强薄弱环节，做好以聚落为单位进而探索聚落群的考古学研究，和积极利用当代自然科学与科技成果，搞好考古资料的保存、保护与考古研究，是我们对迈向新世纪的中国考古学的希望。如果我们能坚持实事求是的优良传统，深化层位学和类型学研究，踏实工作，中国考古学定将走出今天，于新世纪开拓出新局面。

1997 年 12 月 14 日午后四时半写成于北京小石桥，原刊于《中国考古学的跨世纪反思》，商务印书馆（香港）有限公司，1999 年。

20 世纪后半期中国新石器时代考古

一

1949 年以前的新石器时代的发现与研究成果，是最近 50 年求索的最初起点。而这 50 年新石器时代考古发现与研究，极大地改变了 1949 年前形成的中国新石器时代的知识结构，产生了较为完整的系统认识，摆脱了原先依靠历史传说认识这万余年历史的局面。

回顾我们对中国新石器时代的历史所经历的从量变到质变的认识过程，苏秉琦于 1975 年发表的考古学文化区、系、类型论的演讲，当被视为这一认识过程中出现质的转变的标志。

二

以 1975 年为界的前 25 年，又可分为前后两段。

（一）前　段

考古学界接受前苏联考古学的影响，强化了考古学是史学组成部分这一我国考古学的固有认识。这期间最重要的新石器时代的发现，除了京山屈家岭[1]及南京北阴阳营[2]的发掘，分别辨识出屈家岭文化及北阴阳营文化，以及在兰州白道沟坪揭示出一处马厂文化窑场[3]之外，需做简略说明的是黄河流域如下几项工作：

1. 1951 年苏秉琦于开瑞庄发现的西周墓葬穿破现在被称之为客省庄文化的灰坑，后者又打破现在名为西阴文化的灰坑，这样一组层位关系[4]。苏秉琦在 1951 年发表的

---

[1] 中国科学院考古研究所《京山屈家岭》，科学出版社，1965 年。
[2] 南京博物院《南京市北阴阳营第一、二次的发掘》，《考古学报》，1958 年 1 期。
[3] 甘肃省文物管理委员会《兰州新石器时代的文化遗存》，《考古学报》1957 年 1 期。
[4] 苏秉琦等《西安附近古文化遗存的类型和分布》，《考古通讯》1956 年 2 期。

《简报》中指出：后两种遗存"和河南境内的两类不同的史前文化遗存好像是遥遥对照的"①。他这样含蓄地说出了它们的区别和年代上大致对应的关系，同时，对当时颇为流行的仰韶文化起源于西方和龙山文化起源于东方，以及两者于陕晋豫邻近地区汇合而形成"混合文化区"的观念，提出了质疑。

2. 半坡、客省庄、庙底沟及三里桥遗址的发掘。

在新石器时代考古中，以揭示聚落为目标而采用探方方法发掘，始于半坡的工作。这次发掘，不只是提供了一批使学术界在当时内涵混杂的仰韶文化中分辨出半坡类型，即今名之为半坡文化的较为完整的资料，同时重要的是能从已揭示的部分遗址使我们基本上窥视出半坡文化的村落布局，揭开了研究新石器时代聚落的序幕②。

对客省庄及三里桥遗址的发掘，使我们能够确认出龙山时代两类不同性质的文化遗存③。同时，三里桥的工作，还首次揭示出一批连接半坡文化和西阴文化而具有过渡性特征的资料④。

庙底沟的发掘，提供了能从当时内涵混杂的仰韶文化中拆出庙底沟类型，即今名之为西阴文化的较为完整的资料，还辨认出了庙底沟二期文化。

3. 在甘肃临洮马家窑—瓦家坪遗址，发现了西阴文化在下、马家窑文化在上的层位关系⑤。这一发现的重要性，是给学术界提供了认识甘青地区含彩陶的文化遗存的年代晚于西阴文化的最初出发点。

综上所述，可将这时期对中国新石器时代认识的进展，归纳如下：

1. 提出了马家窑文化晚于西阴文化的认识，为否定"仰韶文化"源于西方说提供了重要证据。

2. 澄清了仰韶文化的混杂内涵，将其区分为半坡和庙底沟两个类型，并基本上认识了半坡文化的聚落形态。

3. 识别出庙底沟二期文化、"河南龙山文化"⑥和客省庄文化这三类遗存，提出了庙底沟二期文化是从"仰韶文化"转变为"河南龙山文化"及客省庄文化的中间环节的新认识。

4. 舍弃了陕晋豫邻近地区为仰韶与龙山"混合文化区"的认识，初步搞清楚了渭河流域和陕晋豫邻近地区考古学文化的序列。

---

① 考古研究所陕西省调查发掘团通讯组《1951 年春季陕西考古调查工作简报》，《科学通报》1951 年 9 期。
② 中国科学院考古研究所等《西安半坡》，文物出版社，1963 年。
③ 中国科学院考古研究所《沣西发掘报告》，文物出版社，1963 年；中国科学院考古研究所《庙底沟与三里桥》，科学出版社，1959 年。
④ 张忠培、严文明《三里桥仰韶遗存的文化性质与年代》，《考古》1964 年 6 期。
⑤ 甘肃省文物管理委员会《甘肃临洮、临夏两县考古调查简报》，《考古通讯》1958 年 9 期。
⑥ 中国科学院考古研究所《庙底沟与三里桥》，第 112、119 页，科学出版社，1959 年。

5. 开始认识到江汉地区及长江下游也存在新石器时代较早时期的文化。

（二）后　段

时值 1958 至 1975 年。这段时期，考古学的实事求是的学术传统遭到史无前例的冲击，文化定名、层位学、类型学乃至一般田野考古技术，不是被当成资产阶级的伪科学，就被定成繁琐哲学遭到批判，直到考古学的一切工作被迫停了下来。然而，世界总是多姿多彩，同一事物至少也有两面。乌托邦的大跃进，却又鼓励那些单纯想做事的人的工作热情与劲头；激烈批判的喧嚣，往往激发人们对同一事物的另面思考；停止了人们的考古工作，使人有了更多的时间消化以往获得的考古资料等等。更需要指出的是，人们可以停止考古工作，却不能改变这学科的内在规律。因之，只要存在考古工作，不管外部压力多大，这学科的内在规律终将展现出来。当然，这考古学的规律是靠人发现并予以实现的。可喜的是，尹达、夏鼐、苏秉琦这些颇有见识的考古学家，面对大跃进刮起的极左思潮，站了起来，做出了力所能及的努力。同时，在他们的支持、指导和影响下，一些考古学者坚持了实事求是的学风，艰苦奋斗，做出了成绩。正是在他们的努力下，才避免了一些灾难。与前段考古工作相比，这阶段考古学的发现与研究，又有了新的进展。

其一，针对要不要考古学文化定名，如何定名，是否应以蒙昧时代、野蛮时代及文明时代的一般概念，代替对遗存进行考古学文化的划分，以及对遗存应作具体研究等问题，夏鼐发表了《关于考古学上文化的定名问题》[1]。在这篇讲话中，他科学地回答了什么是考古学文化，划分考古学文化的标准，考古学文化定名条件、时机及如何定名等这些考古学的基本问题。在探讨这些问题时，夏鼐所依据的虽基本上是柴尔德的学说，但这是超出柴尔德时空而适合当时中国考古学的创造，同时，夏鼐并没有完全停滞在柴尔德原则上止步不前。在这篇讲话中，夏鼐进而提出"哪些算是两个不同的文化，哪些只是地区或时代关系而形成的一个文化的两个分支"，这样重要而颇具启迪性的见解。对此，他虽持"留待将来有机会时再加详细讨论"的谨慎态度，却第一次将考古学文化应区分类型与期别，以及对于文化与类型或期别应如何界定这样一些考古学的基本问题的思考，相当明确地提了出来。这一篇逆潮流的、拨乱反正的讲话，捍卫了考古学遗存分类的科学原则，推动了考古学文化及其类型划分的研究，尤其是当年仰韶文化区分类型的探索，促进了考古学的健康发展。

其二，确立了渭河流域考古学文化的先后序列。前面，我们已经指出，由于对半坡及客省庄遗址的发掘，初步究明了渭河流域考古学文化序列。在这一基础上，黄河水库

---

① 夏鼐《关于考古学上文化的定名问题》，《考古》1959 年 4 期。

考古工作队陕西分队华县队在华县及渭南的工作，又取得了如下成绩：

1. 新发现了早于半坡文化的老官台文化①和位于半坡四期文化和庙底沟二期文化之间的泉护二期文化②。前者是最早确认的早于仰韶时代的遗存。

2. 提出了元君庙半坡文化墓地的分期③和泉护村遗址西阴文化的分期④。后者使我们认识到西阴文化只能是半坡四期文化的前身。同时，又据郭老村⑤、下孟村⑥、三里桥⑦的材料，提出了半坡类型（今名为半坡文化）早于庙底沟类型（今名为西阴文化），以及后者是由前者发展起来的新认识。

这样，就可将渭河流域考古学文化序列概括如下：老官台文化→半坡文化→西阴文化→半坡四期文化→泉护二期文化→庙底沟二期文化→客省庄文化。这是全国最先确立的一个地区的考古学文化序列。它为中国其他地区，尤其是黄河流域、长江中下游和西拉木伦河及燕山南北地区的考古学文化断代，树立了一个标尺。

其三，解析元君庙半坡文化墓地，探讨其时的社会制度。这是继半坡村落之后的另一形态的聚落的研究，开创了解析墓地的道路。

其四，除渭河流域外，其他地区也发现了很多重要遗存。例如：甘肃武威皇娘娘台⑧、山西太原义井⑨、山东宁阳大汶口⑩、河北磁县界段营及下潘汪⑪与唐山大城山⑫、北京昌平雪山⑬、内蒙古巴林左旗富河沟门⑭与敖汉旗小河沿⑮、辽宁沈阳新乐⑯、吉林

---

① 北京大学历史系考古教研室华县报告编写组《华县、渭南古代遗址调查与试掘》，《考古学报》1980 年 3 期；苏秉琦《关于仰韶文化的若干问题》，《考古学报》1965 年 1 期。

② 北京大学考古学系《华县泉护村》，科学出版社，2003 年。另见苏秉琦《关于仰韶文化的若干问题》，《考古学报》1965 年 1 期，第 52～53 页。

③ 北京大学历史系考古教研室《元君庙仰韶墓地》，文物出版社，1983 年。

④ 北京大学考古学系《华县泉护村》，科学出版社，2003 年。

⑤ 北京大学历史系考古教研室华县报告编写组《华县、渭南古代遗址调查与试掘》，《考古学报》1980 年 3 期，第 307 页。

⑥ 北京大学历史系考古教研室《元君庙仰韶墓地》，第 50 页，文物出版社，1983 年。

⑦ 张忠培、严文明《三里桥仰韶遗存的文化性质与年代》，《考古》1964 年 6 期。

⑧ 甘肃省博物馆《甘肃武威皇娘娘台遗址发掘报告》，《考古学报》1960 年 2 期。

⑨ 山西省文物管理委员会《太原义井村遗址清理简报》，《考古》1961 年 4 期。

⑩ 杨子范《山东宁阳县堡头遗址清理简报》，《文物》1959 年 10 期；山东省文物管理处《大汶口》，文物出版社，1974 年。

⑪ 河北省文物管理处《磁县界段营发掘简报》，《考古》1974 年 6 期；河北省文物管理处《磁县下潘汪遗址发掘报告》，《考古学报》1975 年 1 期。

⑫ 河北省文物管理委员会《河北唐山市大城山遗址发掘报告》，《考古学报》1959 年 3 期。

⑬ 鲁琪、葛英会《北京市出土文物展览巡礼》，《文物》1978 年 4 期，第 24 页。

⑭ 中国科学院考古研究所内蒙古工作队《内蒙古巴林左旗富河沟门遗址发掘简报》，《考古》1964 年 1 期。

⑮ 辽宁省博物馆等《辽宁敖汉旗小河沿三种原始文化的发现》，《文物》1977 年 12 期。

⑯ 沈阳市文物管理办公室《沈阳新乐遗址试掘报告》，《考古学报》1978 年 4 期；沈阳市文物管理办公室等《沈阳新乐遗址第二次发掘报告》，《考古学报》1985 年 2 期。

市二道岭子①、黑龙江密山县新开流②、上海青浦崧泽③、浙江嘉兴马家浜④与余姚河姆渡⑤、江西万年仙人洞⑥与修水山背⑦，以及福建闽侯昙石山⑧等等。限于篇幅，我们不能对这些重要发现一一评述，现将其意义简要说明如下：

1. 河北磁县界段营及下潘汪发现的称之为后岗类型遗存，文化面貌与后岗一期文化接近，年代当早于其时认识的后岗一期文化。万年仙人洞遗存的文化面貌，相当原始，年代应早于老官台文化。这一发现显示鄱阳湖地区是中国新石器时代文化的一个发源地。

2. 唐山大城山的龙山时代遗存及武威皇娘娘台的齐家文化遗存，均发现了铜制品。这是1949年以后我国于当时发现的年代最早的铜制品，启迪人们关于龙山时代已进入金属时代的思考。而于皇娘娘台首次发现的一男二女、男尊女卑的合葬墓，与半坡文化元君庙墓地所见的以女性为本位的合葬墓类比，可知齐家文化已进入了父权制时代。

3. 除上述外，如本文所列这时期发现的其他遗存，均填补了所在地区文化序列的空白，除吉林市二道岭子外，都是新见的考古学文化赖以命名的遗存。同时，在确认二道岭子这类遗存之前，松花江及其以东地区被认为是新石器时代的文化，年代均晚于新石器时代，故二道岭子这类遗存的确认，为识别该地区新石器时代文化提供了先例。总之，由于这批新的遗存的发现，中国各地区新石器时代文化各具特色，相互异趣，五彩缤纷，还具相似性的形象，又进一步呈现在人们的眼前。

至此，与1949年前相比，对中国新石器时代的认识出现了基本变化，学术界的知识结构发生了巨大改观。

三

"文化大革命"这一史无前例的浩劫，窒息考古学，给广大考古学者，尤其是这个

---

① 张忠培《吉林市郊古代遗址的文化类型》，《中国北方考古文集》，第219～222页，文物出版社，1990，原载《吉林大学社会科学学报》1964年1期。
② 黑龙江省文物考古工作队《密山新开流遗址》，《考古学报》1979年4期。
③ 上海市文物管理委员会《上海市青浦县崧泽遗址的试掘》，《考古学报》1962年2期；黄宣佩等《青浦县崧泽遗址第二次发掘》，《考古学报》1980年1期；上海市文物保管委员会《崧泽》，文物出版社，1987。
④ 浙江省文物管理委员会等《浙江嘉兴马家浜新石器时代遗址的发掘》，《考古》1961年7期。
⑤ 浙江省文物管理委员会等《河姆渡遗址第一期发掘报告》，《考古学报》1978年1期；河姆渡遗址考古队《浙江河姆渡遗址第二次发掘的主要收获》，《文物》1980年5期。
⑥ 江西省文物管理委员会《江西万年大源仙人洞洞穴遗址试掘》，《考古学报》1963年1期。
⑦ 江西省文物管理委员会《江西修水山背地区考古调查与试掘》，《考古》1962年7期。
⑧ 福建省文物管理委员会等《闽侯昙石山新石器时代遗址第二至四次发掘简报》，《考古》1961年12期；福建省文物管理委员会《福建闽侯昙石山新石器时代遗址第五次发掘简报》，《考古》1964年12期；福建省博物馆《闽侯昙石山遗址第六次发掘报告》，《考古学报》1976年1期。

学科的代表性人物制造了灾难。然而，历史却是依辩证逻辑向前滚动的，人们开始了新的思考。邓小平复出给人们带来一丝希望的 1975 年夏季，苏秉琦将他跳出"两个怪圈"①，悟出深藏于资料中的考古学文化区、系、类型论，向吉林大学考古专业部分师生做了一次报告。这预示着考古学新时期的来临，是中国考古学最近 25 年起步的标志。伴随着对"文化大革命"的反思和实践是检验真理标准的讨论，中国人民经历着再一次思想解放。在这适宜学术的环境下，苏秉琦将上述报告整理成文发表出来②，接着，于 1985 年又发表了《辽西古文化古城古国——试论当前考古工作重点和大课题》③。这两篇重要著作，植根于中国考古学实践，以自己的话语，或注入了自己概念的传统语汇，表达了自己的理论，是中国考古学人的理论思维已进入一个新阶段的标志，既对以往考古学发现及研究成果做了科学的理论总结，又对广大考古学者因真理标准的讨论而启迪的活跃思想产生了巨大影响，提供了新思路，发挥了重要的指导作用，把中国考古学的研究水平及学科的理论建设，推到了一个新的阶段。

自 1975 年，尤其是自十一届三中全会以来，中国考古学的新发现，遍地开花，层出不穷。其中最为重要的当数湖南道县蛤蟆洞、河北武安磁山、河南新郑裴李岗、山东临淄后李、内蒙古敖汉兴隆洼、湖南澧县彭头山及八十垱、内蒙古敖汉赵宝沟、河南邓州八里岗、河南郑州西山古城、湖南澧县城头山、安徽含山凌家滩、浙江余杭良渚反山及瑶山墓地、甘肃秦安大地湾半坡四期文化遗址、辽宁凌源牛河梁、西藏昌都卡若、内蒙古察右前旗庙子沟、河南登封王城岗与淮阳平粮台、山东章丘城子崖和临朐朱封大墓。这些最重要的发现，将于本书的项目中作具体的说明。这里仅就它们的重要意义，先略述如下：

其一，蛤蟆洞，亦称玉蟾岩④，年代与前述万年仙人洞相当。由于它的发现，可把植稻农业及陶器的起源，以及新石器时代的开始，明确推到公元前万年以上。

其二，彭头山、八十垱和赵宝沟遗存，被分别命名为彭头山文化和赵宝沟文化，时代基本与半坡文化相当，起始年代较早（前者可以早到老官台文化），填补了所在地区文化序列的空白。兴隆洼、八里岗揭示的聚落，较以往揭示的聚落更完整，同时又填补了空白。磁山、裴李岗、后李及兴隆洼，均是赖以命名文化的遗址，年代基本同于老官台文化。它们的发现，将其所属谱系的考古学文化群体的年代上限推至公元前 6000 年。

① 苏秉琦《中国文明起源新探》，第 2～5 页，商务印书馆（香港），1997。
② 苏秉琦《关于考古学文化的区系类型问题》，《苏秉琦考古学论述选集》，第 225～234 页，文物出版社，1984。
③ 苏秉琦《辽西古文化古城古国——试论当前考古工作重点和大课题》，《华人·龙的传人·中国人》，第 76～79 页，辽宁大学出版社，1994。
④ 袁家荣《玉蟾岩获水稻起源重要物证》，《中国文物报》1996 年 3 月 3 日。

由此可推测：一是这些不同谱系的考古学文化起始年代当更早；二是中国新石器时代起源当是多元的。

其三，从玉蟾岩这类面积仅近百平方米的洞穴居址，到 3 万平方米规模的八十垱聚落的演变扩大过程，反映了共居的居民组织由小而大的变化，是否也同时体现了居民组织结构与性质的演化？

其四，除上述外，前列居址、城址、宗教遗址、墓地及墓葬，均反映了中国新石器时代质的和阶段性的变化，是探讨中国文明起源和形成的重要发现。正是由于这些重要发现，引发了学术界对中国文明起源与形成的热烈讨论。中国文明形成于何时，学术界未能取得一致的意见，但这场讨论，使如下问题获得了共识：

1. 文明起源与形成是不同的概念，应在文明形成之前，探索文明的起源。

2. 文明起源与形成是多元的。中国文明的形成应早于夏代。

3. 公元前三千二三百年前后，是中国社会剧烈变化的时期。有的认为这是诸文明因素起源时期，有的则认为这是文明的形成时期。

积 20 世纪下半期中国新石器时代的发现与研究成果，使我们对中国新石器时代的认识出现了根本性的变化，基本完成了相关时期的中国史前史的重建工作。

原刊《中华人民共和国重大考古发现》，文物出版社，1999 年。

夏、商、周三代及其前期
考古学的进展与前瞻

一 三代及其以前时期考古学的进展

重建古史是 20 年代提出的命题。为追求这一目标，考古学者和历史学者都从资料与理论两个方面进行了大量的工作，道路曲折、崎岖、险峻，既有失败的教训，又有成功的尝试。到头来，使我们深刻地认识到正确的理论，无非是对所研究的客体的内在联系的揭示和把握，同时，只有把握了正确的理论，才能科学地揭示研究客体的内在联系，才能从积累的资料中客观地较深刻地吸取更多的信息。迄今经过好几代考古学者的耕耘，考古学在不断变换自身面貌的同时，也使三代及其以前的历史研究状况为之一新，成为三代及其以前的历史研究的最重要的支柱，基本完成了重建古史的任务。现就我个人的理解，做些提要式的说明：

（一）旧石器时代及其向新石器时代的转化：内地发现的智人化石，已具备了蒙古人种的基本特征。他们的某些体质特征，如铲形门齿，上可追溯到中国猿人，向下遗传于新石器时代居民。旧石器时代文化分为南、北两大文化谱系。汉水下游及丹江流域是这两大文化谱系进行沟通的一条交通要道。北方又分为两个亚系统。在河北、湖南、江西及广西已发现的几处超万年前的新石器时代遗存。目前，从文化上还不能指明旧、新石器时代文化的直接传承关系，却可推定新石器文化源于中国境内的旧石器时代文化，同时，据旧、新石器时代文化的谱系区别来看，无疑，可估定旧石器时代文化向新石器时代文化的转化或演进是多元的。

（二）迄今，已搞清楚了新石器时代和三代考古学文化的序列与编年，认识到夏、商、周可能是同根分野出来的不同的考古学文化；中国境内还存在与三代同时不同谱系的也相当发达的其他青铜文化。同时，探明了黄河流域、长江中下游与辽河流域及燕山南北地区诸新石器时代考古学文化的谱系。它们的源头，均可追溯到公元前五六千年。至迟从公元前 5 千年起，这些不同谱系的考古文化就已存在着直接或间接的文化交往，随着时间的推移，文化联系愈益密切，以致形成多元一体的文化格局，为周、秦的政治统一打下了深厚的文化基础。

（三）关于生产技术与经济，考古学研究为我们提供了以下的一些认识。

其一，导致旧石器时代向新石器时代的文化的转化，是经济的发展。黄河及长江中、下游地区旧、新石器时代文化过渡的同时，发明了粟或稻作农业。在随后的相当长的时期内，农作物在人们的食物结构中，只占较小或次要的比重，食物的基本来源，仍依靠渔猎和采集。大陆境内的其余相当广阔地域的较早甚或晚至公元前三四千年的新石器时代居民，尚过着渔猎、采集的生活。无疑，他们的祖先是靠渔猎及采集经济的提升，实现从旧石器时代向新石器时代文化的转变的。可见，种植农业的出现或农业革命，不是旧、新石器时代转化的唯一前提。不过，应指出的是，渔猎及采集经济不能引导出文明，种植农业畜牧业的发展才是实现向文明时代过渡的经济基础。

同时，还应该谈到的是，陶器及磨光石质工具的出现与旧、新石器时代转化的关系的问题。在年代早到公元前一万一二千年的新石器时代的长江中游的蛤蟆洞遗址中，与陶器伴存的仍是打制石器。另外，被学术界列入新石器时代的灵井和陕西大荔的沙苑遗址，既未见磨光石器，又无陶器。可见，无论是陶器，还是磨光石器，都难以认作是新石器时代到来的必定的标志。

其二，家畜饲养与主营畜牧经济居民的出现问题。饲养家畜始于何时，目前仍未有定论。被最早饲养的动物，可能是猪、狗两种，其次是鸡，至公元前3千纪初期前后，水牛、黄牛、山羊和绵羊都成了饲养的动物，到龙山时代后期甚或夏代，才开始养马。在黄河流域，至半坡文化时期，即公元前第5千纪居民的肉食的主要来源，仍然是渔猎业，公元前第4千纪，家畜饲养业才获得较大的发展，此期的西阴文化居民肉食的重要来源，似乎已可以依靠家畜饲养了。在公元前3千纪初期前后，甘青及东北地区的养羊业，在家畜饲养业中增加了比重。到夏代，分布于长城地带的山家头文化、四坝文化的"火烧沟类型"以及高台山文化畜牧经济已占相当的比重。到殷墟时期，长城地带才广泛地出现了主营畜牧经济、兼营农业等经济的不同的考古学文化，并成为威胁农业居民的强大势力，甚至逼迫盘庚迁都，正是这些主营畜牧业经济居民的活动，才较广泛地沟通了长城地带以及长城地带和黄河腹地农业居民之间，乃至欧亚大陆之间的文化交流。目前虽对这些主营畜牧经济的居民的经济及社会结构还缺乏深入的分析，但可以指出的是，他们均已跨入了文明时代的门槛。同时，从这些主营畜牧经济的考古学文化谱系观之，可知其来源有二：一是分布于长城地带东部的，主要是自渔猎居民转化而来；一是分布于长城地带西部的，则是由农业居民分离出来的。

其三，制石与制玉工艺的演变。公元前第6千纪，出现了较为成熟的切割石材的技术，公元前第5千纪，穿孔石器尚不流行，穿孔基本上只见于薄体的石器上，到公元前4千纪后期，线割石材技术广泛流行，双面钻孔技术发展到了顶峰。此时，整体抛光、棱角清晰、刃口锋利及双面钻孔的石器广泛流行起来。公元前3千纪后期，单面钻孔替代了双面钻孔的技术。至此，制石技术发展到了顶峰。公元前 4 千纪晚期，基于制石工艺提供的技术和社会需要，制玉工艺发展起来，形成了红山文化和良渚文化两个玉文化中心。这时期的制玉，已运用了切削、阴刻浮雕、杆钻钻孔以及旋转机械琢磨与抛光的技术。这样复杂的技术，导致从石匠中分化出了专门的治玉匠人。

其四，制陶技术的发明与演进。蛤蟆洞和仙人洞遗址中出土的陶器，是迄今发现的年代最早的陶器，年代均为公元前一万二三千年。蛤蟆洞的陶器是以某种质地的编织物作模或范，以贴塑法制作成型的。自此以后各地居民均以贴塑法制作陶器，到公元前 6 千年，长江及黄河流域出现了泥条盘筑制陶技术，辽河流域及广大东北地区，则发明了泥圈套接法制陶技术。至公元前 5 千年使用了陶轮，半坡文化居民在陶轮上用泥条盘筑法制作陶器，成型后轮转加工口沿。公元前 4 千纪中期偏早，即西阴文化泉护遗址三期居民，已用陶轮制作小型陶器了。到公元前 3 千年初期前后，轮制制陶技术已相当普及。应说明的是，在公元前第 3 千纪，自伊、洛河以下的黄河流域和长江中、下游诸文化的轮制制陶技术的普及程度及发展水平，远远高于其他地区。到了夏代，吴越地区发明了原始瓷器，同时，吴越及百粤地区已广泛使用高岭土制作印纹硬陶。到商代前期，原始瓷器已在相当广阔的范围内流传开来。与轮制制陶技术普及的同时，很可能已出现了制陶的专业家族，至于制瓷专业匠人的出现年代，显然较此晚得多，具体年代，尚待研究。

其五，冶金技术的出现与发展。比制玉、制陶更复杂的制铜工艺，已在公元前 5 千纪悄悄地出现了，到公元前第 4 千纪晚期的马家窑文化、义井文化和红山文化，都掌握了冶炼、范铸和锻打及戗磨技术制作铜器。从这时起，中国进入了铜石并用时代。往后，历经龙山时代技术的进步，至夏代进入了青铜时代。根据我们目前已知的齐家文化经历了由纯铜发展到青铜，和四坝文化东灰山居民由制作砷铜到制作青铜的演变过程，以及从夏时期其他不同谱系的诸考古学文化的铜制品形制存在的差异，可知中国制铜工艺的起源及其初步发展，当是多元的。夏代诸考古学文化的制铜技术水平，存在着差别。二里头文化最为先进，次为四坝文化的火烧沟居民，再次为齐家文化（或许其年代早于火烧沟居民）。火烧沟居民的制铜业，在四坝文化乃至陕甘宁青地区，就其技术发展水平来说，是一孤岛。它的存在，很可能与中西文化交通有关。商文化的青铜工艺很可能主要继承于二里头文化。青铜工艺经历了商代前期的发展，到商代后期达到了鼎盛时期。周人承袭了商人的青铜工艺，到西周后期，掌握了制铁术。中国炼铁技术的出现，很可能源于西方。由于已掌握了冶炼青铜的高度发达的技艺，至东周时期使这一新技术获得了较快的创造性发展。

（四）从发现红山文化宗教遗存以来，较广泛地注意了宗教遗存的研究，使我们产生了一些新的认识。

首先，最早的宗教现象，可以追溯到山顶洞人在尸体上撒些赤铁矿石的行为，一些建筑奠基祭祀的宗教行为，自半坡文化以后，在黄河流域长久不衰。至迟在公元前 3 千年初期以前，中国诸考古学文化的宗教信仰，已存在一些明显的区别。例如大汶口文化及以凌家滩 M4 为代表的文化，使用龟算，桥村 H4 为代表的文化以羊肩胛骨进行骨卜，而良渚文化则以"黄琮礼地"等等。自龙山时代至夏代，整个黄河流域和西拉木伦河流域，乃至长城地带诸考古学文化居民都使用骨卜。商人除用骨卜外，还用龟作卜。可见，通过文化交流，起源于黄河中游的骨卜，自龙山时代起便成为中国北方广大地区共同的宗教行为。这反映了他们在宗教信仰上取得了共识。至于商人为何用龟卜，或许是与承袭了大汶口文化的龟算有关。

其次，宗教信仰是科学不发达的产物。在此前提下，宗教信仰不像我们以前认识的那样，仅是人类社会关系的辐射，同时，它也积极地反映人类所在的自然界的关系。自然界是个不平等的世界。自然灾害威胁植物、动物及人类的安全，动、植物界存在着食物链和优胜劣汰、弱肉强食的生存竞争，所以，即使处在平等社会的人们的认识及反映自然界现象的宗教观念中，就已创造了超人类自身及自然界而被人类崇拜、侍奉的神，制造出了不平等的宗教观念世界。随着这存在着神的不平等的宗教观念的演进，出现了神权观念，和对沟通人、神的半人半神的巫师的崇拜。公元前 5 千年濮阳西水坡伴着蚌塑动物和殉人的巫师墓葬，表明在远离王权出现之前的母权制社会的宗教信仰世界中，就已存在神权观念和对巫师的崇拜。这为王权的产生提供了思想环境。以往的历史发展说明，那些最初为实现王权统治的代表性人物，便是从这传统的宗教观念中，请出了神权，加以宣扬，演出了王权神授或政教合一这类魔术，以实践他们的统治权力。

再次，冯友兰在《中国哲学史》（2～3 页，北京大学出版社，1996 年）说过："每个大宗教就是一种哲学加上一定的上层建筑，包括迷信、教条、仪式和组织"。从这个意义上讲，在道教出现前，中国还没有自己的宗教。从一般意义上说，中国是有宗教的，这就是起源很早、流传颇久的以敬天祭祖为中心的泛神教。已进入文明时代的红山文化居民祀奉女神，说明其时尚未创造出与社会现实体制相适应的男神的同时，也反映出处于母权制时代的红山文化先民已有了崇拜女祖（神）的宗教信仰。福临堡半坡四期文化的陶、石祖，是迄今见到的最早的崇拜男性祖先的宗教信仰实证。李大钊说："君臣关系的'忠'，完全是父子关系的'孝'的放大体。因为君主专制制度完全是父权中心的大家族制度的发达体"（《李大钊文集》下卷 178 页，人民出版社，1984 年）。中国的君主专制政体延续了 2000 余年，所以，敬天祭祖为中心的泛神教长久不衰。

（五）关于文明起源与形成的认识。苏秉琦于 1985 年发表的《辽西古文化古城古国》的演讲，启动了从考古学研究文明起源、形成及走向秦汉专制帝国道路的研究，使中国考古学进入了黄金时代。从此，关于古代文明的问题，成了热门话题。这一课题的讨论，正在向纵深发展，迄今取得的成果是：

其一，明确了文明起源与形成的不同含义，认识到两者既存在区别，又有着联系。国家的出现是文明形成的同义语的观点，已基本上成为考古学界的共识。学者的分歧主要表现在依据那些考古学可识别的标志判定文明是否形成的认识上。鉴于已被公认的几个原生文明古国各自都不同时具备城市、文字、金属器和礼仪性建筑这些要素，便难以依同时存在这几项要素作为探讨文明是否形成的标志。杜正胜首先以"国之大事在祀与戎"作为检讨文明形成的依据，无疑是把握了中国古代文明特质的立论。由于史前社会已存在着祀与戎，故笔者提出"当祀与戎复杂到需要专人从事这职业，发展到成为凌驾于社会之上的权力，并且已被从事这职业的人予以控制的时候，便进入到国家的阶段"（《良渚文化的年代和其所处社会阶段》，《文物》1995 年 5 期 50 页）。文明起源是文明形成之前诸文明要素的孕育过程，故需在前国家社会中求索文明的起源。这一点已得到学界的共识。

其二，关于中国诸考古学文化的文明起源及形成，是否是均衡的和一元的，先前存在不同的意见，现在，不均衡性和"满天星斗"说，已基本成为学界的共识。关于文明形成于何时的问题，已突破了形成于夏代说，在夏代之前何时形成文明，则有不同的观点。公元前 4 千纪晚期的半坡四期文化、大汶口文化花厅期、屈家岭文化和良渚文化时期，中国古代居民已掌握了制铜技术，进入了铜石并用时代。在这个时代，制石、制玉工艺得到了空前的发展，形成了红山及良渚两个玉文化中心，轮制制陶技术已相当普及，又发明了水井和用于建筑的土坯，同时，社会分工与分化获得了纵深发展，出现了制石、治玉、制陶、冶铜等专业家族或匠人，聚落分化了，出现了中心聚落和城，社会以父权家族为单位出现了贫富分化，巫师和掌握军权的王成了凌驾于社会之上的显贵。总之，这是个继产生新石器时代之后，伴随着技术革命飞跃发展而来的社会大变革时代。我个人认为中国古代文明的形成当在这个时代。

其三，苏秉琦探讨了中国文明起源、形成的不同道路或模式和中国同中国以外的世界文明的关系等问题，提出了可区分为"原生型"、"次生型"和"续生型"，以及面向海洋和欧亚大陆的"中国两半块和世界两半块"是相互衔接的认识（《中国文明起源新探》129～136 页、144 页，商务印书馆（香港），1997 年）。这些别开生面的观点，是发人深思的。

其四，关于古代文明社会的性质与发展阶段的问题。原先作为主流观点的奴隶制度社会说，已日益被学者摒弃。杜正胜和日知教授认为中国古代社会是城邦制（杜正胜：《周代的"封建城邦"》，《古代社会与国家》449～478 页，允晨文化，台北，1992 年；日知：《古代城邦史研究》，人民出版社，1989 年），苏秉琦提出中国古代文明发育于发达的古文化，经过"古城"、"古国"、"方国"，发展到秦汉帝国，论证了从文化的多元一体到政治上多元一统的发展过程（《中国文明起源新探》108～129页，商务印书馆（香港），1997年）。而我个人认为：包括西周在内的以前的文明社会的"基本内涵是：父权家族、贵族、平民、农村公社（井田制）、神权、王权、宗法制、礼制和分封制。这些内涵的损益及其形成的结构，表现出这时期社会的阶段性变化"（《考古与文物》1997年1期21页），而将其区分为半坡四期文化及其稍后时期、龙山时期或其后段、夏商时期和西周这四个阶段。

二　存在的问题与前瞻

在讨论这问题之前，先讲讲考古学的局限性。这是因为三代及其以前时期考古学进展、实事求是地评估存在的问题和前瞻，无不受制于考古学的局限性。

考古学和其他学科一样，存在天生铸就的和受制于一定时代科学水平的局限性。考古学是揭示、研究古代遗存及其呈现的时空关系、矛盾，并据此探讨人与自然、人与人和人的观念形态的一种历史学科。由于考古学研究的是遗存而且是物质的遗存，因此，不仅难以见到人们物质活动的全貌，更不能研究以文字、语言才能表述的那些非物质的人们活动，只能探讨人们于物质的及其体现的人们的行为及精神方面的内容，同时，目前的学科手段，难以准确地确定遗存建造、使用及废弃的时间，也不易了解遗存所在的空间，即留下遗存的那些人们当时所处的自然及人文的环境。同时，估计今后二十年内科技手段的进步，也不易改变那些制约考古学发展的当今科技水平的基本状况。基于这些认识，现对中国大陆三代及其以前的考古研究的问题及其前瞻，做以下讨论：

（一）填补空白，加强薄弱环节。三代及其以前的考古学现状，存在着地区不平衡、同一地区的不同年代或不同文化遗存的研究不平衡、同期或同文化的遗存类别的研究不平衡和同类型遗存的研究水平不平衡。解决这四个不平衡，乃当务之急。办法是在不影响学科先进领域继续前进的情况下，努力做到填补空白，加强薄弱环节。科学的发展，是个创先进、赶先进不断螺旋式的循环过程。在解决已有的不平衡的同时，又将出现新的不平衡。不平衡永远存在。如果以现今先进水平为标准，在今后二十年左右时间内，把以上几个方面不平衡的问题解决了，那么，学科的研究则将出现崭新的局面。

（二）两步并成一步走。所谓两步，是指"区、系、类型研究"和"文明起源、形成及走向秦汉帝国道路的研究"。这两个课题在中国大陆具有普遍性。前者是苏秉琦于1975年提出来的，后者则是他在1985年提出来的。这两个课题提出的时间虽有先后，但这两个课题的探讨，则不必机械地仍旧分作两步走，应两步并成一步走。

两步并成一步走，不仅是出于需要，而且也是可以做到的。因为解决考古学文化区、系、类型，即考古学文化序列、谱系这类问题，只用打一、两条探沟，甚至沿遗址断崖切出适当剖面的小规模发掘，就可以达到目的。探讨文明起源与形成问题，则需做大规模的发掘工作，甚至是对遗址或墓地进行整体揭示。由于两者所需工作规模不同，所以，在定点大规模或全面揭示一遗址或一墓地之前、之后或同时分出少量人力，对这遗址附近的遗存进行适当的调查和小规模的试掘，即可达到目的。使用这种方法所以能达到目的的原因：一是在绝大多数的情况下，定点大规模或全面揭示的遗址或墓地，往往是不同类型文化的多层堆积，所以对它进行认真的揭示，就可识别出若干不同类型的文化及它们的层位关系；二是任何一种考古学文化必定分布于一较广阔的地区，而这地区内的一些小的自然区域，例如一河流的小支流的文化分布与结构等状况，往往是其所在地区的文化分布及结构等状况的缩影。所以较全面地了解了这小支流的情形，就基本上能把握它所在地区的文化种类、分布、年代顺序以及诸文化的面貌、特征、性质等方面情况。

（三）开展聚落群的研究，探讨聚落与聚落群的变异。聚落考古必须在对一聚落进行大规模或整体的揭示的前提下，搞清楚每一遗存单位的具体情况和同期诸单位的布局。这里所说的同期，是据层位学断定的同一地面。只有使诸遗存单位的年代关系达到这样精确的程度，才能实实在在探讨它们的相互关系。遗憾的是，迄今为止的大陆聚落考古，基本上都未能达到这一要求。

聚落群研究，则是在探明聚落的前提下，探讨同一文化同一时期的聚落的分布与聚落间的关系，并据此求索住居于一定数量聚落中的人群组成的社群的组织结构等方面的情况。这是研究聚落群的基本要求。这类工作规模巨大，难以在一文化所在的整个地区内进行，只能在其中的一个小的区域或一小河流流域内开展工作。聚落群考古有两个难题：一是如何确定哪些聚落构成当时实际存在的一聚落群；二是如何认定聚落群共时。这两个难题，互有联系，现做如下讨论。

目前确定聚落群共时，主要是依据^{14}C测年和类型学研究两途径。前者机率只有68%，不易认定被研究的聚落是否真实共时；后者可靠一些，但目前依类型学所确定的期别中，有的期别年代过长，据此定为共时的聚落，有的实非共时。解决这一问题的办法，是依类型学把期别划得更细些，这是可能做到的。共时，是确定当时实际存在的聚落群的必备条件，但这一共时概念下的诸聚落并不一定就是当时实际存在的同时的聚落群。要确认当时实际存在的同时的聚落群，还需要其他的条件，比如交往的物件、聚落间的交通、诸聚落的人群是否存在亲属关系以及聚落的规模、内涵、结构是否存在互补性等等。要寻找这些证据，虽然很难，但从目前掌握的手段来看，还是能做到的。

搞清楚同时期诸考古学文化，和同一谱系不同时期考古学文化的聚落与聚落群，就明白了它们的空间变异和时序变迁。聚落内涵、形态、结构与布局和社会经济、人际关系及意识形态乃至生态环境，均存在着密切的关系。故聚落与聚落群的研究，就能从整体上把握一聚落居民社会经济、文化、人际及人与生态环境的关系，和同时期的居民社群的关系，以及同一文化或同谱系的诸文化不同时期的居民社会的历史变化，和不同谱系的诸考古学文化的生态环境、社会现象及社会结构等方面的异同及其相互关系。聚落群研究的作用及意义如此重要，故对透物见人、研究历史为目标的中国考古学来说，当把它作为一极为重要的工作开展起来，并尽力认真做好。

（四）跟上自然科学与技术的发展步伐，积极利用当代自然科学与科技成果，使中国大陆三代及其以前时期的考古研究获得更多的支撑和生长点。运用自然科学与技术更多地吸取遗存的信息和提高信息的精确度，是中国考古学的优良传统。继承这一传统所经历的道路，虽有曲折，总的趋势却是光大了这一传统。在这方面目前存在的问题是：首先，是对自然科学与科技运用于考古学研究的能量的评估，存在着失实的倾向；其次，是已做的工作大多缺乏系统性；再次，从当今自然科学与科技发展状况来看，不仅未能将自然科学与科技充分运用于考古学研究，甚至还存在不少空白。可见，为了更全面地揭示三代及其以前时期历史进程，还需更系统、更全面地利用科技手段加强对遗存的测试。

1998 年应秦孝仪先生的邀请，于台北故宫博物院发表了题为《夏、商、周三代及其前期考古学的进展与前瞻》的演讲。此演讲稿发表于《故宫学术季刊》第 15 卷第 4 期。该稿于 1998 年 3 月 24 日写成于台北"史语所"。

以世界的中国姿态迎接新世纪

——中国考古学跨世纪的回顾与前瞻国际学术研讨会（1999·西陵）开幕式的致词

中国考古学从 20 世纪 20 年代诞生，经历周口店、殷墟和斗鸡台的发掘，再经过近 50 年来，特别是最近 20 年来的工作，已累积了比较系统的资料，产生了自己的技术和方法，提炼出了适合中国历史的理论，为再现中国历史做出了杰出的贡献。中国考古学已进入了黄金时代。

当我们回顾中国考古学已走过的历程，一代一代学人为中国考古学的奠基、发展树立起来的一座又一座丰碑，再一次展现在我们的眼前。我们同时也见到的事实是：为中国考古学前进奋斗的学人，已处于新陈代谢的重要时刻，于 80 年代初前后走出校门参加考古工作的学人，已成为 20 世纪最后 10 年的中国考古学的主力军。我们怀着深切的敬意鸣谢先辈学者的同时，也清楚地看到现今的主力军，将成为新世纪中国考古学的领导。

正确地认识历史与现实，是实现正确领导的一个重要条件。这是"中国考古学跨世纪的回顾与前瞻"会议基本上只邀请当代中、青年学者，尤其是中年学者参与讨论，并希望他们提出重要认识的原因。

这次会议除了追求上述目的外，还将就国外的中国考古学以及中国考古学一些前沿课题进行讨论。这些聚集在此的朋友，虽是来自不同地区与国家，讲着不同的方言和语言，然而，我们却都是研究中国考古学的学者，有着共同的使命，因此，我们相信通过这些学术讨论，会重温老朋友的情谊，结识新朋友，增进相互之间的理解，共同把中国考古学推进到新世纪。

在这世纪之交的转捩时刻，整个世界的国际化令人瞩目。交通和通讯的进步，整个世界经济的国际化，地球相对缩小了，"地球村"的概念慢慢成形，我们也将"生活在没有国界的世界"中。历史学中的历史，既是历史当时的历史，同时又是当代史学的历史。21 世纪将是走向"地球村"的世纪，人类的观念，也将随着现实的变化，改变原有的观念，出现新的意识形态，历史与文化观也将随之变化。苏秉琦教授生前说得好，"区系的中国是方法论"，"世界的中国也是方法论"，"把区系观点扩大为'世界的'观点，从世界的角度认识中国，一方面在用区系观点看中国的同时，也用区系观点看世界"。我想当我们"用区系观点看世界"的时候，中国的历史与文化，不过是世界历史与文化中的几个乃至一个区系而已。当中国加快拥抱世界和"地球村"逐步形成过程中迎接新世纪到来的时候，我们虽然还不能确切而具体地讲清楚会出现哪些新的历史与文化的观念，然而可以指出的是上述"世界的中国"的历史与文化观，将成为中国考古学的主流意识。让我们以此姿态走向世界，迎接新世纪到来吧！

原刊《中国考古学跨世纪的回顾与前瞻——1999年西陵国际学术研讨会文集》，科学出版社，2000年。

考古学当前讨论的几个问题

有的学者把当前考古学的主流派，称为"传统考古学"，自称为"新考古学"。他们的主张曾有过变化，现又有了新的变化。这些学者新近发表的论著，继摒弃了"类型学顶多可以说成是方法，层位学只能是技术"，以及"把层位学与类型学归为考古研究的中间理论"的观点之后，也已认为层位学与类型学同为考古学的方法论了。看来，一些基本问题的认识，已有些趋同。这是好的现象，令人高兴。不过，重要的分歧不仅依然存在，而且，他们又提出了"超新考古学"的新识。

本文，就他们新近提出的论点，归纳如下三个问题进行讨论。

一 关于考古学文化的问题

考古是广义史学中的一个学科。透物见人，研究历史，是考古学区别于狭义史学的主要之处，也是在这点上，和民族学或文化人类学存在着某些原则的区别。

可是，"新考古学"或者"新阶段的考古学"（为简便起见，这里有时称为"新派"）则主张要"用人类学的文化概念看待考古学文化"，说"人类学的文化概念是一个极普遍意义的概念，它进入某一学科，常常变成一种认识工具，使人们对这门学科的研究客体可以有更好的把握。文化这一概念进入考古学，扩大了考古学文化的领域，使研究者对考古学文化做出整体性的思考，这正是科学进步趋势的一种表现"。用意可嘉。实际怎样，却可商榷。

什么是人类学的文化？它在人类学中是一庞杂的概念。当今包括"新考古学"者在内的中国"新派"学者推崇的《文化的变异——现代文化人类学通论》（［美］C.恩伯，M. 恩伯著·杜杉杉译，辽宁人民出版社，1988 年）说："文化包含了后天获得的，作为一个特定社会或民族所特有的一切行为、观点和态度。"作者还同时认为动物后天所习得的行为，亦属"文化"。"新派"论者在对人类学的"文化"的任何定义不做说明的情况下，即"以为其范畴应包含物质的（或称技术的）、社会的和精神的（或称意识的、观念的）三个方面，考古学家应当研究具有这种含义的文化的进化发展过程"。这并非新识，实质上，这不过是马克思主义中的生产力、生产关系、物质基础与上层建筑另一形式的表达。众所周知，这从来是狭义史学和考古学研究的范畴。

考古学"研究工作的全部目的是重建已逝生活（彼特里）"。如何"重建已逝生活"？正如"新派"论者所说，是通过"陶器、工具、武器、装饰品、房子、墓葬形制及死者葬式等等一系列形态特征及其组合的"变化，"了解人们群体的发展、迁徙和相互影响"。这当然要涉及物质的、社会的和精神的三个方面，亦即人与自然、人和人以及为了实现社会管理所需要的制度及意识形态，和表现生活及感情的艺术。可见，"用人类学的文化概念来看待考古学文化"，并未给他们称之为的"传统考古学"增加了什么新的内容。

人集结为群，或人以群分。人是以群或实质上是处于一定社会关系的人为单位进行活动，创造历史。狭义史学有地区史、国别史及世界史之分，民族学以村社、社区、民族和族群，或以氏族、部落、宗族、部族和民族划分人群，考古学则以考古学文化区分人类的不同群体。此理自明，均是从自身研究对象出发，以达到具体地、客观地研究客体，以便在坚实的基础上，从微观进入宏观，即对人类作总体的考察。正如不能以识别民族的标志当成研究民族的全部内容和终极目的一样，考古学也从未以识别考古学文化作为它研究的全部内容和终极目的。这是"新派"论者理当明白的。然而，他们在不顾忌自己文章中指出的"他们研究工作的全部目的是重建已逝生活（彼特里）"的同时，硬将识别考古学文化的标志，说成是"传统考古学"研究的全部内容和终极目的。显然，这是把"新考古学"描绘成巨人的时候，先得把"传统考古学"打入小人国。

为此，他们还惊呼："在很长时间内，陶器的分类，即其分型、分式、分期几乎占有考古学研究中至高无上的地位。"陶器的类、型、式与期，是不同的概念。陶器的分类不等于型、式与期的划分，因此，"即其"两字，似乎使用得不确切。至于那"至高无上的地位"，只是扣在"传统考古学"头上的一顶帽子。将陶器作类、型、式、期的区分研究，是划分考古学文化、探讨考古学文化谱系和进行考古学文化分期必须进行的工作。不如此，岂不是把研究对象搞成一锅粥！其实，学术中课题研究的地位，是相对于资料的积累程度及所可能吸取的信息而言的。可以说，对陶器进行的区分类、型、式及期的研究，在一定条件下，也是站在"至高无上的地位"。

总之，考古学是广义史学组成的一个部分。它的任务是研究历史的，而历史自当包含物质的、社会的和精神的三个方面，或人与自然及人与人的关系，以及社会制度、意识形态和艺术等方面的广泛内容。因此，"用人类学的文化概念来看待考古学文化"，不仅未能给考古学文化输入新的血液，而且，由于它舍弃了界定考古学文化的标志，则将给考古学研究带来混乱。至于"人类学的文化概念……进入某一学科，常常变成一种认识工具"，这种把学科的研究对象可变成认识另一学科研究对象的工具的说法，实在令人难以理解。同时，正如我以前所指出的那样，考古学只能研究人类整个历史的一个侧面。而且，也永远难以全面地揭示这一侧面，在这一现实面前，作乌托邦式的追求，只能有害于科学。

二 "新考古学"到底新在哪里

我在 1992 年接受《东南文化》的采访中，已就这个问题发表了不少意见。现在他们把对古代居民进行的环境研究及聚落研究，以及对考古学所见的人工或自然遗存进行的计量研究和进行的测试及鉴定，说"是在 60 年代以后考古学新阶段中出现的"，并把至本世纪中叶，或 60 年代以前的考古学，称之为"传统考古学阶段"。所谓"考古学新阶段"，实际上是他们以往鼓吹的"新考古学"的别名。值得注意而耐人寻味的是，他们为什么不径直地言之为"新考古学"了。

同时，他们又说"对于传统考古学和以后的新阶段的考古学，至今还没有形成能够准确表述其理论、方法特点的专门名称，表明考古学理论思考尚不成熟。"既然如此，划分"传统考古学"与"新阶段的考古学"或"新考古学"的标志是什么，又为什么要做此划分呢？

"'层位论'和'形态论'则是传统考古学的两大方法论支柱"，"文化论""类似于考古学理论中的本体论"，"既有本体论，又有方法论，从而构成了传统考古学的理论框架"。这是他们提出的新认识。据此，又如果将"文化论"中被他们改造的那部分剔除，并让其回归到原来的范畴的话，那么，被他们称之为"传统考古学"的理论思考，并非"尚不成熟"。事实上，正是依赖被他们称之为的"传统考古学"，使考古学成了广义史学中的一个独立学科，做出了引人注目的成绩，改变了狭义史学某些领域的面貌。看来，"尚不成熟"的只是"新考古学"了。

且看他们说的"考古学新阶段"的那四论吧！首先，运用自然科学手段鉴定、测试考古学发现的人工及自然遗存，无疑给考古学研究增加了不少信息，甚至是十分重要的信息，从而开拓了考古学研究的新领域，但是，是否称得上考古学上的方法论，很值得怀疑。

其次，考古学的聚落及环境研究和用科技手段鉴定、测试古代人工及自然遗存，均非起始于 60 年代，同时，包括论者所说的计量研究在内，又无不受制于层位学与类型学，或者其结论及价值仍需接受层位学及类型学的检验与评估。更值得注意的是，写了《中国新石器时代聚落形态的考察》的严文明，本人就是反对"新考古学"的。至于苏秉琦的古文化、古城、古国论，则根本扯不进聚落研究，因为他讲的是文明的起源、形成以及走向专制帝国的道路问题，哪里是"聚落论"所能涵盖的。

再次，论者所提到的那四论，是包容于"传统考古学"之中的。它们在推进中国考古学的发展中，已表现了自己的功能，而且，对促进中国考古学的今后发展，将起着愈来愈重要的作用，然而，可以预计的是，它们终不能替代或改变考古学现行的基本理论及方法。看来"传统考古学"并未成为传统，难以成立的只是"新阶段的考古学"或"新考古学"。

众所周知，60年代初，我国处在经济困难时期，其时，仅有的三大考古杂志，不是停刊，就是出不满期，肚子刚刚吃饱，又得接受"千万不要忘记阶级斗争"的思想，接着就是"文化大革命"，一直延续到70年代中期，不但缺乏搞学术研究的宽松的政治环境，甚至停止了一切学术研究。事实上，他们列举的被认为属于"新阶段的考古学"的成果，除少数一二种是在60年代初期发表的外，绝大多数都是80年代以来发表的。那么，他们认定"新阶段的考古学"于60年代就开始替代"传统考古学"的说法，不仅缺乏根据，而且也太不顾忌时代了。像他们讲的那样的好事，岂能始于这个年代，不过，他们这样说是自有目的的。恕我直言，无非是想和路易斯·宾福德挂上钩，把中国考古学的过程，说成和美国一样。这就太不考虑中国的实情了。事实上，影响中国考古学基本过程的，既不是宾福德，也不是"新阶段的考古学"，而是夏鼐和苏秉琦。

三　走向未来的道路

有人说，考古学的未来，是"全息考古学"。

物理学认为宇宙是个磁场。气功师接过这话，说人是万物之灵，是这磁场的一部分，经过气功修炼，就可认识这磁场，发现宇宙的规律。其中的道理是，"部分可以映射整体，时段能够映射发展过程。"跨出真理一步，就是谬误。

不过，"全息考古学"论者，是在探索科学，故持谨慎态度，说"现在提出的关于全息考古的认识，只能算作是有了一种新的视角和启示，只是一种尚处于萌芽状态的理论或思想"，"并非在于它的现实可操作性，而是它的思想前瞻性。"

言到"前瞻性"，似乎还应该说，到了可操作的"全息考古学"出现的时候，则是现代考古学，甚至是当代的整个科学消亡之时。但是，依哲学中的相对真理与绝对真理之说，人们的认识，只能接近绝对真理。所以，"全息论"仍不能全息。

让我们从神话般的世界回到人间。

"考古学是科学，但也可理解为艺术。"前句话是对的，后一句话值得商榷。

"说考古学也可当作艺术，还在于其研究对象又往往是艺术的。"依论者的"表现主观愿望，在事物的分类中，则属于艺术"这一对艺术的界定，则对象制约研究，限制研究者的自由表现，难以实现论者所称的表现主观愿望的艺术。艺术史归之为科学，就是这个道理。"如把考古学解释，看作是追求科学性过程中的必然产物。其中既有客观性的东西，也有主观性的内容，那也就不能排除其艺术性的成分。"如此说来，一切含解释性的科学，都"可理解为艺术"。而把"考古学研究当作艺术的自由创作"则只能导致谬误。这是科学工作者力求回避的歧路。受研究对象限制产生解释性的错误，或因主观能力而出现的解释性的错误，往往是科学工作者力求避免而又难以避免的现象，但这都是在客体这一舞台进行的活动，则不能归之为"表现主观愿望"的艺术。把与研究客体不符的主观性解释称之为"艺术性的成分"则是美化谬误。事实上，被艺术表现的主观愿望，正如人不能提着自己的头发而离开地球一样，这"主观愿望"也难以全然超出客体。所以说，艺术来源于生活就是这个道理。

应拒入"艺术论"为谬误启开的方便之门，更不能倒退到文艺复兴时代。因为，考古学走出了艺术史的窄径，早已迈进了史学的原野。

离开沙发，钻进地狱，直面艰辛，勿尚空谈，才能解决考古学的难题。

什么是考古学？简单地言之，就是揭示、研究遗存及其呈现的时、空矛盾，并依此探索人类以往社会历史规律的科学。

人类社会，是自然界的组成部分，又高于自然界。相互之间，存在着关联；运动规律却有区别。以自然规律替代考古学对象运动规律的研究，不仅过于简单，而且有害于考古学的发展。

衡量科学水平之高低，在于对同一现象吸取的信息量及阐释之深、广程度。

层位与类型是遗存的自存形态。依据层位与类型，才能正确地揭示遗存，从中获取遗存的基本信息。科技能帮助考古学者从遗存中取得仅据层位及类型难以得到的信息。人们对遗存的揭示、解释是否正确，以及研究和评估科技从遗存中吸取的信息，均受制于层位学与类型学。层位学与类型学贯彻于揭示、研究遗存及其呈现的时、空矛盾的始终。科技的巨大进步，将有助于推动考古学的发展，然而，考古学的未来革命，最终取决于对考古学对象运动规律的把握与运用程度。

透过遗存层位与类型，方能探知考古学对象运动规律。考古学前进的必由之路，是深化层位学与类型学的研究。

层位学与类型学，同考古学的实践存在着互动的关系。方法、理论对实践有着重要的意义，然而，实践却是方法、理论生长、发展的土壤。在揭示、研究遗存的考古学实践中，应不断推动层位学、类型学的发展。只有从考古学实践中探索、推进层位学、类型学的发展，并用进步的层位学、类型学指导考古学研究，同时，对科技及其他学科持热情态度，敞开大门，吸引它们参与探索人工及自然遗存乃至遗存主人的奥秘，坚持实事求是，遵循已经形成的轨迹，中国考古学才能获得新的发展，健康地走向未来。

山西省考古学会第三届年会于 1993 年 4 月召开，邀我参加会议，要我在会上作专题学术报告。我在这次会上作了个发言，整个发言刊在《山西省考古学会论文集》（二）。曾抽出第二部分经修改后单独发表在《中国文物报》1993 年 10 月 24 日第三版。现将收入《中国考古学：走近历史真实之道》的此文，再刊在此集中。

考古学的局限性

关于考古学的优点、长处，包括我在内的考古学界同仁已讲了很多。而考古学的短处，即局限性问题，我们议论得较少。现在似乎是该讨论这些问题的时候了。

人们可以从不同的角度给考古学下定义。我想考古学也可被说成是这样的科学，即：考古学是研究古代遗存及其呈现的时空、差异、矛盾，并据此揭示人们的社会关系和人与自然关系的一种历史科学。假如关于考古学的这一说法还能讲得过去的话，我想它的局限性是可想而知的。

首先，考古学研究的是物质遗存和处于诸如墓葬、房屋、墓地、遗址等内的诸物质遗存的相互关系，以及在某些情况下观察到的人与物质遗存的关系。然而，人的活动，不仅限于物质的领域，还存在于广阔的精神世界，诸如礼仪行为以及仅能用语言、文字表达的思想。当然，人们的物质活动受人们思想的支配并是人们思想行为的结果，但我们可能探索到的仅是体现于物质遗存上的那些思想。例如，考古学可见到刑具、监狱等实施法律的遗存和庙宇及其他宗教遗迹，以及表现某种世界观的建筑，但我们却难以据此了解法律的具体内容及其执行情况、宗教教义和建筑能体现的世界观以外的相关的哲学思想。可见，考古学只能见到人们表现于物质的活动和能揣测到物质遗存所能体现的人们的关系及其他思想等方面的内容。总之。考古学只能研究历史的一个侧面。

第二，我们见到的是遗存，是不完整的东西。遗址自不必说，考古学者也难发现一处保存完整的墓地，即使是墓葬，由于深埋可能保存得好些，但与墓葬有关的当时地面上人们的活动场所，却往往不能被完整地保存下来，甚至被全部毁坏了。所以，考古学也难以见到人们物质活动的全貌。

第三，是难以准确地确定遗存的时空。

首先谈空。空者，空间也，即地点、环境。地点，似乎好确定，其实不然。因为我们所说的地点是指被研究的遗存其时的所在地点，非其前、其后的地点，更不是现在的地点。而且任何一地点不是孤立的，是处在特定的人文和自然的环境之中。如此说来，了解这一地点就难了。

先说人文环境，要了解它，先得明白当时的交通。很长一段历史时期的路是人走出来的。至今的考古学虽在聚落中发现过路土，以及漕运遗迹、栈道这类遗存，但聚落与聚落之间的路，却没有听到有人发现过。要找到这样的路实在太难了。找不到路，在目前掌握的技术、方法的情况下，实难以精确地估定聚落的共时性。不能精确地判定共时性的诸聚落，如何探讨聚落之间的关系。聚落的共时性，只是探索聚落间关系的前提。在确定好聚落共时性的情况下，要究明聚落间有无产品交易、文化交往和人际及政治关系，以及这类关系处于何种状态和如何运作等问题，对考古学研究来说，不仅相当困难，有的甚至是无法进行的。

再说自然环境。现在科技手段虽然能帮助我们了解一些，但不能把被研究的遗存所在的环境全都了解清楚。目前流行的办法，是通过动物遗骸的鉴定及孢粉分析来了解自然环境的。动物遗骸采自遗址及墓葬，是当时人工弄到的，人工弄不到的，考古学就见不着。而且，采自遗址的动物遗骸，并不是人工搞到的都能被保存下来。用于墓葬随葬的，也经过人的选择。所以，这类资料都难以全面地收集。孢粉分析也存在一些问题。我国遗址的堆积，是靠破坏下层生土或原先的文化层而形成的，这样，就把含在生土中的或先前文化堆积中的孢粉带到其时的堆积中来，还有蚂蚁、蚯蚓及老鼠等动物的活动，可能将晚期层位的孢粉带到早期层位中去或反之。这样，我们实难从人工活动的文化层等单位中采集到只属于所研究时期的孢粉。能否从所研究时期的自然形成的地层中采集到其时其地的孢粉呢？这也十分困难。其一，我们所研究的时期，年代不长。年代不久，自然形成的地层较薄，在目前的技术条件下，这样的地层难以确定；其二，还有个孢粉飘移问题。孢粉飘移，不仅飘移其时远在外地的孢粉，还会飘移来其时外地人翻到表土层中而属早期地层的孢粉。这给了解具体地点的植物环境带来的困难是不言而喻的。

如此说来，考古学要确切、全面地了解处在特定的人文和自然环境中的空间，实在很难。

其次说时。中国考古学作出的文化分期，已相当精确，但只是相对年代。至于用科技手段测年，即使最能较准确地测出年代的放射性碳－14断代，也不能测出真实年代。因为，目前所有碳－14年代数据所存在的标准偏差，只有68%的几率能落在真实年代范围内。更应指出的是，依据碳－14，甚至有的考古学文化分期也搞不出来。例如，现在考古学能将殷墟分为四期，平均起来约为70年一期。用碳－14测年，可能三期被测成一期，一期被测成二期等等。这里顺便谈谈夏商周断代工程的问题。组织人力，拿出钱来，制定计划，搞三代纪年，无疑动机很好，热情可嘉，但这是否是科学决策，则完全是另外一回事，这一决策的前提就错了。例如，他们声称要走出"疑古"，其实早就走出"疑古"了。他们说要五年搞出来，依我看，不要说是五年，就是更长一些时间，例如再加二三年，我看也未必搞得出来。为何作此估评，且听我在下面讲的理由。

第一，依靠文字材料搞三代纪年，能做到的，不说全都做了，我看也差不多了。三代能利用现代天文学成就测定年代的天文资料不多，同时，对比较成功地依据天文资料确定的古埃及和两河流域古代国家的年代学，至今还存在着不同的认识。即使据三代天文资料测定出一个两个纪年数据，也难以据此确立不无争议的三代年代体系。

第二，夏、商、周三代是不同的三类考古学文化建立的更替的王朝。即使我们科学地界定出夏、"先商"、"先周"文化的年代下限和商、周文化年代的上限，也不能依此确定商代夏及周代商的具体年代。其原因有三：一是因为考古学文化演进是否与王朝更替同步？这问题至今在理论上和实践上都没有解决；二是即使同步，这问题也难解决。这是因为现今三代考古学文化分期的期别年代约为百年左右，从中难以得出禹传启、商代夏和周代商的绝对纪年；三是假如考古发现了禹传启、商代夏和周代商的始建或始用遗迹，也难以据此确定禹传启、商代夏和周代商的绝对年代。这是因为这个绝对年代需靠碳－14 测定，而要确定这三个绝对年代的测定标本实在是件极不容易的事。即使确定了，目前掌握的测年的科技手段也测不出其真实年代来。

据说搞三代断代工程得依靠测年科技手段的进步，这谈何容易，不要说五年，就是再长点时间，也不易进步到能搞出真实年代的水平。除此之外，据说还有个办法，那就是"重大科学问题上的民主集中制原则"。科学是追求真理，在真理面前人人平等，哪容得民主集中制！发展科学需要的是自由、民主的环境，是百花齐放、百家争鸣的局面，如果三代断年能仗民主集中制行得通的话，我想不必等五年，现在也可以搞。

话扯得远了，还是回过头来谈考古学在断年上的局限性。前面说了依靠科技测年难以测出真实年代问题，这里还应进一步指出的是，依据考古类型学的桥联法确定的同期，也不见得是绝对意义的同期。

例如，依据商代二里岗文化分为早、晚两期的话，当然这是个粗分法，还可以细分，即使如此，依此标准就可把盘龙城遗址、石门皂市遗址及吴城文化早期的年代归入二里岗文化晚期。然而，二里岗文化晚期人们迁徙或该文化的因素传播到盘龙城、皂市和吴城应经历一个过程。因此，这些地点或地区间的年代，实际上当存在着差距。目前我们还无法计算出这类年代差距。在此情况下，把它们当成同期的进行研究就将出现不少问题。

又如，依据考古学分期和碳－14 测年，可认为半坡文化各期的平均年代约为 250 年左右。依此，假如我们在一条河流沿岸调查出同属一期的若干处半坡文化遗址，能否视为同时的？答案则是同期不假，同时未必。比如说，其中的几个居址是这期前 100 年内存在的，另一些居址则只存在于 250 年内的中间 50 年，再有一些居址则存在于这最后的 100 年，如此等等。我们如不估计到这些情况，认定它们都是同时的并进而研讨半坡文化聚落布局这类问题，所得出的认识就会偏离实际情况。

可见，无论是依据科技手段测年，还是据考古类型学的桥联法确定的同期，在考古学年代问题上都存在着局限性，难以达到对研究客体的真实认识。

考古学是存在如上所说的局限性的。对考古学的局限性，我们不仅不能回避，而且应勇于直面它。唯其如此，我们才不会对考古学提出不切实际的要求，不会在做研究时把话说得过满，而能有个分寸，使考古学的历史研究更切实一些，科学性更强一些。

1996 年 4 月，我刚从美国归京后不久，听说要搞夏、商、周三代断代工程了。我马上认为这是为实现或追求长官意志以群众运动搞科学！是不是大跃进运动又要来了呢？1996 年 9 月 30 日，孟华平来电话催我交《长江中游史前文化结构·序》。他邀我写这个序，已近二年了，便对他说，写不出来，不写了吧。当晚躺在床上，睡不着，12 时多起来，费了约两个小时，便草成了从考古学局限性角度谈断代工程的文章，以此充作序，于当日交了出去。1996 年 10 月 11 日在北京大学演讲时，也讲过此文的内容。此文原载《故宫博物院院刊》1999 年 2 期，是就《长江中游史前文化结构·序》一文略加修改而成的。同时，为祝贺白寿彝先生九十华诞，我还将这文奉献了寿彝老，刊《历史科学与理论建设》，北京师范大学出版社，1999 年。2004 年 6 月 2 日附记。

聚落考古初论

考古发掘与研究，有以单种器物或器物群为单位的研究。有以窖穴、窑、房屋或墓葬为单位的研究，有对不同层位遗存的文化面貌、特征、性质以及它们的相对年代关系的探讨，还有以居址、城址、矿场或作坊群址、墓地等这类遗存为单位进行全面揭示，以探讨其布局、结构、形态，以及对同一时间不同空间和同一空间不同时间，或有谱系关系或无谱系关系的这类遗存进行分析与比较的研究等等。在诸如这些考古发掘与研究中，后一类研究，称之为聚落考古。

具体来说，聚落考古应包含如下几方面内容：其一，是单一聚落形态、布局及结构的个案研究；其二，是同一考古学文化同时期聚落的分布及其相互关系的探讨；其三，是同一考古学文化不同时期或同一谱系不同时代的诸考古学文化的聚落形态、布局、结构和聚落分布的分析；其四，是不同谱系同时期诸考古学文化的聚落的相互关系，以及这类聚落形态、布局、结构和它们的异、同的探索；其五，是聚落与生态环境的关系。或许聚落考古还有其他方面的内容，我想这里指出的五个方面，当是聚落考古的基本内涵。概而言之，聚落考古实是考古学引进社会学及人文地理学原理以聚落为单位进行的考古学研究，目的是探讨居住于一聚落中的人与人的关系（或曰聚落社会的结构），和聚落社会之间的相互关系与聚落社会的时、空变异，以及聚落社会同自然环境的关系。不同类别的考古学研究，均以以物论史及透物见人为目标，同时，在不同程度上都能实现这一目标。如就工作规模、视野广窄、洞察深浅和以物论史及透物见人的能量大小来看，在不同类别的考古学研究中，聚落考古规模最大，能提供数量较多、质量更高的信息，从而能增广研究者的视野，提高研究人员的洞察力，和增进学者以物论史、透物见人的能力。因此，聚落考古在考古学研究中处于较高的层次或层面。

聚落考古一词，始用于80年代，是从美国传入的。实质上的聚落考古，在我国于30年代即已出现，殷墟宫殿区与王陵区的揭示，便是这类研究。自50年代起，先是学习前苏联揭示特黎波里的大面积发掘法，后是以全面发掘法所进行的居址和墓地的揭露，例如半坡居址、元君庙墓地以及一些城址的发掘与勘探，均可称之为聚落考古。至今，我国考古学在这一领域的工作，已积累了较为丰富的经验，在某些方面，于世界考古学中已占据领先地位，并已获得了数量可观、质量较高的珍贵资料。例如，我们已能基本上勾勒出从母权到父权、从村社到台城以及古代城市演变的图景。同时，应指出的是，由于研究者在这一研究领域的目的性尚不十分明确以及其他方面的原因，虽然实际上已做了聚落考古，但在不少情况下，丢失了一些可以抓到的机遇和不少应得的信息，而没有更好地达到聚落考古的要求，尤其是在较多的情况下，未能自觉地以社会学及人文地理学原理进行聚落考古的研究，使聚落考古没能获得较好的视角，达到与工作规模相称的水平，这当引起今后工作的注意。

揭示居址、城址、墓地等这类集群遗存中的同期诸单位的平面布局，是聚落考古的首要而又必须达到的追求。这里所说的同期，是指同于一时期使用这一意义的同期。要把年代确定于这一范围，实是很高的目标。现在，任何科技手段所能测出的年代，实难达到这一标准。

考古类型学确定的考古学文化的期别，年代较长，故依此定的遗存的期别，只能认做这些遗存曾在这期别内被使用过，而不能把同属一期别的诸单位，视为同于一时期使用的遗存。例如，《姜寨》报告依类型学划分出来的一、二期遗存（均属半坡文化），其中一期房屋 120 座，但这 120 座房屋于"相对层位"方面又存在"早、中、晚"的年代差别。这里所说的房屋"相对层位"的年代，较类型学所定的房屋年代更能贴近求证那些房屋于同一时期废弃或使用的年代[1]。故《姜寨》报告不是依类型学而是据"相对层位"所确定的房屋年代，来探讨同时期房屋的关系或聚落的布局。

因此，要确定居址、城址或墓地中哪些单位同于一时期使用的问题，就不能不涉及考古层位学。一村落、一城址乃至一墓地中的诸单位，或共处一地面，或彼此有道路相通，从考古层位学角度观之，这地面或沟通建筑、墓葬诸单位的那些道路，便是这些单位所处的层位。故探讨聚落的布局，就需在考古发掘中找到这样的层位。兴隆洼村落中均露口于耕土层下的诸房屋[2]，因其原来的地面及道路，即这些房屋所处的原层位遭到了破坏，在这样的情况下，尽管从种种迹象来看，我们虽可认定兴隆洼是一村落，但这村落中的这些房屋是否同于一时期使用的问题却无法讨论。类似的情况，亦见于姜寨。这里同属一期的 120 座房屋，《报告》虽依它们的"相对层位"将其分为"早、中、晚"三群，但这"相对层位"并非各群房屋所处的地面，或沟通群内房屋的道路，即原处层位，故不能依《报告》所认定的"相对层位"来审定各群中的房屋是否属于同一时期。可见，在考古发掘中寻找地面和道路，或者在地面、道路遭到破坏的情况下，如何据遗存叠压或打破的复杂关系，求证哪些是曾在同时期使用的遗存，是搞好聚落考

① 半坡博物馆等：《姜寨》，文物出版社，1988 年。
② 中国社会科学院考古研究所内蒙古工作队：《内蒙古敖汉旗兴隆洼遗址发掘简报》，《考古》1985 年 10 期；中国社会科学院考古研究所内蒙古工作队：《内蒙古敖汉旗兴隆洼聚落遗址 1992 年发掘简报》，《考古》1997 年 1 期。

古的关键。如何求证，我不想在这篇文章讨论这样具体的问题。

当然，即使清楚地揭示出地面、道路，以及处在这地面上和由道路连接的建筑基址，也难以如实地说明聚落废弃前这些建筑的使用情况，比如我们怎么能搞清楚哪些建筑在聚落废弃前早已无人使用，哪些是已建好了基址而未完成的建筑等这类情况。好在聚落研究，在大多数情况下，无须精确到这样程度，故可对这类情况予以模糊待之。

搞聚落考古，不仅应了解聚落中哪些单位同于一时期使用的情况，也需搞清楚这些单位的建造及废弃年代，以及结构、功能这类问题。

例如，在发掘大河村 F1 ~ F4 时，如果没有搞清楚这组建筑的改建、增建过程、各间结构及留存器物这类情况，我们就无法弄清楚居住于这组建筑的居民的主次之分，以及他们的增殖、分居以及分居后仍保持联系等具体情形[1]。

例如，在发掘牛河梁坛、冢时，如果只清理出坛、冢和它们同时使用的遗存，而没有弄清楚各个冢的建造程序及结构的话，就无法明白埋于冢内的居民的身份存在着主次有别的情况[2]。

例如，在研究元君庙墓地时，如果只搞清楚了墓地的布局，而没有明白合葬墓内居民的葬式（一次葬或二次葬）、性别、死亡年龄、随葬品的配置，就无法得出合葬墓基本上是以女性为本位包含了几代人的墓葬[3]的认识。

可见，聚落考古不仅应搞清楚聚落的布局、结构、形态，也应对聚落中各个单位做仔细的研究。

同时，需指出的是现代科技，例如航拍，对聚落考古能提供很好的帮助，然而，进行大面积乃至全面揭露，仍是聚落考古工作的基本方法。这类揭露仍需采用探方发掘。在只需大面积揭露的情况下，对那些无需探方发掘的部位，例如围沟、中心广场、城墙及道路的某些部分，则可辅以探沟乃至钻探以探明所应了解的情况。聚落考古是规模巨大的考古工程。对一个聚落的研究，少则数年，多则需几代人的连续努力，为了顺利地开展聚落的研究，就得把那些可以而又必须作聚落考古的遗存先圈定下来，切实地做好保护工作，选择人员，制定规划，适时地开展工作。

前面讲的主要是聚落个案研究的基本要求。聚落个案研究，是聚落考古的基础。如果我们把同一文化不同时期、同谱系的诸考古学文化和谱系有别的诸考古学文化不同时期的聚落，都做了个案研究，并弄明了它们的布局、结构、形态，就为聚落的演变、异同等这类研究打下了坚实的基础。然而，这类研究却不能代替同一文化或不同谱系诸考

---

① 张忠培：《仰韶时代——史前社会的繁荣与向文明时代的转变》，《文物季刊》1997 年 1 期。

② 辽宁省文物考古研究所：《辽宁牛河梁红山文化"女神庙"与积石冢群发掘简报》，《文物》1986 年 8 期。

③ 北京大学历史学系考古教研室：《元君庙仰韶墓地》，文物出版社，1983 年。

古学文化同一时期的聚落的分布及其相互关系的研究。如前所说，这是聚落考古的重要内容。

这一研究需要解决的问题是：

如何，或以什么办法确认聚落的共时性？

怎样确认同一文化不同聚落之间的关系，又如何识别这类关系的性质？怎样识别不同文化的聚落间存在的关系的性质？

考古学文化区分为不同的聚落群，是否是一定历史时期才出现的现象，何时出现，产生的条件或时代背景是什么，如何识别，区分聚落群的标准是什么？

何时在什么条件下，出现了聚落分化？以哪些标准识别中心聚落和一般聚落，怎样识别与中心聚落相关联的聚落组成的聚落群？

聚落分化与城乡分野存在什么样的联系？分化与分野经历哪些历史阶段？以及这类分化与分野同国家政权的出现与发展，是否存在着关系，又是什么样的关系？等等。

至今的研究所取得的成果，与其说是能对这些问题作出一些回答，不如说是为提出这些问题提供了条件。不仅系统地回答这些问题有待于今后聚落考古的实践，而且，是否只是这些问题，以及这些问题是否提得符合实际，总之，增益或修正这些问题，也有待聚落考古的深入。提出问题，总比不提问题要好些，提出这些问题，或许能增进聚落考古的自觉性。

聚落考古问题，我以往未进行过专门的探讨。在此，对这既是传统又颇新颖的课题，拉拉杂杂地讲一些不清不楚的意见。

1998 年 10 月 29 日成稿于小石桥寓所。此文是据成稿于 1994 年 4 月 16 日的《中国考古学实践·理论·方法》序文的部分内容修改而成。原载《中国考古学：走近历史真实之道》，科学出版社，1999 年。

中国考古学的展望

我如何回答这个题目呢？谈展望之前，我要先谈两个问题。一个是谈考古学的局限性，到底它本身有什么局限性。第二个，我们要谈一下大陆考古学的现状。在这两个前提之下，我才觉得可以谈考古学的展望。

一　考古学的局限性

那么，考古学的局限性是什么？有哪些方面的局限性？我们承不承认这个局限性？我觉得这和我们对考古学的看法有关系。人们可以对考古学有不同的看法，给它下不同的定义。把考古学看成一门历史学科，这是中央研究院历史语言研究所的传统。回顾大陆经历过的曲曲折折的道路，我觉得今天之所以有现在这样的大陆的考古学，并得到相当可观的发展，就是因为坚持了这个传统。这个传统我认为应该保持。认识这一点之后，我觉得考古学可以这么理解：考古学是透过遗存及其呈现的时、空的关系和矛盾，来探讨人类在处理自身与自然关系方面所获得的成就、人类社会关系及这种关系所产生的社会结构，和人类关于自然、社会以及关于人类自身的认识，以及由这些认识所派生的社会体制、信仰、文化、意识形态等这类社会表象，我们研究的范围大致如此。考古学既然是研究古代遗存，便有一个时间下限的问题。总之，考古学是研究文献史料阙如、或是不够的那些历史存余。归根结底，考古学是"以物论史"、"透物见人"研究古代历史。

如果我们这样看待考古学，那么它就有下列几个局限性：

第一，这个遗存是物质的，而且它只是遗存，并不是物质的全貌；换言之，我们只是看到一部分东西。人类不仅有物质方面的活动，还有很多活动需要语言文字来表达，而这些东西我们在考古学上既见不着，也很难研究。举例来说：我们可以研究宗教遗迹，但是很难由此确定宗教教义；我们只能拿现代的认识去类比，推测这些遗存可能是什么宗教的遗存。当然有些可以类比，有些无法类比。凡需要只能以文字或者语言才能表述的历史上的人类活动，考古学是不能研究的；即使是以往人们物质活动的成果，考古学家见到的也只是保留下来的遗存。我觉得这是考古学天生的局限性。所以，要依靠考古学去全面复原、研究历史很难。我们只能从遗存方面去探讨人类历史的一个侧面。人类的历史需要许多学科分工合作，从不同的侧面来研究。但是，坦白地说，我们远远不能达到历史的真实，而只能接近历史的真实。我们已经无法产生完善的、完整无缺的历史认识，只能认识一些侧面或是某些部分，也就是只能获得接近真实的认识。我曾经说过："我本着认识真实的历史的追求，走上了从考古学追求真实历史之路。这路曲折、崎岖，到头来，我才醒悟人们只能接近真实的历史。"这是我所认为的考古学因其凭藉的资料而产生的天生局限性。

另一方面，考古学研究的遗存，也要放在一定的、它自己的时间和空间来研究。透过它们互相之间的比较和关系去研究的话，就有一个问题了。方才说过，考古学研究的是遗存，它是不全面的，往往经过后人破坏，或是当时人的破坏，此其一；另外，时间和空间方面也有一些问题。我先说时间方面，首先，以现今的科技手段，我们还无法求得绝对的时间。碳十四可能是目前最好的测年手段，但是它也只有百分之六十八的几率。大陆现在正进行夏、商、周断代工程，据目前的材料来看，我觉得这项工程有两个问题：一个是他们为三代工程在史学上所做的定位，定得不恰当。他们宣称要"走出疑古"，然而就狭义的疑古来说这个时代早已过去了；就广义的疑古来说，则远远走不过尽头。他们说要"摆脱迷茫"，可是我认为他们自身就没有摆脱迷茫，连史学发展到什么现状，他们都不清楚。他们提出来的，只是迷惑某些外行的口号，煽惑人心的口号，我极其反对。他们之所以如此，是因为对中国史学的发展不明白——不明白傅斯年先生 1928 年确定安阳发掘这件事在 30 年代的考古学到底起了什么作用；也不明白古史辨派在史学中的根基和它不足的地方。姑且不论 30 年代以后的发展，就连 30 年代，他们都没有弄清楚。为了这事，我写了一篇文章，提出了不同的意见。据说他们已取得了四大成绩，依我看没有一条能站得住脚。对此，我无意在此一一评论。这里只讲他们寄予厚望的碳十四测年。据说他们用某种方式筛选，可以把碳十四测定的年代准确度达到 10 年。这说明他们自己也认为达不到绝对年代，而且据我看这 10 年准确度也难达到。其次，目前中国大陆的考古学依靠层位学和类型学的分期，有些方面，比碳十四所测定出的东西还准确一些。例如说：殷墟分为四期，据古本《竹书纪年》知，自盘庚迁殷至商纣灭亡之商王都的年数为 273 年，依平均取值，每期约为 68 年。然而目前碳十四测年不可能测出 68 年一期这样具体的年数。所以殷墟的材料，往往三期的测成一期，二期的测到四期。再次，共时性的确认，也存在一定的问题。例如，湖南洞庭湖区汤家岗文化饰戳印纹的白陶器皿，也见于陕西汉中、安徽长江沿岸及浙江杭州湾区。据此，我们可以探讨这些地区的文化关系，但不能据此确定这些地区的文化是否共时。因为，这类器物的传播有一个交通过程，亦即时间过程，这是我们不易确定的。假如，这种器物从洞庭湖传到安徽，再传到浙江的话，那么，到了浙江的时候，洞庭湖区的汤家岗文化也可能转变成另一种文化了，或者出现了阶段性的变化。如果我们没有考虑到这类情况，而据此断定它们同时，并对它们做比较研究，则将被导入错误。

第三，是空间问题，这个"空间"并不是指我们现在的空间，而是遗存所在的空间，也就是当时的空间。换句话说，在研究的时候，要回复到当时的人文地理环境。这也很难绝对做到。目前考古学界掀起了聚落考古热，这无疑是对的，但对同一条河流、同一个时代的遗址是不是同时，仍不易确定的情况下，要搞好聚落考古是相当困难的。例如半坡文化目前的分期约为250年一期，假设有十个村落，其中三个村落是前100年的，中间四个村落可能是中间的100年，还有三个村落可能是后来100年的。然而，遗憾的是，我们目前还不能把同属一期而实际上并不同时的这些村落从年代上区别开来，而往往认定它们是同时的，并以此为前提，然后说当时的村落是如何分布，以及它们的关系如何？这便差之毫厘，失之千里。人文地理环境，不只是聚落的布局，还有气候、地貌、交通道路等这些问题，在目前科学技术条件下，都难以探究清楚。例如，依靠动物遗骸的鉴定及孢粉分析所了解的自然环境，也存在着一定的问题。孢粉分析，除因其飘移所带来的问题外，还因遗址的堆积是靠破坏下层生土或原先的文化层而形成的，这就把含在生土中的，或先前文化堆积中的孢粉带到其时的堆积中来，还有蚂蚁、蚯蚓及老鼠等动物的活动，可能将晚期层位的孢粉带到早期层位中去。这样，我们实难从人工活动的文化层中采集到只属所研究时期的孢粉。至于动物遗骸，我们所能采集到的，也只是当时人工能弄到的。当然，人工弄不到的，我们就无法采集到。同时，人工能弄到的，并不能都保存下来。这样，我们对当时气候的了解，就受到了这些方面的局限性。我发觉很多朋友进行考古学研究、下结论的时候，对局限性估计不周。

以上谈的是考古学的局限性。考古学是研究遗存，而遗存又存在着一定的时间和空间，如何来评估考古学的水平问题呢？我觉得，谁在等量遗存，和它所在的时空，以及它们的关系方面取得的信息量大，取得的信息准确，谁就水平高。信息量并不等于资料量。资料和信息虽有联系，但是两个不同的概念。他挖一座房子，我挖两座房子，但是挖两座房子可能还不如挖一座房子所得的信息量。我在《中国古代文明的形成》中之所以要引证那几座墓葬，那几座房屋，就是因为它们能提供较多、较确实的信息量，尤其是大河村那座房屋，它提供的信息量大，可以从整座房屋建造过程说明家族结构及其增殖情况。所以我觉得信息量要大，而且要确切。谁把遗存时间和空间弄得确切，谁就能达到一个比较先进的水平。评论一种方法、理论的高低，以至是否正确，在于它是否能比别的方法、理论提供更多、更准确的信息量，而不是其他什么的。我看这是评估理论、方法的唯一标准。

二　大陆考古学的现状

下面要谈一下大陆考古学的现状。

大陆的中国考古学已是一个很庞大的系统，就先秦时代而言，大陆在这几十年来积累了相当丰富的资源，弄清楚了一些主要地区的谱系关系，也就是基本上建立了一个类似于化学里的化学元素周期表，我觉得这是一个巨大的成绩。

第二个成绩，我们经过的是一些曲折和艰难的道路，包括"文化大革命"毁灭性的破坏，以及"文化大革命"以前教条主义乃至极左思潮的干扰，但是我们终究排除了这些干扰和破坏，坚持了实事求是的学风，使考古学获得了发展，达到了今天的局面，大致经过三个阶段。

第一个阶段，就是夏鼐提出的"文化定名说"。夏鼐虽是据柴尔德那套理论讨论这一问题，而在大陆当时是有其特殊意义的，是针对当时极左思潮提出来的。50年代初，考古学属广义的历史科学这一问题，虽是解决了，但如何搞考古学，却没有引起讨论。这个问题在1958年"大跃进"中被广泛地提了出来。当时大陆有一批人认为：不要弄什么考古学文化，不要叫什么"仰韶文化"、"龙山文化"，这都是资产阶级的，我们现在要以马克思主义为依据，恩格斯不是肯定了摩尔根"蒙昧、野蛮、文明"之说，蒙昧分为三期，野蛮分为三期，那咱们就来说：这是野蛮一期、野蛮二期；出现青铜器，这就进到文明时代了。这哪能行得通呢！现在大家觉得是笑话。许多人起来批判考古学的"繁琐哲学"，把绘图、采集陶片、拼对陶器及排比器物、搞分期等等，都打成"繁琐哲学"。画墓葬图最为麻烦，人骨要一点一点地测量，这岂不繁琐。如何解决呢？他们说屈肢葬画个闪电式符号，仰身直肢葬可以不画，作文字记载就行了。陶片只采集"典型"的，其他均应就地弃之。至于拼对陶片、复原陶器、搞器物排队、研究考古学文化分期，不仅繁琐，又无意义，甚至是资产阶级故弄玄虚的伪科学了，因为马克思主义对社会历史已进行了分期。无知又要领导科学，不把马克思主义搞乱才怪呢！我看要搞清什么是马克思主义，首先应清除极左思潮对马克思主义的歪曲，其次不能教条主义地对待马克思主义。再次，要正本清源。最后，马克思主义是要发展的。经过这样澄清之后，马克思主义就剩下了这样两条：第一，是实事求是。第二，马克思主义只是开辟了认识真理的道路，而不是认识真理的终结。由此看来，1958年的"大跃进"，不仅是教条主义的大跃进，更是极左思潮的大跃进，这样的大跃进把全国人民推入灾难的深渊，是自然而又必然的了。在考古学遭到这大跃进践踏的时候，尹达、夏鼐、苏秉琦站出来了。华县泉护村考古工地是当时斗争的一个焦点，在组织批判苏秉琦的关键时刻，有人清早把我叫出来，要我和苏秉琦划清界限，转变立场。我说，我思想上保留，组织上服从，会上不说话。可是，批判会搞得太不像话，使我无法思想上服从，也得站起来讲话了。这一段往事现在我不多谈。总之，这时候夏鼐提出考古学文化定名、如何定名的问题。这篇文章发表以后，澄清了一些制造出来的混乱思想，才有关于仰韶文化的深入讨论。好景不长，三年饥荒后，极左思潮又刮了起来，不久"文化大革命"便展开了。

第二个阶段始自 1975 年苏秉琦提出"区、系、类型"研究。这是在夏鼐所提出文化定名说分类的基础上，针对如何处理文化与文化之间的关系这个问题而提出的。许多人没有看到它们之间的内在联系，实际上，没有前者就没有后者。

苏秉琦再于 1985 年发表《辽西古文化古城古国》，提出关于"中国古代文明的起源、形成及走向秦汉帝国的道路"这个课题研究，中国考古学自此进入第三个阶段。经过这三个阶段，再加上我们在实际工作里层位学和类型学的根基，如此，大陆的考古学已经有了一点理论。

第三，要谈到成就、现状，我们还要提到大陆办的考古学专业。现在有十一所高等院校，其中有两个大学设考古学系——北京大学、吉林大学，其他的都是考古专业。这些学校还算稍有名气，有的是相当有名气的大学，在大陆可以说是一流大学。吉林大学和北京大学有考古博士学位点。一般把中国考古学分成五段或是六段，一段讲授一学期，一学期一门课周学时为四节到六节；还有其他的课，例如石窟寺、古建筑、考古学史、田野考古学、考古测绘、外国考古学和科技在考古学的应用等等，共同组成一个庞大的课程系统。现在的考古队伍有多少人呢？每个省都有自己的文物考古研究所，地方上还有一些很重要的单位。据我了解，参加中国考古学会的个人会员超过两千人，这两千人的资历，在大陆上来说都是讲师以上，助教不能参加。参加学会的人都得经过资历及业务能力的审查，这是能力方面。杂志则有十来种，提供大量发表文章的舞台。另外，现在由于大家觉得考古学这个学科还不错，有些出版单位，还积极出版考古报告，这是第三点。我们有一个培养人的系统，现在目前队伍还可以，还有一个舞台，就是杂志。

第四点，目前中国大陆的考古学，学术思想尚称活跃。从不同具体问题的不同认识，到理论上的认识，目前都有些讨论。也就是说，大陆的考古学不是像 50、60 年代，铁板一块；其实大陆 50、60 年代也不是铁板一块，前面我们提过当年争论的情形，只不过大家有时不了解大陆的内情，所以觉得没有争论。现在看来，整体来说都是多元的，理论上也是多元的，同时也有主流，这个主流就是苏秉琦先生的"区、系、类型论"，大家比较遵循这种思想、学说来从事研究，进行材料的整理。对于西方的考古学，已翻译了几本书出版，发表过不少介绍的文章，也有人鼓吹过新考古学，不过翻译的准确程度还未能尽如人意，我虽然不同意新考古学，但我认为有多种声音总比只有一种声音好得多。

另外，第五点，我们有个天生的条件，中国的历史悠久、连绵不断、丰富多彩，有不同的区系、不同的文化和多元的文化关系，将来如果我们继续充分研究的话，可以找出很多不同的模式。这就是它的潜力。目前，这个潜力还没有被充分发掘出来。

三 考古学的展望

至于考古学如何向前迈进，那就要从大陆考古学的现状和问题来谈。我想提出五点：

一是要填补空白，加强薄弱环节。我们三代及其以前的考古学现状存在着四个不平衡。其一，地区上的不平衡。黄河流域、长江流域及其有关地区研究较多，四周研究较少，尤其是西南和西北，西北主要是指新疆这一块，西南是贵州、广西和西藏。就每一省来说，比如陕西，那是个文物大省、考古大省，可是陕北研究得不够；基本上是渭河流域研究得多一点、好一点，其次是汉中，再其次是陕北。陕北有的连年代也定错，文化性质也定错，没有一批像样的材料发表。这是地区间的不平衡。其二，同一地区里，不同年代或是不同文化的研究也不平衡。例如：有的研究新石器时代多一点，有的研究汉、唐多一点，这也不平衡。其三，同期和同文化的遗存类别研究不平衡。同一期文化或者同一文化的遗存类别，例如说：半坡文化研究得比较好，既研究了村落，又研究了墓地；大汶口文化基本上就没有发掘出村落，基本上是墓葬材料。其四是同样类型的遗存的研究水平还不平衡，同样研究大汶口文化，发掘大汶口墓地，可是发掘的水平不一样。针对大陆这四个不平衡，我提出填补空白，加强薄弱环节。今后西南、西北要加强；在各省根据它自己的历史和现状，也要做一个考量。

第二，苏秉琦提出"区、系、类型研究"，又提出"文明研究"，这两个课题提出的时间有先后之别，于是很多人对此做机械式的理解，认为我们在研究文明之前，就应当先把区、系、类型处理好，再去研究文明。尤其在大陆，这是很实在的。一谈到西南地区，他说你们先不要研究文明吧，你们先研究区、系、类型吧。我认为这是一种机械理解。实际上应该"两步并成一步走"，就是把区、系、类型研究和文明的研究结合起来。只要找到一个好的遗址，在这个遗址里面进行全面的、系统性的发掘，然后在遗址周围的一条河流进行小规模试掘，如此便可以把遗址很好地发掘出来，同时又把这个地方考古文化的序列和编年整理清楚。这就是我在大陆上说的阵地战、运动战和游击战三结合。过去我就是这么处理的，华县渭南也好，张家口也好，山西也好，都采用这种方法。

第三，我认为大陆应该开展聚落群的研究。不仅是聚落，而且是聚落群的研究。现在大陆上有很多文章，写这个聚落、那个聚落，但材料比较全面的，还是半坡文化的聚落。半坡文化的聚落，作为宏观来看是可以的，就是一条沟围起来，里面房屋分成几个区域，外面有窑和墓地，中间有个广场，大致如此。然而，实际上来说，不管是半坡也好、姜寨也好，没有一个发掘的遗址拿得出一个像样的同时期遗存的平面图出来。就以姜寨的村落为例，挖得那么大，上万平方米，哪些房屋是同时的，却说不清楚。因为坦白说，泥巴房子能承担的时间有限，按照现在的分期（其实目前分期还没分好），就算一期250年，泥巴房子能存在250年吗？所以，以后处理聚落，就得找路土。屋里面要找路土，室外也要找路土，观察、探讨路土如何沟通，由路土把房屋窖穴等遗迹单位连接起来，展开一个平面。假设我们这个地方忽然来了一个地震，垮了，如何知道哪些建筑是同时的？我们只能视那些建筑是否同处一地面，是否有道路相通，来审视那些建筑是同时的。要研究聚落就要切实地找寻地面，这点不突破，谈不上聚落考古。我们过去确定时间是按照层位，或者是按照类型学来确定。所以我觉得聚落考古主要是要把层位确定好，而不能仅据类型学分期来识别聚落的布局。而层位辨识的关键就是地面、路土。这一点因为涉及很多方法、技术上的问题，此处不能细谈。

第四点，应该跟上自然科学与技术发展的步伐，积极利用当代自然科学与科技成果，使中国大陆三代及其以前时期的考古学研究获得更多的支持和生长点。在利用科技手段方面，要广开思路，但是要确切认识这些科技手段目前的发展水平，不能太盲目。有些人把这个事情说得太神，那不行。据说有人要用半坡文化时期的DNA来研究半坡时期的亲属关系和社会结构，我觉得有几个问题：首先，能不能取得DNA；其次，能不能准确地取得DNA，据我了解，在骨头里取得DNA，只能从骨腔里面去求；再者，能不能准确地确定就是这个尸体的DNA。另外，例如说雅美族，他们都是同一氏族，几姓的人长期住在一起，相互通婚，他们的DNA的亲属差异多大，能否识别出来，至少和我们发展到现在、城市里的人群的变化差异有所不同。换言之，我们不能拿现在城市居民的区别来看古代居民。所以我觉得应该广开思路，大量的引进、吸收，广阔地开放大门，请自然科学家来参加考古学的研究，从考古遗存里面榨取更多信息。但是，对于自然科学目前发展的状况，我们要做实实在在的估量。

第五点，我们既要反对传统的教条，同时也要反对新进口的洋教条。市场经济，无所谓姓社姓资，科学也当是这样。如果要谈主义，我看科学的主义，就是实事求是。苏秉琦的理论，不能被认为是认识真理的终结，而是为认识真理开辟了道路。

最后，我想谈谈对未来考古学发展情势的看法。1997年苏秉琦先生去世，很快又是一周年。我估量今后10多年乃至20年，中国考古学要在大的理论构思方面有新发展，恐怕还很困难。目前在很多具体的研究上，包括一些体系性的研究，可以系统化。但是今后，要有某一种理论，像苏秉琦这样能驾驭这么多人、占据这么广阔的空间和这

样长的时间，让这么多人都遵循，恐怕不容易。也就是说，大陆的考古学，正朝向
"多元而无主流"的情势发展。所以大陆的考古学是有希望的，会出现很多模式。将出
现的情况就是，可能在某些方面研究得更具体、深入些，甚至于把某些东西研究得更好
一点、更系统些；然而不可能在根本性的理论方法上有太多创造。

应杜正胜教授之邀，1998 年和俞伟超兄共同主持了"傅斯年汉学讲座"，发表
了题为《中国古代文明的形成》的演讲，后应听众的提问，在一次讲话上讲了
《中国考古学的展望》。这两文均收入《考古·文明与历史》，"史语所"，1999 年。

考古学与持续发展之路

考古学应坚定不移地贯彻可持续发展战略，走持续发展之路。无论中国大陆，还是香港，都应实行这样的战略，走这样的路。

香港考古工作起始较早，进展迟缓，然而自古物古迹办事处成立以来，特别在回归前后，由于该机构实行了一系列重大的有效的举措，出现了新的局面，取得了令人瞩目的成绩。

香港考古的发现，表明香港的古代历史是珠江三角洲古代历史的有机的组成部分，同时，香港居珠江三角洲前沿，面向南海，基于这些事实，一些研究香港考古、历史的学者，以珠江三角洲为依托，联系南海诸地，尤其是紧密地联系内陆大地的历史进程，探索香港历史的演变。这种研究香港考古、历史的途径，无疑是很有见识之举。

香港的古代文化，具备多元的谱系结构特征，在古代中国文化多元一体的区、系、类型结构中是一个重要组成部分。因此，以苏秉琦教授倡导的考古学文化区、系、类型论来解析和研究香港考古学文化，无疑是一正确的途径。

考古学是广义史学的一翼。学者对历史的研究，最终虽不能达到历史的真实，却应坚持以物论史、透物见人探索历史，以走近历史的真实。只有这样，考古学才能摆脱鉴赏古董以及金石学之道，使考古学成为科学，使之发扬光大。

实事求是是永恒的科学精神，考古学实现探讨古人创造的历史的最重要途径，是客观、全面地认识考古学遗存及其存在的时、空，认真、深入审视遗存的差异及其呈现的纵、横关系与矛盾。现就这一问题暂提出如下几点认识，请同仁们批评。

其一，这里所说的遗存，既包括人类加工的遗存，又包括与人类活动有关的自然遗存。遗存不仅具形态属性，也具质地、结构这类物理、化学或生物性能。有的遗存人眼直接观察不了，需借助科技手段才能进行观察、摄取、分析和研究。因此，学者除应仔细地对遗存作形态观察外，还必须对遗存进行物理、化学和生物学的观察、测试、分析和研究。只有这样，我们才能从遗存获取更多的信息。

其二，时、空是遗存的自然属性。离开这个属性，遗存就失去了它自有的意义。获取遗存的准确的时、空信息，并动态地把握这一信息，是考古学实现历史研究的必要条件。学者需透过同一空间的同类遗存的不同时间的形态及其性能的变异，观察这类遗存的时序演变，也应透过同一时间内同类遗存的不同空间的形态、性能等诸方面的区别，了解这类遗存的地域变异，同时，还应从一定的同一空间、同一时间的同类遗存，例如同一村落、城镇或墓地的房屋、墓葬的差异，考察与这类遗存相关的人拥有财富或权势的区别。

其三，学者在以物论史、透物见人探索历史的同时，还要研究人类本身，以了解人类的时空变异、性别分工和男女的家庭、社会地位的变化，以及物质生活、自然环境反馈于人所产生的情况，例如疾病、健康和寿命等等。

或许还有其他对遗存及创造历史的人进行观察的领域或视角。以上所举三点认识，则是考古学实现历史研究的基本要求。

从同质等量的遗存中获取信息的真假、多少及其准确度，是衡量考古学者水平高低及考古学发展程度的唯一标尺。因此，获取考古学遗存的信息的真实、准确度及数量，是考古学应不懈努力追求的目标。

考古学遗存或文物，是实现考古学文化和历史研究的不可再生的资源。妥善地保护、保存好考古学遗存或文物，是考古学不懈追求遗存的信息的真实、准确度及数量，实现考古学文化和历史研究的前提；只有妥善地保护、保存好考古学遗存或文物，考古学才能坚定不移地贯彻可持续发展战略，走持续发展之路。

是否妥善地保护、保存考古学遗存或文物，不仅关系到考古学命运，更重要的是关系到一个民族如何对待文化遗产，对文化传统持何种态度，以及这一民族的形象这样大是大非的问题。现从考古学角度和中国大陆实践，就文物保护、利用问题谈些很不成熟的意见。

其一，自1954年起，联合国教育、科学及文化组织制定和通过的一些保护文化和自然财产的公约、建议，标志着人类文明进入一个新阶段。1982年，中华人民共和国第五届全国人民代表大会常务委员会通过了《中华人民共和国文物保护法》。随后国家文物局又制定并公布了贯彻文物保护法有关的一些规定，使文物保护有法规可循，一些被定为国保、省保单位的地上地下文物得到了较为妥善的保护。与此同时，文物被盗掘、走私的现象从未受到有效的制止，配合基建应进行的考古发掘及文物保护工作，由于违法的行政干扰，也未得到应有的有效的落实，地上地下文物遭受破坏的现象时有发生。宪法规定中华人民共和国是依法治国的国家，出现这类有法不循、以罚代法、违法行政、贪赃枉法而使文物遭受空前破坏的原因深层、复杂，在此暂不作具体的析评。我们考古工作者既然对文物遭受空前破坏的事实深恶痛绝，就应该明确表明自己的态度，从自身做起，以法律为武器，勇往直前，切实地做好文物保护工作。

其二，应在考古工作中增强文物保护意识。为此，提出几点认识：

1. 在中国大陆城镇化、基本建设大力发展的今天，应极大程度地减少主动发掘，考古应围绕基建做好文物保护工作，在配合基建的考古工作中应具备课题思想。同时，在那些尚无大规模基建的地区，抓紧调查，尽早确定应予以保护的遗址等文物单位。

2. 科学的发展是无限的，同时，一定时期的科学的发展水平，又总具有时代的局限性。因此，在经费、保存文物技术和考古发掘技术难以确保文物无损及能获取更多信息的情况下，对一些重要的文物保护单位，例如国保、省保单位以及一些大型遗址、陵墓等，绝不能进行发掘。

3. 考古报告是文物保护的一种形式。凡经过考古发掘的文物，都应以报告的形式公之于世。报告应详尽地披露考古发掘所见资料及迹象。同时，对发掘所获实物、文字、图像等资料，应妥善保存，并在适当的时候，例如报告公布以后向公众开放。

其三，考古工作者应关心文物的广泛利用。研究文物，阐述艺术、文化和历史无疑是对文物的有效利用；在博物馆进行文物展示，无疑也是一种重要的有效利用。但只有这类利用仍然不能充分地发挥文物的作用。我们应把文物的利用工作和提高全民素质、增进民族的凝聚力充分地结合进来。在文物得到确实保护的前提下，增建一批供公众参观游览的文物景点、遗址公园和陵墓公园，充分发挥文物为大众服务的功能。这样，我们的文物工作才能扎根于公众之中，文物的保护与利用才能得到良性循环。

此文是作者应香港民政事务局古物古迹办事处的邀请，在该处于 1999 年 9 月 25 日举办的"从历史文物看香港与祖国的文化渊源"研讨会上的致辞，后送《江汉考古》，以祝贺该刊创办二十周年。原刊于《江汉考古》2000 年 1 期。

后岗一期文化研究

近年来的考古发现与研究表明，后岗一期文化并非居停于豫北冀南的狭小地带，而是以河套及山东半岛为犄角、广布于整个黄河下游地区的独立的考古学文化遗存。

一

后岗一期文化遗存的发现，可以追溯到1931年由梁思永先生主持的著名的安阳后岗遗址的发掘①，作为一种考古学文化命名的提出，则仅仅是最近几年的事情②。长期以来，后岗一期文化一直被视作仰韶文化分布在豫北冀南地区的一种类型，将其同时代相近的半坡文化划归在同一文化之中。随着后岗一期文化遗存的发现不断增多和某些遗存被重新认识，这一文化的分布已经远远超出豫北冀南地区。同时，由各地后岗一期文化遗存所呈现出来的与半坡文化在文化内涵、特征等方面的差异，越来越清楚地显示着两者在文化谱系方面的区别，而这种区别已经不是用"类型"所能包容的。

在黄河流域，至少从仰韶时代起，就形成了分别以华渭和泰沂为中心的西、东两大文化集团③。这两大文化集团的发展、交往、演化，构成了黄河流域新石器时代考古学文化谱系关系的主要脉络。因此，认识后岗一期文化的性质，考察它同半坡文化的关系，首先应当以这条脉络为线索。

考察一个考古学文化的性质及同其他文化的关系，关键是要准确把握该文化的本质特征。根据梁思永先生的发掘，后岗遗址下层遗存表现在陶器方面的基本特征是：以素面陶为主，含有部分彩陶，以鼎、壶、钵为基本组合。以后历年后岗遗址的发掘，反复证明了上述内容确实反映了后岗下层遗存的基本特征④。近些年来，由胶东至河套的考

---

① 梁思永：《后岗发掘小记》，《梁思永考古论文集》，科学出版社，1959年。

② 张忠培：《原始农业考古的几个问题》，《农业考古》1984年2期。

③ 张忠培：《中国北方考古文集·编后记》，文物出版社，1990年。

④ 中国科学院考古研究所安阳发掘队：《1958～1959年殷墟发掘简报》，《考古》1961年2期；《1971年安阳后岗发掘简报》，《考古》1972年3期；《1972年春安阳后岗发掘简报》，《考古》1972年5期；《安阳后岗新石器时代遗址的发掘》，《考古》1982年6期。

古发现表明，尽管各地遗存间还或多或少地存在着一定的差异，但在主体特征方面，都具有基本同于后岗下层的内容。因此可以认为，上述内容就是后岗一期文化与其他文化相区别的基本特征。后岗一期文化的这群特征，显然同时代相近的半坡文化的流行装饰陶，彩陶占相当比例，以夹砂罐和瓶、钵为基本组合的基本特征相去甚远。两者在基本文化特征上表现的差异，实际上就是前述黄河流域新石器时代东西两大文化集团在文化传统上的区别。因此，后岗一期文化与半坡文化应当归属于不同的文化谱系，它们是两支并行发展的独立的考古学文化。

后岗一期文化在相当长的时期内被视为分布于豫北冀南地区（最多包括冀中地区）的一种文化类型。这种有关后岗一期文化分布上的误解，也影响了对后岗一期文化性质的理解。近年来，有关遗存的发现和某些遗存的重新认识，已大大突破了以往关于后岗一期文化分布范围的看法。

近年来，在山东地区的大汶口遗址第⑤层①、北辛遗址②、邹平西南庄③和福山丘家庄期④，都发现同后岗下层遗存内涵基本一致的文化遗存。这类遗存根据各地的编年序列可知，其年代基本同于后岗下层。考虑到这些遗存在分布地域上的连贯性，可认为它们与后岗下层之间所表现出来的文化共性不是偶然的，它们应当属于同一文化。由此表明山东地区也曾是后岗一期文化的分布范围。

目前资料表明，河套至张家口地区，及其以南的太行山西侧的汾河流域，最先出现的是后岗一期文化。大约在同一时期，渭河流域的半坡文化也开始北上，至少在半坡文化晚期，半坡文化出现在河套地区。从河套地区发现的线索来看，这一地区很可能存在着后岗一期文化与半坡文化交错分布、同时并存的阶段。随着半坡文化的进一步发展和向东扩张，河套地区和汾河流域的后岗一期文化逐渐消失而被半坡文化所取代。伴随着半坡文化的后继者——庙底沟文化的出现，已经退缩于太行山以东的后岗一期文化又从华北平原的北半部销声匿迹。庙底沟文化所呈现的特征表明其同后岗一期文化在谱系上的区别是不言而喻的。即使是豫北冀南地区接继后岗一期文化之后的"大司空村类型"，从其彩陶装饰风格、陶器基本组合等内容来看，显然同后岗一期文化关联甚少，而很可能是庙底沟文化在这一区域的后裔。黄河以西地区后岗一期文化分布变化的事实表明，后岗一期文化在这一地区逐步被半坡及庙底沟文化所取代，各地后岗一期文化后的诸文化类型，同后岗一期文化都不具有谱系上的联系。

① 郑笑梅：《试谈北辛文化及其与大汶口文化的关系》，《山东史前文化论文集》，齐鲁书社，1986 年。
② 中国社会科学院考古研究所山东队等：《山东滕县北辛遗址发掘报告》，《考古学报》1984 年 2 期。
③ 《"环渤海考古"座谈会在临淄召开》，《考古》1989 年 1 期。
④ 严文明：《胶东原始文化初论》，《山东史前文化论文集》，齐鲁书社，1986 年。

二

历年来发掘资料的积累，为后岗一期文化的年代及分期研究提供了依据。下面通过有关遗存的分析，对后岗一期文化的分期与年代问题加以考察。

（一）后岗下层

后岗遗址自发现以来，先后有过六次关于下层遗存的报道。通过对报道的遗存分析整理，可以得到如下四组层位关系。

第一组，由1971年发掘简报的"T6、T6南壁剖面图"及有关叙述可知：③层→H6、H7、H8→④层→H10、M46。

第二组，由1972年发掘简报的"T2剖面图"可知：③层→④层→H5。

第三组，由1959年发掘报告的"TD4等南壁剖面图"可知：③A层→④层→⑤层→H5。

第四组，由1959年发掘报告的有关介绍可知：TA2③层→④层→H9。

上述四组层位关系排列了有关单位的先后顺序，下面结合各单位的内涵，对这四组层位关系作具体分析。

在第一组中，③层和④层均未公布出土遗物，H6仅发表一件石铲，M46无随葬品，故这些单位难以参与比较研究，唯H7、H8→H10这组关系可进行分析。H7发表有碗、盆各一件；H8发表有钵二件、盆和缸各一件；H10发表有小碗、盂各一件。三个单位发表的陶器无法直接对比。

第二组的③层发表有I式碗一件；④层发表有III式泥质罐口沿一件；H5发表陶器较多，计有鼎、I～III式夹砂罐、V式碗、盆各一件，夹砂钵、III式碗各二件。不同层位的单位出土陶器的型式互不相重。

第三组的③A层没有发表器物；④层发表鼎、II式鼎足、II式夹砂罐、II式和IV式泥质罐、III式和VI式钵各一件（图一，1～7）；⑤层仅发表II式泥质罐一件（图一，8）；H5发表有III、IV式钵各一件（图一，9、10）。从文字叙述来看，似乎存在着同一型式的陶器在不同层位单位中互见的现象，如果对照一下器物图，便不难发现所谓同一型式的器物，往往在形态上存在着十分明显的差异。因此，这组关系仍有划分阶段的意义。

第四组的④层没有发表器物；③层发表I式钵二件；H9发表鼎、I式鼎足各一件，V、VII、VIII式钵各一件。两个单位的陶钵形态差别较大。

根据以上分析，可以发现在各组层位关系中居于不同层位的单位，其所包含的陶器在形态及组合关系等方面往往也存在着一定程度的差异。如果进一步将那些在层位上具有一定共性的单位作一横向比较，则不难发现，这些单位所包含的陶器大多表现出一定的相似性。

第一组 H7 所出碗同第三组③层出土的 I 式碗均为"红顶"，形态很少差别；第四组的 TA2③层出土的 I 式钵与第一组的 H8 所出钵不仅形态接近，而且彩陶图案基本一致。上述几个单位在各组层位关系中，基本上都处于最后一环，它们所包含的陶器型式，绝不见于层位年代较早的单位，它们有可能反映了后岗下层遗存较晚阶段的面貌。这些单位暂作一组，称为 71H8 组。

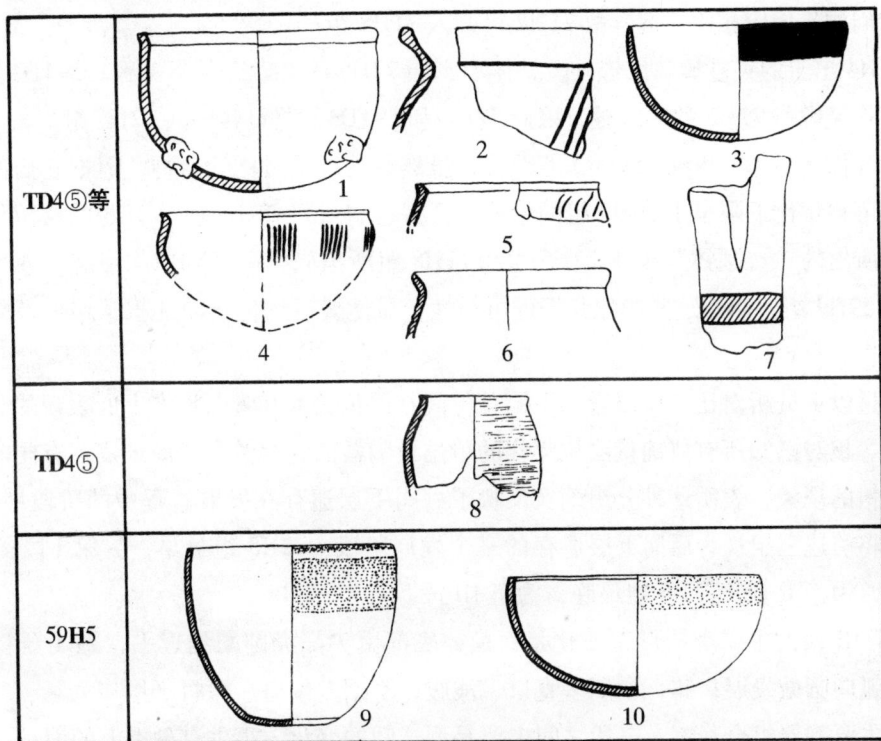

图一　后岗遗址出土陶器

1、7. 鼎（TD4④：1、TB2④：10）　2、5、6. 罐（TC4④：16、27、19）　3、4. 钵（TB2④：7、
TC4④：13）　8. 罐（TD4⑤：20）　9、10. 钵（H5②：3、H5②：22）

第二组 H5 出土的 III 式碗与第三组 H5 所出 III 式钵均为"红顶"，形态接近。这两个单位均处于该组层位关系中年代最早的一环，并且都是直接建在生土上的坑穴，可能代表着后岗下层遗存中年代较早的阶段，暂称为 72H5 组。

第三组的 TD4 等④层所出残鼎，就整体形态观察，同第四组 H9 所出鼎较为接近。另外，H9 出土的 II 式鼎足也同 TD4④层的鼎足上端相仿，据此可认为它们的年代大体接近，这些单位暂称为 59H9 组。

除上述诸单位外，还可以通过出土陶器的对比及层位的推定，将其他一些单位分别归并到上述分组中。

72T4⑤层出土的残鼎，形态与 59H9 所出鼎很少差别，与鼎共出的一件钵，形态比较接近 59TB2④层所出的 III 式钵；72T1④层出土的 I 式泥质罐，与 59TD4④层的 IV 式罐的形态风格比较相似，因此它们都可归入 59H9 组。

据简报知，71H2 不会是④层下的单位，因此它同 H8 等一样，至少要晚于 H10。H2 的彩陶钵同 H8 以及 59TA2③层出土的同类器，在形态和彩陶风格上都比较接近，说明它们的年代应相距不远，故 71H2 可归入 71H8 组。

72H4 出土的夹砂罐除纹饰外，整体形态同 72H5 的夹砂罐基本一致；59TD4⑤层的泥质罐作风类似 72H5 的夹砂罐，因此 72H4 和 59TD4⑤层可暂归人 72H5 组。

此外像 71H10、59SI、59H13 等单位，虽然缺乏可供对比的器物，但据它们的层位关系，可知年代下限早于 59H9 组的单位，暂将它们归到 72H5 组。72H3 的层位年代不详，其所出的"红顶钵"处于 72H5 组和 71H8 组所出同类陶钵的中间形态，或可将其暂纳入 59H9 组。当然这些单位归组的可靠性，显然要远远低于前述根据层位及陶器分组的单位。

通过以上分析对比，可以看到不同单位间在层位关系和陶器形态上所表现的共性是一致的。核对已知所有能确认层位年代的单位及陶器的共存关系，尚未发现有同前述分组相抵牾的现象，表明这种分组确实反映了后岗下层遗存在发展过程中的阶段性差异，因此可将前述三组视为后岗下层遗存的三个发展阶段。72H5 组最早，为第 I 段；59H9 组次之，为第 II 段；71H8 组最晚，为第 III 段。

I 至 III 段的主要陶器形态变化是：鼎，底部由尖圜经圆圜到近平；罐类器物的腹部由微弧向圆鼓发展；钵，早期多直口、浅腹，晚期多敛口、深腹（图二）。

由主要陶器组合观察，三段之间主要是型式间的变化，很少有种类上的消长，同时许多因素又表现在数量比例方面的变化。所以三段之间的联系应当是比较紧密的，可以视作同一考古学文化的不同发展阶段。

（二）四十里坡下层

位于壶流河流域的蔚县四十里坡遗址，1981 年进行了试掘①，试掘者将属于下层的遗存分为三个年代组②。其中的 H21 组和 F1 组出土陶器的种类不全，难以反映组合关

---

① 张家口考古队：《蔚县考古记略》，《考古与文物》1982 年 4 期。
② 吉林大学考古专业蔚县实习报告。

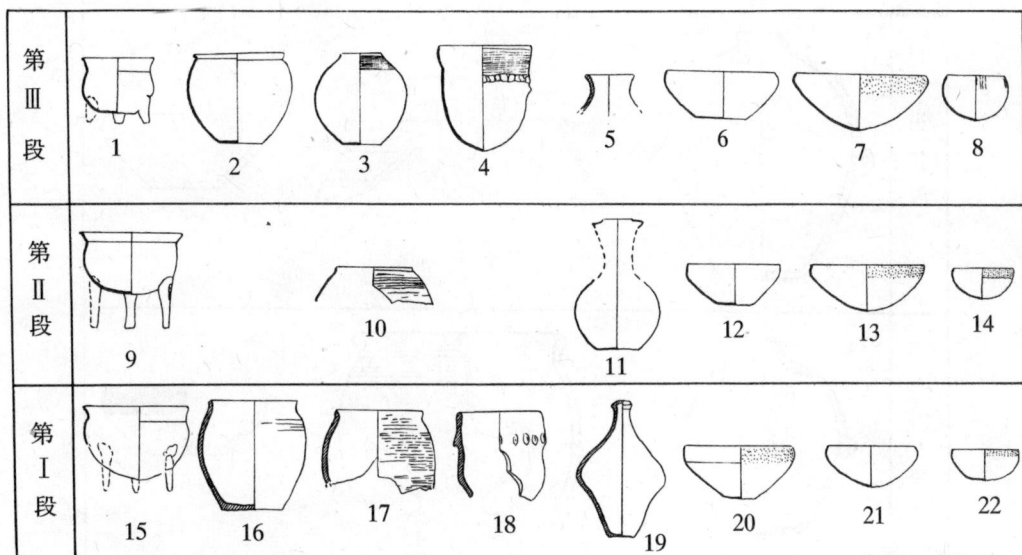

图二 后岗下层遗存陶器分段图

1. 71H2:3　2. 59TA1③:2　3. 71H2:2　4. 71H8:5　5. 59TD4③:2　6. 71H7:5　7. 71H8:1　8. 71H8:4
9. 59H9③:14　10. 72T1④:11　11. 72H3:7　12. 59H9②:10　13. 72H3:1　14. 59TB2④:7　15. 72H5:6
16. 72H4:7　17. 59TD4⑤:20　18. 72H4:9　19. 59SI④:30　20. 72H5:2　21. 59H13②:3　22. 72H5:3

系的变化，暂将其合并。这样，四十里坡下层遗存可划分为两段，即以 H8 组为代表的第 I 段和以 H21 组和 F1 组为代表的第 II 段。从两段的主要陶器形态变化来看：罐和壶类器物的腹部外鼓程度越来越大；钵类器物多由直口变成敛口（图三）。由此可知，四十里坡下层分段所反映的器物演化规律同后岗下层 I～III 段的器物发展趋势完全一致。

四十里坡下层第 I 段的素面夹砂罐、弦纹夹砂罐分别同于后岗下层第 I 段的同类器；弦纹泥质罐和直口平底钵的形态也大体接近后岗下层第 I 段的同类器。因此，四十里坡下层第 I 段的年代大体上相当或略晚于后岗下层第 I 段。四十里坡下层第 II 段的弦纹泥质罐类似后岗下层第 II 段的同类器，敛口平底钵的形成介于后岗下层第 II、III 段同类器之间，其年代估计大体接近或略晚于后岗下层的第 II 段。

（三）南杨庄遗址

据已发表的资料可知，该遗址内涵比较复杂，除所谓"南杨庄类型"外，还有相当庙底沟文化和"大司空村类型"的遗存①。

"南杨庄类型"往往被视为后岗一期文化的一种遗存。就目前所见到的材料分析，

---

① 河北省文管处：《正定南杨庄试掘记》，《中原文物》1981 年 1 期。

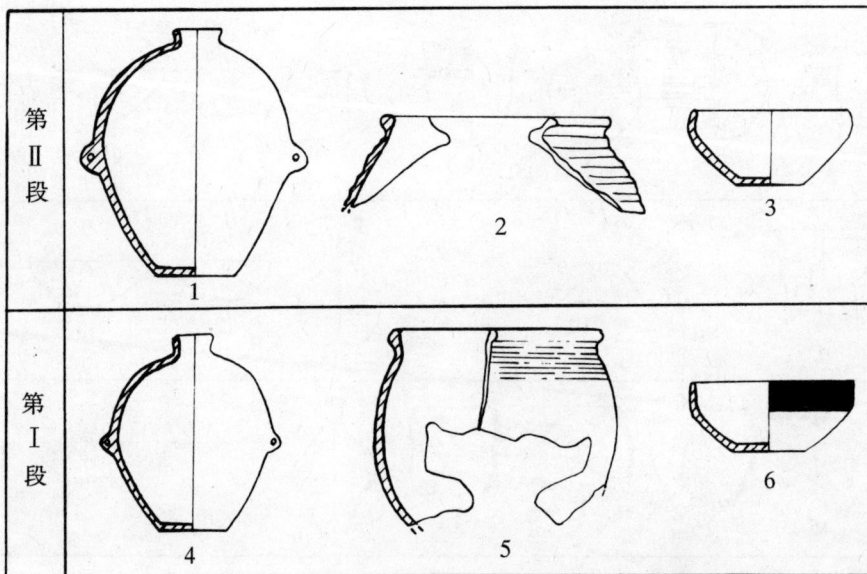

图三　四十里坡下层遗存陶器分段图

1. 壶（F1 出土）　 2. 罐（H22 出土）　 3. 钵（H21 出土）
4. 壶（H8 出土）　 5. 罐（H8 出土）　 6. 钵（H8 出土）

其年代与内涵并不单纯，大致可分成两类：F2，鼎、壶、彩陶壶、盂等共存，文化特征基本超不出后岗下层的范围；另一类有釜、灶、支脚等①，根据下潘汪和界段营等遗址，这类遗存不同 F2 那类遗存共存，同时也不见诸其他年代明确的后岗一期文化遗存，故这类遗存应同 F2 等遗存区分开来，暂不归入后岗一期文化。

南杨庄遗址除 F2 共存关系比较明确外，其他材料都比较零碎，所以很难更具体地了解它们的年代关系。仅就 F2 而言，小口折唇壶、鼎足以及钵等大都相似于后岗下层第 II 段的同类器，因此估计南杨庄 F2 的年代同后岗下层第 II 段相距不远。

（四）上土河遗址

位于汾河流域的太谷县东部的太行山麓，近年晋中考古队对该遗址进行了调查与试掘②。在清理的 H1 中出土了施按压纹的圆柱状鼎足、夹砂和泥质的弦纹罐、小口折唇壶、"红顶钵"以及施黑彩宽带纹或红褐彩叶脉纹的彩陶钵等（图四）。

上土河 H1 所出陶器的型式大都同后岗下层第 III 段的类似，表明两者的年代大体

---

① 文启明：《略谈河北仰韶文化南杨庄类型》，《考古与文物》1985 年 4 期。
② 晋中考古队太谷调查、试掘资料。

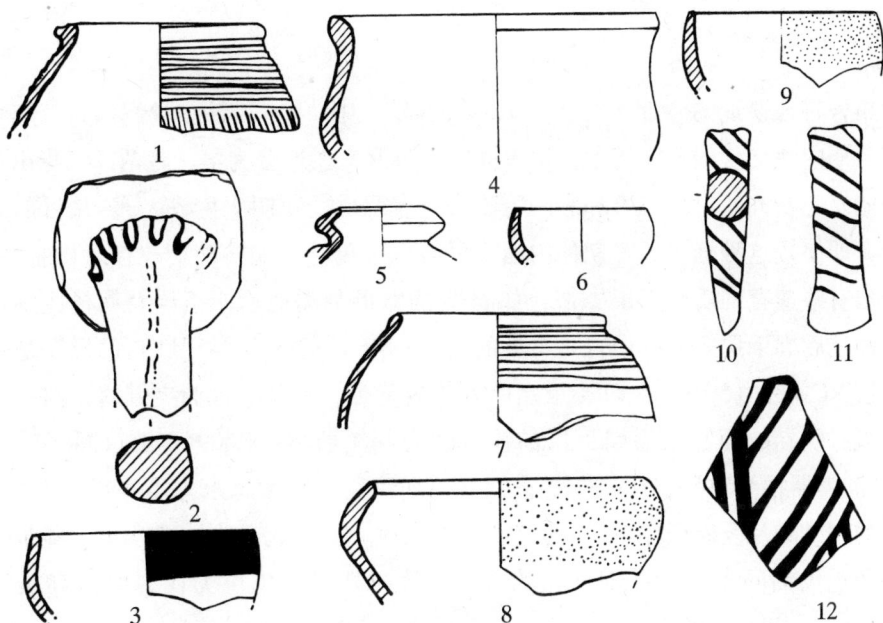

图四　上土河 H1 出土陶器

1. 夹砂弦纹罐　2、10、11. 鼎足　3、8、9. 钵　4. 盆　5. 小口折唇壶

6. 碗　7. 泥质弦纹罐　12. 彩陶片

相近。类似上土河的遗存，在吕梁山区的娄烦童子崖、西街等遗址也有发现①。

（五）大汶口遗址⑤层

1974～1978 年大汶口遗址的发掘，在⑦至⑤层发现了早于第一次发掘的遗存②。关于这些遗存的性质与年代，目前还存在着不同的看法。据介绍，第⑥、⑦层所包含的陶器"基本上保持着一致的形式和风格。由于第⑦层器物很少，在器物标型上又看不出有明显的变化，从陶器分期上可视为与第⑥层相同的一期"。这一期流行鼎、小口双耳壶、三足碗、钵和猪嘴形支脚。第⑤层与⑥、⑦层相比，有着十分明显的变化和差异，虽然鼎、壶、钵仍为主要器形，但形态上有了较大的变化，同时出现了一些新的因素，如彩陶和漏器等。据介绍，第⑤层的大部分因素都同后岗下层有关，如尖圜底的盆形鼎、口沿饰宽带纹的彩陶钵、小口壶和口沿下施凸状饰的漏器等。限于正式报告尚未发表，还无法确切知道大汶口⑤层与后岗下层分段的对应关系。据现有材料，大汶口⑤层的年代跨度可能较大，如就尖圜底盆形鼎的形态分析，很可能存在着相当或略早于后岗下层第 I 段的遗存。

---

① 晋中考古队娄烦调查、试掘资料。

② 郑笑梅：《试谈北辛文化及其与大汶口文化的关系》，《山东史前文化论文集》，齐鲁书社，1986 年。

（六）北辛遗址

原报告将该遗址的"北辛文化"遗存分为早、中、晚三期[1]。我们认为三期划分的线索和各期内涵交代得不很清楚。伍人同志曾将北辛遗址分为早、晚两期，指出从晚期起鼎开始发达，同时出现有壶和彩陶等因素，表明早、晚期变化较大[2]。从目前掌握的材料看，即使按这种划分，晚期的内涵很可能也不单纯。如将晚期遗存对比有关材料，则可看出有些遗存同后岗下层类似，如 H32 的盆形鼎类似后岗下层及南杨庄的鼎；敛口平底钵在后岗下层等遗存中也是习见的内容；Ⅳ 式釜（H1005：11）的形态基本同于后岗下层 Ⅵ 式钵（59H3①：1），虽然前者归为釜类，但其质地为夹蚌陶，与其他夹砂陶釜明显有别，故而它跟后岗下层的钵可能为同类器物；H609：8 敛口圜底钵与后岗72H3 的同类器很少差别；H609：10 正倒三角划纹陶片同梁思永先生《后岗发掘小记》中发表的划纹陶片及南杨庄 F2：8 的纹饰别无二致。可见北辛晚期遗存里无疑包含有文化性质及年代都同于后岗一期文化的遗存，故应把上述单位为代表的遗存从所谓的"北辛文化"中区分出来。

据上述相关陶器的对比，北辛遗址中后岗一期文化遗存的年代，应当大体上接近后岗下层的第 Ⅱ 段。需要指出的是，就现有的线索分析，北辛遗址的后岗一期文化遗存年代跨度也许较大，其间早于或晚于后岗下层第 Ⅱ 段的遗存都有存在的可能。

除上述遗址外，胶东的福山丘家庄遗址第一期遗存，据已发表资料，文化内涵与大汶口⑤层存在着诸多相同之处[3]，其中盆形鼎的形态与后岗下层第 Ⅱ 段的同类器相似，三足钵大体接近大汶口⑤层的同类器形，反映着它们的年代或许大致接近。

前面根据陶器形态的对比，大体上了解了后岗一期文化诸遗存的年代关系。按照已经验证的陶器演变规律，进一步将那些比较常见的器类进行排序，分析它们的组合关系，将有助于前述关于诸遗存年代关系判断的理解，并能对整个后岗一期文化的分期提供一定的依据。

在已发表的资料中，演变线索比较清楚的有鼎、夹砂罐、泥质罐、钵四类（图五）[4]。

鼎　可分为釜形、罐形、盆形、盂形等多种形式，其中盆形鼎的演变最清楚。可分为三式。

Ⅰ式：后岗 72H5：6，尖圜底，圆柱状足，鼎足安装在器身中部。大汶口⑤层的盆形鼎，也属此式。

---

①　中国社会科学院考古研究所山东队等：《山东滕县北辛遗址发掘报告》，《考古学报》1984 年 2 期。
②　伍人：《山东地区史前文化发展序列及相关问题》，《文物》1982 年 10 期。
③　严文明：《胶东原始文化初论》，《山东史前文化论文集》，齐鲁书社，1986 年。
④　图五中 3、5 器号重复，但原报告即如此。参见《考古》1972 年 5 期 11 页。

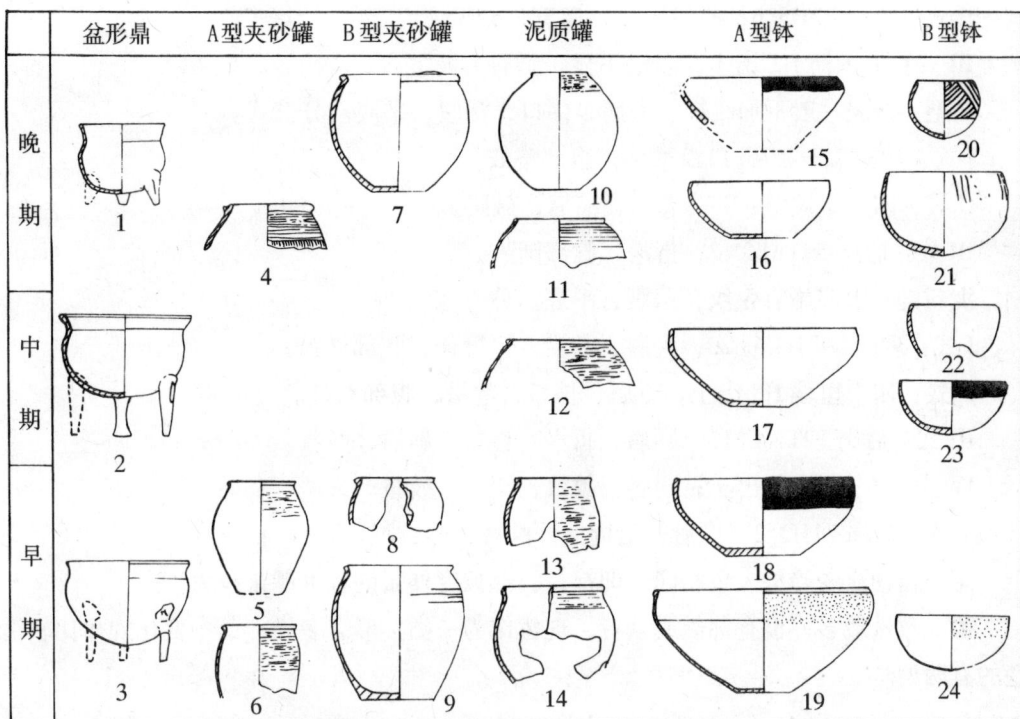

图五 后岗一期文化常见陶器演变图

1. Ⅲ式盆形鼎（后岗 71H2：3）   2. Ⅱ式盆形鼎（后岗 59H9③：14）   3. Ⅰ式盆形鼎（后岗 72H5：6）   4. AⅢ式夹砂罐（上土河 H1）   5. AⅡ式夹砂罐（后岗 72H5：6）   6. AⅠ式夹砂罐（后岗 72H5：14）   7. BⅢ式夹砂罐（后岗 59TA1③：2）   8. BⅡ式夹砂罐（四十里坡 H8）   9. BⅠ式夹砂罐（后岗 72H4：7）   10. Ⅴ式泥质罐（后岗 71H2：2）   11. Ⅳ式泥质罐（上土河 H1）   12. Ⅲ式泥质罐（后岗 72T1④：11）   13. Ⅰ式泥质罐（后岗 59TD4⑤：20）   14. Ⅱ式泥质罐（四十里坡 H8）   15. AⅤ式钵（后岗 59TD4③：2）   16. AⅣ式钵（后岗 71H7：5）   17. AⅢ式钵（后岗 59H9②：10）   18. AⅡ式钵（四十里坡 H8）   19. AⅠ式钵（后岗 72H5：2）   20. BⅤ式钵（后岗 71H2：1）   21. BⅣ式钵（后岗 59TA2③：1）   22. BⅢ式钵（南杨庄 F2：6）   23. BⅡ式钵（后岗 59TB2④：7）   24. BⅠ式钵（后岗 72H5：3）

Ⅱ式：后岗 59H9③：14，圜底，圆锥状足，鼎足接在器身下部。属于此式的还有后岗 59TCl⑥B：40。

Ⅲ式：后岗 71H2：3，圜底近平，鼎足扁圆近似凿形，鼎足接在器底部。

鼎的变化主要是底部弧度不断变大，由最初的尖圜底发展到近似平底，另外随着底部的变化，鼎足安装的位置也不断下移。

夹砂罐 按器表处理的方式可分为两型。

A 型：器表施有弦纹。方唇，侈口，深腹，平底。分三式。

Ⅰ式：后岗 72H5：14，折沿，曲腹微张。

II 式：后岗 72H5：6，折沿不显，溜肩，鼓腹。

III 式：上土河 H1 出土，卷沿不显，斜肩，鼓腹。

B 型：器表一般不加纹饰。方唇，侈口，深腹，平底。分三式。

I 式：后岗 72H4：7，口沿微侈，腹部略鼓。

II 式：四十里坡 H8：89，卷沿，溜肩，鼓腹。

III 式：后岗 59TAl③：2，折沿，腹部圆鼓。

泥质罐　大多施有弦纹，深腹，平底。分五式。

I 式：后岗 59TD4⑤：20，尖唇，卷沿，口微侈，腹部微弧。

II 式：四十里坡 H8 出土，方唇，侈口，卷沿，腹部略鼓。

III 式：后岗 72T1④：11，圆唇，折沿，侈口，斜肩，鼓腹。

IV 式：上土河 H1 出土，圆唇，敛口，圆肩，鼓腹。

V 式：后岗 71H2：2，圆唇，沿内曲，圆肩，胖鼓腹。

罐类器物演变趋势大致相同，即都是腹部弧度外张的程度越来越大。

钵　数量最多，也有称碗或盆者，现暂作为一类。形态多样，其中变化规律比较清楚的有两型。

A 型：平底。分五式。

I 式：后岗 72H5：2，尖唇，直口，折腹较深。

II 式：四十里坡 H8 出土，尖圆唇，直口，折腹不明显。

III 式：后岗 59H9②：10，圆唇，口微敛，圆折腹。

IV 式：后岗 71H7：5，圆唇，敛口，圆弧腹。

V 式：后岗 TD4③：2，圆唇，敛口较甚，腹弧曲。

A 型钵的变化，主要表现在口部由直到敛，腹部由折变曲。

B 型：深腹，圜底。分五式。

I 式：后岗 72H5：3，方圆唇，直口，口径与通高之比大于 2：1。

II 式：后岗 59TB2④：7，尖圆唇，敞口，口径与通高之比接近 2：1。

III 式：南杨庄 F2：6，圆唇，口微敛，口径与通高之比小于 2：1。

IV 式：后岗 59TA2③：1，圆唇，敛口，口径与通高之比接近 1.5：1。

V 式：后岗 71H2：1，圆唇，敛口，口径与通高之比接近 1：1。

B 型钵的变化也是口由直到敛，另外腹部不断加深。

通过各单位的共存关系，将可以了解上述陶器不同型式间的组合关系。

在后岗 72H5 中，I 式鼎、AI 式和 AII 式夹砂罐、AI 式和 BI 式钵共出；在四十里坡 H8 中，AII 式和 BII 式夹砂罐、II 式泥质罐、AII 式钵共出；另外，按后岗下层的分段，BI 式夹砂罐和 I 式泥质罐的出土单位，都属于第 I 段。

后岗 59H9 中 II 式鼎、AIII 式钵共出；南杨庄 F2 中，BII 式和 BIII 式钵共出；出有 III 式泥质罐的后岗 72T1④层和出 BII 式钵的后岗 59TB2④层以及后岗 59H9 属于同一阶段。

III 式鼎、V 式泥质罐、BV 式钵同出于后岗 71H2；AIV 式夹砂罐、IV 式泥质罐和 AV 式钵在上土河 H1 中共存；AIV 式和 AV 式钵、BIII 式夹砂罐、BIV 式钵，据后岗下层的分段，都同后岗 72H2 属于同一段。

上面按照不同型式陶器的共存关系，分出了三种组合关系。这三种组合形式，一般只在相应的阶段中组合搭配，而不相混。表明它们确有可能反映了后岗一期文化的阶段性差异，据此可将后岗一期文化分为三期，三期陶器的组合关系见表一。

表一　　　　　　　　　　　后岗一期文化常见陶器分期表

类 式 期	盆形鼎	夹砂罐		泥质罐	钵	
		A 型	B 型		A 型	B 型
晚期	III	III	III	IV、V	IV、V	IV、V
中期	II		III	III	III	II、III
早期	I	I、II	I、II	I、II	I、II	I

属于早期的遗存有后岗第 I 段、四十里坡第 I 段；中期有后岗第 II 段、四十里坡第 II 段及南杨庄 F2；晚期有后岗第 III 段，上土河 H1。当然，由于目前发表的资料大都限于太行山两侧，而山东地区的详细资料都未发表，所以这个分期尚存在着一定的局限性。

后岗一期文化的年代，根据陶器类型学的研究，一般都认为与半坡文化接近。从目前已知的层位关系和碳十四年代数据来看，这一推论大致不误。

有关后岗一期文化相对年代的层位关系和具有参考意义的编年序列，有如下的发现。

蔚县三关遗址，第一期是类似四十里坡下层的后岗一期文化遗存，第二期是庙底沟文化遗存[①]。

南杨庄遗址，在后岗一期文化遗存之上叠压着庙底沟文化遗存[②]。

晋中地区，上土河所代表的后岗一期文化遗存早于当地的庙底沟文化遗存[③]。

大汶口遗址，1974～1978 年发掘的属于后岗一期文化的第⑤层，叠压着可能属于

---

① 孔哲生、张文军、陈雍：《河北境内仰韶时期遗存初探》，《史前研究》1986 年 3、4 期合刊。
② 南杨庄遗址 1980～1981 年发掘资料，承唐云明先生见告。
③ 许伟：《晋中地区西周以前古遗存的编年与谱系》，《文物》1989 年 4 期。

"北辛文化"较晚阶段的第⑥、⑦层；而其本身又被属于大汶口文化的第④层所叠压，并且有属于大汶口文化早期的灰坑及墓葬打破⑤层的现象①。

丘家庄遗址，第③、④层是属于后岗一期文化的丘家庄一期遗存，第②层是属于紫荆山一期的遗存。

白石村遗址，在属于后岗一期文化遗存的下面，是相当于"北辛文化"阶段的白石村一期遗存②。

大汶口文化早期又称为"刘林期"，在刘林墓地中发现有回旋勾连纹等受庙底沟文化影响的彩陶图案等③，表明其年代相当庙底沟文化。紫荆山一期的年代，从诸多陶器形态、纹饰可知与"刘林期"相当。上述各地点的关系表明，后岗一期文化的上、下限，应当晚于"北辛文化"、早于庙底沟文化。

碳十四年代数据所反映的情况，与以上层位关系基本吻合。已发表的属于后岗一期文化的碳十四年代数据有六个（表二）④。

表二　　　　　　　　　　　　后岗一期文化碳十四年代数据表

实验室编号	出土单位	测定年代（半衰期5730）		校正年代距今
		距今（B. P.）	历年（B. C.）	（B. P.）
ZK—134	后岗 72H5	5680 ± 105	3730 ± 105	6340 + 200
ZK—76	后岗 71T1③	5485 ± 105	3535 ± 105	6135 ± 140
ZK—468	大汶口⑤BH3	5555 ± 95	3605 ± 95	6210 ± 135
ZK—469	大汶口⑤BH24	5505 ± 105	3555 ± 105	6155 ± 140
BK79014	大汶口 IT314⑤A	5405 ± 100	3500 ± 100	6100 ± 140
BK79019	大汶口 IT214⑤A	5480 ± 90	3530 ± 90	6130 ± 130

表二中的单位，后岗 72H5 属于早期；后岗 71T1③层没有公布陶器，期属不详；大汶口遗址的几个单位均未发表陶器，难做进一步分析，不过从这几个数据均在后岗下层的两数据的年代范围内来看，应大体可信。由于上述碳十四数据难以同已有的分期结果相联系，所以有必要参照其他相关文化的绝对年代来做一下分析。

"北辛文化"较晚阶段的碳十四年代数据集中在距今 6500～6300 年之间；庙底沟文化较早的数据大多在距今 5900 年左右。据此推测，后岗一期文化的年代跨度应当大体不出上述数据的范围。如果考虑到后岗一期文化早期的年代距今 6340 年，已进入

① 郑笑梅：《试谈北辛文化及其与大汶口文化的关系》，《山东史前文化论文集》，齐鲁书社，1986 年。

② 严文明：《胶东原始文化初论》，《山东史前文化论文集》，齐鲁书社，1986 年。

③ 江苏省文物工作队：《江苏邳县刘林新石器遗址第二次发掘》，《考古学报》1965 年 2 期。

④ 本文所引用的碳十四数据见中国社会科学院考古研究所：《中国考古学中碳十四年代数据集（1965～1991）》，文物出版社，1983 年；郑笑梅：《试谈北辛文化及其与大汶口文化的关系》，《山东史前文化论文集》，齐鲁书社，1986 年。

"北辛文化"的年代范围，而前面分析过目前所谓的"北辛文化"的资料中包含有后岗一期文化遗存，所以有关"北辛文化"年代下限的数据是否真实反映了"北辛文化"的年代，还存在着疑问，况且碳十四年代本身存在着允差等方面的问题。参照同后岗一期文化年代相当的半坡文化的绝对年代，估计后岗一期文化的绝对年代范围不会超出距今 6400～5900 年。

三

在东滨渤海、西抵河套这样一个大的空间范围内，后岗一期文化各地区的遗存之间，一方面表现了在陶器中都流行以鼎、壶、钵构成的基本组合，器表以素面为主，大都有彩陶或陶衣等共同的文化因素；一方面又存在着因分布地域不同而文化面貌上的多种差异。通过对各地后岗一期文化遗存间之差异的分析，将有助于后岗一期文化的分区及类型划分的探索。

根据目前的资料，各地区后岗一期文化遗存在陶器上反映出来的最明显的差别为：大汶口⑤层、丘家庄一期等分布在黄河以东的后岗一期文化遗存，均不见施弦纹的罐类器物，而在黄河以西，东起濮阳西水坡①、西至河套窑子梁②的诸遗存，都含有一定数量、不同质地的施弦纹的罐类器物。黄河以东的诸遗存，均出有三足钵，壶多流行小口、鼓腹、圜底、肩部有双耳的形式，陶器很少施加纹饰，彩陶图案甚少，仅见条带纹；黄河以西的诸遗存基本未见三足钵，流行小口、折唇或小口、深腹、腹部安双耳的壶，器表施纹饰的多于黄河以东，彩陶比较发达，除条带纹外，还流行以平行线条构成的各种图案。

以上由陶器表现的文化面貌方面的区别及其在地理分布上的特点，反映了以黄河为界限的两个区域内的后岗一期文化遗存的区别。这种在统一的总体特征之下，又包含着诸多不容忽视的细节差异，揭示了后岗一期文化在空间分布上存在的群体差异。

如果从整个黄河流域考古学文化谱系划分的视点出发，则不难发现后岗一期文化不同遗存之间的文化面貌方面的差别是黄河流域两大不同谱系文化集团之间接触、联系、交往、影响的结果。

后岗一期文化分布区的西侧，是以华渭为中心的半坡文化的分布区，处于黄河以西的后岗一期文化在相当大的范围内同半坡文化直接接触。黄河以西的后岗一期文化遗存同黄河以东遗存间的许多区别，恰恰都同半坡文化及其先行文化有关。就弦纹罐而言，

---

① 濮阳市文管会等：《濮阳西水坡遗址发掘简报》，《文物》1988 年 3 期。
② 斯琴：《准格尔旗窑子梁仰韶文化遗址》，《内蒙古文物考古》1981 年创刊号。

在黄河以西地区的后岗一期文化遗存中呈现出一种越是向西越见发达的趋势，估计施纹陶和彩陶也会存在着这种趋势。这种现象反映了这种包含弦纹罐、施纹陶、彩陶的文化因素，从半坡文化分布区向东辐射传播逐渐递减的事实。这一事实似乎还暗示着这种含有比较强烈的半坡文化影响的后岗一期文化遗存不可能处于后岗一期文化分布的中心地区。

在黄河以东地区，分布于汶、泗河流域的大汶口⑤层遗存同分布于胶东半岛的丘家庄一期之间，目前的材料较为零散，但仍可以看出前者鼎的形制复杂多样，常见有釜形、罐形、盆形、盂形等，而后者基本是盆形鼎，虽都流行双耳壶，但前者多为半环或半月形耳，而后者流行钉头形耳。

在黄河以西地区，分布于豫北冀南的后岗下层同分布于冀西北的四十里坡下层之间存在着诸多差异。如后者鼎不及前者发达，而含有一定数量的釜；前者多见小口、折唇、圆腹、平底或圜底壶，后者流行小口、深腹、腹部安双耳的壶；后者流行一种小口圆肩鼓腹的彩陶瓮，前者基本未见，而多见宽折沿泥质罐；前者拥有相当数量的圜底钵，后者多是平底钵，另外在彩陶用彩及纹饰上，两者也有一定的差别。

这种大汶口⑥层与丘家庄一期之间，后岗下层与四十里坡下层之间所表现出来的差异都同一定的空间分布有联系，但这种差异显然要比黄河东、西两区的区别要小得多的。

四

大汶口等遗址的层位关系及碳十四年代数据表明，后岗一期文化的年代上限大抵同"北辛文化"的下限相接续。因此了解后岗一期文化的直接来源，自然应当首先从"北辛文化"入手。

在后岗一期文化分布区内，相当"北辛文化"或白石村一期阶段的遗存，除了汶、泗河流域和胶东半岛的发现以外，在太行山东侧的冀西北、冀中和豫北冀南地区都有一些线索可寻。

1985 年，拒马河考古队在易县北福地遗址的试掘中，发现了一些时代特征较早的新石器时代的文化遗存①，即北福地一期的甲、乙两类遗存。其中乙类遗存的年代及文化性质估计同磁山·裴李岗文化相近。甲类遗存，除北福地以外，在涞水县炭山遗址等地也有发现。这类遗存主要流行大口圜底釜、小口深腹双耳壶、敞口浅腹钵等，偶见有鼎，不见彩陶。试掘中没有发现甲、乙两类遗存的层位关系，估计甲类遗存比乙类遗存

---

① 拒马河考古队：《河北易县涞水古遗址试掘报告》，《考古学报》1988 年 4 期。

具有同后岗一期文化更直接的关系。如果将这类遗存同周邻地区的发现作一对比，便不难看出其中大部分因素都可以在"北辛文化"中找到相同或相近的内容。如北福地的BI 式釜基本同于北辛的 H604：7 釜，北福地 H18：2 支脚和北辛 H506：4 支脚均为圈足仅头部略有不同，炭山 H1：1 小口双肩耳壶与北辛 H1002：12 的同类器相似，区北福地 H30：3 细颈壶类似北辛 H506：1 细颈壶，北福地 F1：8 器盖与北辛 H1001：25 器盖均为圈足状纽，都有按压纹饰，其他如罐、钵、碗之类等形制相近者也不少。这种众多文化因素的接近，反映了两者的关系很可能不仅限于年代的相近。

长期以来，大多数研究者都把豫北冀南地区的界段营 H50①、下潘汪"仰韶第二类型"② 视为后岗一期文化的一部分来认识的。根据各自的文化特征，可知实际上它们同以后岗下层为代表的遗存之间存在着一些十分明显的差异，如缺乏鼎，不见彩陶，而有灶等，陶器的形式也很少有近似后岗一期文化的。因此，界段营 H50、下潘汪"仰韶第二类型"这类遗存应同后岗一期文化区别开来。界段营 H50 这类遗存的陶器形制同"北辛文化"、北福地甲类遗存等有着较多的相同或相似之处。如下潘汪 Y1：4 釜、T45④：219a 细颈壶、H202：6 器盖、H129：14 盆、界段营 H50：1 小口双肩耳壶以及其他一些钵、碗等都能够在"北辛文化"或北福地甲类遗存中发现相近似的器形。另外，南杨庄遗址类似界段营 H50 的灶同歪头圈足支脚在同一阶段共存③。上述事实表明，界段营 H50 这类遗存的年代及文化性质应当大抵同于"北辛文化"及北福地甲类遗存（图六）。

对"北辛文化"、北福地甲类遗存、界段营 H50 类遗存，做进一步分析则不难看出，这些相同或相似的因素，在文化内涵上往往已超过各遗存独有因素所占的比例，即这类遗存的共性已经超过个性。目前尽管有关它们的分期、类型及命名等问题，还有待材料的充实与进一步探索研究，但仅就此而言，至少可以认为它们之间的联系，已远非年代相近的缘故，而是文化属性的相同性所决定的。

"北辛文化"等遗存在分布空间上同后岗一期文化在大部分地区重合，在年代上相接续，在文化内涵上有着千丝万缕的联系。其中就陶器所反映出的承袭关系主要有下面几种情况。

1. 在"北辛文化"阶段，上述几种遗存间的共性因素，到后岗一期文化阶段仍是各地后岗一期文化遗存间所共有的内容。如"红顶钵"、碗，在这两个阶段都是十分重要的内容。

2. 在"北辛文化"阶段，原本是几种遗存所共见的因素，到后岗一期文化阶段，

① 河北省文物管理处：《磁县界段营发掘简报》，《考古》1974 年 6 期。
② 河北省文物管理处：《磁县下潘汪遗址发掘报告》，《考古学报》1975 年 1 期。
③ 南杨庄遗址 1980～1981 年发掘资料，承唐云明先生见告。

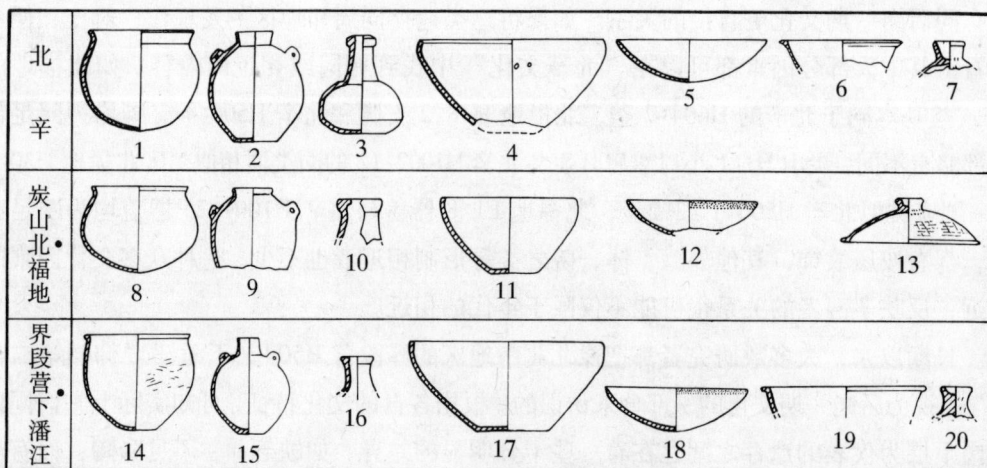

图六　陶器比较图

1~7. 北辛 H604：7、H1002：12、H506：1、H505：24、H18：26、H710：11、H1001：25　8. 北福地

H16：1　9. 炭山 H1：1　10~12. 北福地 H18：2、H26：7、H1：6　13. 炭山 F1：8　14. 下潘汪 Y1：4

15. 界段营 H50：1　16~20. 下潘汪 T45④：219a、T33④：28、T129：5、H129：14、H202：6

则成为仅见于某一地区的地方特点。如小口双肩耳壶，在"北辛文化"、北福地甲类、界段营 H50 类遗存中均可见到，而在后岗一期文化阶段则仅见于黄河以东的大汶口⑤层等遗存中；细颈壶也是"北辛文化"阶段几种遗存所共有的，但在后岗一期文化阶段，仅见于黄河以西的后岗下层等遗存。

3. 在"北辛文化"阶段，属于各类遗存所特有的因素，到后岗一期文化阶段，仍是该地区后岗一期文化所独有的内容。如冀中地区北福地甲类遗存的小口双腹耳壶，仅见于其西北的四十里坡下层；界段营 H50 类遗存的小口折唇壶，仅流行于后岗下层；"北辛文化"的釜形鼎，仅见于大汶口⑤层这类遗存。

4. 在"北辛文化"阶段，本来只是某一区域所独具的特征，到后岗一期文化阶段，已不仅仅限于当地的后岗一期文化遗存所独有。如盆形鼎的前身仅见于"北辛文化"，但到后岗一期文化阶段，除大汶口⑤层外，后岗下层、丘家庄一期等遗存中都有十分发达的盆形鼎。

综上所述，后岗一期文化无疑是"北辛文化"这类遗存的后继者，后岗一期文化在各地区表现出来的文化差别的根源，至少可以追溯到"北辛文化"阶段。

自磁山·裴李岗文化等新石器时代较早的遗存发现以来，不少论者对它们与后岗一期文化的关系进行过讨论。由于大多数研究者都把界段营 H50 等遗存包括在作为分析对象的所谓"后岗类型"之中，所以往往影响了其认识的准确度。如前所述，后岗一期文化应当以"北辛文化"、北福地甲类及界段营 H50 等遗存为共同的直接来源，所以磁山·裴李岗文化不会是后岗一期文化的直接前身。据碳十四年代数据，后岗一期文化同磁山·裴李岗文化还有近千年的距离。

据碳十四年代数据，磁山·裴李岗文化的年代早于"北辛文化"等遗存。在空间分布上，磁山·裴李岗文化和"北辛文化"等遗存在一些地区重合。在文化内涵上，两者表现出相当多的联系。如在石器方面，两者均比较流行石磨棒、盘和较大型的石铲等，其中部分器形比较接近；骨角器都比较发达，器类、形制相近者不在少数；陶器方面，有许多种纹饰互见，"北辛文化"较富特色的成组窄堆纹很可能源于磁山遗址的那种并列附加堆纹，器形也表现出许多相似性和继承性，如盂形鼎、小口双肩耳壶、细颈壶、深腹罐、三足罐（壶）、三足钵、勺、支脚等均能反映两者的文化联系（图七）①。其中值得注意的是，"北辛文化"的盂形鼎同磁山遗址常见的盂的关系。盂形鼎的器腹与器底结合部位多有一道折棱，分解开来，上部器身十分像磁山的平底盂，下部器底为一个尖圆底的三足钵形器，而这类器形在磁山·裴李岗文化中也十分普遍；同时，盂形鼎上常见的小鼻（乳钉）、窄堆纹等装饰都能够在磁山的盂上找到来源。因此，"北辛文化"的盂形鼎很可能就是磁山的盂和尖圆底三足钵形器结合而成的产物。

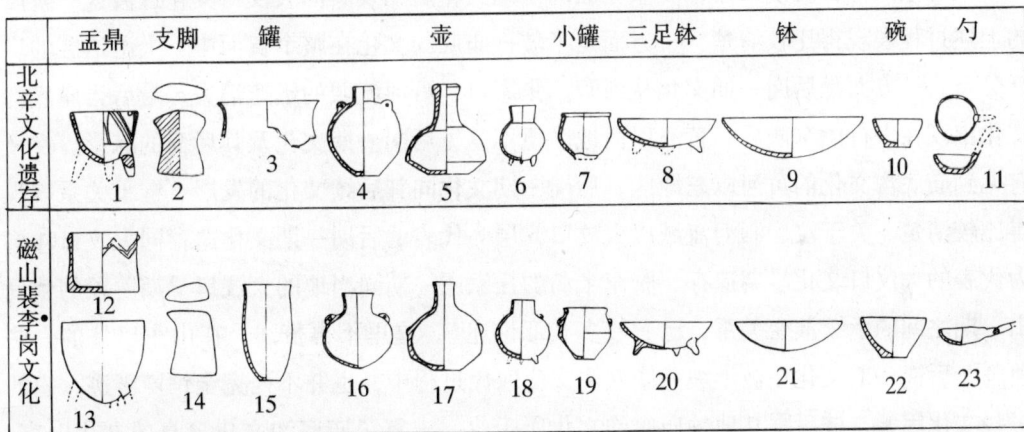

图七　磁山·裴李岗文化与"北辛文化"遗存陶器比较

1. 北辛 H1002：17　2. 北福地 H26：11　3. 北辛 H612：2　4. 界段营 H50：1　5～11. 北辛 H506：1、H601：31、H711：30、H711：30、H18：26、T604②：6、T605③：10　12～15. 磁山 T96②：36、T25②：26、T87②：9、T106②：8　16. 裴李岗 M83：1　17. 磁山 T14②：31　18. 北岗 M53：2　19～22. 磁山 T96②：24、T46②：30、G3：2、H146：4　23. 石固 T6②：5

上述那种由文化内涵方面表现出来的诸多联系，空间分布上的一致性，时间存续上的继起性，表明磁山·裴李岗文化与"北辛文化"等遗存之间的关系，应当视为同一

---

① 图七中7、8的器号重复，均据原报告。参见《考古学报》1984年2期，第183页图一七。

文化谱系的不同发展阶段的两支考古学文化的发展继承关系。可见磁山·裴李岗文化与后岗一期文化的联系，是通过"北辛文化"这一类遗存的中继来实现的。

五

当后岗一期文化发展到后期阶段，位于其西部、属于另一文化系统的半坡文化，经过长时期的发展，开始进入一个势力大膨胀阶段。半坡文化的这一扩张，使其在获得大量分布空间的同时，与周邻文化的接触也更加频繁，文化间的碰撞、争夺更加剧烈，从而获取了大量的反馈信息，涌入了众多的新成分、新因素，最终导致其自身的进一步变革，过渡成为庙底沟文化。后岗一期文化在半坡—庙底沟文化膨胀势力的步步进逼之下，表现得十分被动乏力，以致在整个黄河以西地区逐步被取代，只是当其仅存黄河以东的山东地区这一有着深厚基础的地区时，似乎才稳住阵脚，在与庙底沟文化的抗衡中，调整内部机制，积蓄力量，最后在庙底沟文化的影响下，过渡为大汶口文化。

从各地的考古发现来看，发生在后岗一期文化后期及其向大汶口文化过渡这一阶段的上述过程表现得比较清楚。一方面是半坡—庙底沟文化在整个黄河中、上游地区的广泛分布，一方面是后岗一期文化从河套、张家口、汾河流域的迅速消失，最后当庙底沟文化出现在太行山东侧后，黄河以西地区便不复见后岗一期文化及其后裔的踪影。在没有见到庙底沟文化的黄河以东地区，后岗一期文化同其后续文化的发展、继承关系表现得比较清楚。关于汶、泗河流域以大汶口⑤层为代表的后岗一期文化遗存同大汶口④层为代表的大汶口文化早期遗存、胶东半岛的丘家庄一期同当地的大汶口早期阶段的紫荆山一期之间的承续演变关系，已有较多文章论述[①]，这里不再赘述。在山东以外的一些地区，后岗一期文化在被半坡—庙底沟文化取代过程中，也并不是完全销声匿迹，它的一些文化因素，被后踞其地的庙底沟文化所吸收，丰富了庙底沟文化自身的文化内容。如分布在伊洛—郑州地区的庙底沟文化遗存中就有较多来自后岗一期文化的因素[②]。

六

苏秉琦先生曾将我国新石器时代考古学文化（包括一部分青铜文化）的分区，高度概括为面向海洋和面向内陆的两大部分。在黄河流域，从新石器时代较早的阶段起，

---

① 郑笑梅：《试谈北辛文化及其与大汶口文化的关系》；严文明：《胶东原始文化初论》。均见《山东史前文化论文集》，齐鲁书社，1986 年。

② 郑州市博物馆：《郑州大河村遗址发掘报告》，《考古学报》1979 年 3 期。

就分为面向内陆地区的老官台文化和面向海洋地区的磁山·裴李岗文化这样的两大文化系统。老官台和磁山·裴李岗文化两大系统，在各自的分布区独立发展、并不断向周邻地区扩张的同时，又不断发生着联系。黄河以南的伏牛山北侧的洛阳附近，是目前发现两支文化最先发生接触的地区①。磁山·裴李岗文化的居民到达洛阳地区后，老官台文化的居民也相继而来，两支文化很可能在这一地区保持一种相持状态，都没能够继续向前发展。从南阳盆地发现的方城大张一类遗存来看②，磁山·裴李岗文化的后期，在黄河以南地区的发展重心主要处于伏牛山南麓地区。

两支文化系统这种并行发展的对峙局面，一直到后岗一期文化时期才有所改变。这一时期，首先见到的是磁山·裴李岗文化系统的后岗一期有了一个很大的发展，在黄河以北地区不仅占据了汾河流域、张家口地区，并且将势力范围扩大到河套地区。当后岗一期文化到达河套地区前后，老官台文化系统的半坡文化也挺进到这一地区。从考古材料所反映的情况看，这两个事件发生的时间相距不会太远。此后，所能看到的是前面已经叙述过的半坡—庙底沟文化的大扩张。这一扩张，当然并不限于黄河以北地区，黄河以南的伊洛—郑州地区似乎更是率先成为半坡—庙底沟文化向东方发展的前沿地带。经过上述势力范围争夺的反复过程，至此黄河流域面向海洋和面向内陆的两大文化系统，才形成了分别以华渭和泰沂为中心的比较稳定的格局。

进入庙底沟文化阶段以后，面对庙底沟文化的迫进，大汶口文化虽然也曾不断将自身的影响施加于对方，但始终未能积蓄起还击的力量。只是到了斝式鬶出现的前后，即庙底沟文化结束后的公元前第3千年中期，这种局面才略有改变。这一时期，除了在黄河中游等地区发现大汶口文化传播的因素外，还可以看到一些大汶口文化晚期的居民群体开始向西挺进，甚至一直深入到洛阳附近③，并在一段时间内似乎占据了一些地点，但终未能形成板块式的大规模推移。

此后经历了龙山文化时代，直到夏文化的兴起，以泰沂为中心的这一文化系统一直未能恢复后岗一期文化时期的势力范围，在中国文明起源这出重头戏中，始终处于配角的地位。

到了商代，与夷人有着密切联系的商人，很快打破了这种两大地理单元所划分的文化格局，以强大的势力推进到山东大部分地区。经过商代后期的反复，最后由取代商王朝的周人采取分封的手段统一了山东。这就是史称华夏与夷人争夺的大致过程。

---

① 方孝廉：《洛阳市 1984 年古文化遗址调查简报》，《中原文物》，1987 年 3 期。
② 南阳地区文物队等：《河南方城县大张庄新石器时代遗址》，《考古》1983 年 5 期。
③ 中国科学院考古研究所洛阳发掘队：《河南偃师"滑城"考古调查简报》，《考古》1964 年 1 期。

　　本文是我指导乔梁同志于 1988 年 4 月写成的硕士生学位论文。这一探索使我最终完善了后岗一期文化乃是一独立的考古学文化的论述，并进而改变了将豫北冀南作为一独立文化区域的认识。送《考古学报》前，我又会同乔梁同志做了一些修改，原刊于《考古学报》1992 年 3 期。

关于马家窑文化的几个问题

关于马家窑文化的涵义，目前考古学界有着不同的意见。本文所说的马家窑文化，是指以临洮马家窑遗址①的主要遗存②为代表的遗存总和。下面讨论的是关于这一考古学文化的纵向发展、横向分布、源流及与相关文化的关系诸问题。

一

在已发表的马家窑文化遗存资料中，唯有东乡林家遗址③具有比较明确的层位关系。因此，探讨马家窑文化纵向发展的阶段性变化（这里着重于"期"的变化），首先应分析林家遗存，然后再依据其他地点具有组合关系的材料，以验证或修正从前者得出的认识。

《甘肃东乡林家遗址发掘报告》（以下简称《报告》）公布的马家窑文化堆积分为三层。由于《报告》对地层与遗迹、遗迹与遗迹间的叠压、打破关系交代得不够清楚，将房址、灰坑、窑址等遗迹单位简单地分别归入不同的地层中，这就失去了对该遗址堆积进一步划分时间层次的可能。

林家早期遗存，以F9、F19及第5层，第6层为代表。第5、6层见于早期房址之上，内涵与房址的大体相同，大约是早期房屋倒塌时形成的堆积。

这期的陶器主要有瓶、罐、盆、钵等。彩陶瓶为喇叭形口，颈部较长。彩陶罐多为敞口，肩部圆鼓。这两种器物表面的图案基本一致，均为黑彩。一般是在颈部和腹部各施二至三条等宽的条带，其间施以内填网格的涡纹、并列〵形纹以及象形的蜥蜴纹、蛙纹等。彩陶盆的缘面外卷，深腹。一般在缘面和器面施彩，少数有内彩。外彩图案除与瓶、罐相同的外，还有由圆圈、圆点及饰有锯齿或弯钩的弧线条组成的图案。钵有深腹、浅腹两种，都是圆唇、直口，下腹内收。外彩多是由二至三条弧线组成的重弧纹图

---

① Bo Sommarströn：《马家窑遗址》，《远东博物馆馆刊》28期，1956年。
② 临洮马家窑遗址的主要遗存属马家窑文化。此外，还有少量的庙底沟文化、半山文化遗存，如《马家窑遗址》pl. 46：12、pl. 47：4、pl. 46：1～5、pl. 17：11～14、pl. 28：14～16等。
③ 《甘肃东乡林家遗址发掘报告》，《考古学集刊》第4集，中国社会科学出版社，1984年。

案。内彩多是变形鸟纹及由变形鸟纹构成的涡纹图案。夹砂罐为方唇，沿向外翻卷，颈、肩部分界明显，器表饰斜向或交错的绳纹。

《报告》确定的林家中期遗存，主要是第 4 层堆积和据称建于 4 层之中的六座房址和一些灰坑。从内涵考察，中期遗存有进一步划分的可能，至少 H9、H20 两个单位不应包括在中期之内。

中期（除 H9、H20）的彩陶瓶，缘面向外翻转，颈部较早期细长，缘面与颈部相交处呈钝角。雁儿湾遗址也发现过这种形式的陶瓶①。彩陶罐的颈部变短，肩部亦不如早期圆鼓。彩陶盆缘面较平，腹变浅，内外均施彩。彩陶钵中的深腹钵下腹内曲。广泛见于瓶、罐、盆、钵各类器物上的以变形鸟纹组成的旋纹图案，是本期彩陶的突出特点。施于盆、钵内的变形鸟纹，构图呈三角形。可能受这种构图的影响，蛙纹也变作三角形。盆、钵等器内，新出现了并列的弧线条纹间三趾爪状纹和人面纹。

《报告》确定的林家晚期遗存，实际上包含了三个时间顺序的堆积：1. 叠压在第 3 层之下，打破第 4 层的遗迹单位；2. 第 3 层；3. 打破第 3 层的遗迹单位。受发表资料所限，这里只好将它们视为同时的遗存。

晚期陶器里，新出现了与瓶相区别的壶类器。壶的出现，可能是受瓶的影响，也可能是由一部分瓶发展而来。尽管壶的出现并未完全取代瓶，但它作为一种新出现的器类应具有不容忽视的年代意义。这期的瓶、壶的缘面外翻成较宽的平沿。彩陶仍以黑色单彩为主，新出现了一些黑白相间的复彩。瓶、壶的肩、腹部一般施由六个旋涡纹构成的二方连续图案。同时流行重叠的赘加圆点的黑彩条带纹。彩陶罐大口外侈，肩部突出，有双腹耳。彩陶盆平沿，斜尖唇，内外施彩。外彩最常见的是连续的爪形纹。夹砂罐多方唇、卷沿或平沿，颈部很短或无颈。

上文从中期提出的 H9、H20 都含有陶壶。H9 两件壶的肩部纹饰，既有晚期旋涡纹和圆圈纹的一些特点，又与两纹饰有些区别。H20 瓶身的鸟纹图案，弧线三角的中心部位已无圆点，与前述林家中期彩陶相异，而与晚期的相同。H9、H20 瓶类器表通体施彩的做法，不见于中期同类器。值得注意的是，H9、H20 壶的形态及部分彩陶纹饰，与《报告》确定的林家晚期的遗存不同。根据 H9、H20 的层位和内涵，可将这两个单位改订为晚期较早阶段。

在其他地点的马家窑文化遗存中，也有与林家 H9、H20 陶器特征相同的单位，如民和核桃庄 M1②、榆中马家岘 M1③ 等。

---

① 《甘肃古文化遗存》，《考古学报》1960 年 2 期。
② 《青海民和核桃庄马家窑类型第一号墓葬》，《文物》1979 年 9 期。
③ 《甘肃彩陶》图版 25～28，文物出版社，1979 年。

　　据目前发表的资料，比林家遗址晚期年代更晚的遗存，只有乐都脑庄 M1[①]。这座墓中出的陶壶，肩部几近平直，壶身变得矮粗。不见瓶类器。尤为值得重视的是，该墓出土的一件黑白复彩大口罐，不见于其他马家窑文化遗址和墓葬，其器形近似马厂文化的同类器，从而显示出该墓在马家窑文化年代序列中的位置。

　　综括上述，可暂将马家窑文化分为三期（图一）：

　　早期以林家早期为代表。属于这一时期的还有永登蒋家坪[②]、临夏范家村[③]、临洮马家窑、兰州西坡呱[④]、曹家嘴[⑤]等遗址的有关遗存。

　　中期以林家中期（除 H9、H20）为代表。与之年代大体相当的有兰州雁儿湾、临洮马家窑的有关遗存。

　　晚期分为三个阶段：1. 林家 H9、H20，2. 林家晚期，3. 脑庄 M1。兰州王保保城 M1[⑥]、永登杜家台 M1[⑦]，大约相当晚期二段。

　　通观马家窑文化各时期的遗存，可将马家窑文化陶器的主要特征归纳如下：

　　（1）陶器群由彩陶瓶、彩陶瓶式壶、彩陶罐、彩陶盆、钵、夹砂罐、带流钵形器等组成。其中瓶和瓶式壶最富有代表性。瓶出现得较早，它的出现标志着马家窑文化的开始。瓶式壶的出现晚于瓶，消亡的年代亦稍略晚于瓶。整个器群基本为平底器，不见尖底器，假圈足器极少，且仅见于较晚阶段。

　　（2）陶器颜色早期以红色为主，橙黄色较少。中期、晚期以橙黄色为主。泥质灰陶早期略多于晚期。

　　（3）彩陶发达。一般见于泥质陶，个别夹砂陶亦见施彩。早、中期均为黑彩，晚期除黑彩外，新出现了黑白两色的复彩。由弧边三角形、平列线条、圆圈、圆点等组成的旋纹、涡纹、变形鸟纹为最常见的纹样。还有部分象形的鸟、蛙、蜥蜴、人面等纹样。

　　（4）夹砂陶主要饰绳纹和附加在绳纹上的带状、饼状堆纹。

　　（5）有少量泥质，夹砂合制器。这种器物一般上半部为泥质，施黑彩，下半部为夹砂质，施绳纹。

---

① 《青海乐都县脑庄发现马家窑类型墓》，《考古》1981 年 6 期。
② 张学正等：《谈马家窑、半山、马厂类型的分期和相互关系》，《中国考古学会第一次年会论文集》，文物出版社，1980 年。
③ 《临夏范家村马家窑文化遗址试掘》，《考古》1961 年 5 期。
④ 《甘肃兰州西坡呱遗址发掘简报》，《考古》1960 年 9 期。
⑤ 《兰州曹家嘴遗址的试掘》，《考古》1973 年 3 期。
⑥ 《兰州马家窑和马厂类型墓葬清理简报》，《文物》1975 年 6 期。
⑦ 同②。

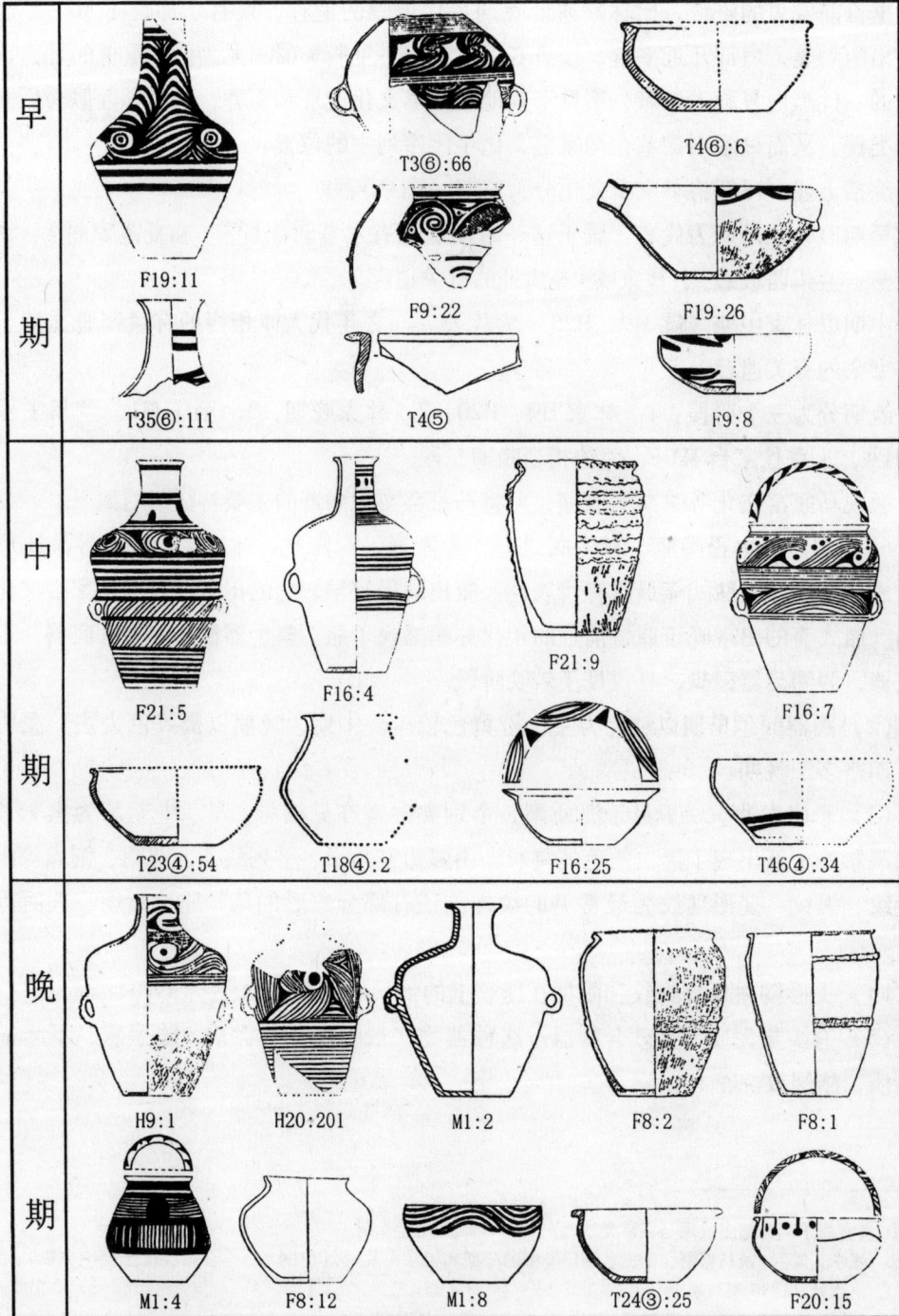

图一　马家窑文化陶器分期图

M1 为民和脑庄，其余均出自林家遗址

二

目前资料表明，马家窑文化主要分布在陇西至海东的黄河流域地区。它分布的东缘，大约在定西一带；西北最远可达武威地区，南端伸人白龙江流域[①]。

分布在洮河—大夏河流域，湟水—大通河流域、庄浪河流域及白龙江流域地区的诸遗存间存在着一些差别：

（1）大夏河流域林家遗址的泥质红或灰陶素面盆，自早至晚都有发现，并且随时间推移数量逐渐增多。这种盆在相邻的湟水流域，以及庄浪河、白龙江流域，基本或根本不见。

（2）彩陶盆、钵在各地马家窑文化遗存中都有发现，但具体形态不尽相同。以晚期为例，湟水流域彩陶盆无论深腹或浅腹，都是口径大于腹径，且上腹壁较直；林家遗址的彩陶盆，以口径小于腹径者为主。

（3）永登蒋家坪下层发现的那种深腹带双腹耳彩陶罐[②]，在其他流域地区很少或根本不见。

（4）乐都脑庄 M1:4 彩陶罐是湟水流域及其以北地区特有的器物，在大通、武威、永登等地都有类似的发现[③]。

（5）白龙江流域的瓶、壶、盆等器的形制和彩陶纹饰与其他流域地区差别很大，单耳罐、单耳瓶等又为其他地区所不见。这里的马家窑文化遗存以其强烈的地方特点，明显区别于其他河流流域地区的同类遗存。

以上的比较是极其直观而简单的，特别是在各河流流域地区的年代序列尚未建立的情况下进行的。尽管如此，造成上述差别的主要原因，首先应当是地理因素。至于这种差别是"类型"的区别还是"类型"下"小区"的区别，还需要更多的发掘资料来说明。

甘肃天水地区[④]和四川理县、汶川[⑤]等地发现的马家窑文化遗存或类似的陶器，是文化插入或渗透、影响的结果。

---

① 《白龙江流域考古调查简报》，《文物资料丛刊》第二集，文物出版社，1978 年。
② 张学正等：《谈马家窑、半山、马厂类型的分期和相互关系》图五，19，《中国考古学会第一次年会论文集》，文物出版社，1980 年。
③ 见《甘肃彩陶》及《青海彩陶》，文物出版社，1980 年。
④ 谢端琚：《马家窑文化渊源试探》，《中国考古学研究》，文物出版社，1986 年，《放射性碳素测定年代报告》（十一），《考古》1984 年 7 月；《放射性碳素测定年代报告》（十四），《考古》1987 年 7 期。
⑤ 《四川理县汶川县考古调查简报》，《考古》1965 年 12 期。

三

以渭河流域的武山石岭下遗址命名的石岭下类型，最初被认为是一种介于庙底沟类型与马家窑类型之间的新类型，马家窑类型是由石岭下类型发展起来的①。秦安大地湾遗址发掘②以来，石岭下类型被纳入"大地湾仰韶晚期遗存"或"大地湾四期"的概念里，由此对马家窑文化的渊源又提出了新的认识：

（1）对马家窑类型源于石岭下类型或大地湾仰韶晚期遗存提出了疑问。马家窑类型兴起年代在仰韶文化晚期的最后阶段（即大地湾四期晚段）③。

（2）马家窑类型是由大地湾四期后段遗存发展来的④。

这些认识的关键是马家窑文化的谱系和相对年代的问题。既然这些认识是由石岭下类型或大地湾仰韶晚期遗存、大地湾四期提出来的，那么在讨论马家窑文化的来源和年代问题时，必须对石岭下类型或大地湾仰韶晚期遗存、大地湾四期加以分析。

石岭下类型自被提出以来，至今没有发表过正式的发掘资料，缺乏典型陶器，标准一直模糊不清，以致同一件器物因标准不同而分属不同的考古学文化⑤。目前一般所说的石岭下类型的陶器特征、年代、分布等都和大地湾四期基本相合，因此，石岭下类型可以被大地湾四期所取代。

对于目前一般所说的大地湾四期（或称大地湾仰韶晚期遗存）仍可作进一步分析。已发表的大地湾四期的绝大多数单位，如 M201、H219、H374、H802、F405、F901 等，相对年代与半坡四期（或称半坡仰韶晚期）相当。其中少数单位，如 H308、H859 等，相对年代可以早到庙底沟文化晚期，这些单位应归属庙底沟文化范畴。需要指出的是，取代石岭下类型的大地湾四期，不应包括像 H308、H859 那类遗存。下文所说的大地湾四期，即此涵义。

甘谷毛家坪遗址⑥的石岭下类型遗存，就整体而言相当大地湾四期的早期阶段。其中 H38 的陶器与其他单位的不同，H38：3、H38：4、H38：5 三件器物明显具有庙底沟文化因素；H38：2 泥质红陶盆与大地湾四期 H802 的同类器相近。如果考虑到这种盆出现的年代可能较早，延续的时间较长，而 H38 确实不出毛家坪 T1 ⑤B：27、T8 ⑤A：23 那两

---

① 《从马家窑类型驳斥瓦西里耶夫的"中国文化西来说"》，《文物》1976 年 3 期。

② 《甘肃秦安大地湾遗址 1978 至 1982 年发掘的主要收获》，《文物》1983 年 11 期。

③ 郎树德等：《试论大地湾仰韶晚期遗存》，《文物》1983 年 11 期。

④ 谢端琚：《马家窑文化渊源试探》，《中国考古学研究》，文物出版社，1986 年。

⑤ 如大地湾 H308：13 盆，安志敏在《中国西部的新石器时代》（《考古学报》1987 年第 2 期）中认为是"马家窑文化石岭下类型的陶器"，谢端琚认为是"大地湾三期陶器"。

⑥ 《甘肃甘谷毛家坪遗址发掘报告》，《考古学报》1987 年 3 期。

种形式的尖底瓶的话，H38 的年代即可早到庙底沟文化晚期阶段。

武山灰地儿遗址①最早被定为马家窑类型，以后又被归入石岭下类型。所以如此，一方面是受当时的认识所限，另一方面是因为遗址内涵不很单纯的缘故。该遗址出土的壶、盆、罐等器物，大多数与大地湾四期同类器相同或相似。彩陶有黑彩和白彩两类。白彩仅见于壶和尖底瓶。这一特点与渭河上游其他地点的大地湾四期遗存相同。该遗址的大部分彩陶纹饰与大地湾四期遗存的相同。还有少量彩陶带有马家窑文化色彩。其中一件残陶瓶的形态及纹饰都与属马家窑晚期二段的林家 F21：8 瓶有联系。由此看来，灰地儿遗址的主要遗存属大地湾四期，同时存在少量的马家窑文化遗存。两类遗存在遗址中是否存在层位关系不得而知。

渭河流域与灰地儿遗址情况类似的还有岐山王家嘴②、宝鸡福临堡③等。分析这类遗址中的马家窑文化陶器和具有马家窑文化因素的陶器，能看到一些颇耐寻味的现象（图二）：

（1）蜥蜴纹和可能由此演化来的弧形网纹图案，流行于马家窑文化早期；同类纹饰在大地湾四期中主要见于层位较早的单位。

（2）王家嘴 T3 第 3 层出土的彩陶罐上的纹饰，具有马家窑文化特点。这类纹饰在马家窑文化遗存出现的最早时间，不早于中期。

（3）福临堡三期 F1 出土的盆与林家遗址 Ⅲ3 式盆十分相似。这种盆是马家窑文化中期的器物。

（4）福临堡三期 H96 出土的一件残尖底瓶，整体形态应与 H31：1 相同。但残瓶肩部的彩陶图案与林家晚期 F21：5 彩陶瓶肩部的连续旋涡纹基本相同。

（5）陇西吕家坪发现的彩陶尖底瓶④，整体形态与大地湾四期的尖底瓶基本相同，它的口部却与马家窑文化中期的瓶、壶作风相似。器表所饰的旋涡纹是马家窑文化中期流行的纹样。

在洮河流域也能见到大地湾四期渗入的现象。

（6）林家晚期 F16 出土的Ⅱ4 式盆，敞口，宽沿外折，内壁有明显的折棱。这种盆在马家窑文化晚期中只有零星的发现，而在大地湾、王家嘴、福临堡等地有数量较多的发现，应是大地湾四期的器物。

（7）林家遗址的 I11、I12 式夹砂罐均见于晚期。在马家窑文化陶器中为数很少。这种陶罐是大地湾四期大量存在的典型器物。

---

① 马承源：《甘肃灰地儿及青岗岔新石器时代遗址的调查》，《考古》1961 年 7 期。
② 《陕西岐山王家嘴遗址的调查与试掘》，《史前研究》1984 年 3 期。
③ 《宝鸡市福临堡遗址 1984 年发掘简报》，《考古与文物》1987 年 6 期。
④ 《甘肃彩陶》图版 13。

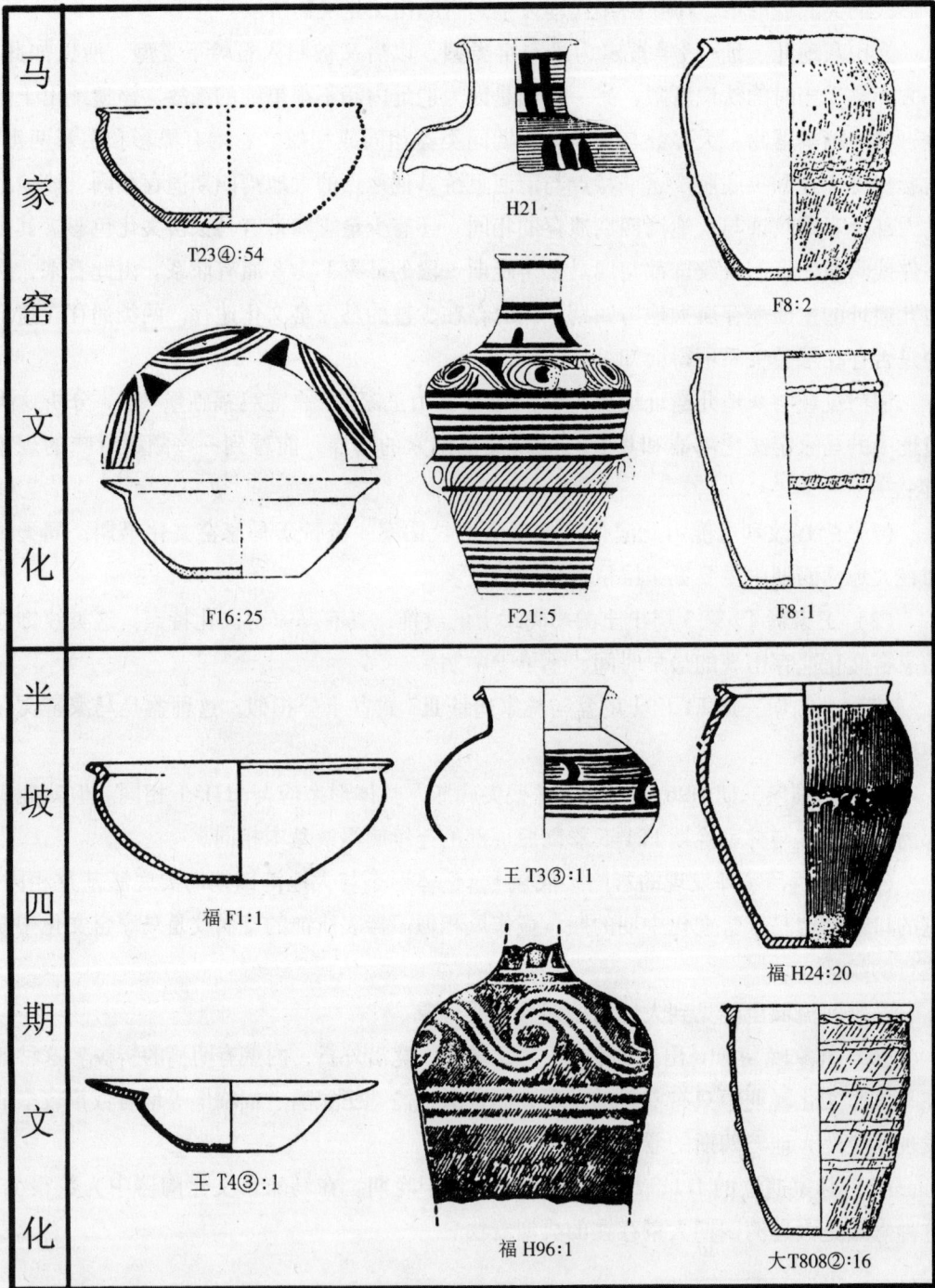

馬
家
窑
文
化

T23④:54

H21

F8:2

F16:25

F21:5

F8:1

半
坡
四
期
文
化

福 F1:1

王 T3③:11

福 H24:20

王 T4③:1

福 H96:1

大 T808②:16

图二　相似陶器比较图

福：福临堡；王：王家嘴；大：大地湾

由以上现象得到的启示，进而对比马家窑文化和大地湾四期的陶器：

（1）马家窑文化含喇叭口细颈平底瓶和瓶式壶，大地湾四期含喇叭口尖底瓶。两类瓶之间不存在因袭关系。

（2）大地湾四期的罐式壶（如大地湾 H374：19）在马家窑文化中未得到反映。

（3）大地湾四期流行的夹砂深腹罐与马家窑文化早期的夹砂翻卷沿罐之间不存在演进关系。

（4）马家窑文化的卷缘曲腹彩陶盆在大地湾四期找不到来源。

（5）马家窑文化彩陶发达。遗址彩陶占陶器总数的 18～30%，墓葬的比例还要高些。大地湾四期遗址彩陶较三期显著减少，仅占陶器总数的 2～3%，至多不超过 5%。两种文化彩陶的纹样、构图、施彩部位以及色彩，遵循各自的规律发展。

通过以上七例现象和五项对比，可以得出这样的认识：

（1）马家窑文化和大地湾四期是两支存在于不同空间、年代大体相当的考古学文化。

（2）由大地湾四期推知马家窑文化的年代大约相当半坡四期。

（3）渭河源头地区可能是马家窑文化和大地湾四期交错分布的地区。在不同的时期被不同的文化所占据，始终是一种你进我退的状态。这一地区也有可能是某一文化分布区的前沿地带，是与外界交往的窗口，自身文化和外部文化都通过这里输出、输入。像吕家坪那种变异的尖底瓶只能产生于这一地区。

上面，在对马家窑文化分期的基础上，讨论了马家窑文化和大地湾四期的相互关系，从而推导出了马家窑文化的相对年代，这样就排除了马家窑文化源于大地湾四期的可能。

在马家窑文化分布的区域内，年代早于它的是庙底沟文化。青海民和阳洼坡遗址[①]的主要遗存及甘肃临洮马家窑遗址的一些遗物，基本属于庙底沟文化范畴，但与关中地区的庙底沟文化又有所不同。马家窑文化早期的面貌与本地的庙底沟文化存在着一定的距离，目前还不能简单地认为马家窑文化产生于本地的庙底沟文化。如果注意到在马家窑文化之前，庙底沟文化沿黄河及其支流向东、西、南、北大面积扩张的现象，注意到大约和马家窑文化产生的同时，整个黄河流域及其周邻地区出现的诸多新的文化（类型）的事实，那么，在马家窑文化中就不难找出那些部分吸收了庙底沟文化的因素，对于马家窑文化与庙底沟文化的关系就会有更深一层的理解。如果与此同时还能注意到在黄河流域其他地区，自庙底沟文化以后，彩陶不同程度地日趋衰退，而马家窑文化彩陶却表现出异样发展的现象，那么，或许需要探索那些可能推进马家窑文化形成的他方

---

① 《青海民和阳洼坡遗址试掘简报》，《考古》1984 年 1 期。

的信息。

四

当了解了马家窑文化空间分布的一些特点，就会看出在马家窑文化分布的各河流流域内，继马家窑文化之后出现的半山文化和马厂文化与当地马家窑文化之间存在的内在联系。过去有的学者曾提出马家窑期经过小坪子期发展为半山期①，现在看来大都出在兰州附近的小坪子期的陶器，其年代大约相当林家晚期，由小坪子期发展起来的半山文化，大约是以兰州花寨子墓地②主要遗存为代表的一支半山文化。洮河流域的半山文化陶器，与林家遗址马家窑文化陶器的形制及彩陶纹饰存在某些因袭关系。严乐都脑庄 M1：4 彩陶罐与湟水以北地区的马厂文化彩陶垂腹罐有着明显的形态方面的联系。永登蒋家坪的马家窑文化遗存有可能是庄浪河及河西一带的马厂文化的主要来源之一。

　　　此文和李伊萍同志合作写成。陈雍同志参加了该文的讨论。原刊《庆祝苏秉琦考古五十五年论文集》，文物出版社，1989 年。

---

① 严文明：《甘肃彩陶源流》，《文物》1978 年 10 期。

② 《兰州花寨子"半山类型"墓葬》，《考古学报》1980 年 2 期。

中国史前时期的彩陶艺术

——庙底沟文化的彩陶

从考古发现看，以物质形式体现的史前艺术，在中国最迟不过旧石器时代的晚期便已出现，山顶洞人用以美化自身的穿孔兽牙、贝壳、涂朱石珠和刻纹骨管等装饰品，表明当时的人们业已形成较为成熟的审美观念。在青铜器广泛使用前的新石器时代，人们在日常生活和宗教仪式等活动中，使用量最大的是陶器。陶器就其自身的性质而言，具有使用和观赏的两重性，以砂土为原料烧制的陶器，取材便宜且易于塑造，陶工在大量制造生产陶器时，竭尽聪明才智，使得陶器在适于使用的同时，具有较高的艺术欣赏价值。中国史前时期的陶器就艺术欣赏的角度看，龙山时代的陶器主要表现在器物的造型美上，仰韶时代的陶器主要表现在器物的器表装饰美上，仰韶时代的陶器器表装饰的艺术成就最高者，当推庙底沟文化的彩色陶器。在"中国文物精华展"的展品中，庙底沟文化的彩陶展现了璀璨的光彩。

庙底沟文化因50年代末河南省陕县庙底沟遗址的发掘而得名，80年代前学界多称为"庙底沟类型"，以区别于其前身半坡文化（80年代前学界多称为"半坡类型"）。庙底沟文化陶器的主要器类有瓶、罐、盆、钵、瓮、釜、灶、鼎等，彩色陶器主要限于盆、钵两类，占盆、钵总数的90%以上，另外也偶见于瓶、瓮。彩陶的基本韵色是红色陶器上绘施黑彩，中期受黄河下游的泰沂考古文化区的影响，出现了为数不多的紫红色和牙白色彩。彩陶钵主要是在器口外侧绘一匝黑色宽彩带，此与半坡文化的同类器大抵相同，就构图的手法而言，与半坡文化的前身老官台文化亦无本质的不同。庙底沟文化的彩陶艺术成就是由各类图案的彩陶盆所代表的，盆类器的绘彩部位主要是中腹、上腹和口沿三处。中、上腹两部位着彩面积大，富于表现，绘制的花纹是全器的主要图案；口沿处面积狭窄，绘制的是全器的辅助图案。

就彩陶图案构成的基本纹样而言，仅有圆点、勾叶、弧三角、直线、曲线数种，但这数种基本纹样的不同组合形式，却表现为千姿百态的彩陶图案。庙底沟文化的彩陶图案的题材可以分为两大类，一类是具象的鸟纹，一类是抽象的花卉纹。鸟纹又可区分为侧视鸟纹和正视鸟纹两种，侧视鸟纹头、身、翅、尾、腿各部位俱全，主要由圆点、勾

叶和弧三角组成，正视鸟纹有头、身、翅、腿几个部位，而缺少尾部，一般由圆点和弧
三角组成。无论是侧视的鸟纹图案，还是正
视的鸟纹图案，都多以独立画面的形式装饰
在器物上，与鸟纹不同，花卉纹则均以二方
连续，间或以三方连续、四方连续、六方连
续的形式绕器装饰，两者相比，花卉纹具有
更为强烈的工艺美术装饰效果（图一）。

图一　庙底沟彩陶纹饰

同鸟纹一样，花卉纹也有侧视和正视的
区别，侧视花卉纹的图案相对繁缛，因而多
施绘在腹部面积开阔的侈口曲腹盆上，这种
图案一般是由圆点、勾叶、弧三角、直线和
曲线构成的；正视花卉纹的图案相对简单，
因而多施绘在腹部面积局促的敛口线腹盆
上，这种图案一般是由圆点、弧三角和直线
构成的，往往缺少勾叶和曲线两种基本纹
样。与其他彩陶图案不同，庙底沟文化的花
卉采用了类乎现代工艺美术阴阳纹结合表现
花卉的技法。

无论是涂彩的阳纹部分，还是不涂彩的阴纹部分，如单独地进行观察，都可以给人
以完整的花纹图案的效果，如果把阴纹视成图案，那么阴纹本身便具有了阳纹的效果，
而阳纹却成了有意涂成的底色。反之，如果把阳纹视成图
案，那么阴纹就变成了烘托阳纹的底色。不但如此，如果
将阴纹和阳纹结合在一起观察，那么花卉图案就显得更为
绚烂。

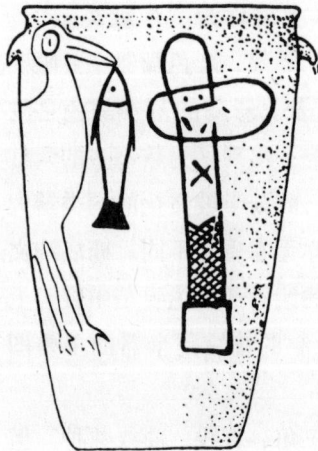

图二　鹳鱼石斧图

在谈及庙底沟文化的彩陶艺术成就时，尚应值得一提
的是著名的《鹳鱼石斧图》（图二），可惜它未曾在这次
"中国文物精华展"中展出。这幅气势恢宏的作品绘于深
腹瓮的一侧，高37厘米、宽44厘米，画面的左侧是一只
向右侧立的衔鱼白鹳，白鹳作细颈长喙，短尾高足，通身
洁白状，微微后仰的身躯，高扬的头颈，炯炯的目光，俨
然一幅趾高气扬的征服神态。所衔的鲢鱼，眼小无神，躯
体僵硬，完全是一副沮丧无力的被征服神态。画面的右侧
是一有柄石斧，斧上、柄下，刃右而立。这幅史前巨作直观生动地表现了征服者白鹳社

群与被征服者鲢鱼社群的关系，以及反映了瓮棺内死者生前在白鹳社群内的地位与权力。

在中国发育成熟的彩陶文化中，彩陶图案都经历了由具象到抽象，以写实开始，以图案化告终的历程。半坡文化最常见的鱼纹图案就是自具象的鱼纹，经散化的鱼纹，到以直线和三角为基本纹样表现的装饰图案演变的。在半坡文化基础上成长起来的庙底沟文化，鸟纹和花卉纹也都经历了从形象到散化的演变。如果把半坡文化彩陶和庙底沟文化彩陶看成一个连续发展过程的话，彩陶图案的变化也与这一规律相符，半坡文化中写实的鱼纹、鹿纹、人面纹等在彩陶中占有明显的优势，庙底沟文化则是图案化的花卉在彩陶中占有绝对的优势。

庙底沟文化倚华山、傍渭水，集中分布在陕、晋、豫三省相邻的区域内，在其发展的鼎盛时期，东部的伊洛流域、南部的汉水流域、西部的河湟流域、北部的河套及桑干河流域都有庙底沟文化遗存的分布。辽河流域的红山文化中期、黄河下游的大汶口文化早中期、长江下游的马家浜文化、长江中游的大溪文化都带有庙底沟文化的彩陶或庙底沟文化彩陶影响的明显痕迹。在中国先秦时期的考古学文化中，除商、周文化的覆盖面积，殷周青铜礼器的分布或影响范围外，尚无可与庙底沟文化的覆盖面积、庙底沟文化的分布或影响范围比拟者。

在晚于庙底沟文化的诸多考古学文化中，彩陶艺术虽得以延续和发展，但在艺术成就上却少有超越庙底沟文化彩陶者，即便是以发达的彩陶艺术著称于世的马家窑文化，除图案种类的繁杂、装饰的华丽外，也未超出庙底沟文化的高度。因此，以运笔熟练流畅，构图严谨规范，具有很高装饰性和欣赏性为主要风格的庙底沟文化彩陶，堪称中国史前艺术中一株出类的奇葩。

原刊于《瞭望周刊（海外版）》1990 年 8 月 6 日。

黄河流域空三足器的兴起

在黄河流域的考古学文化及其表述的历史进程中，空三足器的兴起，具有划时代的意义。

一 谷水河遗址"三期"遗存的讨论

谷水河遗址三期遗存，是借用《简报》的概念①。

这遗址在今禹州市（原禹县）境，位于淮河流域支流颍水上游，隔嵩山而与黄河流域相邻，洛阳、郑州今均有公路南下在此过境，且这里的"三期"遗存的文化面貌、特征、性质，同于主要分布于伊洛—郑州地区的秦王寨文化，当可归入黄河流域考古学文化遗存进行讨论。

"三期"的 Y1 出土了大汶口文化特有的鸟形鬶，H2 出秦王寨文化的鼎。前者，从目前的资料看，可认为是黄河流域中游考古学文化中最早出现的空三足器；后者，从形制上看，无疑是后来流行于黄河流域中游的釜形斝的前身。总之，黄河流域中游空三足器的起源，是谷水河遗址"三期"遗存自应涉及的问题。

在《简报》中，"三期"的 Y1 和 H2 发表的器形较多，现将两单位发表的出土器物分别列成图一和图二。Y1 和 H2 的某些器物均著有于伊洛—郑州地区考古学文化序列中具有时代意义的绳纹。同时，Y1:22 三足器的器身及 Y1:35 壶，形制上分别酷似H2:7 盆和 H2:3 釜形鼎的鼎身，另外，它们的陶壶及碗形器盖（Y1:8，H2:8；Y1:20，H2:18），形式也极为相近，可见，Y1 和 H2 的年代相同。

山西夏县东下冯 H208、H206、H215②（图三），芮城西王村 H18③，垣曲丰村遗址

---

① 河南省博物馆：《河南省禹县谷水河遗址发掘简报》，《河南文博通讯》1977 年 2 期。河南省博物馆：《河南禹县谷水河遗址发掘简报》，《考古》1979 年 4 期。两文报道的是同一次发掘，文字及图略有出入。《简报》所说的遗址分期，容另外讨论，本文的图一、图二是据两《简报》并合而成的。

② 东下冯考古队：《山西夏县东下冯龙山文化遗址》，《考古学报》1983 年 1 期。

③ 中国科学院考古研究所山西工作队：《山西芮城东庄村和西王村遗址的发掘》，《考古学报》1973 年 1 期。

H103[①]（图四）和陕西商县紫荆 H124[②]（图五），均可归入泉护二期文化[③]。内蒙古准格尔黑岱沟张家圪旦 H1（图六），学术界把它归入海生不浪文化或庙子沟文化[④]，但其

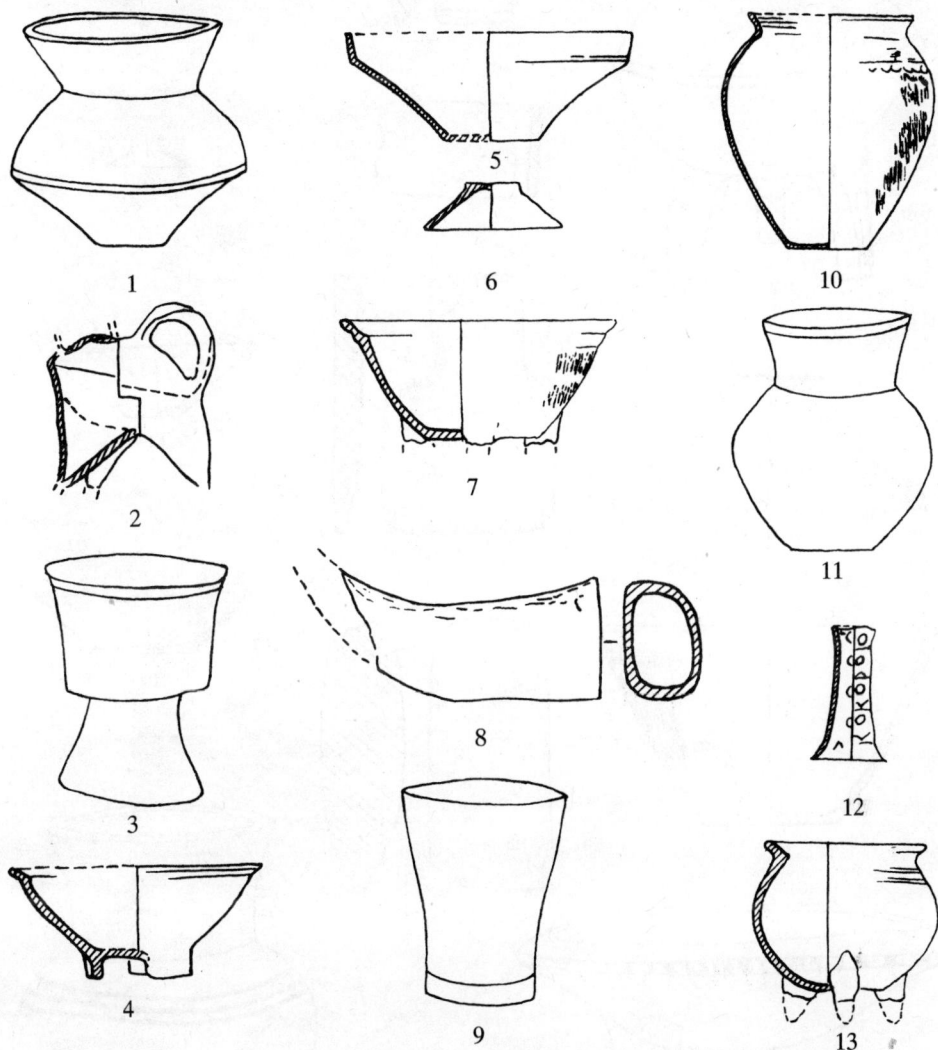

图一　谷水河遗址 Y1 器物

1. 壶（：35）　2. 鸟形鬶（：72）　3. 杯（：8）　4. 三足器（：22）　5. 钵（：21）

6. 器盖（：20）　7. 盆形鼎（：16）　8. 角杯（：74）　9. 杯（：52）　10. 罐（：1）

11. 壶（：15）　12. 豆柄（：73）　13. 罐形鼎（：5）

① 中国社会科学院考古研究所山西工作队：《山西垣曲丰村新石器时代遗址的发掘》，《考古学集刊》第五集。

② 西安半坡博物馆等：《陕西商县紫荆遗址发掘简报》，《考古与文物》1981 年 3 期。

③ 苏秉琦：《关于仰韶文化的若干问题》，《苏秉琦考古学论述选集》，文物出版社，1984 年。

④ 魏坚：《庙子沟与大坝沟有关问题试析》，《内蒙古中南部原始文化研究文集》，海洋出版社，1991 年。

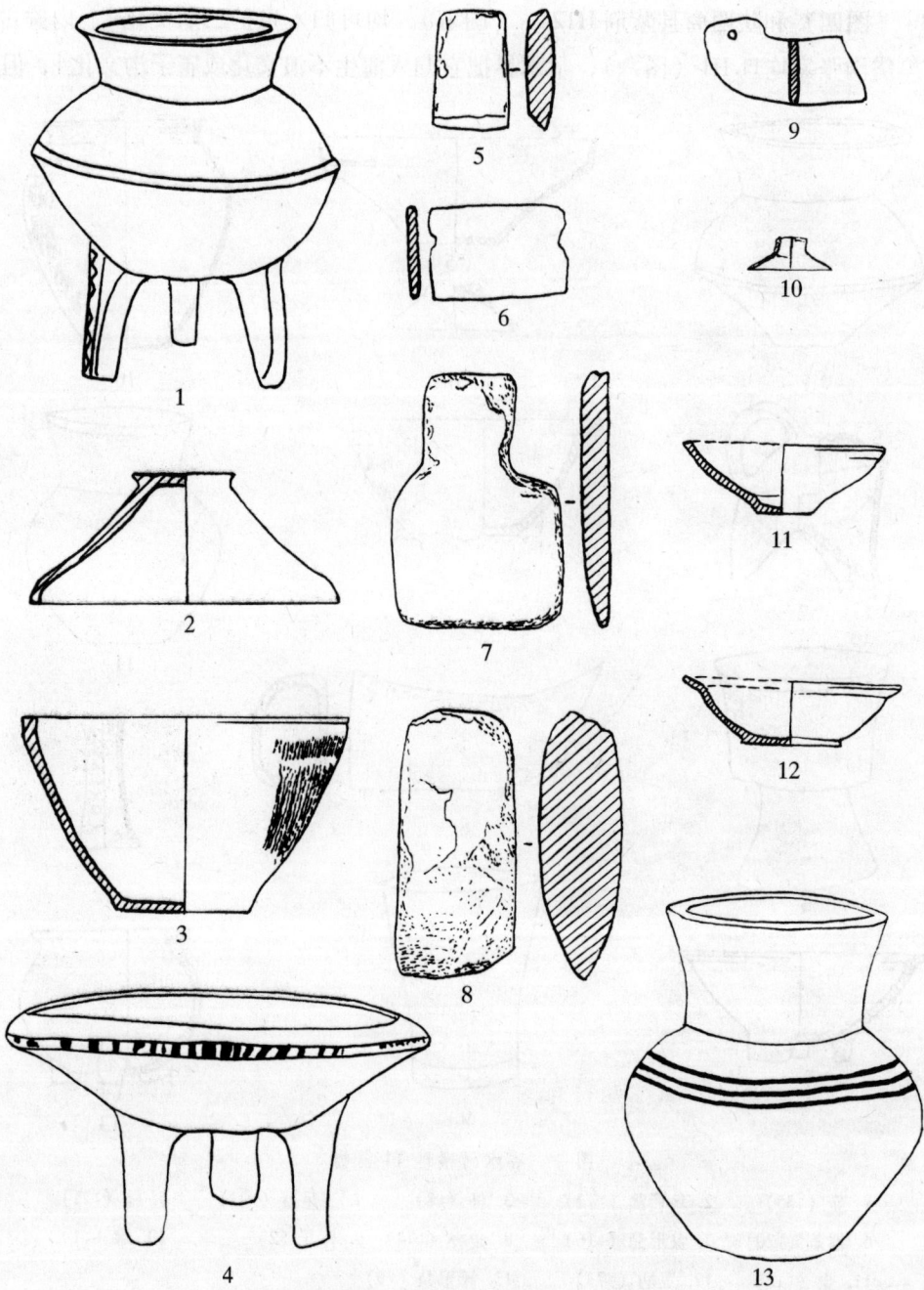

图二　谷水河遗址 H2 器物

1. 釜形鼎（:3）　　2. 器盖（:18）　　3. 盆（:29）　　4. 盘形鼎（:10）　　5. 石锛（:23）

6. 石刀（:19）　　7. 有肩石铲（:33）8. 石斧（:26）　9. 石璜（:24）　　10. 器盖（:11）

11. 钵（:27）　　12. 盆（:7）　　13. 彩陶壶（:8）

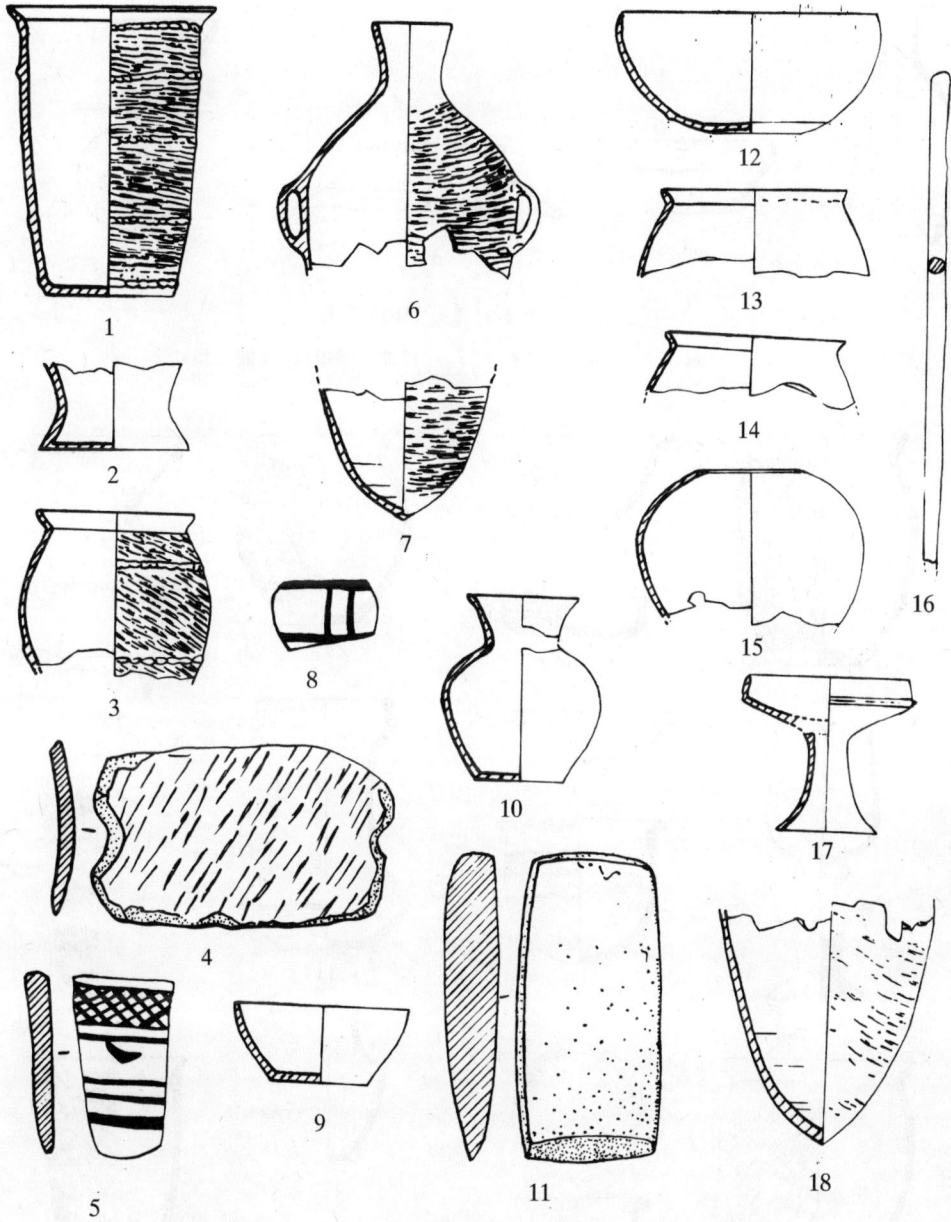

图三　东下冯遗址 H208、H206、H215 器物

1. 罐（H208∶5）　2. 器底（H208∶13）　3. 罐（H208∶8）　4. 陶刀（H206∶6）

5、8. 彩陶片（H206∶7、8）　6、7、18. 小口尖底瓶（H208∶1、2，H206∶2）

9. 碗（H206∶5）　10. 壶（H215∶7）　11. 石锛（H208∶16）　12. 钵（H208∶2）

13、14. 素面罐（H208∶10、4）　15. 圆肩罐（H208∶11）　16. 骨簪（H206∶9）

17. 豆（H206∶4）

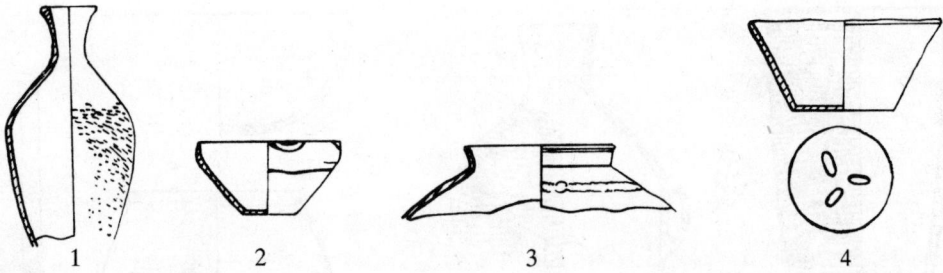

图四　垣曲丰村遗址 H103 陶器

1. 小口瓶（：6）　　2. 钵（：4）　　3. 小口瓮（：049）　　4 甑（：5）

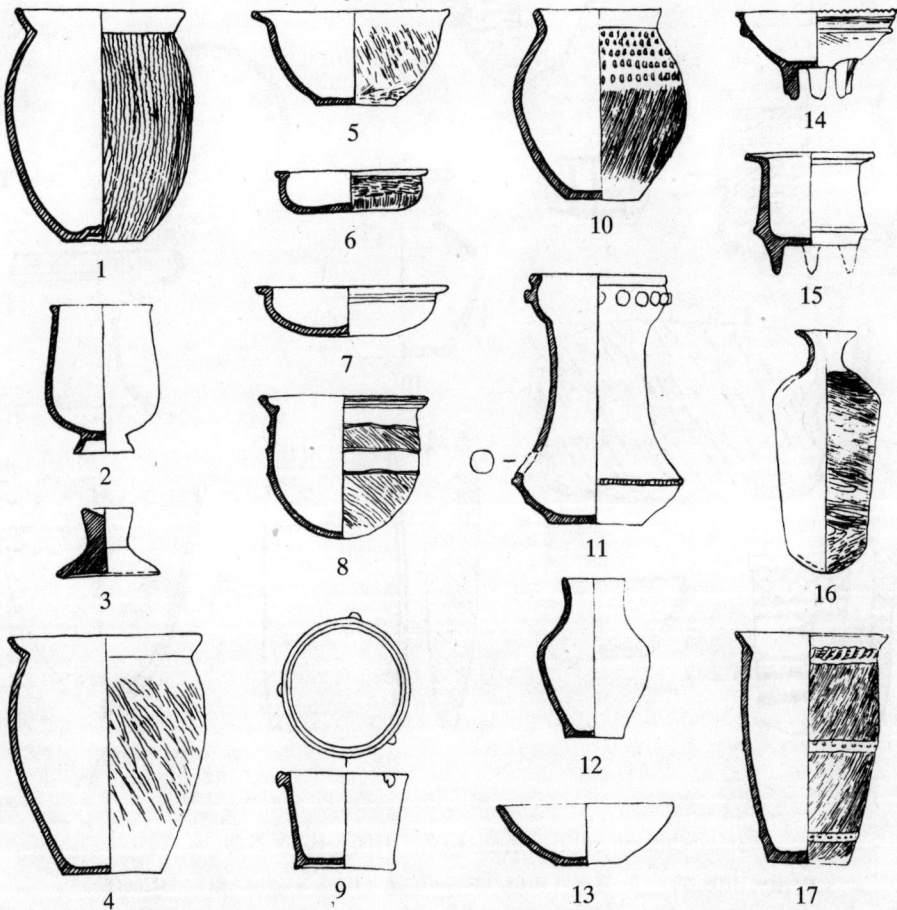

图五　紫荆 H124 陶器

1、4、10. 罐（：15、：18、：22）　2. 圈足杯（：51）　3. 器盖（：53）　5. 带流盆（：14）　6、7. 浅腹盆（：04、：06）　8. 深腹盆（：13）　9. 杯（：52）　11. "陶鼓"（：16）　12. 壶（：10）　13. 碗（：09）　14. 盘形鼎（：55）　15. 盆形鼎（：54）　16. 小口尖底瓶（：20）　17. 大口深腹罐（：22）

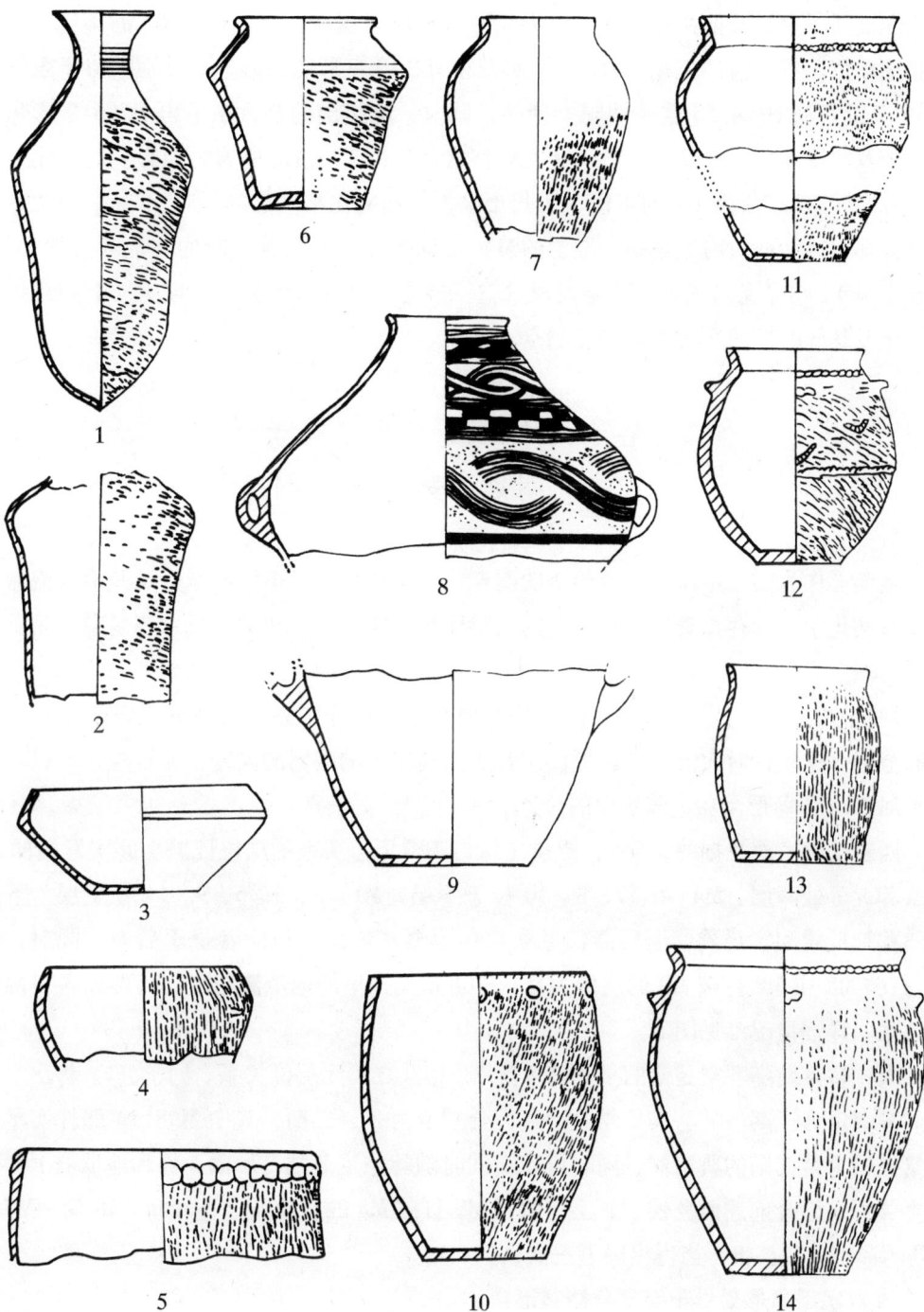

图六　张家圪旦 H1 陶器

1、2. 小口尖底瓶　3. 折腹钵　4. 敛口钵　5、10. 直口罐　6. 折肩罐

7. 鼓肩罐　8、9. 双耳壶　11、12、14. 鼓腹罐　13. 直腹罐

年代无疑同于泉护二期文化。从小口尖底瓶口沿形态观察，知丰村 H103 的年代，稍早于其他单位。谷水河"三期"H2：8 彩陶壶和 H2：10 盘形鼎的形态，分别酷似于东下冯 H215：7 及紫荆 H124：55 这两件同类制品；同时，应指出的是，东下冯 H206：7 彩陶片的纹饰及所属器形，无疑是受秦王寨文化谷水河遗址 Y1、H2 所属时期影响的产物。可见，谷水河遗址 Y1 及 H2 的年代，当归于泉护二期文化年代范畴。

自郑州以西的黄河流域中、上游的泉护二期文化，和与其同时的其他考古学文化，除谷水河 Y1 出了鸟形鬶外，均未发现过空三足器。可以认为黄河流域中、上游泉护二期文化及其同时期的居民，尚未发明空三足器。

二　谷水河 Y1：72 鸟形鬶在大汶口文化陶鬶演变序列中的位置

然而，作为空三足器之一类形态的陶鬶，在主要分布于黄河流域下游及淮河流域的大汶口文化中，却存在着发生和发展的完整序列。大汶口文化的居民，当是空三足器的创始人。

《史前陶鬶初论》①　一文，对陶鬶的起源与演变已作了系统的研究。限于本文所涉及的范围，这里仅对大汶口、西夏侯及野店三地出土的陶鬶的演变，作点检讨，以求证谷水河 Y1：72 鸟形鬶在这演变中的位置。

西夏侯第一次发掘的结果②，提供了探讨陶鬶形态关系的层位证据。此次发掘的 11 座墓葬，分处两层。M4、6、7、8、10 位于下层，M1、2、3、5、9、11 在上层。下层墓随葬地瓜鬶和实足鬶，上层墓仅见联裆鸟形鬶。依此，知前者早于后者。同时，据 M7 打破 M8 和 M5 打破 M9 的层位关系，亦可窥见这里的地瓜鬶与联裆鸟形鬶各自的演进关系。详细情况参见图七。

大汶口墓地随葬空足鬶的墓葬计 8 座③，相互之间无层位关系。《大汶口》将出空足鬶的墓葬定为三期，随葬实足鬶的诸墓，分别编为一、二期，其中 M98：14 那件实足鸟形鬶被认为是二期的典型器，同时，M47 同时随葬空足分裆鸟形鬶 2 件和地瓜鬶 1 件的共生关系，结合前述西夏侯下、上层墓及 M7 打破 M8 的层位顺序，和 M8：18 鬶→M7：1 鬶的形态演变逻辑，当得出以下三点认识：

（1）实足鸟形鬶早于空足分裆鸟形鬶。

①　高广仁、邵望平，《史前陶鬶初论》，《考古学报》1981 年 4 期。
②　中国科学院考古研究所山东队：《山东曲阜西夏侯遗址第一次发掘报告》，《考古学报》1964 年 2 期。
③　山东省文物管理处等：《大汶口》，文物出版社，1974 年。

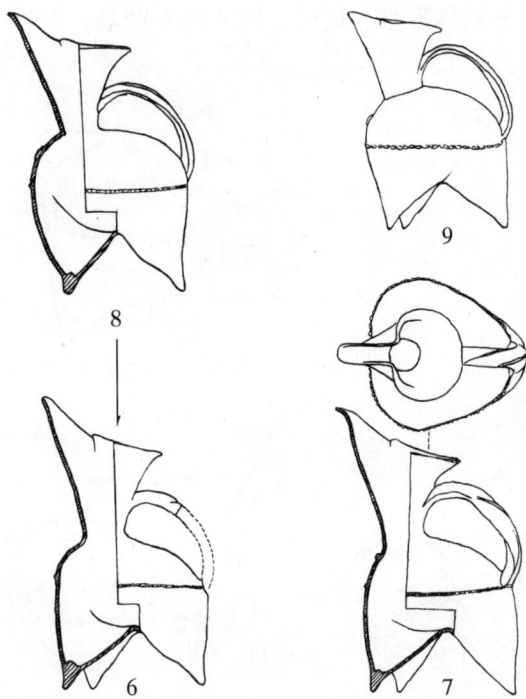

上层墓随葬陶鬶
6. M9：10　7. M1：10
8. M5：12　9. M3：19

下层墓随葬陶鬶
1. M6：36　2. M4：22
3. M10：20　4. M8：18
5. M7：1

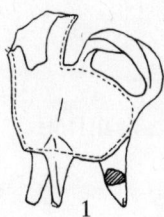

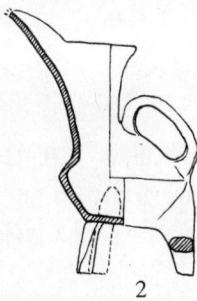

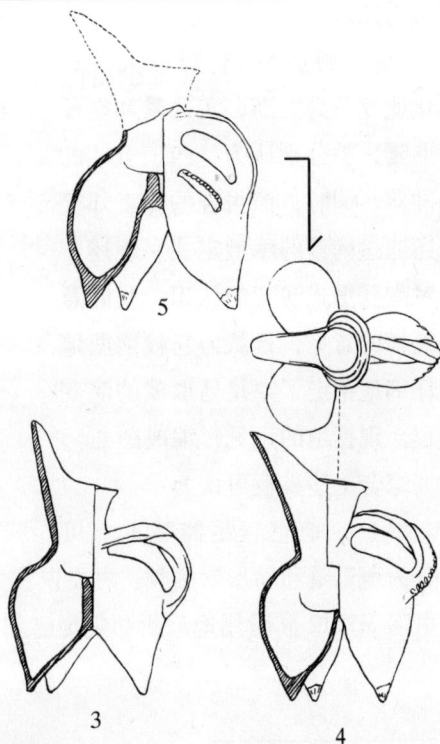

图七　西夏侯墓葬随葬陶鬶的层位关系
（→代表墓葬叠压或打破关系）

（2）使用地瓜鬶的时期，也存在空足分裆鸟形鬶。同时，还应注意的是，大汶口M47：34这件地瓜鬶，和西夏侯M8：18及M7：1两鬶的腿间最宽径与自颈至足跟之高的比例，分别为1.417：1、1.207：1及1.094：1，从后二者比例关系的变化所体现的形态演变逻辑，似乎可推测大汶口M47：34鬶早于西夏侯M8：18鬶。

（3）由于大汶口M47：付24这件空足分裆鸟形鬶与形态较早的地瓜鬶在一墓内共生，以及西夏侯下层与上层墓随葬陶鬶有别的层位关系，当认为空足分裆鸟形鬶早于空足联裆鸟形鬶。

这样，将大汶口陶鬶的演变情况编为图八。

《邹县野店》[①]将野店大汶口文化遗存分为五期，实足鬶和空足鸟形鬶，被分别认为是四、五期的标准器。同时，该报告的作者郑笑梅还通过陶鬶的编型定式，表述了她对陶鬶型式演变的认识。我同意郑笑梅的意见，且认为它较前两地更仔细地论定了空足鸟形鬶的演变过程。现据她的意见，编成图九。

综合上述，暂可认为：

（1）三地空三足器基本上可区分为地瓜鬶和鸟形鬶两类。西夏侯及大汶口两地情况表明，地瓜鬶早于联裆鸟形鬶。三里河M2112同时用地瓜鬶和袋足已基本消失的联裆鸟形鬶随葬[②]，依此或可认为某种

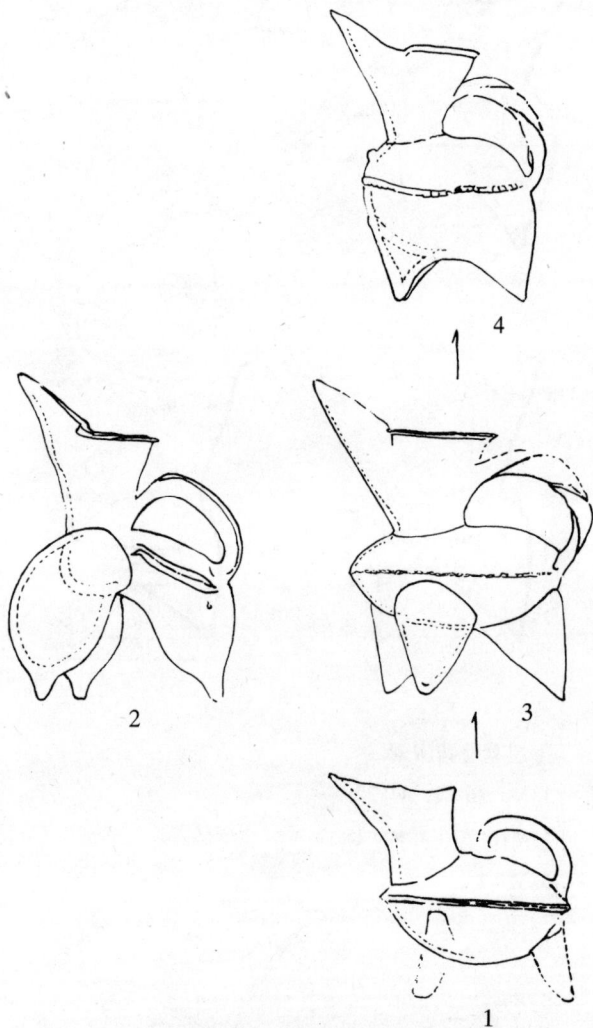

图八　大汶口陶鬶的演变
1. M98：14　2. M47：34　3. M47：付24　4. M117：45
（→指示器物的演变）

①　山东省博物馆等：《邹县野店》，文物出版社，1985年。
②　中国社会科学院考古研究所：《胶县三里河》，文物出版社，1988年。

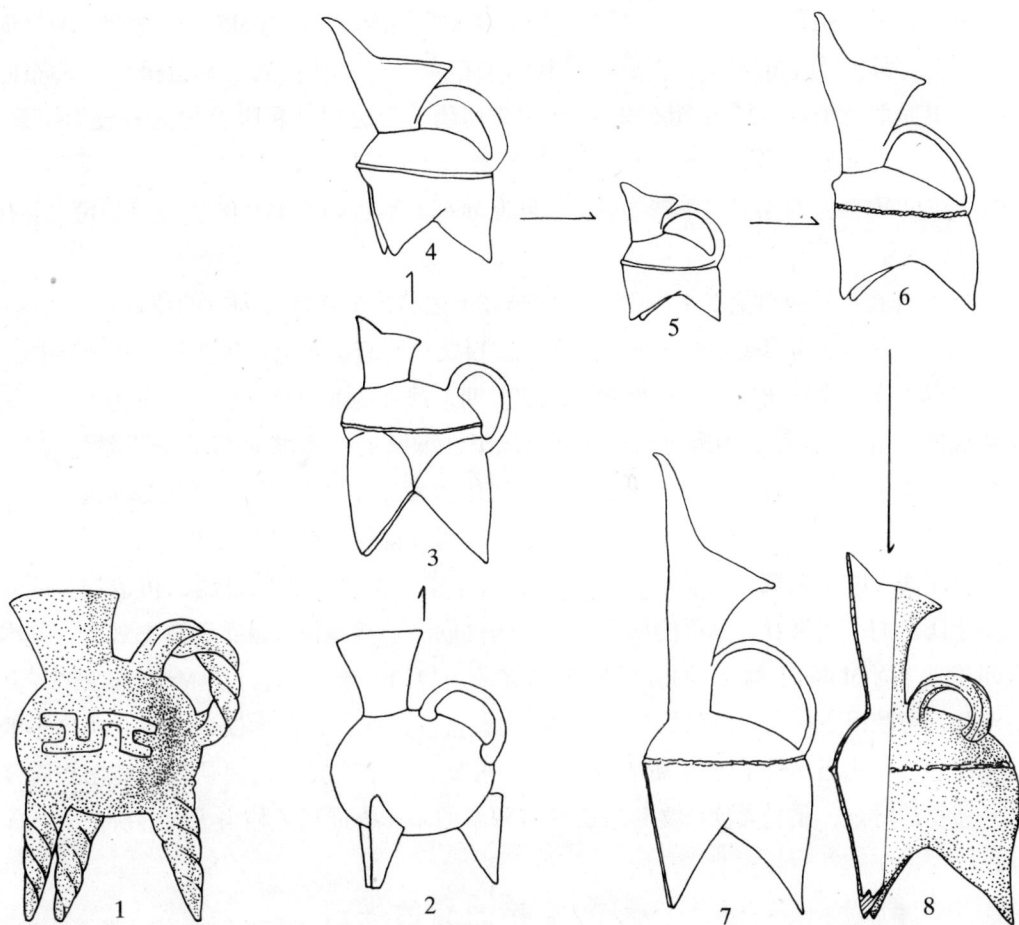

图九　野店陶鬶的演变

1. M47:56　2. M31:33　3. M66:2　4. M73:2　5. M67:3　6. M62:30　7. M51:32　8. M51:50（→指示器物的演变）

形态的地瓜鬶①，至少在某些地区，例如胶东，可延至联裆鸟形鬶使用时期。限于本文主题，不宜在此进一步讨论地瓜鬶的演变序列②。

同样，限于本文设定的目的，我只需在上述三地材料的范围内，对空足鸟形鬶的演变序列作点讨论。三地情况表明，鸟形鬶演变的轨迹是：从分裆到联裆；三袋足由肥粗变为瘦细，与此对应腹腔的容积逐步增大；整体形状由横粗变为竖长；另外，在一定的阶段，例如西夏侯 M9:10→M5:12 的联裆鬶把手下的肩部，是从弧斜变为鼓圆。据此，于下作些具体讨论。

野店 M62:30 鬶的形态和西夏侯 M1:10 鬶酷似；野店 M67:3 和西夏侯 M5:12 两鬶，

---

① 《胶县三里河》M2112 随葬地瓜鬶，被编为ⅢB式。ⅢB式含形态颇有区别的两个标本，M2112 随葬的是哪种标本形态的ⅢB式，不得而知。

② 这问题比较复杂，其起源仍是个谜，以及它和鸟形鬶的相互关系，都有待进一步研究。

观其式样，可分别置于西夏侯 M9：10 与 M1：10 和野店 M62：30 与 M51：50 之间；西夏侯 M9：10，当列在野店 M73：2 鬶之后，但其间仍存在一些缺环；从《邹县野店》公布的图，尤其是照片来看，野店 M66：2 和 M73：2 两鬶，腿肥粗，和腹腔的区分较为明显，且仍存分裆的迹象，其形态当处在由分裆鸟形鬶演变成联裆鸟形鬶之过渡阶段，无疑，应列在大汶口 M47：付 24 分裆鸟形鬶之后，且野店 M66：2 和大汶口 M47：付 24 之间，可能还存在一些中间环节。

（2）现在，转而讨论谷水河 Y1：72 陶鬶在上述指出的陶鬶序列中的位置。

Y1：72 为空足联裆鸟形鬶，无疑属于大汶口文化特有的器物。历史至迟进入泉护二期文化或大汶口文化使用联裆鸟形鬶的一定时期，河南的淮河流域已基本上为大汶口文化居民所占据[1]。他们的渗透力如此强大，以至在偃师的"滑城"留下了墓葬[2]。河南境内淮河流域的西北边缘地带，成了秦王寨文化和大汶口文化居民相邻接触地区，甚至很可能是交错居住区。这就是谷水河秦王寨文化居民使用联裆鸟形鬶的背景。

谷水河 Y1：72 陶鬶，是输入的舶来品，还是秦王寨文化居民自制的仿造物？从其发现于陶窑的事实来看，很可能属于后者。这件制品上部残缺，就下面形态观察，基本上同于三里河 M288：1 鬶[3]、西夏侯二次发掘的 M14：18 鬶[4]，或野店 M62：30 鬶[5]。其前两腿自腹腔以下内曲，颇具野店 M51：50 之风格。因此，它在大汶口文化联裆鸟形鬶的排序中，年代当不早于野店 M62：30 陶鬶。可见，秦王寨文化居民认识或能制作陶鬶这一器物的时候，是当大汶口文化居民已将陶鬶的制作推进到了相当成熟的阶段。

三　形态各异的斝的兴起

迄今考古工作证明，形态各异的斝，是黄河流域中游最早兴起的空三足器，兴起的年代则是在庙底沟二期文化时期。

釜形斝在庙底沟二期文化时期，是最早出现的空三足器之一，出土且发表的较多，为利于问题的研究，现仅将那些共生关系较好的单位，先作如下介绍。

---

[1] 曹桂岑：《郸城段寨遗址试掘》，《中原文物》1981 年 3 期。河南省文物研究所：《河南鹿邑栾台遗址发掘简报》，《华夏考古》1989 年 1 期。郸城县文化馆：《河南郸城段寨出土大汶口文化遗物》，《考古》1981 年 2 期。商水县文化馆：《河南商水发现一处大汶口文化墓地》，《考古》1981 年 1 期。张脱：《河南平顶山市发现一座大汶口类型墓葬》，《考古》1977 年 5 期。《河南境内的大汶口文化》，《河南考古四十年》，河南人民出版社，1994 年。后者混淆了大汶口文化和其他文化中的大汶口文化因素。

[2] 中国科学院考古研究所洛阳发掘队：《河南偃师"滑城"考古调查简报》，《考古》1964 年 1 期。

[3] 中国社会科学院考古研究所：《胶县三里河》图三〇，10，文物出版社，1988 年。

[4] 中国社会科学院考古研究所：《西夏侯遗址第二次发掘报告》图一五，4，《考古学报》1986 年 3 期。

[5] 参见本文图九。

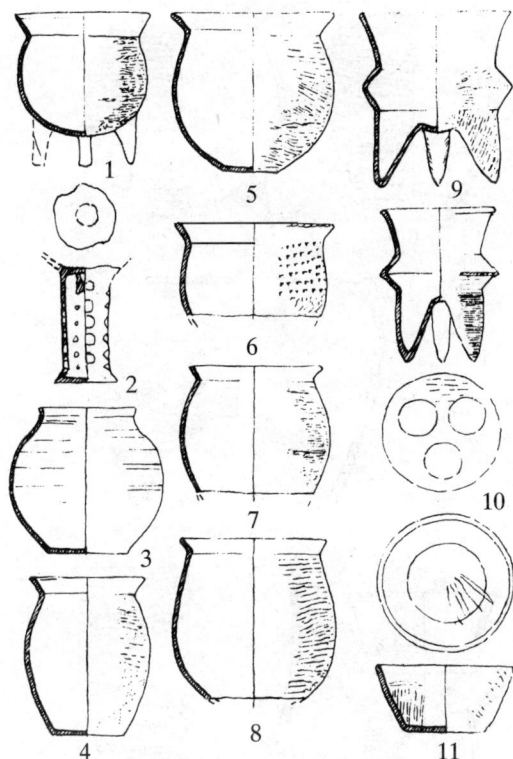

图一〇　北沟遗址 H1 器物

1. 圜底罐形鼎（：10）　2. 豆柄（：19）
3～8.（：11、：13、：18、：15、：17、：16）
9、10 釜形斝（：8、：9）　11. 研磨器（：12）

（1）登封北沟遗址 H1[1]（图一〇），出釜形斝 2 件，伴出圆腹罐形鼎。

（2）偃师二里头遗址 H1[2]（图一一），出釜形斝 1 件，伴出圆腹罐形鼎和平底及圜底盆形鼎。

（3）陕县庙底沟遗址 H558[3]（图一二），出釜形斝 1 件，伴出平底盆形鼎。

（4）垣曲古城东关遗址 IH251[4]（图一三），出釜形斝 1 件，伴出平底盆形鼎及双鋬手釜灶。

（5）武功浒西庄遗址 H33[5]（图一四），出釜形斝 1 件，伴出盆形斝及瓮形斝。

下面，就这五个单位及其相关的问题，进行几点研讨。

在此，暂不涉及这五个单位的考古学文化归属，同时，需指出的是：从考古学文化角度来看，它们无疑属于同一时期，相互间以及它们与邻近地区的遗存之间的文化面貌，存在着某些差异。就此，暂提出如下几点：

（1）北沟 H1 出有大汶口文化流行的 H1：19 这样的豆柄，同时，和其他几个单位不同，这里不见盆形鼎，仅出罐形鼎。前者，往西仅见于庙底沟遗址（T553：29），至少，似乎不存在于渭河流域；后者，往西，不见于庙底沟遗址。在北沟与庙底沟之间的二里头遗址 H1，则是盆形鼎多，罐形鼎少。依据北沟 H1 的现象，虽不便断言它所代表的地区没有盆形鼎，但据此或可认为其居民较多地使用罐形鼎。

---

[1]　河南省文物研究所：《登封告成北沟遗址发掘简报》，《中原文物》1984 年 4 期。
[2]　中国社会科学院考古研究所二里头工作队：《河南偃师二里头遗址发现龙山文化早期遗存》，《考古》1982 年 5 期。
[3]　中国科学院考古研究所：《庙底沟与三里桥》，科学出版社，1959 年。
[4]　中国历史博物馆考古部：《1982～1984 年山西垣曲古城东关遗址发掘简报》，《文物》1986 年 6 期。
[5]　中国社会科学院考古研究所：《武功发掘报告》，文物出版社，1988 年。

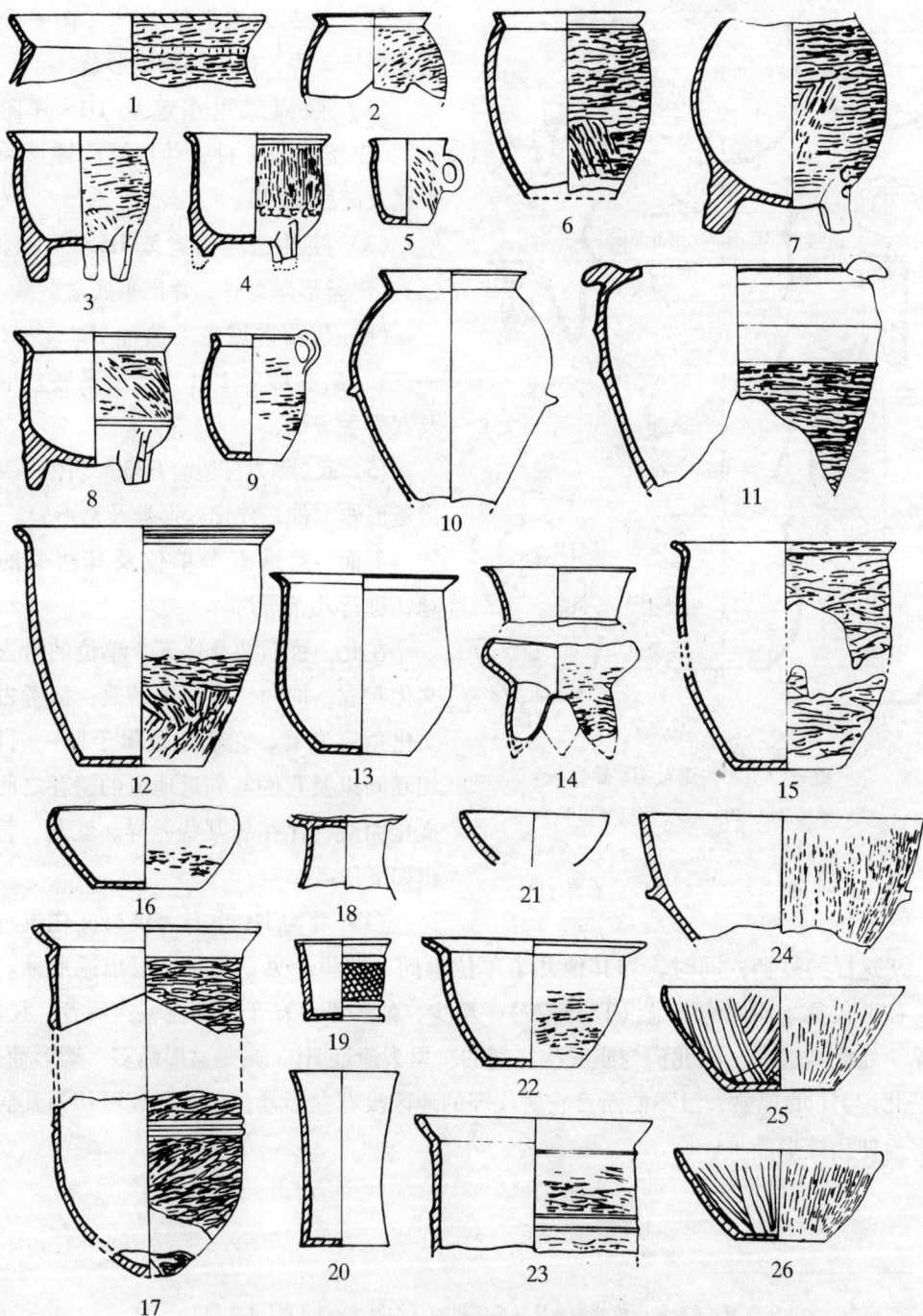

图一一　二里头遗址 H1 陶器

1、2、6. 深腹罐（:33、:20、:16）　3、4、8. 盆形鼎（:8、:6、:7）　5、9. 单耳罐（:11、:12）
7. 罐形鼎（:30）　10. 圆肩长腹罐（:13）　11. 敛口瓮（:35）　12、15. 大口罐（:1、:39）　13.
尊（:3）　14. 釜形斝（:29）　16、21. 钵（:10、:53）　17、23. 缸（:22、:21）　18. 豆（:24）
19、20. 杯（:25、:9）　22、24. 盆（:2、:15）　25、26. 刻槽盆（:4、:5）

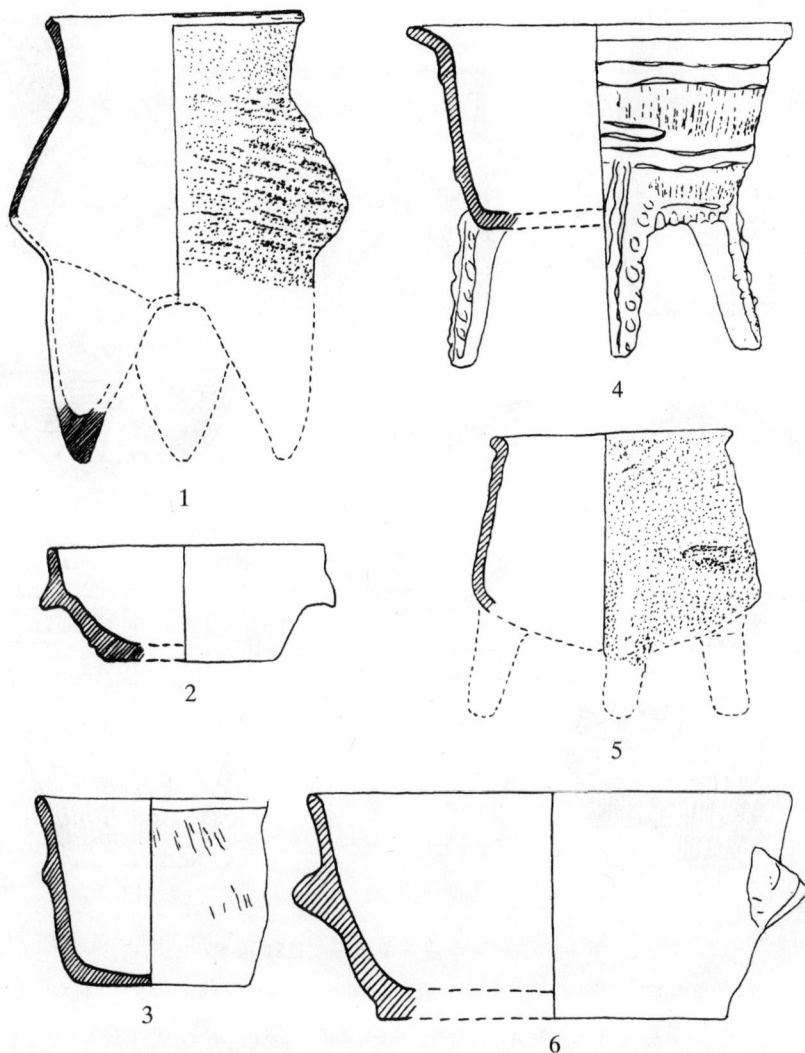

图一二　庙底沟遗址 H558 陶器

1. 釜形斝（:52）　　2、6. 双耳盆（:53、:35）　　3. 深腹盆（:42）

4. 盆形鼎（:50）　　5. 敛口盆形鼎（:54）

　　同时，就盆形鼎的具体形态来看，二里头 H1 的盆形鼎，和其以西的三个单位也存在着明显的区别。首先，像二里头 H1:7 那样的圜底盆形鼎，不见于庙底沟、东关及浒西庄三地；其次，就平底盆形鼎而言，器身和足均存在着不少差别。

　　另外，浒西庄除有釜形斝外，还发现 H33:17、H33:4 和 H33:21 三种形态的斝。庙底沟、东关及浒西庄三地，较北沟及二里头盛行附加堆纹，浒西庄又更甚于东关及庙底沟。

　　（2）自武功以东的渭河至郑州附近以西的黄河流域，当是釜形斝主要的分布地带。

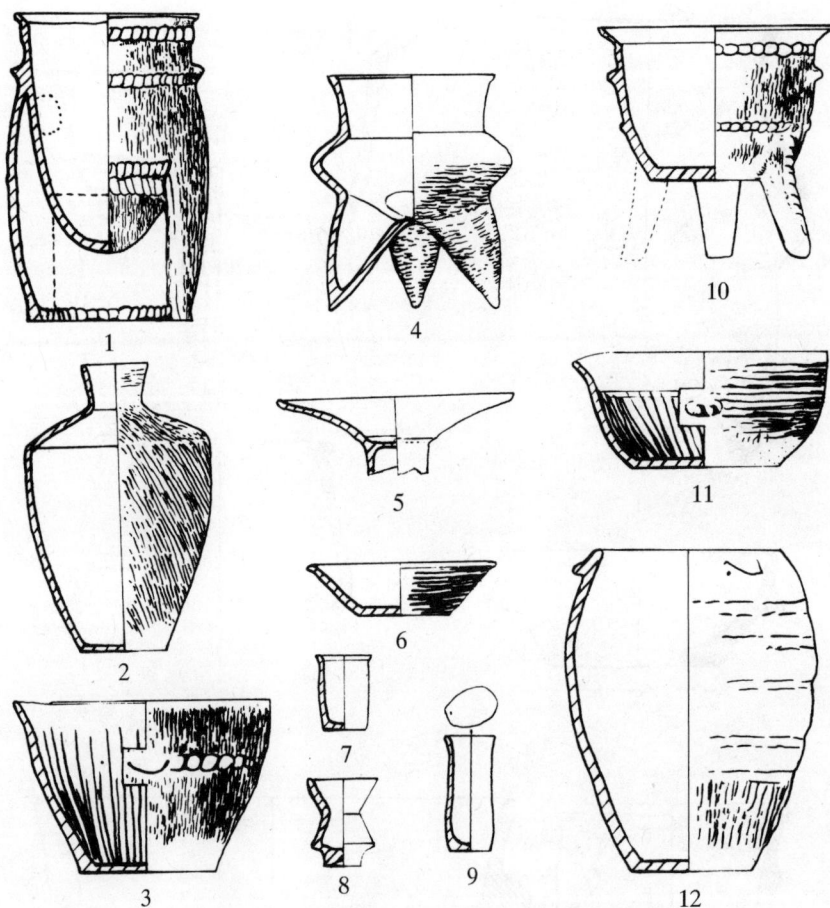

图一三　垣曲古城东关遗址 IH251 陶器

1. 双鋬手釜灶（:45）　2. 高领折肩罐（:54）　3、11. 刻槽盆（:57、:49）

4. 釜形斝（:62）　5. 豆（:59）　6. 浅腹盆（:58）　7. 小杯（:61）

8、9. 小瓶（:48、:47）　10. 盆形鼎（:43）　12. 敛口瓮（:53）

这从如下指出的现象得到证实。

首先，扶风案板遗址（图一五），不见釜形斝，仅发现罐形斝和 H7:29 那样形态的斝[1]，虽然在这里也见到盆形鼎。

其次，汾河流域不存在釜形斝。这里太谷白燕遗址 F14:31 深腹盆上的彩绘图案（图一六）的形态风格，同于同地 F2:27 及 F2:49 彩陶壶的纹饰。无疑，F14 和 F2 同时。白燕 F14:40 这件盆形鼎，是庙底沟、东关、浒西庄及案板盆形鼎的同型制品，故这些地点的单位当属同期。

---

[1]　西北大学历史系考古专业：《陕西扶风县案板遗址第二次发掘》，图四，8，《考古》1987 年第 10 期。

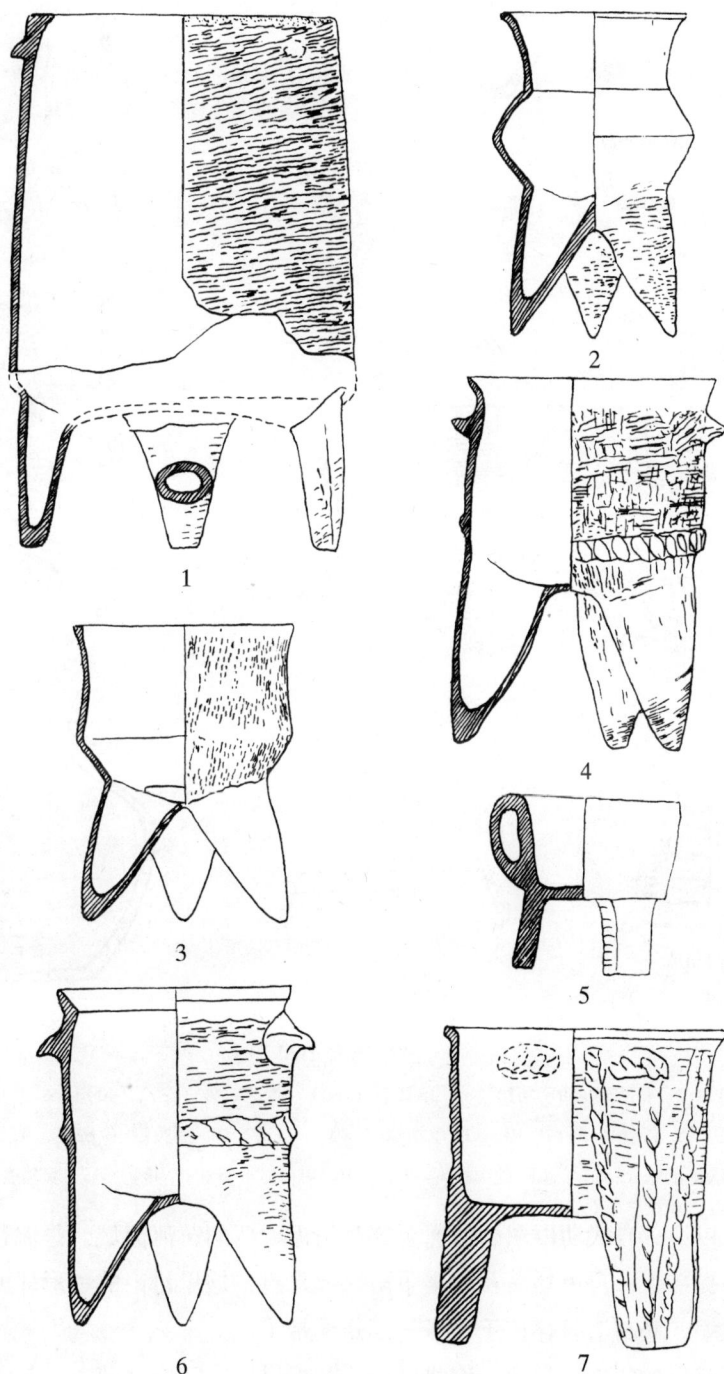

图一四　武功浒西庄遗址陶器

1. 瓮形斝（H33∶17）　　2. 釜形斝（H33∶16）　　3. 直口盆形斝（H33∶4）　　4、6.
盆形斝（H33∶21、H29∶3）　　5. 单耳杯形鼎（T16③∶8）　　7. 盆形鼎（T15③∶4）

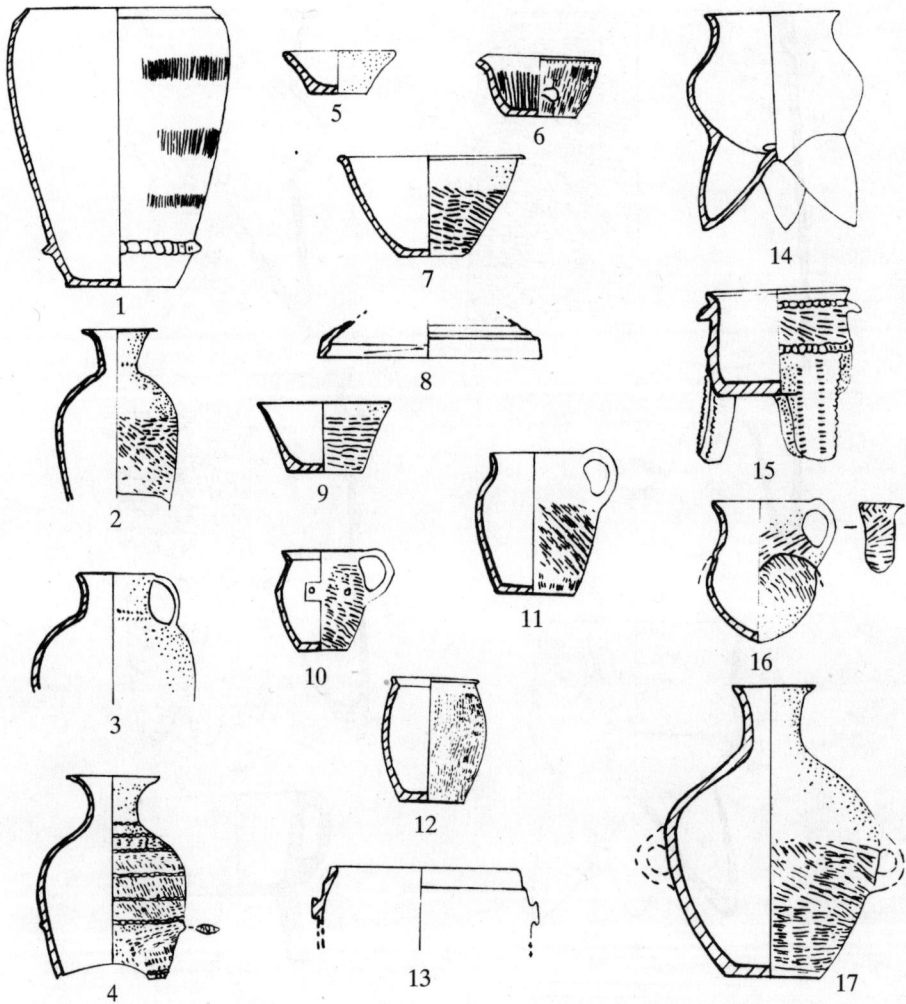

图一五　案板遗址 H20 陶器

1. 瓮（:55）　　2、4. 瓶（:59、:61）　　3. 单耳壶（:60）　　5、9. 碗（:39、:40）　　6. 匜（:38）

7. 盆（:48）　　8. 器盖（:54）　　10、11. 单把罐（:40、:44）　　12. 深腹罐（:62）　　13. 子母口器

（:56）　　14. 罐形斝（:37）　　15. 盆形鼎（:46）　　16. 单把罐形釜灶（:43）　　17. 双耳壶（:42）

因此，可以说，自武功以东的渭河至郑州附近以西的黄河流域，是流行釜形斝的走廊地带。顺便提一下，自单耳鬲及双錾手鬲兴起之时，这里讨论的釜形斝的后裔的分布地域，自西收缩，基本上只存在于伊洛—郑州地带了。

现在，就釜形斝的排序问题，作些讨论。在探讨这一问题之前，先就釜形斝的渊源问题讲点意见。

首先据丰村的层位关系，知那里以 H103 为代表的基本上属泉护二期文化的遗存，早于同址的以 T212 第三层为代表的庙底沟二期文化时期的遗存（见图四，图一七），同

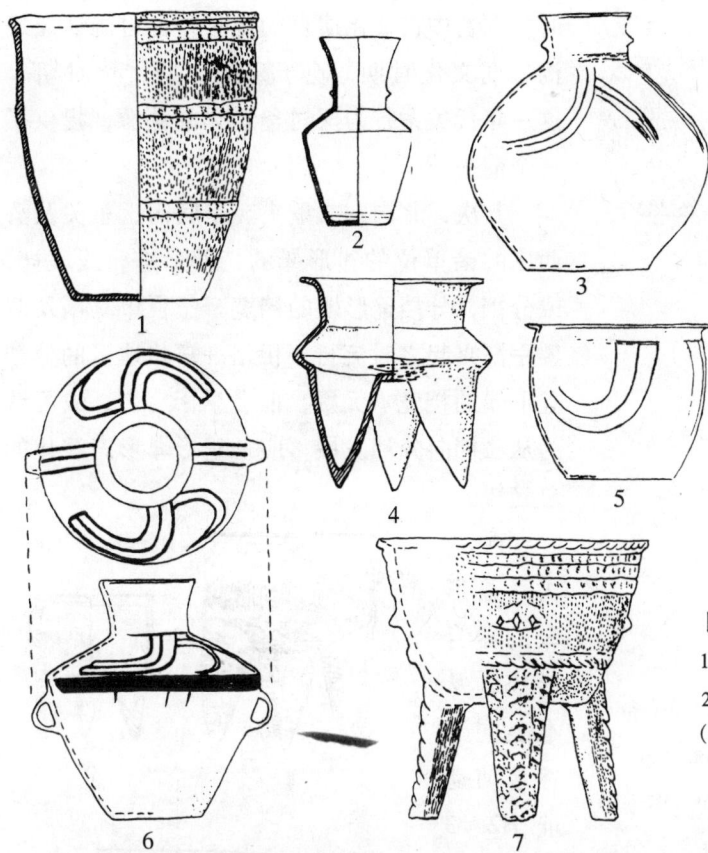

图一六 白燕遗址 F2、F14 陶器
1. 罐（F2∶70） 2、3、6. 壶（F2∶47、27、49） 4. 斝（F2∶30） 5. 深腹盆（F14∶31） 7. 盆形鼎（F14∶40）

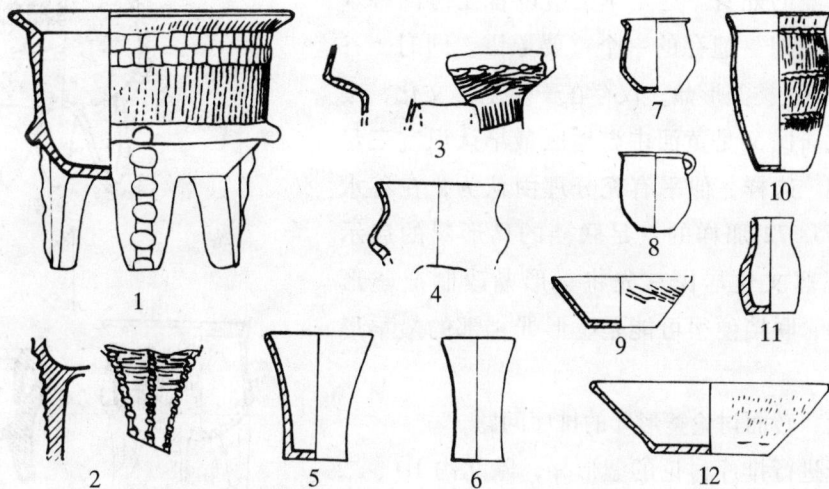

图一七 垣曲丰村遗址 T212 第 3 层陶器
1. 盆形鼎（∶3C∶10） 2. 鼎足（∶3C∶0119） 3、4. 斝（∶3∶060、∶059） 5、6. 杯（∶3C∶21、∶18） 7. 折腹罐（∶3C∶19） 8. 单耳罐（∶3D∶13） 9. 碗（∶3C∶8） 10. 折沿罐（∶3D∶14） 11. 壶（∶3C∶5） 12. 浅腹盆（∶3D∶12）

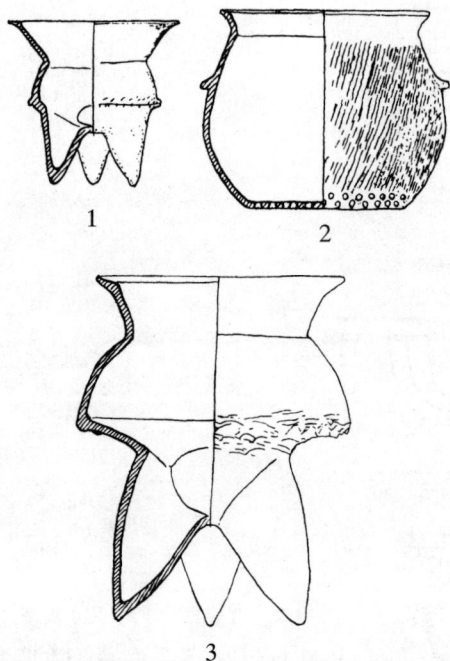

图一八　垣曲古城东关遗址 IH91 和
武功浒西庄遗址 H8 陶器

1、3. 斝（IH91：1、H8：4）　2. 甑（IH91：9）

时，据晋中古文化遗存的纪年，也可确认庙底沟二期文化时期，晚于泉护二期文化时期①。这一年代关系，为探讨釜形斝的渊源，提供了一个前提。

其次，北沟、二里头、庙底沟、东关及浒西庄的诸单位的釜形斝的裆部形态，或联裆，或分裆，分裆釜形斝的裆宽窄于自单耳鬲及双鋬手鬲兴起之时流行于伊洛—郑州地区的分裆釜形斝的裆宽。无疑，前者早于后者，故可认为从联裆向分裆发展，应是釜形斝形态演化的总趋势。

再次，釜形斝的器身形态，基本上同于谷水河遗址 H2：3

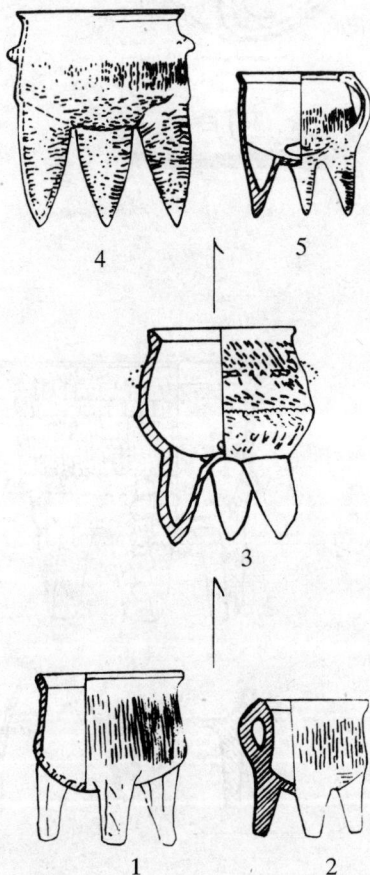

这件釜形鼎的鼎身。这是本文所以首先讨论谷水河遗址"三期"遗存的一个重要原因。同时，谷水河 H2：3 这类釜形鼎，仅存在于秦王寨文化，秦王寨文化居民又是黄河中游地区最早认识空三足器的人们。这样，似乎有充分理由认为，在谷水河遗址 Y1：72 那样的空足联裆的鸟形鬶的启示下，秦王寨文化居民首先将釜形鼎改制成釜形斝。如是，联裆便很可能是釜形斝裆部的最早形态。

下面，转而讨论釜形斝的排序问题。

拟予进行排序讨论的釜形斝，除北沟 H1、二

图一九　鼎斝的演变

1、2. 鼎（横阵 H87：2、H68：1）　3、4、5. 斝
（案板 H7：29、陶寺 M3015：30、白燕 H108：3）

① 晋中考古队：《山西汾阳孝义两县考古调查和杏花村遗址的发掘》，《文物》1989 年 4 期。许伟：《晋中地区西周以前古遗存的编年与谱系》，《文物》1989 年 4 期。

里头 H1、庙底沟 H558、东关 IH251 及浒西庄 H33 外，严还将涉及东关 IH91 和浒西庄 H8：4，共计 8 件。从这些釜形斝的整体形态观察，庙底沟 H558：52 这件，区别于其他釜形斝，同时，浒西庄 H8：4 及东关 IH91：1 釜形斝，又和余下的 5 件釜形斝有些不同。

《武功发掘报告》将 H8：4 釜形斝的年代，定在 H33：16 釜形斝之前。这一认识，是可取的。H8：4 釜形斝（图一八），下腹急剧收缩折向裆部，上腹与下腹结合处，为了加固，贴附加堆泥一周，从发表的照片还可于附加堆泥上缘处见到裂纹，显然，该器是由上、下两部分结合而成的。据此，可知 H8：4 釜形斝是将三个预制的斝腿拼合，并制出圆形向上平斜的腹底，形成斝之下部，然后使用榫卯结合的技术，与预制的斝之上部拼合，并贴附堆泥，而形成整器。同类的其他几件釜形斝制作技术，均较 H8：4 这件进步，它们或由三个预制的斝腿拼合而形成器台，然后再接制斝身，或以三个预制的斝腿，分别插进预制的底部带三个卯眼的斝身下。同时，H8：4 釜形斝的上部形像谷水河 H2：3 釜形鼎之上部，且它们的口沿均有凹槽，只是前者口沿斜平，后者较平坦。两者口沿的区别，合乎伊洛—郑州地区同时期器物演进规则。因之，浒西庄 H8：4 釜形斝当是这里讨论的釜形斝的最早形态。

依据浒西庄 H8：4 是釜形斝的最早形态，和自单耳鬲及双鋬手鬲兴起之时伊洛—郑州地区流行的是鼎式斝的认识，便可将讨论中的釜形斝试作如下排序：浒西庄 H8：4→浒西庄 H33：16→东关 IH251：62、二里头 H1：29、北沟 HI：9→北沟 H1：8、东关 IH91：1。北沟 H1：9 或许稍晚于东关 IH251：62 和二里头 H1：29。北沟 H1：9 和 H1：8 斝，同出于一单位，故知北沟 H1：9 斝的流传年代，可延至北沟 H1：8 斝的出现年代。东关 IH91：1 斝形态略异，据其形态及和它共出的甑（图一八，1、2），暂将它估定在这排序内的位置。

据釜形斝的排序，可知浒西庄 H33：21 盆形斝所体现的盆形鼎，早于东关 IH251：43 盆形鼎。两者的口沿差别是十分明显的。前者口沿不甚明显，向上侈出，器口微敛；后者沿宽，有明显的折棱，大口，斜曲腹。据两者的演变趋势，可知案板 H20：46 盆形鼎和浒西庄 H33：21 同时，白燕 F14：40 和丰村 T212：3C：10 及庙底沟 H558：50，在排序中，当分别置于浒西庄 H33：21 和东关 IH251：43 之后。这些单位的斝的年代位置，由此亦可排定。

根据上述，再将本节述及的釜形斝以外的诸类斝的序年，拟作如下排序：

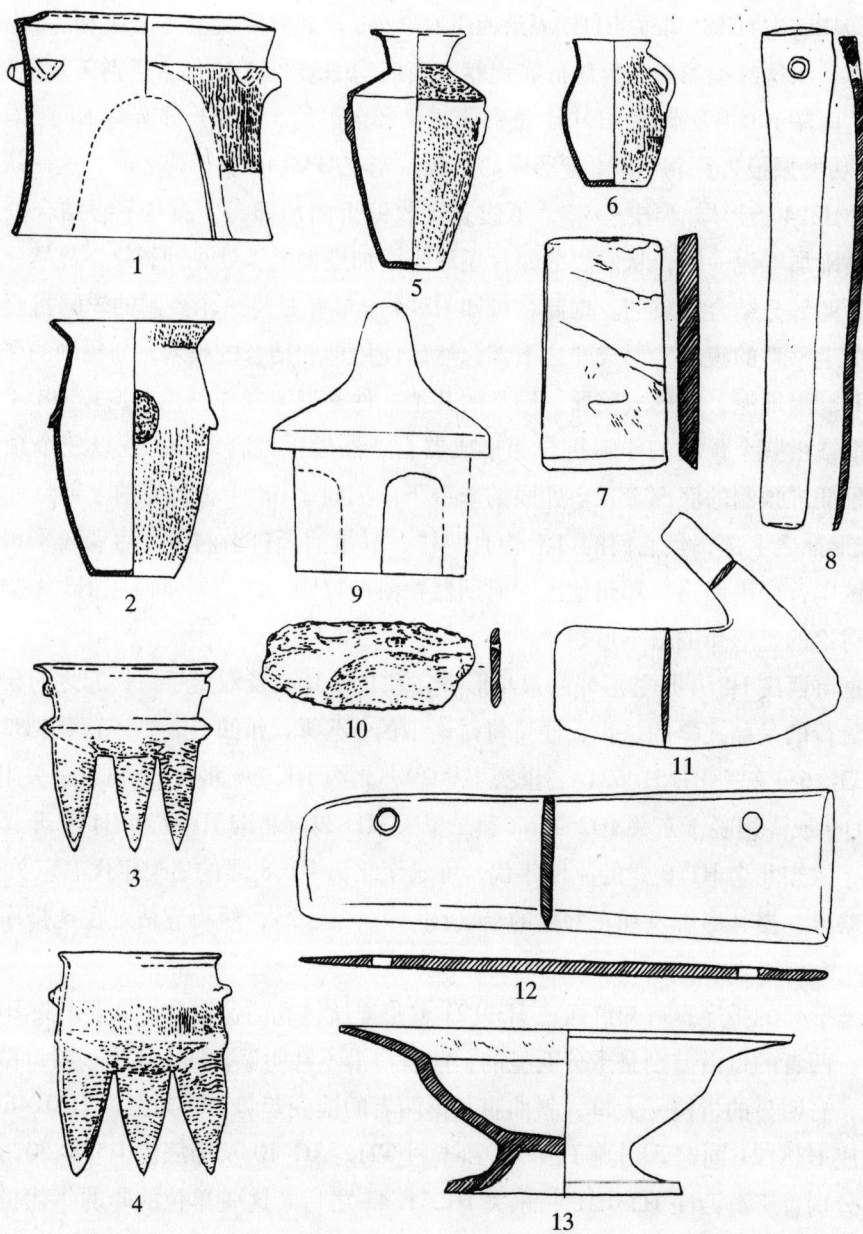

图二〇　襄汾陶寺 M3015 随葬器物

1. 灶（：28）　2. 大口罐（：38）　3、4. 斝（：36、：30）　5. 小口折肩罐（：29）
6. 单把罐（：45）　7. 石锛（：20）　8. 骨匕（：4）　9. 木"仓形器"（：25）
10. 石磐（：17）　11. 石刀（：39）　12. 石刀（：49）　13. 木豆（：5）

横阵 H68：1、H87：2 鼎①→案板 H7：29 斝②→陶寺 M3015：30③、白燕 H108：38 斝④。陶寺 M3015：30，或略早于白燕 H108：38 斝（图一九）。

案板 H20：37 罐形斝→丰村 T212：3：059 罐形斝（图一五，14；图一七，4）。

白燕 F2：30→陶寺 M3015：36 斝（图一六，4；图二〇，3）。

这里提到的陶寺 M3015 和白燕 H108 的纪年，已进入单耳或双錾手罐形斝式鬲所代表的年代。

四　单耳或双錾手罐形斝式鬲的出现

这类器物，或被称为斝，或被称为鬲。依据它是宽裆以及它是鬲之前身，暂名之为斝式鬲。

斝式鬲，迄今为止，被广泛发现于渭河流域、河套地区、陕晋豫交接地带、汾河流域及张家口地区，也少量见于甘肃的齐家文化。虽然，它们均早于当地的鬲，但其间尚可区分早晚。杏花遗址 H118 是出这斝式鬲中最早的一个单位（图二一）。

据杏花遗址所在的晋中地区考古学层位与类型学研究，H118 被编为该遗址第四段和晋中地区第九段。杏花遗址第三段和晋中地区第八段，属同一类遗存，即前面所说的白燕遗址 F2 及 F14 两个单位⑤。后者属本文所说的庙底沟二期文化时期。可见，杏花遗址 H118 的年代，当晚于庙底沟二期文化时期。在杏花遗址 H118 之后，便是该遗址 H257 这一单位（图二二）。因此，图二一所示杏花遗址 H118 出土的不同型式的罐形斝式鬲的年代，当晚于庙底沟二期文化的釜形斝。

然而，我在《客省庄文化及其相关诸问题》一文却说："客省庄文化的一定发展阶段和庙底沟二期文化之间存在着联系。庙底沟二期文化是以有斝无鬲作为其时代和文化的特征，那么，客省庄文化也应单独地存在着与其相应的历史阶段，即以罐形斝为代表的时期"⑥。即提出了罐形斝与釜形斝同时的认识。这文发表于《考古与文物》1980 年

① 中国社会科学院考古研究所陕西工作队：《陕西华阴横阵遗址发掘报告》，《考古学集刊》第 4 集，中国社会科学出版社，1984 年。

② 王世和等：《论案板三期文化遗存》图三，1，《考古》1987 年 10 期。

③ 中国社会科学院考古研究所山西工作队等：《1978～1980 年山西襄汾陶寺墓地发掘简报》，《考古》1983 年 1 期。

④ 晋中考古队：《山西太谷白燕遗址第一地点发掘简报》，《文物》1989 年 3 期。

⑤ 许伟：《晋中地区西周以前古遗存的编年与谱系》；晋中考古队：《山西汾阳孝义两县考古调查和杏花村遗址的发掘》，两文均见《文物》1989 年 4 期。

⑥ 张忠培：《客省庄文化及其相关诸问题》，《考古与文物》1980 年 4 期。

第 4 期,《甘肃灵台桥村齐家文化遗址试掘简报》发表于该杂志 1980 年第 3 期①,我写《客省庄文化及其相关诸问题》时自然未见到桥村材料,当见到桥村遗址试掘简报时,颇为惊喜,认为它为上述认识提供了又一个佐证。80 年代初,在晋中地区的考古工作,使我得有机会纠正这一不合于客观实际的认识。现借此机会,把这一问题直面地讲清楚。即肯定客省庄文化的单耳罐形鬲晚于单耳罐形斝的同时,应承认以罐形斝为内涵的客省庄文化早期,当晚于以釜形斝为代表的庙底沟二期文化时期。

现在回过头来接着讨论杏花遗址 H118。该单位同时出土了单耳罐形斝式鬲和双鋬手罐形斝式鬲。后者又分两种形式,其一为侈口,另一种为敛口。在庙底沟二期文化时期,

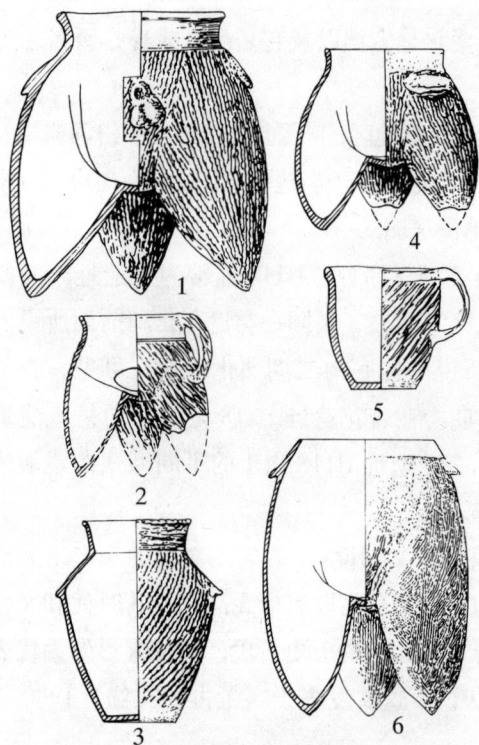

图二一　杏花遗址 H118 陶器

1、4. 双鋬罐形斝(:3、:6)　　2. 单耳罐形斝(:10)

3. 双鋬罐(:1)　5. 单耳杯(:2)　6. 双鋬敛口瓮形斝(:5)

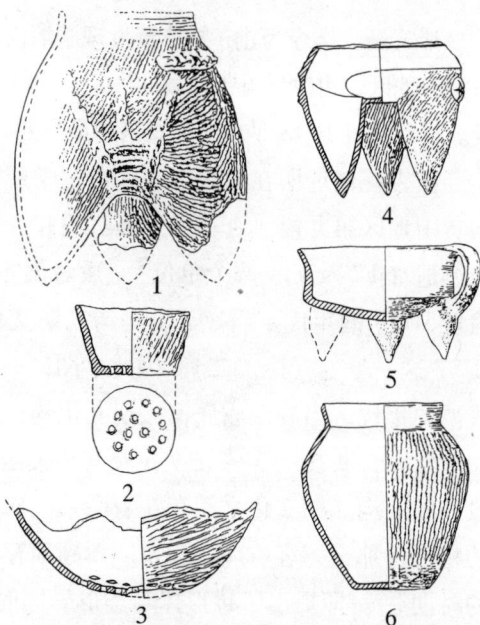

图二二　杏花遗址 H257 出土器物

1. 双鋬罐形宽裆鬲(:7)　　2、3. 甑(:1、:3)

4. 残斝(:4)　　5. 杯形斝(:21)　　6. 罐(:5)

① 华阴横阵 H6 及 H87 出土了釜灶,报告作者当时未识别出来,称之为罐,H87:2 鼎足形态,该报告图二一,6 的 H87 出土的陶片口沿及 H 68:9 盆(报告图二四,5),均见于泉护二期文化时期,而 H87:2 及 H68:1 鼎所饰的竖行篮纹,和该报告图二一,5 的 H6 出土的陶器口沿,无疑可晚到庙底沟二期文化时期,H87 及 H68 或可定在泉护二期文化时期偏晚阶段。见中国社会科学院考古研究所陕西工作队:《陕西华阴横阵遗址发掘报告》,《考古学集刊》第 4 集,中国社会科学出版社,1984 年。

除发明了釜形鬶这类复合炊器外，还普及甚至创制了釜灶这种复合炊器①。釜灶的分布地域，据迄今的发现，可知它略小于前述的鬶式鬲分布范围。暂不见于张家口、河套地区及齐家文化分布地区。这里，拟对鬶式鬲的渊源作些检讨。

在上引我的那篇文章讲过，单把罐形鬶，即本文称为的单耳罐形鬶式鬲，"当是从单把罐演进而来的"。当时尚未见过釜灶，又未认识到在泉护二期文化和客省庄文化之间，尚隔了个庙底沟二期文化时期。由于新资料的不断发现，自1987年起，学术界出现了鬶式鬲是由釜灶演变而来的观点。最先著文涉及这一认识的是王世和等人，他们认为"客省庄二期文化的单耳罐形鬶和鬲，应是从案板三期文化后段的鬶和单耳罐形釜灶演变出来的"②。他们的关于单耳罐形鬶起源的观点，后又被罗新、田建文扩充起来。后者指出："案板三期文化→客省庄文化，这一发展过程中产生了单把鬲"，"陶寺文化早期→陶寺文化晚期，这一发展过程中产生了双鋬鬲"③。关于罐形鬶式鬲起源于釜灶，以及单耳罐形鬶式鬲渊源于单耳罐形釜灶（图一五，16）的认识，很可能符合客观实际。无疑，当时居民所作出的这一转变，是接受了釜形鬶这类空三足器的启示。在此需强调说明的是，罐形鬶式鬲其所以取宽裆的形态，当受制于釜形鬶的宽裆式样。至于"双鋬鬲"，确切地说，即本文所说的双鋬手罐形鬶式鬲，是否源于"陶寺文化"问题，则有待进一步验证。一是因为不同形态的双鋬手罐形鬶式鬲的祖型，即不同形态的双鋬手釜灶，不仅分布于"陶寺文化"所在的晋南地区，也分布于渭河流域、晋西南以及汾河中、上游；二是因为在以后使用陶鬲时期，自张家口通过汾河流域、晋西南至渭河流域，存在着如下的现象：即在双鋬手鬲和单耳鬲的关系中，双鋬手鬲从独占地位走着愈益减少的路线，至客省庄文化分布的渭河流域，则不见双鋬手鬲，而单耳鬲的分布，却存在与此相反的现象，至汾河上游及张家口地区，单耳鬲绝迹。当然，双鋬手鬲式鬶首创于渭河流域的可能性很小。至今，双鋬手釜灶在晋南地区的庙底沟二期文化时期的遗存中发现较多，故亦难排斥双鋬手鬶式鬲首创于晋南地区的推测。

在中国空三足器发展史中，单耳和双鋬手鬶式鬲的出现，当是陶器的空三足器化的第三个高潮。

从上述讨论中，可以肯定大汶口文化是空三足的故乡。那里的鸟形空三足器，源流清楚，地瓜鬶的渊源，尚待研究。在空三足器传播及演化的过程中，看到人们如何在已有的空三足器的影响或启示下，改造与已有的空三足器功能相同或相近的器物，创制新的空三足器。这似乎是文化传播及演进的一具有普遍性的规则。同时，从空三足器的传

① 王世和等：《论案板三期文化遗存》图三，3、图四，4，《考古》1987年10期。
② 王世和等：《论案板三期文化遗存》，《考古》1987年10期。
③ 罗新、田建文：《庙底沟二期文化研究》，《文物季刊》1994年2期。

播与演化的进程中，见到黄河流域诸自具特色的考古学文化之间的文化信息传递相当迅速，相互关系十分密切，以及在考古学文化的改造与演变中所起的重要作用。

　　1993 年，我曾在为纪念北京大学考古专业建立四十周年暨庆贺北京大学赛克勒考古与艺术博物馆开馆举办的"迎接 21 世纪的中国考古学国际学术讨论会"上发表过这篇文章的要旨。应邀为祝贺张光直六十五岁华诞，便于 1994 年草成此文送去，经罗泰译成英文，但迟未刊出。该文分别发表于《华夏考古》1997 年 1 期和 *Journal of East Asian Archaeology*, vol. I, 1 – 4, 1999。

黑龙江考古学的几个问题的讨论

——1996 年 8 月 24 日在"渤海文化研讨会"上的发言

志军说讲演，这谈不上。宿先生都没说讲演，苹芳、景略也没有说讲演，我就更不能说是讲演了。汇报一下我学习黑龙江考古的体会，是共同探讨吧。宿先生让我多谈点，我就多谈点（黄景略先生插话："那是让你唱压轴戏"），压轴戏不敢说。我今天谈四个问题：一是考古学文化的分区；二是考古学文化的族属；三是向新石器时代的转化与文明的形成；四是今后的考古工作。

一　考古学文化的分区

就黑龙江目前的考古学发现来看，可分为五个区：一是嫩江流域，包括松花江的一段；二是京哈铁路沿线，包括呼兰河流域，东至巴彦左近地区，这个地区实际上是吉长地区的延伸，但又有自身特色，即是东、西、南三方文化区交汇争夺地域；三是三江地区；四是牡丹江流域；五是绥芬河及穆棱河流域。大体上黑龙江可以分这五个区。

谈黑龙江的考古学分区，似乎也当说说整个东北的考古学分区问题。除与黑龙江省有关的嫩江及牡丹江流域和辽宁有关的辽河流域外，吉林大体可分四个区：一是约自桦甸以下的第二松花江流域；二是柳河和辉发河上游地区；三是浑江流域及鸭绿江流域；四是图们江流域。呼伦贝尔盟当归入嫩江流域，辽宁境内的浑江流域地区应并入浑江流域及鸭绿江流域。此外，内蒙东部及辽宁可分四个区：一是西拉木伦河流域及辽西地区；二是辽河流域及浑河流域；三是太子河流域；四是辽东半岛。辽宁境内的鸭绿江流域的归属，有待进一步研究。

这里说的考古学文化分区的区，基本上是我在一篇文章中讲的亲族考古学文化区。亲族考古学文化区，属一定的历史范畴，并非恒定不变，它随着不同谱系诸文化分布区域的变化而变化。分布于太子河流域及辽东半岛的以含脊柱琵琶形青铜短剑为特征的考古学文化发展起来之时，逐渐侵入辽河流域乃至辽西的部分地区，迫使魏营子类型及夏家店上层文化北向而占领了原由夏家店下层文化分布的西拉木伦河流域。燕及随后的秦汉政权势力入驻东北及朝鲜，修筑起长城，使长城附近以内的原先考古学文化分布的格局，出现了巨大的变化，但长城地带附近以外的地区，虽受影响，却基本上未出现超越分布格局性的变化。

1977年由于团结遗址的发掘，李木庚同志要我来到黑龙江，除为吉林大学考古专业参加国家文物局将在哈尔滨召开的会议准备材料外，还在东宁团结遗址工地和黑龙江省博物馆谈了东北考古学问题。1975年苏秉琦先生提出考古学文化区、系、类型理论，我试图以这个理论分析东北考古学文化分区。当时我将东北分成三大系统八个地区，指出哈尔滨至沈阳铁路沿线应是将东北区分为面向亚洲腹地和海洋的两大区域的中间地带，提出团结遗存是沃沮文化。现在提出的这个分区，自然是考虑了1977年以后至今的考古学的发现与研究出现的新情况，但基本线条没有太大的变化。除了京哈铁路沿线，包括呼兰河流域，东至巴彦左近这一地区外，黑龙江省的其余的四个亲族考古学文化区，在历史上均具有长期的稳定性。

在新石器时代，嫩江流域分布着以昂昂溪墓葬为代表的那类遗存，昨天我在黑龙江省文物考古研究所看到一种口沿上有附加堆纹的陶片，是什么地方出土的，我记不清楚了（杨志军先生插话："是肇源的小拉哈"）。在梁思永先生采集的陶片中，也有这种陶片。它和梁思永先生发掘的墓葬中随葬的那件陶器，似乎属于不同的年代，或许前者比后者还早一些。60年代初期，我在白城地区的坦途还见到一种内含草茎、陶胎较厚、质地松疏、色呈灰褐的陶片。从拾到的陶器口沿看，均应是口大于腹的造型简单的陶器，年代当较前两种陶器早一些。三江地区、牡丹江流域和绥芬河及穆棱河流域地区新石器时代分布的文化分别是：以1971年发掘小南山遗存为代表的文化、以亚布力和石灰场遗址下层为代表的文化和新开流文化。这四个地区的新石器时代遗存的文化面貌、特征及特质，均存在着区别。在青铜时代和晚至魏晋使用铁器的年代，这四个地区分布的考古学文化，也是不同的。它们分别为白金宝—汉书上层系统的文化、滚兔岭文化、以东康遗存为代表的文化和团结文化。

限于目前的考古工作，在上面讲的四个地区两个时代的考古学文化之间，还存在着相当多的缺环，以致今天还很难讲清楚其间的传承关系。但目前所知道的这四个地区文化分布的区别，就足以说明将它们区别开来是相当有道理的。

同时，黑龙江省四个文化区之间存在着一定的文化联系。一是京哈铁路沿线，包括呼兰河流域，东至巴彦左近地区。如上所说，它是东、西、南三方文化区的交汇、争夺地带。二是红山文化型的玉器流传到了牡丹江地区和三江地区。例如倭肯哈达出土的玉器，形态上同于红山文化的玉器。昨天在博物馆看到的尚志亚布力出土的三联璧，形态上完全同于红山文化的同类器。孙长庆同志告诉我，小南山近几年又发现了相当多的类似于红山文化的玉器。红山文化主要分布于西拉木伦河及辽西地区，它对黑龙江东部地区的文化影响，当从西至东地传布开来。比如农安左家山遗址发现的猪龙，证明吉长地区的新石器时代居民就受到了红山文化的影响。是否可因此就说红山文化影响的传布，只有通过长春地区进入哈尔滨然后向东扩张这一条途径呢？能否还有其他路线呢？例如走着与鲜卑人进入黄河流域相反的路线，而通过嫩江流域向东传布呢？三是汉书文化的陶器施红衣的作风，见之于滚兔岭文化及团结文化。

　　现在，再讲讲关内和关外的交通问题。陆地路线当有多种渠道，主要是位于努鲁儿虎山及燕山两侧的南北两条。南路通过山海关，进入辽西走廊；北路是从赤峰沿着蒙古高原南侧，通过张家口到大同的路线。海路则是由山东半岛到辽东半岛。无论是陆路，还是海路，自古就已开始交通了。比如在辽东半岛的古文化中见到大汶口文化刘林期、西夏侯期、龙山文化和岳石文化的因素及影响。反之，在山东半岛的遗址，也见到辽东半岛的筒形罐。在红山文化中，我们见到后岗一期文化和西阴文化的影响。到了小河沿文化时期，又看到这种文化的筒形罐，沿着长城地带往西传布，至少成了同时期河套地区文化的一种因素，甚至庙底沟二期文化的筒形罐，也是它影响下产生的。再往后，魏营子类型向西传布到天津和张家口。魏营子类型的年代，约相当于殷墟时期。在中国北方，这时期牧业民族发展了，和商人这个农业民族展开了大争夺，迫使商人向黄河腹地收缩。自张家口以东的长城地带东段，已为魏营子类型盘踞。其东，则见到相当于这时期前后的白金宝文化的兴起；其西，在河套地区兴起了以高红 H1 为代表的文化。后者的西南，便是先周文化，再往西则为辛店文化等居民所占据。白金宝文化、魏营子类型、高红 H1 为代表的文化及先周文化和辛店文化都使用陶鬲。从宏观看，这些不同文化的陶鬲，除形态一致外，口沿或颈间均加一条泥带，或口沿呈锯齿形。而且，它们制作的程序雷同，即先分别制成三个鬲足，然后将三足联结，形成鬲的下部，再在这个台面上，制作鬲身及口沿。通过这些现象，除见到他们迫使商人收缩其势力范围外，还可见到他们之间的文化交往。

　　总之，我们除应注意搞清楚分布于东北诸文化的自身谱系以及它们之间的交往外，也要注意关外和关内的文化之间的联系。在谈到后者时，要实事求是看到它们之间的相互影响，但从历史长河看，是关内更多地影响了关外。例如铁和制铁技术，是关内传入关外的；制铜技术，由于红山文化和夏家店下层文化已有了铜器，以及关外主要使用石范制作铜器，便难以否定关外独立地发明了制铜技术之说，但只要看看放在黑龙江省文物考古研究所柜里的陶范，尤其是辽宁出土的几批商周铜器，以及夏家店上层文化中的周式铜器，就当认识到关内的青铜制作技术对关外所起的影响作用了。除了地理因素外，我想也是关内文化对关外文化的影响作用，而使东北诸考古学文化的发展程度，呈现出由西至东、自西南至东北逐次减低的格局。

二　考古学文化的族属

考古学文化族属的研究，是个相当复杂的问题，除了古籍所记族人是否等同考古学文化所表述的人们共同体外，还存在文献记载、注、疏及考证和对考古学遗存的认识问题。关于这方面的意见以及一些东北考古学文化的族属问题，我在《民族学与考古学的关系》一文中进行过论述。古代文献记载的东北古代族人众多，涉及黑龙江的也不少。如何对东北考古学文化进行族属研究，我认为应对文献记载的族人的演变和考古学文化的谱系先分别进行仔细的研究，搞清楚他们历时的文化特征、地理位置。如何才能搞清楚，也不是没有问题可注意或可研究的。怎样梳理、考证好文献，宿先生刚才讲的，我觉得对治东北史者，十分重要。在条件许可的情况下，再将文献记载的族人和考古学文化进行共时性的对比，这样才能较为可靠地确认考古学文化的族属。如果要整体地说明东北考古学文化的族属，那么，正如历史地理研究一样，能否确立好坐标点，就是个关键。50 年代有人将西团山文化比附为挹娄—肃慎遗存，如果以此为坐标点去研究东北考古学文化的族属，则不仅势必要出现，而且事实上已出现了一系列的错误。最后，需要说明的一点是，东北考古学文化的族属研究，应以考古材料作为内证或主证，即第一性材料，文献史料应被视为外证或辅证，即第二性材料。

前面说过，我在 1977 年到黑龙江时讲过团结这类遗存属沃沮人的意见。现在看来把团结文化归为沃沮人的意见，似乎已成了治东北史者的共识，滚兔岭文化的族属问题，黑龙江学者认为是挹娄，似乎也成为黑龙江史学界的共同观点。分布于牡丹江流域的以东康遗存为代表的文化，族属问题有待进一步研究。就其文化面貌来看，它和滚兔岭文化相似的程度，或许还少于它和团结文化相似的程度。

宿白先生在《文物》1977 年 5 期上发表的《东北、内蒙古地区的鲜卑遗迹》一文中，将内蒙古完工、札赉诺尔和南杨家营子遗存的族属确定为鲜卑的意见，引起了考古学、历史学及民族史等学界的广泛重视。1974 年上半年，我在吉林大安主持了汉书遗址及渔场墓地的发掘，首次发现了白金宝文化在下、汉书二期文化在上的层位关系。当时我感到它们和完工遗存有点关系，渔场墓地和札赉诺尔及南杨家营子极为相似。同时，我考虑到完工、札赉诺尔及南杨家营子和白金宝、汉书及渔场之间，隔了个兴安岭，总不敢将两者联系起来。1975 年后，除了团结遗址及左家山遗址发掘外，我把工作的重点转移到了关内。然而，可喜的是，到 80 年代中期以前的时间内，黑龙江、吉林和内蒙古均把这类遗存的研究推进到了一个新的阶段。

关于内蒙古的发现，重要的有三项：

其一，是 1980 年发现的嘎仙洞。洞内的石壁上，刻有太平真君四年（公元 443

年）北魏皇帝派人祭祖时的祝文，证明该洞是拓跋鲜卑人自认的他们祖先居住过的石室。这次，我和景略、乔梁、塔拉去看过这个洞穴，在洞穴口的地面上见到的陶片，和在博物馆内看到的先前在洞口打探沟时发现的陶片相同。即一是和细石器共存的陶片，二是基本上同于札赉诺尔的陶片。这一发现，证明了宿白先生关于这类遗存族属的论断。

其二，在呼伦贝尔的考古工作表明，这地方存在如下几个时期的遗存：1. 含细石器的而有褐色薄胎陶片共存的遗存；2. 汉书二期文化遗存；3. 完工—南杨家营子遗存；4. 契丹遗存；5. 金元遗存。这是我和景略、乔梁、塔拉这次去呼伦贝尔看了些遗址及博物馆藏品所得到的共识。其中汉书二期文化遗存，此次未见到实物，只看到属于这类遗存的一件陶鬲的照片。当火车带着我们从鄂伦春自治旗穿过大兴安岭进入嫩江平原的时候，我特别观察了大兴安岭，发现它并非我想像的那么险峻，山势相当平缓，人们当较容易地沿着岭一侧的河道，走到另一侧的河道。大兴安岭，并不能阻隔居住其两侧的人们的交往。事实上，我们在位于岭的西侧看到的遗存，均不出其东侧的嫩江平原的左右。这样，使我摒弃以往的疑虑，翻然醒悟，在这里提出了将呼伦贝尔盟归入嫩江流域考古学文化区的认识。

其三，是1981年在翁牛特旗大泡子发现的夏家店上层文化的墓葬。在这座墓葬中，除见到夏家店上层文化墓葬常见的器物外，还有几件属白金宝文化的陶器。这说明这两个文化的年代基本相同，居民的分布南北相邻，相互之间存在着交往。

吉林省的重要工作与发现是：一为通榆兴隆山发现的墓葬；二为榆树老河深的发掘。这两项工作，将吉林省的白金宝—汉书二期文化系统遗存的年代，分别推到西汉中、晚期和西汉末至东汉初。老河深自有特色，文化属性与族属，学术界有不同看法，暂依张英等同志的意见。

在这方面的工作，黑龙江做的较多，发掘了平洋、战斗两处墓地，调查与试掘了卧龙遗址、古城遗址及哈土岗子遗址，又和吉林大学合作，对白金宝遗址进行了第三次发掘。这些工作的重要收获，一是找到了与汉书二期文化同时的遗存；二是平洋砖厂、战斗两墓地的发掘，填补了白金宝文化和汉书二期文化之间的空白；三是古城遗址的发现，及白金宝的第三次发掘，使我们可将白金宝—汉书二期文化系统的起始年代，推到殷墟时期，甚至夏代。昨天，我们看白金宝第三次发掘材料时，见到一件灰褐色高领的陶鬲，其三足的容积占了全器的大部分，形态与夏家店下层文化中的一种陶鬲酷似。这件陶鬲，出自一座房子。看到了它，我十分惊喜，便要摸摸这座房屋出土的陶片。但因材料刚铺开，一时找不到，顿感遗憾。这件出于白金宝遗址的陶鬲，无非显示出两种可能性：其一，夏家店下层文化的居民，曾居住过白金宝；其二，白金宝—汉书文化系统的祖先和夏家店下层文化居民曾存在过交往。个人估计第二种可能性较大。无论是哪种可能性，它的意义都表明嫩江流域青铜时代出现的年代，可推到夏纪年。

在宿先生的影响下，黑龙江、吉林及内蒙古的大多数的考古学者，把自70年代以来除含细石器那类遗存之外的上述新发现遗迹的族属，推定为鲜卑。这样，在宿先生研究的基础上，新的发现与研究将鲜卑遗存在地域分布上扩展到松嫩平原，同时在时间上则推进至殷墟时期。由此看来，在认定夏家店上层文化为东胡文化的情况下，那么，鲜卑文化乃是在面貌、特征、性质与它有别的另外的考古学文化了。这样，《后汉书》讲的"乌桓者，本东胡也"和"鲜卑者，亦东胡之支也"这句话，实在应引起我们的注意和深入地去追究。

同时，在确认鲜卑遗存的前提下，从魏晋及其稍前时期的历史地理格局考察，就应同意一些学者将西团山文化系统的遗存推定为属夫余的认识。

显然，东北考古学文化的族属研究，已经是相当清楚了。

三　向新石器时代的转化与文明的形成

60年代初，在先见到第二松花江流域、嫩江流域，随后又认识到西拉木伦河流域和辽东半岛及沈阳之间的新石器时代、青铜时代文化的制陶技术的区别，以及它们更不同于关内制陶方法之时，便产生了东北新石器时代文化传统有别于关内新石器文化传统的认识。同时也曾推测东北新石器时代文化还可能至少存在两个不同的渊源。从新乐下层文化和兴隆洼文化被发现之后，我的这些想法似乎被证实了。现在，关内新石器时代文化起源多元论的观点，不仅成了学术界的共识，而且，关外新石器时代文化渊源多元的认识，也日益为大家所承认了。

相邻地区不同谱系的新石器时代文化，推到旧石器时代晚期，是否为同源的这一问题，不仅在中国范围内，似乎也在世界范围内，至今都还没有得到解决。在此情况下，回答这一问题，现在还只能说是一元的、或是多元的这样两种可能性，或许加一句话，可能是多元的可能性较大些。在旧石器时代，黑龙江已有居民了。这些旧石器时代的居民，是否前进了，并将自己的文化转化为新石器时代文化的问题，是需长期研究也难以获得确切解决的课题。这一课题的研究途径，既可以自旧石器时代往下找，又可从新石器时代向上追寻，还可以上、下同时求索。目前，黑龙江旧石器时代文化的谱系，似乎眉目不清。如上所说，在黑龙江新石器时代文化的谱系探索已出现可喜成绩的情况下，对于这一课题的研究，采取上下求索的同时，偏重于向上追寻的方法，或许能较早地见到成绩。因为从较清楚的线头去理一个乱了的线球，总比从乱了的线球入手，分清这个线球所包含的线容易些。

在目前所知黑龙江四种新石器文化中，新开流文化和以昂昂溪遗存为代表的文化面貌特征截然不同。同时，它们又明显地区别于左家山、新乐下层和兴隆洼这类文化遗存。因此，它们的根可能寻到旧石器时代，是两个渊源不同的考古学文化。这两天记者问我，黑龙江能否找到万年左右的新石器时代的文化？我说能，而且，黑龙江不仅有一个，可能至少还有两个独立起源的新石器时代文化，指的就是这个意思。但这是推测，有待进一步工作证实。希望今后多做点工作，我相信这一推测会被证实的。因为，在1962年，我在白城地区做调查时，已发现了一种羼和草茎的陶片，年代应很古老。除了上述论述外，它也是提出这一推测的一个根据。

经济形态，是旧石器时代转化为新石器时代的研究中从来就被人们注意的一个重要问题。近十几年来，从西方传来的诸如无陶新石器时代、有陶新石器时代、农业革命这些概念，都能从摩尔根、恩格斯的著作中找到有关的思想。或许可以说，这些概念是西方学者关于摩尔根、恩格斯的史前文化阶段特征论述的考古学化。例如摩尔根、恩格斯说过，处于蒙昧时代高级阶段的不知制陶术的民族，就已某种程度地掌握了"磨制的（新石器时代的）石器"；又说野蛮时代低级阶段，是从"学会制陶术开始"，"特有的标志，是动物的驯养、繁殖和植物的种植"。在我国兴起的关于种植农业起源的探索，推动了新石器时代起源的研究。同时，在这股热浪冲击下，部分学者误认为种植农业是旧石器时代转化为新石器时代必须伴生的经济形态。其实，渔猎经济的提升，在某些地区也能实现新石器时代革命。

"棒打狍子瓢舀鱼，野鸡飞到饭锅里"，老乡的这句土话，生动地描述了东北的自然资源曾是多么丰富。黑龙江已发现的新石器时代的几种文化，尚未见到种植农业的迹象。其中新开流文化的经济形态，从目前材料看，只能归之为渔猎与采集经济，确切些说是渔猎业、尤其是捕鱼业还占很大的比重。以昂昂溪遗存为代表的文化的居民，亦经营渔猎及采集经济。他们的祖先，是否发明过种植农业？我看不可能，一是因为在世界各民族的历史中，尚找不出由种植农业蜕化为渔猎经济的例子；二是他们的周邻地区的文化，亦见不到多少农业的迹象。可见，黑龙江的新石器时代文化起源与发展，当与渔猎经济的发展密切相关。如是这样，它一方面可纠正当前部分学者视种植农业是旧石器时代转化为新石器时代必备的经济形态的偏差认识；另一方面，和摩尔根、恩格斯讲的植物的种植是"野蛮时代"特有的标志不同，它说明依靠渔猎经济的发展，也能使人们从"蒙昧时代"进入"野蛮时代"。看来，摩尔根、恩格斯所说从"蒙昧时代"向"野蛮时代"的转化，可以有多种经济模式。

黑龙江古代居民何时进入文明？正如前面所说，黑龙江的古代居民分属于不同谱系的考古学文化。不同的民族，历史的发展可能不平衡。何时进入文明，应具体研究。北魏、渤海、辽、金都推动了黑龙江的文明过程，史籍已有记载。北魏之前，是否已进入文明？

近年来，在杨志军等同志的主持下，于三江地区已勘察出属于滚兔岭文化的 400 多座古城。其中的许多问题，虽有待进一步研究，但这"城邦林立"的景观，无疑应被视为历史演进中重要阶段的现象。它很可能是黑龙江东部地区已进入文明时代的标志。西部的白金宝—汉书二期文化系统的居民，已掌握了青铜制造技术，主要使用石范，也使用陶范。白金宝文化流行合葬墓，东山头发现的几座墓葬，多为一男一女的合葬墓，汉书 M102 是一中年男性和两青年女性的合葬墓。显然，这只能是个体婚制下的埋葬制度。它说明当时男性居民，或过着一夫一妻的生活，或过着一夫多妻的生活。正如恩格斯指出的，这种婚姻制度，是"以私有制对原始的自然长成的公有制的胜利为基础"。根据这些现象，我曾经在一篇《简报》中说过，这时的社会制度或为家长奴隶制阶段，或已进入了奴隶制时代。关于社会结构和社会性质的这一判断，现在看来，过于简单，仍需进一步深入研究。但白金宝文化存在着私有制，出现了社会分工与分化，产生了家长制家庭，和聚落规模存在着差别的现象，从整体上看，社会发展水平当高于齐家文化后期，或许可被视为是已进入文明时代的文化了。白金宝—汉书二期文化的年代上限已步入殷墟时期，那么，松嫩平原很可能已在商代后期进到文明时代了。

白金宝—汉书二期文化居民，以经营牧业为主，在靠近盛产鱼的湖泊地区，例如汉书遗址，鱼骨、鱼鳞形成的废弃堆积，到处可见，范围大，往往很厚，网坠特大，数量又多，显示出捕鱼业在经济生活中占了相当大的比重。无疑，白金宝—汉书二期文化是牧业文化。目前的研究，甘青地区的牧业居民，是从农业文化转化出去的。这或许与恩格斯说的"游牧部落从其余的野蛮人群中分离出来——这是第一次社会大分工"的情形相适应。而白金宝—汉书二期文化的牧业，则是从狩猎经济直接长成的。同时，我国当前文明起源与形成的研究，谈的都是农业文明。牧业民族在我国历史上起过重要作用，也当得到如研究农业文明那样的重视。通过对白金宝—汉书二期文化的研究，我相信能搞清楚狩猎业怎么过渡到牧业、牧业社会的分工与分化、私有制形态、产业结构、社会结构以及社会发展阶段演变的具体情景，为我国当前文明起源与形成的研究，开辟一个新的领域，提供另一种文明模式。这种研究，无论在实践上，还是理论上都具有重要意义。

四　今后的考古工作

刚才苹芳、景略说，我们正处在一个世纪末、新世纪即将开始的时期。如何走向21 世纪，是大家都在认真考虑的问题。黑龙江的考古工作也面临这一问题。下面我就这一问题，谈些个人意见。

（一）从新时期开始以后，黑龙江的考古工作虽有时不十分通畅，总的来说，是一直在前进的。听了李陈奇的介绍后，我更感到这几年的工作方向正，路子也走得正，已取得很大成绩，学术水平提高了。现在我们应有个规划，以结束现在，走向未来。为此，应对以往的工作及现状有个实事求是的估计，甚至要偏重找弱点、缺点，然后再找出克服弱点、缺点的办法。事物总有两面性，要完善它，主要是克服其弱点、缺点。只有这样，才能制定好规划。当然，规划要有时间性。要做的事很多，在一定的时间内，我们只能把那些首先应做的，或重要的事，纳入规划。同时，规划应留有余地。

（二）是清仓查库。凡以往的工作，都应该写出报告来。丰产了，不该不认真地收割，只有认真地收割，才能实现丰收。不写报告，或报告写得不好，或该写一本的，只写成单篇，都是在收成上不下功夫。而且，报告也是被发掘遗存的保护形式，不写报告，或写得不好，都是花钱买破坏。发掘工作做完之后，应将实物、文字资料及照相底片、照片等材料初步归档，整理时，再借出来。写完报告后，应将实物、文字、照片及整理过程中形成的资料全部归档。地上地下文物为国家所有，我们每个考古工作者，都是受国家的委托，用国家的经费，去保护文物的。所以我们无权将资料攫为私有。知识是私有的，私有的知识转化为报告，所以报告应说明是由谁写的。不写报告，不将发掘资料公诸于世，而只写成论文发表，是个职业道德问题。这样的论文，杂志报刊不应该让其发表。当然，单位应为写报告提供必要的条件。

（三）两步并一步，加速发展。黑龙江的考古工作，无论是区、系、类型研究，还是文明起源与形成的探索，都存在着不少问题。苏秉琦先生于70年代发表区、系、类型论，80年代讲文明的起源与形成以及走向秦汉帝国的道路。但这并不意味着前者是后者的前提，好像只有前者做好了，才能做后者。同时对这两者进行探索，不仅是应该的，也是完全可能的。苏秉琦先生主持的洛阳中州路的工作，就是将两者结合起来做的。将两者结合起来做的办法很多。例如，我们在一地区配合基本建设进行考古工作，可据遗址和墓地所属文化、年代、规模、典型性及保存情况进行排队，分别采用部分发掘和全面发掘处理之。结果将是既搞清楚了这地区的考古学文化的区、系、类型，又能探索出文明起源与形成等问题。

（四）学科的进步，是理论、方法的进步；学科的困惑，往往是理论、方法的困惑。而理论、方法却存在于学科研究的对象之中。通过揭示对象得到的理论、方法，虽具有某些一般性或抽象性，但归根结底其适用性又受研究对象所制约。比如说，光靠马克思主义，解决不了俄国革命问题。只能用马克思主义结合俄国的实际情况产生的列宁主义，才能搞好俄国革命。同样，只有马列主义结合中国情况产生的毛泽东思想，才能解决中国的革命问题。这道理就在对象不同。因此，我们既要反对传统的教条，又要反对新进口的洋教条。不能被既有模式框住，应坚持实事求是，着力从研究对象中寻找理论、方法。

　　历史以时为经，以地为纬。研究历史的考古学，是探索古代遗存及其和时、空矛盾的科学。类型学及层位学能据遗存的形态对遗存进行分类、排序，是探索遗存及其和时、空矛盾，并由此揭示人们关系的理论、方法。同时，遗存除具形态、时、空属性外，还存在质、量等等方面的属性。因此，在坚持类型学及层位学作为考古学基本理论、方法的同时，还应努力开拓现代科技测定，研究古代遗存和与遗存有关的人们，乃至与人们有关的自然物质。

　　总之，我希望黑龙江考古学界的朋友发扬优良传统，在考古学的理论、方法上有所突破。

　　（五）切实地做好文物保护和文物的宣传工作。人民是我们的主人，文物是我们考古工作的命根子，我们的工作应向人民负责。退一步说，人民的文物意识如何，直接关系到文物保护，也关系到考古学的命运。在这方面，黑龙江的朋友比我更有深切的体会。前不久，黑龙江省文化厅、文物局搞的"黑龙江考古千里行"，就是这种意识的表述，已取得了很大的成绩，是值得我学习的。

　　黑龙江今后的考古，是个大题目，要谈的自然很多，我只能挑些自己认识到的并认为是主要的谈谈，班门弄斧了。

　　宿先生，我就讲这些，不知可以吗？耽误了朋友们的时间，谢谢。

　　本文先由刘晓东同志据我的发言录音整理成初稿，经我修改。限于时间，未特别注意文字修饰，而委托刘晓东誊清并修饰文字。原刊《北方文物》1997年1期。

辽宁古遗存的分区、编年及其他

——1996 年"环渤海考古"学术讨论会上的发言

1977 年，我讲东北考古学文化区系类型时，将战国以前的辽宁分为辽西、辽东和辽中三个地区。进入 80 年代以来，随着辽宁省考古工作的发展，我主持写了《夏家店下层文化研究》（载《考古学文化论集》〈一〉）、《夏家店上层文化的初步研究》（同上）、《羊头洼类型研究》（载《考古学文化论集》〈二〉）、《夏家店上、下层文化及相关的几个问题》（载《中国北方考古文集》），对上述三个地区青铜时代的一些关键问题提出了探讨性的意见。这几年，由于自己的工作发生了一些变化，未能及时学习辽宁考古的新发现和同行们的新研究成果，深感难以在这样的学术会议上谈出比较中肯的意见。可是，会议的东道主一定要我讲一讲，盛情实在难却，只好抱着学习的态度，谈谈自己在这次会议上的一点学习体会。

一

按照目前的考古发现，辽宁省战国以前的考古学文化仍可分为我以前划分的辽西、辽东和辽中三个地区。辽西地区是指医巫闾山以西，北至西拉木伦河两侧，包括西拉木伦河、老哈河、大凌河、小凌河及它们的支流地区。辽中地区是指下辽河及太子河流域地区。辽东地区由于和胶东半岛的历史文化关系，又可分为沿海列岛和半岛两个亚区。从整个中国考古学文化分区来看，仍如我们以前讲的那样，辽西区是面向亚洲腹地的一部分，辽东区是构成面向海洋的有机组成部分，辽中区虽具有某些中介特点，但其主要特征及其历史道路，表明它和辽西区有着更多的联系，因此也当划入面向亚洲腹地的那一文化板块之列。目前考古遗存的层位和类型研究表明，这三个地区的考古学文化遗存的编年大致如下：

1. 辽西区　a. 兴隆洼文化
　　　　　　b. 赵宝沟文化、红山文化
　　　　　　c. 小河沿文化

          d. 夏家店下层文化

          e. 魏营子类型

          f. 夏家店上层文化

          g. 战国燕文化

2. 辽中区 a. 新乐文化

          b. 偏堡子文化

          c. 高台山上层遗存、新乐上层遗存

          d. 老虎冲遗存

          e. 郑家洼子遗存

          f. 战国燕文化

3. 辽东区 a. 小珠山下层

          b. 后洼上层

          c. 小珠山中层

          d. 小珠山上层、双砣子一期

          e. 双砣子二、三期，高丽寨下层

          f. 上马石上层、尹家村下层

          g. 战国燕文化

兴隆洼文化遗存年代在仰韶时代以前，或称前仰韶时代。赵宝沟文化、新乐文化，小珠山下层相当于半坡文化前段或稍晚。红山文化可以分为两个阶段，前段相当于半坡、后岗一期文化后段，后段属庙底沟文化阶段或稍晚。后洼上层的年代约在庙底沟文化阶段或稍晚。小河沿文化相当于大汶口文化中期或稍晚。偏堡子文化约相当于半坡四期文化阶段或稍晚。小珠山中层，如果仔细分析，可以一分为二：一是相当于庙底沟文化晚期，一是相当于大汶口文化前期或稍晚。龙山时代的遗存，目前只见于辽东区的小珠山上层和双砣子一期，辽西区和辽中区还没有可以确认为这个时期的遗存。夏时期的遗存三个地区均有发现，即夏家店下层文化，高台山上层，双砣子二、三期及高丽寨下层。属于商周时期的遗存有魏营子类型、夏家店上层文化、新乐上层、老虎冲遗存、郑家洼子遗存、上马石上层、尹家村下层。目前公布的老虎冲材料较为复杂，显然，其主要的材料表明年代上限可达魏营子类型，下限至双房遗存时期。至战国晚期，辽宁的三个地区基本上被燕文化所覆盖。

二

    在总结这个分区和编年的过程中 还得出了以下的认识：

1. 考古学文化的分区，属于一定的历史范畴，它随着不同谱系诸文化分布区域的变化而有所变动，并非恒定不变。

辽宁的三个地区成于何时？兴隆洼文化时期是否就有了三个地区？就目前的资料，还不敢肯定。说得保守一些，至迟在后岗一期文化到大汶口文化刘林期传入时期，已经形成了三个区。自魏营子类型阶段以后，辽西区和辽中区逐渐趋同，辽宁基本为东、西两区。两区分别为两支含不同谱系青铜短剑的文化。追本溯源，西区的夏家店上层文化和辽中区的高台山类型有着一定的渊源关系。高台山类型、新乐上层遗存、魏营子类型和夏家店上层文化都是素面红陶器，主要器类大体对应，它们的年代彼此大致衔接，因此，可以认为夏家店上层文化是由高台山类型系统发展来的。西拉木伦河与魏营子类型同时的遗存，和魏营子类型虽存在某些区别，只是小异，从它们的大同来看，当属于同一文化。目前还不能认定老虎冲遗存的谱系归属，至迟到了郑家洼子遗存时期，辽中，至少是其中的大部分地区，已为源于辽东区的双砣子遗存或羊头洼类型这一谱系的文化所占领。

即使在三区鼎立的时期，三区的内部也可能存在某种联系。例如，辽中区的偏堡子文化伸进了辽东半岛，和在西拉木伦河流域见到的偏堡子文化的一些因素，以及夏商时期的夏家店下层文化、高台山上层遗存和双砣子遗存所表现的文化联系，便是很好的例子。

2. 从目前三区遗存的年代序列和谱系关系来看，辽东区的系列遗存的年代和谱系关系，较辽中区、辽西区的联系紧密。从辽东区遗存的类型学研究来看，这个区尽管在不同时期不同程度地受到外来文化的影响，例如在仰韶时代、龙山时代和夏时期受到来自胶东半岛的大汶口文化、龙山文化和岳石文化的影响，但仍然保持着自身的文化传统特点，孕育出以琵琶形青铜短剑为内涵的青铜文化。如前所述，这支青铜文化的全盛时期，至少占有辽中区的相当部分，其影响甚至渗透到辽西区里，和夏家店上层文化相匹敌。

3. 辽宁的三个区和黄河流域文化区息息相关。例如，仰韶时代庙底沟文化向东北扩张，促进了这里的红山文化的形成；夏家店下层文化，双砣子二、三期及高丽寨下层的形成与发展，无不受到先商文化、岳石文化的影响，以及辽东、辽西对黄河流域所起的反馈作用，商代后期商文化的内缩，和辽东地区文化的北上与魏营子类型等长城地带青铜文化的膨胀不无关系；战国中期以后，随着黄河流域的政治变化，辽宁的三区便逐渐地消失，和黄河流域文化区统一起来。

三

　　从新石器时代直到夏家店上层文化终结时期，除受黄河流域文化的部分影响外，辽宁诸考古学文化的陶器制作，始终使用泥圈套接技术。东北其他地区的考古学文化，在轮制技术传入前，也都采用这种技术制作陶器。在 60 年代初，我曾据这一区别于黄河流域的制陶技术传统，认为东北地区的新石器时代文化当是独立起源的。辽宁在七八十年代新发现的较早的新石器时代文化，为我这一推测提供了新的实证。兴隆洼文化的制陶技术，及其陶器形态和表皮处理，均区别于同时期的黄河流域诸文化，如依此向前求索，可预测其先辈当是本地旧石器时代文化的后裔。当然，东北新石器时代诸考古学文化的渊源，也非一元，即使就辽宁地区来说，似乎难以认为仅是一个源头。

　　红山文化已发现了金属遗存。据夏家店下层文化及羊头洼的金属制品资料，可知辽宁在夏代已进入了青铜时代。我在《中国早期铜器的发现与研究》（已收入《中国北方考古文集》）一文已指出，辽宁的夏时期居民掌握的青铜制造工艺已相当成熟，是自有渊源的，就其水平来说，仍落后于同时期的二里头文化。现在应进一步说明的是，在夏代以后的时期，辽宁先民推进自己发明的青铜工艺的同时，至迟自殷墟时期起，又接受了商周的制铜工艺的影响，使青铜文化进入相当繁荣的阶段。夏家店上层文化及与其同时的琵琶形青铜短剑为特征的文化遗存，成了东北亚洲青铜文化的先锋。它们在影响及推进东北亚其他地区的青铜文化发展方面，起了重要作用。但是，其文化积累，终未能达到引导他们创造制铁技术的程度。在东北，直至秦汉时期见到的铁制品，不是输入的，便是移植这里的汉人制造的产品。

　　半坡文化，甚至比它稍晚时期以后的辽宁诸考古学遗存的种植农业，远远落后于同时期的黄河流域的诸考古学文化。而且，自半坡文化以前时期的辽宁考古学遗存的种植农业，从目前显露的迹象来看，也不十分清晰。以黄河流域新石器时代种植农业的过程来衡量，使人感到辽宁新石器时代种植农业的前进状况，和它所属的文化的进步水平，存在着颇不平衡的现象。至今，在辽宁尚未见到种植农业起源于当地的确证。因此，这里种植农业起源是自身文化的累积的结果，还是外来的影响，仍然是应注意客观地研究的课题。

　　从红山文化，经小河沿文化到夏家店下层文化，在保持或推进泥圈套接制陶技术传统的同时，轮制技术不断地发展。一是由陶轮加工进步到陶轮上成型；二是经陶轮加工或陶轮上成型的陶器在陶器总量中的比例逐步增大。同时，它们的遗址数量、规模和堆积随着文化的更替，呈现出增多、扩大和加厚的趋势，从而反映了农业向前发展的情景。在辽西，替代夏家店下层文化的魏营子类型和夏家店上层文化，缺乏轮制陶器，陶器几乎都是使用泥圈套接技术制作出来的，和夏家店下层文化比较，它们的遗址规模较小，堆积薄，也未见到城址，夏家店上层文化出土的动物骨骼，经鉴定有牛、羊、猪、狗、马、鹿科动物、兔、狐及鸟类，卜骨使用猪、羊肩胛骨，马已成为显贵们必备的役畜，石制工具中，缺乏用于翻土的石铲一类制品，可知，是居民经营畜牧业占有较大比重的混合经济。至于在这种混合经济中的畜牧业的操作形态，还难以具体说明。畜牧业占有较大比重的经济的形成年代，很可能推至魏营子类型或更早。牧业经济的发展状况，是魏营子类型及夏家店上层同谱系的而经济结构又有区别的考古学文化的势力增长的原因。

和魏营子类型占据长城地带东部的同时，其东北兴起的汉书文化的先民，开始活跃起来，那些使用口沿或颈领往往带有附加堆纹的高领鬲的诸考古学文化，也兴盛于西部长城地带，由此引起的向黄河腹地迫进的一层一层的人浪，逼使商人在商代后期内缩，揭开了中国历史舞台上存在的长期向复杂的牧人和农人斗争的序幕。

中国历史上的牧人，早就引起了考古学者的注意。从考古学来看，牧人和农人属于不同的考古学文化，牧人和农人的分工，表现为不同的考古学文化在经济发展方向及经济结构上的区别。牧人的兴起，或者说，他成为农人的竞斗的对象，大约起始于青铜时代。长城地带在殷墟时期之前，基本上是农人活动区，此后，基本上变成牧人的舞台，同时断续地在此展开了牧人和农人的竞逐，这显然同长城地带气候环境的变迁有关。然而，向牧业经济方向发展的考古学文化的内在经济条件，牧人的考古学文化的不同历史阶段的经济及社会结构的具体情景，以及牧业操作的形态的演变，至今仍很少了解。对这些不仅关系中国古史，也在世界史中具有普遍意义和重大价值的理论课题，理应引起考古学者的进一步关注。

牧人的文明起源、形成及发展的研究，至今仍是考古学的冷门。由于苏秉琦先生的倡导，辽宁农人的文明起源和形成问题，这些年来，一直是考古学者纷纭的话题。

红山文化的坛、庙、冢和高度抽象化、严格规范化的玉猪龙为主的玉器群，体现宗教已具备相当完善的形态，存在着死后不归葬于所属共同体墓地而集葬于冢的人群，和以大墓为中心的冢的结构，及墓主随葬物数量、质地差异所显示的这一群人的主次关系，是典型的原始社会不容包容的现象，然而，庙里供奉的全是女神，又与文明和父权相联系的祀奉以男性为主的神的一般文明社会特征相抵牾。因之，既不能把红山文化归入典型的氏族制社会，又不能将其纳入文明时代。从"国之大事，在祀与戎"考虑，红山文化所呈现的上述事实，是氏族制度走向文明时代的旅程中具有界标性的社会现象。

夏家店下层文化已步进文明的门坎，和其同时的高台山上层和双砣子二、三期及高丽寨下层居民，很可能也进入文明时代。夏家店上层文化及其同时的以琵琶形曲刃青铜短剑为特征的文化，处于青铜时代的繁荣时期，在文明的进程中跨进了新的台阶，成了东北的两霸。问题是：

1. 夏家店下层文化的文明发展程度已达相当水平，红山文化的宗教又具备相当完善的形态，因此，辽宁居民从原始社会转入文明社会的时间，很可能在夏家店下层文化之前。

2. 夏家店下层文化和夏家店上层文化谱系的诸遗存，经济类型不同，社会关系及结构可能存在差异，形成和深化文明的道路当有所区别。

可见，辽宁在考古学文化分区、谱系、文化关系和新石器时代文化及农业的起源，以及文明起源、形成及道路等这些重大的考古学问题的探讨方面，已取得了很大进展，然而，即使在这些方面也还存在不少、甚至是重要的问题仍有待新的资料的发现和深入的研究，才能得到解决。

辽宁的一部分地区位于长城地带东端，同时，辽宁又是联结黄河、渤海和白山黑水的枢纽，它的先民在东北以及亚洲的古史演进中，站在前列。考古发现及研究已从辽宁这一地理位置及历史地位揭示出它在中华民族的形成与发展，以及同域外居民的经济、文化交往中，所处的地位和起到的历史作用。

原刊《辽海文物学刊》1991 年 1 期。

西拉木伦河地区考古学文化
及其在中国的历史地位

主办这次会议的朋友，要我在这个会议的大会上作个讲演，难以推辞，只得在此发个言吧！

我拟讲三个问题，即：历史的回顾及有关的考古学史、考古学文化的序列与谱系和历史的地位及作用，涉及的年代范围是始自兴隆洼文化和止于夏家店上层文化。

一　历史的回顾及有关的考古学史

1921 年，安特生发掘了沙锅屯遗址；1930 年，梁思永先生对林西进行了调查；1935 年，日本人在赤峰红山后进行了发掘，确认了两种考古学文化，就是赤峰第一期文化和赤峰第二期文化。1954 年，对这个地区的古代文化研究有一篇重要文献，这就是尹达先生关于红山文化的一篇文章。他指出，这种以细石器为特征的文化，是与中原仰韶文化结合的一种文化。1960 年，当时的中国科学院考古研究所内蒙古工作队，在刘观民先生的主持下，对夏家店遗址进行了发掘。这次发掘，第一次区分了夏家店下层文化和夏家店上层文化，修正了 1935 年日本学者在赤峰红山后发掘的、把两种不同时代、不同谱系的文化混在一起的错误观点。在 60 年代上半期，这个队又对赤峰的富河沟门进行了发掘，从而揭示出一种新的考古学文化，即富河文化。80 年代以后，这个地区的工作进入了一个全新的时期，发现和确认了兴隆洼、赵宝沟和小河沿等文化。应着重提到的，就是苏秉琦先生对于这个地区古代文化的研究和他进行的组织工作，特别是一些富有重要意义的指导性意见，对推动这里的工作，尤其是对指导红山文化和夏家店下层文化深入研究，起到了极为重要的作用。

二　考古学文化的序列与谱系

关于西拉木伦河地区考古学文化的序列与谱系，下列表格大致能表述我的认识：

年代　考古学文化　地区	6000 B.C.	5000 B.C.	3000 B.C.	夏代	商前期	商后期	西周早期	西周晚期	东周
辽河			偏堡子→高台山—新乐上层→魏营子						
西拉木伦河与辽河	兴隆洼	→富河 →红山→小河沿---→夏家店下层········→魏营子———————→夏家店上层 →赵宝沟							
京津唐			夏家店下层→镇江营一期、二期及三期→燕文化						

这一表格中的——→表述同一谱系文化的演变关系，----→表述同一谱系但存在年代缺环的文化演变关系，……→则表述不同谱系的文化的先后序列。

从表中可看出，西拉木伦河地区的考古学文化序列，最早的是兴隆洼文化，兴隆洼文化后来产生了分化，分为富河文化、红山文化和赵宝沟文化。在公元前 2800 年左右，出现了小河沿文化。小河沿文化之后，是夏家店下层文化，然后再下去是魏营子文化，再就是夏家店上层文化，这就是这个地区的考古学文化序列。我们从这个序列来看，就知道这样一个序列包括两种文化谱系。一种文化谱系就是夏家店下层文化谱系。其源可追溯至兴隆洼文化，通过红山文化、小河沿文化演变为夏家店下层文化。夏家店下层文化在这一地区基本上只存在于夏代。另一种文化谱系就是夏家店上层文化谱系。它起源于辽河流域，目前知道它最早的遗存就是偏堡子遗址为代表的一种遗存。它后来经过有关阶段发展到高台山—新乐上层，新乐上层往北推移，大约是在商代后期阶段，然后演化成魏营子这种文化，再演化为夏家店上层文化。这两种谱系，在目前研究里有两个缺环：一个缺环是小河沿文化到夏家店下层文化之间，以及偏堡子和高台山这类遗存之间，基本上缺了一个龙山文化阶段；另一个缺环是西拉木伦河地区目前缺乏商代前期遗存的发现。我想这里提出两个问题，一个是红山文化的形成问题。红山文化的早期可以推到公元前 5000 年，它相当于半坡文化阶段，它的中期相当于西阴文化阶段，它的晚期基本上相当于半坡四期左右，我们目前发现的坛、庙、冢，大致相当于公元前 3000 年初期之前。红山文化的形成，无疑与后岗一期文化及后来的西阴文化的联系与交往有着密切的关系。红山文化有两类陶器，一类是夹砂陶器，主要是筒形罐；另一类是彩陶。夹砂罐这类陶器的制法，保存了它固有的文化传统，就是泥圈套接法。这一传统的制陶技术，一直延续到夏家店上层文化时期。而细泥陶、彩陶的制法一开始就是泥条盘筑法，这就是后岗一期文化与后来的西阴文化的传统。就目前的研究来看，至少在红山文化的晚期就出现了用陶轮制作陶器的技术，但是，这种陶轮制作陶器很可能尚未进到拉坯成型的快轮制陶的技术水平。这个地区到了夏家店下层文化（辽河流域到了高台山这类遗存）的时候，就有了制作三足陶器的传统，除了我们上面提到的红山文化两种制陶传统之外，那么在夏家店下层文化就出现了快轮制陶。这个问题很有意思，为什么在长达5000多年的时间（包括兴隆洼文化），一种文化传统不衰退，同时还接受了两种新的文化传统，这是值得我们考古学今后需要探讨的问题。另一个问题就是关于这个地区考古学文化谱系变化的原因。我们知道，大致上红山文化到夏家店下层文化基本上是一种农业文明。而夏家店上层文化或它的前身魏营子这类文化的生业，从目前所知的材料来看，是有一定的农业，但是也有相当发达的牧业。后来的进一步发展，这个地方就演化为牧业，就是说它经历了从亦农亦牧到牧业的发展过程。可见，西拉木伦河地区发生了两种文明的更替，与当时的自然环境，与两种文化势力的消长，可能有一定的关系。我今天提出的这个问题，虽有些倾向性的认识，还认为需要进一步深入研究。

三　历史地位及作用

第一，这个地区可能是从旧石器时代向新石器时代变化的一个原生地，在中国这样一个多元的古代文化板块结构中，这个地区是一个独立的地区。现在我们发现这里最早的陶器，就是兴隆洼文化陶器。这种陶器同我们目前在中国发现的其他地区这个时代甚至比这个时代更早的陶器是不一样的，表现在以下三点：一是在制法上它是泥圈套接法，而在中国其他地区，这个时期的陶器既有贴塑法也有后来发明的泥条盘筑法；二是造型上，这个地区基本上是一种平底器，而且是一种筒形的平底器，这与其他地区是有区别的，其他地区较早的陶器基本上是圜底器；三是纹饰上，这里的纹饰是压模纹，和其他地区的陶器纹饰或陶器表皮处理有所区别。所以我们有充分理由推测，这个地区新石器的产生是由这个地区的旧石器进化而来的。

第二，这个地区目前发现年代最早的新石器文化，农业现象不明显。据此，有根据推测这里最早的新石器时代文化的生业，不一定具有农业，还是单纯的渔猎与采集。我觉得，近些年来，人们好像认为农业革命是旧石器向新石器进化的必然条件，看来这不能作为唯一的模式。有些朋友常常把农业作为定居的必要条件，这也不见得。比如说，在渔猎及采集文化里，也可能出现定居，这是我们讨论这个地区的考古学文化应该特别注意的。兴隆洼文化农业现象并不明显，但是它有大规模的聚落，如果这个问题还值得讨论的话，那么比这个年代更晚的公元前3000多年的仍经营渔猎经济的新开流文化，发现了成片的墓地，暗示着这是渔猎的、定居的一种文化。定居是相对的。在饱则弃余的时代，不会出现定居。定居的出现，或许与生产能不能提供储藏、需不需要储藏和是否掌握了储藏技术有关。

　　第三，在我看来，中国有两个玉文化的中心或起源地，一个是良渚文化，一个是红山文化，有的朋友把西北也看成是一个玉文化起源地，但是西北出现玉器的年代较晚，目前看来又没有独立的玉器类型。有着自己独立造型特色的玉文化，只是良渚和红山，它们产生的年代，可以推到很早，而在公元前3000年前后，都产生了繁荣的玉文化。如果就渊源来说，西辽河地区玉器发现的年代比国内其他地区发现的年代更早，它可以上推到兴隆洼文化，而且有相当高级的工艺水平。红山文化的玉文化在中国起到了相当大的影响，它的东边可以一直到黑龙江的中俄边境，一直跨过乌苏里江，进入到现在的俄罗斯地区。而对黄河腹地，也有重要影响。

　　第四，这里是产生金属文明的一个原生地区，这个地区金属最早出现大约是在红山文化晚期，进入夏代时，这个地区就进入了青铜时代，也就是夏家店下层文化。

　　第五，这里是一个原生文明的发源地，在我看来，红山文化已经进入了文明时代。而夏家店下层文化时代，则经历了一个相当重要的进步。通过对这个地区的研究，可以见到两种文明，一种是农业文明，一种是牧业文明，而牧业文明，在我们考古学里面，不像对农业文明那样重视，这种情况，也与世界上其他国家一样。但是，这个地区提供了我们研究牧业文明产生和发展的条件与基础。

　　第六，这个地区地处长城地带东端，它是在旧石器向新石器过渡时，独立地产生了新石器文化，独立地产生了金属文化，后来又独立地进入了文明时代，又有两种文明，即农业文明和牧业文明。这个地区在长城地带的东部，不但起到了举足轻重的作用，而且影响了整个长城地带的发展。长城地带在殷墟以前，或包括殷墟在内，可以分为三段，一段是我们现在所讲的地区，这是一个策源地；第二段大约是河套地区；第三段是河套以西。如果拿这三段来看，可以说，只有这个地区是原生地带，其他两个地区是派生的文化、派生的文明，所以这个地区十分重要。这个地区之所以在古代，既有兴旺的农业，又有兴旺的牧业，和整个长城地带的中部与西部不一样，其根本原因就在于它有优越的地理条件和产生发达文化的物质基础。大约在公元前3000年前后，这个地区的筒形器，在这样一个地带上广泛地流行，已经深入到渭河流域、黄河腹地，这表明了这种文化在这一地带的重要作用。夏家店上层文化，是与周人对峙的一支强劲的文化。夏家店下层文化在其最繁盛的时期已经到了张家口，到了永定河，一直到涞水。因此，这一地区在整个长城地带的作用，往往起到策源地的作用，它的文化变异，往往影响长城地带的其他地区，甚至影响到黄河腹地。

　　第七，这个地区的古代文化是形成燕文化的一个重要内容。夏家店下层文化不仅分布在西拉木伦河流域以及辽西地区，还远达张家口及京津唐地区。根据北京、天津和张家口地区的研究资料来看，这种文化已经延至殷墟甚至到西周中期。镇江营一期一段二组以后的一期和镇江营二期文化是夏家店下层文化的流，其后，这种文化又演变为镇江营三期文化。镇江营三期文化，它的年代下限是西周中期。夏家店下层文化这一谱系文化的诸发展阶段，先后或同时接受了先商、夏、商、魏营子这类遗存为代表的文化和周文化的影响，以及由于其自在矛盾形成的动力，虽在文化面貌、特征等方面呈现出了阶段性的变化，但其基本器物的形制演变存在着自身逻辑，同时，作为标志这一文化的喇叭形耳环一直被延续使用至西周中期。召公受封于燕之前，当原有个燕，这个燕当就是夏家店下层文化的后裔，也就是考古学查明的被称为镇江营三期遗存为代表的文化。召公封燕，是西周初年之事，直到西周晚期，夏家店下层文化这一文化谱系的后裔，才和商文化，尤其是周文化融合成燕文化。由此可见夏家店下层文化这一谱系文化的生命力。

　　此文是在赤峰第二届北方古代文化学术研讨会上的发言，原被作为一节编入《北方民族文化新论》（哈尔滨出版社，2002 年）书中，且印刷粗糙，多见错误，现依原稿作了较大的改动。

河北考古学研究与展望

——1990 年 11 月 28 日在河北省文物普查总结大会上的讲话

我这次到河北来，看了一些东西，会见了一些老朋友，结识了一批新朋友，很高兴。更高兴的是看到大家经过一个相当时期的艰苦劳动，取得了很大的成绩。今天，大会安排我讲讲，我想就自己所掌握的材料，谈谈我对河北考古学研究的一些认识。

一　河北在中国考古学中的地位

河北省是中国的一部分，河北在中国考古学中的地位，也就是河北的古代历史在中国古代历史中的地位。这里讲的河北包括北京市和天津市。下面，我从四个方面来说明这个问题。

（一）人类的起源

中国猿人、山顶洞人发现在北京地区，这是旧石器时代早期和晚期文化遗存。近十几年来，在张家口地区以及河北省其他地区也相继发现了一系列旧石器时代的遗存，这就构成了旧石器时代历史发展的几个环节，这样几个环节，反映了中国古人类从猿人到智人的基本发展过程。

（二）新石器时代文化的起源

目前，一个重要的考古学问题，就是探索旧石器时代向新石器时代过渡的历程，也是探索新石器时代怎么兴起的问题。用英国学者柴尔德的话说，就是"农业革命"的问题。"农业革命"不是柴尔德首先提出来的，而是摩尔根和恩格斯早已有的思想。恩格斯说："野蛮时代是学会经营畜牧业和农业的时期，是学会靠人类的活动来增加天然产物的方法的时期"，又说"野蛮时代的特有的标志是动物的驯养、繁殖和植物的种植"。旧石器时代，人类在自然界中竞争，靠掠夺自然生存，过着掠夺经济生活。到了新石器时代，产生了农业，或者说，人类知道了按照植物在自然环境中生长的规律来栽培农作物，就进入生产经济阶段。前几年，有些未来学者谈历史发展的几次浪潮，他们认为第一阶段便是农业革命，农业革命是人类历史上一个重要的浪潮。

根据目前的发现，河北省境内至少可以从两个源头来探索河北省新石器时代的起源。一个源头是磁山文化；另一个源头是兴隆洼文化（即：迁西县东寨遗址）。这两种遗存，属于目前发现的中国最早的新石器时代遗存之列。它们的文化面貌、特征、性质截然不同。因此，河北的旧石器时代向新石器时代过渡，至少有两个源头可寻，这是很重要的。因为整个中国北方目前露出的源头除这两个以外，就只有老官台文化和裴李岗文化了。裴李岗文化和磁山文化的关系还在讨论，有人称之为磁山—裴李岗文化，也就是认为它们是一个文化，从目前的材料看，这一论点还难以成立。其次，从迄今揭示的材料看，裴李岗文化的谱系关系，不如老官台文化及兴隆洼文化清楚。同时，它显示出来的透明度似乎也比不上后者。

前几年发现的徐水县南庄头遗址，出土了少量夹砂深灰和红褐色陶片、石片、石磨盘、石磨棒，以及大量兽骨、禽骨和种子等，兽骨经鉴定，认为其中的猪、狗可能是家畜，北京大学考古系测得的文化层的七个数据，年代跨度为距今9690±95年至10815±140年（未经树轮校正），这说明遗址的绝对年代已突破万年，是迄今为止中国北方见到的年代最早的新石器时代遗存。它的发现不仅又一次将中国新石器时代的年代提前了，也鼓舞我们从上述两个源头探索旧石器时代过渡到新石器时代历程的决心。

（三）夏家店下层文化和先商文化的起源

新石器时代经过若干阶段的发展，进入了文明时代。现在已知道河北省至少有两种最早的文化，这就是分布在滹沱河流域的先商文化和分布在滦河流域的夏家店下层文化。它们绝对年代的上限均已进入夏代。这两种文化和黄河流域以及中国其他同时期文化的文化面貌、特征、性质不同，可见有其自身的起源和发展过程。中国文明起源与发展，不是夏—商—周这一条线，除此外，目前，考古学已发现了其他的线。其中，夏家店下层文化这条线相当重要。在探索文明起源、形成与发展问题上，河北省可以沿着这两种文化遗存上、下求索。

（四）燕文化对东北的影响和开发，为秦把东北广大地区纳入统一帝国奠定了基础

燕国在历史上的作用，相当于南方的楚国，如果说，楚国当时开发了长江流域，它的影响波及整个中国的西南，一直到云南。那么，燕文化则开发了以河北为中心的广大北方的东部，燕文化晚期，达到了东北的广大地域。它对东北亚文化的影响是不可低估的。我们说，秦始皇统一中国具有划时代的意义。但是，没有战国时期七个国家的开

发，秦的统一就不可能有那么大的版图。燕文化的影响和开发为秦统一东北奠定了基础。

上面所列举的四点，一方面反映了解放以来，河北省考古学的发展，使我们看到河北省在整个中国考古学中的位置；另一方面，又使我们看到，我们还面临着很艰巨的任务，意义十分深远。可以说，这四个问题如达到理想性的解决，无疑可以再写一部《家庭·私有制和国家的起源》，那时，很可能推进恩格斯在这部书中提出的认识。为此，还得做大量的工作，而且，在必须拿出探索理论性问题的勇气的同时，也应脚踏实地的从微观入手。

二　河北省考古学文化的区、系、类型

根据目前已发表的材料，河北省考古学文化的区、系、类型可以分为两个文化区，一个中间地带。两个文化区是：以滹沱河流域为中心的河北中、南部地区和以滦河流域为中心的燕山地区。中间地带是永定河流域。

冀中、南地区和滦河流域，从新石器时代开始，到西周之前，甚至到春秋时期，存在着各自的考古学文化序列：

冀中、南地区

1. 磁山文化　2. 前后岗一期　3. 后岗一期　4. 庙底沟文化　5. 大司空文化 6. 以涧沟遗址为代表的龙山期遗存，虽有些个性，但基本仍可划入后岗二期文化。 7. 以下七垣、界段营为代表的先商文化。　8. 商文化　9. 周文化

滦河流域

1. 东寨（即兴隆洼文化）　2. 西寨（基本上相当于赵宝沟文化。其起始年代比后岗一期文化早些，下限当进入后岗一期文化）　3. 红山文化（上限：后岗一期文化后段。约终止于庙底沟文化晚期，大致相当于大司空文化前期）　4. 以唐山大城山 T8 ②为代表的龙山期遗存　5. 夏家店下层文化　6. 魏营子类型（唐山古冶北寺遗址 T8 ②基本上相当于这个时期）　7. 夏家店上层（相当于西周晚期前后）

这两个地区考古学文化序列的遗存的文化面貌、特征、性质和其发生、发展及消亡或转化的道路互不相同。当然，它们是不同谱系的诸考古学文化。如仔细地观察，还可见到冀中与冀南、滦河上下游之间，也存在一些差别。由于它们的同一时期遗存的差异，大致尚未达到需要划分为不同考古学文化的程度。从而，比起这里所讲的两个文化区的区别，就显得不那么重要了。

同时，这里所列两区各自的诸文化或遗存，还存在着不少的可以预见的缺环。例如：

一、尽管已在徐水找到了距今万年前的南庄头遗址，但至今仍缺乏怎样从旧石器时代过渡到磁山文化或东寨遗存的材料。这使我们尚不能说明已存在的农业革命这样重大的历史问题。

二、还不能清楚地说明红山文化，尤其是大司空文化的起源问题。

三、由于目前见到的龙山时期的遗存还比较零碎，所以，远不能清楚地说明先商文化和夏家店下层文化的起源问题。

我在一篇文章中提出了夏家店下层文化是有易氏遗存的认识。夏家店下层文化和先商文化已跨入文明的门槛，这是考古学界的共识。

我国古籍指出："国之大事，在祀与戎"（《左传》成公十三年）；《礼记·礼运篇》将中国古代社会分作大同和小康两个异质的阶段。"小康"之世是"天下为家，各亲其亲，各子其子，货力为己；大人世及以为礼，城郭沟池以为固，礼义以为纪；以正君臣，以笃父子，以睦兄弟，以和夫妇，以设制度，以立田里，以贤勇知，以功为己；故谋用是作而兵由此起"。至今，河北发表的有关先商和夏家店下层文化的材料，以及我个人了解的程度，难以据所引古籍说明的国家特征，仔细地检讨考古学的发现。需说明的是，夏家店下层文化已进入青铜时代，出现了权杖，存在陶质礼器及较发达的占卜巫术，陶质礼器上的那些彩画狰狞图案，给人以威严难测之感。房屋往往是夹墙建筑，用土坯砌墙。其居民分布之处，常常建城。可以认为，这个文化的居民已从最初的文明时代走出相当远了。

在夏家店下层文化千年之前的红山文化，已存在玉礼器。其中的玉猪龙和玉龙的形象，已相当抽象化。它的坛、庙、冢反映其宗教形态已规格化。然而，那时的神，全为女性。文明时代的产生，是以父系制为前提的，宗教信仰的神，虽也有女神，但必是以男性为中心。所以，尽管红山文化已具备相当规格化的宗教形态，但由于它崇拜的神全为女性，故不能认为其时已进入文明时代了。

文明的起源与形成，是表达异质的社会形态的不同概念。前面已说明夏家店下层文化已步入文明时代的门槛很远了，红山文化又未进到文明时代，那么，文明时代初期只能在这两者之间，或应靠近夏家店下层文化的时期。我曾在一篇文章中论证了龙山时代已属父权制发展阶段。这时期出现了水井、土坯建筑，普遍流行轮制陶器技术，发现的金属制品，青铜的已占相当比重，广泛流行占卜巫术及陶礼器，存在象征军权的玉钺，还发现了这个时期的夯筑城。在涧沟及临朐还分别发现了人牲祭祀坑和具有棺椁的大型墓葬，其中墓主人被认为是属于当时统治这一地域的权力集团中某个阶层中的当权者。龙山时代在夏朝以前，相当于古史传说中的唐、尧、虞、舜时代。

如古籍所载，当时领袖人物的产生，实行禅让制，非此后由一家族垄断的世袭制。

这两种产生领袖人物的制度是有些区别的。

前者的领袖人物，一般出于不同的姓氏，经本邦"荐之于天"（推荐），又"暴之于民"（试用）的两个选择过程之后，而要成为城邦联盟之首领，则再需经"岳牧"选择，即日知先生所说的城邦联盟盟邦代表会议决定，"夫然后之中国，践天子位焉。""唐虞禅，夏后殷周继，其义一也"，因之，可认为龙山时代是在父权制基础上已建立了超出部落制的政权组织了。

四、魏营子类型与商文化、周文化、先燕文化的关系

商人灭夏以后，于二里岗上层文化时期，势力范围西至长安，东至少达到济南，北至张家口，南到黄陂。起源于辽河、太子河为中心地区的魏营子类型及长城西部地带这些以"花边鬲"为代表的诸遗存和先周文化的兴盛，使商人的势力削弱了，从原先属于它的广大地盘退却下来，至殷墟时期，出现了盘庚迁殷的历史事件。魏营子类型的居民，不仅占据了滦河流域，还深入到永定河流域，其前锋到了易水，易县北福地第三期便是他们的遗存。

至迟到殷墟时期，中国北方已存在的强大的畜牧业部落，一方面，与其南面的包括商人在内的诸农业居民进行争夺和经济文化交往；另一方面，由于他们的活动，从此沿着长城这条线，通过新疆，开始大规模地沟通了和西方的经济文化的交往，乃至居民的迁徙。畜牧部落的形成和中西文化的交流，不仅是中国历史，而且，也是世界历史上的重大课题。然而，目前，我们对魏营子类型的了解，除了它的文化面貌和见到它在殷墟时期已广泛分布的事实外，知之甚少。因之，通过对魏营子类型的全面研究，以了解其产业与居民结构状况、畜牧化过程和社会发展阶段，同时，将其与殷墟文化进行对比研究，以了解商人被迫退缩后，反而把自身的经济文化推向更高水平的原因，不仅是重要的，也显得十分迫切。

周统一中国后，实行宗法封建制，实质上和殖民统治差不多。从不同的考古学文化看，有一个文化冲突与融合的问题。这在河北省考古工作中也有所反映。从已报道的琉璃河西周墓地看，是包含了周人和商人的两种文化因素，还有同时期的土著文化。例如：涞水县炭山和易县下岳各庄的二期遗存，除上述因素外，还存在以夹云母陶器为代表的成分，它当源于魏营子类型即北福地第三期，以及更早的原包含在本地二里岗上层文化的外来因素。有趣的是，在春秋、战国燕文化中，这种因素获得了突出表现，例如："燕式鬲"就在质地、纹饰及形态和这种因素中的陶鬲有些相似，当存在着嬗变关系。正是这类因素的保留与增长，才显示出燕文化的个性。这类不同考古学文化的碰撞、交流与融合，与政治关系既有联系，又有区别，在趋同和矛盾的过程中，它们之间的原因、结果、关系相当复杂。

解决河北省考古学中这些缺环，并在此基础上做深入的研究，回答诸如"农业革

命"、文明起源与形成，以及从城邦制和诸侯制走向秦汉中央集权帝国的道路这样重大的历史学问题，就能为深化和发展正确的历史观和深入了解国情作出贡献。现在，再回头谈谈冀中、南和滦河流域两地区考古学文化的谱系关系，以及永定河流域文化关系的一些特点。

从考古学文化谱系关系来看，冀中、南和滦河流域分别同豫北和西辽河流域走过基本相同的道路。因此，可把它们各自视为一相对独立的文化区。

冀中、南和滦河流域的诸考古学文化系列，并非同一考古学文化谱系的延续。前者，可分如下三支谱系：1. 从磁山到后岗一期文化；2. 从庙底沟文化到商文化；3. 周文化。后者当分为从东寨到夏家店下层文化和魏营子类型至夏家店上层文化两个谱系，以大城山 T8② 为代表的龙山期遗存需另作讨论。下面，就这些认识作些说明。

1. 关于从磁山到后岗一期、从东寨到红山文化的问题。后者已得到考古界的共识。前者，我曾说过它当属于大汶口—龙山文化这一谱系，年代当在刘林期之前。尽管目前发现的材料，在磁山和前后岗一期文化之间还存在缺环，但从河北及其相邻地区至今所确定的考古学文化的区、系、类型关系来看，认为它们之间存在着承袭关系，似乎与将来可能发现的事实，不会相去太远。在西辽河流域，继红山文化之后，存在小河沿文化，在永定河流域广布着年代上与它相当的雪山一期文化。至今，在滦河流域虽未清楚地见到这两种遗存或年代上与其相当的遗存，但由于滦河流域位于西辽河与永定河之间，可以预见年代相当的文化遗存的面貌、特征、性质，将同于小河沿文化或雪山一期文化，或者介于这二者之间。

2. 大司空文化之前，在其分布地区内只存在庙底沟文化，同时，从目前自界段营等处遗址传出的讯息看，尽管不能说明大司空文化和庙底沟文化衔接，但仍可认为大司空文化是自庙底沟文化发展来的。还需要说明的是，我以前已指出半坡—庙底沟文化系列和后岗一期—大汶口文化属于不同的考古学文化谱系，半坡文化和后岗一期文化存在相互联系，在后岗文化中已有半坡文化因素，庙底沟文化居民迁徙到河北后，后岗一期—大汶口文化的居民基本上退缩到山东境内。

3. 目前发表的河北省龙山期的材料，比较零碎，同时，从年代上看，尚缺乏和大司空文化或雪山一期文化连接的材料，因此，难以直接断定河北龙山期遗存渊源于大司空文化或雪山一期文化。

河北省的龙山期遗存，大致可分为三类：一类分布于张家口地区，文化面貌、特征、性质，基本上同于晋东北的同时期遗存；二类属后岗二期文化，分布于冀中、南地区，由于其和鲁西、豫东、伊洛地区及山西等邻近地区同时期居民有着广泛深入的联系，其文化结构相当复杂，除本体因素外，还有相当多的外来因素；三类是雪山二期文化，其文化面貌、特点介于一、二两类之间，而偏向于一类。从发表的材料看，大城山 T8②为代表的龙山期遗存，基本上同于后岗二期文化及雪山二期文化中的与鲁西及豫东龙山期有关系的那一种因素。可能这是由于工作或发表资料的关系，致使文化因素的表现显得有些偏重，但从地理位置观之，它实际上很可能属于雪山二期文化。

尽管先商文化和后岗二期文化之间，还存在尚未发现的年代上相当于二里头一期的遗存，妨碍清楚地认识它们之间的源流关系。但两者的源流关系，却基本上已得到考古界的共识。我们在《夏家店下层文化研究》一文中已提出雪山二期文化，当不便简单地认为是夏家店下层的前身。从河北及其相邻地区考古学文化区、系、类型来看，只能认为后岗二期文化和夏家店下层文化，均应植根于其分布地区。虽然，其形成由于外来因素的参与而显得相当复杂，但通过文化因素分析，仍可看出其主体因素当是土生土长的。

4. 周文化是外来移民带过来的，是无需说明的事实。魏营子类型和夏家店上层文化是同一谱系的两个文化发展阶段，和从偏堡子那类遗存发展到高台山—新乐—小库伦（和魏营子类型属同一考古学文化）同一谱系的不同阶段的诸考古学文化问题，我在今年内蒙古东部地区考古学术研讨会上讲过了，在此不再赘述。

可见，冀中、南与滦河流域两个相对独立的文化区，在其历史的长河中，是不同谱系文化相互影响乃至交替的地区。我们说永定河流域是一个中间地带，是相对于上述两个地区而言的。它在考古学文化上表现为：

1. 是冀中、南和滦河流域，甚至也是汾河流域考古学文化居民的争夺地带。例如：张家口地区，先是属后岗一期文化居民居住区，随后为半坡文化、庙底沟文化及与汾河中、上游属同一文化的龙山期的居民所占据，夏代和商后期属夏家店下层文化和魏营子类型分布范围，商前期则是二里岗上层文化居民的分布区。又如：北京，先是前后岗一期文化居民居住，后又成为夏家店下层文化的势力范围。

2. 是不同考古学文化相互碰撞达到融合，以致形成新的考古学文化。前面提到的雪山二期文化，可以说，就是张家口地区龙山期和后岗二期文化融合成的新品种。雪山一期文化也可能属于这种性质的遗存。

同时，不同文化区交接地带的居民遗存，由于文化影响与吸收，其文化面貌往往与该居民所属的考古学文化的中心地区存在着一些差别。易县下岳各庄一期遗存因含有夏家店下层文化因素，而与同属先商文化的南面居民的文化面貌存在着区别，便是这类现象的一个例证。

五、从邑落诸侯制到帝国的历程

在考古学文化的区、系、类型方面，河北省已做了不少工作，取得很大的成绩。这是有目共睹的。我在此讲的，如果是接近事实的话，也只是对此成绩的一种表述。

苏秉琦先生提出区、系、类型这一学术思想、方法之后的第十年，即 1985 年，又提出了文明起源形成与发展的古文化、古城、古国阶段性变化、具有方向性意义的考古学问题，并在文章中、讲话中做了具有启发性的论证，已引起国内外学者的关注。1989年，人民出版社出版了日知先生主编的《古代城邦史研究》，对世界古代的城邦史作了深入论述。这对中国考古学深入研究"古城"、"古国"问题，是有帮助的。希望同行也能读一下这本书。

日知先生将古代城邦政治形式的发展过程，分为如下四个阶段：

第一，神话传说时代（禅让传贤时代）与原始民主制城邦；

第二，史诗时代（英雄时代）与原始君主制城邦；

第三，春秋（编年史）时代（列国争霸时代）与公卿执政制城邦；

第四，战国时代（群雄并争时代）向帝国时代过渡，古代城邦制走向解体。

秦、汉帝国如何产生，历史如何向此过渡，是古代史上的重要问题。日知先生贡献出来的研究成果，对只知统一王朝便是帝国，于是乎城邦史不见了，帝国史亦被曲解了的传统的中国史学，无疑是一积极的挑战。在基本上同意日知先生的论述的前提下，据自己已从考古学中见到的一些事实，对他的意见做些讨论。

1. 前面，我已就相当于禅让传贤时代的龙山时代社会制度进行了检讨，认为它已步入文明门槛，其时的社会基础，是父权家族制。在夏、商、周三代，虽然有些变化，但并未动摇其根基。因此，在周人统一后，才可能仍然实行宗法封建制。

2. 周人克商之后，我们看到形成于泾、渭水流域的周文化迅速地散布开来。商汤灭夏之后，商代前期的二里岗上层文化也广布开来。两者现象相同，当都是推行宗法封建殖民制的结果，正如范老所说："周初大封兄弟和同姓国，是商分封制的扩大，并非新创。"

3. 从至今见到的考古材料看，夏代诸考古学文化的地理格局，和龙山时代无基本区别，也就是说，夏文化的地理分布，未因夏朝的建立而推广开来。其原因当是夏王朝未能实行商周那样的宗法封建殖民制。虽然，它以世袭制代替了禅让制，但夏帝在其城邦联盟内的盟主地位，似乎尚未达到后来商、周王那样的程度。

4. 在商代后期，即殷墟文化时期，商文化的分布范围缩小了。商代后期，在原商文化分布的广大范围内，出现了自具特征而又含商文化因素的相互区别的众多的考古学文化。形势类似于东周。区别是平王东迁后，失去了原来的地盘，王室衰弱了。而盘庚迁殷后，如史书所载和考古所见，确实把商文化推进到了一个新的阶段，但最终衰落下来，被周人消灭了。可见，春秋争霸，很可能大致是商后期历史的重演。当然，不是简单的历史循环。

5. 战国的改革，促进了父权家族制的衰落，动摇了宗法封建制的根基，为秦汉实行建立在郡县行政机制上的中央集权制创造了条件。

这里仅对国家政治组织形式做些讨论。至于邑落诸侯制或城邦制下的政体问题，更为复杂，需待更深入的研究。古代中国政治组织形式，是中国史中的十分重要的问题。前面，我们已讨论龙山时代和夏家店下层文化的社会发展阶段，又指出河北是商人的发祥之地，西周之时，成了偃国的版图，战国时，出现了燕、赵两雄。河北古代历史进程，与当时整个中国存在着难以分割的密切联系，探讨古代河北国家政治组织形式的发展过程自然可以为研究古代中国国家政治组织形式变革的问题作出贡献。希望河北省的考古工作者在搞清本省考古学文化区、系、类型的同时，也注意研究河北省境内的古城、古国。

三　配合基本建设能否解决考古学科的重大课题

基本建设和考古学科，是两类不同性质的问题。单纯提考古学为基本建设服务，是不全面的，甚至是错误的。但是，基本建设经常破坏考古学遗存，使我们考古学研究的对象，也就是我们祖宗留下来的一些"宝贝"，都在推土机下化为"灰烬"。因此，在这里存在基本建设与保护文物的关系。由于中国历史悠久，文化发达，古代遗存保留下来的很多。要完全避开这些祖宗留下来的遗存，在全面保护好这些遗存的前提下，搞基本建设是不可能的。那么，如何处理好基本建设和保护文物的关系，是我们面前的一个重要任务。这样，办法只有两条：一是必须从我国文物保护事业的全局和长远利益出发，克服片面地追求局部的、眼前的利益，对一些重要的或者相当重要的遗存必须"死保"，基本建设要让路；二是在配合基本建设中，搞好考古调查与发掘。当然，发掘是破坏，同时也是保护的一种形式。把一些遗址、墓葬挖掉，变成图纸、照片、文字资料保存下来，一部分实物资料从地下取出来，充实博物馆等文物收藏单位，这就是保护。不能因为有考古遗存，就总卡建设部门，不然，人家会说："你是考古专家，我们尊重你，可是，你要不要吃饭哪？要不要现代化哪？"咱们国家确实落后，地不少，但按照人口平均起来，就没有多少；资源可以说丰富，但按照人口平均起来，又确实很少。咱们说祖宗这么好，那么好，咱们都回到祖宗那个时代行不行？那只是历史嘛。比如说，商代的文明很发达，这只是在历史上商代这个时期，做一个横切面比较而言；我们说汉、唐文明很发达，也只是说在汉、唐时期，从世界这个历史时期的横剖面看，事实是这样。而不是说汉、唐文明比现代文明还高。当然，我认为基本立足点仍然是"保"，把一些相当重要的、有代表性的遗存保存下来，还是可以做到的。在"保"的问题上，除了出自基本建设这一原因外，还有我们考古工作者的认识问题。有一部分同志不十分注意提高发掘、研究的质量、水平，追求轰动效益，以挖"宝"提高自己的声誉。但是，因为"宝"是祖宗创造的，衡量考古成绩，只应是发掘的质量和研究水平。同时，我们目前的经济水平、发掘水平、保护文物水平都不那么高、都不那么先进，我们的子孙后代可能比我们更聪明，掌握的技术手段更先进，而且，到那时，国家的经济实力也会强大起来。把这些文化遗存保留下来，让后人去研究，岂不更好？这是留给子孙后代的珍贵财富，也是我们这个行当理应强调的职业道德标准。

在处理好基本建设和保护文物关系的前提下，我们能否配合基本建设解决重大的考古学课题呢？我说是完全可以的，中国四十年来的考古学发展，也为这个问题做出了回答。例如：1958 年配合黄河水库的考古工作，就提出和解决了一系列的考古学问题；配合长江三峡水库的考古工作，也解决了一系列的考古学问题。前者发掘了庙底沟、三里桥遗址、元君庙墓地及泉护村遗址，发现了老官台文化，提出了划分"仰韶文化"的类型及其分期问题，以及黄河中游地区的仰韶时代过渡到龙山时代的问题，引起对半坡文化的社会制度问题的讨论。后者，使我们在以往基本上仅有楚文化一些知识之后，发现和认识了大溪文化、屈家岭文化到商周时期的一系列考古学文化遗存。

在配合基本建设中如何推进考古学学科建设，发展其对历史的认识能力？我的想法是：

1．国家的基本建设是有计划的，我们的考古规划应与国家的基本建设计划相配合，执行规划走在基本建设的前面，即一定要当先行官。

2．加强学术目的性，据对象提出考古学课题。往往由于最初了解情况不全面、不准确，导致课题提的不准确，乃至不切合实际的情况是常有的事。因此，应特别注意在整个工作过程中不断地进行修正，使之愈益接近实际，乃至提出新的课题。

3．工作中抓好重点。采用大规模以至全面揭露性的发掘、试掘和调查结合进行的工作方法。

不仅在配合基本建设中能够提出或解决考古学重要课题，即使在调查与试掘中，也可以解决考古学一些重要的学术课题。例如，新的重要的考古学文化的发现、考古学文化的序列以及它们的谱系关系，都可以从试掘中，乃至调查中得到解决。我举一个我个人的经历：

1958～1959 年，北京大学配合黄河水库工程，带着课题，重点发掘了泉护村和元君庙墓地。同时，对黄河水库基本建设范围内的华县和渭南的部分地区其他文化遗存，也做了调查，有的进行了小规模试掘。基本上搞清了渭南地区从老官台文化到春秋的不同时期的考古学文化的发展序列。

在不搞试掘的情况下，单纯地调查，也可以解决重大的学术课题。例如：某一地区有甲、乙、丙、丁四类遗存，在此调查中发现了八九个遗址。如果能用科学的方法识别陶片的话，就会发现这四类遗存在这八九个遗址中的分布情况存在差异，组合有所区别。比如在 A 遗址中见到甲、乙、丙、丁四类遗存的陶片；在 B 遗址中只见到甲、乙、丙三类遗存的陶片；在 C 遗址中仅有乙、丙、丁三类遗存的陶片，等等，只需认真地工作，便可基本上将它们区分开来，甚至还能大致地排出它们的顺序。尤其是在我们已基本上搞出了我国主要地区的考古学文化区、系、类型的情况下，更是不难做到的。60 年代初，我在吉林市郊搞考古调查。那时国家很困难，吃不饱饭，农民给顿包米、土豆吃，我们便高兴得不得了。在这样的条件下，我们跑遍了市郊，发现了 50 多处遗址。我就是根据地面采集的陶片，一边调查，一边分析组合关系，区分出三种文化遗存，排出三者的先后关系。经过 30 年的考验，这一认识被认为还是正确的。苏秉琦先生在西安郊区搞调查，靠一个剖面，就解决了西安郊区三个文化遗存。所以，即使条件差一点，只要方法正确，认真工作，不怕吃苦，总是可以搞出成果来的。

现在，中国考古学文化的区、系、类型已形成类似于门捷列夫的元素周期表，从长城地带到长江，从东北到西北，考古学文化的编年序列已基本上搞清楚了。但是，还有缺环，需要我们去发现、去研究，来发现新的"元素"，以及这些"元素"在"周期表"中的位置。

四　中国考古学在当前世界中的位置　以及中国考古学怎样走向世界

世界包括许多民族，众多文化，从基本体系上讲有两个：一是起源于两河流域，经过埃及、希腊和罗马文明发展成的西方文化；二是起源于黄河流域的以中国为中心的东方文化。东、西方文化，很早以来，就通过移民、战争或和平的交往及"丝绸之路"，将两者沟通起来，互相吸收、影响，促进了自身的发展。因此，中国考古学研究的意义，不仅在中国，也不仅在东方，而是关系到世界史的问题，这就是为什么中国考古学的状况往往引起国外同行相互关注的原因。中国考古学在世界上处于什么位置呢？这要看中国考古学的现状。

当前，中国考古学的现状是：（1）已经基本形成了相当完整的考古学文化区、系、类型的架构；（2）已经提出或正在探索一系列重大考古学问题，诸如农业革命、农业与畜牧业的分工、文明的起源与形成、中国早期文明发展的历史道路、特征等；（3）已相当广泛地利用现代科技手段测定考古学资料；（4）中国考古学的发展，已经引起农业史、冶金史、环境史、医药史、天文史、法律史、政治史乃至哲学史等等学科对考古资料的研究。可以说中国考古学的研究水平在中国，这不仅是说它的发现与研究成果，还包括它的研究方法。其中层位学及类型学在世界考古学中已处于排头兵行列之中。所以，目前任何一个国家举行有关中国考古学的学术会议，如果没有中国有代表性的学者参加，就达不到高水平。造成这种局面，除掉我们以往走出了自己的路，又取得了成绩外，同时，不该讳言，也部分出于资料在中国的封闭状态，而使一些有志研究中国考古的外国学者不能参与所致。因此，在目前或今后的开放条件下，如何保持中国考古学的研究水平在中国，是我们面临的一个十分重要的问题。我认为应注意以下几个问题：

1. 提高中国考古学人员的素质，重点是提高80年代初期前后参加中国考古学研究的年轻学者的素质。

这一代人要看到老一代的历史局限性，克服其弱点，同时，也要学习他们强烈的事业心和艰苦奋斗、勇于求是的作风。

2. 发扬形成目前中国考古学研究水平的优良传统。用唯物辩证法，通过进一步发展的层位学和类型学来观察、探索、解决中国考古学问题。

3. 要采用一些自然科学的手段来研究考古学遗存。

4. 要广泛吸引不同的学科来参加研究考古学资料。

5. 要对国外考古学进行研究，从中吸取可以借鉴的经验。

中国考古学走向世界的客观条件是存在的：一是世界虽仍存在动荡，但和平与发展乃是当今世界的主题；二是我国实行改革开放，主观条件的关键是人才。为此，应有一批既精通中国考古学又精通外语，并对外国考古学有基本了解的人才，同时也需要培养一些研究外国考古学的学者。

50年代参加工作的学者，在老一辈带领下，已经把中国考古学研究水平掌握在自己手里。60年代参加中国考古学工作的一些人，目前年龄至少在四十四五岁以上，可以预计他们今后也不会有太大的发展。同时，由于"文化大革命"中断教育，70年代前半期没有出大学生，所以，中国考古学的希望在年轻一代。但是，这代人既面临国内的竞争，也将在大陆外遇到对手。据我所知，美国、日本以及大陆以外的港台，都有一批研究中国的学者。台湾的一些学者无论在国学的基础方面，还是外语水平和对外国的了解以及他们积累与使用资料的手段方面，一般来说，大多超过内地五六十年代参加工作的学者，也超过了80年代初期前后参加工作的年轻学者。因此，要想把中国考古学研究水平牢牢把握在中国内地学者手中，的确任重而道远。

上面所讲的这些认识，当是抛砖引玉，谬误之处，请朋友们指正。

在结束这个发言的时候，我想借此机会，对赵德润、董增凯、郑绍宗、孔哲生等河北的朋友们给予我一贯的关心与帮助，表示衷心的感谢！

此稿为刘建华同志根据录音整理，后经我修改而成。原载《文物春秋》1991年 2 期。

论蔚县周以前的古代遗存

　　张家口考古队在以往河北省文物工作队及张家口地区文物普查队工作的基础上，1979 年以来在蔚县开展了大规模考古工作，目的是探索该地周以前古代遗存的面貌、特征、序列、性质和它们之间以及它们同周邻地区文化之间的关系。现将已取得的资料，做点分析，并对上述目的中所涉及的几个问题进行讨论。

一

　　已取得的资料可归为八类遗存，恰好新石器时代和青铜时代各四类。现依其年代顺序，分述它们的文化面貌和特征。

　　（一）房屋基址为长方形半地穴式，门道南偏西，穴壁和居住面都抹有草泥土。有的居住面下铺一层较厚的垫土，在房基中部或偏居门道的地方设瓢形或椭圆形的灶。这类遗存的陶器分泥质、细泥和夹砂三种。泥质、细泥绝大多数为红陶，灰陶极少，可能是"红顶钵"的下部。一些红陶呈橙色，多素面。个别罐类器物上有数道弦纹，彩陶仅饰图案简单的红彩。器形主要有壶、盆、甑、罐、钵。夹砂皆褐陶，除素面外，还有绳纹、弦纹和按压纹。

　　（二）房屋基址皆为坐北朝南，平面呈扇面形的半地穴建筑。居住面平整，坚硬，先垫黄土，再在其上连同穴壁抹上草拌泥，最后又抹一层泥。灶址由火膛及灶口组成，位于屋内中部，距南壁较近。门道在房基南面，伸出室外，内连接灶口。陶器为细泥、泥质及夹砂三种，多作红色。器表除素面磨光外，还有线纹、绳纹、弦纹和彩绘。施彩的器表均经磨光，施白衣者极为少见，黑彩为主，少数兼用黑赭或黑红两色。图案大多用弧线三角、圆点、条带构成，也有勾连纹及直线垂三角纹。陶器用泥条盘筑法制作成形后，再慢轮加工，器形有盆、钵、瓮、罐、瓶。盆分卷沿及敛口两种，瓶有小口重唇尖底及葫芦口平底之不同。

　　（三）发现很少，特征却明显。陶器均为夹蚌褐陶，器表多作素面，手制，胎壁较厚，器形多为壶、豆、钵、罐。较有特色的是作成点心盒式分格的窖穴底和剖面为矩形的石环。

　　（四）房屋多为带门斗的方形单间建筑。居住面略微低于当时地面，多是泥土面，少数为白灰面。室内常有两个以上的炊爨处，一在中部，一在室内的一角。位于屋角的常作龛形。磨制、打制、琢制石器并存，琢制石器占较大比例，是这类遗存的特点。泥质陶略多于夹砂陶。灰陶占绝大多数，其次是褐陶，黑陶和红陶较少。器表以篮纹、绳纹为主，次为素面，附加堆纹和弦纹、方格纹极少。流行泥条盘筑的手制及慢轮修整技术，通体轮制的较少，鬲足为模制。广泛流行空三足器，鬲、斝、甗、盉、罐、瓮、盆、豆、甑、碗为这类遗存的主要器形。

（五）墓葬均为长方形土坑竖穴墓，个别墓有生土二层台，均为单人墓。一次葬为主，二次葬占一定数量，葬式基本上是仰身直肢，少见俯身葬，头朝东。随葬陶器不多，少则一件，个别的多不过七件，鬲、豆、尊（或盉）、罐是随葬陶器组合的基本形式。鬲分泥质黑（灰）陶尊形鬲和夹砂褐陶鼓腹鬲。前一类是尊的衍生器，分裆，有圆锥状实足跟。后一类无实足跟。豆皆深腹，粗柄，矮座，据盘的形制分为尊形豆和盉形豆。罐以泥质者为多，型式不同，腹下常留有绳纹，其余部分均经打磨，不少的陶器表皮烧后绘红、白、黄彩图案。

（六）陶器的陶质：夹砂，泥质；颜色：灰，黑，红褐，以灰色陶为大宗；器表：绳纹，素面，磨光；制法：普遍采用泥圈套接制作技术，鬲的款足皆模制；主要器形：鬲、甗、盆、罐、卵形三足瓮、豆、尊、盉、钵。鬲基本上为罐形，分有或无实足跟两类，甗上身为盆形，盆作卷沿，腹壁弧曲，卵形三足瓮呈椭圆形，敛口，通体绳纹。石器中有镰，铜器见刀、削、耳饰等。铜耳饰为"U"字形喇叭状。卜骨上有挖成的不很规则的"钻窝"。

（七）墓葬：成人为长方形土坑竖穴墓，儿童用盆、瓮或鬲作葬具。前者葬式、葬俗与（五）、（六）大体相同，随葬器物中的鬲、豆、尊的形制发生变化，甗取代了罐；鬲、甗、豆、尊构成了陶器的基本组合。和（六）相比，黑陶的比率明显增多，灰陶颜色深一些，呈黑灰色，绳纹印痕稍浅，磨光陶较光亮，泥质陶器的唇沿普遍下折，器身流行折棱，主要器形是鬲、甗、盆、钵、瓮、罐、豆、尊、甑。卜骨都有钻、灼。

（八）陶器绝大多数为灰陶。有些夹砂陶的砂粒极细，往往不易与泥质陶区分。纹饰除大量的绳纹外，其余的是素面和为数不多的弦纹、饕餮纹。绳纹很粗，印痕似落花生皮，整群器物形制比较规整，胎壁匀薄，口沿轮痕清晰。主要器形有鬲、甗、大口尊、簋、豆、盆、甑、罐等。另外，还发现了少量印有小方格纹的原始瓷尊的残片。卜骨有钻、灼。钻窝圆而深，窝底平，排列整齐。

二

上述遗存，各自还可分为若干更小的年代段。

据这些遗存和已知的考古文化比较，可提出以下一些认识。

（一）的基本特征同于后岗一期文化，更接近南杨庄下层遗存①。

（二）的基本特征同于庙底沟类型，属于庙底沟类型的较早阶段。和渭河流域的庙底沟类型比较，这里缺乏釜、灶、鸟纹；与大河村的一期相比，缺乏鼎，它们的小口尖底瓶、钵均存在一些具体区别②。同时，渭河流域的庙底沟类型及大河村一期又缺乏（二）特有的扇面形房屋及夹砂素面圆肩罐。总之，它在庙底沟类型中是具有自身特点的。

（三）少见于考古学文献，与此接近的是雪山一期遗存③。

（四）和后岗二期文化相比，这里缺乏鼎及高领鼓腹罐，少见方格纹。两者罐形的鋬手位置也存在区别。比王湾三期文化，则缺乏釜形斝，少见方格纹及磨光陶器。以不见单把罐形鬲、敛口或广口带双耳的筒腹斝及带耳高领罐而不同于客省庄文化。反之，（四）因较多的鋬手鬲、敛口深腹瓮及琢制石器在石制品中占较大比例，而区别于这里与之比较的三种文化遗存。可见，（四）是龙山时期的一种自具特征的遗存。

（五）、（六）当是同一性质遗存的不同发展阶段。据葬俗、随葬器物组合及文化内涵的主要成分，可把它们归入夏家店下层文化。但是，它们又以夹砂褐陶鼓腹鬲、灰色卷沿高领实足跟鬲和卵形三足瓮而别于夏家店下层文化中的其他遗存。同时，灰色卷沿高领实足跟鬲及卵形三足瓮又分别表明它和太行山东、西两侧的同时期遗存存在着联系。

（七）之面貌、特征说明它和（六）既存在联系，又有一些重要区别，应视为是由（六）发展起来的另一种考古学文化。蔚县以外，类似的遗存仅见于大厂坨头（HI）④及宁城南山根（采：1，Ⅱ式鬲）⑤等几处，且资料很少，故对它的个性诸方面特征难以做进一步的分析。

（八）与藁城台西早商遗存非常接近。和郑州二里岗上层文化相比，（八）和台西早商遗存一样，缺乏圜底器。同时，它又有不同于二里岗上层及台西早商遗存的，与二里岗上层陶器形似而陶质、陶色、纹饰、制法有别的陶器，但从整体上看，仍当把（八）视为二里岗上层文化范畴。

三

年代基本衔接的这八类遗存，构成了蔚县自仰韶至早商时期的古代文化系列。从目

① 河北省文化处：《正定南杨庄遗址试掘记》，《中原文物》1981 年 1 期。
② 郑州市博物馆：《郑州大河村遗址发掘报告》，《考古学报》1979 年 3 期。
③ 北京大学考古学系发掘资料。
④ 天津市文化局考古发掘队：《河北大厂回族自治县大坨头遗址试掘简报》，《考古》1966 年 1 期。
⑤ 中国科学院考古研究所内蒙古工作队：《宁城南山根遗址发掘报告》，《考古学报》1975 年 1 期。

前对考古文化源流的认识来看，它们并非属于同一谱系。

（八）属于二里岗上层文化范畴，显然，它同（七）不可能存在源流关系。

前面已经说明（五）、（六）属于夏家店下层文化范畴，（七）是由（六）发展起来的另一种考古学文化。可知，（五）、（六）、（七）是同一谱系的遗存。

无论是从陶器的基本组合及其演变关系来看，还是从制作陶器方法的传统观察，都不能认为（四）是（五）的前身。出于同样的理由，也不能把（三）视为（四）的前身。（四）这类遗存虽然以缺乏带把鬲和鋬手鬲的鋬手在鬲身的位置，而区别分布于汾河中、上游流域的同时期遗存，但从它们的基本内涵来看，可将两者归入同一考古学文化，其区别或可视为类型上的差异。汾河中上游考古学研究已探明和（四）同时期的遗存，是从几乎和（二）一样的遗存经过几个阶段而生长出来的。因此，可以把（二）视为（四）的远祖。

同时，陕晋豫地区考古学研究已判明半坡类型是庙底沟类型的前身，并且，包括我在内的考古界同行都认为后岗一期文化和半坡类型是文化性质不同的考古学遗存。因此，不能认为（二）是（一）的发展。

太行山东麓，大清河以南的河北南部和河南省北部的考古研究，虽不能确指大司空类型①是后岗一期文化的后裔，但由于在这后岗一期文化分布的主要地区不见（三）那样的遗存，因此，也无理由把（三）视为是从（二）发展起来的遗存。

这样，可把蔚县考古遗存的年代序列和它们的谱系关系表达如下：

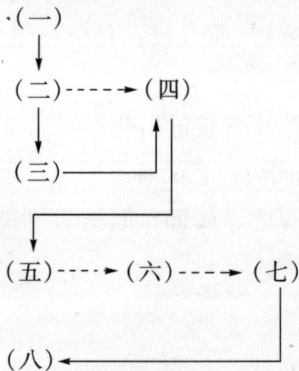

　　　　—→　和　----→　分别表示遗存的年代序列与谱系

蔚县古代遗存的情形，至少反映了桑干河流域的一般情况。

---

①　河北曲阳钓鱼台遗址的那些基本同于庙底沟类型的彩陶，当早于大司空类型。但它所代表的遗存的基本面貌尚不清楚，同时，至今考古学发现说明在大清河以南的河北南部也基本上不见这类彩陶。故目前难以把在钓鱼台见到的以上述彩陶为内涵的遗存，视为河北南部考古文化的发展系列。

可是，蔚县或者是桑干河流域，并非本文所研究的时期的文化中心地区，当为若干文化中心地区之间的接触地带。这里不同谱系的考古文化的更替，是不同考古文化的居民之间对这一地带进行争夺和迁徙的结果，反映了它们的兴衰。

同时，（二）之夹砂素面圆肩罐，（四）之部分陶器呈褐色，（六）之卵形三足瓮及灰色卷沿高领实足跟鬲，（七）之粗把豆，和（八）之与二里岗上层陶器形似而陶质、陶色、纹饰、制法有别的陶器，例如手制褐陶鬲，这些与分布于中心地区的相应考古文化主体的因素不同，当是从作为对子的另一方吸取的营养。不同考古文化的任何形式的接触，必然在它们之间以某种形式导致一些文化因素的相互渗透。这里只是指出文化渗透的极其表面的现象，至于渗透形式以及影响的程度等具体情景，还有待进一步研究。应当指出，文化渗透是一考古文化出现不同地方性变体——类型的原因之一。

在此所探讨的历史时期的桑干河流域见到的现象及其反映的特点，在同期的我国诸历史文化区中自不是孤立的，有其代表性。因此，文化的交往、渗透、传布与迁徙，是广泛存在的事实。研究考古文化关系的任务之一，是在承认这些事实的基础上，对它进行定量、定性的分析，探明原因、发展趋势或方向，以及结局的形式与效果。

此文是应石兴邦先生之邀，为纪念尹达八十诞辰而写的，原刊于《中国原始文化论集——纪念尹达八十诞辰》，文物出版社，1989年。

"河套地区"新石器时代遗存的研究

"河套",一般指的是"河套平原",由宁夏、后套和土默川平原组成。本文中的"河套地区",大体上,东、南以长城为界,西到贺兰山,北到阴山山脉,不仅含有"河套平原"的大部,而且包括黄河弯曲内的鄂尔多斯高原等。就是现今的内蒙古自治区中南部、宁夏回族自治区北部和陕西省北部等地。从自然环境来看,这一地区可以确定为一个相对独立的区域(图一)。

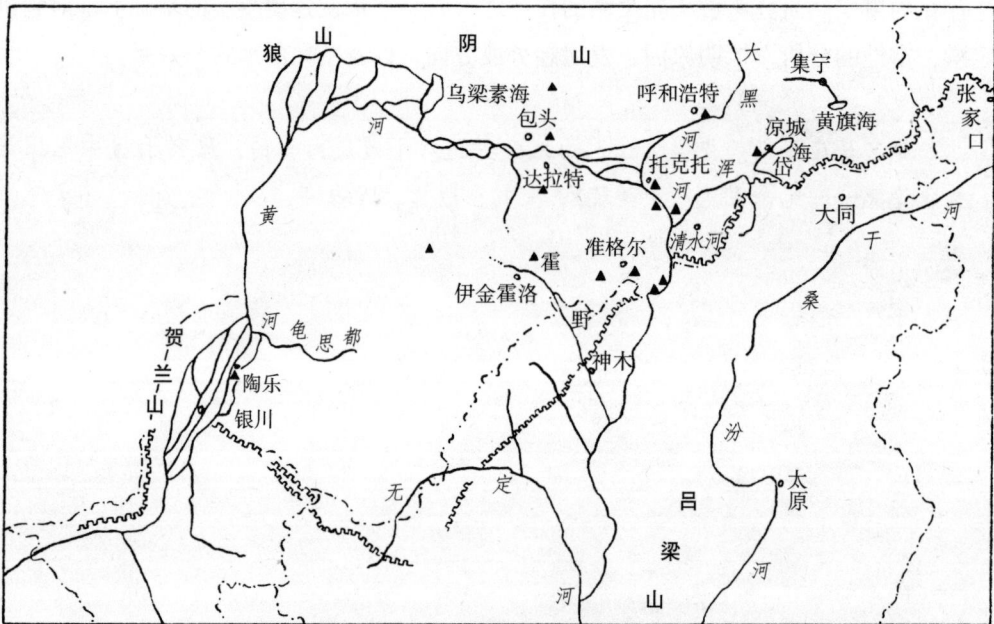

图一 "河套地区"区域图

"河套地区"的新石器时代遗存,最早主要是由外国人发现的①。

40年代,裴文中先生对这一地区的新石器时代遗存做了研究,将它们分别归入

---

① 裴文中:《河套之史前文化》,《中国史前时期之研究》,商务印书馆,1948年。

"彩陶文化"系统和"细石器文化"系统，认为这里存在着这两种文化的"混合文化"①。这一观点对后来的研究有很大的影响②。

60 年代，在对"仰韶文化"和"龙山文化"认识的基础上，对所谓的"混合文化"有了新的认识③。有些学者也开始认识到这一地区考古学文化有中原"仰韶文化所不能包括的独特风格"，并以岔河口、海生不浪两种遗存为代表，对这一地区的"仰韶文化"做了初步的分析④。

70 年代末以来，随着工作的广泛开展，发现了一些新遗存，提出了一些新概念⑤。并对这一地区的"龙山文化"做了初步的分期⑥。

近年来，在大规模考古发掘提供的新资料基础上，许多学者对这一地区新石器时代遗存的编年序列有了较深的认识⑦。目前，在已有的研究成果基础上进行这一地区考古学文化的谱系研究已成为可能。本文试图从对诸遗存的细致分析入手，探讨一下这一地区的新石器时代遗存的谱系问题。

一

"河套地区"新石器时代遗址发现已有数十处，但经过发掘的很少，其中较全面公布材料的只有大口、白泥窑子、阿善、朱开沟、老虎山五处。在这一部分拟从层位学和类型学入手，通过对上述几处遗址的具体分析，并参考其他遗址的材料，力图更客观地建立这一地区新石器时代遗存的编年序列。

（一）遗址的分析

遗址中的各种遗存可能代表不同的考古学文化，也可能代表同一考古学文化的几期遗存。本文为统一起见，暂将遗址中的不同遗存以"组"为单位区别开来。

---

① 裴文中：《河套之史前文化》，《中国史前时期之研究》，商务印书馆，1948 年。
② 李逸友：《清水河县和郡王旗等地发现的新石器时代文化遗址》，《文物参考资料》1957 年 4 期。
③ 汪宇平：《内蒙古清水河县白泥窑子村的新石器时代遗址》，《文物》1961 年 9 期。
④ 内蒙古历史研究所：《内蒙古中南部黄河沿岸新石器时代遗址调查》，《考古》1965 年 10 期。
⑤ A）崔璇：《内蒙古中南部石佛塔等遗址调查》，《内蒙古文物考古》创刊号，1981 年。B）吉发习、马耀圻：《内蒙古准格尔旗大口遗址的调查与试掘》，《考古》1979 年 4 期。C）内蒙古社会科学院蒙古史研究所、包头市文物管理所：《内蒙古包头市阿善遗址发掘简报》，《考古》1984 年 2 期。
⑥ 吉发习：《准格尔旗东部新石器时代遗址调查》，《鄂尔多斯文物考古文集》，1981 年。
⑦ A）崔璇、斯琴：《内蒙古中南部新石器至青铜时代文化初探》（简称《初探》），《中国考古学会第四次年会论文集》，文物出版社，1985 年。B）内蒙古自治区考古学会：《内蒙古西部地区原始文化的编年及相关问题》，《文物》1985 年 5 期。C）田广金：《内蒙古中南部新石器时代文化特征和年代》，《内蒙古文物考古》第 4 期，1986 年。

1. 大口遗址

遗址 1962 年发现后①曾进行了一次试掘②。《报告》将地层堆积分为六层，认为存在着三种文化遗存。

⑥层出有斝、花边口沿罐、斜腹盆等器物，⑤层则出有鬲，形状一般为高领、厚唇、鼓腹、高裆、深袋足、腹部或裆部有鋬手，领以下饰绳纹。⑤层的花边口沿罐形制与⑥层的也相异。说明⑥、⑤层应能分为两组遗存，分别名为⑥、⑤组遗存。

《报告》通过对 T1、2 的④、⑤两层出土陶片所做的陶质、纹饰统计，结合比较所出陶器的形制，认为④、⑤两层分别代表两种遗存，这是正确的。将以④层为代表的遗存名为④组遗存。

遗址中出土的瓮棺葬具主要有三足瓮、甋、高领罐、深腹罐、大口尊等器物，以这些瓮棺葬为代表的遗存明显地与前面提到的各组遗存不同，是一种新的遗存，我们名之为 W 组遗存。这组遗存已被证明，其绝对年代应已进入夏纪年③。当然，如《报告》所说，这组遗存中还保留了一些原始的因素，这或许是说明它刚刚步入夏纪年。而且，这组遗存是可以再分的。总之，W 组遗存的确立使我们对"河套地区"新石器时代遗存的下限有了认识。可以清楚地知道，早于这组遗存的遗存便在我们的研究范围之内；反之，将不再述及。

由于《报告》对这些瓮棺葬的开口层位交代得不清楚，使我们无法弄清它和④层的层位关系。但是，既然《报告》认为这些瓮棺葬具都是日常生活用品，较为常见，就应在遗址中有所发现。而在④层中没有发现 W 组遗存的代表性器物——三足瓮，却在晚于它们的遗存中有较多的发现。所以，如不是材料所限，而确实是在与④层同时的诸遗存中不出三足瓮等的话，则④组遗存年代上应早于 W 组遗存。《报告》在分别介绍大口"一、二期文化"时，将属于"二期文化"的④层遗存中的许多器物放在"一期文化"中描述，大概也是注意到了这一点。所以，我们认为④组遗存早于 W 组遗存。

以开口于②层下的三座土坑竖穴墓为代表的遗存，无疑晚于 W 组遗存，不在研究范围之内。

最后，归纳大口遗址各组遗存的关系如下：⑥组 ◊ ⑤组 ◊ ④组 ◊ W 组（"◊"表示时间上的早晚关系）。

2. 白泥窑子遗址

---

① 内蒙古历史研究所：《内蒙古中南部黄河沿岸新石器时代遗址调查》，《考古》1965 年 10 期（该文中的元卯圪旦即大口遗址）。

② 吉发习、马耀圻：《内蒙古准格尔旗大口遗址的调查与试掘》，《考古》1979 年 4 期。

③ 许伟：《晋中地区西周以前古遗存的编年与谱系》，《文物》1989 年 4 期。

　　遗址 1958 年发现以来曾有过多次调查和发掘①。《纪要》认为该遗址存在五种文化遗存。

　　根据《L 简报》公布的 LT4 南壁、LT9 西壁剖面图和文字叙述可知，L 点存在着如下的叠压或打破关系：

　　②→③→H13→④→G1→⑤；③→H3、F1；F4→③、④、F1；H12→③、④；③→F2→④；④→F5→⑤；M1→③（"→"具有叠压或打破含义。表示层位上的晚与早的关系）。

　　《L 简报》、《纪要》发表了 L 点②、③、④层和 F1、F2、F5、G1、H3、H11、H12和 H13 所出的遗物。

　　《L 简报》认为 G1、④层和 H13 属同一种遗存，实际上三者是可以再分的。它们之间存在着层位早晚关系。G1 和④层虽都出有直口折腹钵和小口双耳瓮，但形制上有差异。直口折腹钵，G1 的口微敞，上腹略内曲（G1:04）；④层的口敞幅度不如前者大，上腹近直（T1④:46）。小口双耳瓮，G1 的泥质红陶，平折沿，施褐色和赭色的彩（G1:17）；④层的虽未发表器物，但知小口双耳瓮还有折侈沿或卷沿的，多泥质灰陶，施彩的很少。故 G1 和④层应能分成两组遗存，分别名为 LG1 组和 L④组遗存。

　　H13 和④层无直接可比较的同类器物，二者间关系需借助与其他遗存的横向比较来确定。

　　准格尔旗张家圪旦遗址出土了一组器物②。其大口瓮（H1:9）与白泥窑子 LH13 所出同类器物（H13:01）形制相近，二遗存年代应相当。其敛口钵（H1:2）与白泥窑子 L④组的（L9A④:08）相比，形制上有差异，前者上腹直，折腹起棱，棱上方有一道凹槽；后者上腹微内曲，折腹处似棱非棱。可以看出，张家圪旦 H1 与白泥窑子 L④组之间是有区别的。因而也可以这样说，白泥窑子 LH13 可以与 L④分开。将以 H13 为代表的遗存名为 LH13 组遗存。

　　结合层位和器物比较，可将 F5、F1 归入 G1 组；H11 归入 H13 组。

　　以 H3 为代表的遗存，篮纹为主体纹饰，风格及器物组合与 L④组遗存迥然不同。其所出折腹罐（H3:6），形制上同于直口折腹钵，上腹曲，口已变直而不敞。可以看

<hr />

① A）内蒙古文物工作队：《内蒙古文物资料选辑》第 45～50 页，内蒙古人民出版社，1964 年。B）洲杰：《内蒙古中南部考古调查》，《考古》1962 年 2 期。C）内蒙古历史研究所：《内蒙古清水河县白泥窑子遗址复查》，《考古》1966 年 3 期。D）崔璇：《白泥窑子考古纪要》（简称《纪要》），《内蒙古文物考古》第 4 期，1986 年。E）崔璇、斯琴：《内蒙古清水河白泥窑子 C、J 点发掘简报》（简称《C、J 简报》），《考古》1988 年 2 期。F）崔璇：《内蒙古清水河白泥窑子 L 点发掘简报》（简称《L 简报》），《考古》1988 年 2 期。

② A）内蒙古自治区考古学会：《内蒙古西部地区原始文化的编年及相关问题》，《文物》1985 年 5 期。B）田广金：《内蒙古中南部新石器时代文化特征和年代》，《内蒙古文物考古》第 4 期，1986 年。

出，由 G1∶04 经 T1④∶46 到 H3∶6，三者之间实际上存在着发展关系。比较④组所出的长颈瓶（T4④∶18）、敛口钵（T9A④∶08）与 H3 所出的敞口高领器（H3∶7）、敛口钵（H3∶1），也可看出由④组到 H3 的发展关系。H3 显然要晚于④组。将以 H3 为代表的遗存名为 LH3 组遗存。

H3 层位上早于③层。③层出附加堆纹加厚口沿的敛口瓮，H3 则不见；二者的侈沿折肩罐也有差别，H3∶4 卷侈沿，T1③∶15 折侈沿，前者沿下角小。二者应能分开。将以③层为代表的遗存名为 L③组遗存。

②层遗存层位上晚于③组遗存，风格及器物组合也不同于以上各组遗存。其内涵复杂，似能分出早晚，因材料所限，现暂划为一组，名为 L②组遗存。从 LT4 南壁剖面图看，H12 似应划入②层，暂归入 L②组。L②组中的许多器物可在早于它的遗存中找到祖型。比较而言，L②组遗存与大口④组遗存相近，年代应相当。

《纪要》公布了 D 点 F6、F7、H1③和 H12 的器物。F6 所出的侈沿折肩罐（F6∶4）、敛口瓮（F6∶1），H1③所出的曲腹盆（H1③∶2）均可在 L③组中找到形制相近的同类器物，可将 F6、H1③归入 L③组。F7 的归属将在后面提到。H12 无疑不会早于大口 W 组遗存，不在本文研究范围之内。

《C、J 简报》发表了 C 点的三个单位的器物，三者都开口于表土层下，之间无叠压或打破关系。从 F3 所出的侈沿折肩罐（F3∶4）、敛口瓮（F3∶3）、高领罐（F3∶1）来看，CF3 处于 LH3 和 L③组之间，接近于 L③组，可单独列为一组，名为 CF3 组遗存。H1 的敛口钵（H1∶1）与 D 点 F7 的（DF7∶5）形制相近。F1 遗存不同于以上各组遗存，可自成一组，名为 CF1 组遗存。其所出器物与东庄村仰韶文化遗存的同类器物形制相近[1]，应年代相当。

依据《C、J 简报》公布的 J 点 T21 东壁剖面图和文字叙述可知，J 点②层还可以分为②a 和②b 两小层。②层所出器物也是可分的。T2、T14、T15、T19 和 T26 的②层所出器物与 CF1 组一样，也均可在东庄村仰韶文化遗存（H104、H115）中找到形制相近的同类器物，因而可将它们归入 CF1 组。T28②所出器物与西王村"仰韶早期遗存"的相近[2]，应年代相当。而因东庄村遗存早于西王村"仰韶早期遗存"[3]，所以 CF1 组应早于 T28②遗存，我们将以 T28②为代表的遗存名为 JT28②组遗存。比较而言，T3②所出

---

① 中国科学院考古研究所山西工作队：《山西芮城东庄村和西王村遗址的发掘》，《考古学报》1973 年 1 期。图一七，3、5；图一八，9；图一九，4、5。

② 中国科学院考古研究所山西工作队：《山西芮城东庄村和西王村遗址的发掘》，《考古学报》1973 年 1 期。图三四，1、15；图三五，1、12、18。

③ 张忠培：《试论东庄村和西王村遗存的文化性质》，《考古》1979 年 1 期。

尖底瓶（T3②:10）处于东庄村 H117:1:1①、T28②:51 尖底瓶之间；T9②所出彩陶盆（T9②:1）也正处于 T15②:28 和 T28②:57 彩陶盆之间。T3②和 T9②为代表的遗存可单独列为一组，名为 JT3②组遗存。

《纪要》还公布了 A 点 F2 和 H4 的器物。F2 的火种炉（F2:08）与 CF1 的（CF1:3）相近，可将 F2 归入 CF1 组。《纪要》认为 AH4 与 DH12 同时，这里不再述及。

过去在白泥窑子遗址采集到的各类器物标本也都基本不出以上这些组的范围。最后归纳白泥窑子遗址各组遗存关系如下：

CF1 组 ◊ JT3②组 ◊ JT28②组；LG1 组 ◊ L④组 ◊ LH13 组 ◊ LH3 组 ◊ CF3 组 ◊ L③组 ◊ L②组。

3. 阿善遗址

遗址 1979 年发现后，曾进行过两次发掘②，并做了复查③。《简报》认为该遗址存在着三期文化遗存。

《简报》发表的房屋、窖穴（灰坑）、墓葬多无明确的层位。我们可资利用的只有②—⑤层的叠压关系，《简报》发表了②、③、④、⑤层的遗物。

从所出遗物看，⑤层只出了一件盖钮（Ⅱ沟1⑤:04），不好与其他单位类比。④、③、②层是可以分开的。敛口钵，④层的（T10④:2）折腹起棱，棱上方有凹槽一道；③层的（T5③:5）折腹无棱；②层的（T7 ㉘:01）软折腹、敛口带唇。从侈沿罐、斜腹碗、曲腹钵、直口折腹钵等的形制变化来看，也可以得出上面的结论。将以④、③、②层为代表的遗存分别名为④、③、②组遗存。

本遗址房屋、窖穴所出器物可通过白泥窑子遗址诸遗存的研究结果来确定其归属。

Ⅱ F2 所出的小口双耳瓮（Ⅱ F2:1）窄沿卷而外侈、素面，与白泥窑子 L④组的形制相近；H121 所出的侈沿鼓腹罐（H121:3）与白泥窑子 LG1 组的（F5:34）相比，侈沿略卷，领部稍许拉长，应晚于后者，而与 L④组的相近；H125 所出的侈沿罐（H125:1）与 L④组的（LT1④:21）形制相近。而阿善④组的大口瓮（T9④:3）、曲腹钵（T20④:4）、敛口钵（T10④:2）均与白泥窑子 LH13 组的同类器物形制相近。可见，以Ⅱ F2、H121、H125 为代表的遗存可以与④组分开，前者年代上早于后者，我们将前者名为 H125 组遗存。

H71 所出单耳罐（H71:1）与白泥窑子 LH3 组的折腹罐（LH3:6）形制相近，只是

① 中国科学院考古研究所山西工作队：《山西芮城东庄村和西王村遗址的发掘》，《考古学报》1973 年 1 期。图二〇，4。
② 内蒙古社会科学院蒙古史研究所、包头市文物管理所：《内蒙古包头市阿善遗址发掘简报》，《考古》1984 年 2 期。
③ 包头市文物管理所：《内蒙古大青山西段新石器时代遗址》，《考古》1986 年 6 期。

多一耳。这种器物与③组的直口折腹钵（T9③：2）形制上也相近，这也说明③组应与
LH3 组年代相当。③组的敛口钵（T5③：5）、侈沿折肩罐（T5③：3）与 LH3 组的同类
器物（H3：1、H3：4）形制相近也证明了这一点。H8、H10 所出高领罐（H8：3、H10：3）
与 LH3 组的同类器物（H8：7）形制相近，可将 H8、H10、H71 归入③组。

F1、H77 所出敛口瓮（F1：01）、曲腹盆（H77：1）与白泥窑子 L③组的同类器物
（LT1③：19、LT5③：21）形制相近。而②组的高领罐（Ⅱ沟1②：9）、器盖（T18A㉘：4）
也与 L③组的同类器物（DF6：5、LT5③：14）形制相近。故可将 F1、F77 归入②组。

H19 所出的侈沿折肩罐（H19：4）、敛口瓮（H19：5）与白泥窑子 CF3 组的同类器
物（CF3：4、F3：3）形制相近，故 H19 应处于③、②组之间，而接近于②组，这从 H19
和②组均出有敛口瓮而③组不见可以看出。将以 H19 为代表的遗存名为 H19 组遗存。
H31 所出直口折腹钵（H31：04、01），口已微敛，折腹起棱，略显凸唇，从形制变化规
律来看，其正处于③组的（T9③：2）和②组的（F1：01）之间，而接近于②组的。可将
H31 归入 H19 组。

③组的敛口钵（T1③：2）与白泥窑子 DF7：5、CH1：1 敛口钵形制相近，而③组与
LH3 组年代相当，故可将 DF7、CH1 归入 LH3 组。

H108、H32 所出宽带纹钵（H108：1）、弦纹罐（H32：2）与后岗一期文化的同类器
物（后岗遗址 H8：1、H2：2）形制相近[1]。说明本遗址存在着一组与后岗一期文化相近
的遗存，我们名之为 H108 组遗存。在②、③、④层中有些器物，如Ⅱ T4②：2 小口瓶、
T4④：1 直口钵、T10④：3 敞口钵、T21④：4 宽带纹钵等，也可在后岗一期文化中找到形
制相近的同类器物[2]。这种现象，《简报》解释是由于"破坏很大"而造成的混乱，应
将这些器物从所在层位挑出来，归入 H108 组。这同时也说明 H108 组要早于④、③、
②组遗存。

在遗址中还发现有几件彩陶盆口沿，从发表的器物图来看，似与白泥窑子 CF1 组
及 JT3②组的同类器物形制相近，故也不排除在本遗址有与 CF1 组或 JT3②组同时的遗
存，因已证明后岗一期文化与半坡文化同时[3]，东庄村遗存晚于半坡文化[4]，而 H108
组、CF1 组分别与后岗一期文化、东庄村遗存同时，因而 H108 组年代上应早于 CF1 组
及与之同时的各组遗存。

---

① 中国科学院考古研究所安阳发掘队：《1971 年安阳后岗发掘简报》，《考古》1972 年 3 期。图三，1、11。
② A）中国社会科学院考古研究所安阳工作队：《安阳后岗新石器时代遗址的发掘》，《考古》1982 年 6 期。
  图一〇，3；图一一，9。B）中国科学院考古研究所安阳发掘队：《1971 年安阳后岗发掘简报》，《考古》
  1972 年 3 期。图三，2。
③ 张忠培、乔梁：《后岗一期文化研究》，《考古学报》1992 年 3 期。
④ 张忠培：《试论东庄村和西王村遗存的文化性质》，《考古》1979 年 1 期。

《初探》一文中也发表了一些阿善遗址出土的器物，根据形制特征，可将它们分别归入④、③、②组遗存。

最后，归纳阿善遗址各组遗存的关系如下：H108 组 ◊ H125 组 ◊ ④组 ◊ ③组 ◊ H19 组 ◊ ②组。

4. 朱开沟遗址

遗址 1974 年发现后，先后进行了四次发掘[1]。《报告》发表的Ⅰ～Ⅵ区的各种遗存的年代已被证明都已进入夏纪年[2]，不在本文研究范围之内。《纪略》发表了Ⅶ区一些单位的器物。

H7008 的大口缸、斜腹钵与白泥窑子 LH3 组、阿善③组的大口缸（BDF7：1）、斜腹碗（BAT3③：01）形制相近，三者应年代相当。将 H7008 为代表的遗存名为 H7008 组遗存。

H7002 敛口瓮、钵形口瓶与白泥窑子 CF3 组、阿善 H19 组的敛口瓮（BCF3：3、BAH19：5）、高领罐（BCF3：1）形制相近，三者应年代相当。将 H7002 为代表的遗存名为 H7002 组遗存。

H7003 的敛口瓮、矮领罐、斜腹盆与白泥窑子 L③组、阿善②组、大口⑥组的敛口瓮（BLT1③：9、BAF1：2）、侈沿折肩罐（BDF6：4、DKT1、2⑥：3）、斜腹盆（DKT1、2⑥：4）形制相近。这些遗存应年代相当。将以 H7003 为代表的遗存名为 H7003 组遗存。

F7004 的夹砂罐与白泥窑子 LG1 组的侈沿鼓腹罐（BLF5：34）形制相近，其彩陶图案也与 LG1 组的相近（BLG1：17），二者应年代相当。将以 F7004 为代表的遗存名为 F7004 组遗存。

比较 H7014、F7004、张家圪旦 H1、H7008 所出尖底瓶底，可以看出有一个由瘦长到肥钝的规律。H7008 的尖底瓶底与西王村 H24：1：1[3] 相近，张家圪旦 H1 的尖底瓶与西王村 H4：3：46[4] 相近，略显肥钝。F7004、H7014 的尖底瓶与张家圪旦 H1 的差别不太显著，这也说明三者年代差距不大，应都不超出半坡四期文化的年限[5]。在白泥窑子遗址曾采集到与半坡四期文化同类器物形制相近的带流红陶小罐是这一推断的有力的佐

① A）内蒙古文物考古研究所：《内蒙古朱开沟遗址》（简称《报告》），《考古学报》1988 年 3 期。B）田广金：《内蒙古伊金霍洛旗朱开沟遗址Ⅶ区考古纪略》（简称《纪略》），《考古》1988 年 6 期。
② 许伟：《晋中地区西周以前古遗存的编年与谱系》，《文物》1989 年 4 期。
③ 中国科学院考古研究所山西工作队：《山西芮城东庄村和西王村遗址的发掘》，《考古学报》1973 年 1 期，图四六，5。
④ 中国科学院考古研究所山西工作队：《山西芮城东庄村和西王村遗址的发掘》，《考古学报》1973 年 1 期，图版贰壹，6。
⑤ 张忠培：《试论东庄村和西王村遗存的文化性质》，《考古》1979 年 1 期。西王村 H4 遗存是半坡四期文化中年代较晚者。

证[①]。

H7014 的夹砂罐与 F7004 的形制上有差异。H7014 的大口罐口沿呈铁轨式，接近庙底沟文化的同类器物口沿。这也说明 H7014 的年代应稍早。将以 H7014 为代表的遗存名为 H7014 组遗存。

最后，归纳朱开沟遗址Ⅶ区各组遗存关系如下：H7014 组 ◊ F7004 组 ◊ H7008 组 ◊ H7002 组 ◊ H7003 组。

5. 老虎山遗址

遗址 1980 年发现后，曾进行了两次发掘[②]。《简报》将该遗址的遗存分为两期。

根据《简报》公布的 T401、T403 西壁剖面图和文字叙述可知，老虎山遗址有如下的叠压或打破关系：

②→H7→③→F41→④→H6→⑤；③→F6→④；②→F52→③。

《简报》发表了②、③、④层和 F6 的器物。

④层所出的斝（T310④：6）三足分得较远，尖底，其底部制法与尖底瓶的底部制法相同，当是受后者影响而产生的；③层的斝（T103③：5），三足离得较近，底部圆缓。二者应能分出早晚。③、④层的豆也有区别。将以③、④层为代表的遗存分别名为③、④组遗存。

F7 所出直壁缸（F7：1）与③组的同类器物（T103③：1）形制相近；Y3 所出单把罐（Y3：2）与③组的单把罐形斝（T105③：5）的上部形制相近，F27 所出的圆腹罐（F27：6）也与单把罐形斝上部的罐形制相近，故可将 F7、Y3、F27 归入③组。F21、F26 所出的圆腹罐、花边口沿罐与 F27 的斝（F27：1）的上部、花边口沿罐（F27：3）形制相近，将 F21、F26 也归入③组。

③组所出的斝（T103③：5）与大口⑥组的同类器物（T1、2⑥：1：2）形制相近，而大口⑥组的斜腹盆、花边口沿罐又与④组所出的同类器物形制相近。说明大口⑥组是可以再分的，分别与③、④组同时。

②层只出一件斜腹盆，与④层所出的有别，又无其他器物可与④组、③组比较，不便归入任何一组遗存中。

F6 层位上早于③层，晚于④层，所出双耳素面罐（F6：4）不见于③、④层，具有自身特征，将以 F6 为代表的遗存名为 F6 组遗存。F6 组年代上应早于③组、晚于④组。F1 所出双耳素面罐（F1：4）同于 F6 的，可将 F1 归入 F6 组。F2 所出曲腹盆（F2：3）

①　汪宇平：《内蒙古清水河县白泥窑子村的新石器时代遗址》，《文物》1961 年 9 期，封二，图 6。

②　田广金：《凉城县老虎山遗址 1982～1983 年发掘简报》（简称《简报》），《内蒙古文物考古》第 4 期，1986 年。

与河北省张家口市贾家营遗址 H3 所出同类器物形制相近，而 H3 的双耳素面罐与 F6 所出的形制相近①。故可将 F2 归入 F6 组。F6∶3 曲腹盆，口外侈，与 F2∶3 有些差别，说明 F6 组是可以再分的。

最后，归纳老虎山遗址各组遗存的关系如下：④组 ◊ F6 组 ◊ ③组。

（二）遗存的编年

前面我们已确定了"河套地区"新石器时代遗存的下限。目前，这一地区发现最早的新石器时代遗存是阿善 H108 组及与之同时的各组遗存②。其他遗存基本上不出由阿善 H108 组到大口 W 组这个范围。上述五个遗址地域上在这一地区很有代表性，将这些遗址的各组遗存按年代对应起来，则可以得出本地区新石器时代遗存的编年序列。

表一　　　　　　　　　　　五遗址各组遗存年代对应关系表

遗存段 ＼ 遗址	大口	白泥窑子	阿善	朱开沟	老虎山
1			H108 组		
2		CF1 组			
3		JT3②组			
4		JT28②组			
5				H7014 组	
6		LG1 组		F7004 组	
7		L④组	H125 组		
8		LH13 组	④组		
9		LH3 组	③组	H7008 组	
10		CF3 组	H19 组	H7002 组	
11	⑥组	L③组	②组	H7003 组	④组
12					F6 组
13	⑥组				③组
14	⑤组				
15	④组	L②组			

---

① 陶宗冶：《河北张家口市考古调查简报》，《考古与文物》1985 年 6 期。
② 《内蒙古西部地区原始文化座谈会发言辑录》，《内蒙古文物考古》第 4 期，1986 年。刘观民先生认为贺兰山脚下可能有早的遗存。

这 15 段又可归纳为以下七期：

一期：包括 1 段。与后岗一期文化年代相当。

二期：包括 2 段。与东庄村遗存年代相当。

三期：包括 3、4 段。与庙底沟文化年代相当①。

四期：包括 5、6、7、8 段。与半坡四期文化年代相当。

五期：包括 9 段。与西王Ⅲ期文化年代相当②。

六期：包括 10、11、12、13 段。白泥窑子 CF3 组、阿善 H19 组、朱开沟 H7002 组虽年代上分别早于白泥窑子 L③组、阿善②组、朱开沟 H7003 组，但各对遗存之间器物组合相同，只是形制上略有差异，当是同一种遗存中的早晚之别，故归在同一期中。老虎山④、③组只出斝，没有鬲，尖底瓶已消失，其风格被尖底斝取代。目前，许多材料已证明，无尖底瓶、无鬲，只有斝的这类遗存是龙山时代早期遗存，空足三足器的出现作为龙山时代开始的标志。且白泥窑子 L③组、阿善②组所出的高领罐、器盖与庙底沟遗址 H562 所出的同类器物形制相近③。这期诸组遗存的年代当都不超出庙底沟二期文化的年限。老虎山③组斝的形制已接近于鬲，这组遗存当是龙山时代早期遗存中的较晚者。

七期：包括 14、15 段。本期的突出标志是鬲的出现，应能与龙山时代早期遗存分开，属于龙山时代晚期遗存。

二

谱系一词原表述诸考古学文化的继承关系。本文还用来表述诸遗存的发展关系。因为：1）由于材料的限制，有些遗存的面貌尚未全部弄清，还不好将其归入到某一个考古学文化中；有些遗存，面貌上呈"过渡"状态，也不便归入到某一考古学文化中。2）遗存与考古学文化的内涵不一样，一组遗存可能就代表一个考古学文化，也可能只是一个考古学文化的一部分。如能弄清诸遗存的发展关系，就可以由小到大，逐渐明晰诸考古学文化的谱系。

下面，我们遵循谱系分析法而进行的"河套地区"新石器时代遗存的谱系研究，就是通过进行类型学的比较研究，分析出遗存中的各种因素，明确其主流，确定遗存的

---

① 中国科学院考古研究所山西工作队：《山西芮城东庄村和西王村遗址的发掘》，《考古学报》1973 年 1 期。西王村"仰韶早期遗存"属于庙底沟文化。

② 张忠培：《试论东庄村和西王村遗存的文化性质》，《考古》1979 年 1 期。朱开沟 H7008 组遗存与西王村 H24 遗存相近，而后者属于西王Ⅲ期文化。

③ 中国科学院考古研究所：《庙底沟与三里桥》，科学出版社，1959 年，图四七：图版陆陆，2。

谱系①。

以阿善 H108 组为代表的本地区一期 1 段的遗存在准格尔旗②、固阳县③、岱海附近④也有发现。

这组遗存含有两种因素：一是以后岗一期文化的标志物之———小口瓶和黑或红彩的宽带纹钵、彩陶罐等为代表；二是以饰绳纹的红陶罐、大口尖底器等为代表，是半坡文化的因素。半坡文化中也有黑彩宽带纹钵。这两种因素共存，构成一新的遗存。遗存中不见半坡文化的标志物——小口尖底瓶。故这组遗存的主流因素应是后岗一期文化的。遗存中也不见后岗一期文化的另一标志物——鼎，说明它与后岗一期文化中心区的遗存有差异，有后岗一期文化的地方变体。

以白泥窑子 CF1 组为代表的本地区二期 2 段的遗存在清水河县⑤、杭锦旗⑥也有发现。

这组遗存含有这样几种因素：一是以黑彩宽带纹钵、绳纹夹砂罐、大口瓮等为代表，是半坡文化的因素；二是以瘦长的小口尖底瓶，口沿已近铁轨式的夹砂罐等为代表，是庙底沟文化的因素；三是小口尖底瓶的口部借用了后岗一期文化小口瓶的口部，这从阿善 Ⅱ T4②:2 到白泥窑子 CF1:2、CF1:1 的变化可以看出，表现为后岗一期文化的因素；四是以火种炉等为代表的因素，这在半坡文化不见，后岗一期文化、庙底沟文化也只见灶，不见火种炉，这个因素的源尚不清楚。这组遗存以前两种因素为主流，表明它与东庄村遗存一样，是由半坡文化向庙底沟文化过渡的遗存。当然也有其地方特点。可以看出，在上一阶段占主流的后岗一期文化因素在这一段只有少量的反映，其谱系无法延续下去。

以白泥窑子 JT3②组和 JT28②组为代表的本地区三期 3、4 段的遗存在清水河县⑦，岱海附近⑧，包头地区⑨，宁夏回族自治区中、北部⑩也有发现。

这两组遗存均以重唇口尖底瓶、饰弧线三角纹的彩陶盆等为代表，都是庙底沟文化因素占主流，但与中原的庙底沟文化相比较，这里缺少釜、灶、鼎，细石器有一定比

---

① 张忠培：《研究考古学文化需要探索的几个问题》，《文物与考古论集》，文物出版社，1986 年。

② 斯琴：《准格尔旗窑子梁仰韶文化遗址》，《内蒙古文物考古》创刊号，1981 年。其他遗址见鄂尔多斯出土文物展览。

③ 包头市文物管理所：《内蒙古大青山西段新石器时代遗址》，《考古》1986 年 6 期。

④ 乌盟文物站凉城文物普查队：《内蒙古凉城县岱海周围古遗址调查》，《考古》1989 年 2 期。

⑤ 内蒙古历史研究所：《内蒙古中南部黄河沿岸新石器时代遗址调查》，《考古》1965 年 10 期。

⑥ 杭锦旗四十里梁遗址的遗物见于鄂尔多斯出土文物展览。

⑦ 内蒙古历史研究所：《内蒙古中南部黄河沿岸新石器时代遗址调查》，《考古》1965 年 10 期。

⑧ 乌盟文物站凉城文物普查队：《内蒙古凉城县岱海周围古遗址调查》，《考古》1989 年 2 期。

⑨ 崔璇：《包头市西园新石器时代遗址》，《中国考古学年鉴（1986）》，文物出版社，1988 年。

⑩ 宁夏回族自治区博物馆考古组：《宁夏三十年文物考古工作概况》，《文物考古工作三十年》，文物出版社，1979 年。

重，表现出一定的地方特点。无论是从尖底瓶、彩陶盆、大口瓮等器物的变化，还是从彩陶图案的演变，都可以看出由 CF1 组到 JT3②组、JT28②组的发展过程，说明它们是同一谱系。

本地区第四期以朱开沟 F7004 组为代表的遗存，从小口尖底瓶、大口瓮、侈沿绳纹鼓腹罐等器物的演变来看，无疑是从第三期的白泥窑子 JT28②组为代表的遗存经朱开沟 H7014 组遗存发展来的，当是庙底沟文化的后继者。但它与庙底沟文化的直接后继者——半坡四期文化又存在着差异，应是半坡四期文化的地方变体。从第四期开始出现了其源尚不清楚的以小口双耳瓮为标志物的一种文化因素，它与半坡四期文化地方变体的直接因素（侈沿绳纹鼓腹罐、大口瓮）、大司空文化因素（饰彩的直口折腹钵）[①]、马家窑文化系统的因素（繁缛的彩陶）相交融，逐渐形成了一种不同于它周围各种文化遗存的文化遗存，以白泥窑子 LG1 组遗存为代表。以白泥窑子 L④组为代表的遗存，显然是由 LG1 组遗存发展来的，二者属同一谱系。这说明这种新的文化遗存有一段发展时间，目前看来至少可以分成两期（以白泥窑子 LH13 组为代表的遗存，其面貌尚不清楚。但因已证明 LH13 组年代上与 L④组接近，故也将 LH13 组归入四期中）。从器物组合来看，阿善 H125 组遗存无疑也属于这一新的文化遗存（阿善④组遗存性质同于白泥窑子 LH13 组遗存）。目前所知，这一文化遗存有一定的分布范围，东抵黄旗海附近[②]、西达宁夏回族自治区东北部[③]、南至河曲地带[④]、北到包头地区。随着新的发现，一定会有地方类型的认识和建立。这一文化遗存符合考古学文化的命名条件，我们将它命名为"海生不浪文化"[⑤]。

以张家圪旦 H1 组为代表的遗存，出有篮纹喇叭口尖底瓶、饰有两个鸡冠耳的线纹夹砂罐、大口瓮、敛口钵等器物，显然是由朱开沟 F7004 组遗存发展来的，也是半坡四期文化的地方变体。同时也说明，这一地区的半坡四期文化是可以分期的。

目前看来，半坡四期文化因素北可抵黄河南岸（达拉特旗瓦窑遗址）[⑥]，东界不清

①　陈冰白：《略论"大司空类型"》，《青果集——庆祝吉林大学考古专业成立二十周年考古论文集》，知识出版社，1993 年。
②　魏坚：《察右前期庙底沟新石器时代墓地》，《中国考古学年鉴（1986）》，文物出版社，1988 年。
③　钟侃：《宁夏陶乐县细石器遗址调查》，《考古》1964 年 5 期。高仁镇遗址存在着两组遗存：一组是以小口长颈罐、颈部饰附加堆纹的罐、折腹钵为主的遗存，彩陶为棕红彩和黑彩单用的与阿善 H125 组遗存一样。二组是以鬲等为代表的遗存，文中提到的压印纹、几何刻纹大概都是此组遗存中的纹饰，其年代大概在龙山时代末期或更晚。
④　苏秉琦：《燕山南北、长城地带考古工作的新进展》，《内蒙古文物考古》第 4 期，1986 年。该文中将内蒙古中南部黄河东西两侧地带称为"河曲地带"。
⑤　海生不浪遗址这一时期的遗存，内涵丰富，有代表性，且发现的较早。
⑥　汪宇平：《内蒙古伊盟达拉特旗瓦窑村的新石器时代遗址》，《考古》1963 年 1 期。

楚①。

本地区五期 9 段的以朱开沟 H7008 组为代表的遗存，从尖底瓶等因素来看，显然是从上期张家圪旦 H1 组遗存发展来的。大口缸、斜腹盆是新生的因素。大口缸应是由大口瓮演变来的，其形制及口、颈部饰几道附加堆纹的风格与西王Ⅲ期文化的同类器物相像。这组遗存应是西王Ⅲ期文化的地方变体。其单耳罐等因素可能是受其西方的文化的影响②。

同属本地区五期 9 段的以白泥窑子 LH3 组、阿善③组为代表的遗存，都以侈沿折肩罐、高领罐、折腹钵、直口折腹钵、小口高领瓮等为其代表性器物，应视为同一文化遗存，显然是承继了上期海生不浪文化发展而来的。侈沿折肩罐、小口高领瓮是吸收了侈沿鼓腹罐、小口双耳瓮及其他器物的部分因素演变而来的。这一文化遗存分布范围较广，因而也表现出一定的地域性。一是以白泥窑子 LH3 组遗存为代表，多分布在河曲地带；一是以阿善③组遗存为代表，多分布在阴山南麓山前的高台地上。后者以饰连点刺纹的直口折腹钵为其特色，带纽罐也是其新因素，细石器和骨角器的比重较大。单耳器则应是外来的因素。

准格尔旗石佛塔遗址也有这一阶段的遗存③。其遗物均系采集，内涵复杂。既有朱开沟 H7008 组遗存的尖底瓶、大口缸、斜腹盆等因素，也有白泥窑子 LH3 组、阿善③组遗存的侈沿折肩罐、敛口钵、带纽罐等因素，是两种文化遗存交融的结果，谱系不好确定。

敛口瓮是在本地区六期中新产生的器物，它应是融合了侈沿折肩罐和大口缸的因素而成。从白泥窑子 L③组、阿善②组遗存的器物组合、形制变化来看，显然是由上期的白泥窑子 LH3 组、阿善③组遗存发展而来的。白泥窑子 CF3 组和阿善 H19 组遗存是它们之间的过渡遗存，从组合上看，更接近于 L③组和②组遗存。总体看来，L③组、②组遗存与 LH3 组、③组遗存应属于同一文化遗存。这也说明这一文化遗存至少可以分为两期。一期以 LH3 组和③组遗存为代表；二期又可分二段，二期一段以 CF3 组和 H19 组遗存为代表，二期二段以 L③组和②组遗存为代表。这一文化遗存的第二期也有地域性，区别的特征和分布地点与第一期相同。这一文化遗存符合考古学文化的命名条件，我们将它命名为"阿善文化"④。

---

① 崔璇：《内蒙古清水河白泥窑子 L 点发掘简报》，《考古》1988 年 2 期。F1 白泥窑子遗址 L 点④层的长颈瓶形态上似尖底瓶，但未见底，不知全貌。

② 内蒙古中南部主要是流行双耳器，单耳器则在甘、宁一带较流行。

③ 崔璇：《内蒙古中南部石佛塔等遗址调查》，《内蒙古文物考古》创刊号，1981 年。

④ 阿善遗址这一时期的遗存较单纯，也很丰富。本遗址的其他遗存已分别归入后岗一期文化和海生不浪文化等（或者还有庙底沟文化）。

以老虎山④、③组和大口⑥组为代表的遗存，都以斝、小口高领瓮、花边口沿罐等为其代表性器物。老虎山③组无疑是由④组发展来的，属同一谱系。说明老虎山遗存至少可以分成两期。从组合上看，大口⑥组遗存的内涵也不超出这两期。一期的钵显然是受了尖底瓶的部分影响而产生的，表现为朱开沟 H7008 组遗存的因素；小口高领瓮、花边口沿罐等器物无疑是阿善文化的因素，花边口沿罐应主要是吸收了侈沿折肩罐的影响而产生的；豆的因素则可能是外来的。二期除继承了一期的主流因素外，还有这样两种因素：一是以单把罐形钵为代表的因素，应来自渭水流域的影响①；二是以通身饰附加堆纹（俗称五花大绑式）的带鋬斝、直壁缸为代表的因素，可能是中原或晋中方面的因素②。

以朱开沟 H7003 组、H7002 组为代表的遗存，总体上是阿善文化因素占主流，但也吸收了朱开沟 H7008 组遗存的因素，如斜腹盆等。可视为阿善文化的地方变体。

老虎山 F6 组遗存以素面双耳红陶罐为代表，这组遗存在岱海附近发现较多③，河北省张家口地区也有发现。是否是本地因素尚不得知。

本地区七期是以鬲的出现为标志的龙山时代晚期遗存。这期遗存共性较强，大多以鬲、小口高领瓮、敛口瓮、大口瓮、豆等为其代表性器物，从这些器物的形制演变来看，它应是继承了老虎山遗存和阿善文化的因素发展起来的一种新的文化遗存。这一遗存的鬲有两种：一是单把罐形鬲④，显然是由老虎山遗存中的单把罐形斝发展来的，渭水流域的客省庄二期文化便是以单把罐形鬲为其晚期的主要器物⑤。二是带鋬罐形鬲，显然是由老虎山遗存中的带鋬罐形斝发展来的，晋中地区多见带鋬罐形鬲⑥。本地区的带鋬罐形鬲有分期的可能：一是以准格尔旗的大庙圪旦 H1：1 为代表⑦，一是以陕西省神木县石峁 H1：10 为代表⑧。前者形态上接近老虎山遗存的带鋬罐形斝，而与山西省忻州市游邀 H348：1⑨ 相近；后者则与游邀 H291：2⑩ 相近。借鉴游邀遗址中遗存的研究成果⑪，可知大庙圪旦 H1：1 当早于石峁 H1：10。从所出器物来看，大庙圪旦 H1 和石峁

①　中国科学院考古研究所：《沣西发掘报告》，文物出版社，1962 年。客省庄二期文化早期以单把罐形斝为主要器物。

②　中原和晋中地区同期流行附加堆纹和带鋬器。

③　乌盟文物站凉城文物普查队：《内蒙古凉城县岱海周围古遗址调查》，《考古》1989 年 2 期。

④　戴应新：《陕西神木县石峁龙山文化遗址调查》，《考古》1977 年 3 期，图版壹，3。

⑤　中国科学院考古研究所：《沣西发掘报告》，文物出版社，1962 年。

⑥　许伟：《晋中地区西周以前古遗存的编年与谱系》，《文物》1989 年 4 期。

⑦　田广金：《内蒙古中南部新石器时代文化特征和年代》，《内蒙古文物考古》第 4 期，1986 年，图一，36。

⑧　西安半坡博物馆：《陕西神木石峁遗址调查试掘简报》，《史前研究》1983 年 2 期，图六，3。

⑨　忻州考古队：《山西忻州市游邀遗址发掘简报》，《考古》1989 年 4 期，图四，1。

⑩　忻州考古队：《山西忻州市游邀遗址发掘简报》，《考古》1989 年 4 期，图四，2。

⑪　忻州考古队：《山西忻州市游邀遗址发掘简报》，《考古》1989 年 4 期。

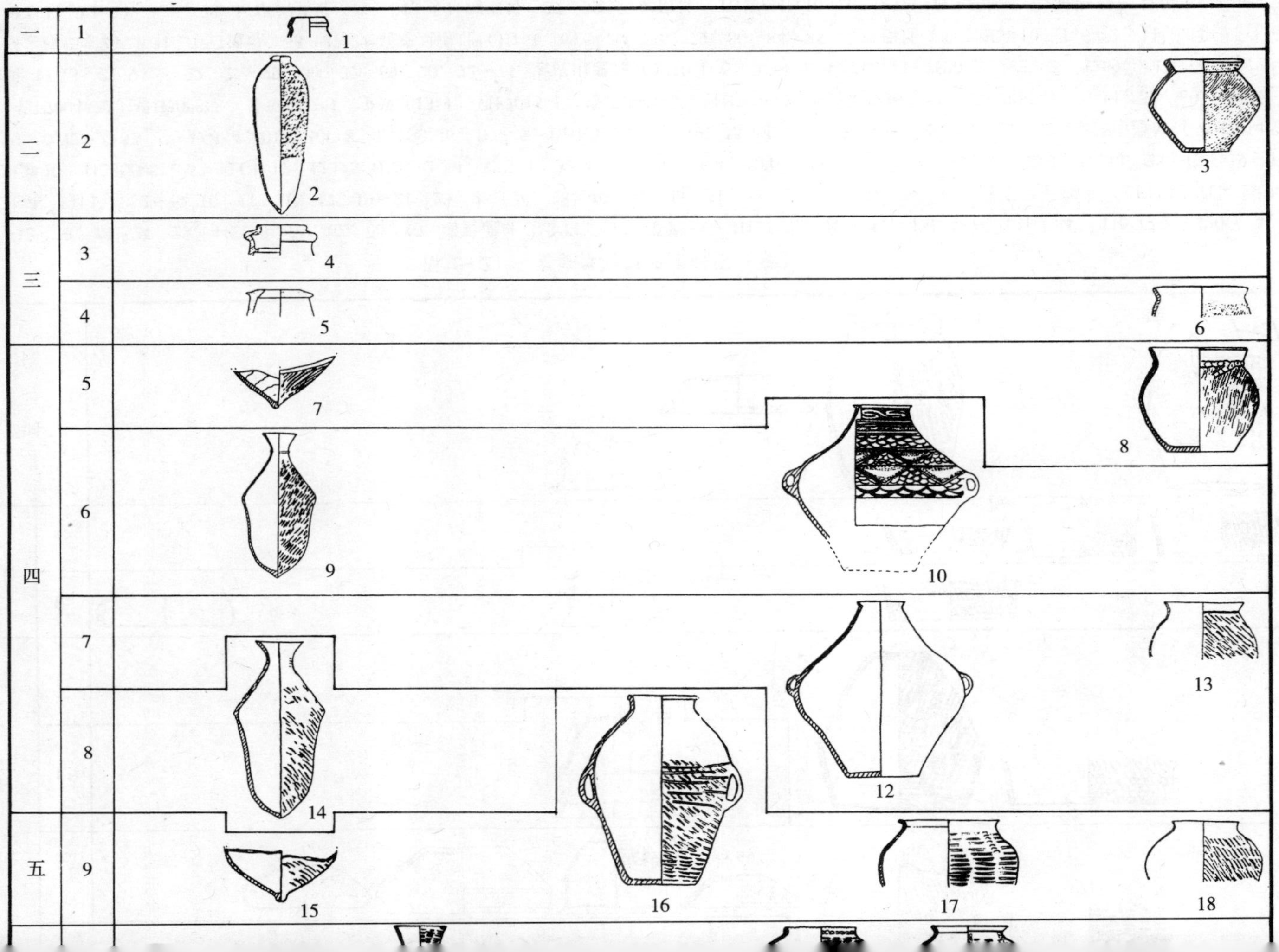

一
二
三
四
五
1
2
3
4
5
6
7
8
9
1
2
3
4
5
6
7
8
9
10
12
13
14
15
16
17
18

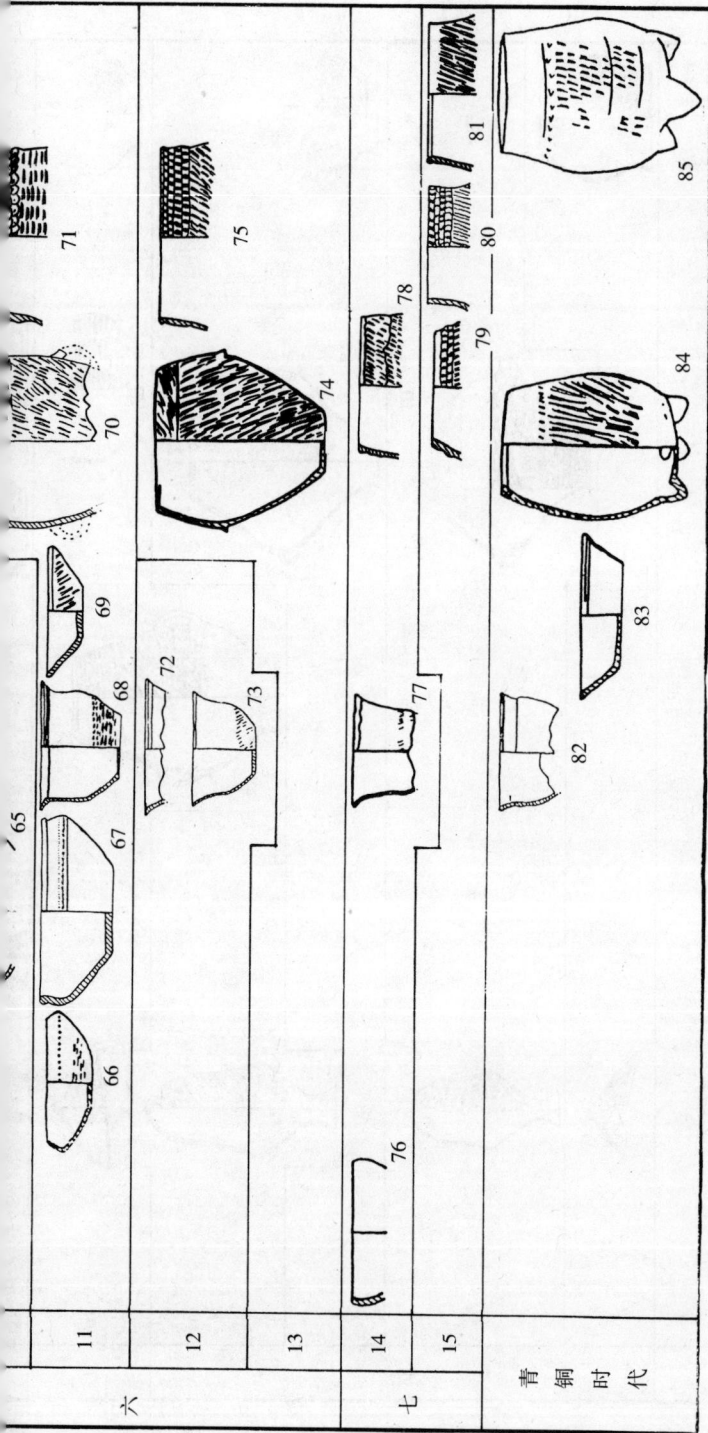

图二（2）　主要器物演变序列图（续）

1、12、13、18、24、28、44、58、61、62、65、67. 阿善遗址（ⅢT4②：2，ⅡF2：1，H121：3，H10：5，T3B⑩：6，T21④：4，T10④：2，T20④：4，H31：4，F1：1）　2~6、10、11、16、17、19~21、23、25、26、38、40、41、45~51、53、54、56、57、66、68. 白泥窑子遗址（CF1：1，JT14②：24，JT3②：10，JT28②：51、53、LG1：17，LF1：5、HL3、2、4、CF3：1、3、4、DF6：5、1、4，LT1②：18，LT2②：16、13，JT2②：3，JT15②：28，CF1：19，JT9②：1，0JT28②：57、7，LG1：4，0LT9A④：8，LT1④：46，DF7：5，DH1③：2）　7~9、15、42、43、52、55、63、64、82、83. 朱开沟遗址（Ⅷ7014：7，5、ⅦF7004：20，ⅧH70⑥8：8，ⅡW2002：1，ⅡW2013：1，ⅦF7015：1，ⅦF7008：7、6，ⅡH2057：1）　14、59、60. 张家圪旦遗址（H13、2、9）　22、27、29、30、32、69、70、72~74. 老虎山遗址（T310④：6，T306④：4，T306④：1，T306④：23，F6：4，F2：3、2）　31. 串刀遗址　33、37. 大庙圪旦遗址（H1：1、6）　34、76、79、80、84、85. 大口遗址（F27：3，T209④：1，F20：2，F27：2，T1、2⑤：10，T4⑤：2，T1、2④：?，T3④：5、F1：1，W1：2）　35、81. 大沙湾遗址　36、81. 房塔沟遗址　37、39. 石峁遗址（TG1③H1：10，W1：2）　71. 荒地窑子遗址　75. 敖包沟门遗址

图二（1）　主要器物演变序列图

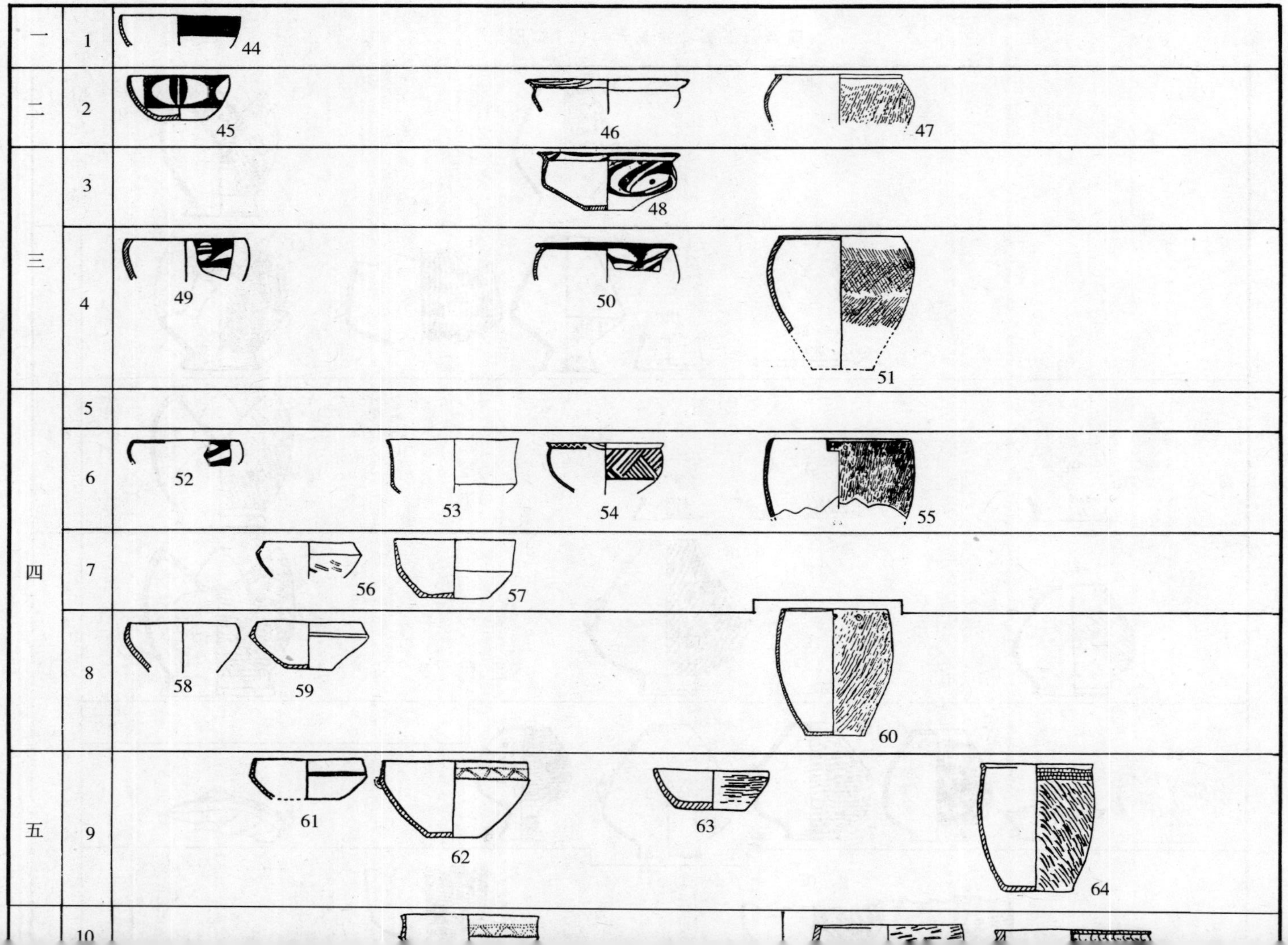

一
二
三
四
五
1
2
3
4
5
6
7
8
9
10
44
45
46
47
48
49
50
51
52
53
54
55
56
57
58
59
60
61
62
63
64

H1 当分别与大口⑤组和④组遗存相当。白泥窑子 L②组遗存中的部分因素可能与大庙圪旦 H1 和大口⑤组遗存同时。

本期中的这样一种因素也应引起注意：在附加堆纹逐步减少的情况下，有一批器物，主要是大口瓮、大口缸的口部又流行饰以附加堆纹，这些器物的表面多饰绳纹，饰篮纹的很少。此外，三角划纹同压印纹相配组成图案的现象也应引起注意，这种纹样在青铜时代遗存中发现的较多。

本期中单把器的因素又有所增多。

大口④组、白泥窑子 L②组遗存发展下去便是大口 W 组遗存。三足瓮是大口瓮、大口缸加三小斝足演变而来的。

以上诸遗存的谱系可用图表表示如下（表二），主要器物演变序列图（图二）可帮助我们认识这些遗存的关系。由此，本地区诸考古学文化的谱系已基本清楚。

表二 　　　　　　　　　　　　诸遗存的谱系示意表

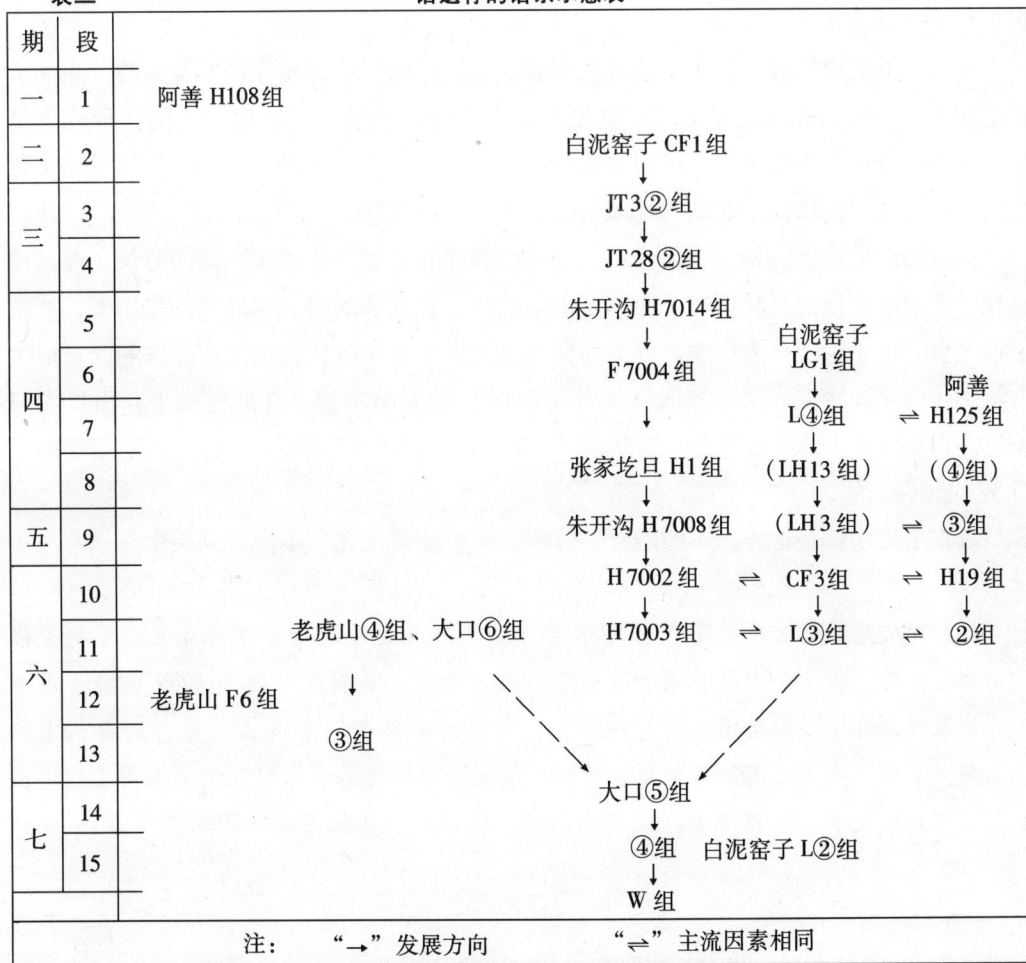

期	段	
一	1	阿善 H108组
二	2	白泥窑子 CF1组 ↓
三	3	JT3②组 ↓
三	4	JT28②组
四	5	朱开沟 H7014组 ↓
四	6	F7004组　　　　白泥窑子 LG1组
四	7	↓　　　L④组　⇌ 阿善 H125组
四	8	张家圪旦 H1组　（LH13组）　（④组） ↓ ↓ ↓
五	9	朱开沟 H7008组　（LH3组）⇌ ③组 ↓ ↓ ↓
六	10	H7002组 ⇌ CF3组 ⇌ H19组 ↓ ↓ ↓
六	11	老虎山④组、大口⑥组　　H7003组 ⇌ L③组 ⇌ ②组
六	12	老虎山 F6组　　↓
六	13	③组
七	14	大口⑤组 ↓
七	15	④组　白泥窑子 L②组 ↓ W 组
注：　"→"发展方向　　　"⇌"主流因素相同		

三

阴山山脉是黄河流域与北方草原地区的接触地带，"河套地区"在其南面，是黄河流域的北缘。因而，这一地区的考古学文化必然或多或少地受到北方草原地区考古学文化的影响，存在一些"北方"的因素。

黄河流域存在着两个亲族文化区，一是以渭河流域为中心的考古学文化系列群，一是以泰沂为中心的考古学文化系列群①。"河套地区"位于黄河中游，正处于这两个文化区的接触地带。无疑在这里的遗存中会反映出这两个文化系列群互相作用的结果。

相当于本文一期时，泰沂方面的后岗一期文化的势力控制这一地区，并与渭河方面的半坡文化有个接触过程。而随着半坡文化及其后继者——庙底沟文化的强大，后岗一期文化的势力被挤出了这个地区。目前所知，庙底沟文化的势力一直达到阴山脚下，控制了整个"河套地区"。

相当于本文四期时，海生不浪文化崛起。它是吸收了西面马家窑文化系统，东面大司空文化，南面半坡四期文化，甚至北方草原文化的因素，在本地产生的一种地方文化。这一文化及其后继者——阿善文化与半坡四期文化及其后继者——西王村Ⅲ期文化之间相互侵蚀、抗衡，所控制的地域也有彼消此长的变化。

岱海附近地势低，是古今之通道，文化交流便利。相当于本文六期的时候，在这里出现了多谱系文化因素交织在一起的老虎山遗存。在它和阿善文化的共同作用下，产生了以大口⑤、④组遗存为代表，以鬲为标志物的本地龙山时代晚期遗存。这期间，诸考古学文化的交流增多，受各方面（尤其是西面）的影响增强。在此基础上，由以大口④组、白泥窑子L②组为代表的遗存发展为以三足瓮为标志物的年代已进入夏纪年的大口Ⅳ组遗存。

考古学文化就是这样，不断融合、分解，产生新的文化，走向更高层次。

　　本文是我指导关强同志于1988年4月写成的硕士研究生学位论文。后由关强做了一些文字上的修改并增加了成稿后新发表的一些材料。我于1989年陷于困境的时候，陈振裕同志出于对我的支持，邀我写稿参与庆祝《江汉考古》创刊十周年，当时手头无成稿，又难写出新稿，便同关强同志商量，以我们俩人的名义送出此文，以祝贺《江汉考古》创刊十周年。原刊于《江汉考古》1990年1期。

---

① 张忠培：《编后记》，《中国北方考古文集》，文物出版社，1986年。

关于山西西周以前时期
考古学的几点认识

——1993 年在"山西省考古学会第三届
学术讨论会"大会上的发言

感谢山西省考古学会和杨富斗先生邀请我参加这个会议，并要我在这个大会上发言。讲什么呢？

在进入专题之前，先简单地回顾一下个人和山西考古工作的关系。60 年代初，参观过几处考古发掘工地和山西省博物馆藏品，给我留下了很深的印象。1979 年，国家文物局和吉林大学合办了一个田野考古进修班。在班主任黄景略倡议下，得到张颔、王建及彭诚诸位所长的大力支持。1980 年，黄景略、王克林和我开始共同主持了田野考古进修班在太谷白燕遗址发掘的田野考古实习工作。1981 年，这项工作改由国家文物局、吉林大学及山西省考古研究所合作，并以后来称之为晋中考古队的名义进行。白燕遗址发掘工作基本结束之后的 1982 至 1983 年，在娄烦、汾阳、孝义、离石及柳林进行广泛的调查、试掘和小规模的发掘工作。随后转入系统的整理及编写报告的工作。1987 年，在王克林、陶正刚及刘永生的支持下，吉林大学和山西省考古研究所及忻州地区文物管理处合组忻州考古队，对忻州市游邀遗址进行了大规模的发掘。这个工作于 1989 年结束并转入整理资料及编写报告。由于参加这些工作的主要成员，都是吉林大学的一些教师，因此，整理资料及编写报告的具体组织工作，自然落在当时负责吉林大学考古专业的我身上。

上述几项工作，至今除发表了简报外，仍没有一本报告公之于世。而且，还得说明，除写成《晋中考古》外，《游邀遗址》及《白燕遗址》还只是个初稿。我对这个现状是负有责任的，深深地感到愧对了那些支持或参与了这些工作的朋友们。这是我参加这次会议的一种强烈的心情。它迫使我不能不讲出来。同时，作为一个主要负债者，也得借此机会声明，我决心在今后两三年内还清这笔债。

与会的朋友，要我讲一讲山西考古学的问题。从学习考古以后，山西是我最早来到的地方。早在 1954 年春，宿白先生就带领我们北京大学考古专业 52 级学生到云冈实习。自 1980 年参与了考古工作，一直得到省内考古同仁的关怀与帮助。至今，我还是山西考古界的一员，因为我参与主持的考古发掘报告还没有写完。这样，觉得自己有义务向山西考古界的朋友汇报自己学习的体会、收获。

但是，我只能讲得很简单，一是大家都是搞考古学的，用不着我细讲，这样还可节省朋友的精力；二是在这次会上许多朋友发表了很多有质量的文章，我自己还没有来得及认真学习，更谈不上消化了。这样，讲多了，定会犯错误。

同时，自西周以后的考古发现也重要得很。例如晋文化的研究，金墓的发掘与研究，都取得了引人注目的成绩。下面，我还是从山西以往考古工作的回顾谈起。

一　以往考古工作的回顾

山西是中国最早开展考古工作的省份之一。第一个在山西进行考古发掘的是李济，他在 1926 年发掘了西阴村遗址。其次，是董光忠，1931 年他在万荣荆村搞了发掘。在日本侵华时期，日本人也染指了山西考古工作。

但是，大规模的考古工作，是在 1949 年以后进行的。

在"文化大革命"以前，山西除进行了大规模的文物普查外，最重要的工作是：晋南的史前考古、侯马晋国城址发掘、晋北的调查。义井及光社遗址发掘规模虽然不大，但发现是很重要的。最后，应该提到的是以丁村为中心的旧石器时代考古所取得的成绩。

"文化大革命"以后，山西考古工作进入一个新阶段。其中规模最大的主要有六项，一是由中国社会科学院考古研究所、中国历史博物馆与山西省合作，在东下冯等地进行的发掘；二是中国社会科学院山西队在陶寺及岔沟等地进行的工作；三是中国历史博物馆在垣曲所进行的发掘；四是山西省考古研究所与中国历史博物馆合作，在平朔进行的发掘；五是山西省考古研究所和北京大学考古学系合作，对曲村所进行的系统工作；六是山西省考古研究所和吉林大学考古学系合作于晋中地区所进行系统调查、试掘及对白燕遗址的大规模发掘。最后，还应该提到的是山西省考古所配合基建及主动发掘所进行的工作，其中包括侯马、大同、晋东南及晋西北的工作，都取得了十分可喜的成绩，解决了相当重要的问题。

我在下面先提出两个问题，进行讨论。

其一，是义井的发掘。虽然正式报告至今没有发表；简报从现在看来，也有些逊色。但是，这次发掘所见到的遗存，的确是重要的。80 年代前期，山西省考古研究所与吉林大学考古学系合作，于晋中地区进行的调查与试掘中，又在多处发现这类遗址。它确实具有代表性。我觉得是该命名的时候了。可以将以义井为代表性的一类遗存，称之为义井文化。

其二，现在名之为庙底沟类型和庙底沟第二期文化，最早见于仰韶村，后来分别见于西阴村和荆村（后者还包括庙底沟类型）。60年代，杨建芳已将现在称之为庙底沟类型的遗存，名之曰西阴类型。同时，考古学界已使用了仰韶时代一词。现在，大家都肯定以庙底沟遗址下、上层为代表的那类遗存，确具独立的性格，依据考古学的惯例，实际上应分别名之为西阴文化和荆村文化。这倒不是为山西争名分，而是对那些考古学先驱已作出的成绩，进行必要的肯定。当然，庙底沟遗址的发掘，取得的成绩是巨大的，并已得到考古界的肯定，至少，没有它，就不能将这两类遗存区分开来。目前为了避免引起不必要的混乱，暂时可沿用旧称。这一问题留待日后通盘研究。

二　考古学的分区

山西在中国考古学分区中，应将之归入面向欧亚大陆那一整块的一部分。同时，山西也不是铁板一块，暂可初步分为三个地区。

其一，是晋西南的运城盆地，即涑水河流域，基本上可归入陕晋豫地区。进入龙山时代后，这地区发生了分野，在渭河流域，出现了客省庄文化，陕晋豫交界地带，则是三里桥文化。

其二，是晋东南地区。这地区工作不多，发表的材料更少。从我见到的少量材料来看，它与伊洛—郑州地区较为密切。

其三，是汾河流域，包括吕梁地区，应该视为一大块。后者和河套地区一样，尖底瓶延续的时间较长，一直至相当庙底沟二期文化时期才消失。而在汾河流域，至庙底沟类型结束，这类尖底瓶就基本上再不存在了。晋东北、晋西北及晋南在史前乃至夏代的遗存，和晋中地区的同期遗存的文化面貌、特征及性质，基本相同。即使存在一些差别，亦仅具同一文化中类型差别的意义。另外，在忻州的某些地点及晋北可能存在二里岗上层文化入居的现象。

应该指出，在庙底沟类型时期，整个山西，均为庙底沟类型所占据。区别是有的，例如晋西南和山西其他地区，是存在着某些差异的。但这些差异，只具有地域类型的含义。

自庙底沟类型以后，山西才出现以上地域性的差别。

同时，在汾河流域及吕梁地区，自庙底沟类型至少一直到夏时期，晋中可以延到殷墟时期，其考古学文化一脉相承，保持着相当大的连续性。和邻近地区虽存在文化交流，却无因外地居民的迁入而出现的文化变化的断层现象。但其文化进程的频率，当可列入当时先进地区的行列。

最后，应说明的是，吕梁地区，还包括河套和汾河流域文化上的分野，从目前的材料看，是在殷墟时期。

三 需要攻关的研究课题

至今，山西考古学文化的系列问题，已基本解决了。所以说是基本，是因为还有部分地区仍处在若明若暗状态。考古学文化系列问题，从整体上看，从战略上看，已不必把它作为一个重点了。为什么可以这样？

1. 是因为那些若明若暗的地区的邻近省区，例如张家口、内蒙古中南部这一问题已基本解决了。如果结合汾河流域考古学文化系列来看，就可以将那些若明若暗的地区，例如晋北的考古学文化的系列推知出来。正如我以往经常讲的那样，区、系、类型的结构，可以比为门捷列夫的化学元素周期表，空白之处是可以推知的。

2. 重复人家的工作，没有多大意义。例如河北的洋河及桑干河的考古学文化系列已基本清楚了，再去研究山西境内这两条河，就没有必要了。因为，结果十有八九将和河北见到的一样，即使有些差别，不是西、南的因素，就是南、西的东西，结果仍然是已知的。

3. 其实，要解决考古学文化系列，并不需要投入多的人力，花多的时间，就可以解决的。只要认真地辨识陶器，搞点调查，掏些暴露于断崖的灰坑，就可以解决的。

所以，重点应当是探索社会结构，也就是文明起源、形成、并入秦汉帝国的道路这样重大的问题。这不是一个晋文化的问题。因为，在西周，除晋国外，在山西还有其他小国，而且不止一个。它们的状况如何，又存在什么关系，不是都应该研究的吗？

要探索社会结构这样的问题，需对那些重要而又保存较好的遗址、城址、墓地进行整体揭露，同时，对它们进行多学科的研究。因为，这类工作规模大、持续时间长，现象又较复杂，所以，要耐心、认真地工作，还要有计划。而且，人力、物力都不允许普遍开花，在相当长的时间内，只能搞一两个点。

其次，新石器时代早期阶段的探索问题，应该重点地抓一下。

山西旧石器时代和中石器时代遗址，有很多、很重要的发现，研究也很有成绩。在新石器时代方面，目前已知最早者，是枣园 H1 为代表的遗存。其次，粗看起来，有三种情况，除可分别归入后岗一期文化和半坡文化者外，另一种是同时含这两种文化因素的遗存。枣园 H1 为代表的遗存，当不是这三种东西，但与这三类遗存有着关系，年代又较早。如是，这就很重要了。因为，这里透露出一个讯息，即在后岗一期文化和半坡文化之前，山西或许有自己的东西。应该缘此进行探索，以解决旧石器时代或中石器时代怎样转化为新石器时代的问题。同时，据我的估计，在半坡文化前，山西并非只有枣园 H1 那种遗存，当还有文化面貌、特征与其有别的他类遗存。可见，这方面就有很多工作可做了。

再次，再认真抓一下高红 H1 这类遗存的研究。沿黄河沿岸的吕梁山一线，以往经常成堆地发现青铜器。这些青铜器，除同于殷墟及西周早期的商周那些常见的以外，有的显然不属于商周系统，而有自己的特点。这早已引起考古界的注意。但以往找不到陶器。自从高红 H1 发现以后，北京大学及陕西考古研究所又分别在黄河两岸，发掘了与高红 H1 同期或稍晚的遗址，乃至城址。而且，在陕西淳化还见到这类陶鬲与铜器共生的墓葬。这些陶器有自身特点，不仅区别于商、周，也不同于陕西境内郑家坡及刘家这些西周以前的遗存。汾阳杏花村墓地，附带说一句，灵石旌介铜器墓，也当属于这类遗存，虽发现了高红 H1 那类遗存的陶鬲，但不是这墓地的主要成分。因此，现在可以更确切地断定，在殷墟至西周早期，黄河两岸的陕晋邻近地区，分布着与邻近地区都有区别的另一种考古学文化。

同时，基于上述殷墟时期几种考古学文化的布局，和内蒙古河套属二里岗上层文化分布区，以及杏花墓地这类遗存，和汾河流域前一时期的当地文化存在着密切关系。因此，难以认为先周文化和分布在汾河流域的居民，有何种源流关系。

目前，发现的太行山以西殷墟时期的其他居民的青铜器，都没有如高红 H1 这类遗存那样的鲜明个性。因此，这类遗存的居民，在当时的格局中，定起着重要作用，占着重要地位，应当像重视先周那样，对它进行研究。

我谈的第二、三个问题，目的也是希望据自身历史情况，搞出山西考古学的特色。全国都这样做了，不仅避免了一些不必要的重复劳动，也将出现千姿百态的局面。

原刊《山西省考古学会论文集（二）》，山西人民出版社，1994 年。我在该文发表时写的附记是："田建文将我的发言认真地整理成文。现在发表出来的稿子，是由整理稿修改成的。1993 年 8 月 20 日于朔州市"。这个发言原有三部分，即"一、关于中国考古学史的几个问题，二、当前考古学一些问题的讨论，三、关于山西西周以前考古学的几点认识"。一、二两部分曾稍作文字修改，以《中国考古学史的几点认识》和《考古学当前讨论的几个问题》之名另行发表。现将第三部分及"序言"辑录于此。

陕西史前文化的谱系研究与周文明的形成

　　本世纪 20 年代，中国考古学的热门人物是安特生和李济。安特生于 1923 年就调查过西安附近的古遗址①，李济于 1924 年也赴西安讲学，并曾计划"去陕西做点考古调查工作"，后因"河南和陕西遍地不靖"而未能成行②。当时中国考古学的力量非常薄弱，所关注的问题也是当时史学界所注目的两大焦点：中国文化的起源和商代都城的考古学确认。由于陕西地区在当时的情况下并不是解决这两个问题的首选之区，因此也就未能吸引当时有限的考古学者来这里做真正的考古工作。

　　到了 30 年代，一方面，殷墟发掘已走向了更科学化的道路，一些重要的遗迹现象也被辨认出来，并出土了大量的遗物，这使得当时的考古学者认识到殷墟问题的解决同样取决于周边地区的考古发现与研究；另一方面，"九一八"事件爆发后，中国知识界有感于民族存亡的危机，更加重视对民族问题的研究。殷墟及其以外地区的考古发现，尤其是后岗三叠层的发现对中国文化西来说提出了有力的挑战③，人们开始普遍接受"夷夏东西说"④，并多把夏周看成一系。与此同时，秦人来源问题也渐渐成为人们关心的焦点⑤。知识界提出了夏、周、秦三族的起源与关系问题，但这个问题最终只有靠考古的方法才能解决。正是在这一大的背景下，北平研究院于 1933 年派徐炳昶、常惠到陕西从事周秦二民族史迹的调查，并最终选择在宝鸡斗鸡台作进一步的发掘⑥，这是陕西境内考古发掘的开端。陕西在中国历史发展过程中特殊的地位，使得它从此以后便成为中国考古学理论与方法论形成与发展的重要基地。三四十年代、五六十年代、七八十年代分别对宝鸡斗鸡台、西安半坡和华县元君庙、泉护村、临潼姜寨等的发掘与整理，

---

① a. J. G. Anderson, Children of the Yellow Earth, London, 1934, 第 225 页；b. 陈星灿：《中国史前考古学史研究》第 89 页，生活·读书·新知三联书店，1997 年。

② 见李光谟在发表李济写给胡适的信时所加的编者按。李光谟编：《李济与清华》，第 157 页，清华大学出版社，1994 年。

③ 梁思永：《小屯龙山与仰韶》，《梁思永考古论文集》，第 91～97 页，科学出版社，1959 年。

④ 傅斯年：《夷夏东西说》，《庆祝蔡元培先生六十五岁论文集》，中央研究院历史语言研究所，1932 年。

⑤ a.《国立北平研究院五周年工作报告》，第 117～118 页；b. 苏秉琦：《山东史前考古》，《华人·龙的传人·中国人》，第 43 页，辽宁大学出版社，1994 年。

⑥《国立北平研究院五周年工作报告》。

其意义都远远超出了陕西区域考古的范围。

通过约 65 年的系统工作，陕西新石器至青铜时代早期的考古研究在如下几方面已取得了突破性的进展。一、在器物类型学、区域结构分析和社会组织推测及聚落考古学等方面已形成了具有中国特色的研究方法；二、建立了较为完整的考古文化发展序列，为周边地区的年代学研究提供了可靠的参照体系；三、陕西境内此一时期诸考古学文化之间谱系关系已比较明确；四、陕西境内的考古发现强化了中国文化本土起源的学说，与此同时，陕西由早期农业社会走向早期文明的独特道路已引起了人们普遍的重视；五、夏、商、周三代文明的比较研究正在逐步走向深入。除第一点外，其余几方面又可归纳为两个大的问题，即陕西史前文化所涉及的谱系关系和周文明的形成。下面，我们就围绕着这两个问题进行讨论。

一

老官台文化是陕西目前发现的年代最早的新石器文化，其绝对年代大体在 BC5500 ~5000 年之间①。我们同意把汉中地区的老官台文化遗存命名为李家村类型②，同时也建议以老官台类型来概括渭河流域的同期遗存。需要特别强调的是，此时丹江上游与渭河流域的老官台文化应属于同一类型。

老官台文化之后，主要在泾水以西的渭河流域和汉中地区普遍出现了一类以深腹罐、鼓腹罐、红顶钵、小口长颈壶、小平底瓶、尖底器、折腹小平底罐等为基本组合的遗存。这类遗存过去我们一直认为是半坡文化的一部分③，现在似乎可将它们单独命名为北首岭文化④（图一）。从现有的资料来看，渭河流域的北首岭文化从老官台类型中继承了大量使用鼓腹罐的传统，而汉中地区的北首岭文化所习见的深直腹罐显然与李家村类型有关。为了便于研究，我们可把它们分别称为北首岭文化龙岗寺类型⑤和福临堡类型⑥。它们存在的时间范围约为 BC5000 ~ BC4500 年。

在旬阳县黎家坪遗址⑦采集到的少量遗物似乎不属于北首岭文化的范畴。所见的泥

① 孙祖初：《论中原新石器时代中期文化》，《文物季刊》1996 年 4 期，第 50 页。
② 陕西省考古研究所、陕西省安康水电站库区考古队：《陕西考古报告集》，第 2 ~ 3 页，三秦出版社，1994 年。
③ 赵宾福：《半坡文化研究》，《华夏考古》1992 年 2 期，第 34 页。
④ 孙祖初：《中原地区新石器时代中期向晚期的过渡》，《华夏考古》1997 年 4 期，第 52 页。
⑤ 陕西省考古研究所：《龙岗寺》，文物出版社，1990 年。
⑥ 宝鸡市考古工作队、陕西省考古研究所宝鸡工作站：《宝鸡福临堡》，文物出版社，1993 年。
⑦ 安康地区博物馆：《1987—1989 年陕西安康地区新石器时代遗址调查》，《考古》1994 年 6 期，第 511、513 页。

A 老官台文化组

B 北首岭文化组

C 半坡文化早期

半坡文化晚期组

D 庙底沟文化组

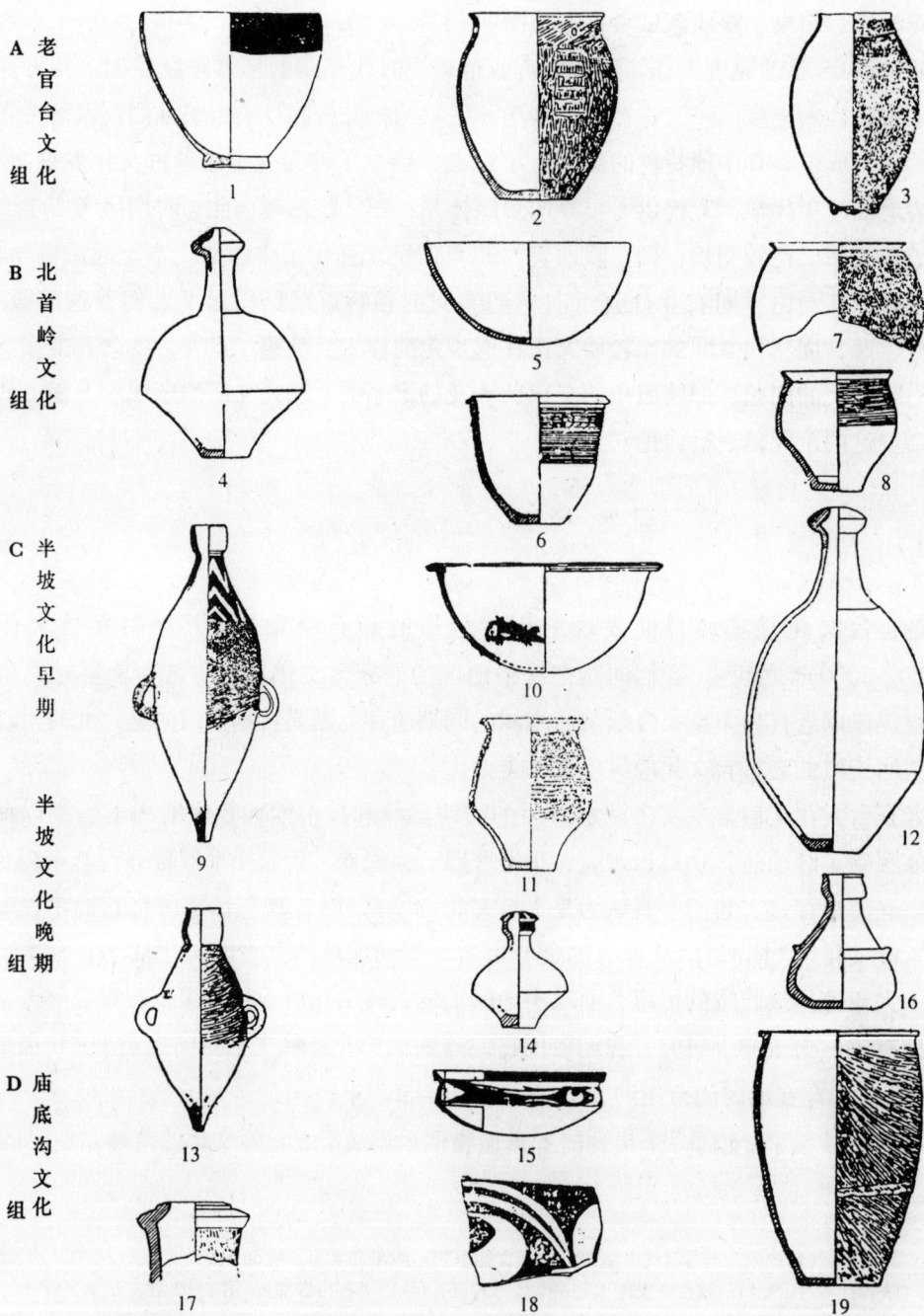

图一　北首岭遗址与北首岭文化

1. 78H32　2. 78H32　3. 77H11：1　4. 77M12：5　5. 77M3：6　6. 77M9：4　7. 77H4

8. 77M9：1　9. M187：1　10. M243：1　11. F40：24　12. 77M8：14　13. M419：2　14. M361：4

15. M169：1　16. M210：3　17. 77T1：3　18. T120：2　19. M248：2（皆出自北首岭遗址）

质红陶钵、弦纹鼓腹罐与下王岗一期文化①的同类器非常相像。限于资料，我们还不能对其文化性质做出肯定性的判断。

北首岭文化原来被视为半坡文化的早期，这本身就说明二者之间确实存在着许多相似之处。北首岭文化的小口瓶（壶）被半坡文化尖底瓶所替代。前者的折腹瓶（壶）、尖底罐、弦纹鼓腹罐、浅腹盆等亦为半坡文化所沿用，二者之间的承继关系可谓一目了然。

就目前的考古发现而言，渭河流域的古文化只是到了半坡文化晚期才渗透到陕北地区②，但此类材料还十分有限，因而我们对陕北半坡文化的认识仍停留在一个十分模糊的阶段。

在半坡文化约500余年的发展时期（BC4500～BC4000），汉中地区和渭河流域的半坡文化仍各自保留、形成和发展着自己的文化个性。同时在渭河流域，泾水东西两侧的半坡文化也存在着一定的差异③。随着半坡文化研究的深入，划分地方类型的工作也势在必行。我们不妨把汉中地区、泾水以东、泾水以西的半坡文化遗存分别称为何家湾类型、元君庙类型、半坡类型等。

以双唇口尖底瓶的出现为标志，秦岭南北两侧的半坡文化开始转变为西阴文化，这一转变的绝对年代范围应在BC4000年前后④。目前关于该文化的下限还有争论。有人主张，福临堡二期遗存具有庙底沟类型和半坡晚期类型（即本文所说的西阴文化和半坡4期文化）的双重特征，但又不宜与二者混为一谈，可"拟称其为'福临堡二期类型'，以资区别"⑤。实际上，半坡4期文化的主要标志物是平唇口长颈尖底瓶，而福临堡二期的尖底瓶只有双唇口或退化双唇口类，绝不见平唇口者。这说明，此类遗存理应归于西阴文化⑥的晚期。扶风案板H28、H26出土的遗物⑦与福临堡二期十分相像，其发掘者虽然注意到它们具有庙底沟类型的某些因素，但仍把它们定为半坡晚期类型。如前所述，这类遗存不与喇叭口尖底瓶共存，似应划为西阴文化为妥。它的下限可能稍晚于BC3500年。

泾水以西的西阴文化遗存有着较多的共性，它们与豫西晋南的同时期遗存则有一定的差异。前者的浅腹敞口盆、盘基本不见于后者，后者的釜形鼎、长颈罐、圜底罐确为

---

① 河南文物研究所、长江流域规划办公室考古队河南分队：《淅川下王岗》，文物出版社，1989年。
② 吕智荣：《无定河流域考古调查简报》，《史前研究》（辑刊），1988年。
③ 张忠培：《史家村墓地的研究》，《考古学报》1981年2期。
④ 严文明：《仰韶文化研究》，第151页，文物出版社，1989年。
⑤ 宝鸡市考古工作队、陕西省考古研究所宝鸡工作站：《宝鸡福临堡》，文物出版社，1993年，第184页。
⑥ 张忠培：《仰韶时代——史前社会的繁荣与向文明时代的转变》，《文物季刊》1997年1期。
⑦ 西北大学历史系考古专业实习队：《陕西扶风县案板遗址第三、四次发掘》，《考古与文物》1988年5、6期。

前者所缺少。总体说来，后者的陶器多圆鼓腹、曲腹、长颈，整个陶器群看起来较为矮胖，前者的陶器则不乏深腹修长者。案板遗址的发掘者在接受仰韶文化这一概念的同时又提出了案板第一期文化的命名①，这不免有重复之嫌。我们认为不妨把它作为西阴文化的一个类型，径称为案板Ⅰ期类型。与此相对应，豫西晋南地区的同期遗存可命名为西阴类型。在泾水以东的渭河流域，以泉护Ⅰ期为代表的此类遗存虽与前两个类型皆有不少共同之处，但相比较而言则更接近于案板Ⅰ期类型。从大的方面来看，泾水东西的西阴文化都很少见到长颈罐、曲腹碗，陶器的整体风格倾向于修长。如果说二者有什么区别的话，泾水以东的彩陶同西阴类型一样都有白彩作地，而这一作风却完全不见于案板Ⅰ期类型。

无定河流域的考古调查表明，西阴文化曾广泛地分布于陕北地区。调查材料中以子州县淮宁湾乡后淮宁湾遗址较为单纯②。无定河流域和其东邻以吕梁山为中心的晋中地区比较接近。它们都缺乏釜和灶，彩陶图案较为简单，罐、瓶类器身上多饰细密的线纹和弦纹，罐类器物多为矮胖鼓腹者，这些都说明这可归于同一类型。

介于陕北与关中之间的洛水流域也发现有少量的西阴文化遗存③。彩陶盆的纹饰比较复杂，并且有直口鼓肩彩陶盆，这说明该流域与汾河下游的西阴文化遗存关系非常密切，或许就可以划为同一类型。

在泾水上游所在的渭北地区，考古工作者发现了一些西阴文化的遗存，其中采集标本较为集中的遗址位于三原县洪水乡洪水村附近④。正像调查者所注意到的那样，渭北的西阴文化遗存应基本同于案板Ⅰ期类型。

在陕南地区，丹江上游至今仍未见到有关这一时期遗存的报道。现在比较明确的是，汉中平原以龙岗寺H174为代表的一类遗存更为接近案板Ⅰ期类型，而在汉中平原以东的陕东南地区（包括汉阴、紫阳、旬阳、山阳、安康等县），新出现了一种以釜形三足鼎、素面罐、双唇口尖底瓶等为代表的遗存，它们大体同于以伊洛郑州至南阳盆地为主要分布地的大河村一期文化（参见阮家坝H59，马家营Y1、T39〈3〉⑤ 等单位）。

继西阴文化之后，自河南省新安县函谷关以西至陇东地区新出现了一类以平唇口尖底瓶为主要标志物的遗存集合体，这就是我们通常所说的半坡4期文化，其绝对年代范围约在 BC3500～BC3000 年之间。

①　西北大学历史系考古专业实习队：《陕西扶风县案板遗址第三、四次发掘》，《考古与文物》1988年5、6期。

②　吕智荣：《无定河流域考古调查简报》，《史前研究》1988年（辑刊）。

③　黄龙县文物管理所、陕西省考古研究所：《陕西黄龙县古遗址调查》，《考古与文物》1989年1期。

④　王世和、钱耀鹏：《渭北三原、长武等地考古调查》，《考古与文物》1996年1期。

⑤　陕西省考古研究所、陕西省安康水电站库区考古队：《陕西考古报告集》，三秦出版社，1994年，第262页图一五一、第328页图一九九。

同半坡文化一样，大体以泾水为界，渭河流域的半坡 4 期文化也可分为东西二区。东区的罐、瓮类器物多为鼓肩或鼓腹，口沿向内斜杀，形成所谓的铁轨式沿面，腹部一般有一至三道附加堆纹，堆纹的上方至口部之间往往附设有对称的泥扳；尖底瓶大多有明显的束腰。陶碗底部镂刻成花边状的作风少见于西区。西区的直腹缸、大敞口浅腹盆、高领罐、盘、筒腹杯等数量多，造型特征也与东区的同类器不尽相同；西区的尖底瓶束腰不甚明显。除此之外，西区的附加堆纹似乎比东区更为发达，罐、缸类器物的腹部往往环绕 7 ~ 10 道堆纹。如果再仔细区分的话，同属于渭河西区的扶风和宝鸡，其文化遗存也有一定的差别。宝鸡地区的双耳罐、釜灶则不见于扶风。为了从考古学概念上来表示东西区的这种区别，我们可把它们分别命名为半坡 4 期文化的姜寨 4 期类型、案板 II 期类型和福临堡三期类型。

陕南地区的半坡 4 期文化遗存目前仅明确见于丹江上游的商县紫荆遗址[①]，其文化面貌同于半坡 4 期类型。此时，汉中地区和陕东南地区的考古遗存很不明确，当地从事实际工作的同志主张屈家岭文化曾渗透到陕东南地区，他们的结论或许有一定的考古发现做基础[②]。

和汉中地区及陕东南地区的情况相似，陕北地区此时的遗址也少有发现。从横山县城关镇苦水村所采集到的少量陶片来看[③]，陕北与晋中南地区的半坡 4 期文化之间有着极为密切的关系，如它们共见鼓腹或鼓肩的罐、瓮以及豆等。

早在 30 多年前，苏秉琦教授就已提出了泉护二期文化的命名[④]。70 年代末，我们曾根据东庄村和西王村的材料，第一次从层位上确立了西阴文化—半坡 4 期文化—泉护二期文化的发展序列[⑤]。后两种文化的区别不仅表现在陶质陶色上由以红陶为主转变为灰陶占绝对优势，而且主要器物也发生了程度不同的变化。它们的尖底瓶在口颈部位存在着显见的区别，即由平沿直颈演变为无沿或斜沿束颈。

总的来说，丹江上游、豫西晋南、渭河东区（泾水以东）的泉护二期文化表现出很强的文化共性。它们的鼎、双折腹豆、鼓腹绳纹罐、网纹彩陶罐等至今未见于泾水以西的渭河西区。

此时渭河西区的情况因资料的缺乏还难以深究。现在唯一明确的是，宝鸡地区所见

---

① a. 商县图书馆、西安半坡博物馆、商洛地区图书馆：《陕西商县紫荆遗址发掘简报》，《考古与文物》1981 年 3 期；b. 王世和、张宏彦：《1982 年商县紫荆新石器时代遗址的发掘》，《文博》1987 年 3 期。

② 安康地区博物馆：《1987—1989 年陕西安康地区新石器时代遗址调查》，《考古》1994 年 6 期，第 511、513 页。

③ 吕智荣：《无定河流域考古调查简报》，《史前研究》（辑刊），1988 年。

④ 苏秉琦：《关于仰韶文化的若干问题》，《考古学报》1965 年 1 期。

⑤ 张忠培：《试论东庄村和西王村遗存的文化性质》，《中国北方考古文集》，第 25 ~ 26 页，文物出版社，1990 年。

彩陶几乎全为红色，器类基本同于菜园村一类遗存①。至于武功、扶风地区，我们目前
很难从已经发现的考古资料中明确地辨认出此一时期的遗存。我们怀疑，原定为案板三
期文化的案板 H26 一类遗存②应从该文化中单划出来（图二），其相对年代范围较有可
能与泉护二期文化同时或稍晚。这类遗存不见斝、鼎，而流行短颈鼓腹堆纹罐、双耳罐
（壶），由此证明它的年代应与菜园村一类遗存相近。如果这一推测是有道理的话，武
功、扶风一带与宝鸡的文化面貌确实存在着极大的差异。前者几乎全为灰陶，而后者则
以红陶为大宗。

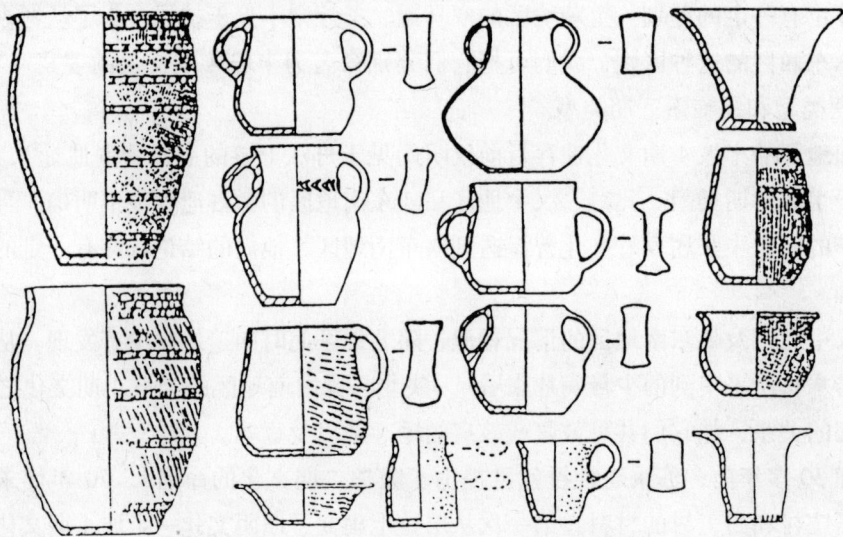

图二　扶风案板遗址 H26 陶器

汉中地区因材料的缺乏暂无法进行讨论。

陕北的情况比较耐人寻味。考古工作者曾在靖边县青阳岔镇的若干村庄发现过典型
的菜园村一类遗存，而在靖边以东的榆林、横山、子长等县却发现了另一类以方格纹为
主要装饰特征的遗存③。这类遗存应属于庙子沟文化或义井文化的范畴④。

现在已经测定的泉护二期文化时期的绝对年代数据很少。紫荆 H124 的一例 C－14
年代为距今 4845±175 年（树轮校正，下同）⑤。考虑到庙底沟二期文化时期的绝对年
代、大汶口文化晚期的起始年代可早到公元前 2800 年⑥，泉护二期文化时期的绝对年

①　宁夏文物考古研究所：《宁夏海原县菜园村遗址切刀把墓地》，《考古学报》1989 年 4 期。
②　西北大学历史系考古专业实习队：《陕西扶风县案板遗址第二次发掘》，《考古》1987 年 10 期。
③　吕智荣：《陕西靖边县安子梁、榆林县白兴庄等遗址调查简报》，《考古》1994 年 2 期。
④　内蒙古文物考古研究所：《内蒙古察右前旗庙子沟遗址考古纪略》，《文物》1989 年 12 期。
⑤　中国社会科学院考古研究所：《中国考古学中碳十四年代数据集》（1965～1991），第 130 页，文物出版
　　社，1992 年。
⑥　中国社会科学院考古研究所：《新中国的考古发现和研究》，第 70、91 页，文物出版社，1984 年。

代范围宜定在 BC3000 ~ BC2800 年之间。

在庙底沟二期文化之时，渭河东西两区文化面貌的差异依然存在。东区所见器物没有超出豫西晋南庙底沟二期文化的器类，它们应属于同一文化，可以早年发掘的虫陈村为代表①。渭河西区又可分为两个亚区，其一包括武功、扶风以及渭北地区，其二指岐山和宝鸡一带。前者所发现的罐形和鼎式斝不见于渭河东区，但它们在陶质陶色以及主要器类上并无实质的差别，这说明排除了案板 H26 等类之后的所谓案板三期遗存在文化性质上应属于庙底沟二期文化。遗憾的是，我们至今还不能确指岐山和宝鸡地区此时的遗存。

陕南地区积累的同期资料也非常薄弱。丹江上游紫荆第四期的器盖和圈足杯无疑与屈家岭文化有关。汉中地区李家村遗址所出土的瓮、罐则呈现出另一种完全不同的特征。至于它们的文化性质仍有待于今后的考古工作。

分布在陕北无定河流域以绥德小官道遗址为代表的一类遗存②与山西石楼岔沟 F1、F11、F5、F12 所出器物③基本相同，它们可能属于同一考古学文化。

考古界一般都承认庙底沟二期文化基本与大汶口文化晚期同时，由后者我们可推定前者的绝对年代应在 BC2800 ~ BC2400 年间④。

渭河流域继庙底沟二期文化⑤之后而兴起的考古学文化是客省庄文化⑥。该文化可分为三个大的时期。以斝鬲为例，一期只见斝式鬲和罐形斝，二期新出现联裆鬲。逐渐积累的¹⁴C 数据表明，该文化约存在于 BC2400 ~ BC1900 年间⑦。

渭河东西两区客省庄文化的差异主要表现在陶质陶色上，比如东区灰陶占绝对多数，而西区则自始至终以红陶为主，除此之外二者陶器器类的区别亦不可忽视。后者的陶鬲都带单耳、双耳或多耳，而前者则有少量的无耳鬲和鋬手鬲。正因为注意到了这种区别，巩启明曾把它们分别归纳为康家类型和双庵类型⑧。

陕南丹江上游紫荆遗址属于此时的遗存被分为前后二段⑨，它们在时间上分别与渭河流域客省庄文化相当。前段的高领罐、深腹罐、双耳杯也是客省庄文化的常见器物，尽管我们现在还不能据此断言它们就是客省庄文化的一部分，但这种可能性毕竟是存在

---

① 北京大学考古研究室华县报告编写组：《华县、渭南古代遗址调查与试掘》，《考古学报》1980 年 3 期。
② 陕西省考古研究所陕北考古队：《陕西绥德小官道龙山遗址的发掘》，《考古与文物》1983 年 5 期。
③ 中国社会科学院考古研究所山西工作队：《山西石楼岔沟原始文化遗存》，《考古学报》1985 年 2 期。
④ 中国社会科学院考古研究所：《新中国的考古发现和研究》，第 91 页，文物出版社，1984 年。
⑤ 中国社会科学院考古研究所：《庙底沟与三里桥》，科学出版社，1959 年。
⑥ 张忠培：《客省庄文化及其相关诸问题》，《考古与文物》1980 年 4 期。
⑦ 其上限参照了庙底沟二期文化的结束年代，其下限参见秦小丽：《试论客省庄文化的分期》一文，《考古》1995 年 3 期。
⑧ 巩启明：《陕西新石器时代考古工作与研究》，《考古与文物》1988 年 5、6 期，第 53 ~ 54 页。
⑨ 王世和、张宏彦：《1982 年商县紫荆新石器时代遗址的发掘》，《文博》1987 年 3 期。

的。后段无疑属于客省庄文化康家类型的范畴。

此时汉中地区的情况仍不明确。

在延安以南洛水上游发现的甘泉县史家湾遗址①，不仅在相对年代而且在文化面貌上都基本同于以陶寺ⅡH4 和 M3015 等为代表的一类遗存②。除去在陶寺遗址发现的表明其特殊地位的一些非常见器物外，陶寺与史家湾都共见折腹斝、鼎式斝、双鋬耳罐、单耳罐（杯）、折腹盆、灶等。它的出现毫无疑问应与汾河流域古文化的向西发展有关。

延安以北无定河流域客省庄文化时期的遗存目前可被粗分为二期。早期以含斝式鬲的遗存为代表，最晚期的遗存见于神木县石峁 TG〈3〉H1 等单位③。它们与晋中至内蒙古中南部的龙山时代中晚期的遗存具有很强的共性，明显地不同于客省庄文化。

综上所述，目前在陕西发现的旧石器以降的史前文化经历了八个大的发展时期，即老官台文化期、北首岭文化期、半坡文化期、西阴文化期、半坡 4 期文化期、泉护二期文化期、庙底沟二期文化期、客省庄文化期。陕西约 19 万平方公里的区域可被分为三个大的自然地理单元：南为秦巴山系，北有黄土高原，介于二者之间的则是号称"八百里秦川"的渭河平原。多样的地理环境和气候条件，加之周边多元的文化影响，最终造就了史前陕西复杂的文化格局。如果我们前文关于诸考古学文化的论述基本符合事实的话，那么我们可以看出在这一长达约 4000 年的时期内，陕西至少存在着六个相对稳定的文化区。它们是：汉中盆地以东的陕东南地区、米仓山北麓的汉中盆地、渭河东区（包括丹江上游）、渭河西区、洛河流域、无定河流域。其中，渭河西区又可分为两个亚区，即陕西北区（包括泾河上游所在的渭北地区和岐山以西的宝鸡地区）以及扶风至西安的关中腹地（表一）。

表一   陕西史前文化的分期分区

	陕东南地区	汉中盆地	渭河东区	关中腹地	陕西北区	洛河流域	无定河流域
老官台文化期	李家村类型	李家村类型	老官台类型	老官台类型	老官台类型		
北首岭文化期	黎家坪一类	龙岗寺类型		福临堡类型	福临堡类型		
半坡文化期	何家湾类型	何家湾类型	元君庙类型	半坡类型	半坡类型		高渠一类

---

① 陕西省考古研究所、延安地区文管会甘泉县文管所：《陕北甘泉县史家湾遗址》，《文物》1992 年 11 期。

② a. 中国社会科学院考古研究所山西工作队、临汾地区文化局：《山西襄汾县陶寺遗址发掘简报》，《考古》1980 年 1 期；b. 中国社会科学院考古研究所山西工作队、临汾地区文化局：《1978～1980 年山西襄汾陶寺墓地发掘简报》，《考古》1983 年 1 期。

③ 西安半坡博物馆：《陕西神木县石峁遗址调查试掘简报》，《史前研究》1983 年 2 期。

续表一

	陕东南地区	汉中盆地	渭河东区	关中腹地	陕西北区	洛河流域	无定河流域
西阴文化期	大河村一期文化	西阴文化	泉护一期	案板 I 期类型	案板 I 期类型	西山一类	后淮宁湾一类
半坡 4 期文化期	屈家岭文化?		姜寨 4 期类型	案板 II 期类型	福临堡 III 期类型		苦水村一类
泉护二期文化期	屈家岭文化?		泉护二期文化	案板 H26	菜园子一类		庙底沟文化
庙底沟二期文化期		李家村晚期	庙底沟二期文化	庙底沟二期文化			小官道一类
客省庄文化期			康家类型	双庵类型	双庵类型	史家湾一类	石峁一部分

二

    陕西史前文化时空结构的形成既是它们按自身逻辑发展的结果，又很自然地与周边文化相联系。老官台文化，尤其是老官台文化李家村类型是中原新石器时代前期文化中绳纹最为发达的考古学文化。如果联想到它的戳印纹、灰白陶、圈足器等，我们有理由推测长江中上游地区的史前文化曾对老官台文化产生过超出我们想像之外的影响。来自于这个方向的影响并没有随着时间的推移而消失。半坡文化何家湾类型晚期的簋、豆、器座、璜以及葬龟的习俗等，便是对这个问题的一个极好的说明。如表一所示，到了半坡 4 期文化至客省庄文化之时，陕东南与汉中盆地的考古学文化已基本脱离了渭河流域的考古学文化体系，在渭河流域新出现了盆形鼎、平口鬶、盉等，这主要是长江中上游地区史前文化影响的结果。当然，有些影响是直接的，有些影响则是间接的，更为主要的是，陕西主体的文化传统也曾于西阴文化和客省庄文化前期之时对整个长江流域产生过深刻的影响，这个问题留待下文讨论。双方交流的文化通道主要有两条，一是汉水干道，二是嘉陵江谷地。宝鸡左近恰是连接这两河流域与渭河流域的重要交通枢纽。

    至迟自下王岗一期文化之时起，陕东南地区出现了类似于该文化、或许就属于该文化的黎家坪一类遗存。也正是以此为开端，汉中盆地及关中平原出现了大宗泥质陶系。它们连同素面罐、弦纹鼓腹罐、壶、瓶一起，无一例外地显现出来自于下王岗一期文化的强劲作用，尤其是壶、瓶两类器物更是构成了后来半坡文化的主要水器——折腹壶和尖底瓶[①]。半坡文化在它的晚期曾向陕东南地区有过明显的扩展，并向东影响到南阳盆

---

① 孙祖初：《中原地区新石器时代中期向晚期的过渡》，《华夏考古》1997 年 4 期，第 57 页。

地（包括鄂西北）①。到了西阴文化之时，陕东南已成为大河村一期文化②的主要分布地之一。虽然现在发现的相当于半坡 4 期文化和泉护二期文化时期的遗存还很少，但可以肯定的是屈家岭文化沿丹江上游向北传播的范围和强度都是空前的。如果说在史前时代的相当时期内南阳盆地（包括鄂西北）可以划到广义的伊洛郑州文化区的话，那么沟通这一文化区（伊洛郑州文化体系）与环秦岭文化区（秦岭文化体系）的首要通道便是丹江水系。

　　函谷关南北的晋西南与豫西地区在整个史前时代文化面貌都十分接近。严格地说，我们目前对这一地区前西阴文化的遗存仍不甚了了。芮城东庄村 H104、H115、H116 等单位③，代表着半坡文化向西阴文化"过渡的中间环节"④，如果一定要把它们归于西阴文化，它毫无疑问应属于该文化的最早期。有意思的是，渭河流域与此期时间相同的遗存都未见到双唇口尖底瓶，仍未超出半坡文化的范畴。由此可见，渭河流域的双唇口尖底瓶应是在晋南地区同类器的影响之下而产生的。不仅如此，越来越多的考古资料一再证明，西阴文化的许多因素都首先产生于黄河以东乃至于太行山东麓地带。双唇口壶（瓶）最先普遍出现于与北首岭文化同时的下王岗一期文化之中，并为后岗一期文化⑤所继承。此类器物与来自于渭河流域的杯形口尖底瓶相结合便产生了双唇口尖底瓶，发生这种转变的原因之一可能是双唇口尖底瓶更易于密封。除尖底瓶外，构成西阴文化的另外两类常见器物——曲腹盆和灶，也同样是下潘汪文化和后岗一期文化的典型器。过去我们往往强调西阴文化的东扩，而不甚注意该文化在其形成过程之中曾深深地根植于东部文化、并由东向西逐步推进的事实。自西阴文化之后，以函谷关—渭河谷地为中心的文化一体化进程随着时间的推移而逐步加强，终于到庙底沟二期文化之时达到高潮。我们在前文谈到，西阴文化时期渭河以深直腹罐为主，堆纹较为发达，与此相对应，晋南与豫西则常见鼓腹罐。如此说来，泉护二期文化之时，晋南与豫西所常见的深直腹多道堆纹罐和渭河东区、丹江上游大量增多的鼓腹罐当是文化双向交流的结果。庙底沟二期文化阶段，自嵩山至扶风普遍出现了斝和盆形鼎这二类极具标志性的器物，那么它们传播的方向究竟如何呢？豫西晋南地区庙底沟二期文化相对完整的发展序列，有可能为

---

① 青龙泉遗址出土的杯形口尖底瓶、斜线三角彩陶钵等，见中国社会科学院考古研究所：《青龙泉与大寺》，第 202 页图一五一 A, 1、第 203 页图一五一 B, 12，科学出版社，1991 年。又，河南省文物研究所、长江流域规划办公室考古队河南分队：《淅川下王岗》（文物出版社，1989 年）中的所谓仰韶文化二期遗存中也含有部分同类的遗存。

② 郑州市博物馆：《郑州大河村遗址发掘报告》，《考古学报》1979 年 3 期。

③ 中国社会科学院考古研究所山西工作队：《山西芮城东庄村和西王村的发掘》，《考古学报》1973 年 1 期。

④ 张忠培：《试论东庄村和西王村遗存的文化性质》，《中国北方考古文集》，第 25 页，文物出版社，1990 年。

⑤ 张忠培、乔梁：《后岗一期文化研究》，《考古学报》1992 年 3 期。

这一问题提供较为可靠的答案。这一序列可表示为：河津固镇 H1、H2、H12[①]—垣曲古城东关 IH251[②]—偃师二里头 H1[③]—垣曲古城东关 IH38、IH188、IH245—登封北沟 H1[④]—垣曲古城东关 IH145、IH260。斝由联裆到分裆，腹部由外侈逐渐内收；盆形鼎由多到少，由敞口斜直腹（或鼓腹）平底到直腹平底最后演变为微敛口直腹圜底（图三）。以这二类器物为标准进行综合考虑，浒西庄[⑤]以及案板Ⅲ期等大体处于上一序列的第二、三阶段（图四）。换言之，渭河流域斝、盆形鼎的出现应是豫西晋南史前文化西传的结果。其实，这一结论并不出人意料。伊洛郑州文化区（包括淮河上游、南阳—襄樊一带）早在大汶口文化第十期（相当于泉护二期文化时期）就已出现了空足器鬶[⑥]。因此，"秦王寨文化居民首先将釜形鼎改制成釜形斝的可能性是很大的"[⑦]。

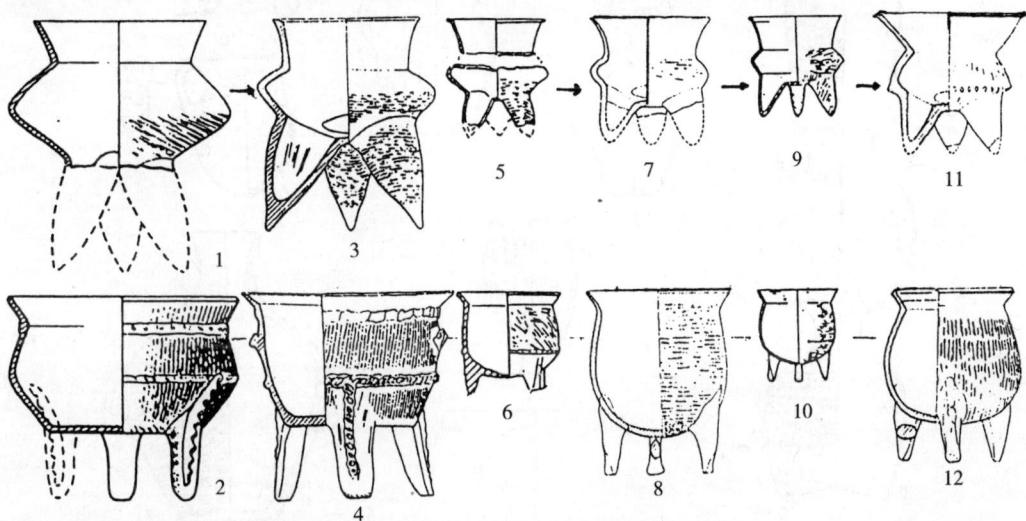

图三　庙底沟二期文化的斝、鼎（→表示由早及晚）

1、2.（河津固镇 H2：1、H1：13）　　3、4.（古城东关 IH251：62、IH251：43）　　5、6.（二里头 H1：29、H1：7）
7、8.（古城东关 IH38：8、IH188：5）　　9、10.（北沟 H1：8、H1：10）　　11、12.（古城东关 IH91：1、IH145：42）

① 山西省考古研究所：《山西河津固镇遗址发掘报告》，《三晋考古》二辑，山西人民出版社，1996 年。
② a. 张素琳、佟伟华：《垣曲古城东关遗址庙底沟二期文化和龙山文化遗存》，《三晋考古》二辑，山西人民出版社，1996 年；b. 中国历史博物馆考古部等：《1982～1984 年山西垣曲古城东关遗址发掘简报》，《文物》1986 年 6 期。
③ 中国社会科学院考古研究所二里头工作队：《河南偃师二里头遗址发现龙山文化早期遗存》，《考古》1982 年 5 期。
④ 河南省文物研究所：《登封告成北沟遗址发掘简报》，《中原文物》1984 年 4 期。
⑤ 中国社会科学院考古研究所：《武功发掘报告》，文物出版社，1988 年。
⑥ a. 张忠培：《黄河流域空三足器的兴起》，《华夏考古》1997 年 1 期，第 35～37 页；b. 孙祖初：《秦王寨文化研究》，《华夏考古》1991 年 3 期，第 76 页。
⑦ 张忠培：《黄河流域空三足器的兴起》，《华夏考古》1997 年 1 期，第 39 页。

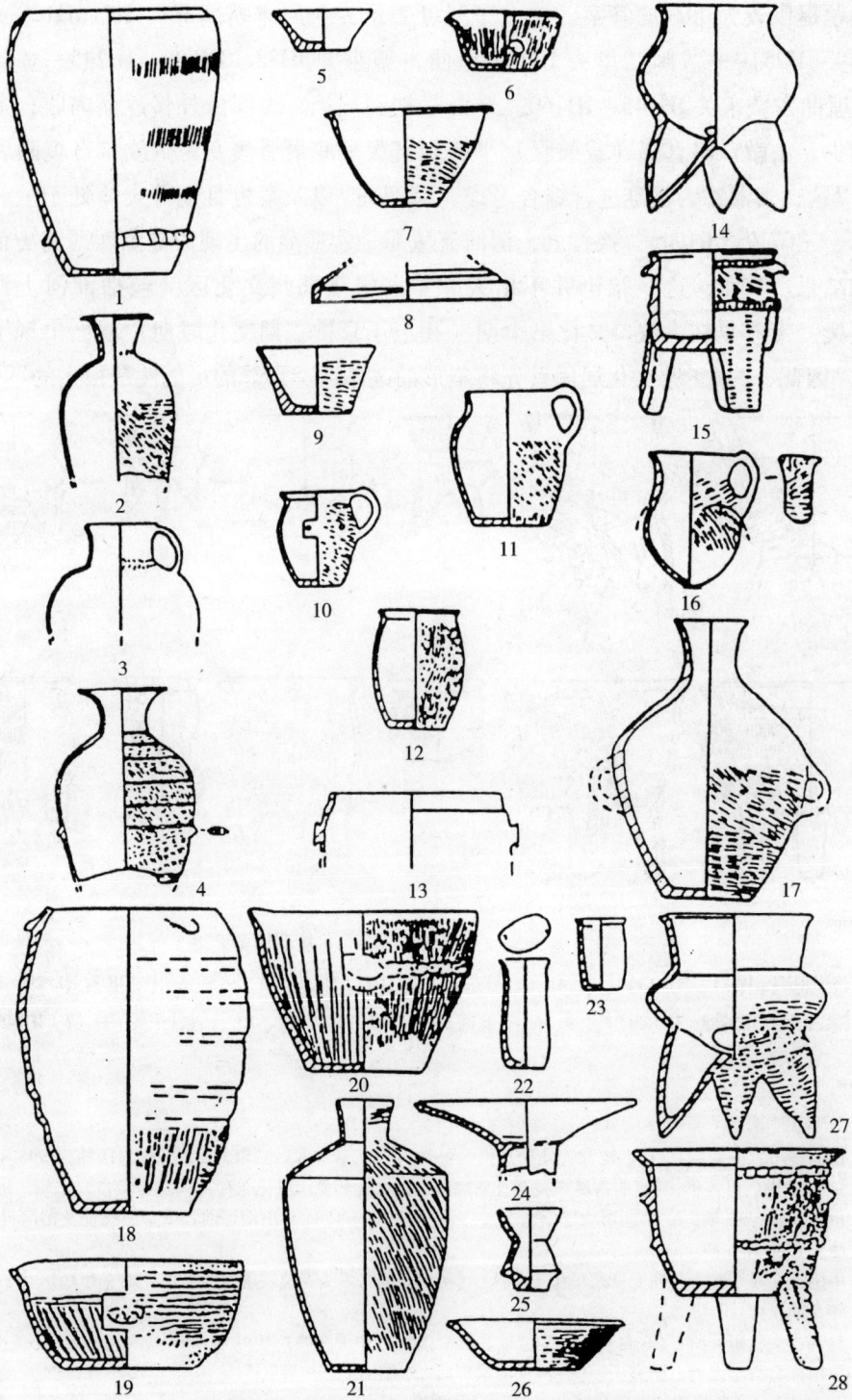

图四　案板遗址 H20 与古城东关遗址 IH251 出土陶器对比
（1～17 案板遗址 H20；18～28 古城东关遗址 IH251）

　　洛河流域和无定河流域分别属于晋西南和晋中北地区的文化系统，它们是山西乃至内蒙古古文化与渭河流域和宁、甘古文化双向交流的重要枢纽地带。半坡文化的折腹盆、平行斜线组成的三角纹，泉护二期文化—庙底沟二期文化时期渭河流域及西北地区逐渐增多的拍印方格纹、壶等都是通过洛河流域和无定河流域由东而西传入的。

　　应该说，在西北地区新石器文化形成与发展的过程中，渭河流域的古文化起着决定性的作用。西阴文化向甘青腹地的大规模的渗透奠定了整个西北史前文化的发展方向。西北史前文化的罐、尖底瓶、盆、钵、碗、空足器、豆、绳纹以及相当一部分的彩陶都是直接承自于渭河流域的古文化①。西北地区的一部分壶可能是尖底瓶在已存在的壶类器的影响下衍变而来的。陇山—六盘山东麓是渭河文化体系与西北文化体系的中间地带，实际上也可理解为西北文化体系发展与变化的策源地。在半坡4期文化及其以前，它一直是渭河文化体系的一部分，但土著化的趋势却在加强。到了泉护二期文化和庙底沟二期文化时期，靖边以西以南（包括宝鸡地区）的考古遗存明显地接近于西北文化体系。客省庄文化的形成至今仍是一个难以深究的问题。考古发现的事实是，构成客省庄文化的诸多因素都首先产生于陇山—六盘山东麓和毛乌素沙地南缘地带。大量使用红陶、筒腹罐、斝式鬲、单把鬲、单耳或多耳罐的传统存在着由西向东的传播趋势。如果考虑到这一地区是长城沿线文化交流带与渭河流域、汉水及嘉陵江上游史前文化的汇合区域，那么在一定时期内这里成为区域文化中心的可能性是完全存在的。应当指出的是，客省庄文化与马家窑文化—半山文化—马厂文化②所代表和延续的文化传统大相径庭。长期以来一直把甘肃灵台桥村H4③、页河子龙山时代遗存④归于齐家文化的认识是需要重新考虑的。我们现在认为，这些遗存有可能属于客省庄文化双庵类型的范畴。

　　概括起来说，陕西史前文化之间以及陕西史前文化与周边文化之间的互动关系经历了如下几个大的阶段。

　　从老官台文化到半坡文化晚期为第一阶段。陕西史前文化由南向北稳步发展，并最终拓展到渭北和陕北地区。伊洛郑州—南阳盆地的古文化对陕西史前文化的构成和阶段性变化起到了重要作用。长江中上游与陕南的文化关系非常密切，怎样才能由此出发来探讨长江和黄河这两大农业传统的关系将是今后有待开拓的重要课题。

　　从西阴文化到半坡4期文化为第二阶段。这一阶段是中原古文化一体化和向外扩张

① a. 严文明：《甘肃彩陶的源流》，《文物》1978年10期；b. 张忠培、李伊萍：《关于马家窑文化的几个问题》，《庆祝苏秉琦考古五十五年论文集》，文物出版社，1989年。

② a. 张忠培、李伊萍：《关于马家窑文化的几个问题》，《庆祝苏秉琦考古五十五年论文集》，文物出版社，1989年；b. 李伊萍：《半山、马厂文化研究》，《考古学文化论集》3，文物出版社，1993年。

③ 甘肃省博物馆考古队：《甘肃灵台桥村齐家文化遗址试掘简报》，《考古与文物》1980年3期。

④ 北京大学考古实习队、固原博物馆：《隆德页河子新石器时代遗址发掘报告》，《考古学研究》（三），科学出版社，1997年。

的重要时期。西起黄河上游①，东到辽东半岛②，北自大兴安岭南麓③，南抵粤港海域④，以所谓弧线三角加圆点为母体的彩纹成为中国史前文化共有的文化因素。

从泉护二期文化到庙底沟二期文化为第三阶段。在这一相对较短的时期内，陕西史前文化却发生了重要的变化。陕西各地区域文化特征更加明显，这与全国此时的大趋势是一致的。南方的屈家岭文化和东方的大汶口文化相继影响到整个中原地区。盆形鼎、罐形鼎、空足器、圈足器等成为渭河流域的主要器类。这标志着陕西史前居民的生活方式发生了很大的变化。与此相对应，宝鸡以及靖边以西的广大地区也出现了以壶为主要标志物的遗存，说明沿长城地带的文化交流已达到了一个新的水平。

以岐山—宝鸡为中心的客省庄文化向周边地区的文化传播构成了第四阶段。盆形鼎在扶风以东渭河流域的消失以及罐形斝在这一地区的渐次出现，形象地反映出客省庄文化由西而东的扩展及融合过程。鄂西北地区出土的相当数量的鼎式斝⑤、伊洛郑州地区发现的双耳罐⑥等都显示出这一传播的广度与深度。至于晋中—河套地带的同期遗存所习见的筒腹罐、斝式鬲、单把鬲、单耳或多耳罐等都可能与客省庄文化有关。在甘青地区，皇娘娘台⑦和瓦家坪⑧所发现的斝和鬲被认为是齐家文化的遗存。我们也应注意的是，现在发现的这类器物并无与双大耳罐等齐家文化典型器共存的例子，这是值得我们深思的。当然，撇开它的文化性质不谈，它的存在至少说明了客省庄文化双庵类型曾对甘青的古文化产生过重要影响。

三

陕西由史前走向青铜时代的途径至今仍扑朔迷离，令人难窥究竟。围绕着西周文明形成所进行的种种探索是其中最关键性的问题。

如前所述，客省庄文化的下限已进入夏纪年的范围，除此而外，华县横阵 M9 和华县元君庙 M451 的确随葬有二里头文化风格的花边口沿罐。傅斯年根据文献记载，推测

① 青海省文物考古队：《青海民和阳洼坡遗址试掘简报》，《考古》1984 年 1 期。

② 辽宁省博物馆等：《长海县广鹿岛大长山岛贝丘遗址》，《考古学报》1981 年 1 期。

③ 徐光冀：《乌尔吉木伦河流域的三种史前文化》，《内蒙古文物考古文集》（一辑），中国大百科全书出版社，1994 年。

④ 何介钧：《环珠江口的史前彩陶与大溪文化》，《南中国及邻近地区古文化研究》，香港中文大学出版社，1994 年。

⑤ 青龙泉遗址出土的杯形口尖底瓶、斜线三角彩陶钵等，见中国社会科学院考古研究所：《青龙泉与大寺》，第 135 页图一一三，9－12，科学出版社，1991 年。

⑥ 于洛阳孟津波罗窑采集。见洛阳博物馆：《一九七五年洛阳考古调查》，《河南文博通讯》1980 年 4 期。

⑦ 甘肃省博物馆：《武威皇娘娘台遗址第四次发掘》，图版拾，2，《考古学报》1978 年 4 期。

⑧ 张忠培：《齐家文化研究》图四，《中国北方考古文集》，第 130 页，文物出版社，1990 年。

夏代的疆域应远达这一地区①，这一结论确为科学的预见。渭河东区在史前时期就有自己的特点，并曾在相当长的时期内与晋南豫西的考古学文化保持着较多的共性，这一文化格局在商代依然存在。目前在该区域发现的商代遗址主要有：华县南沙村②、蓝田怀珍坊③、耀县北村④、大荔白村⑤、赵庄⑥、西安老牛坡⑦、袁家崖⑧等。有人曾依据老牛坡、袁家崖的材料把这一地区的商时期的遗存分为六期⑨，耀县北村的发掘可以说加强了这一认识。综合起来看，南沙村下层、老牛坡一期和北村早期，南沙村上层、老牛坡二期和北村中期，老牛坡三期，老牛坡四、五期和北村晚期，老牛坡六期和袁家崖分别代表着该类型的一至五期。它们分别接近于二里岗下层、二里岗上层、殷墟早期、殷墟中期、殷墟晚期。这说明在有商一代渭河东区一直是商文化的势力范围，更有人进一步推测，这些遗存可能与文王所灭的崇国有关⑩。按考古学的惯例，我们一般把此类遗存命名为老牛坡类型⑪。需要指出的是，岐山贺家 M113、M135⑫，扶风白家窑的一座墓⑬和壹家堡 86FYT31、32 第 6 文化层、H33 等⑭也应属于商文化的范畴，前一遗址约相当于老牛坡类型的第二期，后二遗址约相当于老牛坡类型的第三期。

　　齐家文化是一个极具扩张性的考古学文化。宝鸡地区客省庄文化的消失便是齐家文化向东拓展的结果。有人指出齐家文化的东部边缘至少已至西安一带⑮，不知依据的是哪一批资料。但陇县川口河齐家文化墓地⑯的发现至少可以作为我们立论的根据。殷墟时期在宝鸡地区兴起的考古学文化是刘家文化⑰。仅就现有的资料而言，把刘家文化分

① 傅斯年：《夷夏东西说》，《庆祝蔡元培先生六十五岁论文集》，中央研究院历史语言研究所，1932 年。
② 北京大学考古研究室华县报告编写组：《华县、渭南古代遗址调查与试掘》，《考古学报》1980 年 3 期。
③ 西安半坡博物馆、蓝田县文化馆：《陕西蓝田怀珍坊商代遗址试掘简报》，《考古与文物》1981 年 3 期。
④ 北京大学考古系商周组、陕西省考古研究所：《陕西耀县北村遗址 1984 年发掘报告》，《考古学研究》（二），北京大学出版社，1994 年。
⑤ 大荔旧石器地点、新石器时代和商代早期遗址，《中国考古学年鉴（1986 年）》，文物出版社，1988 年。
⑥ 宋新潮：《试论老牛坡商文化分期及特征》，《文博》1992 年 2 期。
⑦ 西北大学历史系考古专业：《西安老牛坡商代墓地的发掘》，《文物》1988 年 6 期。
⑧ 巩启明：《西安袁家崖发现商代晚期墓葬》，《文物资料丛刊》3，文物出版社，1980 年。
⑨ 宋新潮：《试论老牛坡商文化分期及特征》，《文博》1992 年 2 期。
⑩ 刘士莪：《西安老牛坡商代墓地初论》，《文物》1988 年 6 期，第 27 页。
⑪ 孙华：《关中商代诸遗址的新认识——壹家堡遗址发掘的意义》，《考古》1993 年 5 期，第 440 页。
⑫ 徐锡台：《岐山贺家村墓地发掘简报》，《考古与文物》1980 年 1 期。
⑬ 罗西章：《扶风白家窑水库出土的商周文物》，《文物》1977 年 12 期，第 14 页。
⑭ 北京大学考古系商周组：《陕西扶风县壹家堡遗址 1986 年度发掘报告》，《考古学研究》（二），北京大学出版社，1994 年。
⑮ 刘军社：《郑家坡墓地文化与刘家文化的分期及其性质》，《考古学报》1994 年 1 期，第 56 页。
⑯ 尹盛平：《陕西陇县川口河齐家文化陶器》，《考古与文物》1987 年 5 期。
⑰ 陕西周原考古队：《扶风刘家姜戎墓葬发掘简报》，《文物》1984 年 7 期。

为三期的认识比较稳妥。早期主要包括宝鸡晁峪、石嘴头的一些调查及馆藏资料①，中期集中见于刘家村遗址早、中期的大部分墓葬，晚期的典型单位有刘家村 M11、M37、M49 和宝鸡纸坊头④B、④A②，尤以刘家村 M49 为最晚。粗略看来，它们约与老牛坡类型的三、四、五期时间相当。刘家文化与辛店文化③的相似性是不言自明的，二者应属于一个大的文化体系。现在大家比较一致的看法是，这一文化体系当为古羌族的留存④。齐家文化的部分文化因素（如大双耳）或许为该文化体系所继承，但如果把前者作为后者的前身⑤显然缺乏考古学的支持，这一方面因为二者之间还有一定时间上的缺环，另外，后者所习见的圜底罐、分裆鬲等则基本不见于前者。新石器时代早中期之后，圜底罐在广大的区域被平底罐所取代。而进入公元前二千年以后，中国的西北地区至长江中上游地区突如其来地出现了大量的圜底罐。这一现象是否与欧亚大陆草原地带的南进有关？

自西安以西至岐山一带目前还没有发现夏及早商时期的遗存。晚商时期层位关系最为明确的遗址是扶风壹家堡⑥和武功岸底⑦。据研究，岸底一、二段约相当于壹家堡二段（个别单位可早到壹家堡一期偏晚），即武丁至祖甲时期；岸底三、四、五段相当于壹家堡三、四段，即商王廪辛至文丁时期；岸底六段相当于壹家堡五段，即商王帝乙帝辛时期。壹家堡一段总体要早于岸底的商代遗存，"相当于商王盘庚、小辛、小乙之时"⑧。上述结论建立在可靠的地层及类型学基础上，基本上是可信的。

关于壹家堡和岸底商代遗存的文化性质，目前的认识尚难求一致。一种观点主张⑨，壹家堡一段应单独作为商文化的一个地方类型，称之为"老牛坡类型"；二段属于关中地方文化的范畴，把它命名为"郑家坡遗存"，这应该是比较恰当的；三段与它们都不相同，可以"暂时将这种考古学文化遗存称为'刘家村遗存'"；三段和四段应属于商时期的周文化，即先周时期的周文化，它与"郑家坡遗存"有明显的前后发展关系，但"二者是属于同一考古学文化，还是属于不同的考古学文化，是值得我们进

---

① a. 刘宝爱：《宝鸡发现辛店文化陶器》，《考古》1985 年 9 期；b. 刘宝爱、啸鸣：《宝鸡市博物馆收藏的陶鬲》，《文物》1985 年 5 期。

② 宝鸡市考古队：《宝鸡市纸坊头遗址试掘简报》，《文物》1985 年 5 期。

③ 张学正等：《辛店文化研究》，《考古学文化论集》3，文物出版社，1993 年。

④ 尹盛平、任周芳：《先周文化的初步研究》，《文物》1984 年 7 期，第 48～49 页。

⑤ 尹盛平、任周芳：《先周文化的初步研究》，《文物》1984 年 7 期，第 47～48 页；宝鸡市考古队：《宝鸡市纸坊头遗址试掘简报》，《文物》1985 年 5 期。

⑥ a. 北京大学考古系：《陕西扶风县壹家堡遗址发掘简报》，《考古》1993 年 1 期；b. 刘宝爱、啸鸣：《宝鸡市博物馆收藏的陶鬲》，《文物》1985 年 5 期。

⑦ a. 牛世山：《陕西武功县岸底商代遗址分析》，第 326 页，《考古求知集》，中国社会科学出版社，1997 年；b. 陕西省考古研究所：《陕西武功县岸底先周遗址发掘简报》，《考古与文物》1993 年 3 期。

⑧ 孙华：《陕西扶风县壹家堡遗址分析》，《考古学研究》（二），北京大学出版社，1994 年。

⑨ 孙华：《陕西扶风县壹家堡遗址分析》，第 126 页，《考古学研究》（二），北京大学出版社，1994 年。

一步研究的问题"。另一种观点则强调壹家堡一至五段之间的连续性，把它们，至少把壹家堡二至五段视为同一考古学文化[①]。

对具有一定时空分布范围的遗存集合体的文化性质的判断，至今仍是困扰我们的难题之一。在我们的考古实践中，文化谱系成分是进行文化性质判断的主要标准。在使用这个标准时有两个方面的问题需要特别注意。一要考虑到不同器类在一文化构成中所处的地位并不相同，因而在进行文化识别时所起到的作用亦不能等量齐观；二是在进行统计之前一定要对统计对象所属谱系，要有较为准确的判断。

前面两种结论都是以谱系成分的分析而得来的。那么，根据同一批材料、用同一种方法，得出的结论为什么会如此大相径庭呢？前一种观点的持有者把壹家堡一段陶器的文化结构分为一至四组，它们分别属于商、当地、商与其他文化因素的混合（包括与当地的混合）、其他类的文化因素。其中第二组占 40%，这个比例应该说并不低。第一组所占比例不详，但为了证明它占主导地位，作者便把一、三组的总和（58%）拿来与第二组相比。至于为什么不把第三组中含有第二组的因素加到第二组中，作者并没有加以必要的说明[②]。同样的推理方法也用于对第三段文化性质的确定过程中。这种任意搭配文化因素的做法显然是不合适的。另外，壹家堡一段包括早晚两类遗存，86FYT31、32 第 6 文化层、H33 不见分裆鬲和联裆鬲，其所出的折裆鬲实足根较高，相对年代要早于 T23⑤、④出土的同类器。如前所述，前一类的陶器同样也见于殷墟一期，它理所当然应属于商文化的范畴。如果把此类遗存从壹家堡一段中剔除出去，余下来的壹家堡一段遗存中当地文化因素所占的比例会更高。实际上，岸底遗址一至六段的统计数字表明，当地的文化因素一直居最主导的地位[③]。更为重要的是，这些当地的文化因素由早及晚具有明显的连续性，它们应属于同一考古学文化。考虑到武功郑家坡的三期遗存所具有的典型意义，我们完全可以接受郑家坡文化的命名[④]。为了与陕西其他同期考古学文化相比照，我们也可把该文化分为三大期：早期包括岸底和壹家堡遗址的一至三段（不含 86FYT31、32 第 6 文化层、H33）；中期有壹家堡四段、岸底四~五段；晚期有壹家堡五段、岸底六~七段、北吕一、二期（亦包括三期的部分墓葬）。既然渭河两岸的郑家坡文化中当地文化因素始终居主导地位，而且这类因素又与明确的西周文化因素相类同，那么把它们视为先周文化的遗存是不成问题的。

---

① 孙华：《陕西扶风县壹家堡遗址分析》，《考古学研究》（二），北京大学出版社，1994 年。

② 统计数字见孙华：《陕西扶风县壹家堡遗址分析》，第 123 页，《考古学研究》（二），北京大学出版社，1994 年。

③ 牛世山：《陕西武功县岸底商代遗址分析》，附表五，第 333 页，《考古求知集》，中国社会科学出版社，1997 年。

④ 宝鸡市考古队：《武功郑家坡遗址发掘简报》，《文物》1984 年 7 期。

　　渭北地区亦缺乏夏代的遗存，属于商时期的遗存多集中分布于泾水上游的长武县境内，其中尤以碾子坡遗址最具代表性①。从已发表的资料看，该遗址可能主要是在郑家坡文化早中期时使用的（如 H118、H134、H507），但也有部分遗存应形成于郑家坡文化晚期（如 H131、M184）。关于此类遗存的文化性质，考古界和历史学界大多把它归于郑家坡文化的范畴，并认定或同意它们是古公亶父时期或古公亶父迁岐前后的留存②，但由现有的资料并不能自然地推导出这种结论。如前所述，文化谱系成分结构是进行文化性质判断的主要标准，由于发掘者没有给我们提供较为完备的资料，现在显然不是下结论的时候。退一步说，即使碾子坡居址的出土物表明它在主体上可以归为郑家坡文化（这种可能性是微乎其微的），我们也不能贸然地把它与先周文化联系起来。文化性质与族属是两类不同范畴的概念。

　　碾子坡墓葬随葬的陶鬲全是所谓的分裆鬲，这类鬲绝不见于西周墓地，少见于明确的先周墓地，至于周和先周墓地中居绝对多数的联裆鬲即使在碾子坡居址中也极为少见。实际上，在整个泾水上游普遍见到的只是分裆鬲③。据此，我们认为，碾子坡一类遗存的创造者绝不可能是周人，当然也就不能归于先周文化。道理很简单，先周文化既有时空的意义，也有族属的限制④。渭北地区时间略晚于碾子坡大部分遗存的遗址和墓地也有一定数量的发现。考古工作者在淳化黑豆嘴已遭破坏的 4 座墓葬中清理出 2 件商文化风格的铜容器、6 件螺旋形金饰和一批北方式青铜器⑤。有人把这几座墓葬视为所谓光社文化系统的遗存⑥，这种仅仅由铜器的比较所得出的认识是值得怀疑的。我们觉得还是把它归于高红 H1 一类遗存⑦为好。

　　陕北无定河流域夏商时期的遗存虽多有发现，但经过科学发掘的遗址并不多。神木石峁 M2 可能属于朱开沟 M6011 等⑧所代表的文化系统的遗存，至少它们之间存在着极为密切的关系。这类遗存的相对年代应早于老牛坡类型。绥德薛家渠 H1⑨与吕梁山区

①　中国社会科学院考古研究所泾渭工作队：《陕西长武碾子坡先周文化遗址发掘记略》，《考古学集刊》第 6 集，第 139 页，中国社会科学出版社，1989 年。

②　a. 姚生民：《陕西淳化县出土的商周青铜器》，《考古与文物》1986 年 5 期；b. 饶宗颐：《谈西周文化发源地问题——与许倬云教授书》，载许倬云著《西周史》（增订本），第 70～71 页，生活·读书·新知三联书店出版，1994 年。

③　田仁孝等：《碾子坡类型刍论》，《文博》1993 年 6 期。

④　邹衡：《再论先周文化》，《周秦汉唐考古与文化国际学术会议论文集》，《西北大学学报》（哲学社会科学版），1988 年增刊。

⑤　姚生民：《陕西淳化县出土的商周青铜器》，《考古与文物》1986 年 5 期。

⑥　张长寿、梁星彭：《关中先周青铜文化的类型与周文化的渊源》，《考古学报》1989 年 1 期，第 6 页。

⑦　晋中考古队：《山西娄烦、离石、柳林三县考古调查》，《文物》1989 年 4 期，第 6 页。

⑧　内蒙古文物考古研究所：《内蒙古朱开沟遗址》，《考古学报》1988 年 3 期，第 318 页。

⑨　北京大学考古系商周考古实习组、陕西省考古研究所商周研究室：《陕西绥德薛家渠遗址的试掘》，《文物》1988 年 6 期。

柳林县高红 H1 等文化面貌完全一致，它们与李家崖遗址的部分遗存应属于同一文化范畴①，其相对年代约与老牛坡类型和郑家坡文化后二期同时。它们与已知的陕西境内的其他考古学文化都不相同，有人推测李家崖文化可能是鬼方或呈方的遗存②，这种推测可以说是虽不中亦不远矣。

陕南地区夏商时期的考古发现还十分有限。汉阴县阮家坝③、紫阳马家营④、白马石村⑤所见的这一时期的遗存是否属于同一考古学文化还是大有疑问的。不过，现在比较清楚的是，它们基本上更加接近于长江中上游的青铜时代的文化，或许是探索巴、蜀系文化渊源或与其文化关系的重要研究资料⑥。

四

陕西夏商时期的古文化大体经历了三个发展阶段。公元前 19 世纪至公元前 16 世纪的夏时期、公元前 16 世纪至公元前 13 世纪的早商期（包括殷墟一期早段时期）、公元前 13 世纪至公元前 11 世纪的晚商期（相当于殷墟一期晚段至武王灭商）。

属于第一阶段的遗存目前仅见于渭河东区、宝鸡地区和无定河流域。在龙山时代陕甘宁交界地区就已是一个新的文化扩散中心，到了夏时期它的这一作用得到了进一步的加强。此时，宝鸡的西北部可能已成为齐家文化的主要分布地之一。从此以后，偏居于西北的古民族的东侵一直是影响中原王朝的重要力量。在陕北，以朱开沟遗址夏时期的遗存为代表的文化已南移到无定河流域。至于渭河中下游地区文化构成的揭示，只能寄希望于将来的考古发现。

商民族或商文化排他性的殖民扩张发生在商王朝的早期⑦。在二里岗下层时期，商文化已占据了石川河以东的渭河东区。到了二里岗上层和殷墟一期早段之时，该文化向西推进到岐山与扶风交界地区。过去有人认为在二里岗上层时期，商代的铜器就已传到

---

① 张映文等：《陕西清涧县李家崖古城址发掘简报》，《考古与文物》1988 年 1 期。

② 李海荣：《北方地区出土商时期青铜器研究》，北京大学 1995 年硕士研究生学位论文，第 36～37 页。

③ 阮家坝遗址（陕西省考古研究所、陕西省安康水电站库区考古队：《陕西考古报告集》，三秦出版社，1994 年）。

④ 马家营遗址（陕西省考古研究所、陕西省安康水电站库区考古队：《陕西考古报告集》，三秦出版社，1994 年）。

⑤ 白马石遗址（陕西省考古研究所、陕西省安康水电站库区考古队：《陕西考古报告集》，三秦出版社，1994 年）。

⑥ 王炜林、孙秉君：《汉水上游巴蜀文化的踪迹》，《中国考古学会第七次年会论文集》，文物出版社，1989 年。

⑦ 张忠培等：《晋陕高原及关中地区商代考古学文化结构分析》，《内蒙古文物考古文集》（一辑），中国大百科全书出版社，1994 年。

渭河流域，所根据的资料主要是岐山京当可能出于同一窖穴的五件铜器①、铜川三里洞的鼎②、蓝田怀珍坊的鼎③以及扶风美阳一墓④中出土的铜器⑤。这里需要注意的是：第一，所谓二里岗上层的铜器与殷墟一期早段的铜器并不容易区分⑥，这就要求我们在对无明确层位关系和陶器共出的铜器群进行断代时一定要慎之又慎；第二，铜器常常被作为馈赠和传世的物品，它进入某地的时间和它本身出现的年代往往有很大的距离，因而我们决不能依单个器物来断定它在某个地区出现的年代，在多个铜器共出的情况下，型式最晚的器类所代表的时间则最接近于或晚于它们被集合到一起的年代。比如，扶风美阳可能出于同一墓的 8 件铜器只有 2 件比较早，而大多数要晚到殷墟晚期，这就为该墓的上限年代定出了一个不能再早的标准。我们只能说，陕西境内曾出土过二里岗时期（或殷墟一期）的铜器，如果据此认为那 2 件较早的铜器就是在二里岗时期出现在渭河流域的，并由此断言它们"代表着商代铜器发展过程中的……最早的一个阶段"⑦ 显然是不合适的。根据河北藁城台西⑧、湖北盘龙城⑨出土铜器的情况来看，陕西在二里岗时期就存在商式铜容器的可能性是很大的，但与此同时也应注意到此时渭河流域出土铜容器的地点不会像以往估计的那么多。如果考虑到在规模很大的晋南垣曲遗址仅见到两件铜容器的话⑩，渭河流域出土铜容器的种类和数量恐怕也是非常有限的。像老牛坡这类有一定规格的遗址却没有发现一件属于此期的铜容器，这是值得我们深思的。到了殷墟一期早段（即老牛坡类型三期）之时，仅老牛坡一地就发现了属于商代文化系统的鼎、瓿、爵、斝等⑪。其他有可能属于此时的铜容器还包括在扶风壹家堡发现的鼎⑫。

也就是在二里岗时期，内蒙古中南部地区至青藏高原北缘首先出现了花边口沿的分裆鬲⑬，与此同时，西北地区也开始出现大量的圜底罐。由这两种因素结合而成的辛店文化迅速取代了齐家文化，并大约于殷墟一期之时扩展到扶风境内，形成了所谓的刘家文化。陕南汉中地区乃至于长江中上游地区所习见的圜底罐也可能与西北地区文化的东

① 王永光：《陕西省岐山县发现商代铜器》，《文物》1976 年 12 期。
② 铜川市文化馆：《陕西铜川发现商周青铜器》，《考古》1982 年 1 期。
③ 樊维岳、吴镇烽：《陕西蓝田县出土的商代铜器》，《文物资料丛刊》3，文物出版社，1980 年。
④ 罗西章：《扶风美阳发现商周铜器》，《文物》1978 年 10 期。
⑤ 李峰：《试论陕西出土商代铜器的分期与分区》，《考古与文物》1986 年 3 期。
⑥ 中国社会科学院考古研究所：《殷墟的发现与研究》，科学出版社，1994 年。
⑦ 樊维岳、吴镇烽：《陕西蓝田县出土的商代铜器》，《文物资料丛刊》3，文物出版社，1980 年。
⑧ 河北省文物研究所：《藁城台西商代遗址》，文物出版社，1985 年。
⑨ 湖北省博物馆：《盘龙城商代二里岗期的青铜器》，《文物》1976 年 2 期。
⑩ 中国历史博物馆考古部等：《垣曲商城》，科学出版社，1996 年。
⑪ 罗西章：《扶风白家窑水库出土的商周文物》，《文物》1977 年 12 期，第 14 页。
⑫ 扶风县博物馆、高西省：《陕西扶风壹家堡商代遗址的调查》，《考古与文物》1989 年 5 期。
⑬ 韩嘉谷：《花边鬲寻踪——谈我国北方长城文化带的形成》，《内蒙古东部区考古学文化研究文集》，海洋出版社，1991 年。

进有关。泛长城半月形地带文化及人群向中原地区的推进可能是导致商人迁都于殷墟的原因之一。具体到陕西地区而言，殷墟一期整批铜礼器的出现至少从一个侧面反映出殷人统治集团对西北部的重视，这与武丁时期旷日持久的西征是一以贯之的。

在陕西夏商时期考古学文化发展的第三阶段，秦岭以南仍为巴蜀系先民的活动区域，秦岭以北的文化格局则呈现出十分复杂的局面。商文化由西而东向中原腹地的逐渐退缩是这一时期发生的重要变化之一，它原来分布的武功、扶风地区现成为已知的周族最早的兴起地。从此以后，周文化的形成和商周文化的关系问题便成为这一时期陕西古文化关系的核心问题。

在郑家坡早期之时，周人多聚居于美阳河至漆水河两岸，最北端据说可达麟游—彬县—旬邑一带[1]。但周人在麟游以北经营的时间可能并不长，碾子坡一类遗存的兴起显然中断了周人在此地的发展[2]。这一考古现象是否与周人南迁的史实相契合？周人占据了商人的一部分地盘，后者已东退到礼泉、西安以东地区，老牛坡类型在郑家坡文化的影响下逐渐形成了区别于殷墟商文化的特点。这一时期，郑家坡文化与刘家文化的分界线大体在现在扶风与岐山的接壤地带。前者的分裆鬲、后者的折肩罐都是对方影响下的产物，代表着它们之间相互融合的第一步。

郑家坡文化中期是先周文化迅速扩展的时期。在它的东边，商文化已局限于西安以东的狭小区；在它的西边，先周文化的居民已把他们的中心转移到岐邑即通常所说的周原一带。到了郑家坡文化晚期，周人最终把商人逐出渭河流域，并向北拓展到碾子坡一类遗存曾占据的渭北地区。前有所述，高红 H1 一类遗存可能是鬼方和呈方的遗留。王国维《观堂集林》卷一三《鬼方考》："梁伯戈……有鬼方及梁伯作数字……，梁国之国，杜预以为在冯翊夏阳县……地即西安府韩城县"[3]。这说明，在周人经略渭河流域的同时，继神木石峁 M2 一类遗存之后而兴起的高红 H1 一类遗存在陕东地区可能有很大的发展。这类人群的逐渐南移自然会加剧他们与周人之间的矛盾。文献、金文以及周原甲骨卜辞都记载了周人讨伐鬼方的史实。在陕北发现的相当数量的铜器窖藏出土了大量的北方式青铜器，其文化归属当是高红 H1 一类遗存，如果考虑到它们中的一部分被埋藏的年代在殷墟四期，我们也可以把它们视为该类遗存的居民在周人压迫下而逃离这一地区时所匆匆掩埋的宝物。总之，考古发现的事实是，在郑家坡文化晚期之末周人已开始建立自己的一统天下。

刘家文化的族属可能是羌人的一支。这支羌人与周人的关系非常密切。郑家坡文化

① 田仁孝等：《碾子坡类型刍论》，《文博》1993 年 6 期。
② 田仁孝等：《碾子坡类型刍论》，《文博》1993 年 6 期。
③ 王国维：《观堂集林》二，第 586 页，中华书局，1959 年。

中自始至终都能见到刘家文化的分裆鬲，而前者的折肩罐也普遍地见于后者。它们受商文化的影响程度都比较深，宝鸡地区多次出土的青铜礼器便是明证。实际上，它们的武器系统虽受到北方式青铜器的一定的影响，但无疑更接近于商文化的风格。更为重要的是，在郑家坡文化的分布区乃至分布中心都能见到典型的刘家文化风格的墓葬和墓地。有相当的墓地其早期主要是随葬刘家文化风格的陶器，而在武王灭商前后却只随葬周人的器物。凡此种种都说明文献中有关姬姜联姻和联盟的记载大多是可信的。

周与商早期的关系让人颇费踌躇。在渭河流域商人势力的削弱恰与周人的兴起同时发生。这种文化格局是周人排斥商人后形成的，还是商人因其他原因退出武功、扶风，周人乘虚而入后的一种结果？周原的甲骨文资料以及先秦文献都强调了周臣服于商的和平关系。至于商伐周杀季历、周人灭崇伐耆那已是商朝行将灭亡的时候了。考古方面的一部分情形是，郑家坡文化以及西周文化中都有相当数量的商式鬲，在郑家坡文化的分布区内出土了大量的商式青铜礼器（包括它们的变体），尤其是周原甲骨卜辞的发现更证明了周人是直接继承了商人的文字。宏观地来看，东夷集团的强大和与周人冲突的加剧可能是促使商人向东收缩的主要原因。从此以后，周人在商人长期经营的地方安家立业，这使得周人迅速接受了当时最先进的文化，这是他们臣服商人的文化基础。而后者反过来又大大加速了周人的发展速度。周人在相当长的时期内，致力于发展与商人和羌人的婚姻关系和政治联盟，集中力量发展自己的国力，并在时机成熟的时候开始大规模讨伐北方具有掠夺性、并同样对商王朝构成极大威胁的鬼方。可以说周人是在商人无力问津、甚至是默许的情况下基本完成了对陕西的统一。把与游牧民族作战所养成的尚武精神与从商人那里学到的技术与文化传统和政治经验相结合，周人最终剪灭了已处于四面楚歌的商王朝。

陕西处在长江与长城、中原与西北的枢纽地区。它既是中原文化向西传播的前沿地带，又是欧亚大陆草原文化东进的重要通道。渭河流域与中原腹地有黄河故道相通，所以它自新石器时代起就是中原历史文化区①的重要组成部分。进入这一流域的人们，不管它原来的文化背景如何，都难逃被中原文化所同化的命运。与此同时，渭河流域相对优越的生活环境使得它一再成为生活在西北高原荒漠地区的人们所向往和争夺的地方。先进与落后、富裕与贫瘠、稳定与游动在这个并不辽阔的空间内所形成的反差是中国其他任何地方所无法比拟的。进入青铜时代以后，这种差距又急剧增加。愈来愈先进的中原腹地的文化与技术极大地促进了渭河流域的开发，而武器装备越来越先进的游牧民族对这里的居民所构成的威胁也与日俱增。这种复杂而又不安定的生存环境恰恰使渭河流域的人们在最大限度地吸收中原王朝与游牧民族优点的同时，又有效地避免了前者的安

---

① 孙祖初：《中原地区新石器时代中期向晚期的过渡》，《华夏考古》1997 年 4 期，第 52 页。

逸与腐败和后者的狭隘、落后与短视。周人兴于斯的原因如此、秦人兴于斯的原因如此、汉唐建都于斯的原因亦如此。

　　这是孙祖初和我合写的文章，原刊于《远望集——陕西省考古研究所华诞四十周年纪念文集》，陕西人民美术出版社，1998 年。1998 年 5 月 31 日我曾写了如下文字：1997 年，陕西省考古研究所邀我著文参与庆贺该所成立四十周年。其时杂事缠身，又需准备去台湾讲学，实难以应命。在曹玮同志一再催促下，只得邀祖初共同完成此事。去台前，我和祖初就著文主旨、内容以及祖初写作过程中遇到的问题商讨过数次。离台返大陆前一天，即 5 月 14 日，我才见到曹玮发出的《陕西史前文化的谱系与周文明的形成》的传真，并告我将于 8 月刊出。我只得匆匆阅读，并只能向祖初提出一些修改文章的粗略意见。该文的完成，显然得力于祖初。

东灰山墓地研究

——兼论四坝文化及其在中西文化交流中的位置

　　东灰山墓地位于河西走廊中部的民乐县。河西走廊东起乌鞘岭，西迄星星峡，东西长达千余公里，南北宽数十公里，是介于青藏和蒙古两高原之间的一条狭长地带（图一）。大部分地区为祁连山前的倾斜平原，河流皆是源于祁连山的内陆水系。境内雨量稀疏，热量丰足，干燥度大，全属干旱区。

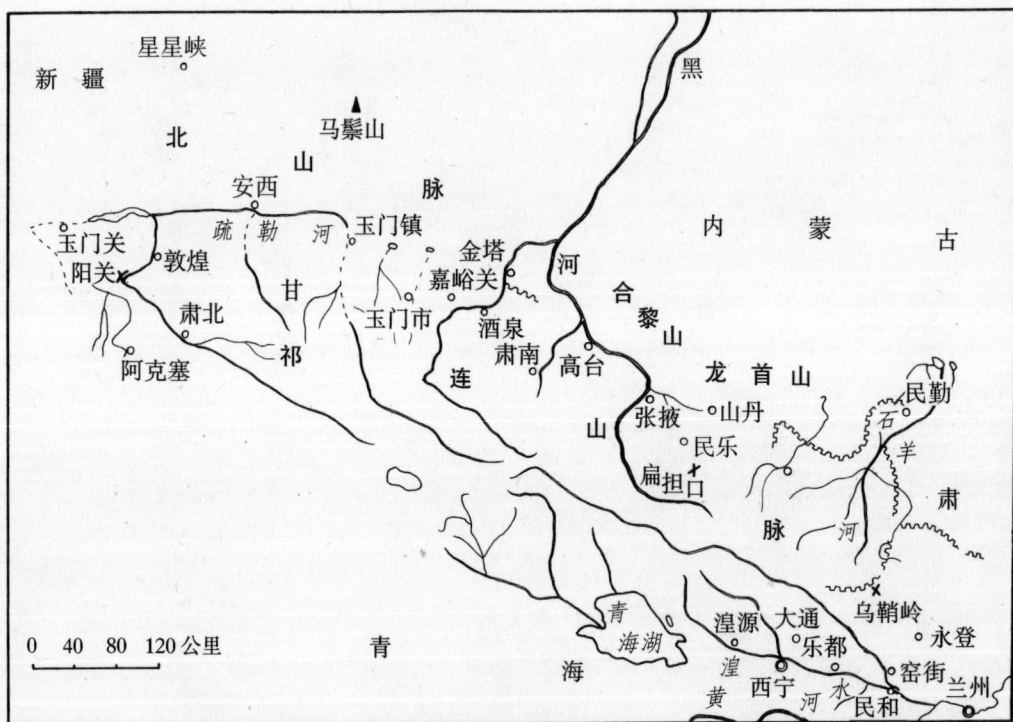

图一　河西走廊

　　东灰山在民乐县六坝乡东北约2.5公里处（图二），是由灰土与沙土堆积而成的一座土丘，呈东南—西北走向，南北长约600米，东西宽约400米，高5～6米（图三）。

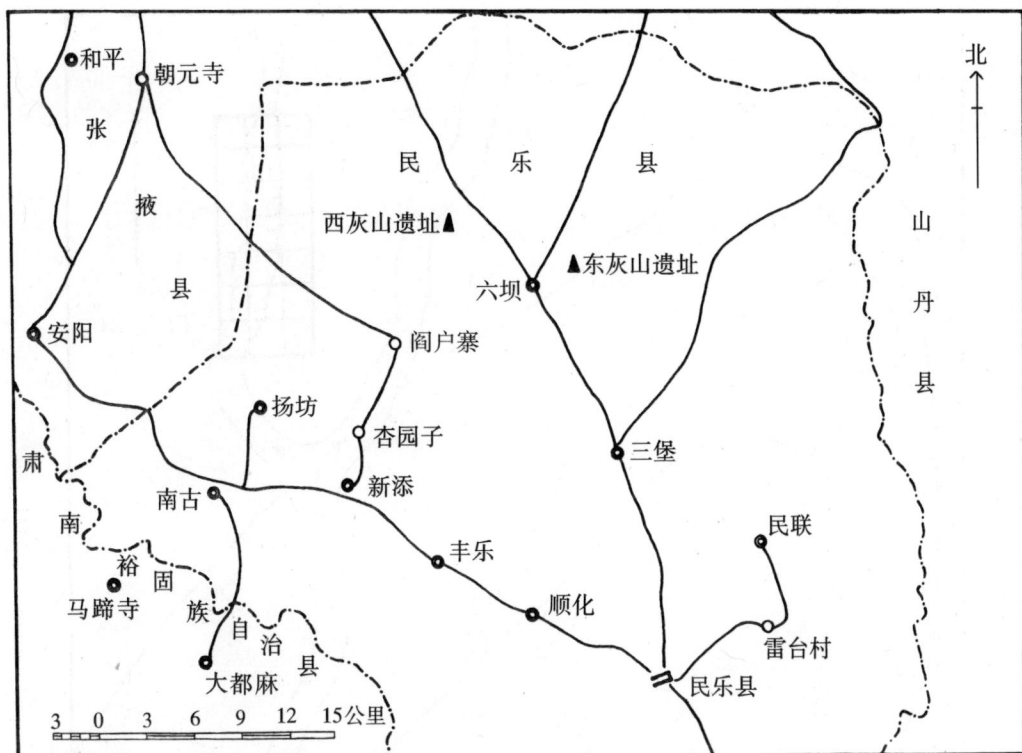

图二 东灰山遗址位置

西侧脚下有一条干涸的南北向沙滩河道，河床宽约 15～20 米，东侧地表平坦。山上及周围地带稀疏地生长一些骆驼莲、苦豆子、地锦及肉质叶的盐生植物，时有羊群到此游荡觅食。1956 至 1957 年，曾将东灰山东侧平坦地带开垦为农田，使古代遗存遭到轻微破坏。因缺乏水源很快便放弃耕作而变成荒漠，至今仍保留着规划整齐的田畦。1973 年，又在东灰山东部开挖一 Y 形水渠，加之流水冲刷，使埋藏地下的古代遗存遭到严重破坏。1987 年，吉林大学北方考古研究室和甘肃省文物考古研究所组成考古队，在此进行了抢救性发掘，于东灰山东北的东支水渠及其两侧布 5×5 米探方 21 个，面积为 525 平方米。除渠沟部位遗存因破坏殆尽而未进行发掘外，实际发掘面积约 350 平方米，清理出完整和不完整墓葬 249 座。本文拟对此次发掘所得资料及呈现的现象，做以下讨论。需说明的是，发掘报告尚未发表，这里所列资料而未注明出处者，均出于本次发掘。

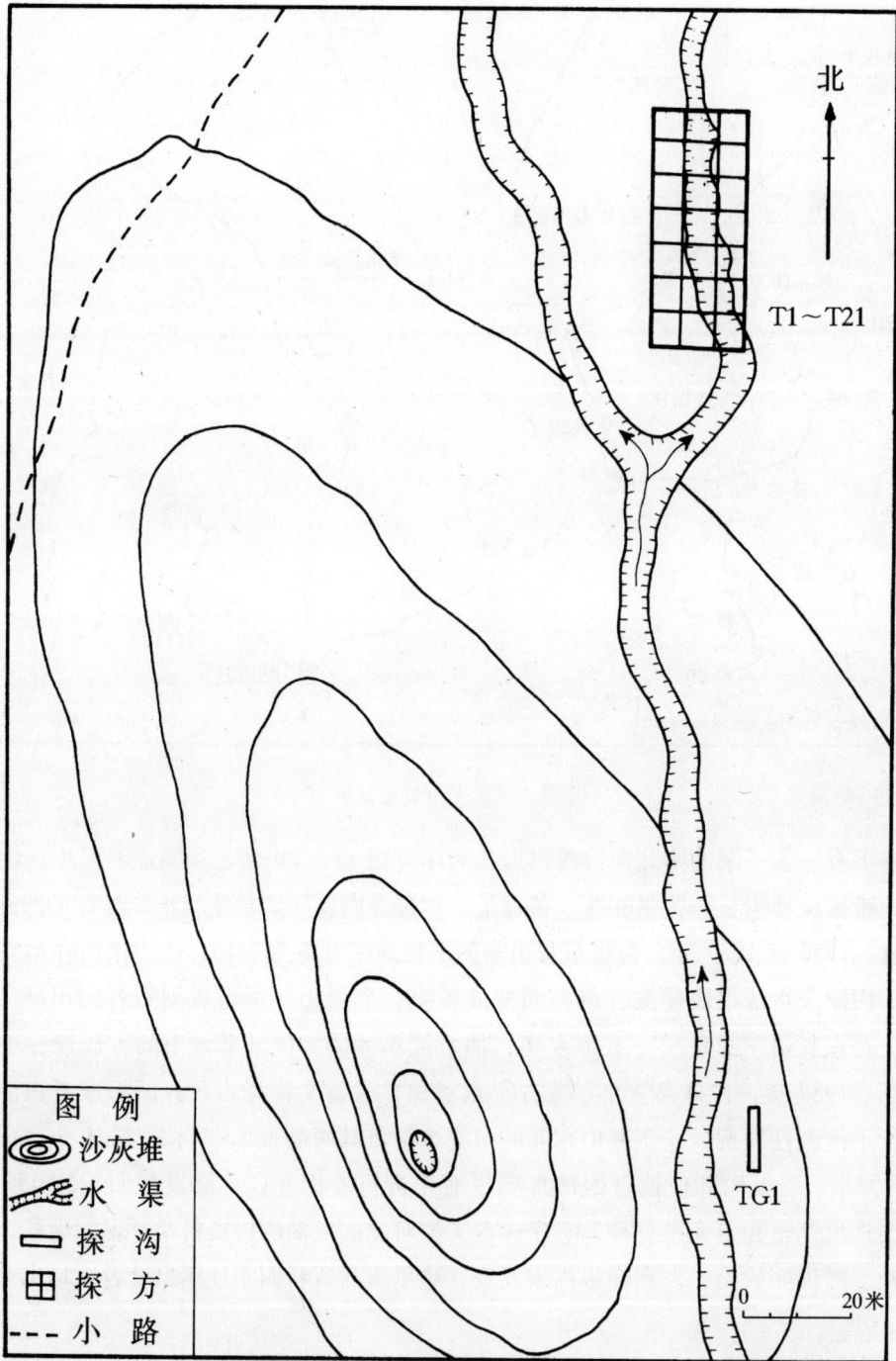

北

T1～T21

图 例

沙 灰 堆
水 渠
探 沟
探 方
小 路

TG1

0   20米

图三　东灰山遗址与发掘区位置

一 文化特征与性质

东灰山墓地具备哪些考古学文化特征？属哪一考古学文化？这是先要探讨的问题。关乎此，如下现象值得注意。

一、如图三所示，土丘的顶部有一当地居民为取土而挖掘出来的土坑。从这坑的坑壁和发掘时所开的探沟 1（TG1）的剖面及地层中所出遗物观察，知土丘是建筑墓地居民的住地。墓地位于住地的东北。墓地与住地邻近的布局，习见于同时期及其早期的遗存。[①]

二、此次清理出来的完整和不完整墓葬，共计 249 座。其中水渠西侧 167 座，水渠东侧（包括渠底的 M1）82 座。但东灰山墓地未被全部揭示出来，这从如下情况得到说明。如图四所示，在 T14 至 T15 发掘区段内，东支水渠两侧断面上挂露的残墓，分布比较密集，计约 40 座。但在 T15 以南的水渠断面上，未挂露墓葬。同时，T14 以北的水渠断面上，除西侧邻近 T7 的位置挂露 M84 这座墓葬外，再未见到其他墓葬。据此，大抵可以推定 T15 和 T14 所在位置是墓地南部和北部的边缘。西支水渠宽约 5 米，深约 0.5～1.2 米，渠底与东支水渠底部相同，是板结的褐色沙石。在这水渠两侧断面上，无一座残墓挂露。这里东距 T1～T7 排探方约 10～20 米，由此可知墓地的西部边缘，当不会抵达西支水渠所在位置。发掘区以东的地段，再无水渠类的断面可供观察，又未进行探测工作，故墓地东部边界位置不详。东灰山墓地的墓葬多作西北—东南向排列，与居址所在的沙土丘走向相同。从 T1 和 T21 内墓葬分布的情况看，T1 西南部墓葬排列稀疏，T21 西南部墓葬排列也稀疏，且其东北部无墓葬分布，据此可认为 T1 的西南部已接近墓地的西南边界，T21 东北部当在这墓地范围之外。

这处墓地的墓葬，均为长方形的土坑竖穴墓，88% 的墓葬呈东北—西南方向。依此观察，我们见到 T21 探方内的 M34、M35、M25 和 M36 四座墓葬从东南向西北形成一排，其下方的 M142、M141、M164、M66 及 M50 等墓组成东南—西北向的第二排，再下的 M153、M152、M143、M165、M55 及 M72 诸墓，又构成东南—西北向的第三排等等。同时，从发掘区的西南看，墓葬的排列情形，似乎与上述情况相呼应，在 T1 探方内的 M88、M100 及 M89 也形成东南—西北向的一排，其上的 M45、M130、M186、M187、M175、M173、M231 及 M233 等 8 座墓葬，又构成东南—西北向的另一排。这些

---

① 中国科学院考古研究所、陕西省西安半坡博物馆：《西安半坡》，文物出版社，1963 年；中国社会科学院考古研究所：《大甸子》，科学出版社，1996 年；陕西省考古研究所：《龙岗寺》，文物出版社，1996 年。大约至西周时期，一般村落遗址中均见到墓地与住地的邻近现象。

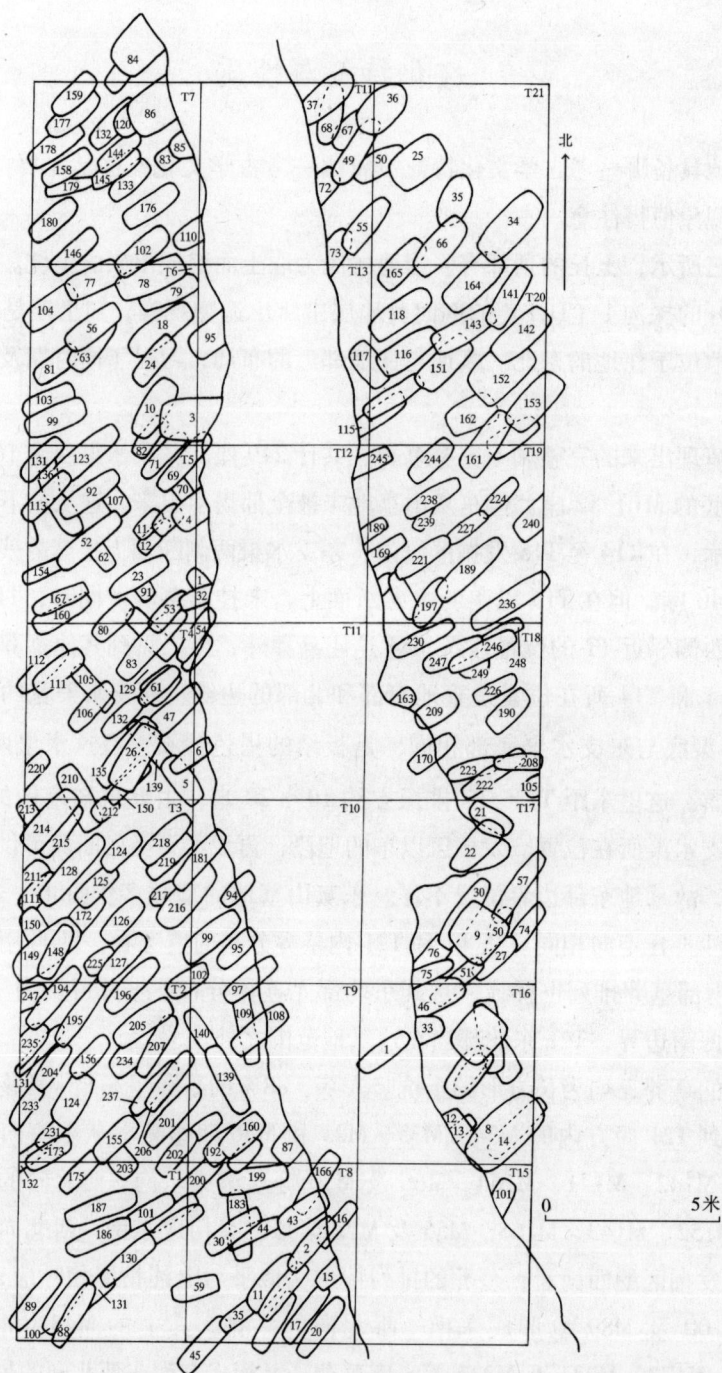

图四　墓葬分布图

粗略观察得出的初步印象是：东灰山墓地是由若干东南—西北向的墓排组成的。但由于墓地中的墓葬分布密集，相互叠压与打破关系较多，以及排列之间缺乏空隙等原因，使我们难以搞清楚某些墓葬的排列归属，可以区分多少排列，以及墓地的布局等情况。总之，目前尚不能究明整个墓地的结构。

三、依结构，可将墓葬分为有龛墓和无龛墓两类。前者占墓葬总数的14%，依龛的位置，又分端龛墓、侧龛墓和端侧龛墓，龛是放随葬品的；后者占86%，其中平底墓占该类墓葬总数的96%，另有少量的墓葬具有端台或侧台，或为端坑，或为腰坑。墓穴内的这些设置，一般也是放置随葬器物的。M40和M139内发现了朽木痕迹，据此推测有些墓葬使用了木棺一类的葬具。

四、关于死者的葬式，就这里具体情况而言，涉及两个问题：1. 一次葬抑或二次葬；2. 尸体的摆放形式。明确葬式的墓葬，共计150座。就其具体情形，可分为三类。

其一，属二次葬的墓葬119座，占已知葬式的墓葬总数的79.33%。这类墓葬内的人骨，杂乱散置，发掘时难以辨别出个体。经人骨鉴定，可知其中有合葬墓45座，单人墓74座。合葬墓约占这类墓葬总数的37.81%。

其二，属一次葬的墓葬22座，占已知葬式的墓葬总数的14.66%。这类墓葬内的死者均为1人，尸体放置方式，均为仰身直肢，头向西南。

其三，内含一次葬者和二次葬者的合葬墓9座，占已知葬式的墓葬总数的6%。这类墓葬均含2人，一次葬者均为仰身直肢，二次葬者的骨骼则被散置诸处。

可见，东灰山墓地盛行尸骨不全的乱骨葬，即二次葬，又相当流行合葬。合葬墓54座，占能确定墓中个体的墓葬总数的36%，内葬126人，占鉴定出死者总数的57.01%。从墓葬的年代来看，早晚都同时存在一次葬或二次葬，故不能以年代早晚解释一次葬、二次葬并行的原因。为何盛行二次葬？由于存在着并含一次葬者和二次葬者的合葬墓，合葬的需要当是这类墓葬中存在二次葬者的原因。但这类墓葬很少，同时，在已知葬式的墓葬中，单人二次葬的墓葬是单人一次葬墓葬的3.3倍的事实，故合葬的需要不是盛行二次葬的主要原因，更何况二次葬的合葬墓是并含一、二次葬的合葬墓的5倍。

依民族学例证，人们对二次葬者以不同方式处理其一次葬，概括起来有两种。其一，埋于地下；其二，置于地面上的某种处所中，待其肌肉腐烂后，再敛骨埋于地下。东灰山墓地采用哪种方式呢？在东灰山墓地中，除已鉴定出死者个体的墓葬外，还存在如下几类墓葬：

1. 并含人体零星骨骼乃至碎骨和器物的墓葬，共计37座；
2. 只含人体零星骨骼乃至碎骨而未见器物的墓葬，是38座；
3. 无人骨而只见器物的墓葬17座；
4. 无人骨又无器物的墓葬7座。

第4类墓葬，可能是人骨及随葬品全部迁出的墓葬，也可能是尚未葬人的空墓，成因不便确定。前三类墓葬，或因含人骨，或因含用于随葬的器物，均可视为埋人的墓葬。至于1、2两类墓中仅存零星人体骨骼乃至碎骨的原因，或是迁葬，或是骨骼腐朽。由于这两类墓中留存的往往是易于腐朽的骨骼而不见难于腐朽的肢骨，故可把它们视为是已被迁去了尸骨但未迁得干净的墓葬。第3类墓葬，或许是衣冠冢，但由于存在着迁葬后留下的墓葬，因而更有理由把它视为干净地迁去了尸骨的墓葬。既然东灰山墓地中存在如此数量众多的迁走了尸体的墓葬，那么，将已埋入地下墓穴的尸体进行迁葬，便是形成二次葬的主要原因。至于迁走的尸体是否仍葬于东灰山墓地，还是葬于他地，这是目前尚难以解决的问题。

东灰山墓地能鉴定出个体的墓葬计150座，共葬221人，其中14岁以下的少年仅17人，占7.69%。加之，只埋少年的墓葬3座，共葬3人，占墓葬总数2%，占少年总数的17%强。同时，80%以上的少年是随成年人合葬于一墓的，故可认为东灰山墓地是一处成年人的墓地。这里存在着未成年的亡人基本上不能葬入成年人墓地的习俗。

五、现在对随葬器物作些说明。

随葬器物在墓穴中的陈放位置，依墓穴结构不同而有所区别。在有龛墓中，随葬器物除全放在龛内的外，有的则部分放在龛内，部分放在龛外的墓底部。在有台墓及有坑墓中，随葬器物一般放在台上或坑内。除此之外，也有将部分器物陈放于墓底的。在竖穴平底墓中，随葬器物一般都放在墓底处，往往无固定位置。除上述外，颇值得注意的是，少数墓葬还存在着将部分器物夹杂在填土中的现象。

能鉴定出个体的150座墓葬中，有33座墓葬无随葬品，约占22%。随葬器物的数量与质量存在较大的差别。例如，M65随葬陶器14件，另有骨匕、贝饰各1件（图五）；M1与M5分别只有1件骨饰和陶器随葬。而且，随葬器物多的墓葬中的器物，质量亦高，如这类墓中往往能见到精美的彩陶。

随葬器物的种类，为工具、生活用具和装饰品。工具用铜、石、骨、陶四类原料制成，有铜削、铜锥、石斧、石刀、骨锥、骨针和陶纺轮。装饰品由铜、金、石、牙、贝、蚌及陶等原料制成，有铜镯、铜耳饰、铜小圈、金耳饰、石珠、陶管状饰和牙、贝及蚌饰。生活用具除绝大部分为陶容器外，亦有极少量的骨匕。此外，极少数墓葬中还随葬陶质的埙及不明用途的器物，如陶质的靴形器及陶质牌形物。

东灰山墓地的随葬陶器，都是实用器皿而非明器。造型的总体风格是以平底器为主，圈足器及四足器较少，往往附耳，以双耳为主要形式，亦有相当数量的陶器附着单耳或四耳的。陶胎中均含有不同程度的砂，表皮以红色为基本韵色。由于烧制时氧化不匀，而表现为砖红和橙黄等不同色调。陶器的基本制法是泥条盘筑，大型器物一般是由领颈、上腹、下腹和底四个部位组装成的。虽未见快轮制品，但估计陶器的成型及彩绘均是在陶轮上完成的。陶器种类比较简单，却十分注重器表装饰。器类有壶、罐、盆、

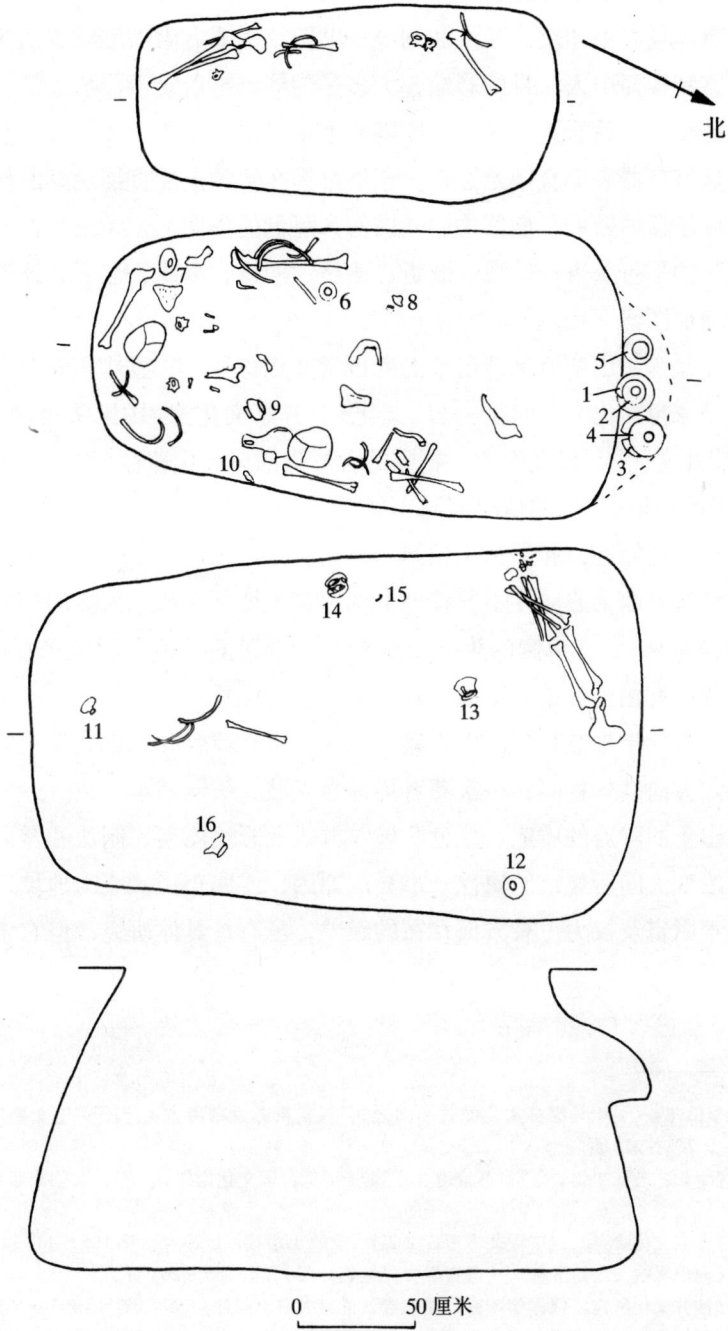

图五　M65 分层平面图与剖面图

1. 双耳彩罐　2、4、6、7、8. 器盖　3. 双耳大罐　5. 双耳小罐　9. 圈足罐
10. 骨匕　11、12、16. 器盖　13. 双耳小罐　14. 单耳彩罐　15. 贝

豆、方鼎与器盖，装饰手法有彩绘、印纹和以贴塑产生的纹饰。

印纹主要有绳纹、戳印纹、弦纹和划纹。贴塑纹主要有附加堆纹、凸棱纹、乳突纹和乳丁纹。更富特征而引人注目的彩绘，大多是陶器出窑后绘于器物上的，入窑前绘彩的只见于个别器物。窑后彩大多是在紫红陶衣上绘浮出于器表的黑浓彩，窑前彩是在经过磨光处理的橘红色器表上直接绘黑彩。彩绘都饰在器物上能直接观察的部位，大多在器外壁，也有位于器内壁的，如器物的领内侧和豆盘的盘面上。无论是窑前彩还是窑后彩，都是用单彩的平行条带、折线、波折、菱格、网格、垂线、卷云、连弧回线或蜥蜴形等组成的几何形图案（图六）。

上述这些，是东灰山墓地呈现出来的考古学文化特征。它显然和分布于河西走廊及其邻近地区的马家窑文化[1]、半山—马厂文化[2]、齐家文化[3]、山家头类型、辛店文化、卡约文化[4]和沙井文化[5]，以及遍布于新疆的含彩陶的诸文化遗存[6]都存在区别，却与火烧沟[7]及干骨崖[8]墓地所揭示的情况大同小异：

一、墓地与居址邻近，和干骨崖相同。

二、墓穴结构方面，三地在不同程度上都存在土坑竖穴墓。火烧沟则多长方形竖井侧穴墓（或称偏洞墓），有单侧的生土二层台；干骨崖盛行长方形竖穴石椁（棺）墓。如前所述，东灰山有相当数量的墓葬，具有龛或坑的设置。

三、葬式方面，干骨崖和东灰山均盛行乱骨二次葬或合葬，火烧沟则以单人一次葬为主。三地墓穴方向基本相同，一次葬者均仰身直肢，头向基本一致。

四、三地出土的陶器的质地、颜色、施纹方式及彩绘图案、制法和器形雷同。

小异难以改变大同所规定的属性。小异的原因，或属年代，或为地域，或是留存墓地的人群之间于财富及权力占有方面存在的级差，虽有待具体研究，但它未超出大同所

① 张忠培、李伊萍：《关于马家窑文化的几个问题》，《庆祝苏秉琦考古五十五年论文集》，文物出版社，1989 年，第 265～272 页。

② 李伊萍：《半山、马厂文化研究》，苏秉琦（主编）：《考古学文化论集》（3），文物出版社，1993 年，第 32～67 页。

③ 张忠培：《齐家文化研究》，《中国北方考古文集》，文物出版社，1990 年，第 105～147 页。

④ 许永杰：《河湟青铜文化的谱系》，《考古学文化论集》（3），第 166～203 页。

⑤ 李水城：《沙井文化研究》，《国学研究》第二卷，北京大学出版社，1994 年，第 493～523 页。

⑥ 水涛：《新疆青铜时代诸文化的比较研究》，《国学研究》第一卷，北京大学出版社，1993 年，第 447～490 页。

⑦ 甘肃省文物考古研究所：《甘肃省文物考古工作十年》，《文物考古工作十年（1979～1989）》，文物出版社，1990 年，第 316～326 页；甘肃省博物馆：《甘肃省文物考古工作三十年》，《文物考古工作三十年（1949～1979）》，第 139～153 页；李水城：《四坝文化研究》，《考古学文化论集》（3），第 80～121 页。

⑧ 李水城：《四坝文化研究》，载《考古学文化论集》（3）。

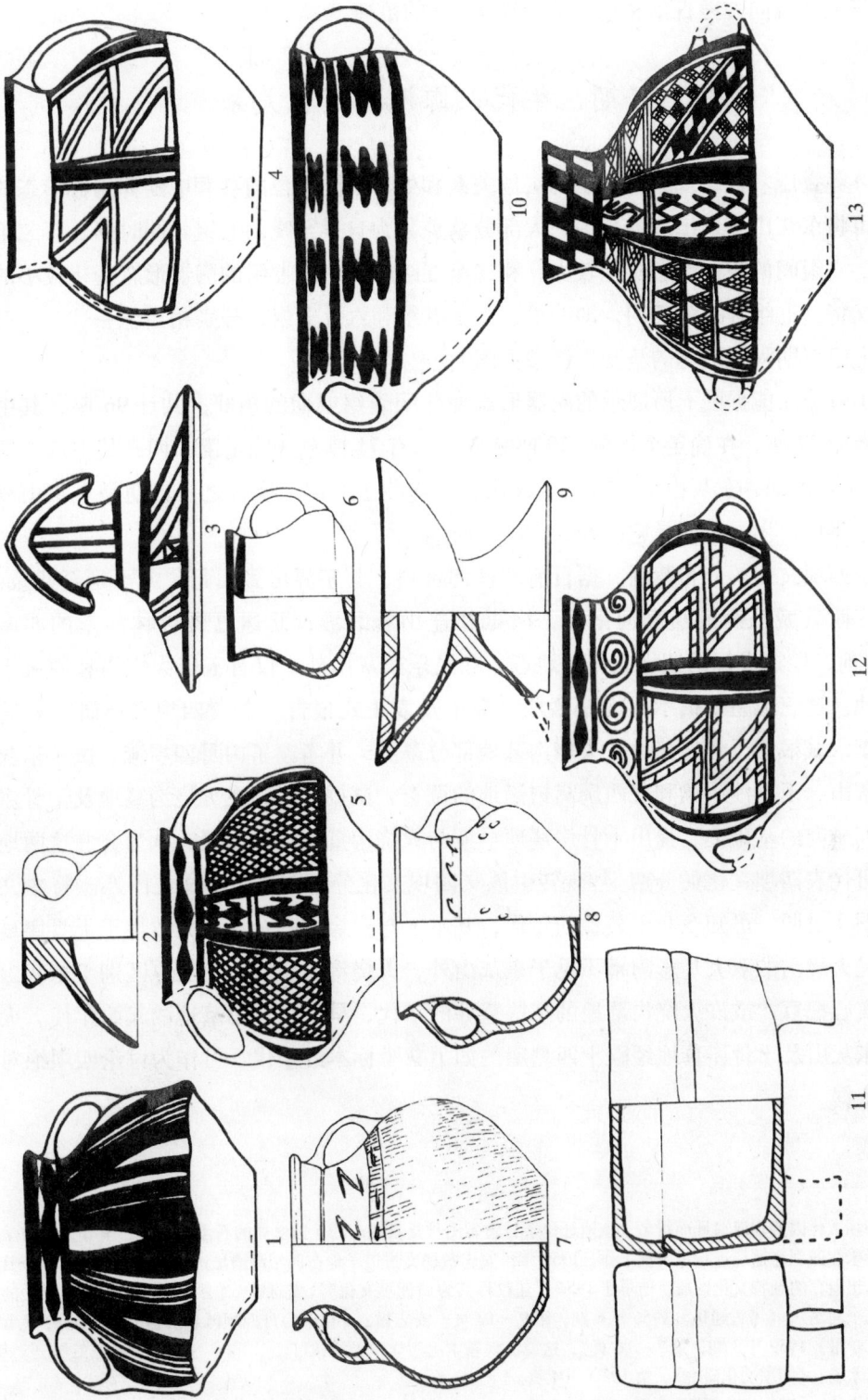

图六　东灰山的陶器

1、5. 双耳彩罐　2、3. 器盖　4、6. 单耳彩罐　7. 双耳大罐　8. 双耳小罐　9. 彩豆　10. 双耳彩盆　11. 方鼎　12、13. 双腹耳彩壶

显示的三地当属同一考古学文化，即四坝文化①的范畴。

二　分期、年代、源流与文化关系

据墓葬叠压、打破现象所显示的层位关系和处于不同层位的墓葬中随葬陶器形态的变化，可将东灰山墓地出陶器墓中的大部分墓葬分为自早至晚的七组，同时据一、二组间及五、六组间的陶器形态变化较大，和二至五组间及六、七组的陶器形态变化较小的情况，又将这七组合并为三期，即一组、二至五组和六及七组，分别相当于一、二、三期。这七组三期陶器形态的演变，请参见图七。

在出陶器而能据图七所展示的陶器形态变化明确组或期的墓葬，共计 96 座，其中属二期者为 77 座，在确定个体的 150 座墓葬中，有 71 座墓葬能定组、期，其中属二期者为 57 座。可知，东灰山墓地的大多数死者，均葬于二期。换言之，二期是东灰山墓地的繁盛年代，一、三期是它的开始和结尾时期。

关于四坝文化的分布范围，据目前掌握的资料，其东界可到山丹，或可延至武威，西界至安西县城东侧的疏勒河南岸，南抵祁连山麓北坡，北达巴丹吉林沙漠的西南缘。② 目前，经过发掘的四坝文化的地点，除民乐东灰山外，仅有玉门火烧沟和酒泉干骨崖两地。这三地主要揭示的均是墓地，都未发表正式报告。在《四坝文化研究》一文中，李水城根据干骨崖墓地及火烧沟墓地部分墓葬，并考察了山丹四坝滩、民乐东灰山及西灰山、玉门沙锅梁和安西鹰窝树诸地的调查、试掘资料，在火烧沟墓地及干骨崖墓地分期研究的基础上，提出干骨崖墓地早期与火烧沟墓地晚期衔接，认为合并这两地的分期可代表四坝文化的分期。③ 现转引该文四坝文化分期图作为本文之图八。将本文图七、图八对照，可知东灰山墓地的年代，基本上与火烧沟吻合，而大致早于干骨崖墓地，只是火烧沟的双大耳彩陶罐不见于东灰山外，火烧沟的粗空心把豆也区别于东灰山的高细实心把豆，或许火烧沟墓地的某些墓葬的年代，早于东灰山墓地的起始年代。火烧沟、东灰山及干骨崖墓地经碳十四测定的如下 9 个标本的年代，可作为讨论四坝绝对年代的依据。

① 四坝文化因四坝滩遗址而得名。该遗址位于甘肃省山丹县县城南约 5 公里处的石沟河东岸。至今，考古学者未在四坝滩遗址进行过发掘工作。1959 年，安志敏撰文报道了他在四坝滩遗址进行调查的结果，鉴于其乙组遗存的独特文化性质，他早于 1956 年建议称其为"四坝文化"（安志敏：《甘肃远古文化及其有关的几个问题》，《考古通讯》1956 年 6 期，第 9～19 页；安志敏：《甘肃山丹四坝滩新石器时代遗址》，《考古学报》1959 年 3 期，第 7～16 页），这说法现基本上为学术界所认可。

② 李水城：《四坝文化研究》，第 103～104 页。

③ 李水城：《四坝文化研究》，第 102～103 页。

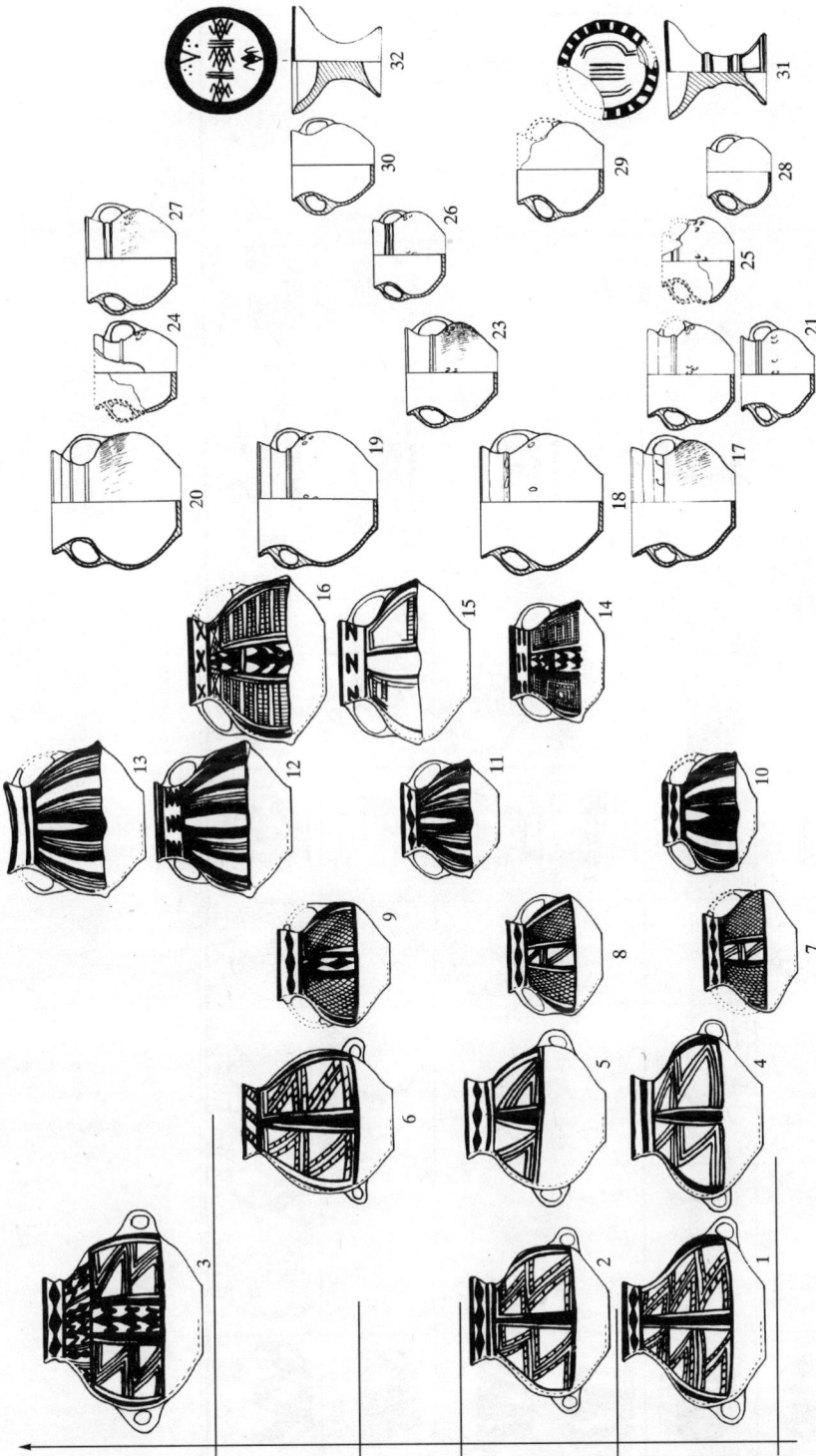

图七 东灰山墓地陶器形态的演变

1～3. 双腹耳彩壶 Aa 型Ⅰ、Ⅱ、Ⅲ式 4～6. 双腹耳彩壶 Ab 型Ⅰ、Ⅱ、Ⅲ式 7～9. 双耳彩罐 A 型Ⅰ、Ⅱ、Ⅲ式 10～13. 双耳彩罐 B 型Ⅰ、Ⅱ、Ⅲ、Ⅳ式 14～16. 双耳彩罐 C 型Ⅰ、Ⅱ、Ⅲ式 17～20. 双耳大罐 A 型Ⅰ、Ⅱ、Ⅲ、Ⅳ式 21～24. 双耳小罐 A 型Ⅰ、Ⅱ、Ⅲ、Ⅳ式 25～27. 双耳小罐 B 型Ⅰ、Ⅱ、Ⅲ式 28～30. 双耳小罐 Ga 型Ⅰ、Ⅱ、Ⅲ式 31. 豆 B 型 32. 豆 B 型

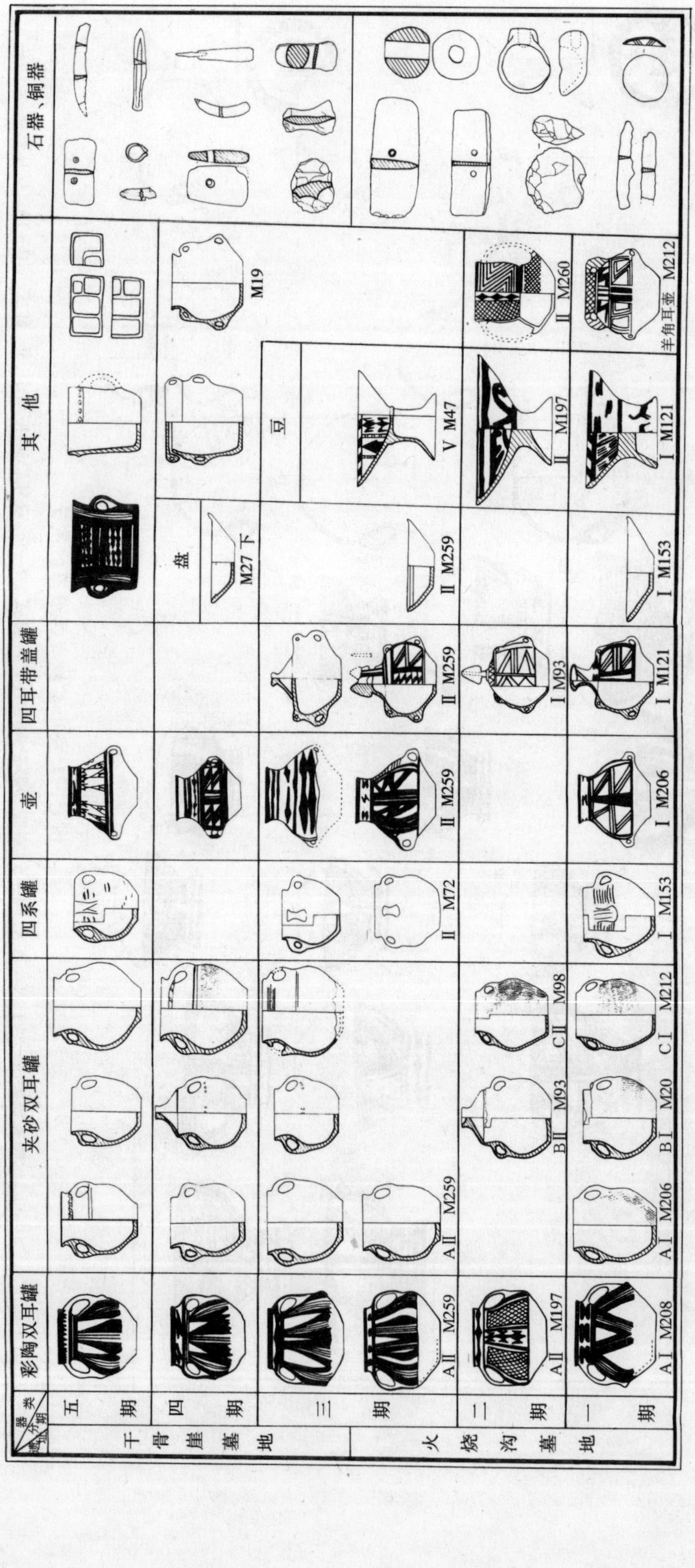

图八　四坝文化分期图

（采自李水城：《四坝文化研究》）

标　　本	地点及单位	距今年代	达曼表校正值
2K-408	火烧沟 T43③:2（木炭）	3300±85 B.P.	1710±135 B.C.
2K-409	火烧沟 T1②（木炭）	3485±100 B.P.	1940±120 B.C.
BK-77008	火烧沟 T42③:3（木炭）	3245±100 B.P.	1630±145 B.C.
BK-77010	火烧沟 M48（木棒）	3350±100 B.P.	1770±145 B.C.
WB89-7	东灰山 TG②（木炭）	3490±100 B.P.	1820±145 B.C.
BK-87059	干骨崖 M41（朽木）	3550±40 B.P.	1895±100 B.C.
BK-87060	干骨崖 M63（朽木）	3490±70 B.P.	1820±125 B.C.
BK-87063	干骨崖 M64（朽木） 干骨崖 M32（朽木） 干骨崖 M48（朽木）	3300±80 B.P.	1580±130 B.C.
BK-89028	干骨崖 M48（朽木）	3220±60 B.P.	

　　表中 9 个标本的距今年代[①]，是以 1950 年为起点。火烧沟 4 个标本半衰期取 5570 ±30 年，东灰山及干骨崖 5 个标本半衰期均取 5730±40 年。由于半衰期所取年数不同，得到的年代自然相异，如火烧沟四个标本半衰期也取 5730±40 年，则所得年代当高于今表所列年代。目前不少学者把夏代的起讫年代定于公元前 21 世纪到公元前 17 世纪，依此可见现今测定的四坝文化的碳十四年代数据，落在夏纪年之内或夏商之际，但未进入夏代早期。

　　《半山、马厂文化研究》[②] 在分析了柳湾墓地[③]后指出，柳湾马厂三、四期与此地齐家早、中期年代基本平行，二者的陶器不仅互相借用，而且由于相互影响以至于器形或纹饰方面出现了新的变种，如马厂三、四期墓中出土的齐家文化的鹦面罐、Ⅳ 型敛口瓮、高领双耳罐等；齐家墓葬出土的Ⅰ型双耳彩陶罐、粗陶瓮、Ⅱ型Ⅰ式夹砂陶罐，则是齐家居民借用马厂陶器的表现。齐家文化的Ⅱ型双耳彩陶罐是马厂文化双耳彩陶罐与齐家文化双耳罐相结合产生的一种新器形；柳湾部分齐家陶器上施黑彩，也是受马厂文化影响所致（图九）。同时，《半山、马厂文化研究》在分析马厂文化 8 个碳十四年代测定数据，和齐家文化 6 个碳十四年代测定数据后说，柳湾马厂二至三期的年代在公元前 2280～公元前 2040 年之间，公元前 2215～公元前 2010 年较接近部分齐家文化的真实年代[④]。我在《齐家文化的研究》一文中，将齐家文化分为三期，指出其三期已进入夏纪年[⑤]。看来，马厂文化的一定时期也迈进了夏朝年代。

---

① 火烧沟和干骨崖碳十四年代，分别见中国社会科学院考古研究所：《中国考古学中碳十四年代数据集（1965～1991）》，文物出版社，1992 年，第 133、136 页；李水城：《四坝文化研究》，第 103 页。

② 李伊萍：《半山、马厂文化研究》，第 63 页。

③ 青海省文物管理处考古队、中国社会科学院考古研究所：《青海柳湾》，文物出版社，1984 年。

④ 李伊萍：《半山、马厂文化研究》，第 61、63 页。

⑤ 张忠培：《齐家文化研究》，第 129 页。

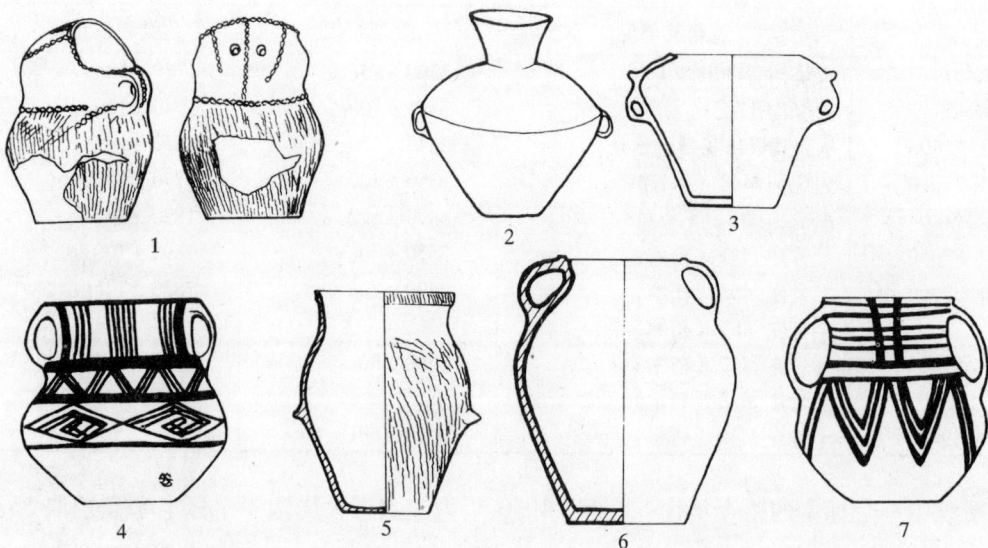

图九　柳湾马厂文化和齐家文化的相互关系

1～3. 马厂文化三、四期墓葬所出齐家文化鹗面罐、高领双耳罐、Ⅳ型敛口瓮　4～7. 齐家文化墓葬
所出与马厂文化有关系的Ⅰ型双耳彩陶罐、粗陶瓮、Ⅱ型Ⅰ式粗陶罐、Ⅱ型双耳彩陶罐

迄今，在中国北方已分辨出一批属夏纪年的青铜时代的考古学文化，如：以伊、洛河为中心分布的二里头文化①，黄河下游及黄淮平原的岳石文化②，旅大半岛的双砣子中层类型，碧流河西岸的以上马石瓮棺为代表的遗存及千山山地的庙后山中层为代表的遗存③，辽河流域的高台山文化④，西拉木伦河及燕山南北的夏家店下层文化⑤，以滹沱河下游为中心分布的先商文化⑥，分布于汾河流域及河套地区的以白燕四期为代表的遗存⑦，河套地区的以朱开沟 M2001、M1060、M3024 及 M6011 诸墓为代表的遗存⑧，分

① 邹衡：《试论夏文化》，《夏商周考古学论文集》，文物出版社，1980 年，第 95～182 页。
② 吴玉喜：《岳石文化地方类型初探——从郝家庄岳石遗存的发现谈起》，《考古学文化论集》（3），第 270 ～310 页。
③ 陈光：《羊头洼类型研究》，《考古学文化论集》（2），文物出版社，1989 年，第 113～151 页。
④ 朱永刚：《论高台山文化及其与辽西青铜文化的关系》，《中国考古学会第八次年会论文集》，文物出版社，1996 年；赵宾福：《关于高台山文化若干问题的探讨》，《青果集——庆祝吉林大学考古专业成立二十周年考古论文集》，知识出版社，1993 年，第 273～284 页。
⑤ 中国社会科学院考古研究所：《大甸子》，科学出版社，1996 年。
⑥ 李伯谦：《先商文代探索》，《庆祝苏秉琦考古五十五年论文集》，第 280～293 页；沈勇：《论保北地区的先商文化》，北京大学考古系硕士论文（1988 年）。
⑦ 晋中考古队：《山西太谷白燕遗址第一地点发掘简报》，《文物》1989 年 3 期，第 1～21 页。
⑧ 内蒙古文物考古研究所：《内蒙古朱开沟遗址》，《考古学报》1988 年 3 期，第 301～302 页。应指出的是，该文将在同地见到的与墓葬有别的遗址出土材料，与墓葬混同起来认为同一考古学文化，是不当的。这点，我在 1984 年写的《朱开沟遗存及其相关的问题》（载《中国北方考古文集》）中已作了说明。

布于涑水河流域的同具白燕四期及二里头文化特征的东下冯类型①，分别见于武功和扶风的郑家坡遗存②和刘家村遗存③（它们的年代上限或可进入夏代或夏商之际），以及分布在甘青地区的山家头类型、辛店文化及卡约文化④（后二者的年代上限进入夏代）。四坝文化只是这些属夏时期或上限年代跨入夏纪年的诸考古学文化的一支，它分布于最西边的河西走廊地带。下面拟从这一分布格局中考察它的源流及其与同时期诸文化的关系。

关于四坝文化的源，自 1978 年起，考古学界一直认为是马厂文化⑤，且无异议。

四坝文化的分布范围与马厂文化的西区⑥基本一致，无论从层位上还是据碳十四测定年代，均可认为四坝文化的年代晚于马厂文化。而且，它的基本器形，如彩绘壶、罐、豆、方形器、素面罐、带盖割口罐、盆，以至器盖等等，无论造型、彩绘风格，还是流行附耳的作风，都可在马厂文化中找到源头。对此，《四坝文化研究》一文，作了一图⑦，现转引于此（图十），以作形象的说明。同时，东灰山 M180∶3 双耳彩陶罐、M82∶5 双耳彩陶罐及 M224∶5 双耳彩陶盆的器形与纹饰，均分别与鸳鸯池 M94∶1 双耳彩陶罐、M19 双耳彩陶罐⑧及柳湾 M926∶39、M357∶6 双耳彩陶盆⑨相若（图十一），也可作为将马厂文化视为四坝文化之源的一个例证。

然而，在肯定这一认识的前提下，仍需考虑如下的情况：

其一，马厂文化和四坝文化的碳十四年代数据，其间存在一段年代距离。前者下限年代为公元前 2040 年，后者上限年代是公元前 1940 年。两者约差百年。同时，从上述图十及图十一所展示的情况来看，其间并不连接，两文化陶器形态仍存在一定距离。

其二，李伊萍《半山、马厂文化研究》据类型学比较得知，柳湾马厂文化三、四期与同地齐家文化早、中期年代基本平行。该文将柳湾马厂文化分为四期，则知齐家文化晚期当处在马厂文化已消失的年代；而在河西走廊的马厂文化的结束年代，《半山、

① 中国社会科学院考古研究所：《夏县东下冯》，文物出版社，1988 年。
② 宝鸡市考古工作队：《陕西武功郑家坡先周遗址发掘简报》，《文物》1984 年第 7 期，第 1～15、66 页。
③ 陕西周原考古队：《扶风刘家姜戎墓葬发掘简报》，《文物》1984 年第 7 期，第 16～29 页。
④ 许永杰：《河湟青铜文化的谱系》，第 166～203 页；张学正等：《辛店文化研究》，《考古学文化论集》（3），第 122～152 页；高东陆：《略论卡约文化》，《考古学文化论集》（3），第 153～165 页；南玉泉：《辛店文化序列及其与卡约寺洼文化的关系》，《考古类型学的理论与实践》，文物出版社，1989 年，第 73～109 页。
⑤ 严文明：《甘肃彩陶的源流》，《仰韶文化研究》，文物出版社，1989 年，第 321～322 页；李伊萍：《半山、马厂文化研究》，第 64 页；李水城：《四坝文化研究》，第 106～113 页。
⑥ 李伊萍：《半山、马厂文化研究》，第 54～56 页。该文说的马厂文化西区，是指河西走廊。
⑦ 李水城：《四坝文化研究》，第 107 页。
⑧ 甘肃省博物馆文物工作队、武威地区文物普查队：《甘肃永昌鸳鸯池新石器时代墓地》，《考古学报》1982 年 2 期，第 199～227 页。
⑨ 青海省文物管理处考古队、中国社会科学院考古研究所：《青海柳湾》，图七八之 7。

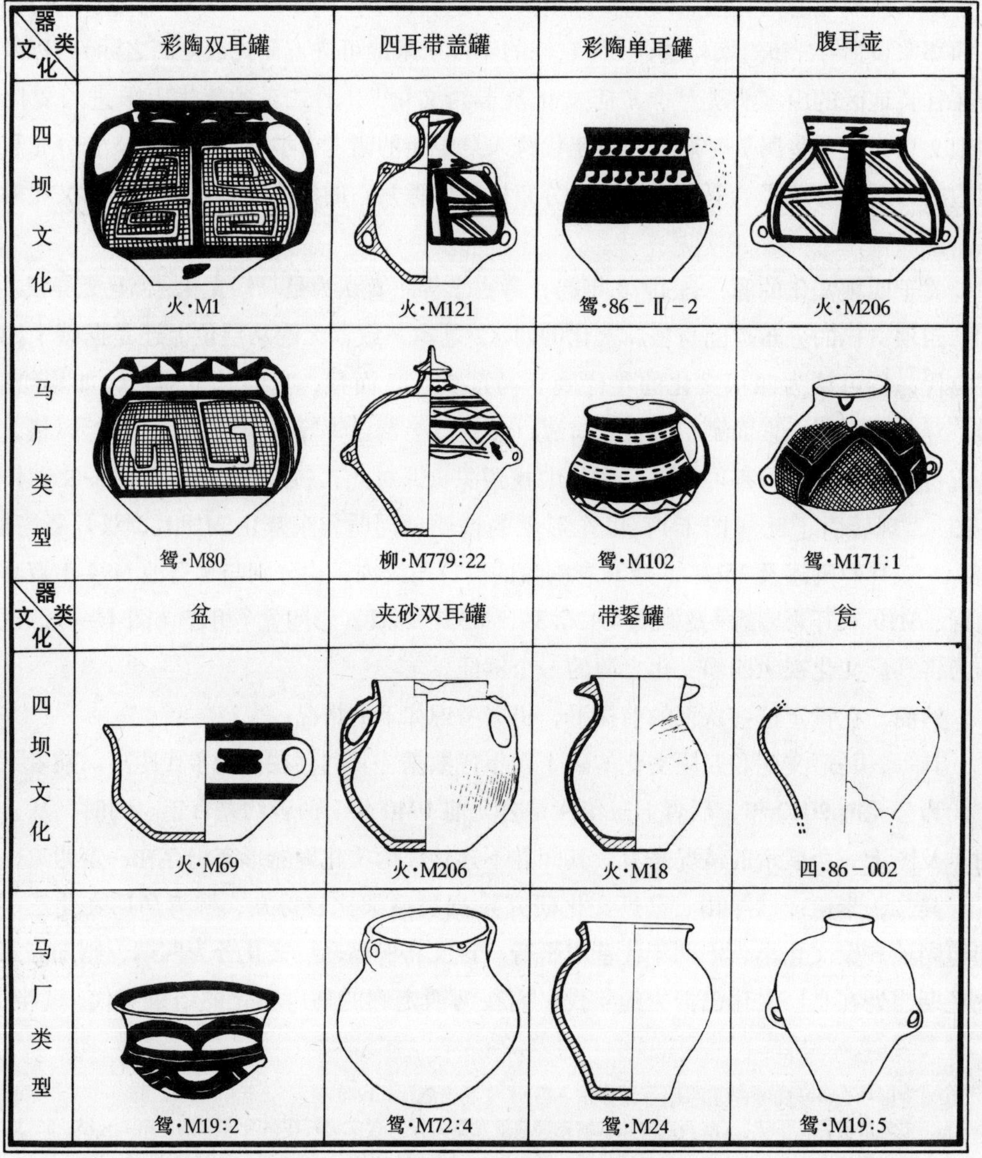

器类 文化	彩陶双耳罐	四耳带盖罐	彩陶单耳罐	腹耳壶
四坝文化	火·M1	火·M121	鸳·86-Ⅱ-2	火·M206
马厂类型	鸳·M80	柳·M779:22	鸳·M102	鸳·M171:1

器类 文化	盆	夹砂双耳罐	带錾罐	瓮
四坝文化	火·M69	火·M206	火·M18	四·86-002
马厂类型	鸳·M19:2	鸳·M72:4	鸳·M24	鸳·M19:5

图十　四坝文化与马厂文化陶器比较

注：火＝火烧沟，鸳＝鸳鸯池，鹰＝鹰窝树，柳＝柳湾，四＝四坝滩

（采自李水城：《四坝文化研究》，第107页）

马厂文化研究》则认为是在柳湾马厂文化的三期。那么，在肯定四坝文化是自河西走廊的马厂文化演变而来的情况下，就当认为四坝文化和齐家文化有一段年代共时。

其三，事实上，四坝文化的不少器形及纹饰风格，乃至具体形态，进而如图十二所示，都与齐家文化的同类制品极近似甚至相同，可证两者之间的联系。同时，武威皇娘

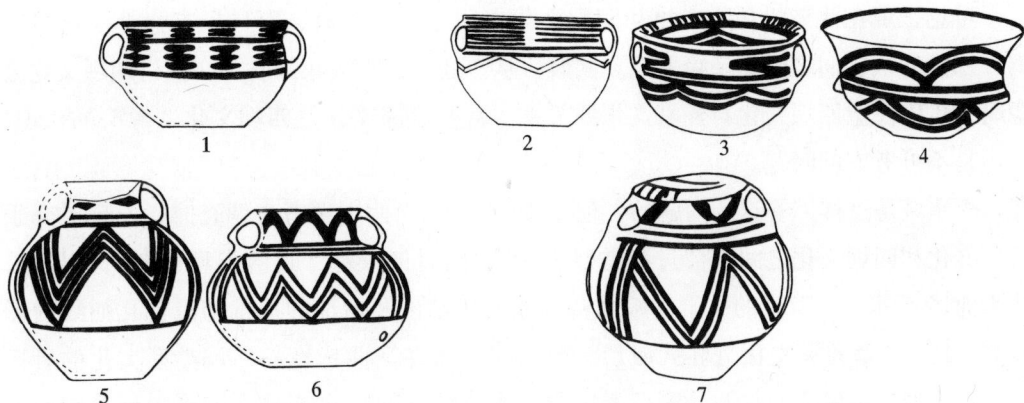

图十一 东灰山与鸳鸯池、柳湾的彩陶之比较

1、5、6. 东灰山（M224:5，M180:3，M82:5）   2、3. 柳湾（M926:39，M357:6）

4、7. 鸳鸯池（M19:2，M94:1）

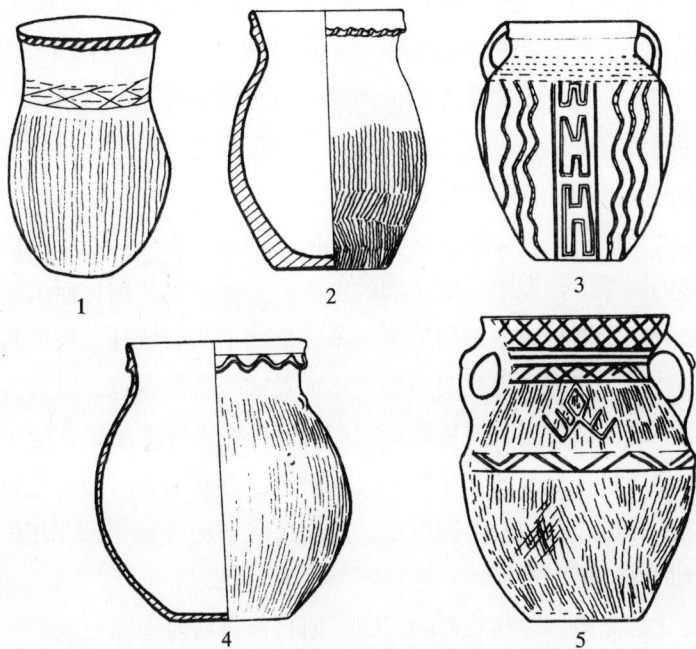

图十二 齐家文化与四坝文化的绳纹堆纹罐

1～3. 齐家文化（皇娘娘台 T11:13、秦魏家 M86:1、祁家坪 M58:3）

4、5. 四坝文化（东灰山 M9:1、东灰山 M181:2）

娘台齐家文化墓地及遗址出土的一批饰黑色几何纹的彩陶壶、罐，虽早已引起考古学界的关注却又令学者长期迷惑不解的是，这批陶器的形态及纹饰，绝不属于齐家文化谱系，而极似马厂文化或四坝文化的同类器物，但又难以具体类比，以至不能对它们作出是马厂文化的，抑或四坝文化的判断。

可见，现在认知的马厂文化和四坝文化之间还有段距离，而且只有弥补了这段距离，才能确认它们之间的亲缘关系。同时，从上述第三点现象来看，在探讨四坝文化之源时，也应注意四坝文化与齐家文化的关系，甚至齐家文化是四坝文化的源头的认识，亦不是不可考虑的问题。

李水城是这样回答这一问题的：他于1986年在河西走廊考古调查时，发现了介于马厂文化和四坝文化之间的"过渡类型遗存"，同时他依对"过渡类型遗存"的界定，认为前述"其三"所说的见于皇娘娘台齐家文化墓地及遗址的那批饰黑色几何纹的彩陶壶、罐，"是齐家文化进驻武威后，与当时分布在河西走廊的马厂类型文化的后裔——过渡型遗存发生交往并受到后者影响、渗透的产物"。[①] 为使人们形象地了解他的论点，现将《四坝文化研究》一文之图十三转刊于此（图十三）。

"过渡类型遗存"是介于马厂文化与四坝文化之间的考古学文化，还是马厂文化抑或四坝文化的一个发展阶段这一问题有待进一步证实、研究外，李水城提出的这一认识，无疑推进了马厂文化和四坝文化亲缘关系的研究。至于本文图十二所表述的现象，则当认为是四坝文化接受齐家文化影响的产物。可见，分驻河西走廊东、西的齐家文化与四坝文化之间确曾存在广泛深入的文化交流。或许正是马厂文化转化成四坝文化这一革新所产生的力量，遏阻了齐家文化的西进。

除了同齐家文化的关系外，四坝文化也和同时期的，即夏代的中国诸考古学文化有着间接的及直接的联系。细泥陶及泥质陶的消失和夹砂粗陶的细化而出现的含细砂的陶质、绳纹的细密化、陶器口边或颈间的堆纹带、器物上的瘤状耳、烧后彩的流行、帮底一体成型的制陶技术、粗把空心或实心细把座的盘式豆及浅盘豆，以及占卜的流行，均是四坝文化值得注意的文化现象或特征。它们或部分或全部亦见于其他中国北方夏时期的不同考古学文化所呈现出来的文化的时代共同性，透露出其间的文化交往。自然，由于文化分布地区的邻近，正如图十四所示，四坝文化与河湟地区[②]的山家头文化、辛店文化及卡约文化的交往更为密切。

关于四坝文化的流向，即其后裔的问题，因目前在河西走廊发现的晚于四坝文化的考古学文化的年代，相距四坝文化较远，且文化面貌迥异，故它和四坝文化的关系，难以讨论。总之，迄今在河西走廊尚未见到四坝文化流向的踪迹。[③]

中西文化交通是一引起中外学者关注的传统而时新的问题。新疆虽非古代重要文化的发源地，却是中西交通要道。要探讨这一问题，关键是梳理好该地区古代遗存的来龙

---

① 李水城：《四坝文化研究》，第111页。
② 河湟地区是指甘肃省中部和青海省东部，主要河流有黄河及汇入黄河的湟水、大通河、洮河及大夏河。
③ 李水城：《四坝文化研究》，第114页。

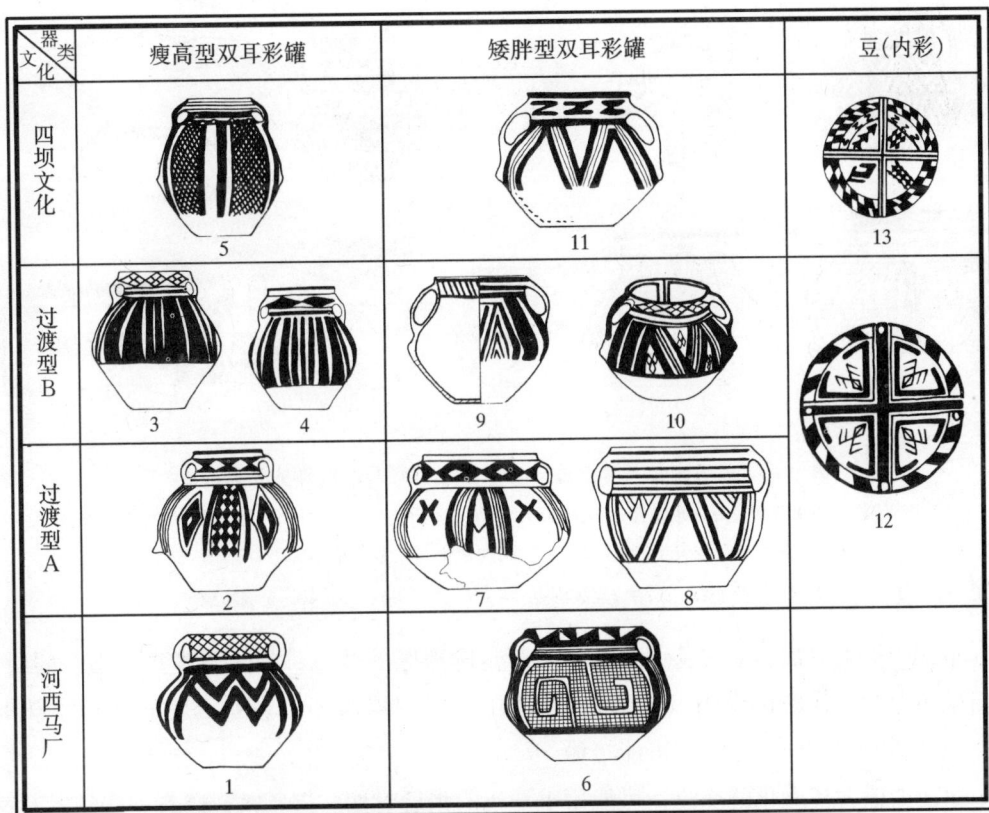

图十三　马厂文化向四坝文化的转化

1. 鸳 M28　2. 皇 57M9　3. 皇墓地　4. 金塔砖沙窝 -003　5. 火 M306　6. 鸳 M80　7. 皇 M6

8. 金塔二道梁 -04　9. 皇 M31　10. 皇 M30　11. 火 M208　12. 皇 M47　13. 火 M178

注：火＝火烧沟，皇＝皇娘娘台，鸳＝永昌鸳鸯池

（采自李水城：《四坝文化研究》，第 112 页）

去脉。然而，这方面尚需做不少工作。

　　至迟到 80 年代后期，中国学者已弄清了除新疆以外的中国境内含彩陶的诸考古学文化的源流。起源于渭河流域的老官台文化[①]，通过转变为半坡文化及其以后的西阴文化的过程中[②]，逐渐向四周扩张。在甘青地区，西阴文化在转变为马家窑文化后[③]，又先后发展为半山文化及马厂文化的历程中，一步一步地向西迁徙推进。马家窑文化、半山文化和马厂文化分布的西界，分别止于武威、永昌和酒泉。显然，创造这些文化的居

[①] 张忠培：《关于老官台文化的几个问题》，《中国北方考古文集》，第 1～10 页。

[②] 苏秉琦（主编）：《中国通史》第二卷《远古时代》，上海人民出版社，1994 年，第 85～96 页；张忠培：《仰韶时代——史前社会的繁荣与向文明时代的转变》，《文物季刊》，1997 年 1 期，第 1～17 页。

[③] 张忠培、李伊萍：《关于马家窑文化的几个问题》。

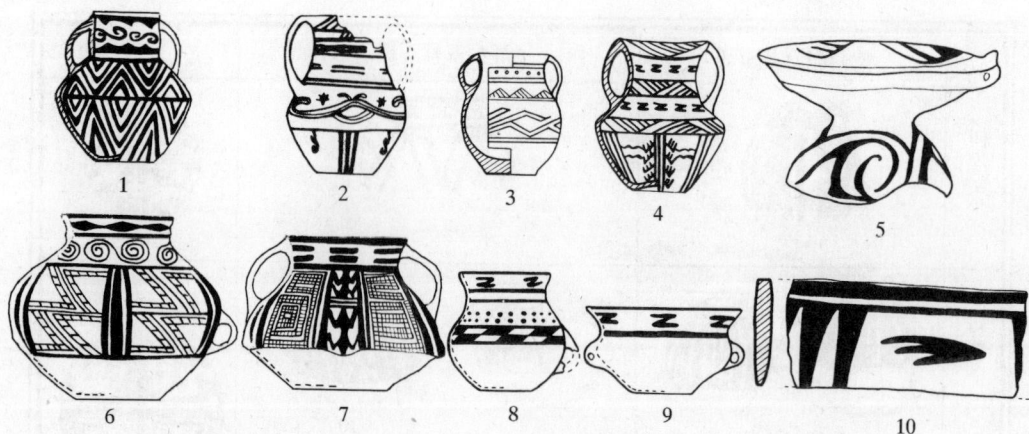

图十四　四坝文化与河湟地区诸考古学文化彩陶纹饰的相似因素

1、2. 辛店文化（永靖炳灵寺、永靖张家嘴 H188）　　3、4. 卡约文化（循化苏呼撒 M43、循化苏志 M1）

5. 唐汪式陶器（东乡唐汪川）　　6～10. 四坝文化（东灰山出土）　　（1、6. 回旋纹

2、7. 短平行线　3、8. 连续圆点　4、9. 之字形纹　5、10. 火焰状纹）

民，虽逐步扩大及加深了对荒无人烟的河西走廊地区的开发，却无力染指新疆。同时，在新疆的考古工作中迄今仍未见到和它们同时的考古学文化，所以，截止马厂文化时期，中西两地的古代文化尚不可能接触。

中西两地古代文化的交流，可能始于夏代的稍后时期。近年来，已有一些学者对这一问题进行了探讨。

其一，是林沄说夏家店下层文化的一端呈漏斗状的耳环，也是安德罗诺沃文化（Andronovo Culture）的典型器物之一，和夏家店下层文化大甸子墓地出土的形制上和二里头文化相似的鬶、爵上的纹饰，也和安德罗诺沃文化陶器上流行的纹饰相似。[1] 现在虽搞不清楚夏家店下层文化和安德罗诺沃文化的交往路线，但从上述器物所表现的那样细微地相像来看，它们之间确存在过交往，尽管这种交往很可能是间接的。

其二，是水涛认为卡约文化和四坝文化及马厂文化，分别对新疆哈密盆地的焉不拉克墓地遗存和雅林办墓地遗存产生了文化影响。[2] 据陶器对比，马厂文化对雅林办墓地的文化影响问题，虽尚待研究，但雅林办墓地遗存中确可见到四坝文化的某些因素的踪迹。

在新疆发现的青铜时代至铁器时代早期的遗存中，迄今仍无一可确指为土著文化，却都可从其周邻地区找到这些遗存的原生地，或它们分布的中心地区。同时，现今对这

---

① 林沄：《早期北方系青铜器的几个年代问题》，《内蒙古文物考古文集》一辑，中国大百科全书出版社，1994 年，第 292 页。

② 水涛：《新疆青铜时代诸文化的比较研究》，第 447～490 页。

时期人骨种系测定结果表明，创造这些遗存的主人基本上属高加索人种，其中只有焉不拉克墓地同时存在东方蒙古人种支系和西方高加索人种支系。[①] 雅林办墓地遗存除部分文化因素与四坝文化有关外，较多的文化因素却同于焉不拉克墓地。有鉴于此，目前虽未见雅林办墓地人骨种族测定材料，或仍可推测此地的人种情况也很可能和焉不拉克相同。可见，这时期的新疆是东西文化交融地区。

现在，我们从另一个角度来讨论东西文化交流问题。东灰山墓地发现的砷铜、土坯及大、小麦，则是从这一角度探讨东西文化交流的材料。

东灰山墓葬及遗址出土的 16 件削、锥、镯、环这类小型铜器中，有 15 件经北京科技大学冶金史研究室进行了原子吸收光谱定量分析、扫描电子显微镜分析和金相组织鉴定。[②] 在 13 件能确定成分的铜器中，除 M34 随葬的那件含锡量达 7.95% 而超过含砷量外，其余各件含锡量甚微，都远低于其含砷量。就是 M34 那件的含砷量也达 2.62%。经金相组织鉴定的 11 件铜器，均具锻造组织，其中 6 件铜器在热锻之后又经冷锻加工。以往对中国大陆境内出土的早商以前的 121 件铜器进行的鉴定，发现只有岳石文化的 1 件锡青铜刀的组织中有含砷 1.9% 的析出相，和仅有 12 件经锻造加工的铜器。[③] 可见砷铜与锻造加工是东灰山四坝文化铜器区别于其他文化铜器的鲜明特征。

据 R. F. Tylecote 的研究[④]，在古代世界青铜时代之前，存在一个冶炼和使用砷铜的时期。伊朗克尔曼南面的泰佩叶海亚一处公元前 3800~公元前 3500 年地层中发现了大量砷铜工具，公元前 3500~公元前 3000 年的叙利亚、巴勒斯坦、以色列、埃及、希腊及东南欧部分地区均使用过砷铜制品，公元前 3000~公元前 2000 年意大利、伊比利亚及高加索出现过砷铜器，公元前 2500~公元前 2000 年印度的哈拉帕文化也发现了砷铜器。这些地方发现的砷铜器，年代较东灰山的砷铜器古老，其含砷量与制造技术却和东灰山一样。它们的含砷量一般在 7% 以下，东灰山的含砷量为 2.62~5.47%；它们也主要是热锻，部分经冷锻加工。这样，东灰山的砷铜器是否反映了东灰山四坝文化和它们之间存在着文化联系？是否是在它们的影响下产生的呢？

---

① 韩康信：《新疆哈密焉不拉克古墓人骨种系成分研究》，《考古学报》1990 年 3 期，第 371~390 页。

② 孙淑云：《东灰山遗址四坝文化铜器的鉴定及研究》，《民乐东灰山考古——四坝文化墓地的揭示与研究》，科学出版社，1998 年。

③ 北京钢铁学院冶金史组：《中国早期铜器的初步研究》，《考古学报》1981 年 3 期，第 287~301 页；张学政等：《甘肃发现的早期金属器物的研究》，北京第一届金属及合金早期使用国际学术会论文（1981 年）；北京科技大学冶金史研究室：《山东泗水县尹家城遗址出土岳石文化铜器鉴定报告》，《泗水尹家城》，文物出版社，附录二，第 353~359 页。

④ R. F. Tylecote, *A History of Metallurgy*, London：The Metal Society, 1979, pp. 5~7.

新疆也发现过与四坝文化年代相当的红铜①，遗憾的是，均未作成分鉴定。地处偏西而年代与东灰山基本相同的玉门火烧沟四坝文化墓地发掘出的 312 座墓葬中，有 106 座墓出土了 200 多件铜器，其中作过鉴定的 46 件铜器中，未见砷铜，13 件为红铜，余为青铜，青铜制品占铜器总数 71.8%。值得注意的是，在火烧沟墓地中，有 M84、M100、M127、M219、M234 及 M254 六座墓葬是红铜器与青铜器共出②；另外也见同一种器物既有红铜的也有青铜的现象。由于火烧沟墓地的正式报告尚未发表，不知这里是否存在只出红铜或青铜器的墓葬，如有这类墓葬，那么这些墓葬和混出红铜及青铜器的墓葬，是否存在早晚关系，即火烧沟四坝文化墓地是否可区分为红铜—红铜、青铜—青铜的三个时期？不过，在解决这些问题之前，还可笼统地认为火烧沟四坝文化出现的青铜制品已不是偶然的现象，是其居民在生产中有意识地进行合金的结果。他们已经开始掌握了青铜的冶炼技术，进入了青铜时代。看来，东灰山的砷铜器或其制造技术来自西方说在此遇到了困难，因为和地理上位于它的西方的同一文化、同一时期的居民已经迈进了青铜时代。同样，也不能把东灰山居民的砷铜器或其制造技术解释为来自东方，因为与东灰山同时的东方居民也已跨进了青铜时代的门槛，而且他们的先民从未经历过使用与制造砷铜的历史阶段③。

确实，东灰山是一个使用或制造砷铜的孤岛。这里的 12 件测定出成分的铜制品中，只有 5 件可依据本文关于东灰山墓地的分期标准，确定它们的期别④。属一期的 M21:1 耳环含锡量仅 0.05%；二期的 M127:12 铜刀及 M205:3 铜刀均为砷铜。前者含锡量只有 0.05%。三期 M23:6 铜管饰和 M34:1 耳环 2 件，前者的含锡量虽低于含砷量，但含锡量偏高，达 1.42%。后者的含锡量为含砷量的 3 倍，达 7.95%。可见，三期较一、二期铜制品的含锡量明显提高，M34:1 耳环无疑可归为青铜。如是，三期可认为是砷铜与青铜的并用时期。孙淑云鉴定报告说：在酒泉干骨崖墓地被分析检验的 46 件铜器中，只有 16 件含砷量小于 8% 的砷铜器。⑤ 干骨崖和东灰山墓地同属四坝文化，年代较东灰山墓地晚。可见，干骨崖墓地出土铜器的情况，在年代上和东灰山墓地一、二期与三期间出现的变化相衔接。如把玉门视作四坝文化通向新疆的门户而当别论外，那么，四坝

① 新疆文物考古研究所：《新疆文物考古工作的新发展（1979～1989）》，《文物考古工作十年》，第 345 页。
② 北京钢铁学院冶金史组：《中国早期铜器的初步研究》，《考古学报》1981 年 3 期，第 287～301 页；张忠培：《中国早期铜器的发现与研究》，《中国北方考古文集》，第 239 页。
③ 张忠培：《中国早期铜器的发现与研究》，《中国北方考古文集》，第 231～239 页。
④ M21、M23、M127 及 M205 均可依据其随葬陶器确定期别。M34 和 M51，或未出陶器，或出土的陶器不是确定期别的标准器，均难以依陶器确定它们的期别。M51 被定为二期的 M9 打破，则该墓属一期或二期不明。M34 打破三期的 M164，无疑属三期。
⑤ 孙淑云：《东灰山遗址四坝文化铜器的鉴定及研究》。

文化内地则存在着从制作砷铜演进到制造青铜的一个自然的历史过程①。如此说来，又如何理解处在四坝文化的西部门户的火烧沟墓地居民的制铜业水平？

据目前掌握的资料，无疑可认为四坝文化火烧沟墓地居民的铜器制造业的发展水平，在夏代诸考古学文化中仅次于二里头文化，而处于第二位。火烧沟墓地的墓葬中随葬的石范，证明其居民已掌握了制铜技术。同时，以下两点应引起我们注意：一是如前所述，和同时的东灰山墓地居民不同，火烧沟墓地居民已迈进了青铜时代的门槛；二是火烧沟墓地发现的铜斧、矛、锤、镢、镰、凿及镜形物②，不仅未见于东灰山，也为较晚的干骨崖墓地所不见。可见，在四坝文化中，火烧沟墓地居民掌握的制铜业技术是离群的，又是超时代的。限于火烧沟墓地发掘报告尚未发表，使我们难以就其铜器的形制，和有关青铜器文化的铜器进行具体的比较分析。然而，见过这批铜器的李水城说过这样的话："四坝文化的铜器形态明显带有北方草原的风格。其中，骨柄铜锥与南西伯利亚米奴辛斯克盆地铜石并用时代的奥库涅夫文化所出相同。有銎铜斧后来也见于鄂尔多斯高原和西伯利亚左近"③。火烧沟墓地居民的制铜业技术于四坝文化中呈现出来的离群性及时代性，或许正与他们和新疆或南西伯利亚同时期的青铜文化居民联系有关。

虽不能认为砷铜是四坝文化接受同时期新疆居民文化影响的物证，土坯及大、小麦却传来了这方面的信息。

东灰山的土坯，长约 30 厘米，宽约 20 厘米，厚约 10 厘米，为黄土质，未加羼和料，干晒而成，或称日晒砖。此类土坯在内地目前仅见于黄淮地区、长江下游及长城地带东段，如良渚文化、龙山文化、王油坊类型及夏家店下层文化，年代一般较四坝文化早，有的如夏家店下层文化的则和四坝文化同时，但在内蒙西部、宁夏、陕西、青海及河西走廊以外的甘肃地区的早于或与四坝文化同期的诸考古学文化中，均未见发现土坯

---

① Tylecote 在 *A History of Metallurgy* 中说："在使用青铜之前有很长一段时期是用纯度相当高的冶炼铜或含大量砷或锑的铜。在很多地区，这类金属和真正的青铜之间有一个重叠使用的时期。"所以如此，是由铜矿床的结构及性质决定的。对此，滕铭予在《中国早期铜器有关问题的再探讨》(《北方文物》1989 年 2 期，第 8～18 页) 一文中做了如下的说明：世界上大部分，甚至全部铜矿最初都是硫化矿，所有属于金属硫化物的矿床，在其靠近地表部分都要出现矿体结构、矿物及化学成分的变化。在靠近地表部分形成一层铁帽，其中包含有自然铜和一些氧化铜矿石，如孔雀石、蓝铜矿等；在铁帽之下，是一层比较薄的氧化矿层，由于地表的淋滤作用，这一层中的铜矿石中含有较多的砷和锑。在还原条件下冶炼这些矿石，产品中自然会有砷或锑。氧化矿层之下是次生富集层，其中的铜矿石含铜品位很高，但均为硫化矿。采用硫化铜矿石冶铜，要事先对矿石进行焙烧，在这个过程中，矿石中的砷或锑会大量地散失。当人们开始冶炼采集矿石时，首先遇到和使用的是地表上常与自然铜伴生的孔雀石、蓝铜矿等，用这种矿石冶炼出的铜是比较纯的红铜。接着采用氧化矿层中的矿石，冶炼出的铜往往会含较多的砷或锑。含砷的铜经过冷锻很快硬化，性能优于红铜。一旦采用硫化矿石，由于在焙烧阶段失去了大量的砷，炼出的铜又是较纯的铜，硬度低于砷铜。在这种情况下，人们只得寻找新手段来提高铜的硬度，导致锡、铜合金化，于是青铜时代来临。基于此，本文认为从制作砷铜到制造青铜是一自然的历史过程。

② 甘肃省博物馆：《甘肃省文物考古工作三十年》，第 142～143 页。

③ 李水城：《四坝文化研究》，第 105 页。

的报道。同时，目前于四坝文化发现的极少量建筑遗存，或是砾石叠砌的房屋院墙，或为夯土墙，① 尚未见到土坯建筑。然而，与四坝文化同时或稍晚的新疆东部古代遗存中，无论是哈密的焉不拉克及伊吾的盐池古城、房屋和巴里坤石人子乡的房屋，② 还是哈密雅林办③及焉不拉克④墓地内的墓葬，和四坝文化罕见用土坯作建筑材料的情况不同，都广泛地使用了土坯。所以，东灰山四坝文化制造土坯技术的出现，不仅难从它同其东方邻居的文化交往获得解释，也不便从其所在的东部文化氛围中，乃至这文化的传统及发展中得到说明，而只能归结为四坝文化与新疆古代文化的联系。

东灰山发现的大麦及小麦的报道，先见于李璠等的文章⑤；后对东灰山墓地发掘时于纵贯墓地的水渠断面上的四坝文化层内，又采集到炭化麦粒2.5试管，经中国科学院植物研究所孔昭宸鉴定认为是普通小麦。⑥ 前者据遗址上采集的黑炭土标本进行的碳十四年代测定为公元前3050±159年（树轮校正）；后者以炭化小麦作标本经中子加速器测定的年代为公元前2280±250年（未经树轮校正）。两者的年代均早于四坝文化的真实年代，应摒弃不用。即使如此，东灰山四坝文化遗存中发现的大麦及小麦仍是除新疆以外的中国内地地区见到的年代最早的大麦和小麦。现在考古学研究证明，小麦和大麦种植农业的故乡是西亚，⑦ 黄河流域只是种植粟、稷农业的故乡。从古代自然环境和考古学的发现与研究来看，新疆及河西走廊都不可能是任何种植农业的发源地。然而，在新疆的与四坝文化同时或稍晚的遗址及墓葬中较普遍地发现了小麦和大麦，⑧ 可见，东灰山四坝文化遗存中发现的小麦和大麦，当是从西亚通过新疆传入进来的。

从以上论述中，已看到通过新疆在夏代开始了中西文化交流，相互间在文化上产生了影响。中西文化的交往，经历商周和东周的牧民的沟通而得到进步，到汉代才达到繁荣时期。

---

① 分别见于干骨崖和东灰山，参见李水城：《四坝文化研究》，第106页。

② 黄文弼：《新疆考古发掘报告》，文物出版社，1983年，第1～3页。

③ 水涛：《新疆青铜时代诸文化的比较研究》，第450页。

④ 新疆维吾尔自治区文化厅文物处、新疆大学历史系文博干部专修班：《新疆哈密焉不拉克墓地》，《考古学报》1989年3期，第329～337页。

⑤ 李璠、李敬仪、卢晔、白晶、程华芳：《甘肃省民乐县东灰山新石器遗址古农业遗存新发现》，《农业考古》1989年1期，第56～65页。

⑥ 见孔昭宸鉴定报告（未刊稿）。

⑦ 日知：《关于新石器革命》，《世界古代史论丛》，第一集，三联书店，1982年，第239～245页。

⑧ 新疆维吾尔自治区博物馆、新疆社会科学院考古研究所：《建国以来新疆考古的主要收获》，《文物考古工作三十年（1949～1979）》；新疆文物考古研究所：《新疆文物考古工作的新发展（1979～1989）》，《文物考古工作十年》，文物出版社，1990年，第345页；黄文弼：《新疆考古发掘报告》，文物出版社，1983年，第11页；王炳华等：《新疆哈密五堡古墓出土大麦的研究》，《农业考古》1989年1期，第70～73页。

三 墓主人的种属与健康状况

朱泓测定和研究东灰山人骨后认为：东灰山居民的主要种系特征与分布于甘青地区的新石器时代至青铜时代的居民颇为一致，即以接近现代华北类型的东亚蒙古人种成分为主要特征，同时，又出现了某些与东亚人种典型特征相分离的倾向，如面部扁平度较大超出了东亚人种的相应界值，而和某些北亚类型居民比较接近。[①] 这些认识和本文前面指出的四坝文化的渊源及其某些文化交往的结论基本吻合。不过应说明的是，他们和新疆居民的文化联系尚未反映在他们的体质特征上。

在东灰山墓地中，被鉴定出性别及年龄者，和不知性别而知年龄的个体，共计221人。其中14岁以下的未成年人只有18人，占上述总人数的8.1%，显然未达到一般社会居民年龄构成应有的未成年人的含量，即未成年人在人口总量中所占比率明显偏低。而且，在这18个未成年人中，有15人，即占未成年人总数的83.33%的人，均和成年人合葬，只有3个小孩仅占未成年人总数的16.66%的人才单具墓穴，不到总人数的1.4%。东灰山墓地当是成年人的墓地。在这墓地中出现的只葬小孩的墓穴，是另有特殊原因的。

在讨论东灰山墓地居民健康状况之前，先将已确定性别年龄和仅能确定年龄的个体列举如下表：

表1　　　　　　　　　东灰山墓地成年人的性别与年龄统计

年龄　性别　人数及百分比	男	女	性别不详	合计
青年（15~24岁）	18（19.78）	28（45.90）	13（25.49）	59（29.06）
壮年（25~34岁）	31（34.06）	14（22.95）	2（3.92）	47（23.15）
中年（35~55岁）	30（32.96）	17（27.86）	1（1.96）	48（23.64）
成年（具体年龄不详）	12（13.18）	2（3.27）	35（68.62）	49（24.13）
合　计	91（99.98）	61（99.98）	51（99.99）	203（99.98）

现对上表反映的东灰山成年居民的健康状况作如下说明：

其一，关于成年人的平均寿命。人骨年岁鉴定不是用单个数值，采用的是年龄分级制。为能计算，暂分别取19岁、29岁和44.5岁这些"青年"、"壮年"和"中年"的

---

① 朱泓：《东灰山墓地人骨的研究》，《民乐东灰山考古——四坝文化墓地的揭示与研究》，科学出版社，1998年。

中间值，作为计算标准，依人数加权平均，得出能确定为"青年"、"壮年"及"中年"的年龄级的成年人的平均寿命是 30 岁。同时，值得注意的是无一人能活到 55 岁以上。这一成年人寿命较短的状况，综合地反映了他们健康状况不佳。

其二，用上述方法计算，得知成年男女平均寿命分别为 32.60 和 28.77 岁。成年男性平均寿命高于成年女性平均寿命 3.83 岁。成年男性死于"青年"、"壮年"、"中年"者，分别占测知死亡年龄的成年男性的总人数的比例是：22.78%、39.24% 和 37.97%；成年女性死于"青年"、"壮年"和"中年"的人数，占测定死亡年龄的成年女性总人数的比例，分别是：47.45%、23.72% 和 28.81%。可知，死于"青年"的女性的比例，是死于"青年"的男性的 2.08 倍；相反，死于"壮年"及"中年"的男性比例，则是死于同年龄段女性的 1.46 倍。接近半数的女性死于"青年"期，是成年女性平均寿命低于成年男性的原因。这可能由于当时人们缺乏起码的医疗卫生条件，致使大量青年妇女于妊娠、分娩和产褥期间死亡。

其三，确定性别的成年人为 152 人。其中男性 91 人，女性 61 人。成年男女的比例是 1.49∶1。这种成年男女性别比严重失衡现象，广泛见于自半坡文化以来的不同时期的不同考古学文化中。例如：属半坡文化的元君庙与史家墓地，男女比例分别是 1.5∶1 和 1.97∶1；属大汶口文化刘林期的刘林和大敦子墓地，男女比例分别是 1.24∶1 和 1.55∶1[①]；属马厂文化的柳湾墓地的男女比例为 1.2∶1[②]；属汉书文化的平洋墓地的男女比例是 1.32∶1[③]。女性比男性更多地死于孩童时代，是造成成年男女性别比失衡的症结所在。产生这一现象的原因，尚待进一步研究。

可见，在成年人寿命较短这一现象综合地体现在东灰山四坝文化居民的健康状况普遍不佳的情况下，当时的女性居民的健康状况，更恶劣于男性。

四　产业与社会制度

在现代工业社会之前，居民所在的自然环境，往往制约着产业的发展方向，乃至产业内涵与结构。所以，我们在讨论东灰山四坝文化产业之时，得从地理环境说起。

河西走廊的现今地理环境，自武威以西，愈来愈差。张掖、民乐今日的地带性植被为各类草原化荒漠，年平均气温 9℃～10℃，年降水量 ≤200mm，干燥度 >4.0，只在局部水热状况较好的地区才生长针茅草原，低山丘陵和洪积扇上生长盐生、荒生的荒漠，

①　张忠培：《史家村墓地的研究》，《中国北方考古文集》，文物出版社，1990 年，第 66～67 页。
②　潘其风、韩康信：《柳湾墓地的人骨研究》，《青海柳湾》，文物出版社，1984 年，第 261 页。
③　潘其风：《平洋墓葬人骨的研究》，《平洋墓地》，文物出版社，1990 年，第 188～189 页。

2000米以上山地还有局部森林，而农作物的种植完全依赖灌溉。尽管如此，河西走廊依仗祁连山的融雪的灌溉，却是现今甘肃的重要产粮区。

关于四坝文化时期东灰山地区的自然环境，可从孔昭宸对采自东灰山四坝文化层位中的孢粉的测定结果，得到一些说明。他的孢粉测定结果是：在孢粉总数中，中生草本的禾本科（G—ramineae）植物孢粉占 34.89%，草本或小灌木的蒿（Areemisia）孢粉占 56.18%，旱生和盐生的草本或半灌木状的藜科占 4.41%，一般呈旱生和盐生的小灌木麻黄（Ephedra）是 2.91%，除蒿以外的其他菊科植物（Compostitae）是 1.31%，唇形科（Labiatae）及水龙骨小泥炭藓分别占 0.05% 和 0.15%，乔木植物松（Pinus）与桦（Betula）均仅为 0.05%。可见，孢粉组合是以中旱生的草本植物占优势，反映当时植被属草原，蒿与藜的比例明显大于现代当地植被比例，比起现在该地区的荒漠草原，四坝文化所处的环境，当优越一些。

在上述孢粉组合中，值得注意的是，禾本科植物的花粉占 34.89%。孔昭宸说，"从花粉形态上看，种类单一，更倾向是栽培农作物"，"费德洛娃（Федорова, P. B., 1956）在其著文中指出'一旦在化石孢粉的百分比组合中，出现任何一种栽培的禾本科大量花粉时，就可以推测孢粉样采集点曾经存在着栽培农作物的田野'……因此似乎也能确定农田就在遗址附近。"① 事实上，如本文已指出的，在东灰山遗址中已采集了炭化的大、小麦籽粒。此外，李璠等还收集到了黑麦、粟、稷及高粱籽粒，② 孢粉的测定和粮食籽粒相吻合，都证明东灰山四坝文化居民经营种植农业。墓葬中发现的用于随葬的陶、石刀和遗址中见到的石刀、亚腰形石锄、石磨盘及石磨棒，不仅给人们加深了东灰山居民经营农业的认识，而且让人们了解到当时仍使用陶石工具种植、收割及加工粮食，农业尚处于锄耕阶段。

在东灰山墓葬中，常常发现兽骨。其中有 21 座墓葬中的兽骨鉴定出了种属③，知为猪、羊、狗、鹿。猪骨为左、右颌骨、肋骨及髋骨，羊是带右角的破碎头骨、右上颌骨及羊牙，狗仅见 1 例，为上颌骨，鹿的骨头有下颌垂直支、上或下颌骨、肩胛骨、肋骨、髋骨及砲骨。这些兽骨出自 21 座墓葬，多数墓葬仅出一种兽骨，少数墓葬共出两种兽骨，同时出三种和四种兽骨的墓葬，分别只见 1 例。在 21 座墓葬中，出猪骨的有 13 座墓葬，鹿骨的为 11 座墓葬，出羊骨和狗骨的墓葬，分别是 3 座、1 座。从墓葬出土兽骨种类和其所在墓数的多寡，可知当时东灰山居民还经营畜牧及狩猎经济。狩猎的

---

① 孔昭宸、杜乃秋：《东灰山遗址孢粉分析报告》，《民乐东灰山考古——四坝文化墓地的揭示与研究》，科学出版社，1998 年。
② 李璠等：《甘肃省民乐县东灰山新石器遗址古农业遗存新发现》，第 60～61 页。
③ 祁国琴：《东灰山墓地兽骨鉴定报告》，《民乐东灰山考古——四坝文化墓地的揭示与研究》，科学出版社，1998 年。

主要对象是鹿，在畜牧经济中，主要是养猪，很少养羊。在人们的肉食中，主要是猪，其次是鹿，再次是羊。出鹿骨的墓葬数，占出猪骨墓葬数的84.6%；出羊骨的墓葬数，仅占含猪骨的墓葬数量的27.27%。值得注意的另一现象是，凡出羊骨的墓葬，均共出猪骨，这种以猪为主要对象辅以养羊的畜牧业，规定了牧业形态，只能是依附种植农业的定居畜牧业。

据李璠等说，他们在东灰山遗址中采集到了一些胡桃的破碎果核壳，和孢粉分析中见到的胡桃科植物的孢粉，[①] 同时，参考同时代的一些考古学文化的谋取食物的产业结构来看，知当时还存在采集业。当然，采集的对象不只是胡桃。

东灰山墓葬及遗址中出土的陶、石、骨、铜器，和石器中的斧凿及陶纺轮，证明当时存在着制陶、制石、制骨、木作及纺织等诸种行业。和火烧沟及干骨崖相比，如本文上节所述，知东灰山铜器具备个性。因此，这里的铜器当是东灰山四坝文化居民自己制作的。从获取矿石，经冶炼到制造铜器的生产，是一有组织的协作劳动，也是十分复杂的工艺过程。从一般情况来看，如果把制陶、制石、制骨、木作及纺织这些东灰山四坝文化居民所从事的职业，还能视为农民的副业的话，那么，我们实难将如此复杂的制铜业也归为农民的副业。保守地估计，也应把它看作是以某种形态从农业中分离出来的相对独立的手工业存在的标志。

和火烧沟相比，东灰山墓地反映的产业，显然不能代表四坝文化的发展水平。火烧沟墓地[②]和东灰山墓地所反映的产业结构与发展水平，存在如下一些重要区别。

一、火烧沟墓葬中除见到猪、羊、狗外，还看到不见于东灰山墓葬的马、牛，而且火烧沟以牲口随葬的习俗，似乎形成了一定的规格，如以成对的羊角随葬，而且可分为大羊、中羊和小羊。但东灰山墓葬中习见的鹿角，却不见于火烧沟的报道。这些情况反映火烧沟的畜牧业的发展水平及其在食物生产中的比重，均高于东灰山，而狩猎经济在食物生产中的比重，却低于东灰山。

二、火烧沟和东灰山的金属制造业的区别，表现在以下几个方面：

1. 东灰山只见铜、金，火烧沟除此之外，还见银；

2. 从质地方面看，东灰山绝大部分铜器为砷铜，火烧沟均为青铜与红铜，青铜制品数量占已鉴定的铜器总量71.8%；

3. 东灰山只见铜刀、锥、镯、耳环及管饰，在鉴定出人骨性别或年龄的150座墓中，仅见8例8件，平均每墓只有0.053件。火烧沟除东灰山见到的那些铜器种类外，还有斧、镢、凿、矛、匕首、镞、锤、针、铇及镜形物等，而且，在发掘的312座墓葬

① 李璠等：《甘肃省民乐县东灰山新石器遗址古农业遗存新发现》，第61页。
② 甘肃省博物馆：《甘肃省文物考古工作三十年》，第142～143页。

中，有 106 座随葬铜器，共见 200 余件，平均每墓约达 1.5 件。可见火烧沟铜器生产的类别远多于东灰山，规模亦远大于东灰山；

4. 东灰山的铜器，均为锻造；火烧沟的铜器则以模铸为主，除小件器物采用单面范外，较大的铸件如斧、刀、镰等均由合范铸成，其中的四羊铜权杖首还采用了嵌镶铸造法，反映了铸造技术已达到一定水平。① 可见，火烧沟制铜业的技术水平，远高于东灰山。同时，火烧沟出现用铸镞的石范随葬的现象，明确标明这些墓葬主人的专业匠人身份。这一现象见之于葬俗，则是现实生活中分工程度与专业化水平较高的表现。有关材料中说："用人殉或人祭的墓已发现有 20 多座，在墓中发现有铜匕首、铜矛、铜镞和铸镞的石范等。"② 如理解不误的话，还可认为这些制铜匠人，不仅拥有丰厚的财富，同时又是掌握军权的统治者，或者可以说这些握有军权和丰厚财富的社会显贵，同时也是掌握制铜业的主宰。

三、东灰山墓主人以闪蚬（corbicula nitens〔philippi〕）制作的饰物及海贝随葬，据唐迎秋作的鉴定报告称③：闪蚬分布于辽宁、陕西、湖北、湖南、广东及贵州，海贝产于台湾、海南岛及西沙群岛。闪蚬饰品及海贝也见于火烧沟。除此之外，火烧沟墓中还发现了玉、松绿石及玛瑙这些非本地材料制作的珠饰等物品。有关火烧沟的报道中还说，松绿石珠、玛瑙珠、海贝和蚌饰在墓葬中被普遍发现，④ 这说明火烧沟四坝文化居民从外地获得产品的种类及数量均多于东灰山居民；火烧沟居民对外的联系也远比东灰山居民广泛。以海贝作为随葬品，也见于柳湾马厂文化和齐家文化⑤及焉不拉克，⑥ 或许反映了四坝文化的渊源和文化联系。火烧沟墓主人随葬的海贝，或放在死者口中，或置于陶器之内，有人据此认为当时的海贝已被赋予了货币的职能。类比已将这类海贝作货币使用的商人和周人⑦，将其作为随葬品时，也置于墓主人口中，或死者的腰部，或如安阳后岗圆祭坑的 300 枚装在一个黄色麻袋中的情况，上述关于已被赋予货币职能的认识或许可信。

在检讨火烧沟墓地和东灰山墓地所反映的产业结构和发展水平差别的社会原因及意

---

① 孙淑云：《东灰山遗址四坝文化铜器的鉴定及研究》。
② 甘肃省博物馆：《甘肃省文物考古工作三十年》。
③ 唐迎秋：《东灰山墓地蚬、贝鉴定报告》，《民乐东灰山考古——四坝文化墓地的揭示与研究》，科学出版社，1998 年。该报告将海贝鉴定为环纹货贝（Monetaria annorlus〔linneus〕）。
④ 甘肃省博物馆：《甘肃省文物考古工作三十年》。
⑤ 青海省文物管理处考古队、中国社会科学院考古研究所：《青海柳湾》，第 167~168、232 页。
⑥ 新疆维吾尔自治区文化厅文物处、新疆大学历史系文博干部专修班：《新疆哈密焉不拉克墓地》，第 352 页。
⑦ 中国社会科学院考古研究所：《殷墟的发现与研究》，科学出版社，1994 年，第 402 页；中国科学院考古研究所：《沣西发掘报告》，文物出版社，1962 年，第 128 页。马厂、齐家及四坝文化和新疆以海贝随葬的墓葬均早于商、周。后者以海贝作为货币，可能是受前者影响产生的。

义时，我们先对东灰山墓地所反映的社会组织或制度作一些讨论。

亲属组织，在迄今为止的以往一切社会中仍是社会的重要组织。当这类组织不仅是社会的生活单位，同时又是社会生产单位时，那么，它就成为所在社会的细胞了。在古代中国乃至现在中国农村以及城市的某些领域，便是如此。因此，研究东灰山四坝文化居民的社会组织或社会制度时，不仅不能回避，而且首先应该探讨的是它的亲属组织的状况。

不同形式的合葬墓，是研究亲属组织的重要资料。东灰山墓地能确定死者个体的150 座墓葬中，埋葬二人以上的合葬墓有 54 座，占墓葬总数的 36％；合葬墓内埋葬的死者，为 126 人，占死者总数 56.75％。体现某类亲属关系的合葬墓如此盛行的情况，说明当时社会盛行这类亲属观念，反映这类亲属组织实体在其所在社会中确实占了极主要的地位。因此，探明了这类合葬墓所体现的亲属关系或亲属组织，保守地说，就明白了当时的社会组织或社会制度。

东灰山墓地的 54 座合葬墓中，42 座为二人合葬墓。依死者性别、年龄状况，可分为成年人合葬墓和成年人及未成年人合葬墓两种。成年人合葬墓 33 座，其中 8 座墓葬中的一具或二具死者性别不明，在余下的 25 座墓中，除 4 座男性合葬墓和 1 座女性合葬墓外，余下的 20 座墓葬，均为男女合葬墓。先讨论并着重研究后一类墓葬中死者间的关系。

合葬于同一墓穴的死者，其间必定存在某种亲属关系。这 20 座男女合葬墓中，有14 座墓葬的死者全为二次葬或乱骨葬，6 座墓内的一人为一次葬，另一人为二次葬，而无同墓穴内的死者均为一次葬的情况。依据人骨鉴定出的年龄，均为死亡年龄，由于上述合葬墓内死者的葬式及他们死亡年龄等情况，便难以判明同墓死者间的生前岁差，[①]从而依据他们岁差大小，推断他们的亲属关系。所以，同墓穴的死者相互间是父女、母子、兄妹、姊弟抑或是夫妻，需要做点讨论。

亲属关系，无非血亲、姻亲两种。夫妻属姻亲，父母子女属直系血亲，兄弟姊妹为旁系血亲。同墓中的男女可能存在的亲属关系，则难出这些亲属范畴左右。假如把同墓中男女释为父女或母子，那么，前者以父亲为本位，表现了亲属关系的父系原则。然

---

① 一次葬和二次葬，分别是在肌肉未腐烂和腐烂情况下下葬的。如墓中两人均为一次葬，因为这两人都是在肌肉未腐烂的情况下下葬的，故可推定他们同时死亡，或死亡时间相近，所以他们死亡年龄的相互关系，就是他们生时实际年龄间的相互关系。如墓中两人均为二次葬，由于不知他们谁先谁后以及是否同时死亡等情况，故不能依他们的死亡年龄，推定他们生时年龄间的关系。再如墓中一人为一次葬，另一人为二次葬，则可肯定二次葬者先于一次葬者死亡，但先多少时间不能确定。在此情况下，如一次葬者的死亡年龄小于二次葬者，可认为他们的死亡年龄岁差，当是他们生时年龄最小的岁差；如二次葬者的死亡年龄小于或同于一次葬者的死亡年龄，因不明二次葬者比一次葬者早多少时间死亡，故不能依他们的死亡年龄推定他们生时的年龄差别。

而，不见父子合葬，全是父女合葬，则普遍违背了亲属关系的父系原则；后者以母亲为本位，体现了亲属关系的母系原则，只见母子合葬而无一母女合葬，则悖于亲属关系的母系原则。可见，把以迁葬方式完成的如此盛行的成年男女的合葬制，释为直系血亲的两代人的合葬制度，依亲属制度，违反同律原则，实陷入两难境地，难以自圆其说。

这类合葬墓中的男女，是否是兄妹或姊弟？兄妹或姊弟这类亲属关系，既见于母系又见于父系亲属制。无论是母系还是父系处于同辈旁系血亲关系者，并非恰恰只是兄妹或姊弟两人，其人员构成自然多种多样，所以历来各民族的亲属制度均未以一普遍原则作为只突出其兄妹或姊弟关系的定制，也未见将同辈旁系血亲凌驾于直系血亲之上的亲属制。而且，父系制社会中的兄妹或姊弟这类同辈旁系血亲置于各自姻亲之上的合葬制，也为父系制本身所不容。

当然，除上述血亲外，还有叔伯侄、姑侄、姊侄、内侄和外甥，以及表兄弟姊妹等等亲属关系。在亲属制中，这类亲属关系比起上述血亲亲属，显然处于次要地拉，故古今中外诸民族中无将这类亲属合葬于一墓者。同时，无论是依母系还是从父系，如将这类亲属合葬于一墓，均为其亲属制所不容。

看来，合葬于一墓内成年男女只能释为夫妻了。夫妻这对亲属既是血亲亲属的母体，又是姻亲的枢纽，至为重要。所以在一切民族的一定历史发展阶段，都存在着夫妻合葬制。

至于那5座二位同性成年人合葬墓中的死者，或为兄弟，或为姊妹。

东灰山墓地中的夫妻合葬墓的数量，占了已确定性别的成对成年人合葬墓总数的80%。可见，夫妻合葬制的流行，是东灰山墓地葬制的一大特点。

在三人合葬墓中，有3座为一对成年男女带着小孩的合葬墓。这3座合葬墓中的死者全为二次葬，故不能推知他们生时岁差，从而难依岁差情况判断墓中的成年人是否是这小孩的长辈。前面已说明东灰山墓地是一座成年人的墓地，小孩在这墓地中基本上不能单具墓穴，因此，小孩和成年人共一墓穴，只能说明小孩处于依附成年人的地位。这样，可将这3座墓葬视为一对夫妻带着小孩的合葬墓。

除上述外，还有6座三位成年人合葬墓。其成员性别构成如下：

a. 全为男性合葬墓一座；

b. 一男二女合葬墓一座；

c. 一女二男合葬墓一座；

d. 剩下的3座墓葬中的一人性别未能确定，已定性别的两人均为一男一女。如能定这些墓中的未定性别人的性别，则这三墓成员性别构成情况，将不出 b、c 左右。

依二人同性合葬墓例，可将 a 类墓释为兄弟合葬墓。b、c 两类墓，既可视为一夫多妻或一妻多夫合葬墓，又可看成是一对夫妻和其晚辈合葬墓。一夫多妻制婚姻和家庭，无疑是以丈夫为本位的夫权膨胀的婚制，反之，一妻多夫制婚姻和家庭是否就是以妻为本位的妻权膨胀的婚制？非也，一些民族实行的一妻多夫婚姻及家庭，[①] 也以男性为本位，实行男娶女嫁。

四人、五人和六人合葬墓各有 1 座，其成员性别、年龄构成情况如下：

a. 四人者，为两对成年男女；

b. 五人者，均为成年人，其中二人确定了性别，为一男一女，另三人性别未定；

c. 六人者，为五位成年人和一不到一岁的小孩合葬墓。五位成年人中，仅三人定了性别，均为男性。

看来这 3 座墓均可定为家族墓，那座四人合葬墓，当是同代或上、下两代两对夫妻合葬墓。

上面的讨论还未涉及前已提及的一位成年人和一小孩的合葬墓。这类墓葬共计 9 座，其中 4 座墓葬中的成年人性别不明。另外 5 座墓葬有二种情况：4 座是成年男性与未成年人的合葬墓，和一座一名 15 至 16 岁女性成年及一名 10 至 11 岁小孩的合葬墓。前者墓中人均是二次葬。后者一为一次葬，另一为二次葬，谁为一次葬，发掘时未作记载。那 4 座合葬墓中的小孩是依附成年人埋入墓穴的，两者死亡年龄的岁差较大，可定为父子合葬墓。那座成年女性和小孩合葬墓的性质则需讨论。如果成年女性是二次葬，则可能是母子合葬墓。由于墓中成年女性刚进入育龄时间不久，估计要等她死后约 9 至 10 年后，才和她刚死的小孩合葬，当时二次葬能否拖到这样晚的时间呢？即使能延到这样的时间，小孩的其他亲属，例如父亲是否仍能让小孩去同他母亲合葬？如果小孩是二次葬，那么这位小孩就不可能是同墓成年女性的孩子了。

从以上分析可知，能定成一夫一妻的合葬墓计 20 座，一对夫妻带着一小孩的合葬墓 3 座。这两类墓葬性质相同，即是单偶制个体家庭的合葬墓；可定为家族合葬墓 3 座。这说明当时存在个体家庭和家族两类组织。个体家庭可能还普遍地保留在家族内，从两类墓葬数量比例来看，当时相当多的家族的联系纽带，可能已有所松弛，其中的个体家庭已具有相当的独立性了。这类家庭无疑以夫为本位，父子合葬墓则反映了亲属关系已按父系传承。

本文第一节已指出，东灰山墓地分为一些西北—东南向的由若干墓葬组成的排列，如以墓葬期、组观察，便可见到同属一组的墓葬既可在同一排列，又分在不同的，甚至相距很远的墓排。这一现象说明，墓地中的一些墓排，年代是平行的，其间仅以空间相区分。因此，东灰山墓地不是依墓葬的年代顺序形成的统一墓地，而是由处于不同空间的墓组成的墓地。同一年代定穴安葬的死者，为何被安排在不同的墓排，反之，不同年

---

① 宋兆麟：《共夫制与共妻制》，三联书店，1990 年，第 113～124 页。

代定穴安葬的死者,却又置于同一排列?这表明处于不同墓排的死者间的亲疏及其所在组织存在着区别。据此,可知东灰山墓地的结构是:由若干单人墓及合葬墓组成墓排,墓排组成墓地。如果以个体家庭为基层单位的话,其上便是以墓排为代表的第二级组织,墓地所代表的是第三级组织。由于还不能确定墓地划分为多少个墓排,以及第二级组织是由一墓排,还是由若干墓排组成的情况,所以仍不了解第三级组织包含多少第二级组织等问题。

东灰山这类社会组织,比起马厂文化鸳鸯池的社会组织,[①] 父系特色显然有所加强,然而,它仍可以既存在于史前时代,又可能跻身于文明时代。下面,拟从东灰山入手,进行探讨四坝文化所处的时代。

前面已指出东灰山居民社会已存在着劳动分工,产生了专业制铜匠人。由于在遗址中已发现了卜骨,还可说明这里已出现了巫师。如果再从更具个性的单人墓随葬陶器的数量情况进行观察的话,便可看到这一社会呈现的贫富分化相当严重。下表反映了单人墓随葬陶器和墓葬的数量:[②]

随葬陶器数	0	1	2	3	4	5	6	7	8	9	10	12	13	301
墓　数	30	9	10	12	9	3	8	2	6	2	2	2	1	96

据表可知,96座单人墓随葬陶器301件,每人平均约3.11件。如把随葬陶器总数看成是东灰山居民社会一定时期财富总和的缩影,而将各人随葬陶器也视为死者生前占有财富的缩影的话,似可依墓主人随葬陶器数量情况,分为如下五类:

墓随葬陶器数	9件以上	6~8	3~5	1~2	0
人口数	7	16	24	19	30
人口比	7.29%	16.67%	25.00%	19.79%	31.25%
陶器数	75	110	87	29	0
陶器比	24.92%	36.50%	28.90%	9.63%	0.00%

人均陶器3.11件,故可将随葬陶器达3至5件者,视为财富占有量达到社会财富人均水平的人。这类人占人口总数25%,占有社会财富总和的28.9%。其下者占人口总数51.04%,仅占社会财富总数的9.63%;其上者占人口总数23.96%,占社会财富总数却达60.7%,人口比和财富比成反比,人口数愈少,占有社会财富愈多,人们的

---

① 张忠培:《中国父系氏族制发展阶段的考古学考察》,《中国北方考古文集》,第150~151页。
② 只统计陶器的原因是这种器物被广泛地用于随葬,其他器物用于随葬的极少。

贫富分化，已相当严重。

　　社会的贫富分化，在四坝文化居民中，不仅表现为一聚落内的居民之间，更为严重的是出现于聚落之间。

　　前面已指出，和东灰山居民相比，火烧沟居民的产业结构先进，产品质量和生产水平高，经济和对外交流规模大。这已说明了两聚落间的巨大差距。现再作些补充说明：

　　一、火烧沟的铜器质量高，种类多，且人均占有的铜器量，是东灰山居民的 28.3 倍。

　　二、两地贫富分化，虽都十分明显，却存在质的区别。火烧沟"随葬品少的仅有陶器一二件，多的陶器达十二三件，还常伴出铜器以及金、银、玉器和松绿石珠、玛瑙珠、贝、蚌等。人殉或以人祭牲的墓共二十多座，并大量用牲畜随葬"①。显然，火烧沟居民已不只是，甚至不以占有陶器的数量作为衡量贫富的标志，而是以更贵重的物品乃至人的占有数量来衡定贫富的区别。可以想像，在火烧沟居民眼里，东灰山居民的贫富分化，只不过是大贫与小贫之分罢了。

　　三、火烧沟已有了专门用于军事的铜质武器：镞、匕首和矛，且用之作为随葬品，说明军事已发展到一定规模，成为某些人必须从事的一种职业。同时，据报道"火烧沟、干骨崖、沙锅梁等遗址均发现有玉石权杖头、玉石斧一类用于表示权力、身份和社会地位的仪礼用具。玉石权杖头呈圆形，中间穿孔，孔径一端大、一端小。玉石斧有的根本无刃，毫无实用价值。此类器物用料考究、制作精细"②。而且，火烧沟还发现了以当时最高铸造技术嵌镶铸造法制作的铜质四羊首权标。③ 表明除前面说的东灰山已有了巫师之外，火烧沟还存在着执掌军权之人。如前所述，这类执掌军权者除部分为铜匠外，自然还有其他身份者。无疑，他们都是控制铜业的主宰和拥有丰富财富的社会显贵。

　　如果依据东灰山居民社会情况还难以认定那里已进入文明时代的话，那么，当见到火烧沟与东灰山居民社会存在的巨大差异时，便不能不认为火烧沟居民已跨进了文明的门槛。伴随着文明的进程，必然出现部分聚落的城镇化，以及先进的生产技术、社会财富、对外关系和军事、政治及宗教权力逐渐集中的过程。因此，火烧沟和东灰山两地社会的分野，正是四坝文化已居文明时代的必备内涵。

　　　　1997 年 3 月 28 日成稿于北京小石桥故宫博物院公寓。关于东灰山墓地，除应

---

　　① 甘肃省博物馆：《甘肃省文物考古工作三十年》，第 142 页。
　　② 李水城：《四坝文化研究》，第 105 页。
　　③ 孙淑云：《东灰山遗址四坝文化铜器的鉴定及研究》。

香港中文大学中国文化研究所之约，写了《东灰山墓地研究》（刊于《中国文化研究所学报》1997 年 6 期）一文以祝贺该所成立 30 周年之外，还应半坡博物馆之邀，写了《东灰山墓地的几个问题的检讨》（刊于《史前研究》，《西安半坡博物馆成立四十周年纪念文集》，三秦出版社，1998 年），参与庆贺西安半坡博物馆成立四十周年。今以《东灰山墓地研究》为主，参以《东灰山墓地的几个问题的检讨》一文中的《墓主人的种属与健康状况》，合并成此文。

苏鲁豫皖相邻地区考古学文化的谱系

——在国家文物局1991年召开的"苏鲁豫皖考古座谈会"上的发言

1988 年，我来合肥的时候，有感于要把中国考古学推向前进，需要有一个正确的出发点，故作了《关于考古学研究的几个问题》的发言（见《文物研究》第五辑）。现在看来，这一问题还需在同仁中得到更广泛的理解。那次发言提到的"新考古学派"，现在的势头，已较当年大大地减弱了。不少朋友认为依靠考古学自身的手段，是难以透过"物"而见到"人"。见人的愿望是好的，解决这一问题的唯一办法，是加强考古学基本理论与实践的修养，而不能为考古学请一个"上帝"来。这次会议名为"苏鲁豫皖考古座谈会"，会议形式不是单纯地"座谈"，而是先看工地和材料，边走边谈，然后坐而论道，开会的方式很好。四省的同志都发了言，论了道，谈得比较细致入理。看来，这一课题正在深入之中。听了很受启发。为了交流，下面谈几点认识。

一

四省交界地区的各自考古学文化的序列，既相同，又有区别。

豫东地区已能拿出基本上没有缺环的、较为完整的考古学文化序列。

武庄一期，是这里目前见到的最早的新石器时代文化遗存，据张文军讲，它的文化面貌不同于北辛一类遗存，也区别于裴李岗为代表的那类遗存，可归入青莲岗遗存那类系统。（张文军：没有这么明确说过。）我们就先不这样明确肯定。从它的基本文化面貌来看，它同于青莲岗的地方是相当多的。

继武庄一期之后，是武庄二期。文军认为后者是紧接着前者发展来的。武庄二期跨的年代较长，起始于约当后岗一期文化或半坡文化和庙底沟文化交接前后，直到大河村三期或四期。

接着，是栾台一期和栾台二期。前者的文化面貌，约同于大汶口文化中、晚期；后者分为两段，早段基本特点和龙山文化一致，晚段就是王油坊那套东西，或叫"造律台类型"。

在栾台二期之后，先后为岳石文化、二里岗下层、二里岗上层、殷墟和西周。

皖北地区，张敬国同志说，应把淮河南岸归入淮河流域来考虑。这是值得研究颇有意思的见解。但这几次看的材料是淮河北部的，我还是只讲淮河北部。

这里在双墩遗址见到的遗存，与武庄一期雷同。

双墩遗址之后，是尉迟寺遗址中见到的四个阶段的遗存。前三个阶段属大汶口文化，相当这个文化的中期偏晚到晚期，第四段的文化性质，同于"造律台类型"。对后岗遗址1979年发掘材料（《1979年安阳后岗遗址发掘报告》，《考古学报》1985年1期）所进行的分析，可以认为它的斝式甗当早于同地出土的鬲式甗。依此，尉迟寺遗址出土的那件斝式甗的年代当早于鬲式甗。宿县芦城孜遗址出土的鬲式甗，与另一件出自亳县富庄遗址的鬲式甗，两者形态上有些区别。

灵璧玉石山遗址见到的遗存，形态上区别于双墩遗址第四段，基本上和龙山文化一致。

因此，在皖北同时存在着"造律台类型"早晚两段和龙山文化遗存。前面谈的豫东的系列，似乎只肯定以鬲式甗为代表的"造律台类型"的晚期遗存，晚于龙山文化。这样，皖北见到的以斝式甗为代表的"造律台类型"早期，和同地龙山文化的年代关系，还需今后研究。同时，在出土鬲式甗的芦城孜遗址中，也包含不少龙山文化因素，其中就有鬼脸式的鼎足。可见，龙山文化的年代，也可延到"造律台类型"晚期。那么，分布于淮河流域的龙山文化遗存，尤其是其中早于"造律台类型"晚期的那部分，在龙山文化整体分期中的位置问题，也有待于今后研究。只有这样，才可能从整体上解决两者的关系。至于它们的文化关系，就只有依据两者的文化成分的谱系定性后，才可能作较符合实际的分析。

在"造律台类型"之后，目前揭示出来的是一些较为零散的岳石文化材料。它之后，是二里岗上层和殷墟。再后，就是西周。

可见，皖北的考古学文化序列，还不够完整。

苏北以往做了不少工作，也发表了不少材料，这次座谈会上又听了邹厚本等几位同志的发言。据此可知，苏北考古学文化的序列大致如下：

沭阳县万北一期，年代最早。从文化面貌来看，它可能是青莲岗文化的渊源。

万北一期之后，是青莲岗文化。江苏有的同志将这个文化分为两个类型，即大伊山类型和北辛类型。说前者"以灌云县大伊山、淮安县青莲岗为代表；北辛类型以连云港市二涧村、大村及邳县大墩子下层"为代表（《近十年来江苏考古的新成果》，《文物考古工作十年》（1979～1989），文物出版社，1990年）。看来，大伊山类型分布地区在北辛类型分布区的南面。从现在已见的情况来看，以北辛遗址为代表的遗存，和青莲岗遗址为代表的遗存，虽有些相似之处，同时也存在相当重要的区别，两者很可能属于不同性质的考古学文化。如果在青莲岗文化中区别出一个名为"北辛"的类型，不仅混淆了两个文化的区别，而且，实际上是否定北辛文化的存在，并认为淮河流域是大汶口文化的策源地。我个人暂不敢苟同，认为需提出来讨论。但是，需要说明的是，他们将已见到的青莲岗文化的地域区别的认识，提出来进行讨论，有益于推动对青莲岗文化的深入研究。

继青莲岗文化之后，便是以刘林、花厅、大墩子及赵庄等遗址为代表的大汶口文化。和豫东对比，这里缺乏武庄二期那类遗存存在的空间，即较早地出现了大汶口文化。

接着，是在连云港市二涧村遗址见到的龙山时代的材料，发表的不多，整体面貌不十分清楚，很可能属于龙山文化。此后，便是岳石文化。它的遗存已见于徐州高皇庙、铜山县丘湾、赣榆县下庙墩、灌云县大伊山、盱眙县六郎墩及沭阳县的万北遗址。显然，岳石文化的分布范围，已深入淮河南岸。

在岳石文化之后，目前只见晚商及西周时期的遗存。这里的晚商遗存，有自身特点，存在着较多的素面鬲。可能反映它和其南部的遗存存在着文化联系。

从苏鲁豫皖这一课题来看，山东近年来没有做什么工作。而且，郑笑梅同志已做了发言，不必我再讲了。

据以上讲的考古学文化的序列来看，目前讨论的这个地区存在一定的区别：

其一，在苏北缺乏"造律台类型"。

其二，武庄二期是否也存在于皖北？现在还不清楚，但它未能分布苏北，则似乎是可以肯定的。

同时，据文军讲，位于淮河上游地区的考古学文化的序列，基本上同于豫东地区。

可见，淮河流域的中上游和下游是存在区别的。山东的菏泽地区和枣庄及临沂也可能存在不同之处，而和淮河流域相对应。菏泽的某些地区或其一定时期的遗存很可能同于或相似于豫东地区。

二

从目前认识到的文化谱系来看，苏鲁豫皖地区诸考古学文化，分别归属于如下几个谱系：

1. 武庄一期至武庄二期。前者，如上所述，属青莲岗文化，将它们暂称为青莲岗文化谱系；

2. 北辛文化、后岗一期文化、大汶口文化和龙山文化及岳石文化，是同一谱系的诸阶段的遗存；

3. "造律台类型"，它的来龙去脉尚不清楚；

4. 商文化；

5. 周文化。

可见，苏鲁豫皖地区，是不同谱系的诸文化先后占据，在一定的时候，它又是不同谱系的考古学文化的分割地带。

青莲岗文化，或武庄一、二期在这地区的存在，表明苏鲁豫皖地区曾发育出自己的新石器时代的文化。这个文化的前身，依江苏同志的意见，还可以向前追溯，即到万北一期。这说明淮河流域的新石器时代，很可能是独立起源的。

半坡文化，或者说是它的晚期阶段，和其后继者庙底沟文化，也对苏鲁豫皖的发展起过积极的影响。例如，它对武庄一期，尤其是武庄二期和大汶口文化的刘林期，是存在着明显的影响的。这种影响，正如我在以前讲的那样，是和半坡—庙底沟文化居民向东推进密切相关的。有的同志认为，大汶口文化的彩陶，有着自身特点，因而，是从自身古老因素中发育出来的。这意见有它合理之处，即大汶口文化的彩陶确有区别于庙底沟文化之处。但是，如下两个情况是值得注意的：一是彩绘着黑色，最早起源于半坡文化；二是由圆点、曲线条带、月牙形及曲线三角形组成的彩绘图案，只在北方中国的西部，即半坡—庙底沟文化中，才能清楚地看出这种图案的起源与流变。而这类图案，或它的变体，在大汶口文化彩陶中构成了基本因素。可见，大汶口文化的彩陶是接受庙底沟文化深入影响的结果。

但是，大汶口文化没有因接受庙底沟文化影响而消失自身特点，反之，它利用这种影响壮大起来。

在大汶口文化出现空三足鬶的时候，甚至比这还早点时期，已经强大起来，成了庙底沟文化后裔的劲敌。

1. 在它占据苏北，随着占据了深受庙底沟文化影响的武庄二期分布的豫东地区之后，据至今在伊洛地区见到的大汶口文化墓葬来看，它的居民可能还零散、插花地进入到了庙底沟文化后裔的分布地带。

2. 在中国北方，大汶口文化对其分布范围以外即原先庙底沟文化分布的地区，均存在广泛的影响。只需举两个例子，就足能说明这一问题。

其一，黄河流域中上游，在仰韶时代结束后，普遍出现了高领平底陶壶。大汶口文化，是这种壶的原生地，并存在形制变化的完整序列。黄河流域中上游先后出现这类陶壶，是受大汶口文化直接、间接影响的结果；

其二，空三足器最先产生于大汶口文化。它是由鼎式鬶演变成斝式鬶，再发展为龙山文化的鬲式鬶，形制变化序列完整，一环接一环，形态演变不存在跳跃式的间隙。在鸟形鬶的影响下，先是伊洛地区的釜式鼎过渡到了釜式斝，在釜式斝的影响下，渭河流域和汾河流域改造固有的炊器，分别出现了单把罐式斝和鋬手罐式斝。前者分布范围西到甘肃，后者还广泛见于内蒙古及河北等地。这种文化影响，波浪式地扩展到整个中国北方。

同时，位于大汶口文化分布区以南的长江流域，尤其是下游和东北的辽西地区，也是大汶口文化影响的方向。例如，良渚文化的陶鬶和赤峰大南沟墓地出土的壶、豆，便是大汶口文化影响的产物。

当然，文化影响是双向的，但不是平等的，相互之间的影响作用，存在着强弱之分。在我们讨论的这个时期，大汶口文化对其周邻文化的影响，却起着主导作用。

在文化关系中，大汶口文化还起着传媒作用，例如，陶寺出土的玉琮，显然是大汶口文化将良渚文化的发明，传输给陶寺居民的。

我想，最后还谈谈"造律台类型"问题。

"造律台类型"的年代，上承大汶口文化。文军说它是从大汶口文化发展来的。这个认识很可能是对的，除了他在《河南鹿邑栾台遗址发掘简报》（《华夏考古》1989年1期）讲的"这个阶段的袋足鬶、侈口圜底鼎、夹砂红褐陶深腹罐、豆、高柄杯等主要器类与第一期的递嬗发展关系十分清楚，可以说基本上继承了第一期文化的主要因素"（文中说的第一期，即指大汶口文化晚期）外，当时的人文地理似乎也只能使我们这样考虑。

问题是大汶口文化在其他地区发展成龙山文化，而豫东地区却演变成"造律台类型"？

前面曾指出当大汶口文化在其南面，例如江苏，取代青莲岗文化而扩大自己的地盘的时候，豫东地区，很可能如文军所说，还包括信阳地区，这两地的青莲岗文化居民却站稳了脚跟，并过渡到武庄二期。这种情况，应和当时的人文地理格局，主要是同庙底沟文化向东扩展所形成的人文地理情况有关。

类似的历史现象，往往在不同时期重演。当豫东地区的大汶口文化向下一阶段转化的时候，受到西方的，例如至少是居住在伊洛地区的居民的干扰和影响，使得它难以如其他地区那样，转变为龙山文化，而只能过渡到"造律台类型"。

因此，在分析"造律台类型"文化结构的时候，不仅应看到它和大汶口文化的关系或龙山文化的成分，也要看到它包含来自西方的因素。

在龙山时代，中国北方基本上也是一分为二的。其一，是使用鬶、鼎、甗及高柄杯的龙山文化的居民；其二，占据着广大地区，分别使用釜形斝、鋬手鬲、单把鬲和高领双耳罐的诸考古学文化，它们都是从庙底沟文化经过若干阶段发展而来的。这东西两个地域相互制约、抗衡及竞争的局面，直到二里岗上层时代，尤其是西周，才基本上将中国北方，即黄河中下游及其以北的大部分长城地带统一起来，才告结束。

无疑，"造律台类型"，就其渊源及其主要成分来看，在一分为二的中国北方，当归入东方系统。它的年代下限，可能进入夏纪年。需今后进一步研究的是，它同岳石文化的关系，至少应考虑豫东过渡到岳石文化时，它起了什么作用？从郑州南关外先商文化遗存中存在着类似"造律台类型"的陶甗来看，它的部分因素，可能为先商文化所吸收。

三

"苏鲁豫皖考古"这一课题提出后，使我们自觉地重视起淮河流域的历史研究，这是很有战略意义的。30 年代，曾比较自觉地在这里搞考古。所谓自觉，是说有个明确的课题。那时是探索殷墟文化的起源。解放后，注重黄河与长江，对淮河流域不够重视。这当然不是没在这里做工作。工作也不少做；然而是断断续续的，没有搞出个考古学文化序列，甚至不是把它视为黄河的延伸，就是看成长江的一部分。这一课题黄景略同志提出并进行了组织工作后，大家围绕它做了不少工作，取得不小的成绩。现在我们坐在这里，就这个课题进行专门座谈，自然是这一工作取得成绩的结果。

以往的几年，各省的同志都为了搞清本地的文化序列而辛勤地工作，这是必要的。搞文化序列，也有一个方法或途径问题。例如，河南的同志，花的时间不多，工作规模也不算大，就基本上搞清楚了那个地区的文化序列。搞文化序列，应在广泛调查的基础上，选择露出苗头的地方，利用剖面，清理暴露出来的灰层、灰坑或墓葬这类遗存，或者沿着断崖开探沟，在不必实行布方的大规模发掘的条件下，即可达到目的。在目前已有成绩基础上，今后如何开展工作？就这个问题，提出个人的一点想法，供参考。

其一，应把苏鲁豫皖考古作为一个存在着有机联系的总题目来考虑，并在注意到其邻近地区已取得的认识的基础上，分题探索，以把这地区本身存在的文化序列及其谱系关系，完整地搞清楚。例如，作为一有机联系的总题目来考虑，河南今后搞清楚信阳地区的序列，和安徽填补武庄一期与大汶口文化之间的缺环，以及江苏在深入研究万北一期的基础上，继续向前求索，就显得十分必要。又如，在注意到邻近地区已取得认识的基础上，就不必探索大汶口文化如何转化为龙山文化，而应注重研究"造律台类型"的文化结构及它的源流。再如，在探讨不是本地形成和发展起来的考古学文化时，则需注重在本地形成和发展起来的那些特点的分析与其源流的探讨。

其二，高广仁同志讲了要注意这个地区的文明起源问题。1985 年，苏秉琦先生提出探讨中国文明的起源与形成的课题，已引起考古学界的广泛注意。近年来，在苏鲁豫皖考古领域内，除花厅的发现引起点浪花而对这一问题进行讨论外，基本精力用于文化序列与谱系的研究，未能涉及文明的起源与形成这类问题。这反映了我们工作所处的阶段。我想，就其有关的问题，谈点认识。

1. 文明起源和形成，是指两个时代，概念含义不同。起源所探讨的是史前社会中文明因素的兴起与发展。中国文明起源和形成是多中心的。在秦汉帝国之前，有的地区是独立进入文明社会，有的是在外来影响下才步入文明时代。

2. 文明发展过程中，下列现象值得注意：

a. 领袖职务传承方面，尧舜禹实行禅让，自夏启以后为家族继承，除传子外，也存在兄终弟及。"唐虞禅，夏后殷周继，其义一也"。

b. 领袖称号，尧舜禹以后，三代称王，自秦以后曰帝。

c. 国家政治组织形式上有如下区别：唐虞及夏王朝时代为邑落诸侯盟主制，商周是宗法封建殖民制，秦汉实行郡县行政机制上的中央集权制。日知先生将古代城邦制分为如下四个阶段，即：传贤时代为原始民主制城邦；西周是原始君主制城邦，春秋是公卿执政制城邦；战国时期向帝国时代过渡，古代城邦制走向解体。

d. 我在《中国父系氏族制发展阶段的考古学考察》一文中，已指出龙山时代已进入父权制。西周宗法制，仍是父权制的政治表现形式。李悝说农夫五口之家，耕田百亩的情况，是井田制破坏后出现的情形。战国的改革，促进了父权制的衰落，动摇了宗法封建制的根基，为建立在郡县行政机制上的中央集权制创造了条件。

总之，是从城邦至帝国。这里讲的是王朝为主线的走向帝国过程中的一些阶段性变化。中国是否存在其他的模式，不同地区怎样纳入这一过程？则待进行具体研究。

3. 文明的起源、形成和文明时代的发展阶段，归根结底，是由生产力发展水平所制约的社会关系和社会组织的变化。社会的本质是人，或者说人是社会的本体。所以，最终还是人的变化。考古学是研究"物"的，是透过"物"去看人的。"物"是人的活动遗存。因之，透过这类活动遗存，是可以见到人的。事实上，在这方面，考古学已做出了不少成绩。如何见物见人，是个很大的方法论题目，既需要我们总结以往经验，又需开拓，不是几句话能说清楚的。可以肯定的是，依靠考古学自身方法，完全可以研究这些问题。同时，历史是一庞大体系，人的活动遗存，只是人遗留下来的一部分活动，且其有些活动还不能由物体现出来，因此，不能靠物研究人的全部历史。如以此非难考古学，是没有道理的。

4. 文明问题，应提到苏鲁豫皖考古日程上来了。在探讨这一问题时，应根据本地区固有历史特点，寻找具有代表性而又保存较好的墓地、遗址进行全面揭露，用多种学科手段搜集信息，坚持考古学基本理论、方法是可以达到预期效果的。

总之，在以往工作基础上，现在应在方法上有所转变，视线要换换角度。

原刊《文物研究》第七辑，黄山书社，1991年。

黄河流域史前合葬墓反映的
社会制度的变迁

　　黄河流域史前合葬墓反映的社会制度的变迁是个相当重要的问题。国内学者对这一问题的回答彼此出入较大，意见颇不一致。我围绕这个课题做过一些分析，发表了一些论著①，这里，我再谈一下自己在这方面的一点意见，不妥之处，请指正。

一

　　黄河流域存在着两个亲族文化区，一是以渭河流域为中心的黄河中、上游地区；一是以泰、沂为中心的黄河下游直到山东沿海地区。

　　在公元前第6千年，这两个区域分别存在着老官台文化和磁山—裴李岗文化及其稍后的北辛文化（前期）。北辛文化的墓葬还有待发现。目前见到的老官台文化及磁山—裴李岗文化的墓葬均以单人葬为主，合葬墓极少。老官台文化仅发现过一座合葬墓，内埋五人，由于骨质保存不太好，只对部分个体的性别、年龄进行了鉴定。磁山—裴李岗文化也发现少量的合墓葬，无一座合葬墓的全部成员的性别、年龄获得鉴定的结论。《文物》1989年1期发表了河南舞阳贾湖磁山—裴李岗文化遗址中的合葬墓材料，有多人葬和二人葬，包括单纯的一次葬或二次葬和一、二次葬同置一穴的情况，多人葬一般不超过四人。仅有部分个体的性别、年龄做过鉴定。

　　公元前第5千年，黄河流域分布的半坡文化、北辛文化（后期）、后岗一期文化，代表了中国新石器时代进入了一个新阶段。目前，尚未见到北辛文化的墓葬。后岗一期文化的墓葬发现得也很少，其中仅有的几座多人合葬墓，死者的性别、年龄均未鉴定。只有半坡文化的墓地得到了大规模的发掘及研究。这一文化已发掘的重要墓地有横阵、元君庙、姜寨、史家、半坡、北首岭、王家阴窪、何家湾及紫荆。泾水以东的横阵、元君庙、史家及滨邻泾水的姜寨二期墓地，都存在数量相当多的内含成年男女、有的带着

---

　　① 《元君庙仰韶墓地》，文物出版社，1983年；《元君庙墓地反映的社会组织初探》，《中国考古学会第一次年会论文集》，文物出版社，1979年；《齐家文化研究》，《考古学报》1987年1、2期。

小孩的多人合葬墓。合葬墓在这文化中得到广泛流行。

公元前第4千年至公元前第3千年前期，约一千二三百年期间，在黄河中、上游先是分布着庙底沟文化，下游则分布着大汶口文化。

至公元前第3千年初期前后，在原来庙底沟文化分布地区，派生或成长起来许多新的考古学文化，例如，秦王寨文化、半坡（四）遗存—泉护二期文化、义井遗存、马家窑文化、半山文化及马厂文化等等。这是黄河流域中、上游地区大分化时期。

至今，庙底沟文化的墓葬发现得很少，值得庆幸的是，在淅川下王岗发现了至少一座成对成年男女合葬墓，它所在的地点虽超出了黄河流域，但由于可据出土器物将其确定为庙底沟文化，且属这文化的前期，故可以由此断定：随着半坡文化向庙底沟文化的转化，合葬制也出现了新情况。半山文化、马厂文化及大汶口文化，均有不少的合葬墓，合葬墓约为这些文化目前发现的墓葬总数的2～5%左右。基本上是成对成年男女的合葬墓，少数还带着小孩。半坡文化那样的合葬制基本绝迹。当是合葬制已产生质变的时期。

自公元前第三千年后期至第二千年初期，除黄河上游的齐家文化和二里头文化还存在合葬制外，其他文化均未发现合葬墓。齐家文化的合葬墓，就其表现形式来看，又可分为两个阶段。一是以柳湾为代表的时期，二是以皇娘娘台为代表的时期。柳湾的合葬墓，只占该地墓葬总数的0.7%，男女葬式出现了明显的差异。皇娘娘台合葬墓占该地墓葬总数的22.6%，值得注意的是，在此还存在葬式区别明显的一男二女合葬墓。二里头文化合葬墓发现不多，基本上是一对男女的合葬墓，在此不予讨论。

埋葬制度受社会制度的制约。上述合葬制的演变，是同一墓穴成员关系变化的写照，也与历史发展进程存在某种必然的联系。具体反映了什么问题，是值得深入讨论的。

二

讨论黄河流域史前合葬墓反映的社会制度的变迁这一问题的关键，应据同一谱系或存在着一定联系的诸考古学文化的不同阶段的一墓穴内成员性别、年龄结构及葬式诸方面的差异，来认识同墓成员所组成的单位的人员生前的社会关系及其性质的变化。

在这一部分将依据年代顺序，通过对半坡文化、大汶口文化、半山文化、马厂文化和齐家文化的一些合葬墓材料的分析，说明合葬墓所含成员及葬式演变的具体过程。

自然，这里不是任意，即非按一定目的择取材料，而是在对研究材料进行了全面分析的基础上，提炼出来能反映研究对象性质的一些单位。

（一）元君庙墓地[①]

元君庙墓地属半坡文化。这里半坡文化前期的墓葬 53 座，分属两个墓区、六个排列，同属一排的是自南而北排列，不同排的墓葬，则自东而西排列。元君庙墓地盛行合葬制，合葬墓约占墓葬总数的三分之二。以死者人数而论，在 12 位死者中就有 11 人被葬于合葬墓内。合葬墓中少则 2 人，多达 25 人，一般都在 4 人以上。就葬式而言，大多纯为二次葬的合葬墓，其次是并含一次葬者和二次葬者，仅个别的墓葬全是一次葬者的合葬墓。

墓地内绝大多数合葬墓成员的性别都是相异的。就其死亡时的年龄而言，大都是一些成年人和小孩。成年人有老年、中年和壮年之分。从那些包含一次葬和二次葬者及纯为一次葬者的合葬墓成员死亡时年龄的分析比较，可以确认他们是老少不同辈分成员的合葬墓，表明当时的亲属单位是由几代人组成的集体。

M405 内埋 12 人，⑫号的死亡年龄在 10 岁左右，为一次葬，其他 11 人均是二次葬，年岁最大的为 50 岁左右的女性，30～40 岁左右的男性四人，女性二人。考虑到元君庙死者年龄鉴定确定的当时居民寿命较短，妇女比男人较早衰亡的情况，以及由于当时性关系较为自由影响妇女晚年生殖能力的话，应把岁差在 20 岁的元君庙居民视为长少不同辈分的人，因此可推知 M405 是一座包含三代人的合葬墓（参见本书《仰韶时代》一文的图三〇）。

元君庙墓地无成年男子及小孩的合葬墓，却有三座成年女性和小孩的合葬墓，而且，这里的女孩得到厚葬或享用成年人的葬习，以及女性的随葬品一般多于男子等等，说明元君庙的亲属单位的亲属及财产关系是依女系传递的。在一般情况下，妇女的地位高于男子。

M420 是一位成年妇女和两位女孩的合葬墓，墓内的成年妇女当是两位女孩的亲生母亲（参见本书《仰韶时代》一文的图三二）。M429 是一座两位女孩的合葬墓，墓穴特殊，使用红烧土块铺砌墓底，随葬陶器 6 件，其中②号女孩还拥有 785 颗骨珠串成的项链（参见本书《仰韶时代》一文的图三一）。同属半坡文化的半坡和北首岭墓地，小孩一般都使用瓮棺葬，个别的单具墓穴的小孩，却毫无例外地也是女性。除 M429 外，元君庙墓地的其他小孩都是和成年人合墓埋葬的。小孩单具墓穴，当视为享用成人葬习。M405 ⑫和 M420③这两位女孩，是使用成年装束和获得厚葬的两个例证。前者仅 10 岁左右，虽和其他成年人合葬，却是 M405 内唯一的一次葬者；后者除也有骨笄随葬外，还随葬有多达 1147 颗骨珠。通过对元君庙墓地的单人墓、同性合葬墓及母子合葬

---

① 《元君庙仰韶墓地》，文物出版社，1983 年。

墓的分析可知，在 10 座男性墓葬中，随葬陶器在 4 件以下者就有 6 座，6 件以上的只有 4 座，而墓主人都是 40 岁以上的男性。可在 10 座女性和母子合葬墓中，随葬 6 件以上陶器的就有 9 座。其中，M420 随葬陶器达 20 多件，还有彩陶，是全墓地中随葬品最为丰富的墓葬。

（二）刘林墓地①

刘林墓地属大汶口文化前期，年代约和庙底沟文化前期相当。刘林墓地两次发掘共发现墓葬 197 座，可划为六个墓区。发现有 8 座均为二人合葬的墓，包括有成对成年男女合葬墓、成对少年男女合葬墓、成人带小孩的合葬墓等。

男女在墓穴中的位置，有男左女右，也有女左男右。M102 葬一对 55 岁左右的老年男女，女左男右，仰身直肢，上身相靠，男左臂压女右臂（参见本书《仰韶文化》一文的图三三）。M21 葬一 15 岁左右的女性和一 13 岁左右的男性，女左男右，并列，脸对脸，仰身直肢。

在成对成年男女合葬墓中，多数随葬品，尤其是陶器，多置于妇女的一侧。M102 随葬陶器 8 件，獐牙 1 件，男性腹部放 3 件陶器，余均在女性身上。M21 随葬的 2 件陶罐均在女性下肢骨上。

（三）大汶口墓地②

大汶口文化因大汶口遗址而得名。该墓地年代基本上晚于刘林墓地，两次发掘发现了一大批墓葬。这里绝大多数墓葬为单人葬，只有少数几座合葬墓。合葬墓内基本上为两位成年人，个别墓葬有带小孩的。具有鉴定条件而又经过鉴定的，都确定墓中的成年人为一男一女。M35 是一对成年男女。女性右臂搂一小孩。

从葬式上看，男左女右成为定制。同时，年代较早的墓葬，如 M111 和 M13，墓中的男女被摆放的姿态相同，并列仰卧，平等地共居墓室；年代较晚的墓葬，如 M35（图一，1）和 M1，男女被摆放的姿势虽同，但男性已居墓中，女性居于墓室的一侧，表明墓中女性地位已低于男子。

相对而言，随葬器物多放在男子身上及其附近。年代较早的墓葬，随葬品在女性一侧也有一定分量，而年代较晚的墓葬，女性除头佩束发器，颈佩玉管或腰间放一龟甲等装饰品外，其他随葬品则都放在男性一侧。

---

① 江苏省文物工作队：《江苏邳县刘林新石器时代遗址第一次发掘》，《考古学报》1962 年第 1 期；南京博物院：《江苏邳县刘林新石器时代遗址第二次发掘》，《考古学报》1965 年 2 期。
② 山东省文物管理处、济南市博物馆：《大汶口》，文物出版社，1974 年。

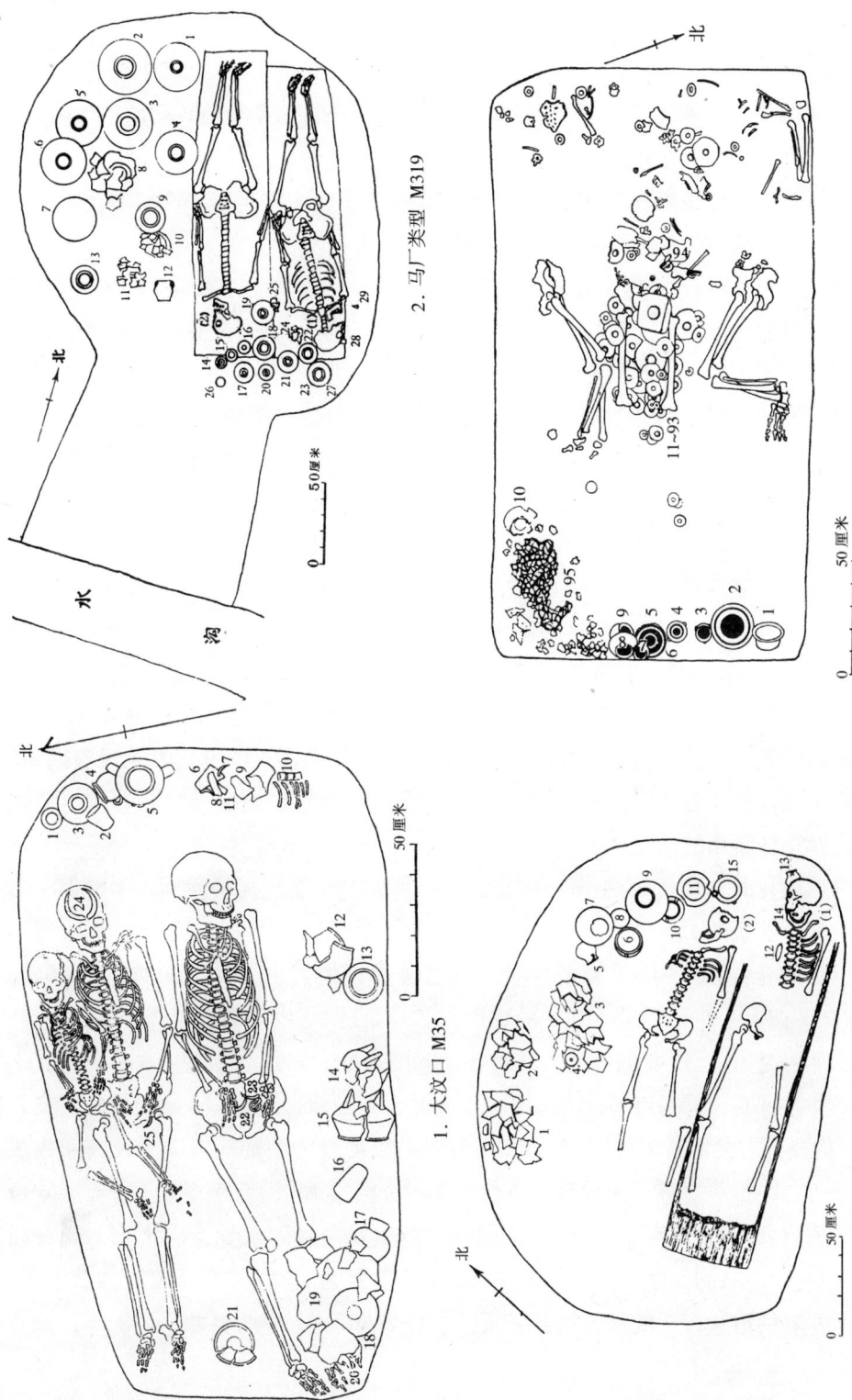

图一　合葬墓反映的黄河流域父系制演变过程

1. 大汶口 M35　　2. 马厂类型 M319　　3. 柳湾 M1061　　4. 皇娘娘台 M48

（四）柳湾墓地①

1974～1980 年间，柳湾墓地先后经过多次发掘，共发现墓葬 1700 多座，其中以马厂文化为主，也有半山文化和齐家文化的。

柳湾半山文化的合葬墓共 33 座，其中有 7 座中的成员经过年龄、性别鉴定，而得知墓中全部成年的性别、年龄的墓葬，只有 M527。

三人以上的合葬墓有 21 座，比二人合葬墓多 9 座，占合葬墓总数的 63.6%。M527 中包含了不同年龄的男女五人。M580 中葬三人，一成年男性，一次葬，仰身直肢，占了墓穴左边的大半部；另二人未鉴定，均二次葬，在①号男性的右侧。随葬的 6 件器物有 4 件放在①号的左侧。M421，合葬三人，均一次葬，是二成年男子和小孩的合葬墓。上述两墓均显示出是以男性为本位的。M513，合葬三人，都是一次葬，为二成年人和一儿童，有一成年男性，另一未鉴定，如是男性，则与 M421 一样，是世系以男性为本位的两代人的合葬墓；如是女性，则是夫妻及其子女的合葬墓。

二人合葬墓中多是成对成年男女合葬。

33 座合葬墓中，有 29 座的尸体均集于一棺，M448（二人）和 M529（三人）各分居两棺，只有 M517 及 M580 无葬具。M448 和 M529 内死者分居两棺，表明他（她）们的相互关系是平等的。M580 的情况，如前所述，死者间虽有主次之分，却无尊卑之别。合葬于一棺内的死者，被放置形式或葬式和层次，既与年龄无关，又同性别没有联系，难以从中窥出任何尊卑之别。同时，随葬工具有据性别摆放的情况外，随葬陶器的位置，见不到和个体联系的情况。

柳湾马厂文化的合葬墓共 44 座，对其中 8 座墓葬中全部成员的性别、年龄做了鉴定，这占全部合葬的 18%。

三人以上的合葬墓 17 座，虽然少于二人合葬墓，但仍占合葬墓总数的 38.6%。M281 同棺合葬四人，①号是 9～10 岁的男性，②号是约 50 岁的男性，③号是 40～45 岁的女性，④号是 50～55 岁的男性。从墓葬平面图观察，知③、④是一次葬，①、②为二次葬。④左③右，仰身直肢，齐头平列。④号手臂及腿旁放置斧、锛及绿松石饰各 1 件，③号的头部右侧放置 1 件纺轮。M281 可能是以男性为主的一对夫妻及其家族成员的合葬墓。M93 是土坑墓，无葬具，合葬六人，分两层埋葬。①号居上层，②～⑥号位于下层。据《报告》文字及图版可知：①号为 60 岁左右的女性，一次葬，侧身屈肢；②号为 40 岁左右的女性，一次葬，仰身屈肢；③号为 7 岁左右的男童，四肢不全；④号为 5 岁左右的男童，一次葬，侧身屈肢；⑤号为 50～55 岁的男性，一次葬，侧身

①　青海省文物管理处考古队、中国社会科学院考古所：《青海柳湾》，文物出版社，1984 年。

屈肢；⑥号为1岁左右的小孩，性别不详，骨架已残。不能肯定M93成年人处于何种亲属关系之中，也许M93是包含三代人的家族墓葬。这类墓葬的存在，反映当时家族还是一结构牢固的集体。

这里的马厂文化也存在着许多成对成年男女合葬墓，当是单偶制婚姻关系的产物。M319，①号是50～55岁的男性，居右，右侧头上方至肩部，分别放置石斧、石锛和石凿各1件；②号是45～50岁的女性，居左，头上方放置陶纺轮1件（图一，2）。依然是按性别随葬不同的工具。

44座合葬墓中，尸体集装一棺的16座，放置于垫板上的14座，无葬具的14座。使用垫板的合葬墓中有9座是将尸体放在一块垫板上，含义同于合棺；5座是各人一块，大致和没有葬具的墓葬一样，尸体基本上平列于墓室。尸体集装一棺的合葬墓占合葬墓总数的比例，柳湾马厂文化的明显低于半山文化的，而无葬具墓的比例却显著增多。

柳湾齐家文化的墓葬366座，其中合葬墓25座，仅占墓葬总数的0.7%。在确定性别的合葬墓中，凡置于女性尸体旁的工具，都是纺轮；男性随葬的工具，均为石斧、石刀、石凿、石锛。可见，男性在一些主要生产部门中，已占绝对主导地位。

25座合葬墓中，成对成年人合葬墓16座，成年人与儿童合葬墓2座，儿童合葬墓3座，二人以上人员的合葬墓3座，可能为成年人与儿童合葬墓的1座。

16座成对成年人合葬墓中的11座埋葬现象相同。两人均为一次葬。墓中的一位死者，均以仰身直肢躺卧姿势安置于一较窄的棺内。同时，除把随葬器物放置棺外墓穴外，并往往在他身旁还附有陶器、工具和装饰品。而墓中的另一人则被置于棺外的一侧，有的下肢还微作屈肢，甚至有些被压于棺下，个别死者下肢还压着大的石块，有的还不见头骨，尸体位于相当于放置随葬陶器的地方。而且，一般无贴身随葬品，只有M1039②的胸上和M1337②之盆骨及右脚上，分别放置石锛1件和陶器2件。M1112埋葬现象同于上述11座墓，区别在于，它棺内的死者为二次葬，仅有头骨及一肢骨。头骨面朝上，头顶向北，放在木棺中部偏上处，肢骨上距头骨约40厘米，骨关节头指向头骨。可见，当也是按仰身直肢形式摆放尸骨的。另一人被置于棺外左侧，仰身，左下肢微屈。这12座墓性质一样，都从对同墓内的两位死者作不同的安排方式，以显示棺内的那位死者的地位居尊，棺外的死者处于从属地位。

这12座墓中的M1061（图一，3）、M1161、M314、M1112、M1129和M269棺内的死者，均被确定为男性。M1061、M1161、M314和M1112被置于棺外的死者，无例外地都被定为女性。在被确定性别的二人合葬墓中，未见纯为男性的合葬墓。故推知M1129及M269内的棺外死者，当是一位女性。同时，在二人合葬墓中，只有M992被确定是一地位居尊的女性和另一处于从属地位的女性合葬墓，而没有见过一例女性居尊而男性处于从属地位的合葬墓，基于此情况，基本上可估计，其他 6 座未定性别的墓葬，也是男女合葬墓。

这里，女性被赤身地置于棺外一侧，相当于放置随葬器物的地方，虽然比那些作为财富的随葬器物离木棺近一些，但也不过是作为男性的财物罢了，甚至不如男性的贴身随葬品。女性处于被役使的卑微地位，而成了男性的附属品。

M63、M1325 是二座被确定为同穴异棺或同棺成年男女合葬墓。

M963 是一座成年人和小孩的同棺合葬墓，其中的成年人被鉴定为男性，它表现了男性在财产及亲属方面的继承关系。

多人合葬墓中，如 M1179、M979，均有一成年男性，一次葬，仰身直肢，独居木棺，位于墓穴当中。同墓的死者，都是二次葬，显然是为了伴葬而迁葬的。残剩下来的尸骨，不但未放在棺内，也未将它们收拾好安放在墓穴中，而被放置在木棺两侧的下方，甚至混杂在作为随葬的陶器之中，显示的现象，尊卑分明。这类墓葬很可能是家长带着他家族成员的合葬墓。

儿童合葬墓中，尸骨有的是分居两棺，并列安放（M1203、M858）；有的是一放在棺内，一放在棺外，不同的埋葬方式，使我们看到父权关系已扩展到了儿童之间，也使我们获得确认当时存在着父权权势继承制的一个鲜明例证。

然而，在这个令女性窒息的时代，仍保留一些旧时代的残迹。如：M1008 为两女性合葬墓，两人平列，皆仰身直肢，共居墓穴当中，一约 50 岁，居左，一约 20 岁，居右，这当是残存的平等的母系亲权的反映。

（五）皇娘娘台墓地[①]

皇娘娘台墓地亦属齐家文比，经四次发掘，第四次发掘报告较详细。这次发掘共发现墓葬 62 座，其中合葬墓 12 座，占墓葬总数的 22.6%。其中成对成年人合葬墓 10 座，占合葬墓总数的 71.4%，三位成年人合葬墓 2 座，成年人和小孩合葬墓 2 座。

10 座成对成年人合葬墓中，居左者，一律仰身直肢；居右者，除 M76 外，一律侧身，面向居左者，屈肢，近半跪状，垂手，呈侍奉状态。M76 右侧那位死者是背向仰身直肢者，两手并拢举于前方，《报告》说"似捆绑所致"。M38、M52、M76 经性别、年龄鉴定，确认居左者均为男性，居右者都是女性。据此类推其他情况类似的诸墓，当都是成年男女合葬墓。这里男左女右的格局已经固定化，妇女的葬式，是形象化的卑躬屈膝，比柳湾妇女显得更加卑微了。

---

① 甘肃省博物馆：《甘肃武威皇娘娘台遗址发掘报告》，《考古学报》1960 年 2 期；《武威皇娘娘台遗址第四次发掘》，《考古学报》1978 年 4 期。

第四次和前三次发掘见到的 3 座三位成年人合葬墓，凡居中者，均仰身直肢；两侧者，均侧身屈肢，面向仰身直肢者。这种屈肢，都已达到屈膝半跪，甚至全跪的程度。而且，她们两手拱屈向前、形同作揖。M24 及 M48（图一，4）经性别、年龄鉴定，确认直肢者都是男性，两侧屈肢者均为女性。据此类推 M66 中的死者，也是一男二女。如果把成对成年男女合葬墓视为一夫一妻的合葬墓，那么，M24、M48 及 M66 当被认为是丈夫和妻妾的合葬墓。

皇娘娘台墓地的两座成年人和小孩合葬墓中的成年人，一律居墓穴左边，仰身直肢；小孩都被置于墓穴右边，均侧身屈肢。M65 的小孩，还位于成年人的右膝下，屈肢，侧向成年人，两手上举，如跪揖姿势。无论这小孩是奴隶，还是成年人的子女，尚可讨论，其性质自然还是显示父权的专横。

柳湾齐家文化的 68% 的合葬墓都用工具随葬，而皇娘娘台齐家文化的合葬墓随葬工具的仅有 0.7%。但是，后者却以象征财势和身份的礼器——石（玉）璧，作为随葬品充塞墓穴，往往见于尸体的胸腰，以 M48 最多，在那位占据墓穴中央的男子身上见到石璧83件，玉璜 1 件，同墓居于两侧的死者，却未见一件石璧。在 14 座合葬墓中，有 11 座随葬了石（玉）璧，占80%。石（玉）璧代替工具而成为重要的随葬品，标志着社会观念的变革，过去是以工具标志墓主人富有和劳动能力，而今炫耀的是墓主人的身份和权势。这种转变，应认为是一个贵族阶层不但已经出现，而且在这一社会中业已形成，并达到这个时代可能具备的完善形态。

三

从上述材料及初步分析中，似乎可将我们的认识归纳如下：

半坡文化的合葬墓和自庙底沟文化开始的合葬墓，性质不同，是史前时代两个重要历史阶段在葬制方面的表现。

（一）半坡文化合葬墓，有着如下一些特点：

（1）基本上是 4 人以上，多达 25 人，甚至达到 50 人的合葬墓。墓中成员有男有女，又属不同辈分。死者生前所属亲属单位，大于仅由夫妻及其子女组成的个体家庭。

（2）只存在成年女性和小孩的合葬墓，表明当时的亲属单位是以妇女为本位的，在亲属及财产关系上依女系传递。

（3）妇女享有较男子更多的随葬品，以及只见女孩才能获得厚葬或享用成年人葬习的现象，表明当时妇女地位高于男子。

（4）依对元君庙墓地的分析，上述亲属单位组成墓区，又由墓区组成墓地。如果把合葬墓为代表的亲属单位视为一级组织的话，那么墓区则为二级组织，墓地则为三级组织。

（二）自庙底沟文化起，进入史前时代的第二历史阶段，就其男女地位相对演变来看，又可分为如下两期：

（1）以庙底沟文化、大汶口文化、半山文化和马厂文化为代表的第一期。

这期出现并随之确定了成对男女及其子女组成的亲属单位，有成年男子和小孩的合葬墓。这种单位的婚姻、亲属及财产关系，以男性为本位，依父系传递。总的来看，这一时期的男女关系基本上仍处于平等地位，尽管在大汶口墓地的后期，妇女在其亲属中的地位略低于男子。

这一期又可分为两段，一段以刘林墓地、柳湾半山、马厂文化墓地为代表；二段以大汶口墓地为代表。一段中保存的母系制残余较多，甚至有的家族可能还实行母系制，妇女在家族中的地位，有时还高于男子。但从每一墓地的整体来看，则可见到单偶制婚姻和亲属及财产关系的父系继承制，已经成为留存这墓地的居民社会的主要形态。而那些成对成年男女合葬墓中的女性随葬品（主要是陶器）多于男子所显示的妇女地位较高的情况，也只是在男性居本位的单偶婚制制约下存在的现象。二段的男女在墓葬中的位置逐步固定了下来，但仍采用同样的葬式。男子虽已在经济及家族地位上居妇女之上，但还不存在奴役妇女的现象，父权独裁也未出现。

（2）以齐家文化为代表的第二期

这期，妇女在亲属中的地位已明显低于男子，甚至必须对男子卑躬屈膝。而男子还拥有娶妾的权利。父权统治已充分表现出来。墓葬中呈现出来的一对妇女间存在着尊卑关系，儿童尸体的不同埋葬方式，使我们看到，父权关系已扩展到了妇女、儿童之间，也使我们确认当时存在父权权势继承制。

这一时期也可分为两段，一段以柳湾齐家文化墓地为代表；二段以皇娘娘台墓地为代表。两者的父权表现程度及广度均存在着一些区别。

通过对上述诸阶段的合葬墓所反映的现象的研究，使我们了解了社会由母权制时代经父系制确立时期过渡到父权制时代的变迁进程，也认识到这一发展过程的不平衡性。半山文化、马厂文化的年代和以大汶口墓地为代表的大汶口文化后期相当，而两者社会关系的发展，却相差了一段。同是大汶口文化后期的遗存，呈子墓地和大汶口墓地又存在着差别。

在史前黄河流域存在不同谱系的考古学文化，每一谱系考古学文化的发展道路都有其自身特点。因此，对任一谱系的考古学文化的历史阶段的认识，都只能是具体的，自然难以代替对黄河流域史前历史的整体研究。而且，目前任一谱系考古学文化的资料积累程度，以及这些资料的形式是否能更直接反映其社会制度的演进，都使我们难以据同一谱系的考古学资料探讨它的整个历史发展过程。相信随着考古学资料的逐步积累，对黄河流域生前社会制度的变迁进程将会有更加深刻的认识。

1988 年 10 月，应陈方正所长的邀请，笔者在香港中文大学中国文化研究所作了题为《黄河流域史前合葬墓反映的社会制度的变迁》的演讲，现略做修改发表出来。并借此机会，向陈方正、高美庆、杨建芳诸先生表示深切谢意。原刊《华夏考古》1989 年 4 期。

仰 韶 时 代

——史前社会的繁荣与向文明时代的转变

仰韶时代，是以老官台文化转变成半坡文化及与其相当的时期为始点，终于鬶、斝这类空三足器所从属的大汶口文化晚期、庙底沟二期文化及良渚文化后期及与其相当的时期，年代约在公元前第 5 千纪前期后段至公元前第 3 千纪前期后段。

在这约 2000 年历史进程中，中国考古学文化的发展，存在着不均衡现象：黄河及长江中下游居民，在这时期的中国舞台上扮演着主要角色，同时，这类失衡状况，也存在于这一地区内部。例如，陶器上使用黑色直线条带、三角、菱块或以曲线条带、圆点、凹边三角及月牙形组成的装饰图案，分别始于半坡文化与西阴文化，然后传布于其他考古学文化；庙底沟二期及良渚等文化居民制造空三足器，是受大汶口文化晚期居民发明的空三足陶鬶影响的产物。从发明到传播之间的绝对年代差，难以估算，故仰韶时代，尤其是"同时"这类述语，从绝对年代看，只能是个相近的略数。

一 考古学文化及其演化

仰韶时代中国的动、植物群落分布所反映的气候、自然环境，同于前一时期，仍处在最佳期①。因此，农业进步，人口增殖，江河湖海沿岸高地或其山前地带，基本为人们所占住、开发。按考古学分类，这些居民分属不同的考古学文化：

（一）大致自太行山及郑州以西的黄河中、上游地区，以华山、渭河为中心。先是居住着半坡文化的居民②。公元前 4 千纪初期，这一支文化的居民又将其社会推进到西

---

① 周昆叔主编：《环境考古研究》（第一辑），科学出版社，1991 年；田广金、史培军：《内蒙古中南部原始的环境考古研究》，《内蒙古中南部原始文化研究文集》，海洋出版社，1991 年。

② 半坡文化以西安半坡遗址所揭示的主要堆积得名。见中国科学院考古研究所：《西安半坡》，文物出版社，1963 年。

阴文化①（图一、二）。自秦以前，由晚及早发轫于渭水的秦、周及西阴文化，都对中
国历史的发展进程起过重大的推动作用。若包括商人的二里岗文化，则存在四个文化和
政治相对统一的时期。其先行者，便是西阴文化。这时居民的分布区域，东部已扩展到
太行山东侧的华北平原北部及郑州附近②，西至青海省湟水③，南达武当山北侧④，北部
进至前套及熊耳山地带⑤。同时，对同期的其他考古学文化，如大溪文化、红山文化、
大汶口文化乃至崧泽文化均产生了积极的影响⑥（图三）。

约在公元前第 4 千纪晚期，西阴文化在不同地区演化成不同的文化。甘青地区发展
为马家窑文化，随后又转变为半山文化⑦（图四）；六盘山以西的宁夏南部及渭河上游、
六盘山以东的泾水流域及渭河中游地区，分别发展为以菜园遗址和常山遗址下层为代表
的遗存⑧（图五、六）；前套直到洋河的西北地区、晋中和太行山东侧的华北平原北部，
分别转化为庙子沟文化、义井为代表的遗存和大司空文化⑨（图七）；　陕晋豫交界地区

---

① 李济：《西阴村史前的遗存》，1927 年。西阴村在山西省夏县，有的学者称西阴文化为仰韶文化庙底沟类
　　型、西阴类型和庙底沟文化。关于西阴文化由半坡文化发展而来的认识，参见《元君庙仰韶墓地》，第
　　49～51 页（文物出版社，1983 年）及《中国北方考古文集》，第 11～27 页（文物出版社，1990 年）。
② 孔哲生等：《河北境内仰韶时期遗存初探》，《史前研究》1986 年 3、4 期；郑州市博物馆：《郑州大河村遗
　　址发掘报告》，《考古学报》1979 年 3 期。大河村遗址一、二期当为西阴文化的一个类型，此前华北平原
　　至郑州附近为后岗一期文化居民占据。关于这一认识，参见张忠培、乔梁《后岗一期文化研究》，《考古
　　学报》1992 年 3 期。
③ 青海省文物考古队：《青海民和阳洼坡遗址试掘简报》，《考古》1984 年 1 期。该遗址当属西阴文化晚期。
④ 中国社会科学院考古研究所长江工作队：《湖北郧县和均县考古调查与试掘》，《考古学集刊》（4）；《青龙
　　泉与大寺》，科学出版社，1991 年。
⑤ 张忠培、关强：《"河套地区"新石器时代遗存的研究》，《江汉考古》1990 年 1 期；王志浩、杨泽蒙：
　　《鄂尔多斯地区仰韶时代遗存及其编年与谱系初探》，《内蒙古中南部原始文化研究文集》，海洋出版社，
　　1991 年；张家口考古队：《1979 年蔚县新石器时代考古的主要收获》，《考古》1981 年 2 期。
⑥ 在大溪文化中出西阴文化的小口尖底瓶及彩绘图案等器形、纹饰，见中国社会科学院考古研究所湖北工作
　　队：《湖北枝江县关庙山新石器时代遗址发掘简报》，《考古》1981 年 1 期；《湖北枝江关庙山遗址第二次
　　发掘》，《考古》1983 年 1 期。红山文化的敛口钵及彩陶图案当是受西阴文化影响的产物。见中国社会科
　　学院考古研究所内蒙古工作队：《赤峰西水泉红山文化遗址》，《考古学报》1982 年 2 期；郭大顺、张克
　　举：《辽宁省喀左县东山嘴红山文化建筑群址发掘简报》，《文物》1984 年 11 期；张星德：《红山文化分期
　　初探》，《考古》1991 年 8 期；关于西阴文化对大汶口文化的影响，见张忠培：《大汶口文化刘林期遗存试
　　析》，《中国北方考古文集》，文物出版社，1990 年。崧泽文化所受影响当是通过中介而产生的，见南京博
　　物院：《江苏省吴县草鞋山遗址》（图 55），《文物资料丛刊》，文物出版社，1980 年。
⑦ 张忠培、李伊萍：《关于马家窑文化的几个问题》，《庆祝苏秉琦考古五十五年论文集》，文物出版社，
　　1989 年；李伊萍：《半山、马厂文化研究》，《考古学文化论集》（三），文物出版社，1993 年。
⑧ 宁夏文物考古研究所：《宁夏海原县菜园村遗址切刀把墓地》，《考古学报》1989 年 4 期；宁夏文物考古研
　　究所等：《宁夏海原县菜园村遗址、墓地发掘简报》，《文物》1988 年 9 期；中国社会科学院考古研究所泾
　　渭工作队：《陇东镇原常山遗址发掘简报》，《考古》1981 年 3 期；张忠培：《齐家文化研究》，《中国北方
　　考古文集》，文物出版社，1990 年。
⑨ 魏坚：《试论庙子沟文化》，《青果集》，知识出版社，1993 年。有的学者称该文化为海生不浪文化。山西
　　省文物管理委员会：《太原义井村遗址清理简报》，《考古》1961 年 4 期。陈冰白：《略论"大司空类
　　型"》，《青果集》，知识出版社，1993 年。

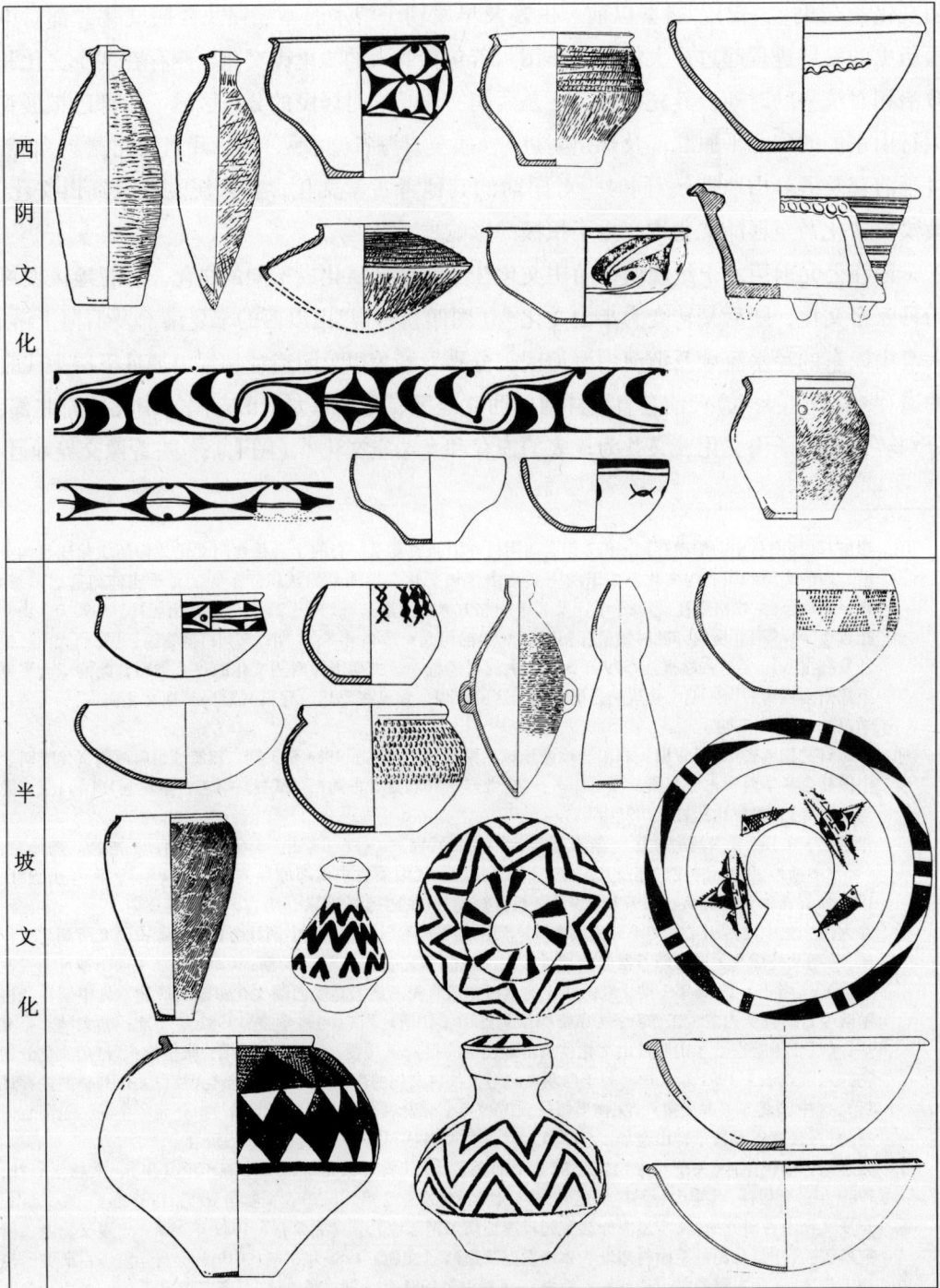

图一　半坡文化与西阴文化陶器

半坡文化：西安半坡遗址和华县元君庙墓地出土

西阴文化：河南陕县庙底沟遗址出土

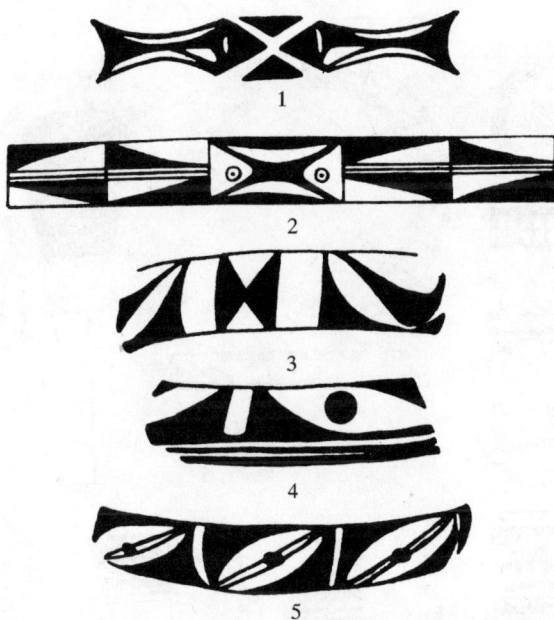

图二　从半坡文化的鱼纹到西阴文化的花卉纹

1、2. 半坡遗址　3～5. 庙底沟遗址

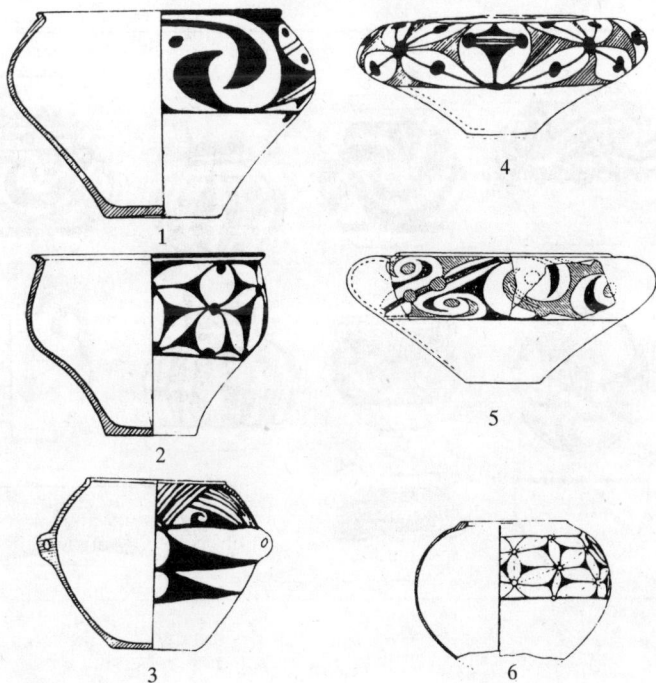

图三　西阴文化彩陶影响了红山文化、刘林期大汶口文化和大溪文化

1、2. 西阴文化（庙底沟遗址）　3. 红山文化（内蒙古敖汉旗五道湾遗址）

4、5. 刘林期大汶口文化（江苏邳县大墩子遗址）　6. 大溪文化（湖北枝江县关庙山遗址）

马
家
窑
文
化

半
山
文
化

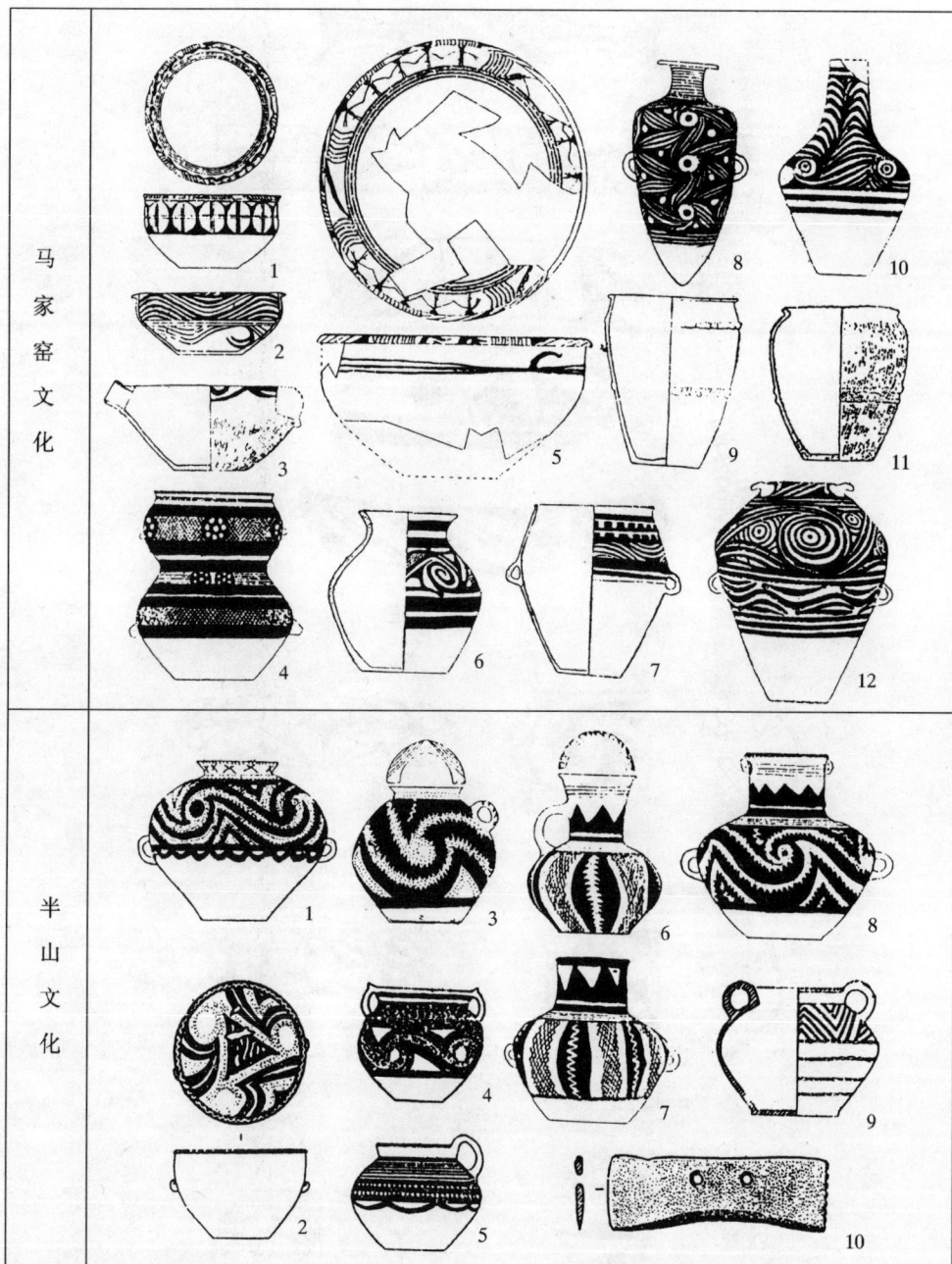

图四　马家窑文化与半山文化

马家窑文化：1、5. 青海大通上孙家寨　4. 甘肃永登杜家坪　8. 甘肃

陇西吕家坪　12. 甘肃永靖三坪（余皆出自甘肃东乡林家遗址）

半山文化：1、4. 甘肃广河地巴坪（余皆兰州花寨子墓地出土）

图五　菜园村遗址陶器

和伊洛—郑州地区，分别生成泉护二期文化和秦王寨文化①（图八、九）。

（二）在黄河下游，以泰山、汶泗为重心。此时代的考古学文化自成谱系。其先后关系是：以北辛遗址晚期为代表的遗存→后岗一期文化→大汶口文化（至出现鬶式鬶

---

① 北京大学考古学系：《华县泉护村》，科学出版社，2003 年；东下冯考古队：《山西夏县东下冯龙山文化遗址》（其中龙山早期），《考古学报》1983 年 1 期；商县图书馆等：《陕西商县紫荆遗址发掘简报》（其中 H124、H76），《考古与文物》，1981 年 3 期；阿尔纳：《河南石器时代之着色陶器》，《古生物志》丁种一号二册，1925 年；杨建芳：《略论仰韶文化与马家窑文化的分期》，《考古学报》1962 年 1 期；孙祖初：《秦王寨文化研究》，《华夏考古》1991 年 3 期。

而传到河南产生斝和釜形斝之前)①（图一〇）。

图六 常山遗址下层陶器

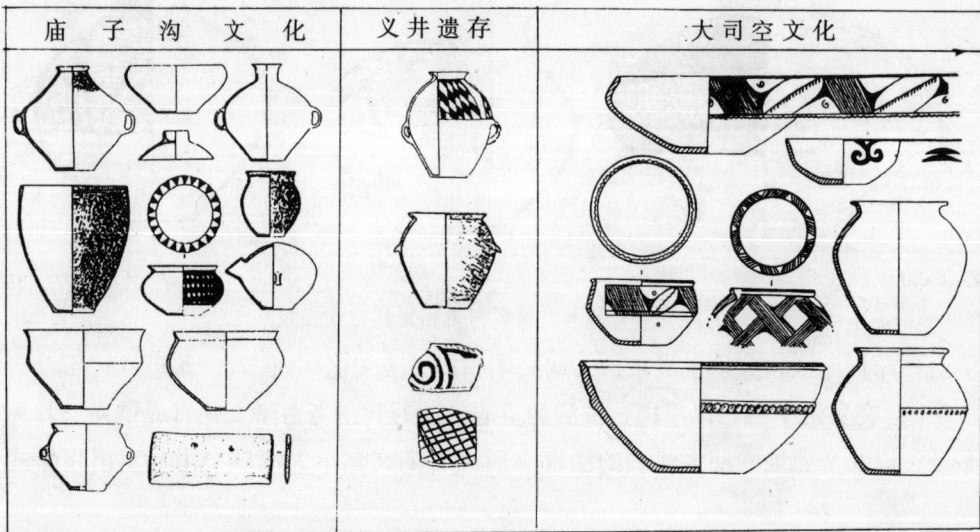

图七 庙子沟文化、义井遗存和大司空文化

---

① 张忠培、乔梁：《后岗一期文化研究》，《考古学报》1992 年 3 期。

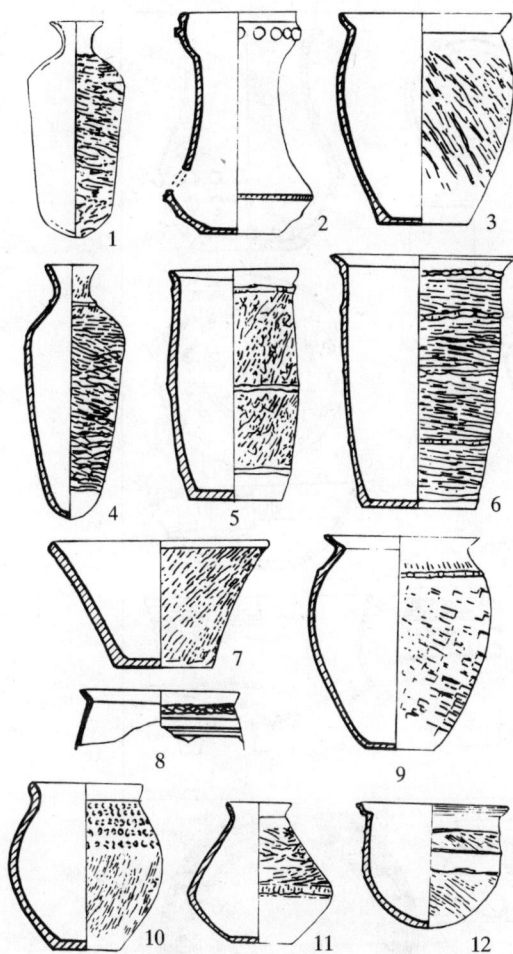

图八 泉护二期文化陶器

1、2、3、10、12. 出自陕西商县紫荆遗址
H124（余皆山西夏县东下冯遗址出土）

北辛遗址晚期为代表的遗存，已分布于太行山东侧的华北平原北部。下潘汪、界段营、炭山、北福地及镇江营，便曾是它的几个居民点①。后岗一期文化在黄河下游之西北面的分布，扩展很广，曾越过太行山，甚至进入到了河套地区②。目前在前套及张家口发现的半坡文化遗存，基本上属这一文化的晚期③。其时，它和后岗一期文化的居民，在接触地带很可能曾交错住居。后岗一期文化在半坡—西阴文化的步步进逼之下，表现得十分被动乏力，以至在整个黄河以西地区逐步被取代。只是当其仅存黄河以东的山东地区时，似乎才稳住阵脚，在与西阴文化的抗衡中，调整内部机制，积蓄力量，最后在西阴文化的影响下，过渡为大汶口文化；同时，逐步地侵入南面的淮河流域，占领了原为青莲岗文化居民居住的淮河北岸广大地区。

（三）燕山南北和东北地区。它包括下列行政区域：河北省的承德、唐山、廊坊及与这三个地区邻近的北京、天津的部分县区，内蒙古自治区东部诸盟、市和辽、吉、黑三省。从人文地理观之，暂可分为以下文化区：

1. 辽河以西及燕山南北区。大致相当于半坡文化时期，有的起始年代甚或更早的考古文化的分布是（图一一）：西拉木伦河以北，分布着富河文化④；西拉木伦河流域，

---

① 河北省文物管理处：《磁县下潘汪遗址发掘报告》，《考古学报》1975 年 1 期；《磁县界段营发掘简报》，《考古》1974 年 6 期；拒马河考古队：《河北易县涞水遗址试掘报告》，《考古学报》1988 年 4 期；北京市文物研究所：《北京市拒马河流域考古调查》，《考古》1989 年 3 期。
② 斯琴：《准格尔旗窑子梁仰韶文化遗址》，《内蒙古文物考古》，创刊号。
③ 《蔚县考古报告》（未刊，资料藏河北省文物研究所）。
④ 中国科学院考古研究所内蒙古工作队：《内蒙古巴林左旗富河沟门遗址发掘简报》，《考古》1964 年 1 期。

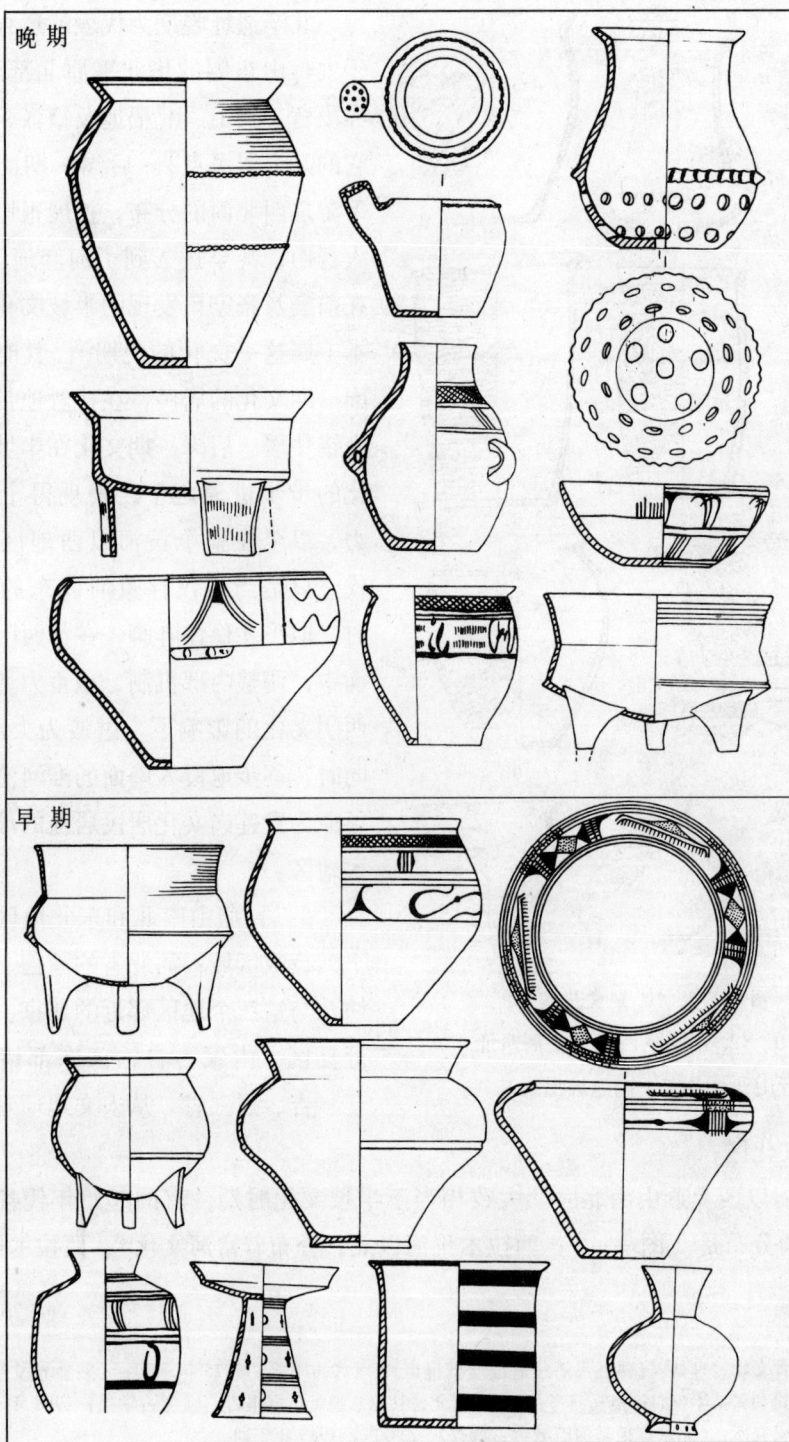

图九　秦王寨文化陶器（大河村遗址出土）

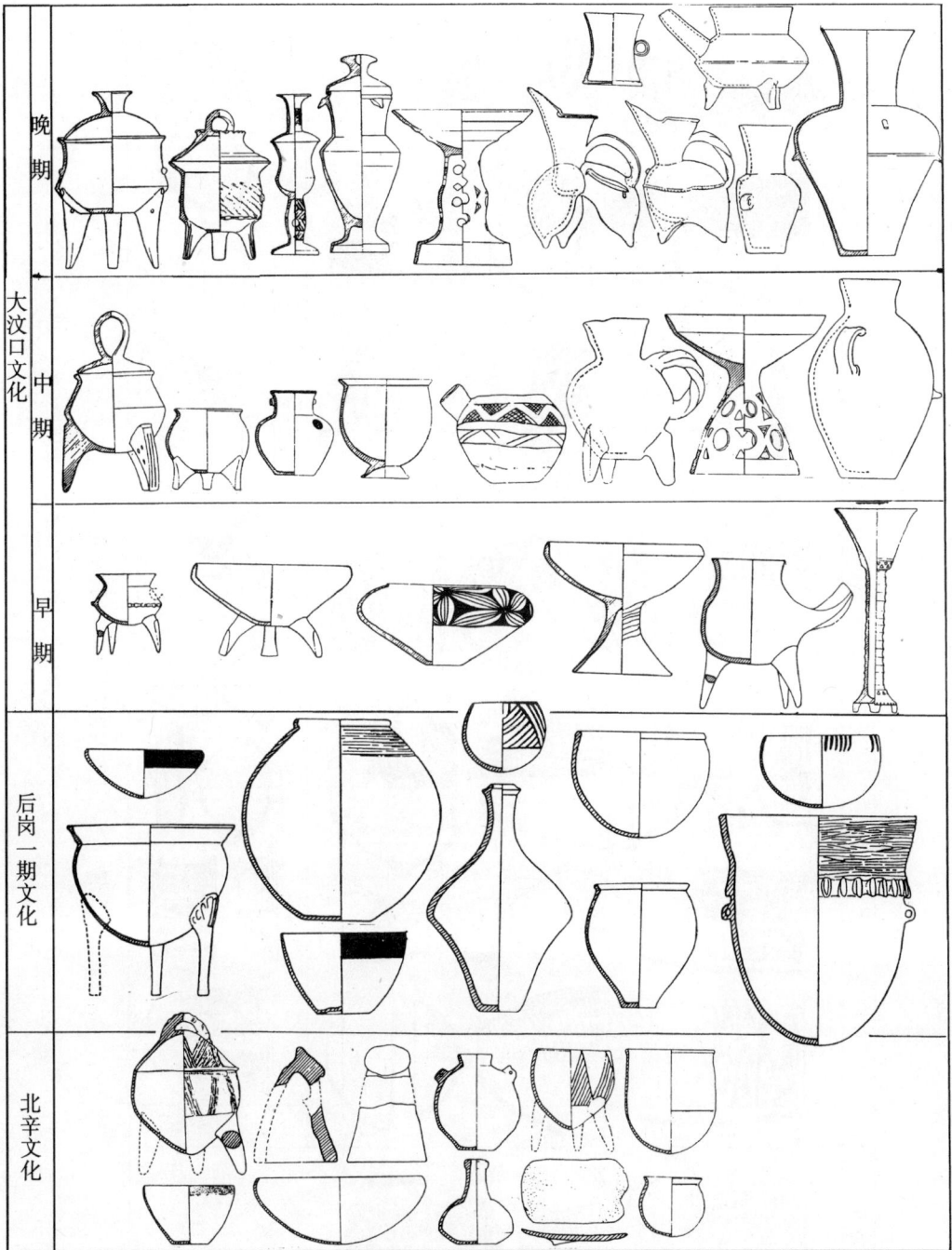

图一〇　北辛文化、后岗一期文化和大汶口文化

北辛文化：山东滕县北辛遗址出土

后岗一期文化：河南安阳后岗遗址出土

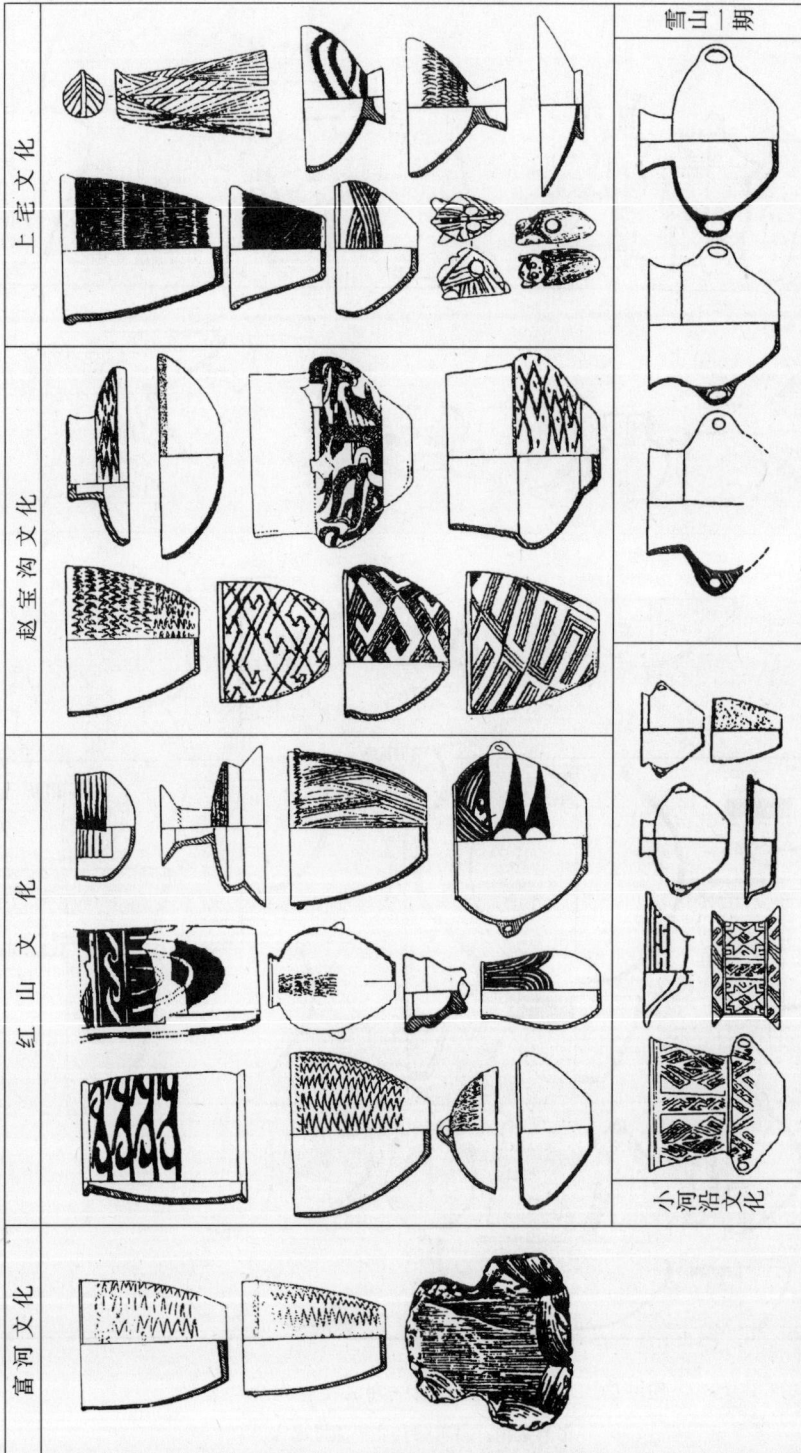

图一一　辽河以西及燕山南北诸文化

居住有红山文化居民①；医巫闾山以西及滦河流域，存在着赵宝沟文化②。关于上宅文化，目前仅知其分布于洵河这样一条小河流域③。前三种文化的分布区域，存在着交错现象。饰之字状压印纹的筒形罐，是这四种文化陶器基本组合中的一种重要器形。这不仅说明四种文化相互之间存在着联系，也表明它们均渊源于兴隆洼文化。

富河文化、赵宝沟文化和上宅文化的流向，目前尚不清楚。红山文化，先后接受后岗一期文化和西阴文化的影响而兴盛起来，在这一地区最富生命力，至迟在西阴文化时期，已整个地占据了北起西拉木伦河，南达辽西走廊，东始西辽河折向南流的转弯一带④，西至燕山南北地区这一广阔区域。

在仰韶时代晚期，这一地区出现了雪山一期文化和小河沿文化⑤。后者分布于西拉木伦河流域，东至奈曼旗⑥，向南可达锦西一带；前者主要分布在广义上的燕山山地南侧，西至张家口，南不逾大清河。小河沿文化可能是红山文化中一支的延续。

2. 辽河下游地区。新乐文化和偏堡子文化⑦，是已知的年代脱节的两种考古学文化（图一二）。前者年代约与半坡文化前期相当，起始年代或许还略早于半坡文化时期；后者约相当于西阴文化末期或稍晚。

3. 辽东半岛。分布小珠山下层和小珠山中层文化两种遗存⑧（图一三）。前者年代约与半坡文化前期同时或稍晚，后者相当于西阴文化中晚期，下限可能更晚。两者年代虽不连接，但仍可据筒形罐断定它们是同一谱系的遗存。小珠山中层文化明显受了大汶口文化的影响⑨。

4. 第二松花江流域中下游地区。该地存在左家山二、三期文化⑩（图一四）。它们

---

① 滨田耕作、水野清一：《赤峰红山后》，1938 年；杨虎：《关于红山文化的几个问题》，《庆祝苏秉琦考古五十五年论文集》；张星德：《红山文化分期初探》，《考古》1991 年 8 期。

② 中国社会科学院考古研究所内蒙古工作队：《内蒙古敖汉旗赵宝沟一号遗址发掘简报》，《考古》1988 年 1 期；《内蒙古敖汉旗小山遗址》，《考古》1987 年 6 期。

③ 上宅考古队：《北京平谷上宅新石器时代遗址发掘简报》，《文物》1989 年 8 期；北埝头考古队：《北京平谷北埝头新石器时代遗址调查与发掘》，《文物》1989 年 8 期。

④ 齐永贺：《内蒙古哲盟科右中旗的新石器时代遗址》（图一：2、3），《考古》1965 年 5 期；孟庆忠：《康平县的三处新石器时代彩陶文化遗存》，《辽宁文物》1980 年 1 期。

⑤ 孔哲生等：《河北境内仰韶时期遗存初探》，《史前研究》1986 年 3、4 期；辽宁省博物馆：《辽宁敖汉旗小河沿三种原始文化的发现》，《文物》1977 年 12 期。

⑥ 朱凤瀚：《吉林奈曼旗大沁他拉新石器时代遗址调查》（图九：8），《考古》1979 年 3 期。

⑦ 沈阳市文物管理办公室：《沈阳新乐遗址试掘报告》，《考古学报》1978 年 4 期；《沈阳新乐遗址第二次发掘报告》，《考古学报》1985 年 2 期；东北博物馆文物工作队：《辽宁新民县偏堡沙岗新石器时代遗址调查记》，《考古通讯》1958 年 1 期；沈阳市文物管理办公室：《新民东高台第二次发掘》，《辽海文物学刊》创刊号（1986 年）。

⑧ 辽宁省博物馆等：《长海县广鹿岛大长山岛贝丘遗址》，《考古学报》1981 年 1 期。

⑨ 孙祖初：《论小珠山中层文化的分期及与各地比较》，《辽海文物学刊》1991 年 1 期。

⑩ 吉林大学考古教研室：《农安左家山新石器时代遗址》，《考古学报》1989 年 2 期。

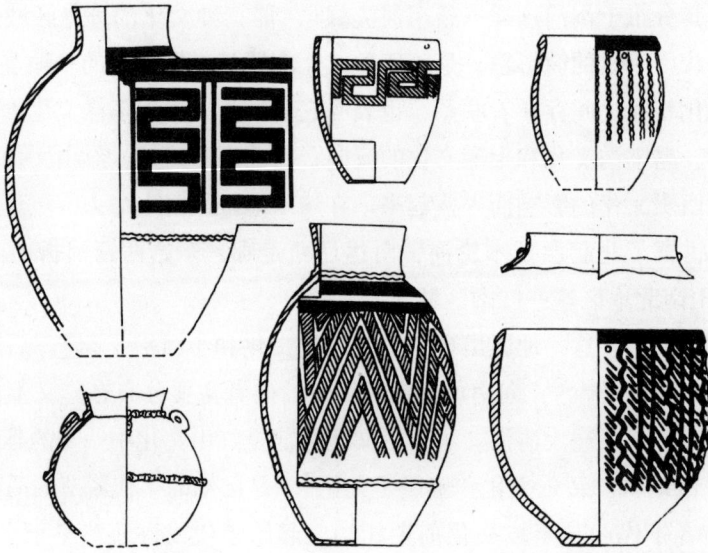

图一二　新乐下层文化、偏堡子类型

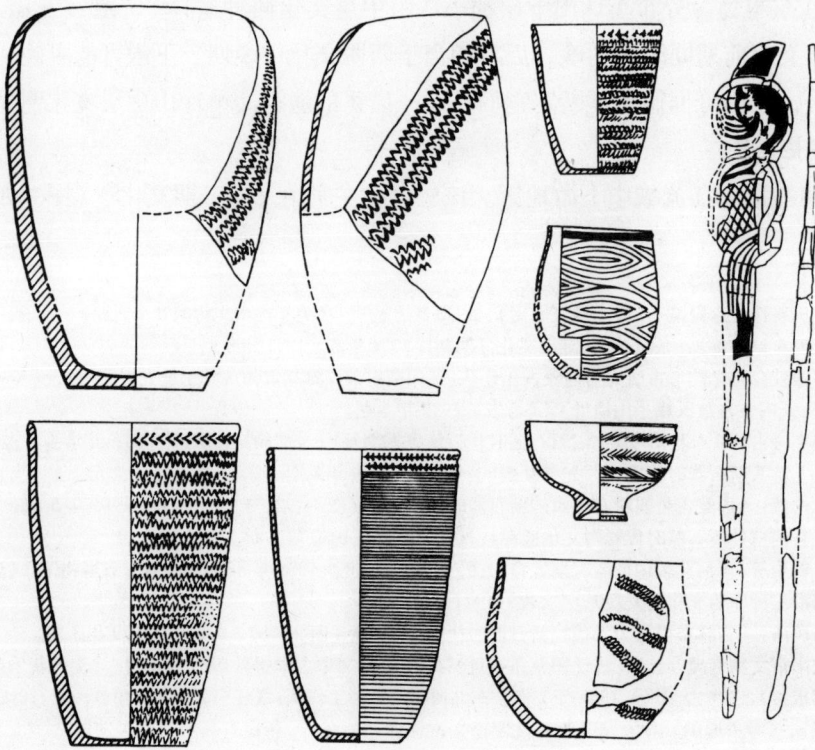

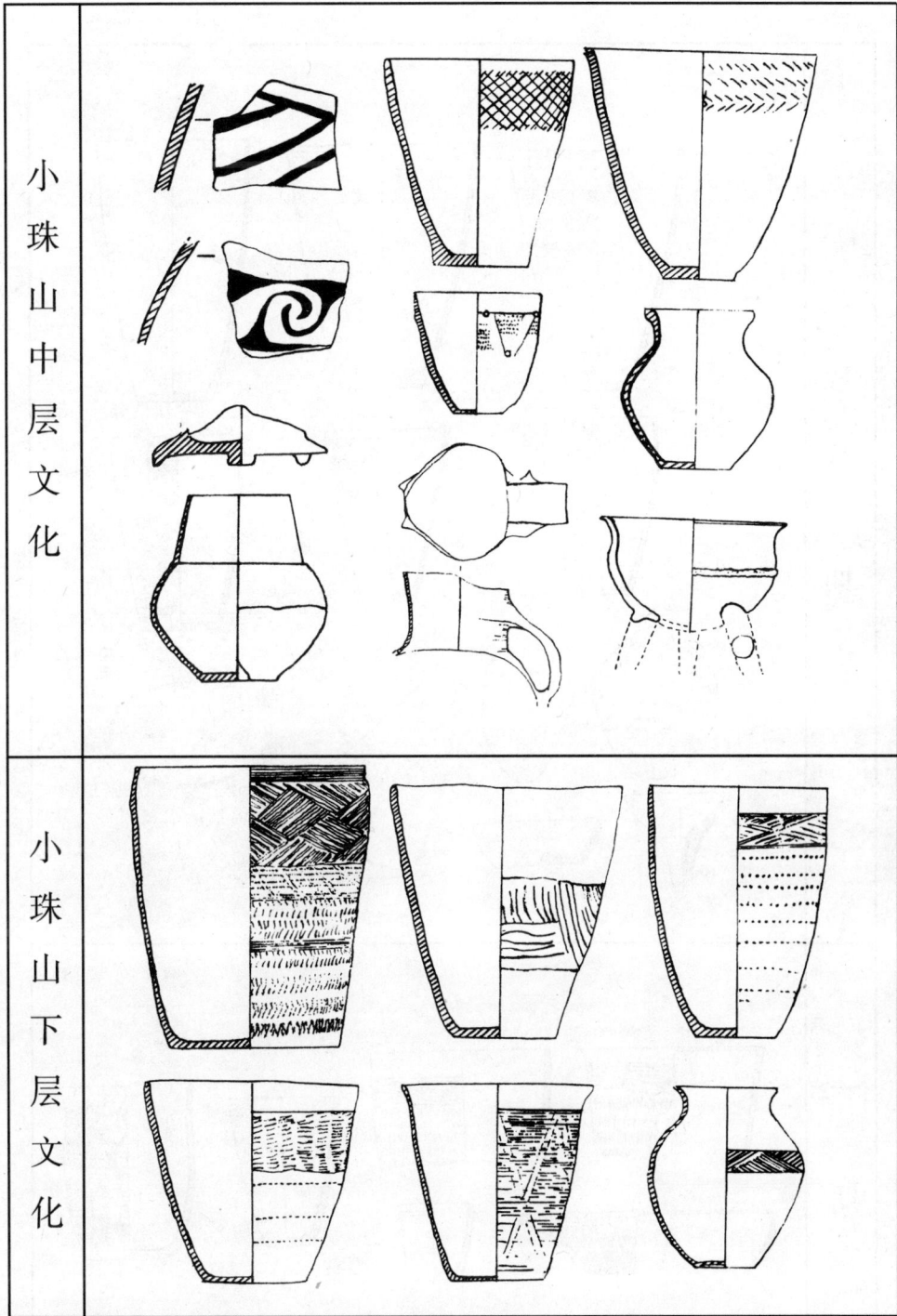

图一三　小珠山遗址陶器

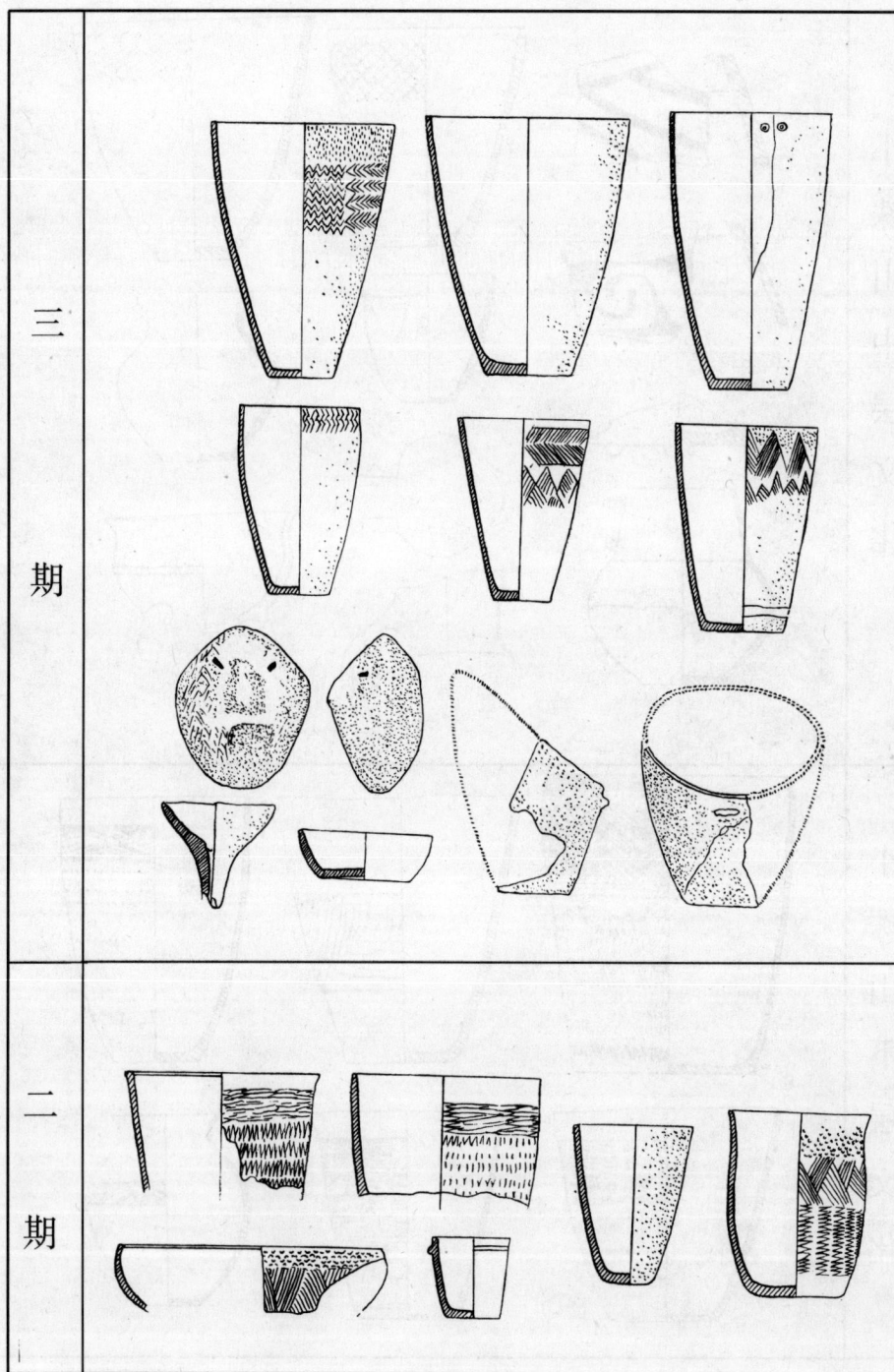

图一四　左家山遗址陶器

是同一谱系不同发展阶段的两种遗存，年代与红山文化相始终。二期出石猪龙，形态同于红山文化的玉质同类制品，表明它和红山文化存在着联系。

5. 乌苏里江流域。存在新开流文化，年代与左家山三期文化相当（图一五）。

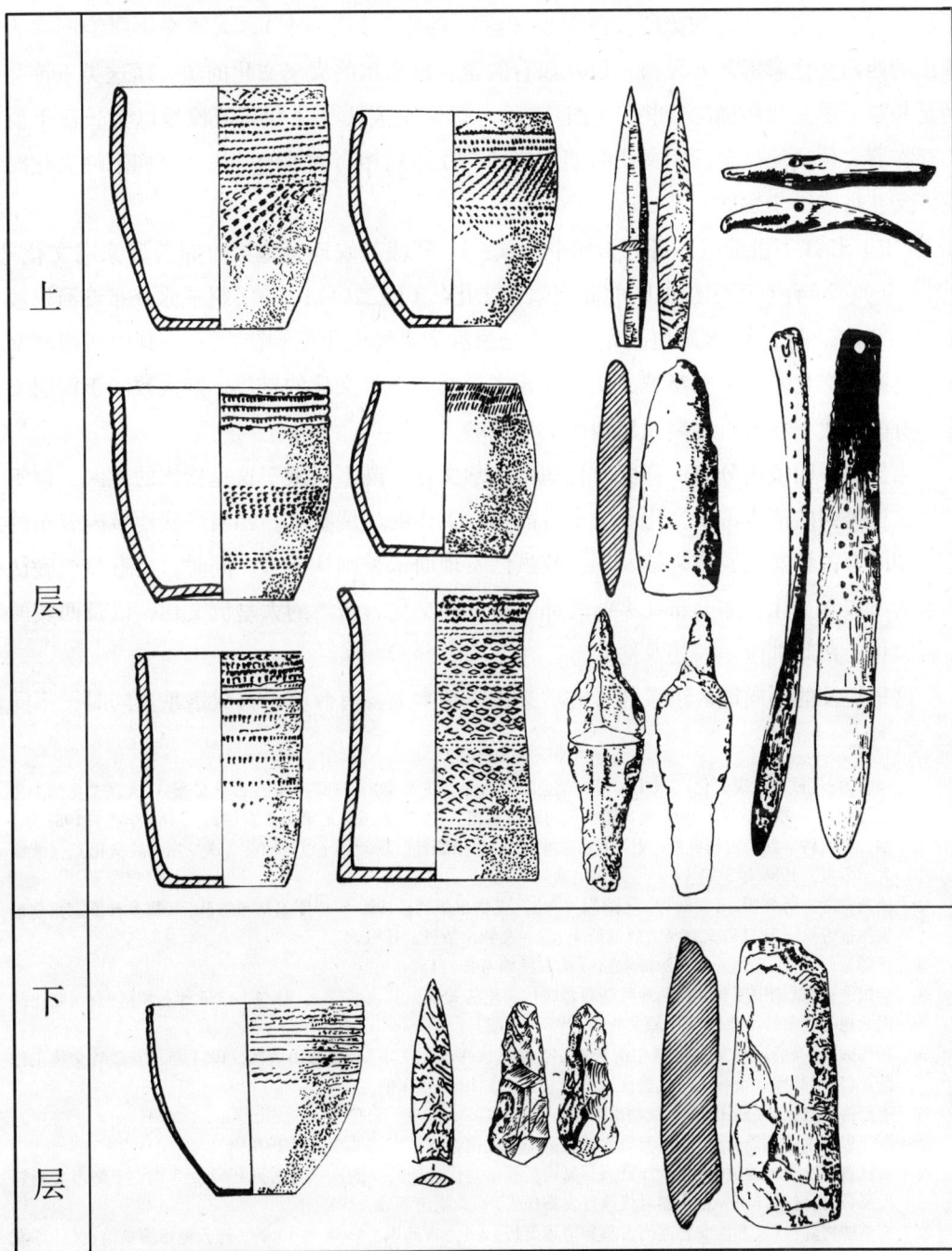

图一五　新开流遗址出土陶器

（四）长江中游地区。分布着大溪文化和屈家岭文化（图一六）①。前者居民分布地域远广于后者，甚至达到珠江三角洲。大溪文化的年代，基本上和半坡文化及西阴文化相始终。在汉江上游南郑龙岗寺半坡文化遗存及杭州湾北侧桐乡罗家角马家浜遗址，均出土过大溪文化特有的捺印纹白陶豆（盘）残片②（图一七），大溪文化彩绘图案表现出的西阴文化彩陶艺术风格，以及如有的学者已指出的大溪文化的玦、璜这类玉饰品乃是长江下游文化传播的产物③（图一八），都说明大溪文化和黄河流域以至长江下游均存在着文化交流。至西阴文化时期，这种交往达到相当频繁的阶段；至屈家岭文化时期，又获得进一步发展④。

（五）长江下游地区。可分为四个区域：1. 鄂赣苏皖连接地区分布着薛家岗文化⑤（图一九）；2. 存在于宁镇地区的北阴阳营文化⑥（图二〇）；3. 宁绍平原分布着河姆渡文化⑦（图二一）；4. 太湖地区先后存在马家浜和崧泽文化⑧（图二二）。其中河姆渡文化和马家浜文化基本上与半坡文化年代相当，其余三种文化的年代，则大致同于西阴文化，有的年代下限或可能略超出西阴文化范畴。

当然，中国境内分布的仰韶时代的考古学文化，既不仅限于这里指出的地区，也不只是这里提到的诸考古学文化。限于目前考古工作的进展状况，相当广阔地域内分布的这时期的考古学文化，或未被发现，或虽已发现而未被确认下来，同时，还有些被确认下来的考古学文化，如分布在淮河北部的青莲岗文化、台湾的大坌坑文化，以及西藏的卡若文化，在此都未一一述及⑨。

这里提及的不同地区诸系列考古学文化，基本上各有源流，自成谱系。同时，不同

---

① 何介钧：《试论大溪文化》，《中国考古学会第二次年会论文集》，1982 年 6 月；李文杰：《大溪文化的类型与分期》，《考古学报》1986 年 2 期；四川省博物馆：《巫山大溪遗址第三次发掘》，《考古学报》1981 年 4 期；中国科学院考古研究所：《京山屈家岭》，科学出版社，1965 年；方酉生：《试论屈家岭文化》，《武汉大学学报》1986 年 3 期。

② 陕西省考古研究所：《龙岗寺》（图版一六），文物出版社，1990 年；罗家角考古队：《桐乡县罗家角遗址发掘报告》，《浙江省文物考古研究所学刊》，文物出版社，1981 年。

③ 杨建芳：《大溪文化玉器渊源探索》，《南方民族考古》1。

④ 李绍连：《试论中原和江汉两地区新石器时代文化的关系》，《考古学集刊》4，1984 年；罗彬柯：《略论河南发现的屈家岭文化》，《中原文物》1983 年 3 期。

⑤ 杨德标：《谈薛家岗文化》，《中国考古学会第三次年会论文集》，文物出版社，1984 年；安徽省文物工作队：《潜山薛家岗新石器时代遗址》，《考古学报》1982 年 3 期。

⑥ 南京博物院：《北阴阳营》，文物出版社，1993 年。

⑦ 浙江省文物管理委员会等：《河姆渡遗址第一期发掘报告》，《考古学报》1978 年 1 期。

⑧ 浙江省文物管理委员会：《浙江嘉兴马家浜新石器时代遗址的发掘》，《考古》1961 年 7 期；上海市文物管理委员会：《崧泽——新石器时代遗址发掘报告》，文物出版社，1987 年。

⑨ 南京博物院：《江苏淮安青莲岗古墓葬清理简报》，《考古通讯》1958 年 10 期；连云港市博物馆：《江苏灌云大伊山新石器时代遗址第一次发掘报告》，《东南文化》1988 年 2 期；Kwang Chi chang：The Archaeology of Ancient China，1987；西藏自治区文物管理委员会等：《昌都卡若》，文物出版社，1985 年。

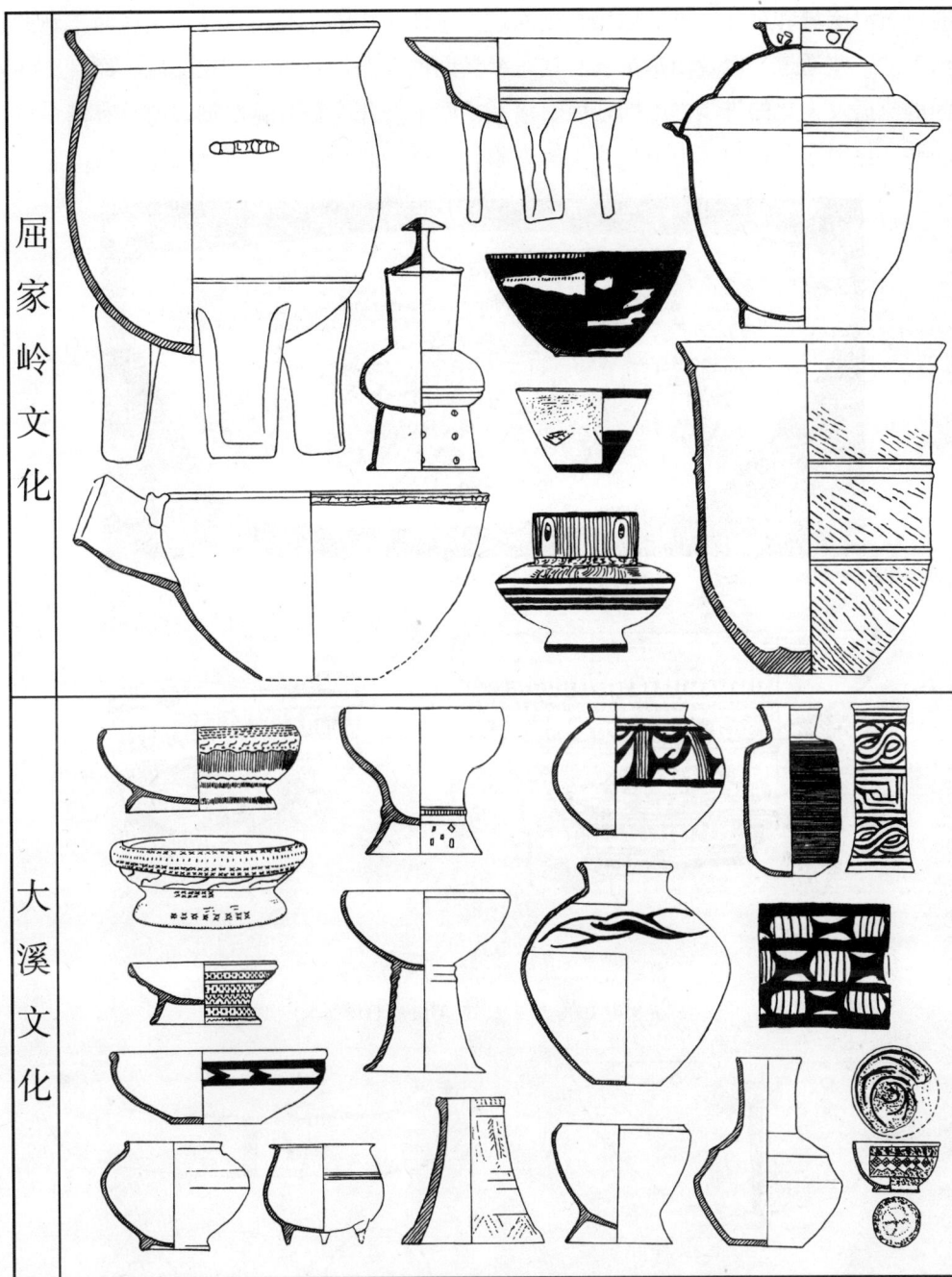

图一六　大溪文化、屈家岭文化陶器

地区诸同一谱系的考古学文化，并非是一封闭系统，彼此之间均广泛存在文化传播及文化迁徙。分布在黄河及长江流域的诸考古学文化居民，冲破了黄河及长江的阻隔，大致以西汉水及白龙江、商洛及南阳地区和黄淮平原为通道，进行广泛而持续的文化交流。

同时，黄河流域和东北地区的居民，则通过七老图山中的一些山口、连接辽西走廊的燕山南侧的一些通道，以及山东半岛与辽东半岛间的海路，进行了文化交流。而且，随着时间的流逝及文化的进步，不同地区、谱系之间的文化交往日益增加，使具有谱系特征的一些文化因素愈来愈多地出现互见的现象，形成中华史前文化多元一体的格局。

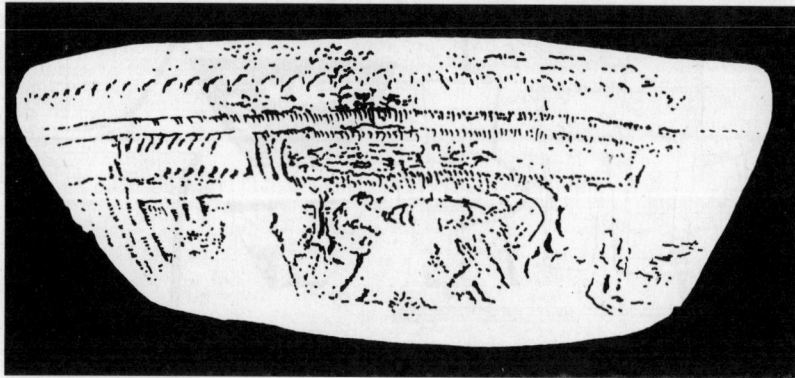

1

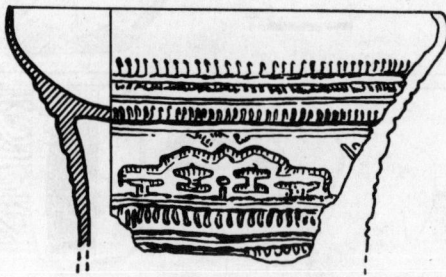

2

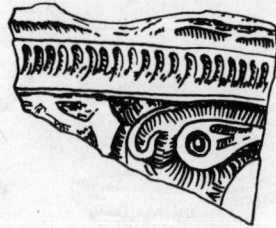

3

图一七　大溪文化印纹白陶豆的传播
1. 龙岗寺 T9③：30　2、3. 罗家角 T118（二）

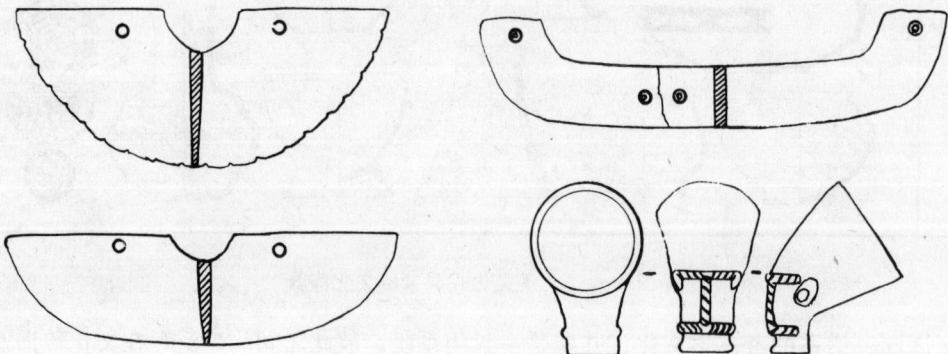

图一八　大溪文化玉器和陶猪头

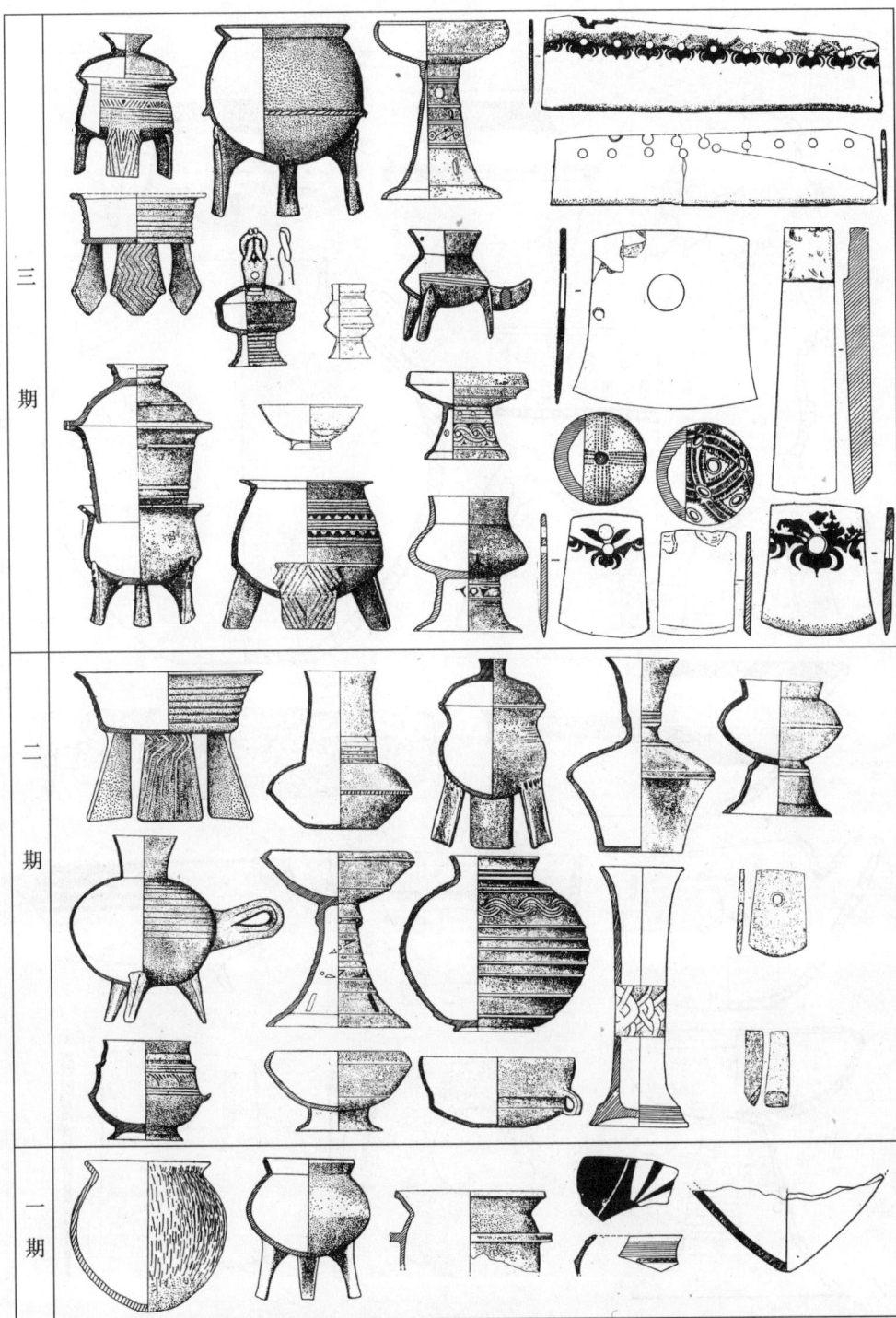

图一九　薛家岗遗址出土器物

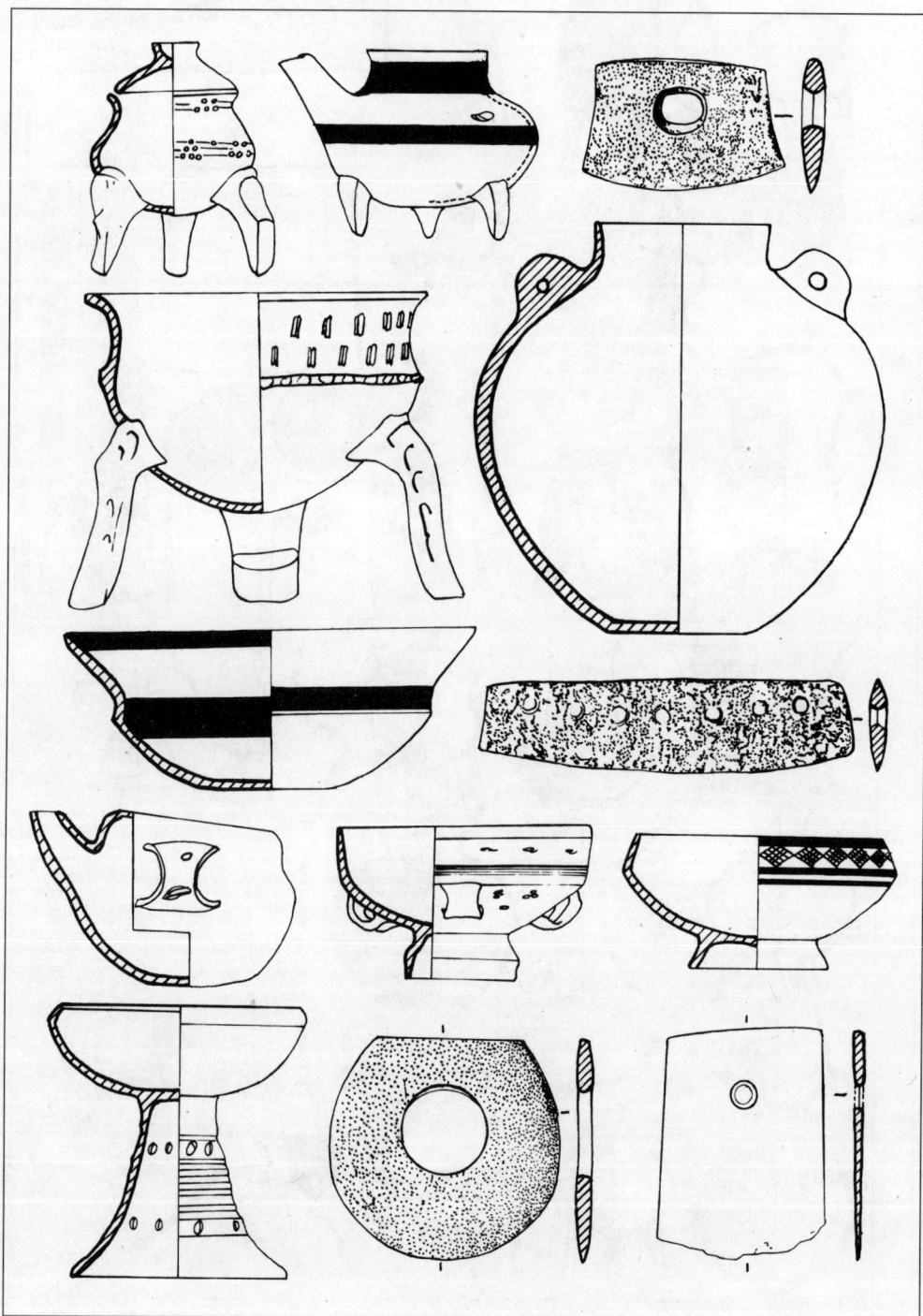

图二〇　北阴阳营遗址出土器物

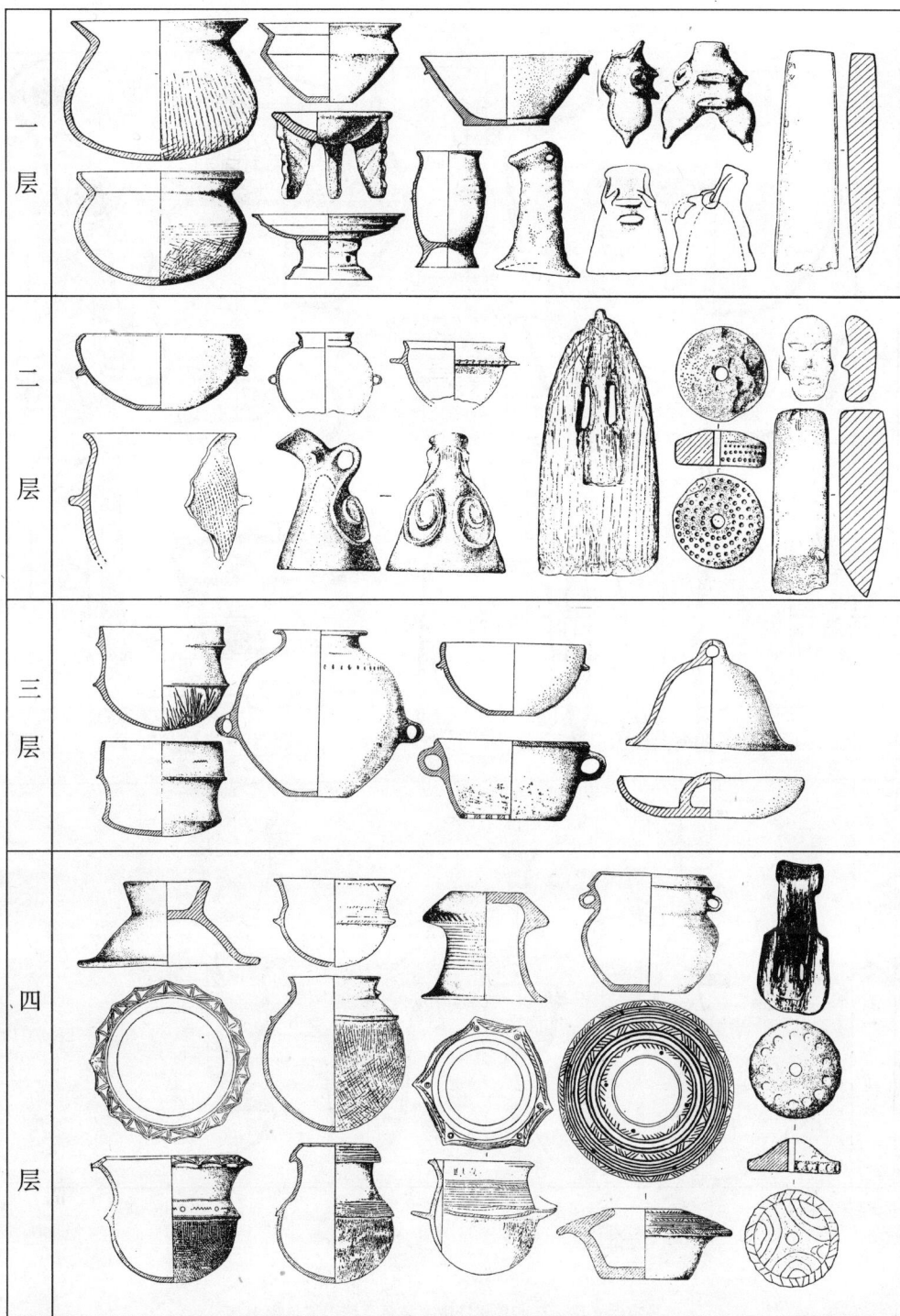

图二一　河姆渡遗址出土器物

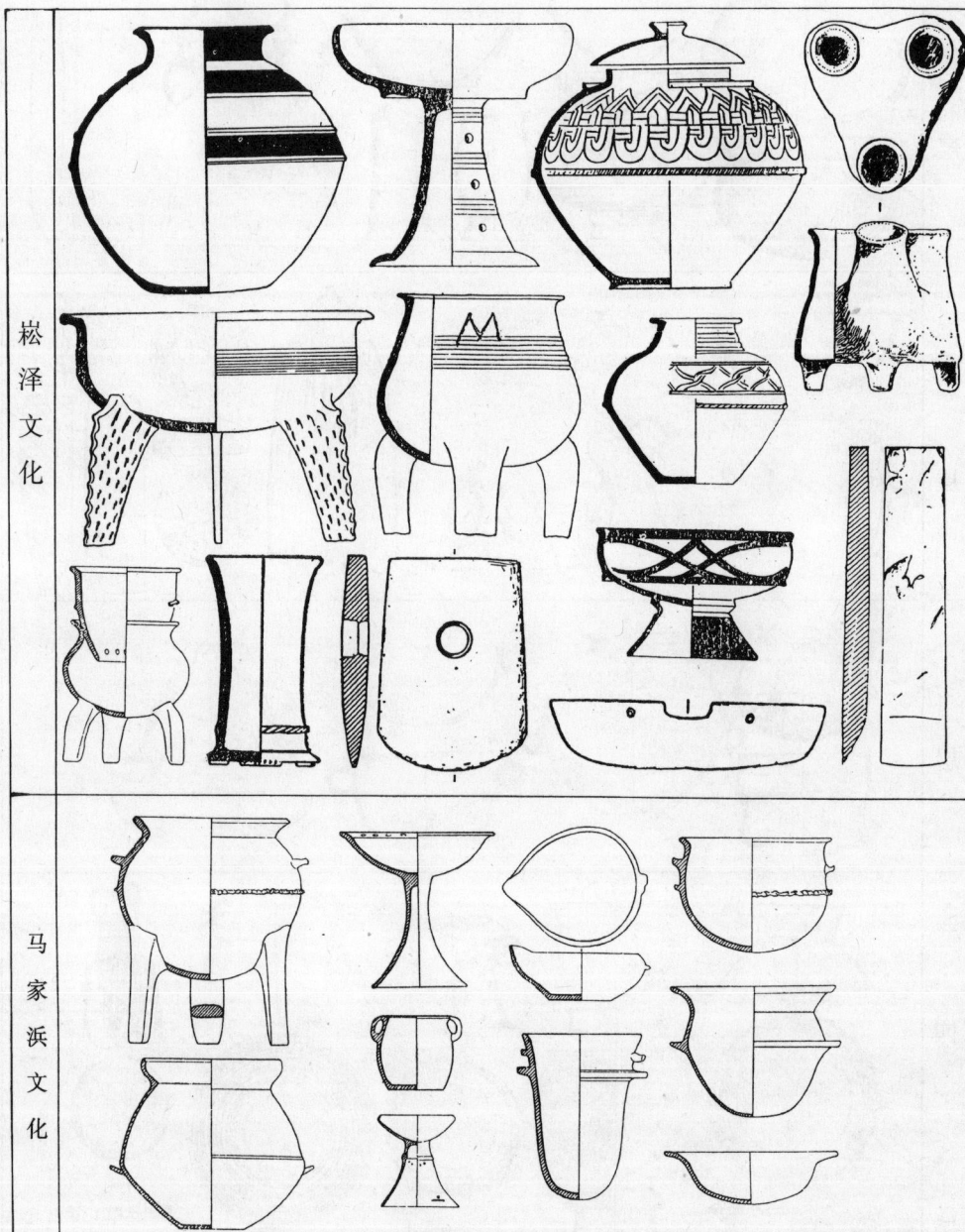

图二二　崧泽文化、马家浜文化器物

崧泽文化：吴县草鞋山、上海青浦崧泽遗址出土

马家浜文化：江苏常州圩墩、吴县草鞋山遗址出土

应当指出的是，这时期的文化交流、传播和文化迁徙，存在着如下值得注意的现象：

1. 通过交流、传播实现的文化影响，在先进文化与落后文化之间，基本上是前者影响后者，先进文化起着主导作用。半坡文化时期，在诸文化势态基本平衡的情况下，半坡文化与后岗一期文化比较，前者，尤其是晚期略占优势。至西阴文化时期，大汶口文化、红山文化、大溪文化乃至崧泽文化，均或多或少地接受了西阴文化的影响，使自己获得进步。到西阴文化分化、发展为不同的文化时，即仰韶时代晚期，分布在黄河下游、东北及长江流域的诸考古学文化，均取得了巨大的发展，中国历史进入了群雄竞进的时代。此时秦王寨文化分布的伊洛—郑州地区，成了各方逐鹿的核心地带，然而它博采众长，广泛吸取周邻文化的先进因素，从而加速了自己的历史进程。如果说在西阴文化时期，渭河流域是中国的先进地区而处于文化中心地位的话，那么至仰韶时代晚期，伊洛—郑州地区的秦王寨文化，则已在老官台—半坡文化系统中居于排头位置。

2. 均势文化之间的相互吸收，落后文化吸取先进文化的长处，均未导致吸收一方改变自身的文化面貌，所以考古学者仍能通过文化面貌的观察及文化成分的分析，明晰吸取了他文化因素的那些文化的源流。导致这一可见的事实的原因，很可能是吸收一方的文化，是在以往历史形成的基础上吸收他方文化的，而在吸取他人文化充实自身的同时，虽加快了历史前进的速度，但却未改变其已形成的向前运转的轨迹，即受历史制约的向前发展的方向。

3. 争取生存空间，乃是当时居民迁徙的目的。西阴文化居民占据原属另一文化居民的分布地区后，考古学者在这里见到的事实是：后者消失得无影无踪。这一结果必然是西阴文化居民为占据新土地而展开激烈的、残酷的战争所致。显然，在未进入能容纳其他文化居民共同开发土地的历史时期，任何文化居民对新占据的土地的开发，只能是独占土地的排他性的殖民。

二 居民种属、健康状况与居民点人口数推测

至今，由人类学家测量、研究的人骨所属考古学文化的分布范围，与考古学文化的划分及考古学文化的分期之间差距很大，明显存在着不相对应的状况。人类学家测量、研究这时期人骨所得出的基本认识是：均属于蒙古人种，类型上有所差别，大体接近现代同地居民所属蒙古人种的诸地方类型。具体情况如下[①]：

[①] 潘其风：《中国古代居民种系分布初探》，《考古学文化论集》（1），文物出版社，1987 年；韩康信：《中国新石器时代种族人类学研究》，《中国原始文化论集》，文物出版社，1989 年。

半坡文化居民的体质特征，显示出与东亚蒙古人种和南亚蒙古人种比较接近（图二三）。

马家窑及半山文化居民，与东亚蒙古人种华北类型比较接近。

大汶口文化居民的体质人类学特征，比较接近东亚蒙古人种。

图二三　半坡文化妇女装饰
（据元君庙墓地资料复原）

河姆渡文化居民，一方面存在一系列明显的蒙古人种性质，一方面又有一些类似于尼格罗—澳大利亚人种的特征。特别是在长的颅型上，他们和福建闽侯县石山、广东佛山河宕及广西桂林甑皮岩等人的头骨相似。有的人类学家指出，类似蒙古人种和尼格罗—澳大利亚人种混合的形态类型，早在旧石器时代晚期的柳江人头骨上已经有所显露，因而认为河姆渡居民类似尼格罗—澳大利亚人种特征的现象，可能正是与继承了晚期智人较原始的形态特征有关。

被人类学家研究的北阴阳营人的遗骨，只有下颌骨材料。他们认为在这些下颌骨上，具有明显的蒙古人种性质，下颌的测量比较表明，是和当地近代人接近的。

崧泽文化居民，被认为有南亚蒙古人种特征。

大溪文化居民的种属，据 1959 年发掘巫山大溪遗址收集的人骨标本（保存较残，稍完整的头骨只有一例）的研究，其体质形态特征，与东亚蒙古人种较为接近。同时，据湖北七里河采集的人骨的研究，认为这里的屈家岭文化居民的头骨测量值，与大溪文化居民有较多接近的项目，反映了二者可能存在较多密切的关系。

最后还应指出的是，新开流遗址采集的属新开流文化的一具残颅，经研究认为其形态接近东北亚蒙古人种。

人种与文化是不同的范畴。同一人种的人，既可属同一文化共同体，又可属不同文化共同体；反之亦然。同一谱系中不同发展阶段的考古学文化共同体，其居民体质特征出现变异的原因，自然值得注意。如前所述，马家窑及半山文化，是从半坡文化经过西阴文化而发展成的先后两种考古学文化，同时，半坡文化和马家窑、半山文化居民的体质特征出现了变异。由于至今仍缺乏西阴文化居民种属的研究，因而这种变异可否推到西阴文化时期，仍不得而知。重要的问题是，变异原因是否与种系及文化均相异的居民之间交流有关？另外，由于大溪遗址的大溪文化遗存的年代，当属于西阴文化阶段，且大溪文化广布于长江中游乃至珠江三角洲这一广大地区，故这里居民测定的种属，目前只能认为与西阴时期的大溪文化，甚至只同其中与大溪遗址相关地区的居民有关。是否如此，自然有待于对大溪文化其他时代及其他地域居民的体质特征进行人类学测量与研究。

寿命长短及社会人口的平均寿命，集中反映了人们所在社会的劳动、生活质量及卫生方面的状况和由此产生的健康情形。现将半坡文化的元君庙及史家两墓地死者、大汶口文化刘林墓地及大墩子花厅期墓地的成年死者性别、年龄、人数列为表一至表四[①]。

下面，主要据这四表的统计资料，就儿童死亡率、成年人平均寿命和成年男女寿命的比较等问题进行讨论。

（一）关于儿童死亡率

刘林第二次发掘及大墩子第二次发掘，均只见极少儿童。这两地儿童死亡率问题，还难以讨论。

元君庙和史家两地所见儿童尸骨，分别占同地死者总数的 18.53% 和 7.1% 。然而，半坡文化的惯例是将儿童和成年人分别埋葬，儿童一般不葬于成年人墓地，而是往往用瓮棺葬于住地，因此，两墓地所见儿童尸骨，当不是那时死亡的全部儿童。

半坡文化姜寨一期所见死亡于婴儿期的死者约 230 余人，占所见死者总数的 56% 弱；在半坡文化的半坡遗址及墓地中，见葬于瓮棺中的婴儿 75 人，占同地死者总数的 30% 稍弱。姜寨成年人墓地可能有部分压在现在村落下而未挖出，分布在居住区及其边缘的瓮棺葬已被全部掘完，故儿童统计比率较实际数大些。半坡遗址发掘情况恰好相反，其儿童统计比率较实际数要小一些。将两者权衡，估计死于儿童期的死者，可能占出生人口总数的 40% 上下[②]。可知，半坡文化的儿童死亡率是很高的。

表一   元君庙墓地死者性别、年龄

总人数	46～50 岁以上		31～45 岁		15～30 岁		成年		儿童	不详
	男	女	男	女	男	女	男	女		
211	16	6	33	18	30	31	12	6	38	21

① 张忠培：《史家村墓地的研究》，《考古学报》1981 年 2 期；南京博物院：《江苏邳县刘林新石器时代遗址第二次发掘》，《考古学报》1965 年 2 期；南京博物院：《江苏邳县大墩子遗址第二次发掘》，《考古学集刊》（1），中国社会科学出版社，1981 年。
② 严文明：《横阵墓地试析》，《考古与文物论集》，文物出版社，1986 年。

表二　　　　　　　　　　　史家墓地死者性别、年龄

总人数	老		中		青		儿童	不详
	男	女	男	女	男	女		
730	15	3	414	200	12	21	52	13

表三　　　　　　　　　　　刘林墓地死者性别、年龄

总人数	46 岁以上		31~45 岁		15~30 岁		成年	
	男	女	男	女	男	女	男	女
121	12	14	35	13	12	21	8	6

表四　　　　　　　　　　大墩子花厅期墓地死者性别、年龄

总人数	56 岁以上		36~55 岁		24~35 岁		性成熟时~23 岁	
	男	女	男	女	男	女	男	女
109	5	6	22	11	33	20	6	6

同时，孕育及出生人口的性别比例，在生物学因素制约下，一般应大体均衡。但元君庙、史家、刘林和大墩子的成年男女比例，分别为：1.49∶1、1.97∶1、1.24∶1 和 1.37∶1，女性过多地少于男性，成年人这一性别结构显然是严重的失衡现象。上述元君庙及刘林所确定的成年人年龄起点，均为 15 岁。史家人骨的死亡年龄鉴定，未指明具体年龄，也没有说明所定"老年"、"中年"及"青年"的具体年龄界限，这里"青年"年龄起点，还难以估定。大墩子年龄鉴定时，把"性成熟时~23 岁"定为青年，而 M242 和 M293 墓主人分别定成"约 14 岁"及"约 13 岁"，无定成 15 岁者，可见鉴定者未把 13、14 岁视为性成熟期，因此，似可推定鉴定者所说的性成熟时，亦即"青年"的起点年龄是 15 岁。据此可知，造成性别失衡的一个重要原因，是比男孩更多的女童活不到 15 岁。至少，元君庙、刘林及大墩子三地是如此。

（二）成年人的平均寿命问题

对死亡人口平均寿命的推算，原则上是将他们死亡年龄相加，再除以人口总数。元君庙及刘林的年龄鉴定，虽定了个具体年龄，但不少均为约数，如 40 岁左右、20~25 岁、30 余岁等等。元君庙及刘林统计表中的年龄级别，是在此基础上经整理产生出来的。大墩子的年龄鉴定，绝大多数只定了青年期（性成熟时~23 岁）、壮年期（24 岁~35 岁）、中年期（36 岁~55 岁）和老年期（56 岁以上）。如上所述，史家只定了"青年"、"中年"及"老年"，未指明他们的具体年龄界限。显然，难以推算出史家死亡人

员的平均寿命，也不便据死亡年龄逐个相加之和，除以死亡人口，算出元君庙、刘林及大墩子成年人的平均寿命。

要推算元君庙、刘林及大墩子的成年人平均寿命，暂只能以表中所列年龄级的中间年龄，乘以死亡人口，得出各年龄级死亡人口的年龄总数，然后将它们相加，除以各年龄死亡人口之和。元君庙及刘林的"15～30岁"、"31～45岁"和大墩子的壮年期（24～35岁）、中年期（36～55岁）诸年龄级的中间年龄数，分别是22.5岁、38岁、29.5岁和43.5岁。据元君庙的年龄鉴定，在"46～50岁"以上这一年龄级的死者，大多数人的死亡年龄都在50岁以下，50岁以上者只有少数几个。和没有一个活到60岁的情况，认为将这一年龄级的中间年龄定为53岁虽有些偏高，但大体上还能说得过去。刘林"46岁以上"这一年龄级中，有被鉴定为"60岁左右"者，当把这一年龄级的中间年龄定为53岁时，较之元君庙虽又有些偏低，但从总体上看也能讲得过去。根据前述大墩子"性成熟时"的讨论，可将"性成熟时～23岁"这一年龄级的中间年龄定在19岁，同时参考刘林有死于60岁左右的情况，可暂将大墩子"老年"这一年龄级的中间年龄定为60.5岁。这样，在通过讨论而认定各年龄级中间年龄数的前提下，经推算得知，元君庙、刘林和大墩子成年人的平均寿命分别是33.33岁、36.86岁和36.48岁。

无疑，仰韶时代居民的人均寿命，当比这里讨论的成年人人均寿命更低。《横阵墓地试析》一文估测半坡文化横阵居民平均寿命为20.3～20.8岁，或与实际情况接近。

生产力低下，以及由此产生的劳动及其环境艰难、生活水平低下和卫生条件恶劣，是当时人均寿命以及成年人均寿命短促的主要原因。元君庙人骨鉴定报告指出的当时居民的牙齿普遍遭到严重磨损，以及有着压缩性骨折、骨刺的现象[①]；在史家居民人骨中见到的股骨变形弯曲、腰椎椎体间形成骨桥、骨刺等病例[②]；下王岗居民人骨中腰椎左移、桡骨骨折、胫腓骨骨干共同骨折、脊柱压缩性骨折、龋齿（亦同见于元君庙）和佝偻病等病例[③]，均反映了当时居民生活及劳动十分艰苦和卫生条件极差的情景。同时，在维护生产的斗争中，他们已积累了一些医疗知识。元君庙见到的桡骨及颅骨陈旧性骨折、下王岗见到的某些骨折愈合的例子，可能就是他们已具有一定的医疗护理知识的例证。

刘林和大墩子居民的平均寿命，比元君庙居民分别提高了3.53岁和3.15岁。即较

---

① 参见《元君庙仰韶墓地》。
② 西安半坡博物馆：《陕西渭南史家新石器时代遗址》，《考古》1978年1期。
③ 杜百廉：《下王岗遗址人骨骨病所见》，《淅川下王岗》，文物出版社，1989年。该文根据的是下王岗一、二期材料，年代与半坡文化基本相当，虽与半坡文化有关系，但却不应将二者等同。其文化属性留待以后讨论。

后者均增长了 10% 左右。元君庙与刘林及大墩子分别属于两类不同谱系的文化，后两者的年代依次晚于前者，生产力亦逐次较元君庙有所发展。或许，刘林及大墩子居民比元君庙居民的平均寿命提高的原因，不是文化谱系或种族类型的区别，归根结底还是因生产力提高而带来的劳动、生活和卫生条件的改善。

（三）成年男女健康状况的比较

前面指出的元君庙、史家、刘林及大墩子的女童较比男孩更少地能活到 15 岁和成年女性过多地少于男性的情况，说明包括女童在内的整个女性的健康状况差于男性。但成年男女健康状况，仍需作些具体分析。

下面，先介绍元君庙、史家、刘林和大墩子四地不同年龄级的成年男女的比例。

元君庙：15～30 岁、31～45 岁和 46～50 岁以上各年龄级的男女比例是：0.97:1、1.83:1 和 2.66:1；

史家：青、中、老各年龄级的男女比例，依次为 0.57:1、2.07:1、5:1；

刘林：15～30 岁、31～45 岁和 46 岁以上各年龄级的男女性别比，分别是 0.57:1、2.69:1 和 0.86:1；

大墩子：性成熟时～23 岁、24～35 岁、36～55 岁和 56 岁以上诸年龄级的男女性别比，分别是 1:1、1.65:1、2:1 和 0.83:1。

从男女死亡或能活到的年龄级别关系看，这四地各年龄级的性别比，呈现出两类情况，即：元君庙和史家是随着年龄级别递增，男性在性别比中的比例愈益增大；刘林和大墩子，在前两个或三个年龄级中，男性在性别比中的比例随着年龄级别的递增而扩大，至第三个或四个年龄级时，男性在性别比中的比例骤然下降。

如以前述（一）指出的四地的性别比作为恒数，与这里所说的同地诸年龄级的性别比进行对比观察，亦可得出这一印象。在成年人中，元君庙和史家的女性衰亡期早于男性，刘林和大墩子也基本如此，其主要区别是进入老年期的女性人数及在性别比中的比例，均多于男性。同时，元君庙和刘林死于 15～30 岁年龄级的女性和男性，占同地同性人数的比例分别为 56.54% 和 38%、43.75% 和 20.34%；史家死于青年级的女性和男性，占同性人数的比例分别是 9.33% 和 2.72%；大墩子死于 35 岁以前的成年女性和男性，分别占同性人数的 60.46% 和 59.09%，也基本上与上述现象相符。

进而言之，在这历时两千年的漫长历史时期，男、女的平均寿命是否出现了变化？按照上述推算成年人平均寿命的依据和方法，测算出元君庙、刘林和大墩子男女各自的平均寿命分别是：35.15 岁和 30.9 岁、37.89 岁和 35.59 岁、36.22 岁和 36.45 岁。成年女性平均寿命的增长速度显然高于男性，刘林则处在女性平均寿命增长最急剧的时期。同时需指出的是：大墩子女性人均寿命略微超过男性的原因，是活到 56 岁以上年龄级的女性人数，占其总数的约14%，而男性活到这个年龄级的人数，则只占其总数的7%。

然而，如在后文将作出说明的是，成年女性的平均寿命增长时的家庭及社会的情况，却是由母权制转入父系制，妇女在男子面前越来越失去平等和自由，家庭及社会地位日趋恶化之时。如何解释这一矛盾现象？

《元君庙仰韶居民的健康状况》指出，妇女比男人能活到较高年岁的人愈来愈少，"是因为妇女除和男人担负着至少是同样的繁重劳动并过着艰难生活外，还因为生育和抚养子女损害了她们的健康，甚或夺走了她们的生命"①。如果这一认识符合实际情况的话，那么在实现从母权制转化为父系制和深化父系制制度的过程中，由于性别分工的变化，妇女先前承担的繁重劳动减轻了，从而生存条件得到一些改善。这很可能是成年妇女平均寿命增长的速度超过男性的原因。

有的学者据对姜寨聚落进行的研究，认为姜寨经常性的人，当有450到600人之多②。陕西华县经较全面调查，发现年代大致相同的半坡文化遗址5处③。如依对姜寨估算的人口为基数，则知当时华县人口约为2500人左右。村落有大小之分，同一共同体在同一考古学文化期别内，可能建一个以上的村落，同时，遗址经历年破坏，致使某些遗址未能留下任何遗痕，也可能仍有未发现的遗址，所以以上的估算实难接近事实，只能用于参考。

三　经济类型、生产技术与劳动分工

此时代诸考古学文化居民的经济类型，存在着差异。大坌坑文化营渔猎经济；小珠山一期文化和新开流文化主要营渔捞经济；分布在珠江三角洲的大溪文化居民所从事的海洋捕捞，在其生计中，至少也构成主要成分；富河文化居民以狩猎和采集为主要谋生手段。其他考古学文化居民，包括分布在珠江三角洲以外的大溪文化，以营种植农业为主，同时辅以渔猎及采集。后者在经济生活中的比重，随住居地区环境，尤其是时代而有所区别。总的趋势则是，随着时间的推移，渔猎及采集在其生计中的地位愈益下降。

黄河流域及长江中下游，仰韶时代已分别成为粟作和稻作农业中心，是最发达的经济地区。半坡文化，尤其是到了西阴文化中期，渭河流域及陕晋豫三省连接地区的经济发展状况，在全国处于领先地位；至西阴文化晚期，特别是到仰韶时代的晚期，其他地

① 参见《元君庙仰韶墓地》。
② 严文明：《姜寨早期的村落布局》，《仰韶文化研究》，文物出版社，1989年。
③ 北京大学考古教研室华县报告编写组：《华县、渭南古代遗址调查与试掘》，《考古学报》1980年3期。

区竟相发达起来，渭河流域愈益呈现出滞后状态，面向海洋的黄河下游及长江下游，甚至还可能包括长江中游，已露出勃勃向前的生机，成了颇具影响的地区。

和老官台文化相比，半坡文化村落分布的密集程度，成倍地增长起来，后者至少是前者的 1.5 倍。同时，聚落规模扩大，人口剧增，定居生活较前更为稳定，当是这时种植农业较前深入发展的结果。半坡文化居民，不仅种植谷物，还栽培芥菜、白菜一类蔬菜，经营园圃①。

同时，半坡文化居民还推进了家畜饲养业。他们普遍饲养的动物是猪，其次是狗，再次是鸡和黄牛②。

不过，当时的渔猎经济仍相当发达。在肉类食物中，獐是仅次于猪的食物。在彩绘图案中，流行鱼、鹿、蛙、鸟、嘴衔鱼的人面及网，这类纹饰，以及使用骨镞、骨鱼叉和鱼骨作为死者的随葬品，都反映渔猎经济是他们生活来源的重要支柱。

下面情况，反映了西阴文化的种植农业，较半坡文化进步发展了，其在生产经济中的地位，相应增强。

1. 半坡及北首岭两处半坡文化遗址中，发现的石、骨、角及陶质的渔猎工具，是石质的斧、铲、锄、刀及陶刀的 1.94 倍；反之，西阴文化的庙底沟及王家嘴见到的用于农业的石质的斧、铲、刀及陶刀，则是同址用于渔猎的石、骨、陶质的工具的 1.19倍③。这说明西阴文化种植农业在食物生产中的比重较半坡文化提高了。

2. 收割农具在农业工具总量中的比例，西阴文化较半坡文化增加了。半坡文化的半坡及北首岭发现的用于收割谷物的刀，分别是同址农具总数的 32.78% 和 5%；庙底沟及王家嘴两处西阴文化遗址出土的刀，则分别是当地农具总数的 56% 及 50%。收割工具在农具总量中比例的增大，直接反映农业生产效率的提高和农业生产的发展。

3. 改进了收割工具及翻土工具，耕种方式也可能出现了变化，半坡文化的半坡及北首岭出土的石刀数量，不及陶刀的一半，西阴文化的庙底沟及王家嘴发现的石刀及陶刀的比例，都是 1：1（图二四）。半坡文化石铲为圆角长方形及矩形，石铲最

图二四　石刀
上：庙底沟遗址出土；下：半坡遗址出土

---

① 中国科学院考古研究所等：《西安半坡》，文物出版社，1963 年。
② 周本雄：《宝鸡北首岭新石器时代遗址中的动物骨骼》，《宝鸡北首岭》，文物出版社，1983 年。
③ 西安半坡博物馆：《陕西岐山王家咀遗址的调查与试掘》，《史前研究》1984 年 3 期。

长者仅 21 厘米；西阴文化石铲多为桃形和舌形，体型均扁薄，多数是基本通体磨光，大的残长则达 30 厘米。后者造型及使用效率，均优于前者。更需注意的是，半坡及北首岭所见用于砍伐的石斧，是翻土用的石质铲、锄的 5.78 倍，西阴文化的庙底沟及王家嘴出土的石铲，则是石斧的 4.4 倍。两者的比例关系，完全颠倒。铲、锄只能用于翻土，石斧除用于木作外，也是砍倒烧光农业中必不可少的工具。因此，它们的比例关系的变化，或许是耕种方式演进的反映，即半坡文化基本上仍处在砍倒烧光的农业阶段，西阴文化时期则已基本进入锄耕农业阶段了。

　　至仰韶时代晚期，在前一时期基础上，黄河及长江流域的中下游地区的种植农业，又有了进一步的发展。需指出的是，马家窑文化居民在以种植农业为主的情况下，养羊业已成了他们的重要经济部门。

　　农业的发展，一方面需要为其提供发展条件的手工业的进步，另一方面，它是直接获取食物以外的产业或职业的出现及前进的基础。

　　仰韶时代的竹木石作、制陶、麻纺及不同材料的编织、建筑和制玉，较前一时代发展了，同时，还产生漆作[①]、冶金这些新的劳动部门。

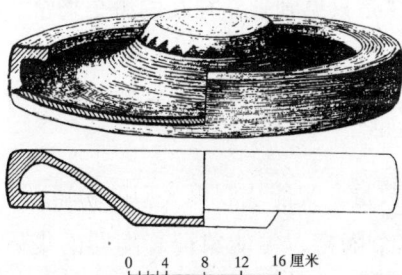

图二五　半坡遗址出土的陶轮

　　当东北地区居民还使用泥圈套接制作陶器的时候，半坡文化的居民发明了陶轮[②]（图二五），把制陶工艺推进到了一个新的阶段。然而，陶轮的发明，并未立即导致利用轮盘快速旋转产生的离心力，提拉置于轮盘中心的泥料形成陶器器坯这一快轮制陶工艺的出现。留在半坡文化和相当泉护遗址一、二期的西阴文化陶器上的制作痕迹的大量资料说明，这时期陶器的底部，未见用线将陶器割离轮盘而留下的偏心圆纹，器身是用泥条盘筑成型的，口沿乃至器腹上部往往经过轮修。同时，据报道和我个人观察，王家阴洼半坡文化晚期一些夹砂罐及细泥葫芦瓶这类平底器的底部，遗留着因持线将陶器割离轮盘所形成的偏心圆纹[③]，它们的腹身却未见快轮制陶所产生的螺旋式拉坯纹理。这说明这些陶器是在陶轮上完成其制作工艺却并非快轮技术的产品。对此似乎矛盾现象的合理解释是，泥条盘筑法制作这些陶器的整个过程，是在陶轮上并用陶轮旋转的配合完成的。这一解释如符合客观实际，可推测此前当存在旋转陶轮以泥条盘筑完成制作陶器器身及轮修口沿的制陶技术阶段，甚或此前当还有一个

　　① 江苏省文物工作队：《江苏吴江梅堰新石器时代遗址》，《考古》1963 年 6 期。
　　② 参见《西安半坡》，177 页图九四。
　　③ 甘肃省博物馆大地湾发掘小组：《甘肃秦安王家阴洼仰韶文化遗址的发掘》，《考古与文物》1984 年 2 期。

旋转陶轮以泥条盘筑仅制成陶器器身的制陶技术时期。同时，还应指出的是用线将陶器割离轮盘这一走向快轮制陶的必要技术的发明，是这一时期制陶工艺进展的重要成果。

从使用陶轮制陶到快轮拉坯成型制陶术的出现，至少经历了1300年左右的时间。即使到了西阴文化泉护村遗址三期，才见到个别的小型器皿，例如陶碟是完全由陶轮制作的产品。考古学所说的快轮制陶，这时才出现。到仰韶时代的晚期，渭河流域这类制品也不多，最多也不超过陶器总数的百分之二三。而此时的伊洛—郑州地区的快轮制陶的产品，却远多于渭河流域。

渭河流域，可能是陶窑的故乡。陶窑的出现可能更早。半坡文化的陶窑，是至今中国发现的最早的陶窑。陶窑均由火口、火膛、火道、窑箅及窑室组成。半坡文化和西阴文化的陶窑，体积较小，窑室的直径一般为90厘米左右，火眼环列窑箅周壁，长宽分别为8厘米和3.5厘米左右，下通火道。火道由火膛分作左、右两股斜上通入窑箅下方，于火膛相对的一端汇合，在窑箅下环成一周。火口隔着火膛，位于窑室对应的一端。半坡文化和西阴文化陶窑的区别，是前者的火膛完全位于窑室的一侧，以致火口与窑室的距离是后者的4倍。至仰韶时代晚期，陶窑除沿着上述方向继续改进外，扩大了体积，同时，以往是几个陶窑组成窑场的话，现在往往是只见到独立存在的单个陶窑。

陶窑的这些变化，是颇有意义的：

1. 由于火膛的位置向窑室下方移动，则愈益提高燃料的效率，朝着节约能源的方向前进了；

2. 陶窑体积的扩大，提高了陶窑单位烧制陶器的数量，又能烧制更大型的陶器；

3. 由数个陶窑形成的窑场，转化为独立存在的单个陶窑，可能象征着陶器的集体生产向个体生产的转变。

作为最古老的工艺，制石已出现了新的进步。一是棱角清晰、刃口锐利、整体抛光的石制品日益增多起来，崧泽文化居民制出了有段石锛[1]；二是制玉工艺发展起来，红山文化及崧泽文化成了两个玉文化中心。

大溪文化及薛家岗文化和含山凌家滩为代表的遗存的制玉工艺，很可能是崧泽文化影响的产物。其主要制品是：璜、璧、玦、环、镯、珰等，少见钺、龟及长方形玉片[2]。后两者被认为分别是占卜用物和崇拜物[3]。

红山文化的制玉工艺，影响所及主要在中国北方的东部。其被发现的重要制品是：璧、环、勾云形佩饰、马蹄形玉箍及龟、鸟、鸮形饰件，以及兽形玉、玉龙和斧、钺。

---

① 上海市文物保管委员会：《崧泽——新石器时代遗址发掘报告》图二八：4，文物出版社，1987年。
② 上海市文物保管委员会：《崧泽——新石器时代遗址发掘报告》；安徽省文物考古研究所：《安徽含山凌家滩新石器时代墓地发掘简报》，《文物》1989年4期。
③ 俞伟超：《含山凌家滩玉器和考古学中研究精神领域的问题》，《文物研究》第五辑，黄山书社。

璧，除环形的外，常见椭圆形、方形及联珠形，而显示其特色①。兽形玉及玉龙，显然是其崇拜物。

可见，至迟到公元前4千纪中叶偏后，制玉工艺已形成一定规模，同时，由于技艺上已具备了切削、阴刻浮雕、杆钻钻孔和运用旋转机械工具琢磨及抛光技术，制玉工艺超过了制石，使一般石匠难以制玉②，出现了从石匠中分化出专门治玉的匠人。

一种比治玉工艺更复杂的工业技术，即制铜业已在仰韶时代悄悄地兴起了。

姜寨是半坡文化发现铜制品的唯一地点。这里见到的铜片及铜管状物，经检测均属黄铜③。前者已残成半圆形，直径4.8、厚0.1厘米，含铜66.54%、锌25.56%、铅5.92%，还有少量的铁、锡、硫，系铸造而成。后者为铜片卷成，已压扁，残长5、直径0.4厘米，含铜69%、锌32%和0.5~0.6%的杂质硫④。黄铜管状物发现于259号探方第三层，编号为T259③:39。黄铜片紧贴方形半地穴的29号房子的已被烧成红色的坚硬居住面，嵌入居住面表面。两者出土层位，即年代难以置疑。年代这样早而文化水平不高的半坡文化居民，能否具有制作黄铜的工艺能力？北京钢铁学院冶金史组经过反复实验，认为"早期黄铜的出现是可能的，只要有铜锌矿存在的地方，原始冶炼（可能通过重熔）可以得到黄铜器物"⑤。

至公元前第4千纪后期和公元前第3千纪初期，属于不同文化的冶铜遗存，已被考古学者发现了。它们是红山文化的冶炼遗存及铜制品、源涡镇的铜炼渣和马家窑文化的经过冶炼并由合范浇铸而成的青铜刀子。

严文明教授据发表的材料和现存北京大学考古系的部分陶片标本，指出源涡镇遗存的文化性质，基本同于太原义井遗存⑥。它们是仰韶时代晚期分布于晋中地区的一种考古学文化。

马家窑文化的青铜刀，出土于林家F20的北壁下。F20出马家窑文化的浅腹彩陶盆及深腹素面盆。此外，在林家的H54的底部及T57第4层还发现了铜渣。H54的铜渣，北京钢铁学院冶金史研究室经岩相鉴定认为，是"冶炼出来的含铜和铁的金属长期锈蚀的遗物"⑦；中国社会科学院考古研究所实验室用中子活化法分析的结果：含铜

---

① 方殿春、刘葆华：《辽宁阜新县胡头沟红山文化玉器墓的发现》，《文物》1984年6期；孙守道：《三星他拉红山文化玉龙考》，《文物》1984年6期；孙守道、郭大顺：《论辽河流域的原始文明与龙的起源》，《文物》1984年6期。

② 中国科技大学开放研究实验室等：《凌家滩墓葬玉器测试研究》，《文物》1989年4期。

③ 半坡博物馆等：《姜寨》，文物出版社，1988年。

④ 韩汝玢、柯俊：《姜寨第一期文化出土黄铜制品的鉴定报告》，《姜寨》，第548~554页。

⑤ 北京钢铁学院冶金史组：《中国早期铜器的初步研究》，《考古学报》1981年3期。

⑥ 严文明：《论中国的铜石并用时代》，《史前研究》1984年1期。

⑦ 北京钢铁学院冶金史研究室：《甘肃省博物馆送检文物鉴定报告》，《考古学集刊》(4)，中国社会科学出版社，1984年。

36.50%、锡6.47%、铅3.49%、铁0.41%，酸不溶物占一半以上[1]。青铜刀是用两块范闭合浇注而成，一块范上刻出刀型，另一块范是平板的。经北京钢铁学院冶金史研究室金相观察："估计其锡含量大约在6～10%，在刃口边缘1～2毫米宽处可见树枝状晶取向排列，说明铜刀是铸造的青铜刀，刃口经过轻微地铴磨或锻打[2]。"从以后的齐家文化及火烧沟文化的铜制品鉴定的情况看，林家青铜刀的出现，可能与当地矿产资源的条件有关，并非有意识地冶炼青铜合金的结果。

可见，黄河流域的仰韶时代，至迟是到了它的晚期，其居民已超越了以锻打天然铜制作器物的阶段，掌握了冶炼、浇铸铜器的技术。制铜所需掌握的火温及造范的技艺，虽能从制陶及治石工艺中得到启发，甚至吸取一些技术，但比起制陶及治石，制铜却是人们开发自然所创造的一种从捡选矿石、冶炼到锻铸的新工艺，绝非任何熟练陶工或石匠所能掌握的技术。这样，从仰韶时代的居民中又分化出了铜匠。

可以毫不夸张地说，直至二里头文化时期的主要产业部门，在仰韶时代就已出现了，并成为继续发展的最初基石。

同一产业的纵深发展和产业门类的扩展，结果是出现和发展了社会劳动分工及其日益专业化。据当时墓葬墓主人随葬工具情况，暂可将仰韶时代分工的进程，作如下的描述：

半坡文化男子主要从事渔猎，女子主要从事农业、纺织与缝纫。当时经济结构下的这一男女分工，使得妇女的劳动比男子的劳动具有更为重要的意义[3]。

上述性别分工，至西阴文化时期，出现了质的变化。大汶口文化刘林期刘林墓地第二次发掘的情况表明，男子随葬的工具约占随葬工具总数的70%，女子只占30%，同时，在种类上，妇女用锛随葬的只有1例1件，男子则有7例16件，且女子没有凿、弹丸、网坠随葬，男子却缺乏纺轮随葬[4]。类似的情况，也见于大墩子。这里也是只在男性墓葬中才见到镞、鱼镖一类渔猎生产工具，而在确定为成年女性的70%的墓葬中，都发现了纺轮。同时，妇女墓中只有M25和M30分别随葬了斧和锛，也就是仅有10%的女子用斧随葬，20%的妇女死后随葬锛。随葬斧、锛的男性墓，分别占男性墓总数的20%，同时，铲、凿只见于男性墓，而且，仅在男性墓中才见到斧、锛、凿这样成套的手工工具。M4和M32两座成年男性墓，在随葬斧、锛、凿的同时，还随葬了碎石片、

---

① 甘肃省文物工作队等：《甘肃东乡林家遗址发掘报告》，《考古学集刊》（4），中国社会科学出版社，1984年。

② 北京钢铁学院冶金史研究室：《甘肃省博物馆送检文物鉴定报告》，《考古学集刊》（4），中国社会科学出版社，1984年。

③ 参见《元君庙仰韶墓地》。

④ 张忠培：《大汶口文化刘林期遗址试析》，《吉林大学学报》1979年1期。

牙料及较多的骨、牙制品，形象地说明死者生前是手工业匠人。可见，这时期的农业生产中，男子已较妇女担当了更多的职能，同时独占了渔猎部门，并是手工业劳动的主要担负者。

到大汶口文化的花厅期，沿着刘林期的轨迹，继续向前发展[①]。大墩子花厅期随葬工具的男、女墓数，分别占确定为男或女的总人（墓）数的70%和40%，同时，男性人均随葬工具3.18件，女性仅2.31件。在随葬工具的类别上，石凿、石（骨）镞及骨渔镖，只见于男性墓。随葬石铲、石斧的人数，男性占其总数分别为21%和25%，女性占其总数仅是7.5%和5%。这说明在整个社会生产中，男子较妇女占着更重要的地位，起着更大的作用，同时，男子在农业中的地位及作用，远远超过了妇女，还独占着渔猎及使用凿的手工业。正是在这社会分工环境下，才出现了M103和M106这样的男性墓葬。它们拥有铲、斧、锛（甚至大小型式成套）、凿和镖、镞整套农、工、渔猎工具随葬。这种工具随葬的情况，反映当时尚未出现后世那样的手工业从农业中分离出来的社会劳动分工，即专职的手工匠人尚未出现，另一方面，却又说明在男子中已涌现出一些相当富有的兼职的手工匠人。

手工业愈益成为男子的劳动领域，随着手工业门类增多和愈益专业化，继男子被区分为专职农业劳动者和同时兼职手工业劳动者之后，男子又被区分为不同的手工业劳动者，随之在生产上又出现了管理人员和沟通不同专业生产的交换人员。这样，劳动分工愈益远离劳动的性别分工，而愈益社会化了。

随着劳动生产率的提高和分工的专业化发展，正如在前述制陶业所出现的变化那样，集群性劳动规模愈益变小或减少，个人的能力愈益显示出来。随之社会财富越来越向社会必需的技术领先的部门集中，而在这些部门工作的劳动者，尤其是其中的优秀人物便先于其他人掌握了更多的财富，于是社会便愈益走向贫富分化。不过，如下面的讨论将指出的那样，在家族仍是当时社会的基层组织的情况下，社会的劳动分工和贫富分化，首先展开于家族之间，其次才表现在家族内部那些掌权人、具有专业技术者或其他能人与家族的一般成员之间。

四　走向文明门槛：社会组织的演变

仰韶时代的社会组织，经历了由母权制到父系制的确立。

通过对半坡文化的半坡、北首岭及姜寨的发掘，知道当时居民仍过着村落生活。村落的布局及结构已得到较为充分的了解，是由中心广场、环绕广场的房屋群、围沟、窑

---

① 张忠培：《中国父系氏族制发展阶段的考古学考察》，《吉林大学社会科学学报》1982 年 2 期。

场及公共墓地组成。

经过较全面发掘的姜寨村落，整体呈椭圆形，东西长 210、南北宽 160 米，面积 33600 平方米[①]（图二六）。它有如下可注意的特点：

1. 中心部位为 5000 平方米的广场，西侧边缘有南、北对应的两个牲畜夜宿场。广场周围是门皆面向广场的房屋群，其外环以既可排水又可作为防卫工事的围沟。沟东自东北到西南分置三片墓地，在沟西位于临河东岸是烧陶器的窑场。显然，形成布局如此规整有序的村落，必须先有个规划，其次，应具备严格执行规划的体制，其中包括全体居民的共识。可见，居住在这村落的人群，是由一定规范维系起来的统一的群体。

2. 环绕广场的房屋 120 座，零星灶坑 180 个。如剔除因打破叠压关系，尤其是在旧址上重建房屋而出现的房屋的重复数目，基本上属同一时期的房屋约有 100 座左右。这些房屋大体上可分为五群，即东、西、南、北四群，再加上西北一群，群间大致均存在一定的空隙地带。同时，除上面提到的三片墓地外，可能还存在两块墓地。一是在姜寨村落的西北部，即现姜寨村地下，农民打井时发现过墓葬；二是在古村落北部偏东的地段，农民在此取土时曾发现过墓葬，已破坏殆尽。如是，住居在同一村落的居民，生时因属小于村落的不同群体，应分别住居，死后又得分开埋葬。

3. 每群房屋约 20 座，均由一座大型房屋和若干小型房屋组成。其中东群还含中型房屋两座，西群及北群也各含一座中型房屋。据有的学者研究，这些房群又可区分为更小的房群[②]。例如东群的 F1、F29 和 F17，基本上自北而南排列，间隔等距。F17 周围环着一些小型房屋及房屋遭毁后留下的灶坑。如果以 F17 和其周围的房屋作为一群的话，那么，它和 F29 和 F1 或其房群之间，还布置着一些灰坑。就是说，上述五个群体，各自又可区分为更小群体。

4. 这里的房屋，从其平面形式看，有方形和圆形两种；就结构看，又有地穴式、半地穴式和地面建筑三种。F46 为半地穴式方形房屋（图二七），面积 3.10×3.16 米，具有门斗及灶坑，居住面和墙壁均用黏土、砂姜石粉末加草筋拌和涂抹，居住面上放置已压碎的陶尖底瓶 3 件、陶钵 4 件、陶罐 6 件、陶盆 1 件及陶瓮 2 件，此外，东墙北头贴墙处还有两个可供人坐的泥圈土墩。F127 为一长径 3.06 米、面积 10 平方米左右的圆形半地穴式房屋（图二八），前有门斗，向北偏西，室内中部近门处，设一圆形灶坑。灶面、墙壁面和住居面均为草泥面，经火烤呈青灰色硬面。灶坑东侧居住面上放置有陶盂、钵、罐及石磨棒各 1 件。另外，在直径 3.14 米、面积 8 平方米左右的带门斗及灶坑的 F109 内，沿居室南壁放置陶钵 4 件、甑 1 件及罐 2 件和磨石、石锛及陶锉各 1

---

① 半坡博物馆等：《姜寨》，文物出版社，1988 年。

② 严文明：《姜寨早期的村落布局》，《仰韶文化研究》，文物出版社，1989 年。

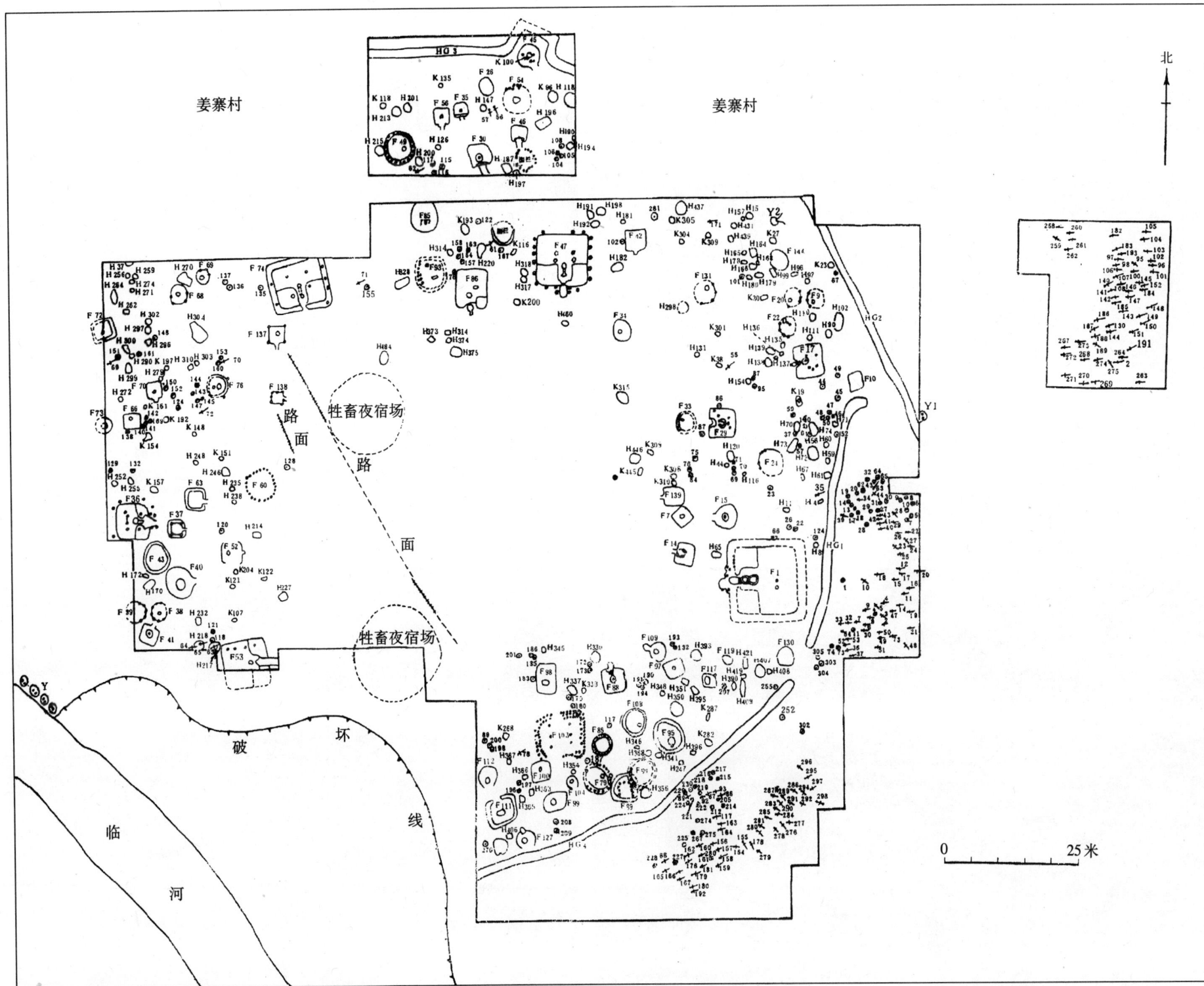

图二六　姜寨遗址半坡文化聚落平面图

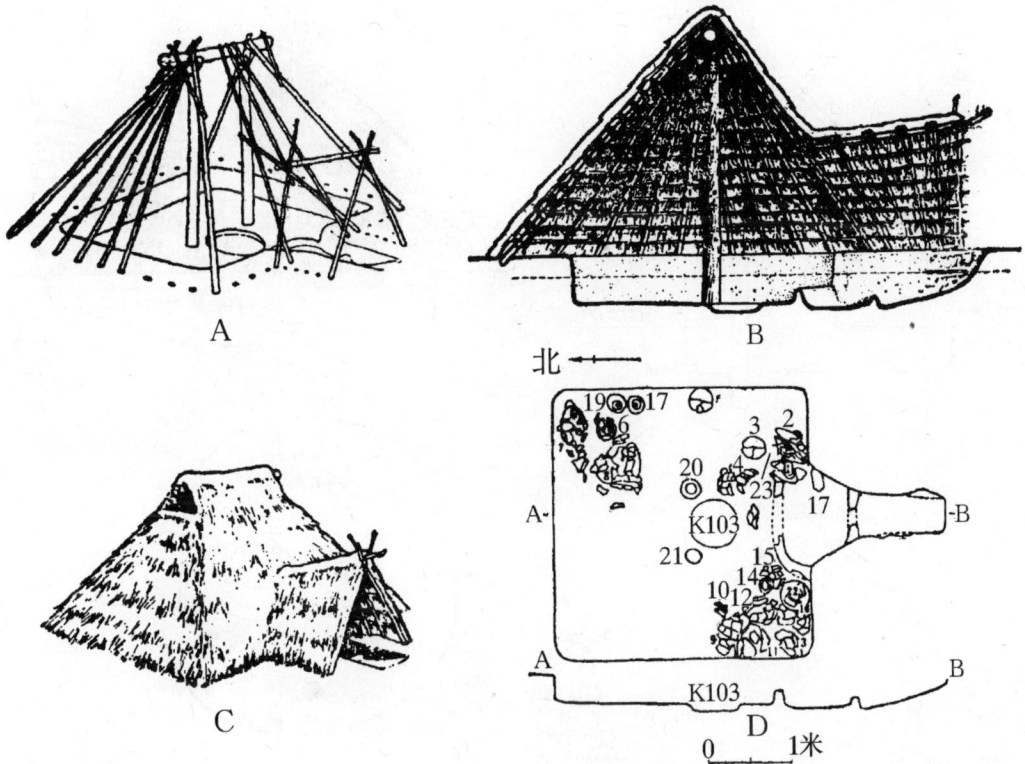

图二七 姜寨遗址 F46 平、剖面图及复原图

A. F46 结构示意图　B. F46 结构透视图　C. F46 复原图　D. F46 平、剖面图

1、2、7. 尖底陶瓶　3、4、5、10. 陶钵　6、11～15. 陶罐　9. 陶盆

8、16. 陶瓮　17. 石块　18、19. 泥圈土墩　20～23. 柱洞

件。这些小型房屋，面积均小，仅容 3～5 人住居，主人生活用具齐备，具有一些工具，有的研究者认为它可能是对偶家庭的居室①。

可见，居住在姜寨村落的居民的组织，自小（下）而大（上），可区分为四个层次。

也可通过埋葬习俗或葬制，来揭示半坡文化居民的社会组织体制。元君庙墓地的研究，可作为一个例子②。

1. 属半坡文化的元君庙墓地的死者，被用同一葬制进行安葬，说明死者生前属于同一习俗和相同文化体制的共同体。

2. 这一墓地分为东西两个墓区。东区 29 座墓葬，西区 20 座墓葬（修元君庙庙墙

① 严文明：《姜寨早期的村落布局》，《仰韶文化研究》，文物出版社，1989 年。

② 参见《元君庙仰韶墓地》。

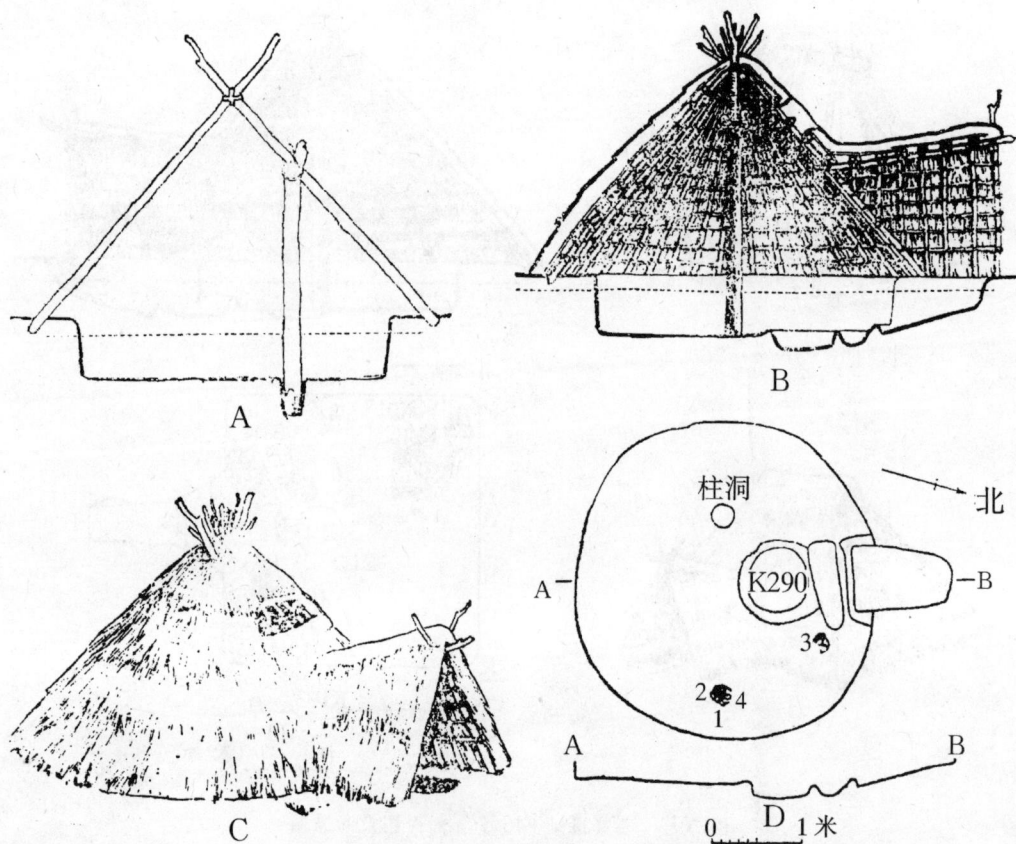

图二八　姜寨遗址 F127 平、剖面图及复原图

A. F127 结构示意图　B. F127 结构透视图　C. F127 复原图　D. F127 平、剖面图

1. 陶盂　2. 陶钵　3. 陶罐　4. 石磨棒

时，可能破坏了此区的一部分墓葬），分别埋葬 99 人和 110 人。如果墓地是一级组织的话，那么墓区当被认为是二级组织（图二九）。

3. 这里盛行合葬制。合葬墓约占墓葬总数的三分之二，以人数而论，有 92% 的死者均被葬于合葬墓内。合葬墓内死者的葬式，既有都是二次葬者，也有少数为一次葬、多数为二次葬者。这说明合葬于这两类合葬墓的任一墓穴中的死者，不是同时或在相近时间内死亡的。同时，在任何一座合葬墓的左近，或有着同期的单人墓，在多数情况下，还存在同期的另外的合葬墓。可见，不能以定穴安葬或死亡时间的先后，说明分墓埋葬的现象。这种把不同时间死亡的人葬在一个墓穴，却又将同时期死亡的人分开埋在不同墓坑的现象，正如墓地区分为墓区一样，又依死者生前亲疏关系的差别，将墓区分割成不同的合葬墓。由于合葬墓不像墓区分割墓地那样地分割墓区，仅是在墓区内依时序排列的，这一方面表明合葬墓为代表的单位，是一亲属关系极其密切的人群共同体；

另一方面，又使人们难以如指明墓地分为两墓区那样，讲清楚墓区内有几个合葬墓所代表的人群共同体。

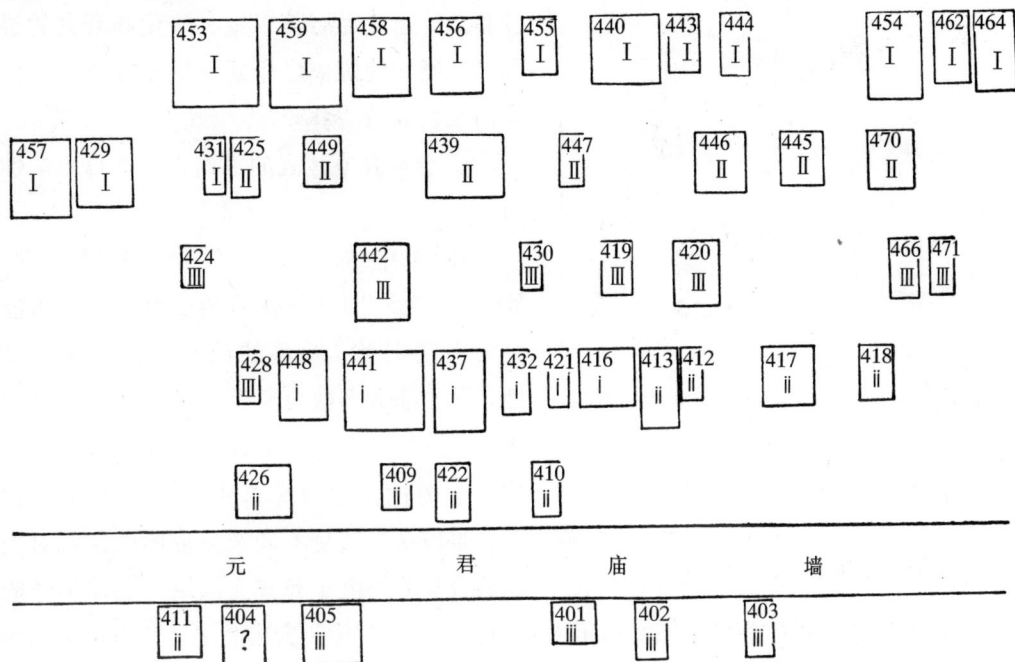

图二九　元君庙墓地东西两区布局示意图

Ⅰ、Ⅱ、Ⅲ. 为东区期别　　ⅰ、ⅱ、ⅲ. 为西区期别

从下面事实和分析中，可了解合葬墓所代表的人群共同体的规模与性质：

a. 一合葬墓中的死者，少则2人，多达25人，一般都在4人以上，多数为10人左右。绝大多数合葬墓内成员，均为成年男女和小孩。

b. 通过M405和M404两墓的分析，可知合葬于一墓内的死者，属于不同的辈分：

M405中的12位死者，只有⑫是一次葬，其他均为二次葬。前者晚于后者死亡，二次葬者大于一次葬者的死亡年龄，当是他们实际年龄的最小岁差。这样，⑫这位10岁左右的小孩，较④（女）、⑥（男）、⑩（男）、⑪（女）至少小20岁，较⑤（男）、⑨（男）和⑦（女）最低小30岁和40岁（图三〇）。

M404内葬成员6人，均为一次葬。他们死亡年龄的岁差，应是他们生时年龄的岁差。⑤这位10岁左右的小孩，比③（女）、④（男）年轻20岁，比②（女）和①（男）分别小30岁和40岁，同时，③、④均较①年轻20岁。

人骨鉴定指明，元君庙及仰韶时代性成熟期迟在15岁左右，亦可早到13岁。故至少当将岁差在20岁的元君庙居民，视为长少辈分不同的人。因此，M405和M404应是三辈成员的合葬墓。

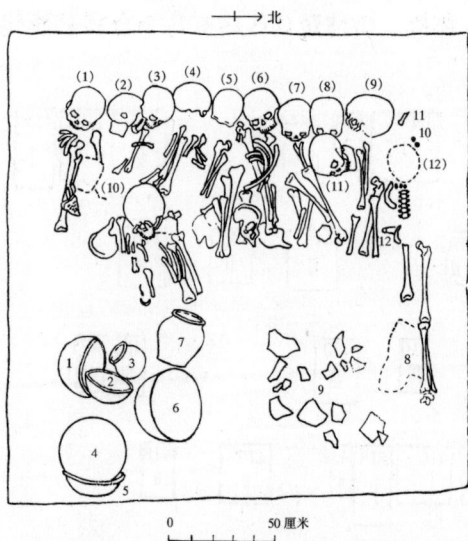

图三〇　元君庙 M405 家族合葬墓

1、2、4、6、9. 钵　3、7. 弦纹罐　5. 盆　8. 夹砂罐　10. 骨珠　11. 骨笋　12. 蚌刀

据 a、b 指出的合葬墓中的人数、性别及辈分结构，可推定墓区内的合葬墓，是家族合葬墓。家族经历着繁殖、分化和衰亡的过程，故确切地说，合葬墓只是家族在一定时期内死亡成员的墓葬。

c. 合葬墓所代表的家族，具有母系的性质：

M404 中成年人 5 人，为 3 男 2 女，M405 成年人 10 人，为 6 男 3 女及 1 名未能鉴定出性别者。两墓的成年男性均多于女性。元君庙大多数合葬墓中的成年人的性别构成，均类似于此。少数合葬墓中的成年女性多于男性。这两类墓中成年男女不成比例，难以认为这是不同辈分或同代的几对夫妻的合葬墓。由于葬式方面缺乏突出男性的现象，使人们不便将那些成年妇女多于男子的合葬墓，归为丈夫带着妻子，有的丈夫还带着妾的合葬墓。也不能把那些含成年妇女少于男子的合葬墓，归为多夫制的合葬墓。因为多夫制婚姻是人类生活中的少有的婚制，从史籍看，与华夏族格格不入。

在民族学中，见到的母系家族是人数相当多的，包含几代的母系最近亲属集团。其成员完全属于血亲的亲属关系，性别构成不因缔结婚姻而得到调整，受自然规律所制约。就个别家族来说，男子多一些，或女子多一些，是完全自然的事情。上述两类墓葬中男女不均衡的情况，正反映了母系家族成员构成的特点。

同时，在元君庙合葬墓中，无一座成年男子及小孩的合葬墓，却有 3 座成年女性和小孩合葬墓。这反映出元君庙居民生前亲属世系的母系性质。

半坡文化实行成年人和小孩分别埋葬制。元君庙墓地中的小孩，凡能做出性别鉴定者，或依据随葬品能指证性别者，均为女性。看来，只有女孩才有获得进入成年人墓地的机遇。最值得注意的是女孩获得厚葬或使用成人葬习埋葬（图三一）。M429，是一座两位女孩（①6～7，②10～15）的合葬墓，墓穴特殊，使用红烧土铺砌墓底，随葬陶器 6 件，其中②号女孩还拥有 786 颗骨珠。M405⑫，仅 10 岁左右，有骨珠、骨笋及蚌刀随葬，不仅可从随葬品类别指证其为女性，其随葬品内容也是丰富的。

当然，不是所有女孩都能获得厚葬或使用成人葬习埋葬。能否享受此待遇，当同女孩个人的社会关系有关。

M420 是一位成年女性和两位小孩的合葬墓（图三二）。此墓随葬陶器在全墓地中最多，且有彩陶，是得到厚葬的一座墓葬。随葬品之丰富，半坡文化中也仅此一例。M420 获得厚葬，只能归因于墓中成年妇女生前拥有较多财富和在亲属中具有较高的地位。

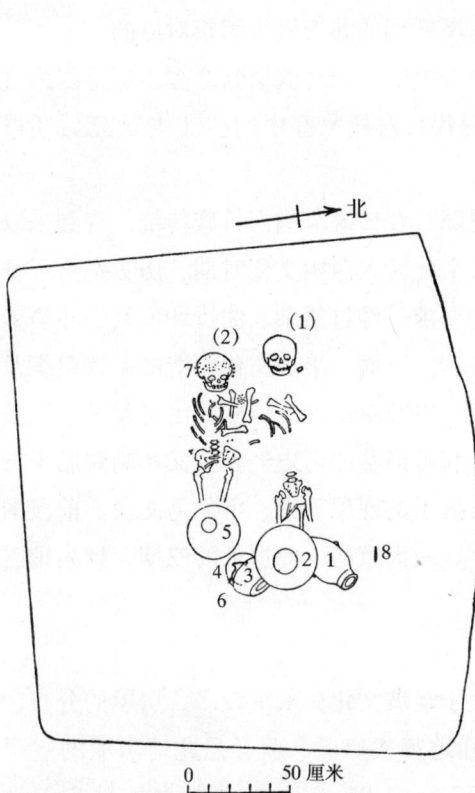

图三一　元君庙 M429 两名女孩合葬墓

1. 小口尖底瓶　2、3、5. 钵　4. 绳纹罐
6. 弦纹罐　7. 骨珠　8. 骨针

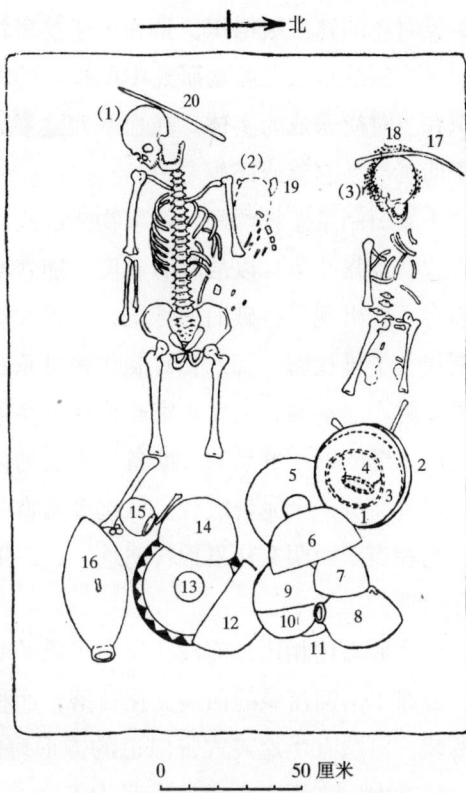

图三二　元君庙 M420 母子合葬墓

1、2、6、7、9、10、12、14、23、24. 钵　3、11. 绳纹罐　4、22. 夹砂罐　5. 盆　8、16. 小口尖底瓶　13. 罐　15、21. 弦纹罐　17、20. 骨笄　18. 骨珠　19. 穿孔蚌饰　22. 碗　26. 石球

M420③这一女孩，使用成人装束，头戴骨笄，脖饰由 1147 颗骨珠组成的项链。无疑是获得其长辈厚爱的人。

可见，M420 现象表明当时母亲不仅已有了确认亲女的自觉要求，还利用自己的地位，为其女儿谋取成人的名誉和利益。如果 M420 这位母亲不比他人富有并能控制自己财产的话，自然难能如此表达对其女儿的厚爱。所以，那种家族组织形式和范围更小的私有制，以及与之相适应的母女继承制，尽管最初的出现是由于权力的僭越，但在实质上，它已突破了传统的坚冰，出现在元君庙居民之中。

可见，元君庙家族的世系与财产的传承，均是从母系的。合葬墓所代表的亲属共同体，如果可以依民族学术语称之为家族的话，那么，其上的墓区、墓地所代表的人群共同体，似可依次称之为氏族、部落。基层组织的性质，决定了其上组织的性质，因之，元君庙的氏族、部落也是母系的①。

元君庙的这三级组织，是和上述姜寨村落所看到的前三级组织相对应的。

元君庙墓地未见姜寨研究中所指出的第四级组织，即对偶家庭墓葬，那是因为这级组织在当时尚未成为实体。在血缘观念统治时代，对偶家庭中的"丈夫"死后还得归葬于所属母系家族或氏族之中。

不管旧制度怎样顽固，新事物终能找到缝隙，在传统范围内打破传统，直到采取诸种方式，顽强斗争，以战胜旧制度。随着半坡文化转入西阴文化时期，历史把男子推到了前台，就出现了打破旧的传统，实现改革的要求，经过复杂、曲折和反复的斗争，父系制代替了母权制，父系私有制代替母系私有制。然而，半坡文化创造的家族组织及某些母女财产继承制，为父系家族代替母系家族，以及决定这一转变的由母女继承制演化成父承子继的财产继承制，准备了必要的条件和可借鉴的历史经验。父系制脱胎于母系制，自身又有一个完善过程。从迄今考古学所揭示的现象观察，可分为两段。前段的年代，约相当于西阴文化泉护村遗址一、二期，后段大致始于此遗址的三期，到泉护二期文化时期。

与半坡文化相比，前段已发生了质的变化。

分布于渭河流域的西阴文化村落，面积大于半坡文化，灰坑较多，房屋的分布，却很稀疏。房屋有半地穴式带门道的方形房屋和地窖式房屋。前者是此地房屋的主要形式。它有大小之别，小者如庙底沟 F301，面积 6 × 7.86 米②，大者如泉护村 F201，东西面阔 15 米，南北进深残 4 米③，按这类房屋复原，进深当原为 10 ~ 12 米。汾河及内蒙古中南部的房屋形式，亦作半地穴式带门道的方形，河北壶流河流域的房屋，平面呈扇面形，半地穴式，带门道④。这些地区村落内的房屋分布，较渭河流域密集。伊洛—郑州地区的房屋，为方形地面建筑，在村落中的分布，较为稠密，从点军台发掘所示，是东西横列成排的。此外，值得注意的还有两点，一是其中的 F1 带有套间，二是 F1 和 F2 这两座东西相邻的房屋的门，是对开的⑤。

如果因对此时期村落未进行全面揭露而不能了解其整体布局和说明上述变化的背景

① Zhang Zhongpei：*The social stzuchuze Reflected in the Yuanjunmiao cemeteny*，*Jaurual of Anthropological Anchaeology*4.19 –33（1985）。又见北京大学历史系考古教研室：《元君庙仰韶墓地》。

② 中国科学院考古研究所：《庙底沟与三里桥》，科学出版社，1959 年。

③ 黄河水库考古队华县队：《陕西华县柳子镇考古发掘简报》，《考古》1959 年 2 期。

④ 张家口考古队：《1979 年蔚县新石器时代考古的主要收获》，《考古》1981 年 2 期。

⑤ 郑州市博物馆：《荥阳点军台遗址 1980 年发掘报告》，《中原文物》1982 年 4 期。

的话，那么这时期墓地中出现的成对成年男女合葬墓，却可明确说明婚制已发生了巨大的变革。

崧泽文化、大汶口文化刘林期及下王岗为代表的遗存的一些墓地，发现的成对成年人墓葬很多，其中经过性别鉴定者而知为一对成年男女的合葬墓者，为 11 座[1]。其中，崧泽文化草鞋山 2 座（M85、M95），大汶口文化刘林（M21、M102、M144）（图三三）、王因各 3 座，大墩子（M67、M86）及野店（M88）各 1 座，下王岗 1 座。其中又以下王岗那座年代最早，约相当于泉护西阴文化一期[2]。这类一对成年男女合葬墓的出现，说明当时居民已基本上以单偶制婚姻，代替了先前的对偶制婚姻。

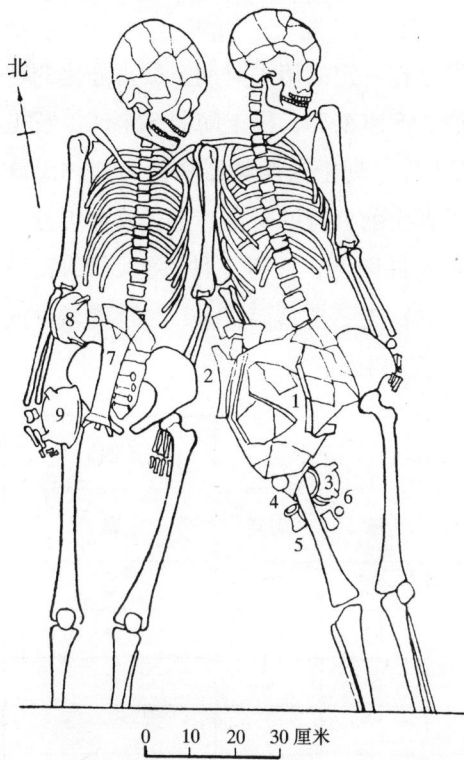

图三三　刘林（大汶口文化刘林期）
M102 男女合葬墓

1. 彩钵　2、7. 觚形器　3、8. 罐形鼎　4. 小陶"杯"　5. 三联"杯"　6. 獐牙　9. 盆形鼎

下王岗及大汶口文化的成对成年男女墓中的男女葬式，均仰身直肢，并排平列。大汶口文化此类墓中的男女，居左居右，尚无定制。同时，女性往往拥有较多的陶器随葬。草鞋山 M95，男左女右，平列分置于木质葬具内，M85 中的男性居左，仰身直肢，女性居右，与男性平列，侧身，女性随葬的陶器多于男性。男性居本位，是单偶制婚姻的实质。然而上述葬习似乎仍可让人们认为当时夫妻生前的人格、地位及经济关系是平等的，或许在家内生活中，妻子较丈夫还拥有更多的支配权。

单偶婚代替对偶婚的目的，是实现世系及财产从母系转化为父系继承制。大墩子的一座一位中年男性带着一名 8～10 岁小孩的合葬墓（M79）[3]，说明这时期随着一夫一妻制婚姻确立的同时，也实现了世系及财产的父系继承制。

---

[1] 南京博物院：《江苏吴县草鞋山遗址》，《文物资料丛刊》（3），文物出版社；江苏省文物工作队：《江苏邳县刘林新石器时代遗址第一次发掘》，《考古学报》1962 年 1 期；南京博物院：《江苏邳县刘林新石器时代遗址第二次发掘》，《考古学报》1965 年 2 期；中国社会科学院考古研究所山东队等：《山东兖州王因新石器时代遗址发掘简报》，《考古》1979 年 1 期；南京博物院：《江苏邳县大墩子遗址第二次发掘》，《考古学集刊》（Ⅰ），中国社会科学出版社，1981 年；山东省博物馆：《邹县野店》，文物出版社，1985 年。

[2] 陈列于河南省博物馆。

[3] 南京博物院：《江苏邳县刘林新石器时代遗址第二次发掘》，《考古学报》1965 年 2 期。

　　刘林墓地依区间分为六个墓区。每一墓区包含的墓葬，少的21座，多的也只有28座。墓区内埋葬的死者，包括男女老少，最多的仅29人。故发掘报告认为墓区"很可能是血缘关系更为密切的家族墓地"，刘林墓地则属氏族墓地。如是，氏族单立墓地和在墓地内划分墓区的现象，是区别于半坡文化的，反映当时的氏族及家族均具有更大的独立性。

　　私有制化的状况，决定父系氏族制的进程。同时在一定的历史时期，贫富分化的程度，是私有制过程的一面镜子。刘林第二次发掘的145座墓葬，出土陶器524件、石工具48件。平均每墓随葬陶器3.16件，石工具0.33件。现把这两类器物视为刘林氏族财富总和的缩影，将各墓出土的这两类器物看成死者生前拥有的财富。上述墓葬可分为如下四类：（一）有随葬陶器6件以上，或虽不足6件陶器，而有2件以上石工具者；（二）凡随葬陶器3～5件，或有1件石工具者；（三）无石工具而有一、二件陶器，或无陶器但有其他随葬品者；（四）无随葬品者。依此，列成下表。

死者＼数量＼墓类	（一）			（二）			（三）		（四）
	墓	陶器	石工具	墓	陶器	石工具	墓	陶器	墓
男	19	146	27	15	44	5	26	27	6
女	13	141	8	18	67	5	13	14	7
成人	1	8		2	6		5	9	1
双人	3	31	1						
少年	2	8	2						
儿童	2	16		1	5		6	2	5
总数	40	350	38	36	122	10	50	52	19

　　（一）至（四）类墓，依次分别占墓葬总数的百分比是：27.6%、24.85%、34.48%、13.1%。（四）类墓无任何随葬品，只随葬陶器的（三）类墓，随葬陶器的数量在平均数之下，（一）类墓随葬陶器和石工具的数量，分别占各自总数的66.4%和75%。类似的情况，也见于大墩子[①]。这里（一）类墓葬数量，占墓葬总数25.9%，却拥有54.7%的陶器和81.8%的石工具，（三）、（四）两类墓数，占墓葬总数29.6%，只有陶器总数5.2%随葬。可见，贫富分化已相当明显。

　　值得注意的是，刘林及大墩子妇女随葬陶器的数量，或和男子相等，甚至高于男

①　张忠培：《大汶口文化刘林期遗址试析》，《吉林大学学报》1979年1期。

子。可见，妇女在家族中对财产拥有较大的支配权。其在家族及社会的地位，没有因母权制被颠覆，而变得今昔两重天。

当个体制家庭尚客从于家族的时候，财富不均或贫富分化的现象，首先并主要表现于家族之间。刘林墓地内墓区随葬品的数量，存在着差别。刘林 T413 的 24 座墓葬，随葬陶器达 6 件以上的 13 座，3～5 件的 5 座，且墓地中仅有的随葬陶器达 8 件的两座儿童墓及一座也有 8 件陶器的 10～15 岁的少年墓，都在这一 T414 墓区内，同时，T406～T408 墓区的 24 座墓葬，随葬 6 件陶器的只有 2 座，3～5 件的 7 座，1、2 件的也是 7座，无陶器随葬的多达 8 座。显然，儿童和少年随葬品的多寡，当取决于其亲属的经济状况。可知，家族间贫富分化的现象相当明显，较前更趋悬殊。

另外，上述 T413 墓区 M148、M182 及 M145 分别随葬陶器 19、25 和 27 件，M182内葬一 15 岁左右的男性，还另用穿孔斧随葬，但同区葬于 M160 内的 40 岁左右的男性，只随葬陶器、石斧各 1 件，M157、M158 分别仅随葬骨锥、骨栖和龟甲，M167 这座 20 岁左右女性墓主人的墓葬，甚至没有一件随葬品。可见，家庭内成员占有财富的差别，正在扩大。

大墩子 M32 及 M44 的情况，可说明财富集中的另一特点。M32 随葬陶器 5 件，斧、锛、凿 4 件，石片 2 块，獐牙勾、骨镞、骨锥、骨针、骨栖、牙约发及牙料等 52 件。M44 随葬陶器 14 件，石斧、铲 2 件，石环 1 件，獐牙勾形器、獐牙勾、角鱼镖、骨锥、骨针、骨刮削器、骨扳指及穿孔龟甲等 35 件，还随葬一条狗。从两墓随葬工具来看，可知 M32 墓主人当是制造石、骨、牙器的匠人，M44 墓主人无疑是位猎手，依后文讲的穿孔龟甲乃卜卦器具的认识，则 M44 墓主人还同是一位巫师。看来，家族的财富多由那些手工业匠人、渔猎能手及巫师和头人这类人物所占有，家族亦因有这样的人物而富裕起来。

自泉护村西阴文化三期以后，在走向文明的进程中，又出现了新的质的变化。

（一）男性的作用与地位继续增长的同时，涌现出了权贵人物。

1. 妇女在两性和社会分工及分化中所处的地位，愈来愈下降。以大墩子第二次发掘所见单人墓材料[①]，对此作些说明。

大墩子男子随葬工具的人数，占男性总数的 70%，女性随葬工具的人数，却只占女性总数 40%。女性以纺轮随葬的人数，占妇女总数 15%，同时妇女不用石凿、石（骨）镞及骨鱼镖随葬，用石锛随葬的人数仅占 7.5%。男子基本上不用纺轮随葬，用石锛随葬的人数达 26.4%，而且人均占有石锛数量远远超过了妇女。随葬石铲、石斧

① 南京博物院：《江苏邳县大墩子遗址第二次发掘》，《考古学集刊》（Ⅰ）中国社会科学出版社；张忠培：《中国父系氏族制发展阶段的考古学考察》，《吉林大学社会科学学报》1986 年 1～2 期。

的人数，男性分别为 21% 和 25%，女性分别为 7.5% 和 5%。可见，妇女只在纺织劳动中占着优势，男子在农业劳动中的地位和作用，远远超过妇女，渔猎及手工业则基本上是男子的劳动部门。无疑，在整个社会生产中，男子已担负着较多的职能，占着重要的位置，起着重大的作用。

2. 与上述男子在性别分工中的地位与作用增长相适应，个体婚制下的夫妻间的对抗已进入一新时期，在亲属关系中，妇女的地位已低于男子，父系制体制已牢固地建立起来。小河沿文化、半山文化和大汶口文化花厅期，均出现了以男性为本位的合葬墓①。将后者和刘林期同类墓相比，出现了如下的变化：

a. 男左女右，已成了成对成年男女，包括带小孩的合葬墓中的成年男女位置的定制。且大多数墓葬中的男子，均占据墓穴中央，或墓穴大部分面积，而把同墓中的女子挤到墓穴一侧，更有甚者，在大墩子 M101、M69 合葬墓中还见到女子被置于男子右侧胫骨下的现象（图三四）；

b. 无论是成对成年男女，还是他们带小孩的合葬墓内的男子身上及其近旁的随葬器物，远远超过了妇女。这一情况，亦见于单人墓。例如大墩子墓地第二次发掘的男子单人墓的随葬陶器人均为 4.93 件，女性人均为 4.32 件。

妇女在亲属和社会关系中的地位，今非昔比，空前下降了。

3. 在先前社会关系出现分化与分裂中，浮涌出以安乡划城岗中一期 M63 及 M74、含山凌家滩 M4 和红山文化葬于石冢内的这样为代表的权贵人物。

M74 和 M63 两墓，分别是划城岗中一期墓地南区东边一排的第二、三座墓葬②。两墓随葬陶器几乎铺满墓坑，分别为 50 件和 77 件。都随葬非实用的石钺，M63 那件石钺

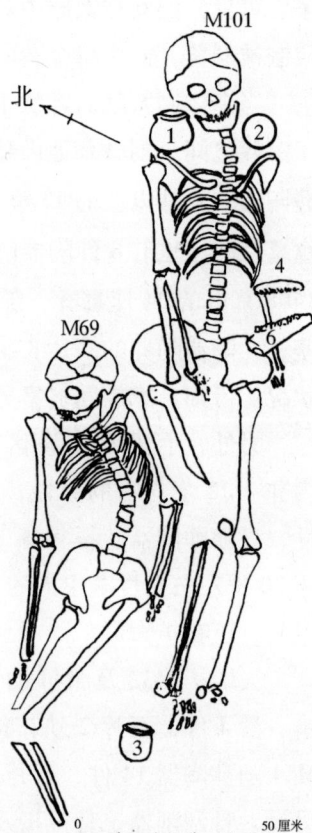

图三四　大墩子（大汶口文化花厅期）M101、M69 男女合葬墓

M101：男　M69：女

①　张忠培：《中国父系制发展阶段的考古学考察》，《吉林大学社会科学学报》1986 年 1～2 期；李恭笃：《昭乌达盟石棚山考古新发现》，《文物》1982 年 3 期。

②　湖南省博物馆：《安乡划城岗新石器时代遗址》，《考古学报》1983 年 4 期。

的孔以上部位，朱绘斜线及卷云纹构成的图案，显示它们都是墓主人身份的象征。

含山凌家滩 M4 是一口大底小，墓口长 2.75、宽 1.4 米的大型墓葬①。该墓随葬器物铺满墓底，十分丰富。以玉器数量最多，达 96 件，次为石器，数量 27 件，陶器数量最少，仅 4 件。石器计有斧、锛、凿、钺和镯，玉器则是斧、镯、璧、璜、管、饰件、笄、勺和长方形玉片及玉龟。可见，该墓随葬物的品位，是同时期任一考古学文化发现的墓葬无法匹对的（图三五）。

这里介绍的三座墓葬，除以丰富的随葬器物显示墓主人生前拥有大量财富外，同时还从下面现象，表露出墓主人的身份：

其一，钺为武器，是甲骨、金文"王"字的象形，乃指挥军队的权杖，是王权的象征②。划城岗中一期两墓各随葬一件非实用的石钺，如上所说，是墓主人身份象征物。凌家滩 M4 随葬多件石钺，据公布的器物图统计，至少有 4 件。其中 M4∶1 那件，被置放在尸体上方的墓穴中部，显然，是以它标志墓主人的身份。据此，可推测这些墓主人生前是握着军队指挥权的人物；

其二，凌家滩 M4 随葬的玉龟和具有复杂纹饰的长方形玉片，俞伟超教授指认是卜卦器具③。如是，这位墓主人还同时是位巫师。

红山文化胡头沟石冢，是座初建后就已弃置不再利用的非完整的石冢④，位于临河的、周围地貌中的一圆形高丘上，据发掘揭示，可大致了解石冢建造过程是：先在丘顶挖一墓坑（M1），内用石板砌成椁，按仰身直肢式埋入死者，随葬勾云形佩饰、玉龟、玉鸮、玉鸟、玉璧、玉环、玉珠及玉箍形器。再以此墓为中心按 6.5 米左右的半径置放一圈筒形彩陶器残片，于其上建成一石围圈（图三六）。此围圈东面的两端并不闭合，南面的一端东折向外然后向南延展，于东面形成一面南的门斗形出入口，于此处的石围圈外侧面东排列着完整的筒形彩陶器。其后又在 M1 之上，建了 M2 及位于其南、北两侧的 M5 和 M4。无疑，这是以 M1 为中心的一座陵园。能将其尸体葬入这陵园的，当是与 M1 墓主人有着特殊关系的人物。这位 M1 墓主人以高规格的随葬器物和陵园，显示其生前的权贵地位。

可见，在当时的社会中，涌现出来的执掌军权和既掌军权又握神权的这类新人，已是一些颇有权势的显赫人物。

（二）在单偶制家庭愈益成为独立单位的同时，父系家族也愈益强化起来。这一信息，从埋葬习俗、房屋结构及住地布局的变化透露出来。

---

① 安徽省文物考古研究所：《安徽含山凌家滩新石器时代墓地发掘简报》，《文物》1989 年 4 期。
② 林沄：《说"王"》，《考古》1965 年 6 期。
③ 俞伟超：《含山凌家滩玉器和考古学中研究精神领域的问题》，《文物研究》第五辑，黄山书社。
④ 方殿春等：《辽宁阜新县胡头沟红山文化玉器墓的发现》，《文物》1984 年 6 期。

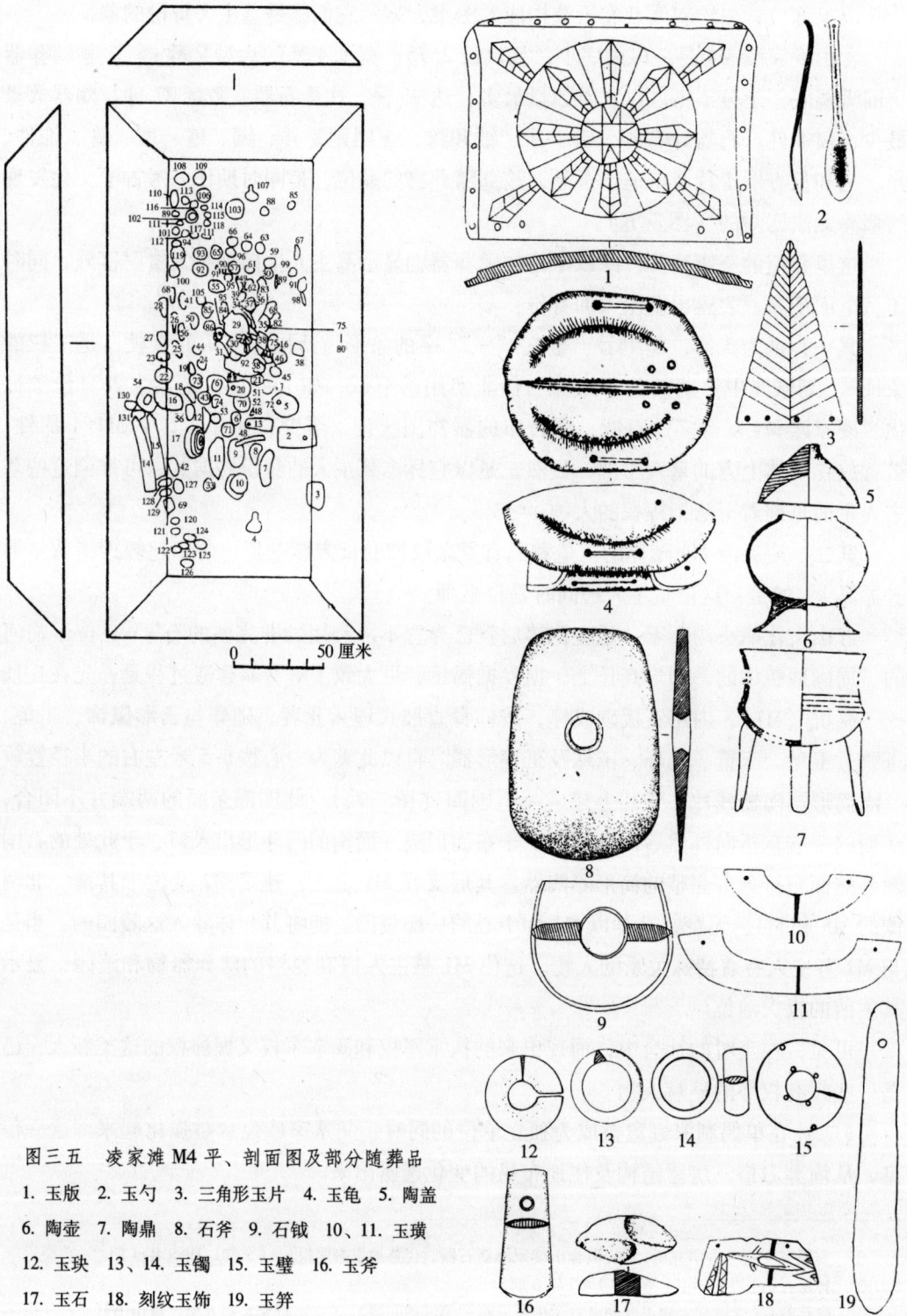

图三五　凌家滩 M4 平、剖面图及部分随葬品

1. 玉版　2. 玉勺　3. 三角形玉片　4. 玉龟　5. 陶盖

6. 陶壶　7. 陶鼎　8. 石斧　9. 石钺　10、11. 玉璜

12. 玉玦　13、14. 玉镯　15. 玉璧　16. 玉斧

17. 玉石　18. 刻纹玉饰　19. 玉笄

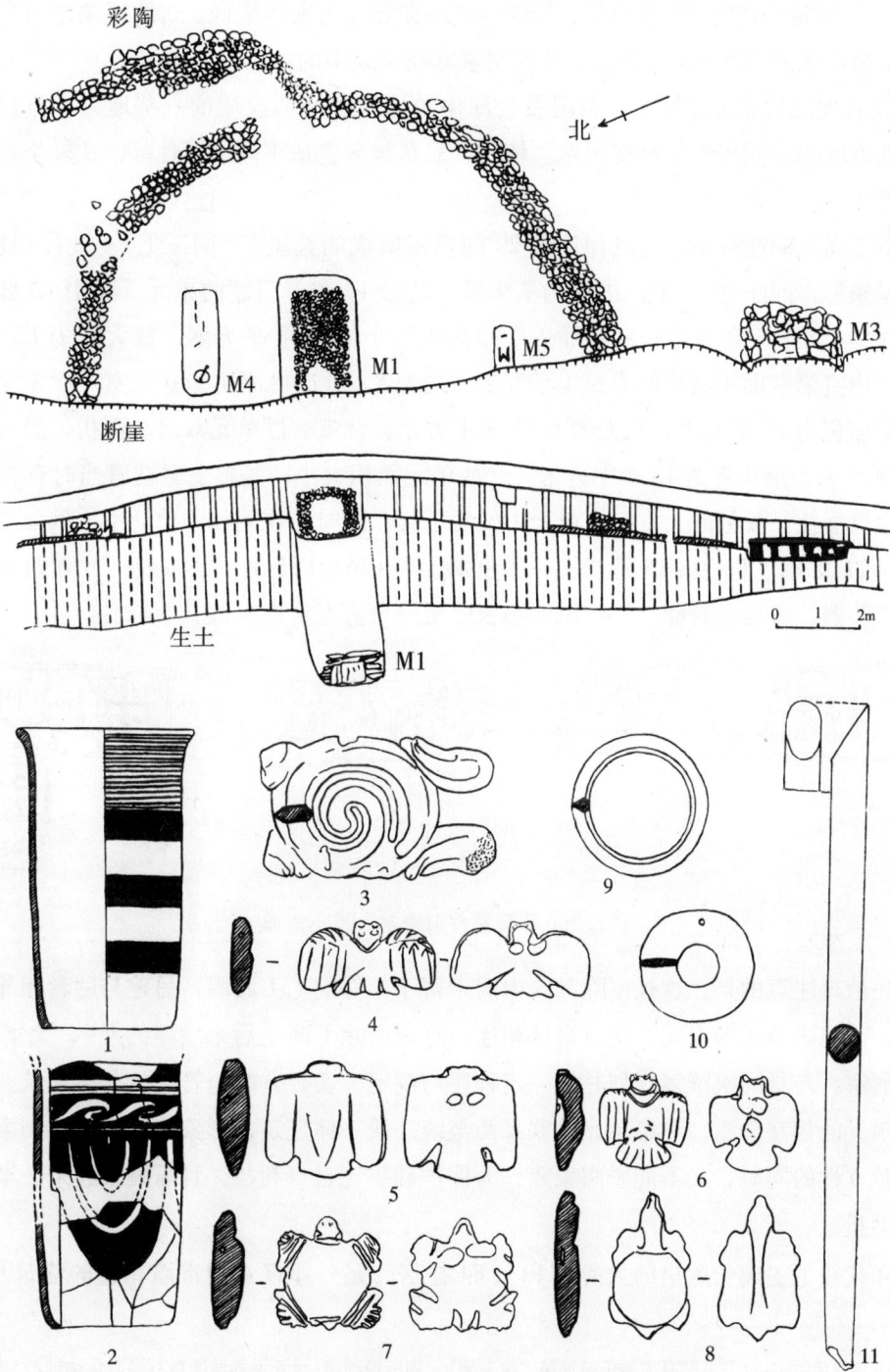

图三六　胡头沟石冢平、剖面图及出土的部分器物

1、2. 彩陶筒形器　3. 勾云形玉饰　4、6. 玉鸮　5. 玉鸟

7、8. 玉龟　9. 玉璧　10. 玉环　11. 棒形玉器

1. 这时期的墓地，如前那样，仍以空隙地带划分为家族墓区，新的现象是出现了成对男女带小孩的合葬墓①，显示出单偶制家庭在家族中的地位较前增强了。

2. 自大河村遗址三期始，黄河及长江中游地区和淮河流域的一些地方，流行套间和多间寄墙的不同规模的排房居室。依此，聚落被分割成不同的居住区，比较半坡式的环壕聚落，已出现了巨大变化。

下王岗三期遗存中，便见相连的 29 间房屋组成的长屋②（图三七）。此屋门向南，东西呈条形，面阔约 78 米，进深约 7.9 米，共分 17 个带门厅的单元。其中 12 套为双室一厅的单元，5 套则为一室一厅。厅间面积最小的 3.48 平方米，最大者为 13.97 平方米；内室单室面积最小的为 6.4 平方米，最大者是 17.48 平方米。一室一厅单元内室最小的面积为 11 平方米，最大的为 16.8 平方米；双室一厅单元双室总面积，最大者是 31.6 平方米，最小者为 13.6 平方米。这些单元面积大小，基本上只适宜当时存在的单偶制家庭居住。发掘时，在 6 个单元中发现了灶，同时，在无灶的单元中，例如 F25 及 F15、F23 及 F2、F1 及 F18 等双室一厅建筑，和 F16、F35 及 F19 一室一厅建筑中，均发现了陶器、石器或骨器，反映单偶制家庭是一自有经济的单位。

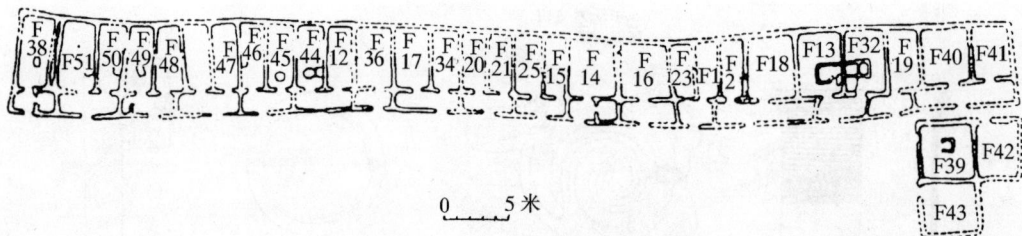

0　　5 米

图三七　下王岗仰韶晚期长屋平面图

还值得注意的是，这长屋除 F38 内间未寄于相邻的 F51 西墙，另建与后者相邻的东墙外，其他诸单元的内间，均以寄墙相连。这说明除 F38 是后来增建的外③，余下的 16 单元居室，乃是同次统筹规划并依一定程序与规定，实行分配与管理的一体建筑。这长屋诸单元的相互分割，和诸单元的联系乃至统一成一体建筑，形象地表述单偶制家庭具相对独立性的同时，又不能脱离家族，为保护和扩充自身利益，且需凝聚起来，增强家族的力量。

年代较下王岗长屋早的大河村 F1～F4 排房，是一座仅 4 间寄墙相连的建筑④（图

①　南京博物院：《江苏邳县大墩子遗址第二次发掘》；湖南博物馆：《安乡划城岗新石器时代遗址》；张忠培：《中国父系氏族制发展阶段的考古学考察》。
②　河南省文物研究所：《淅川下王岗》，文物出版社，1989 年。
③　F38 与其东邻的 F51 外厅共墙，故居住于 F38 内的居民，当是此长屋的一个增殖单位。
④　郑州市博物馆：《郑州大河村仰韶文化的房基遗址》，《考古》1973 年 6 期。

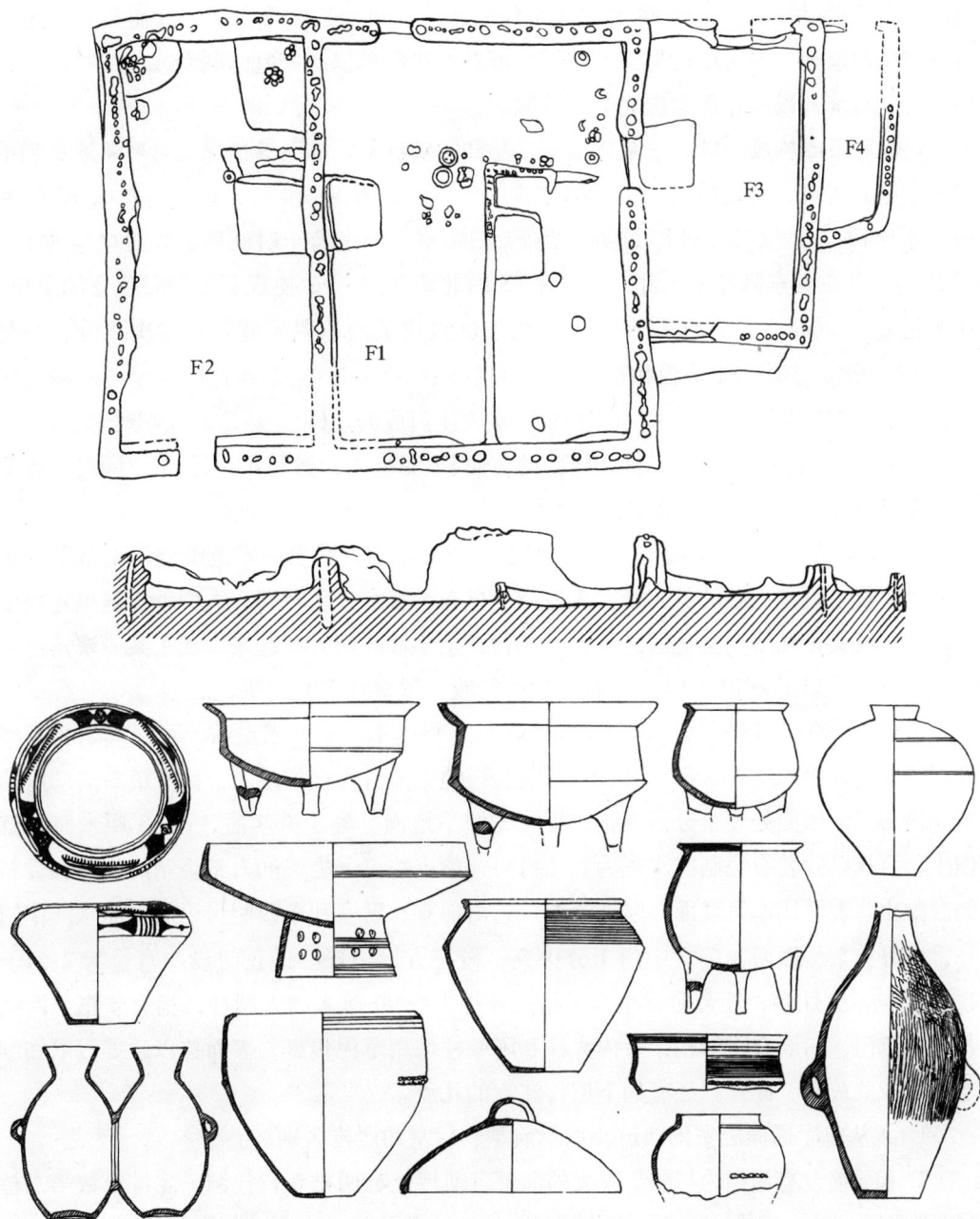

图三八　大河村的分间式房屋（F1～F4）平、剖面图及出土陶器

三八）。它们均单具房门，F1、F3 及 F4 的门朝北开，F2 的门朝南开。除 F4 外，各室
均有一个或一个以上的灶台。发掘时，在 F2 和 F1 均发现一些陶器及工具，F2 东北角
的土台上放着一罐炭化的粮食及两枚莲子，F1 内的陶器，经粘对复原的就达 20 余件，
还在此见到石器及装饰品。F4 是最小的一间，面积 2.57×0.8 米，墙壁较薄，地面没

有用粗砂铺砸过。可见，除 F4 是储藏室外，其他三间当是住着自起炉灶而又有一定经济的单偶制家庭。据房屋的形态与结构，可看到这些单偶制家庭的联系或构成一体，增殖、分裂与统一以及存在主次之分的情况。

讲其联系或构成一体，一是寄墙，二是共一储藏室。如下的情况，可形象地见到单偶制家庭的增殖、分裂与统一：最初建成的房屋，只有 F1 和 F2，后来为扩大 F2 的面积，才建 F3。F3 原以门和 F1 沟通，是 F1 的附室。经过若干时间后，才封堵沟通 F1、F3 之门，并在其东侧建一灶台，同时在 F3 的北墙开门，F3 便成了一相对独立的单位。在改建 F3 的同时，又建成了 F4。讲居住于这组建筑的单偶家庭存在主次之分，一是 F1～F3 三居室之中，F1 的面积最大，其里且带一小套间；二是在这房内发现的陶器最多，又有精美的彩陶；三是 F3 是用 F1 附室改建而成的，F1 无疑是 F3 的母体建筑。可见，居住于 F3 的主人是从 F1 拆居出去的，而 F1 的主人，当是 F3 的长辈，同时，也是住居在这组建筑内的家族的家长。

（三）聚落分化了，内涵、结构、规模呈现出差别，跃出一定范围内的聚落群的中心聚落。位于渭水上游的甘肃秦安大地湾，早在老官台文化时期，人们就在这里建设了村落，半坡文化和西阴文化居民又在此经营，至半坡四期兴旺起来，成了某一聚落群的中心聚落，建起了 F901、F411 这样大型的行政、议事和宗教建筑。

大地湾 F901[①]（图三九），包括前坪，总面积达 420 平方米左右。可以确定具有墙及屋顶的建筑面积达 290 平方米，是目前发现的史前时代规模最大、标准最高的一座建筑。该房子的地面处理十分讲究，建房时先铲平地面，铺土夯实后，压 15 厘米厚的红烧土，再抹以砂姜石烧制的水泥为胶结材料并渗进约三分之二的人工烧制的陶质轻骨料的混凝土，表面用原浆磨面，坚硬光滑。它由前堂、后室和东西厢房组成。前堂除中门外，还开有东、西两侧门。中门十分讲究，设有方形门垛。进正门设一直径为 2.61～2.67 米的巨大灶台，灶台后有东西对称的外径为约 90 厘米的大圆柱，稍后于东、西壁各开一侧门，四周有附壁柱，室内大柱和附壁柱均用草泥包裹，表面抹以砂姜石末和细泥等调成的灰浆。此外，还有如下值得注意的几点。

1. 无从前厅通向后室的门道，以示前堂和后室的严格区别。

2. 前堂前设有面积约与前堂等大的前坪。前坪上有两排 6 行柱洞，北排西数第二柱洞西侧，置一灶；南排柱洞前，有一排等距的 6 处青石板。显然，前坪是有特殊用途的。

3. 前厅发现 9 件陶器、4 件石器，西侧室出 14 件陶器、1 件石器，后室出 2 件陶器。陶器中有一些在同类文化中不见的特殊器形，如四足鼎、条形盘及簸箕形器等。

这样技术、用料讲究的大型建筑的建设，需要大量人力和财力。F901 的坪、堂、

---

① 甘肃省文物工作队：《甘肃秦安大地湾 901 号房址发掘简报》，《文物》1986 年 2 期。

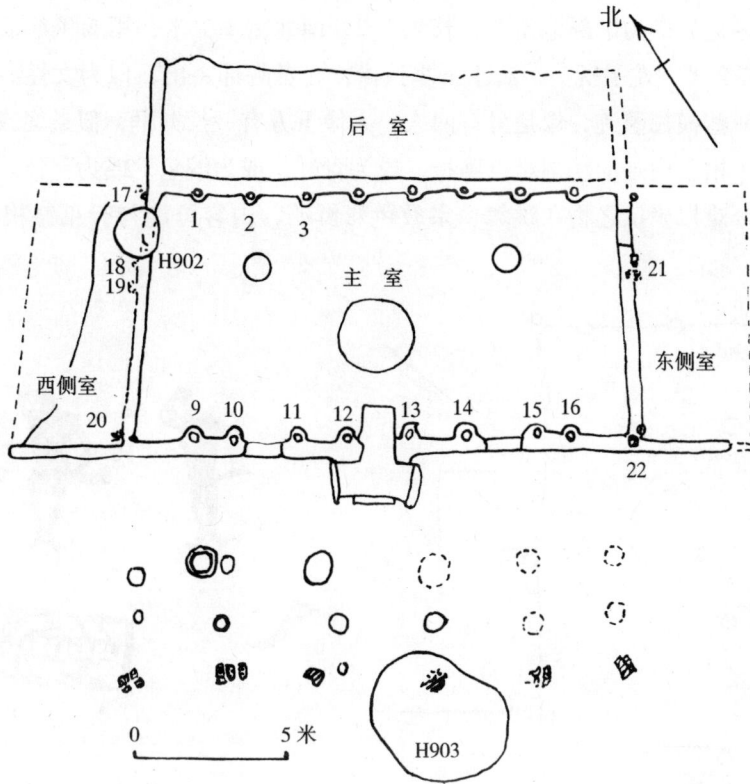

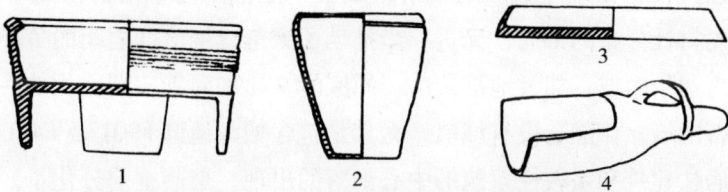

图三九　大地湾 F901 平面图及特殊陶器

1. 鼎　2. 罐　3. 条形盘　4. 簸箕形器

后室和左、右侧室的格局，颇具历来宫殿的规模。若将其分体而建成不同的建筑群的话，则颇似清代皇宫。F901 当是酋长议事、行政和居住的建筑。

　　大地湾半坡四期聚落还存在像 F411 这样的宗教性祭祀建筑①。F411 是座平地起建

---

①　甘肃省文物工作队：《大地湾遗址仰韶晚期地画的发现》，《文物》1986 年 2 期。

的建筑，方形单室，前带门垛。房屋进深约 5.8 米，面阔 4.7 米，近门中部设有灶台。地画位于室内近后壁的中部地面上，长约 1.2、南北宽 1.1 米，用炭黑绘成，画着站立 2 人，均两脚交叉，左手抚头，右手下垂执棒，右者胸部突出，似为女性。两人的左右侧，尚保存一些模糊墨迹，像是另有两人。人像下方有一长方框，似条案或似木槽，也有人推测为木棺，内画的动物难以确指，或为青蛙，或为鲵鱼，或为尸体。此画很像是几个人面对今难以确认之物在跳舞，宗教色彩鲜明，内容可能与行巫祭祀有关（图四〇）。

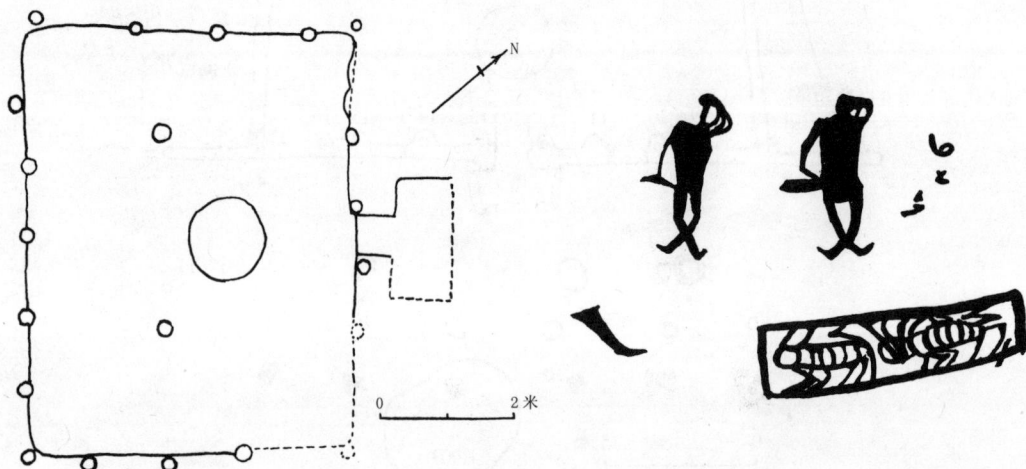

图四〇　大地湾 F411 平面图及其中的地画

　　随着私有制的发展，增强了对邻人财富的贪欲心，引起了聚落或聚落群之间的争斗，导致拥有强大权势和雄厚财产的聚落，成了一定范围内聚落群的中心。它们的出现，破坏了原先村社分布的格局，又进一步推动了聚落或聚落群之间的争夺。适应这一形势，有的聚落建于山坡，如大地湾聚落；屈家岭文化和阿善三期文化的一些聚落，则建起了土城或石围墙。伴随着设有城墙，尤其是包含如大地湾 F901 及 F411 这样的酋长议事、行政兼居住建筑和宗教性建筑的中心聚落的出现，聚落空前分化了。以后产生的城乡分野，当是这种聚落分化进一步发展的结果。可见中心聚落的涌现，是朝着文明门槛迈进重要一步的标志。

五　信仰、宗教的变化与巫师权贵的出现

　　河南濮阳西水坡伴着用蚌壳铺成动物纹样的 M45，是探讨后岗一期文化的宗教的重

要资料①。

M45 是一在东、西、北三面各设一小龛的土圹墓。墓圹的主体部位埋一壮年男性，仰身直肢，头南足北；东、西、北三龛各置一尸体，依次为年龄、性别不明者，12 岁左右女性和 16 岁左右男性。东龛尸体长度，略与西龛者相当，推测其年龄亦在 12 岁上下。三者均仰身直肢，东西龛者头均朝南，北龛的尸体头向东。那位 12 岁左右的女性头部，有刀砍的痕迹。壮年男性下方，距脚约 35 厘米处，横置两根人的胫骨，同时，在这壮年男性的东西两侧，分别用蚌壳精心铺塑一龙一虎图案（图四一）。

此外，于 M45 之北，还发现两组蚌塑。一组龙头虎身，背上有一鹿，头上有一蜘蛛，正前方摆塑一圆球。二组在一组以南，为一人骑龙，和其以北近处用蚌壳摆塑的虎，头朝西，作奔跑状。

发掘者认为，这三组为动物群，"可能是埋葬 45 号墓死者时搞祭祀活动而留下遗迹②。"

龙是宗教信仰的表记，是宗教意识加工出来并寄以依托于它的结果。因此即使是关于龙的意识与艺术形象的最初表现，亦表明它所表现的宗教，已步入自觉意识的程度。

半坡文化的半坡遗址中，也发现过一些宗教遗迹。这里见到的埋在地下的两个盛有粟米的小罐，和在第二号窖穴中发现的有盖的小陶罐，可能是与奉献"粟米之神"、祈求丰年有关的祭祀遗存。而特意埋藏在大型一号房子居住面下的带盖粗陶罐，和南壁下面灰层中的人头骨及其旁边的破碎粗陶罐③，很可能是同包括使用人牲在内的奠基仪式有关的宗教遗存。以此类推，可知将西水坡 M45 中的青少年（西龛内的那位少年的头部还有刀砍的痕迹），视为同墓中壮年男性的牲人或殉人，是不无道理的。

张光直教授对西水坡 M45 及其相关遗存进行研究的结果，认为龙、虎、鹿蚌塑艺术形象的寓意，是原始道教中的三蹻④。东晋葛洪（约公元 283 ~ 343 年）《抱朴子》内十五中说："若能乘蹻者，可以周流天下，不拘山河。凡乘蹻者有三法，一曰龙蹻，二曰虎蹻，三曰鹿卢蹻。……龙蹻行最远，其他者不可千里也。"张光直教授认为，西水坡 M45 墓主是个"原始道士或是巫师，而用蚌壳摆塑的龙、虎、鹿乃是他能召唤使用的三蹻的艺术形象，是助他上天入地的三蹻的形象。"于是，与其将墓中青少年视为巫师的殉葬者，还不如把这组遗存整体地看成是巫师为了某种目的带着助手及三蹻入地的宗教行为，是如同奠基仪式中需要向神灵奉献人牲那样，这也是向神作出的奉献。

---

① 濮阳市文物管理委员会等：《河南濮阳西水坡遗址发掘简报》，《文物》1988 年 3 期；又见《濮阳出土六千年前的龙虎图案》，《中国文物报》1988 年 1 月 29 日。

② 《濮阳出土六千年前的龙虎图案》，《中国文物报》1988 年 1 月 29 日。

③ 中国科学院考古研究所等：《西安半坡》，文物出版社，1963 年。

④ 张光直：《濮阳三蹻与中国古代美术上的人兽母题》，《文物》1988 年 11 期。

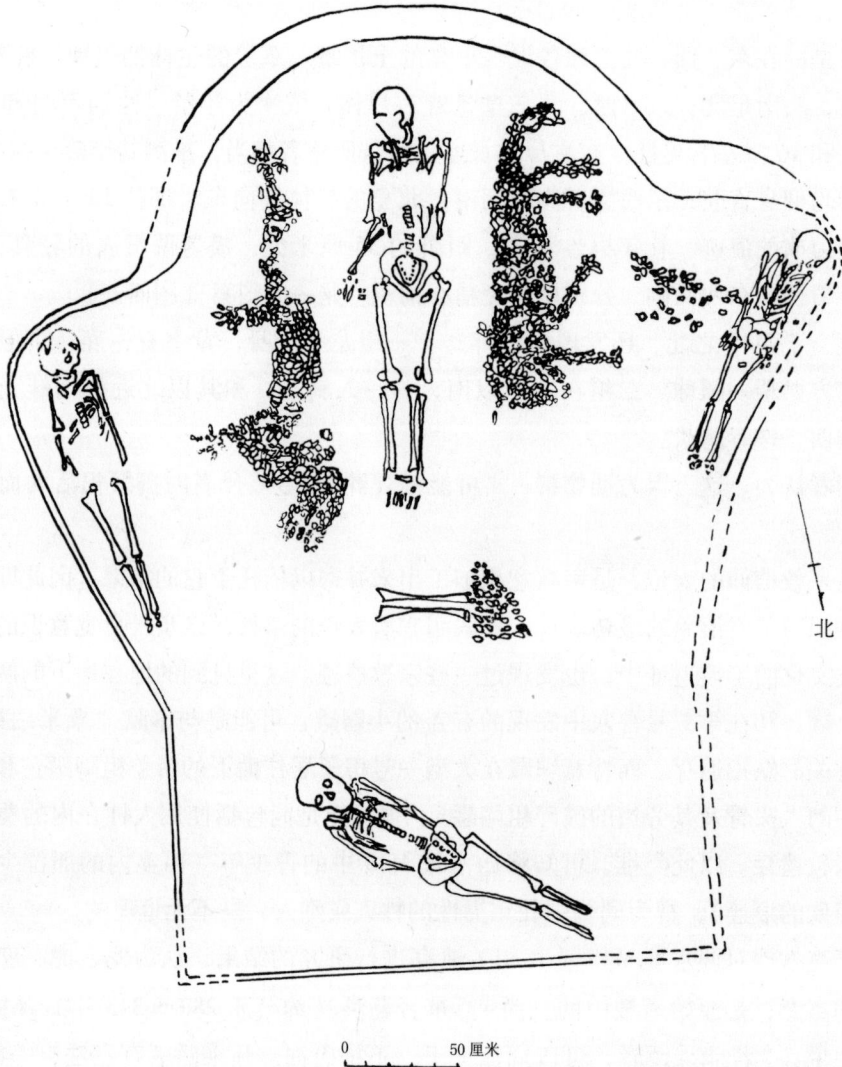

0　　　　50厘米

图四一　西水坡 M45 平面图

　　显然，在无剥削、压迫和阶级的母权制时代，随着宗教信仰的发展，人们已创造了需要自己侍奉的神权。

　　至泉护村遗址西阴文化遗存二期之时，在大汶口文化刘林期及与其相关文化的居民中，已存在卜卦。依定年代较晚的含山凌家滩 M4 出土的玉龟为卜卦器具之说，似乎亦可将大汶口文化刘林期的一些墓中随葬的龟甲，视为和玉龟功能相同的器物。

　　这类龟甲成副出土。背甲下缘穿孔，靠近尾部的中脊两侧，亦如凌家滩 M4 那样，各穿对称的两孔；腹中外侧见 X 形或三角形的绳磨痕，有的如凌家滩 M4 玉龟那样，腹甲一端还被截磨去一段。出土时，多见内装小石子，有的为 6 颗。大墩子 M44 出土的

两副龟甲，分别装着骨锥和骨针，亦均为6枚（图四二）。用龟甲随葬的墓葬不多，刘

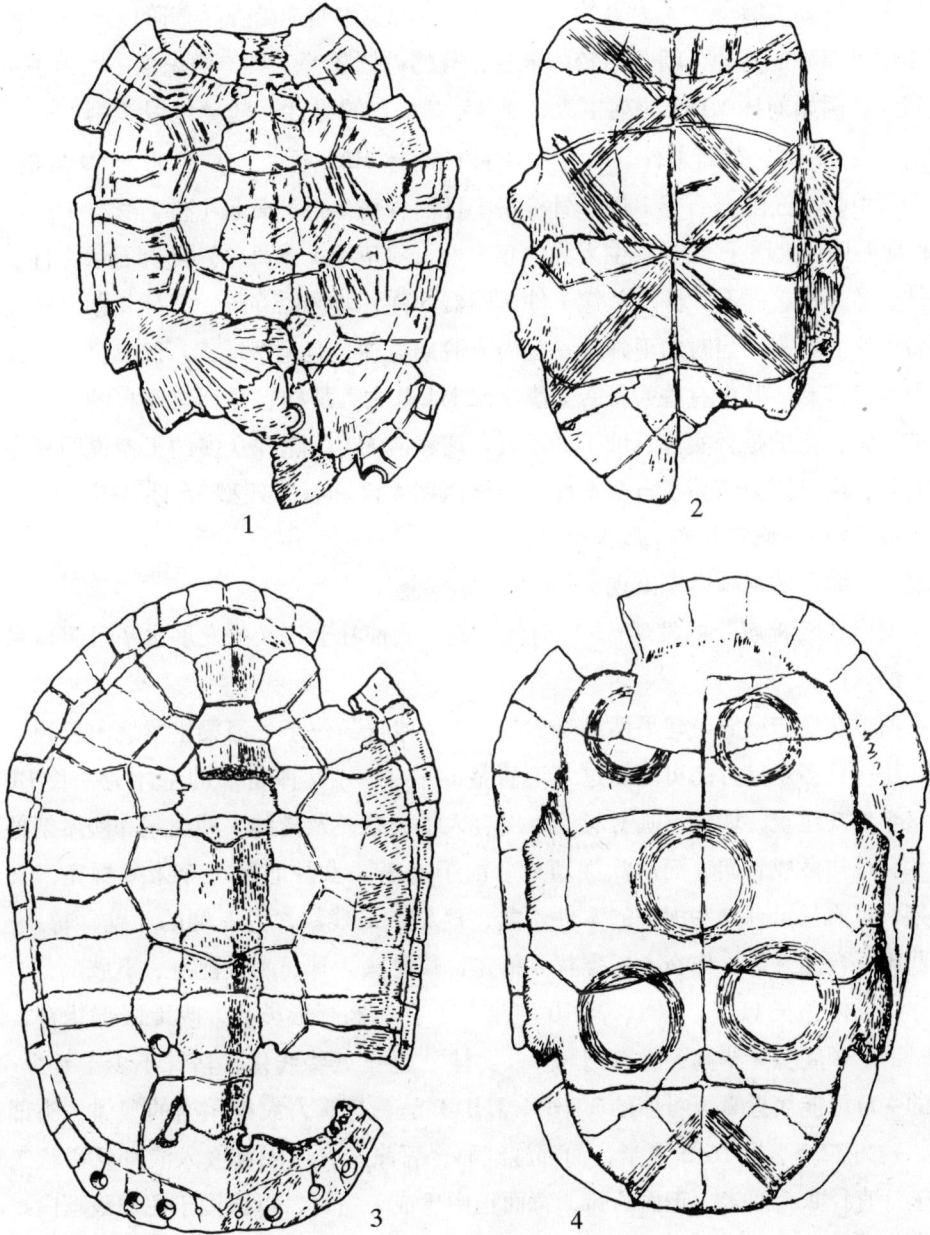

图四二　大墩子 M44 随葬的两副龟甲

1、2. M44∶26　3、4. M44∶13

林197座墓葬中，只有9墓，大墩子186座墓中，仅有8墓。随葬龟甲的墓，既有单人墓，又有双人合葬墓。单人墓的墓主人，绝大部分为成年人，只有刘林 M88 和 M158、

M182 为少年，分别是 15 岁的女性、12 岁左右的男性和 15 岁左右的男性。成年人中，男性居多。例如大墩子 7 人为男性，1 人为女性。少年当尚处在学艺阶段。

用龟甲随葬的墓葬，随葬品较为丰富，有的可据随葬工具，辨识墓主人为手工业巧匠或猎人。例如刘林 M182 的墓主人，是 15 岁左右的男性，随葬龟甲 2 副，同时还有随葬的陶器 25 件、石斧 1 件、骨牙器 4 件；刘林 M25 墓主人，是 40～50 岁的男性，除随葬龟甲外，还随葬石斧 1 件、骨枪头 1 件、骨钩 2 件、骨匕 1 件、骨枘 1 件、陶器 3 件和狗 1 只；大墩子 M53 墓主人为中年男性，除龟甲 1 副外，还随葬石铲 1 件、锛两型 8 件、凿 3 件、砺石 1 件、鱼镖 1 件、陶器 6 件、骨牙器 6 件、獐牙 4 颗、猪牙及猪下颌骨 1 块。看来，当时的巫师，一是尚未脱离劳动，且是些能工巧匠和猎人；二是至少多数比较富有。其中有些人是否如凌家滩 M4 墓主人那样，是握有军权的头人？就看随葬的石铲，有的是否实为石钺了。不过，凌家滩 M4 因随葬众多的玉器说明墓主人特别富有外，也可因他随葬了石凿 6 件、石锛两型 4 件和石斧四型 15 件（其中有的可能是石铲或石钺），而知其亦未脱离劳动。

显然，职业的巫师尚未出现。

牛河梁"女神庙"的发现①，一时使人们对史前社会宗教的发展水平目瞪口呆，产生了新的认识。

牛河梁在辽宁凌源、建平两县交界处。"女神庙"位于牛河梁主梁北山丘顶。其北侧有一块一百多米见方的可能经过人工修整的平台。"女神庙"的主体为一长 18.4 米的多室半地穴建筑，墙壁上画有彩绘，出有人物、猪龙及禽的大型泥塑和陶质祭器。泥塑以木和草秸做成骨架，而后涂泥塑成。由于这座"女神庙"至今未发掘完，又未揭示清楚，目前只见到这些泥塑的零件。禽，仅见二爪残块，为一侧的二趾，每趾三节，关节凸出，弯曲并拢，作奋力抓攫状。猪龙，仅见头、耳、吻及前身、下肢部分。猪龙吻，作扁圆体，长 11.5、宽 8、高 10 厘米，上有二椭圆形鼻孔，吻上眼部犹存，睛为泥塑。上下颚间獠牙毕露，亦存门牙。"女神"也只见些残件，估计不少于 6 个个体，最大的一尊可能接近真人身体的 3 倍②。J1B：1 是一与真人大小相当的塑像，头部比较完整，残高 22.5、宽 16.5 厘米，面部施红彩，唇涂朱，两眼窝嵌入淡青色饼状玉片为睛。玉片直径 2.5 厘米，正面凸弧，背面正中琢成一短钉，以嵌固于泥塑眼眶内。其高耸的颧骨、较低的鼻梁，表明"女神"属蒙古人种，发掘者并据这尊塑像其他部位的残块判定为女性。由于至今未进行全面发掘，没能搞清楚女神、猪龙和禽在庙中的位置，故不能说明它们的关系。

---

① 辽宁省文物考古研究所：《辽宁牛河梁红山文化"女神庙"与积石冢群发掘简报》，《文物》1986 年 8 期。
② 孙守道等：《牛河梁红山文化女神头像的发现与研究》，《文物》1986 年 8 期。

另值得注意的是，在"女神庙"的西、南方，分布着规模不等的积石冢群，已发现的就有6处。其中编号为 Z2 的一处，就有规模巨大的积石冢4座。它们或为圆形，或为方形，东西向一字排开，总长 110 余米。Z2 号积石冢，呈方形，东西长 17.5、南北宽 18.7 米，已知其东、西、北均垒砌石墙。此石冢中央，为一座石椁墓（M1），惜已被盗掘，发掘时，在坑土中仅发现一段人骨，少量红陶片和猪、牛骨。被编为 Z1 号的积石冢，亦为方形，在 Z2 号之西，大于 Z2 号。迄今在此石冢中已清理出一些墓葬，有的无随葬品（其中有的可能被盗），出随葬品者，均为玉器，有玉环、璧、方形饰、棒形器、箍形器、勾云形饰和猪龙。看来，都是有相当规格的。有的积石冢周围还置筒形彩陶器。不过，迄今同一积石冢中诸死者的关系以及诸石冢之间关系，仍不能确切地讲清楚。

然而，已知的情况，足已显示出其特殊和重要了。

其一，此遗存分布面积达5平方公里[1]，在其范围内未发现与其规模相当的居住遗址。显然，这是一处远离住地的陵园建筑。

其二，在陵园中建有神庙。神庙中至少有两种神，一是女神，二是猪龙。前者人形，后者是将猪头安在龙身上。自然界无龙这种动物，龙是宗教信仰的表记，猪龙是人们抽象出来的神化的崇拜对象。

其三，神庙是陵园的主体。在陵园建庙，表明死者在另一世界中，仍要供奉他们生前供奉的神，并祈求神的保护。

其四，积石冢中墓葬的随葬品，非工具及生活用具这类实用器物，而是玉器。死者是否是其共同体中的一般成员，还是一些有特殊身份的人物，这问题暂置不论。单说这一陵园群是由几个陵园组成，一陵园又分割为若干个积石冢，同一积石冢内的石棺，又分为主墓和侧墓。这由大而小的分割，反之，也是自小而大聚集的人们，奉祀相同的神，为之建庙。同时，从调查及发掘的现象得知，生者定期在此祭祀神和积石冢内的死者。保护生者和死者，是祭祀神的目的。这不仅说明神权在当时人们生活及观念中的重要性，又使人们从其完善的形式中看到其时宗教的发展，已达到的高度水平，导致建成人们共同崇拜的圣地。

大地湾遗址晚期的 F411 这座宗教性建筑地面上的绘画，使人们看到半坡遗址四期人们行巫的片段情景。宗教和其他事物一样，也包含内容和形式两个方面。内容是思想信仰和教义，行为一般可包括术和仪式。F411 地画表现的行巫场面和宗教性建筑的出现，说明巫教已发展到相当完善的地步，并获得人们的普遍信仰。然而如果当时社会没有前面指出的凌家滩 M4 这类巫师，如果巫师未能获得居民的普遍信仰和倡导的话，无

①　秋山進午：《红山文化と先红山文化》，《古史春秋》第五号，1989 年。

论是红山文化居民崇拜的圣地，还是大地湾居民的宗教性建筑，都是难以产生的。

但是，红山文化居民奉祀的却是女神。崇奉女神当是母权制社会的思想。这说明母权制时代已存在相当规模的宗教，同时，还反映已步入父系制社会的红山文化居民虽使宗教完善了，却未能创造出与这一社会体制相适应的神。陕西宝鸡福临堡遗址三期（年代与半坡遗址四期相当）和泉护二期文化的泉护村遗址出现的陶祖和石祖①，说明这里的信仰观念，较红山文化居民更新了，产生了对男性祖先的崇拜，从而又把宗教信仰推进到了一新阶段。

　　　　此文原刊于《文物季刊》1997 年 1 期和《故宫博物院院刊》1996 年 1 期，《新华文摘》1996 年 7 月予以全文转载。1996 年 5 月 15 日我曾做了如下说明：1994 年，故宫博物院的负责人多次邀我写篇文章，以庆贺建院 70 周年，我便将《仰韶时代——史前社会的繁荣与向文明时代的转变》送出。不料，《建院 70 周年纪念特刊》却未刊出，我在力请有关负责人查究此事之后，便出国了。一去半年，1996 年 4 月 30 日返京，见此文刊在未被我授权的《故宫博物院院刊》1996 年 1 期上。在将这一拙作送交《文物季刊》发表之际，特作此说明。

---

① 宝鸡市考古工作队：《宝鸡福临堡》，文物出版社，1993 年；北京大学考古学系：《华县泉护村》，科学出版社，2003 年。

中国古代文明的形成

公元前三千二三百年，分布于黄河、长江中下游和燕山南北及西辽河流域的诸考古学文化，出现了普遍性的剧烈动荡，形成了新的格局：

（一）永定河以西的黄河流域，西阴文化统一的局面已经解体，自西而东分别转变为马家窑文化及其后继者半山文化[①]、以菜园子遗址为代表的遗存[②]、半坡四期文化及随后的泉护二期文化、庙子沟文化[③]、义井文化[④]、秦王寨文化和大司空文化[⑤]。分裂代替了统一，出现了形式上类似，性质上区别于中国历史时期诸侯割据称雄的局面，相互之间形成了竞进的势态，加速了中国西部和北部的开发。

（二）同时，黄河下游、长江中下游的诸考古学文化，已迈入了新的发展阶段：大汶口文化刘林期——→花厅期[⑥]；大溪文化——→屈家岭文化[⑦]；崧泽文化——→良渚文化[⑧]。在燕山南北及西辽河流域形成了雪山一期文化[⑨]，红山文化也已步入它的后期阶段[⑩]。

其时，已改变了西阴文化向东、南扩张，和主要、甚至单向影响其他文化的局面，形成了相互影响、碰撞、对抗，甚至是分布于东、南的文化影响分布于西方的文化，呈现出强力的文化渗透，乃至造成逐鹿伊、洛地区的形势。黄河、长江中下游和燕山南北及西辽河流域的诸考古学文化居民的文化交流加速且规模扩大的同时，激发了竞争基因，加快了历史进程，进而跨进了文明的门槛。对此，本文试作如下说明。

---

① 张忠培、李伊萍：《关于马家窑文化的几个问题》，《庆祝苏秉琦考古五十五年论文集》，文物出版社，1989年；李伊萍：《半山、马厂文化研究》，《考古学文化论集》（三），文物出版社，1993年。

② 宁夏文物考古研究所：《宁夏海原县菜园村遗址切刀把墓地》，《考古学报》1989年4期；张忠培：《齐家文化研究》，《中国北方考古文集》，文物出版社，1990年。

③ 魏坚：《试论庙子沟文化》，《青果集》，知识出版社，1993年。

④ 山西省文物管理委员会：《太原义井村遗址清理简报》，《考古》1961年4期。

⑤ 陈冰白：《略论"大司空类型"》，《青果集》，知识出版社，1993年。

⑥ 南京博物院新沂工作组：《新沂花厅村新石器时代遗址概况》，《文物参考资料》1956年7期；南京博物院：《1987年江苏新沂花厅遗址的发掘》，《文物》1990年2期。

⑦ 中国科学院考古研究所：《京山屈家岭》，科学出版社，1965年。

⑧ 黄宣佩：《吴子崧泽墓地文化的几点认识》，《文物集刊》（1），文物出版社，1980年；张忠培：《良渚文化的年代及其处社会阶段》，《文物》1995年5期。

⑨ 鲁琪等：《北京市出土文物展览巡礼》，《文物》1978年4期。

⑩ 张星德：《红山文化研究》，《考古》1991年8期。

一　家族已具有父权性质，包含在家族内
的单偶制家庭具备一定的独立性

中国的黄河流域及长江中、下游地区的诸考古学文化居民，早在西阴文化时期，已确立了父系制体制[①]。进入本文所讨论的半坡四期文化及随后的泉护二期文化时期，个体婚制下的夫妻间的对抗已进入一新时期，半山文化和大汶口文化花厅期的夫妻或夫妻带着子女的合葬墓，充分反映了妇女在亲属关系中的地位已低于男子，父权制已牢固地确立起来。

已发掘的半山文化墓地，均见夫妻，有的还见到夫妻带着子女的合葬墓[②]。青海省民和阳山半山文化墓地的 M55 和 M59[③]，可作为这类墓葬的例证。

M55 内葬两人（图一）均为一次葬。发掘时编为（1）、（2）号骨架，生前当为夫妻。男性头朝北面向东，俯身直肢，被安置在墓穴中部；女性头朝北，面向西，侧身屈肢，被置放在男性的下肢上。该墓随葬大小石凿 3 件、石刀 1 件和陶器 12 件，除编号15 那件双大耳彩陶罐置于女性足下外，其他随葬品均被放在男性头骨上方及上身左侧。

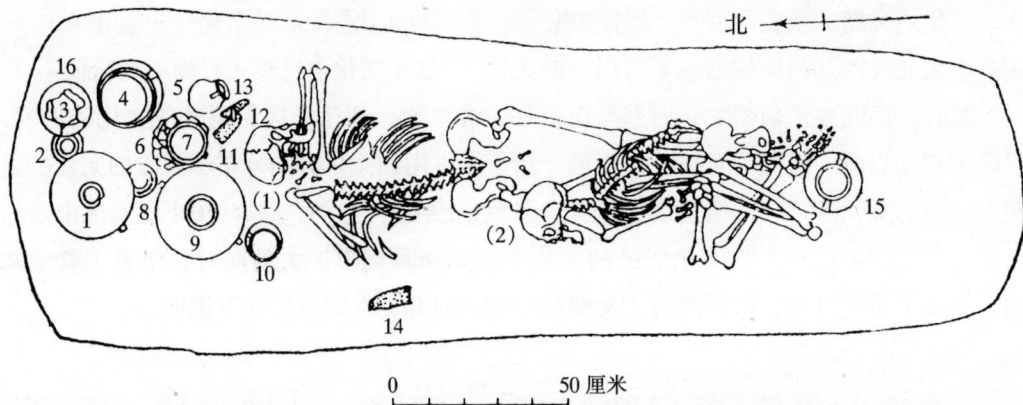

图一　民和阳山墓 55 平面图
1、9. 彩陶壶　2、3、5、7、8、16. 夹砂陶小罐　4. 彩陶敞口罐　6. 彩陶双小耳罐
10、15. 彩陶双大耳罐　11、12、14. 石凿　13. 石刀

M59 内葬三人（图二），均为一次葬。发掘时编为（1）、（2）、（3）号骨架，经鉴

---

①　张忠培：《大汶口文化刘林期试析》，《中国北方考古文集》，文物出版社，1990 年；《仰韶时代——史前社会的繁荣与向文明时代的转变》，《文物季刊》1997 年 1 期。

②　张忠培：《中国父系氏族制发展阶段的考古学考察》，《中国北方考古文集》，文物出版社，1990 年。

③　青海省文物考古研究所：《民和阳山》，第 20～30 页，文物出版社，1990 年。

定分别为老年女性、老年男性和 6～7 岁少年。这当是夫妻及其晚辈的合葬墓。老年男性俯身直肢，位于墓穴中部。老年女性侧身屈肢，面向老年男性，被置于老年男性左侧，下肢被压在老年男性下肢之下。少年，俯身直肢，左侧骨架被老年男性所压。该墓随葬石球、陶纺轮、石刀、石斧、石锛和石凿各 1 件外，还随葬了 28 件陶器。除编号为 26 那件彩陶瓶置于老年女性足下外，其他随葬器物大多被放在墓穴的北部，即死者头颅的上方，少数随葬品则见于少年的附近①。

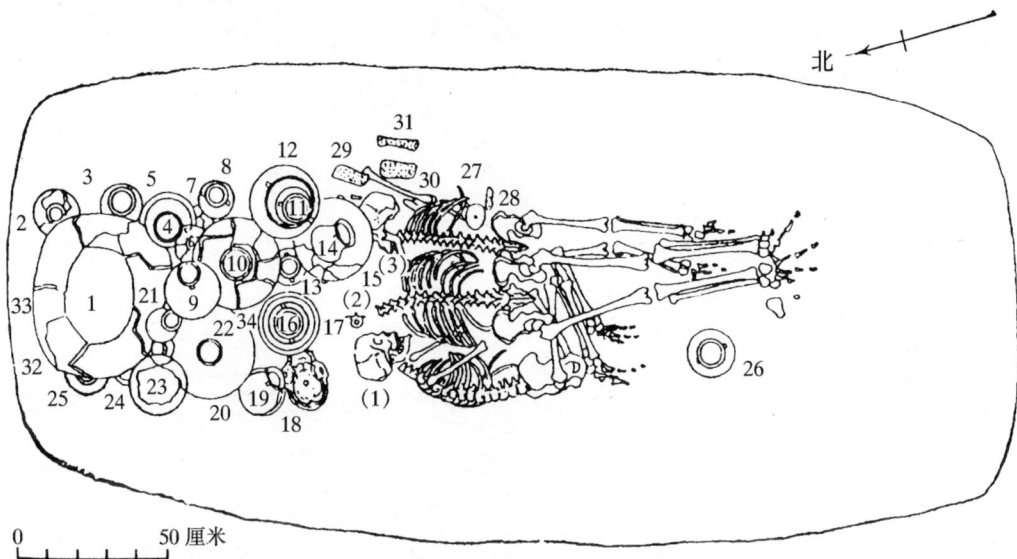

图二　民和阳山墓 59 平面图

1. 夹砂陶瓮　2～4、6～8、11、14、16、19、21～25、33. 夹砂陶小罐（在 1 下）　5、18. 夹砂陶盂

9. 彩陶长颈壶　10、20. 彩陶壶　12、15、17. 彩陶敞口罐　13. 彩陶双大耳罐　26. 彩陶瓶　27. 陶纺轮

28. 石刀　29. 石斧　30. 石锛　31. 石凿　32. 彩陶双小耳罐（在 1 下）　34. 石球（在 10 下）

和大汶口文化刘林期相比，进入花厅期的夫妻和夫妻带小孩的合葬墓中的夫妻的位置，夫左妻右已成为定制，且大多数墓葬中的丈夫，均占据墓穴中央，或墓穴大部分面积，而把妻子挤到墓穴一侧；同时，丈夫身上及其近旁的随葬器物，远远超过了妻子。后一情况，亦见于单人墓。例如大墩子墓地第二次发掘的男子单人墓随葬陶器人均为 4.93 件，而女性人均却只有 4.32 件。大汶口墓地 M35② 和野店墓地 M47③ 可作为这时期夫妻和夫妻带小孩的合葬墓的代表。

---

① 该少年身旁几件随葬器物，绝大部分为石质工具，如斧、锛、凿、刀等，均非 6～7 岁少年所能使用者，推测当为男性老年的随葬器物，见于少年身旁，应是错落位置所致。

② 山东省文物管理处等：《大汶口》，第 31 页，文物出版社，1974 年。

③ 山东省博物馆等：《邹县野店》，第 105～106 页，文物出版社，1985 年。

　　大汶口墓地 M35（图三），内葬三人，皆为一次葬，仰身直肢，头向东。成年男性位于墓穴中部，居左；成年女性右臂搂一小孩，居男性右侧。此墓当为夫妻带小孩的合葬墓。墓内随葬陶器 12 件、砺石 2 件、锥 1 件、束发器 1 对、指环 1 件、牙料 10 件、猪头 1 个、猪蹄骨 2 枚、蚌片 1 枚和獐牙 3 颗。丈夫双手执獐牙，左手佩指环；妻子头置束发器，其他随葬器物多数被放置于靠近丈夫一边。

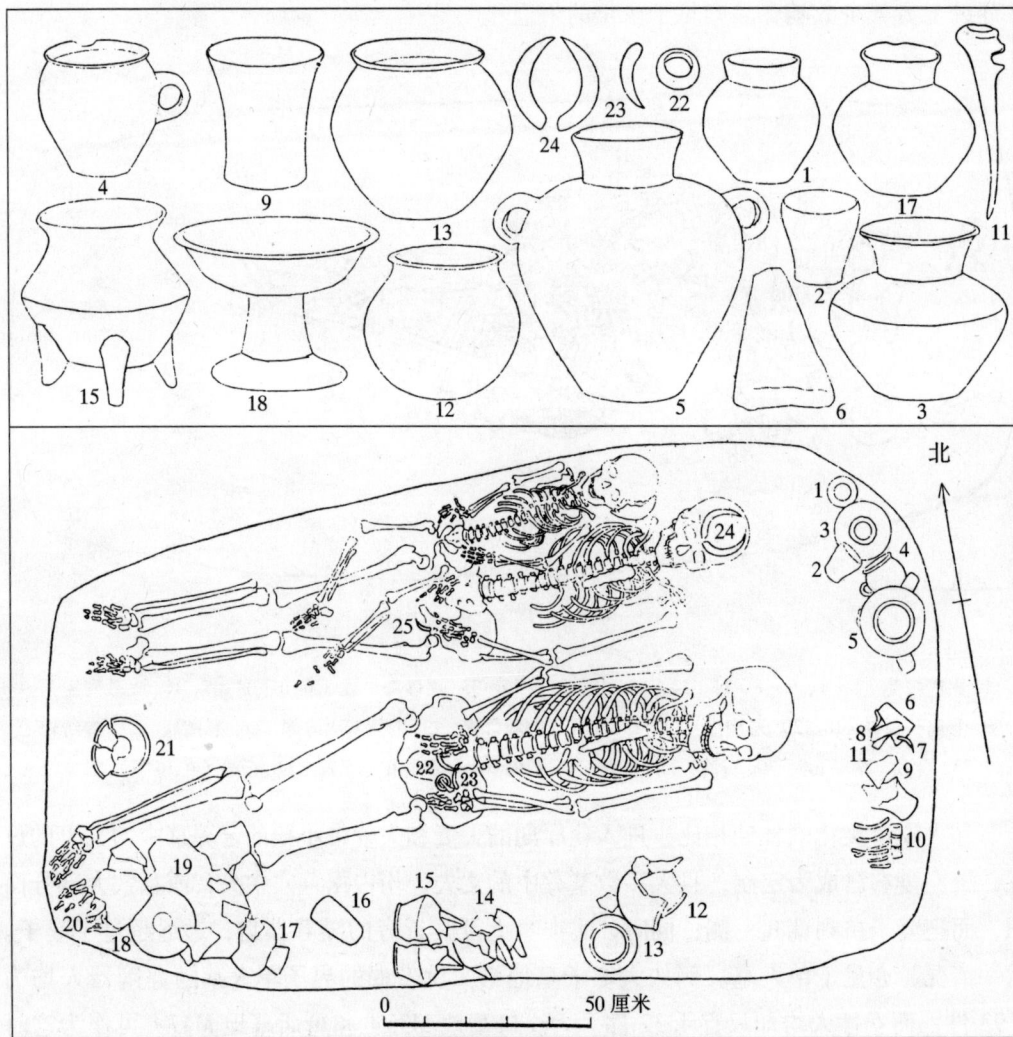

图三　大汶口墓 35 墓底平面图及器物组合图

1. I 式无鼻壶　2、9. I 式筒形杯　3、17. IV 式无鼻壶　4. V 式深腹罐　5. III 式背壶　6、16. 砺石　7. 牙料　8. 蚌片　10. 兽骨　11. I 式锥　12、13. III 甲深腹罐　14. 残陶鼎　15、21. III 式折腹鼎　18. IV 式细柄豆　19. 残陶片　20. 猪头　22. I 式指环　23、25. 獐牙　24. 束发器　26. 猪蹄骨（在 15 号鼎内）

野店墓地 M47（图四），内葬二人，皆为一次葬，仰身直肢，头向东。35 岁男性位于墓穴当中，其右侧挨近墓穴北壁置一壮年女性，当为一对夫妻。在妻子头部仅见束发器 2 枚及石刀形器 4 件，丈夫的两臂上却戴玉环 15 件，腹部挂骨矛 2 件和戴一松绿石坠，其他随葬陶器 44 件、石斧 1 把、猪颚骨 3 块和鸡、狗骨等均被放在丈夫的左侧。

总之，从上举半山文化及大汶口文化墓例可知，无论是从夫妻处于墓穴位置及葬式，还是自随葬器物的多寡所体现的人际关系来看，夫权及父权已牢固地确立了，妇女在亲属和社会关系中的地位，今非昔比，空前下降了。

这时期的墓地，例如大墩子墓地①和上举墓葬所在的诸墓地②，均被分割为若干墓区，在各墓区内包含着一些单人墓、夫妻合葬墓及夫妻带着子女的合葬墓，即由数量不等的墓葬组成区域上相对独立的墓区，墓区组成墓地。存在夫妻合葬墓及夫妻带着子女的合葬墓，表明以男性居本位的单偶制家庭已牢固地确立起来。既然墓区包含了若干单偶制家庭墓葬，那么墓区所代表的亲属单位，很可能便是家族了，包含了若干家族墓区的墓地，就很可能是一氏族墓地。单偶制家庭墓葬的随葬器物既有日常生活用具，又有一定的生产工具的配置情况，表明单偶制家庭不仅是一生活单元，同时又是一自营经济的单位。同时，单偶制家庭墓葬容于家族墓区的情况表明，它只是家族的一部分，在家族中只具相对的独立性。但应引起注意的是，和前一时期比，新出现的夫妻带小孩的合葬墓，却显示出单偶制家庭在家族中的地位较前增强了。

上述信息，也从房屋结构及住地布局的变化传递出来。

自大河村遗址三期始，黄河及淮河流域和长江中游地区的一些地方，流行套间或多间寄墙的不同规模的排房居室。依此，聚落被分割成不同的居住区，从而导致住地布局的巨大变化。

淅川下王岗这时期的遗存中，便见相连的 29 间房屋组成的长屋③（参见本书《仰韶时代》一文的图三七）。这长屋的门向南，东西呈条形，面阔约 78 米，进深约 7.9 米，分为 17 个带门厅的单元。其中 12 套为双室一厅，5 套为一室一厅。单室面积最小的为 6.40 平方米，最大者是 17.48 平方米；厅间面积最小的为 3.48 平方米，最大者是 13.97 平方米。一室一厅单元内室最小的面积为 11 平方米，最大者 16.8 平方米；双室一厅单元中的两室总面积，最小者仅 13.6 平方米，最大者是 31.6 平方米。单元面积大

---

① 南京博物院：《江苏邳县大墩子遗址第二次发掘》，《考古学集刊》（1），1981 年。从该文图三可知，T101、T102 及 T103 和 T104、T105 及 T106 花厅期墓葬之间，分布着刘林期墓葬，同时 T104 与 T105 和 T105 与 T106 的花厅期墓葬之间，均存在空隙地带，故知此墓地可分若干墓区。

② 山东省博物馆等：《邹县野店》，第 3 页，文物出版社，1985 年。青海省文物考古研究所：《民和阳山》，第 119～123 页，文物出版社，1996 年。山东省文物管理处等：《大汶口》，文物出版社，1974 年，从该书图二可知此墓地存在无墓葬的空隙地带，依此，当可分为若干墓区。

③ 河南省文物研究所：《淅川下王岗》，第 165～183 页，文物出版社，1989 年。

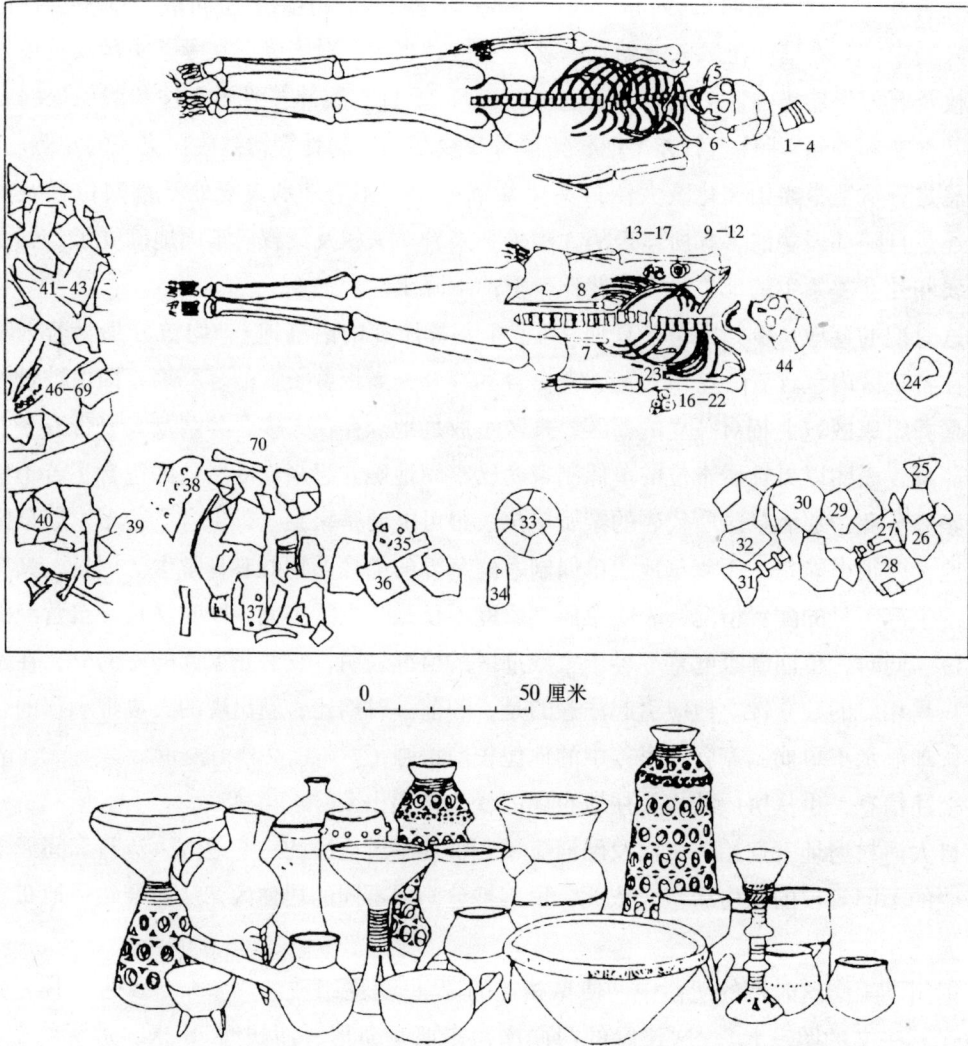

图四　野店大汶口文化 M47 平面图及器物组合图

1~4. 石刀形器　5、6. 束发器　7、8. IV 型骨子　9~23. 玉环　24、28、35. I 型 3 式钵形豆

25. I 型 2 式盘形鼎　26、27、31、40. VIA 型 1 式觚形杯　29. II 型 2 式壶形鼎　30、32、33、43、

57. I 型 2 式盂形鼎　34. II 型 2 式石斧　36. II 型 2 式器盖　37、38、41、50、59、60、61. II 型钵形

豆　39. II 型 3 式带把钵　42. I 型尊　44. 松绿石饰　45. II 型 1 式器座　46. II 型 2 式器座　47、55、

66. II 型 3 式罐　48、67、68. II 型 2 式罐　49. II 型碗形鼎　51. III 型漏器　52. IV 型 1 式盆　53. II

型 2 式盉　54. 长嘴盉　56. I 型 2 式鬶　58、62、63~65. I 型 3B 式盂形鼎　69. 狗骨　70. 猪骨

小，基本上只适宜当时存在的单偶制家庭居住。发掘时，在六个单元中发现了灶，同时，在无灶的单元中，例如 F25 及 F15、F23 及 F2、F1 及 F18 等双室一厅建筑，和 F16、F35 及 F19 一室一厅建筑中，均发现了陶器、石器或骨器，反映单偶制家庭是一

自有经济的单位。

还值得注意的是，这长屋的 F38 内室另砌与 F51 相邻的东墙，而其外厅却同其东邻的 F51 外厅共墙，说明 F38 是为长屋的增殖单位后来增建的房屋外，余下的 16 单元居室，乃是统筹规划一次建成的，并依一定程序与规定实行分配与管理的整体建筑。这长屋诸单元的相互分割，和诸单元的联系乃至连结成一体，形象地表述单偶制家庭具相对独立性的同时，又不能脱离家族，且需凝聚起来，增强家族的力量，以保护和扩充自身利益。

单偶制家庭与家族之间的关系，也可从大河村 F1～F4 这座寄墙相连的排房建筑[①]得到说明。这座建筑仅四间房屋，均单具房门，F1、F3 及 F4 的门朝北开，F2 的门面向南方（参见本书《仰韶时代》一文的图三八）。除 F4 外，各室均有一个或一个以上的灶台。发掘时，在 F2 和 F1 均发现一些陶器及工具，F2 东北角的土台上放着一罐炭化的粮食及两枚莲子，F1 内的陶器，经粘对复原的就达 20 余件，还在此见到石器及装饰品。F4 是最小的一间，面积 2.57×0.8 米，墙壁较薄，地面也没有像其他三间那样用粗砂铺砸过。可见，除 F4 是储藏室外，其他三间当是住着自起炉灶而又有一定经济的单偶制家庭。据房屋形态、结构与增建，可看到这些单偶制家庭的联系或构成一体、增殖、分裂与统一以及存在主次之分的情况。

讲其联系或构成一体，一是寄墙，二是共一储藏室。如下的情况，可形象地见到单偶制家庭的增殖、分裂与统一：最初建成的房屋，只有 F1 和 F2，后来为扩大 F2 的面积，才建 F3。F3 原以门和 F1 沟通，是 F1 的附室。经过若干年后，才封墙沟通 F1、F3 之门，并在其东侧建一灶台，同时在 F3 的北墙开门，F3 便脱离了 F1 而成一相对独立的单位。在改建 F3 的同时，建成了 F4。讲居住于这组建筑的单偶家庭存在主次之分，一是 F1～F3 三居室之中，F1 的面积最大，其里且带一小套间；二是在这房内发现的陶器最多，又有精美的彩陶；三是 F3 是用 F1 附室改建而成的，F1 无疑是 F3 的母体建筑。可见，居住于 F3 的主人是从 F1 拆居出去的，F1 的主人，当是住在 F3 的人的长辈，同时，也是住居在这组建筑内的家族的家长。

二 社会分工与分化

黄河流域、长江中下游和燕山南北及西辽河流域诸考古学文化居民，更新了原有劳动部门的技术，推出了新的产业，使技术、生产和经济获得了纵深发展。

（一）在直接谋取食物的产业中，渔猎及采集业比重减少，种植农业及饲养业比重

---

① 郑州市博物馆：《郑州大河村仰韶文化的房基遗址》，《考古》1973 年 6 期。

增大。黄河腹地及长江中、下游流域的诸考古学文化居民的最主要的饲养对象，仍是猪，长城地带尤其是甘青地区的养羊业在饲养业中的比重，虽低于猪，但已成为饲养业的重要内涵，在各地直接谋取食物的产业中，种植农业成了最主要的部门。北方普遍使用变得规范化的长方形或带肩的长方形石铲、草鞋式石耜和穿孔侧刃石刀，良渚文化使用三角形石犁。男女在种植农业中的地位，出现了更深刻的变化。例如这时期的大墩子、大汶口和野店①随葬工具的单人墓葬中，在妇女随葬工具的自身人数比例少于男子随葬工具的自身人数比例的情况下，随葬石铲的男、女，占男、女随葬工具各自总人数的比例，男性分别为50%、30%和22.22%，妇女分别是33.33%、18.75%和0%，而纺轮却成了随葬工具的妇女单人墓的主要内涵。这类情况，在此时期诸考古学文化居民中，具有相当的普遍性，可见，种植农业的发展，使男子成了这一生产部门的主要劳动力，妇女愈益被挤入家务劳动领域。

（二）原已基本上为男子占据的手工业，现时又产生了如下变化：

1. 自洛阳附近以东的黄河流域，和长江中、下游诸考古学文化已普及了快轮制陶技术，快轮制陶技术在洛阳附近以西的黄河流域和长城地带，虽未达到普及程度，但已取得了空前的巨大进步。同时，提高了制骨工艺的水平，出现了不少的象牙制品。这类技术的进步，尤其是快轮制陶技术所要求的生产规模，促使这类手工业专业化。

2. 在制石工艺中，采用初割取材、整体抛光制作的体型扁薄及棱角锐利的石制品，于南北诸考古学文化中已普遍出现，同时，进而形成了红山文化和良渚文化两个制玉中心。在技术上已使用了切削、阴刻浮雕、杆钻钻孔和运用旋转机械工具琢磨及抛光的制玉工艺，远远超过制石工艺，制玉成了不仅是普通人甚至也是石匠难以应付的工艺。至此，从制石专业工匠中已分化出专门从事制玉匠人。

3. 一种比制玉工艺更复杂的工业技术，即制铜业已经获得了一定规模的发展。

在公元前三四千年之际，属于不同文化的制铜遗存，已被考古学者发现了。它们是红山文化的冶炼遗存及铜制品、义井文化的铜炼渣和马家窑文化铜渣及青铜刀子。

马家窑文化的青铜刀，出土于林家F20的北壁下②。F20出马家窑文化的浅腹彩陶盆及深腹素面盆。此外，在林家的H54的底部及T57第四层还发现了铜渣。H54的铜渣，北京钢铁学院冶金史研究室经岩相鉴定认为，是"冶炼出来的含铜和铁的金属长期锈蚀的遗物"③；中国社会科学院考古研究所实验室用中子活化法分析的结果：含铜

---

① 张忠培：《中国北方考古文集》，第155～157页，文物出版社，1990年。
② 甘肃省文物工作队等：《甘肃东乡林家遗址发掘报告》，《考古学集刊》（4），中国社会科学出版社，1984年。
③ 北京钢铁学院冶金史研究室：《甘肃省博物馆送检文物鉴定报告》，《考古学集刊》（4），第161页，中国社会科学出版社，1984年。

36. 50%、锡 6. 47%、铅 3. 49%、铁 0. 41%，酸不溶物占一半以上[1]。青铜刀是用两块范闭合浇注而成，一块范上刻出刀型，另一块范是平板的。经北京钢铁学院冶金史研究室金相观察："估计其含锡量大约在 6～10%，在刃口边缘 1～2 毫米宽处可见树枝状晶取向排列，说明铜刀是铸造的青铜刀，刃口经过轻微地戗磨或锻打"[2]。从以后的齐家文化及火烧沟文化的铜制品鉴定的情况看，林家的马家窑文化青铜刀的出现，可能与当地矿产资源的条件有关，并非有意识地冶炼青铜合金的结果。

尽管如此，然而，制铜所需掌握的火温及造范的技艺，虽能从制陶及制石工艺中得到启发，甚至吸取一些技术，但比起制陶及制石，制铜却是人们开发自然所创造的一种从检选矿石、冶炼到锻铸的新工艺，既需掌握技术的专业人员，又要有组织地劳动协作，绝非任何熟练陶工或石匠所能把握的技术，故这一工艺的出现，是继快轮制陶之后更具时代意义的工业革命。

技术的进步，促进了社会内部劳动分工的发展。由于在前一时期男子已是手工业的主要承担者[3]，故这类手工业领域的劳动分工的发展，主要是在男子中展开；同时，因家族仍是当时社会的基层经营单位，所以，社会劳动分工仍表现于家族之间，不仅掌握某门手工业技术的家族同时兼营农业，甚至从事使用锛凿的手工匠人，还兼事种植农业及渔猎业。例如大墩子 M103 和 M106 这两座男性墓葬[4]，拥有锛（甚至大小型式成套）、凿随葬的同时，还有铲、斧、镖、镞这些农业及渔猎工具随葬，说明墓主人生前既是使用锛凿的匠人，又兼事农业及渔猎。可见，专职的手工业家族，甚至专职匠人尚未出现，当时还不存在后世那种意义上手工业从农业中分离出来的社会劳动分工。不过，应指出的是随着手工业门类增多和愈益专业化，继男子被区分为专职农人和同时兼职手工业劳动者之后，男子又被区分为不同的手工业匠人，随之在生产上又出现了管理人员和沟通不同专业生产的交换人员。这样，劳动分工愈益远离劳动的性别分工而越来越社会化的同时，家族之间进一步分化了。

（三）除了劳动分工外，社会分化当时还表现于贫富分化与聚落的分野。

这时期诸考古学文化墓地的墓葬规模、葬具和随葬品的质地、多寡，呈现出明显的差异。如大汶口墓地发掘的 133 座墓葬，有些墓葬空无一物或仅有一两件随葬品，而有些墓葬的随葬器物则为五六十件，甚至多达 180 余件，且品种复杂，制作精致，往往采

---

① 甘肃省文物工作队等：《甘肃东乡林家遗址发掘报告》，《考古学集刊》（4），中国社会科学出版社，1984年。

② 北京钢铁学院冶金史研究室：《甘肃省博物馆送检文物鉴定报告》，《考古学集刊》（4），第 161 页，中国社会科学出版社，1984 年。

③ 张忠培：《仰韶时代——史前社会的繁荣与向文明时代的转变》，《文物季刊》1997 年 1 期。

④ 南京博物院：《江苏邳县大墩子遗址第二次发掘》，《考古学集刊》（1），第 53～54 页，中国社会科学出版社，1981 年。

用贵重质料。"如以陶器一项相比较，那么在随葬陶器的墓中，5 件以下的约占总数的一半；6～9 件和 10 件以上的大约各占总数的四分之一。其中 10、47、60、117、126 五座大墓尤为突出，它们拥有出土陶器总数的四分之一以上"[①]。类似的情况也见于阳山半山文化墓地[②]。在良渚文化中，墓葬基本上可分为两类。一如在马桥见到的那些小墓[③]，有的无随葬品，有的仅随葬一些日常使用的陶器、石工具和石饰件，较为贫寒；另一类，则如张陵山的 M4[④]、草鞋山的 M198[⑤]、寺墩的 M3[⑥]（图五）和福泉山的 M6[⑦]。这类墓葬，往往不与马桥所见"小墓"为伍，而葬于人工堆筑土台上，常使用棺、椁，以玉钺、琮、璧这类重器随葬，有的学者称之为"玉殓葬"[⑧]。在良渚除存在贫寒小墓聚集的墓地外，也同时耸立着汇合了"玉殓葬"的墓地。这两类墓葬的区别，表明良渚文化的居民在权力、财富的占有以及身份方面，均已存在明显分化[⑨]。

红山文化的权贵，死后不仅另据墓地，而且为他们建起了陵园。胡头沟石冢，便是这方面一个较好的例证。这是座初建后就已弃置未再扩建的非完整的石冢[⑩]，位于临河的、周围地貌中的一圆形高丘上，据发掘揭示，可大致了解石冢建造过程是：先在丘顶上挖一墓坑（M1），内以石板砌成椁，按仰身直肢式埋入死者，随葬勾云形佩饰、玉龟、玉鸮、玉鸟、玉璧、玉环、玉珠及玉箍形器。再以此墓为中心按 6.5 米左右的半径置放一圈筒形彩陶器，外圈高于内圈，于其上建成一石围圈（参见本书《仰韶时代》一文的图三六）。此围圈东面的两端并不闭合，南面的一端东折向外然后向南延展，于东面形成一面南的门斗形出入口，由于石围圈塌落及其他原因，内圈的筒形彩陶器均被砸碎，并被石块所覆盖，外圈的筒形彩陶器，也基本被砸碎。至这座石冢被揭露时，仅于门斗形出入处的石围圈外侧面东的地方，见到一行排列整齐而完整的筒形彩陶器。其后又在 M1 之上建了 M2 及位于其南、北两侧的 M5 和 M4。无疑，这是以 M1 为中心的一座陵园，能将其尸体葬入这陵园的，当是与 M1 墓主人有着特殊关系的人物。这位 M1 墓主人以高品格的随葬器物和陵园，显示其生前的权贵地位。

显然，这时期家族私有制获得空前发展，社会分裂了，居民分化为穷人和富人，无权者与有权者，平民和贵族。

① 山东省文物管理处等：《大汶口》，第 8～9 页，文物出版社，1974 年。
② 青海省文物考古研究所：《民和阳山》，第 43～47 页，及附录四，文物出版社，1990 年。
③ 上海市文物管理委员会：《上海马桥遗址第一、二次发掘》，《考古学报》1978 年 1 期。
④ 南京博物院：《江苏吴县张陵山遗址发掘简报》，《文物资料丛刊》第 6 辑，文物出版社，1982 年。
⑤ 南京博物院：《江苏吴县草鞋山遗址》，《文物资料丛刊》第 3 辑，文物出版社，1980 年。
⑥ 南京博物院：《1982 年江苏常州武进寺墩遗址的发掘》，《考古》1984 年 2 期。
⑦ 上海文物管理委员会：《上海福泉山良渚文化墓葬》，《文物》1984 年 2 期。
⑧ 汪遵国：《良渚文化"玉殓葬"述略》，《文物》1984 年 2 期。
⑨ 张忠培：《良渚文化的年代和其所处社会阶段》，《文物》1995 年 5 期。
⑩ 方殿春等：《辽宁阜新县胡头沟红山文化玉器墓的发现》，《文物》1984 年 6 期。

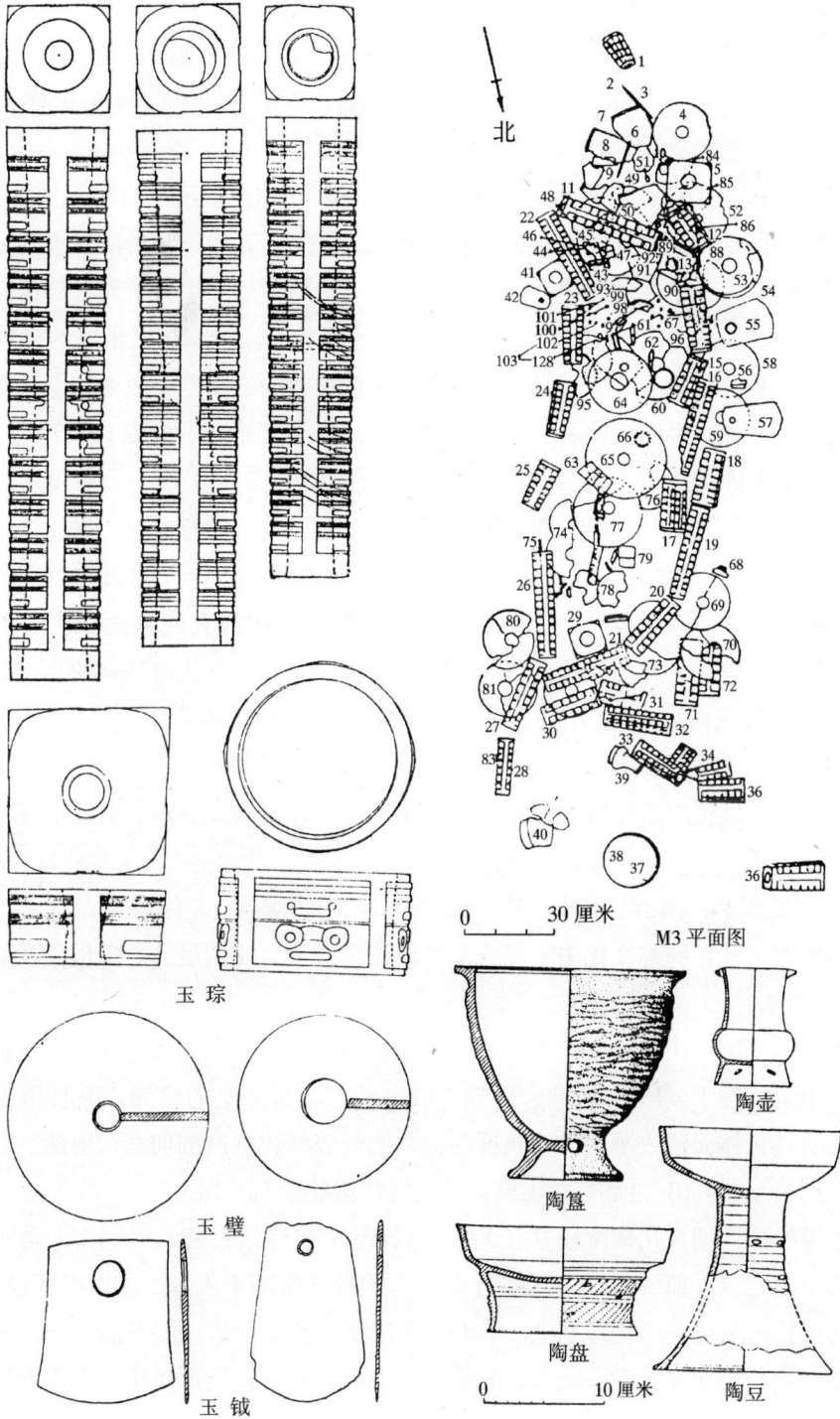

图五　寺墩 M3 平面图及部分随葬品

伴随着社会的大分裂，聚落内涵、结构、规模呈现出重大差别，聚落分化了，跃出一定范围内的聚落群的中心聚落。位于渭水上游的甘肃秦安大地湾，于半坡四期文化时期兴旺起来，成了这一文化—聚落群的中心聚落，建起了 F901、F411 这样大型的行政、议事和宗教建筑。

大地湾 F901[①]（参见本书《仰韶时代》一文的图三九），包括前坪，总面积达 420 平方米左右。可以确定具有墙及屋顶的建筑面积达 290 平方米，是目前发现的二里头文化之前的规模最大、标准最高的一座建筑。该房子的地面处理十分讲究，建房时先铲平地面，铺土夯实后，压 10～15 厘米厚的红烧土，再抹以 15～20 厘米厚的砂粒、小石子和用料礓石煅烧制成的人造轻骨料及粉末状胶结材料的混凝土，表面用原浆磨平，坚硬光滑，呈青灰色，很像现代的水泥地面。经测试每平方厘米可抗压 120 千克，强度相当于 100 号水泥砂浆地面。它由前堂（即图中所标记的"主室"）、后室和东西厢房组成。前堂除中门外，还开有东、西两侧门。中门十分讲究，设有方形门垛。进正门设一直径为 2.61～2.67 米的巨大灶台，灶台后有东西对称的外径为约 90 厘米的巨大大圆形顶梁柱，稍后于东、西壁各开一侧门，四周有扶墙柱，室内大柱和扶墙柱均用草泥包裹，表面抹以砂姜石末和细泥等调成的灰浆。此外，还有如下值得注意的几点。

1. 无从前厅通向后室的门道，以示前堂和后室的严格区别。

2. 前堂前设有面积约与前堂等大的前坪。前坪只有两排 6 行柱洞，北排西数第二柱洞西侧，置一灶；南排柱洞前，有一排等距的 6 处青石板。显然，前坪是有特殊用途的。

3. 前厅发现 9 件陶器、4 件石器，西侧室出 14 件陶器、1 件石器，后室出 2 件陶器。陶器中有一些在同类文化中不见或罕见的特殊器形，如四足鼎、条形盘及簸箕形器等。

这样技术复杂、用料讲究的大型建筑的建设，不仅需用大量人力和财力，且要专门设计和有组织的施工。F901 的坪、前堂、后室和左、右侧室的格局，颇具历来宫殿的规模。若将其分体而建成不同的建筑群的话，则颇似清代皇宫的前庭、前朝、后寝、左祖、右社的格局。F901 当是首领议事、行政和住居的建筑。

大地湾半坡四期文化聚落还存在 F411 这样的宗教性祭祀建筑[②]。F411 是座平地起建的方形单室建筑，前带门垛。房屋进深约 5.8 米，面阔 4.7 米，近门中部设有灶台。地画位于室内近后壁的中部地面上，长约 1.2、南北宽 1.1 米，用炭黑绘成，画面上站立的 2 人，均两脚交叉，左手抚头，右手下垂执棒，右一人胸部突出，似为女性。两人

① 甘肃省文物工作队：《甘肃秦安大地湾 901 号房址发掘简报》，《文物》1986 年 2 期。
② 甘肃省文物工作队：《大地湾遗址仰韶晚期地画的发现》，《文物》1986 年 2 期。

左右侧，尚保存一些模糊墨迹，像是另有两人。人像下方有一长方框，似条案或似木槽，也有人推测为木棺，内画的动物难以确认，或为青蛙，或为鲵鱼，或为尸体。此画很像是几个人面对今难以辨认之物跳舞，宗教色彩鲜明，内容可能与行巫祭祀有关（参见本书《仰韶时代》一文的图四〇）。

随着私有制的发展，增强了对邻人财富的贪欲心，引起了聚落或聚落群之间的争斗，导致拥有强大权势和雄厚财产的聚落，成了一定范围内聚落群的中心，它们的出现，破坏了原先村社分布的格局，又进一步推动了聚落或聚落群之间的争夺。适应这一形势，有的聚落建于山坡，如大地湾聚落；屈家岭文化和阿善三期文化的一些聚落，则建设了土城或石围墙。伴随着设有城墙，尤其是包含如大地湾 F901 及 F411 这样的首领议事、行政兼居住的建筑和宗教性建筑的政教中心的出现，聚落空前分化了。同时，墓地的规格也呈现出巨大的差别。例如大汶口文化的那些规模大、具备木质葬具和随葬器物精致，有的还用贵重质料制成品种复杂、丰富物品随葬的墓葬，只见于大汶口、野店及花厅这样的墓地，而绝不见于大墩子那样的墓地。类似的情况，也见于半山文化和良渚文化。随着文明的进程必然产生的一个重要现象，便是先进技术、社会财富和军事、政治及宗教权力，乃至对外关系逐渐集中，导致部分村落的城镇化。这样的现象已于此时期呈现出来，聚落的分化已初具城乡分野的规模。

三 王权和神权的确立，社会已步入文明或国家的时代

至半坡四期文化时期，诸文化的宗教已步入了新阶段。

牛河梁"女神庙"的发现[①]，一时使人们对红山文化宗教的发展水平目瞪口呆。随后的考古工作，使我们了解到红山文化这类宗教性建筑也见之于内蒙古西部的阿善三期文化[②]和庙子沟文化。

牛河梁在辽宁凌源、建平两县交界处。"女神庙"位于牛河梁主梁北山丘顶。其北侧有一块一百多米见方的可能经过人工修整的平台。"女神庙"由一座多室和一座单室的半地穴建筑组成。多室建筑在北，为主体建筑，单室居南，为附属建筑。两室在一中轴线上，相隔 2.05 米。多室建筑南北长 18.4 米，东西宽窄不一，最宽处为 6.9 米，穴壁高 0.5～0.9 米，穴壁上画有彩绘，出有人物、猪龙及禽的大型泥塑和陶质祭器。泥塑以木和草秸做成骨架，而后涂泥塑成。这座"女神庙"尚未发掘完，至今只见到这

---

① 辽宁省文物考古研究所：《辽宁牛河梁红山文化女神庙与积石冢群发掘简报》，《文物》1986 年 8 期。

② 包头市文物管理处：《内蒙古大青山西段新石器时代遗址》；刘幻真：《包头威俊新石器时代地面建筑遗址》，两文均刊于《包头文物资料》第二辑，1991 年。

些泥塑的零件。禽，仅见二爪残块，为一侧的二趾，每趾三节，关节突出，弯曲并拢，作奋力抓攫状。猪龙只见其头、耳、吻及前身、下肢部分。猪龙吻作扁圆形，长11.5、宽8、高10厘米，上有二椭圆形鼻孔，吻上眼部犹存，睛为泥塑。上下颚间獠牙毕露，亦存门齿。"女神"也只见些残件，估计不少于六个个体，最大的一尊可能接近真人身体的3倍[①]。J1B:1是一与真人大小相当的塑像，头部比较完整，残高22.5、宽16.5厘米，面部施红彩，唇涂朱，两眼窝嵌入淡青色饼状玉片为睛。玉片直径2.5厘米，正面凸弧，背面正中琢成一短钉，以嵌固于眼眶内。其高耸的颧骨、较低的鼻梁，表明"女神"属蒙古人种，发掘者并据这尊塑像其他部位的残块，如乳房残件等判定为女性。由于至今未进行全面发掘，没能搞清楚女神、猪龙和禽在庙中的位置，故不能说明它们的关系。

另值得注意的是，在"女神庙"的西、南方，分布着规模不等的积石冢群，已发现的就有6处。其中编号为Ⅱ的一处，就有规模巨大的积石冢5座和积石坛1座。它们或为圆形，或为方形，东西一字排开，总长160余米，南北宽50米。Z2号积石冢，呈方形，东西长17.5、南北宽18.7米，已知其东、西、北均垒砌石墙。此石冢中央为一座石椁墓（M1），惜已被盗掘，发掘时，在坑土中仅发现一段人骨，少量红陶片和猪、牛骨；另在中心大墓以南的冢界内，安置着几座规模较小的墓葬。编号为Z1号的积石冢，亦为方形，在Z2之西，大于Z2号。迄今在此石冢中已清理出一些墓葬，有的无随葬品（其中有的可能被盗），出随葬品者，均为玉器，有玉环、璧、方形饰、棒形器、箍形器、勾云形饰和猪龙。看来，均具相当规格（图六）。有的积石冢周围还置筒形彩陶器。在同一石冢中，除其核心部位埋着一两位主要人物外，还附着一些葬者地位居次者的石棺墓。同一冢中的死者生前的具体关系，以及诸石冢之间的关系，仍未能揭示清楚。

然而，已知的情况，足已显示出其特殊和重要了。

其一，此遗存分布面积达5平方公里[②]，在其范围内未发现与其规模相当的居住遗址，是处远离住地的陵园建筑。它由几个陵园组成，一陵园又分割为若干座积石冢，一积石冢内又含数量不等的石棺，如Z2那样，其中都有一主棺。凡出随葬品的石棺，其随葬品均为玉器，调查与发掘还发现人们在此进行祭祀活动的遗存，可见，埋于石棺内的死者，当是在组织上自上而下分割或自下而上聚集的人们共同体中具有代表性的特殊人物。同一陵园的诸冢死者群体之间，以及不同陵园的死者群体之间，当存在一定的关系，其构成的共同体的结构，当是严密的。

---

① 孙守道等：《牛河梁红山文化女神头像的发现与研究》，《文物》1986年8期。

② 秋山進午：《红山文化与先红山文化》，《古史春秋》第五号，1989年。

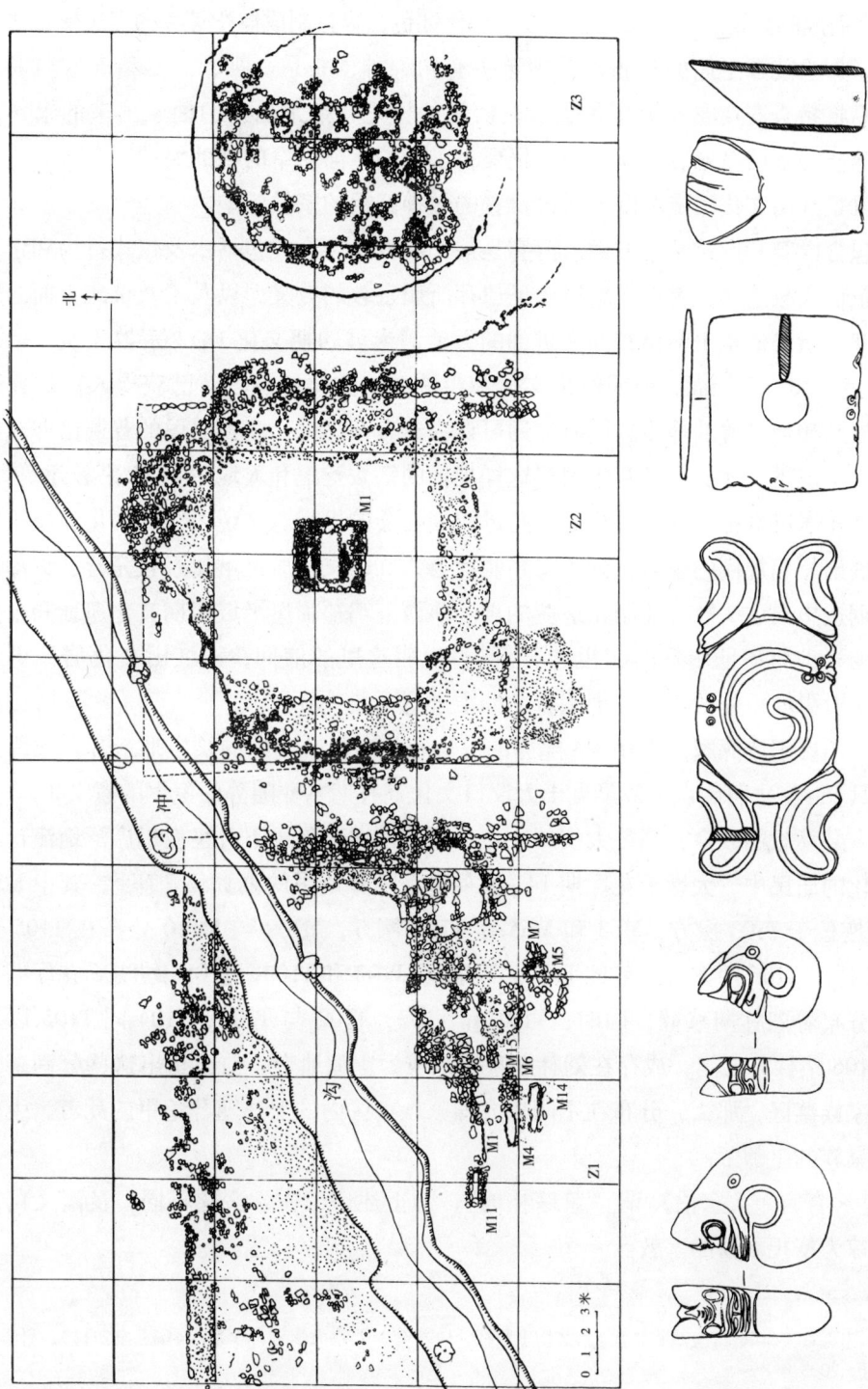

图六　牛河梁石冢平面图及部分玉器

　　其二，这陵园中设有圆形的用石头砌筑的"坛"。"坛"位于陵园中部，是用石头层层向上垒砌而成的。镶边的石头质地一致，均作红色，皆打制成体积等大的多边形长体。

　　其三，作为陵园主体的神庙，其中至少有两种神，一是女神，二是猪龙。前者人形，后者是将猪头安在龙身上。龙是宗教信仰的标记，猪龙是人们抽象出来的崇拜对象。陵园建庙，表明在死者的世界中，仍要祈求他们生前供奉的神的保护。

　　牛河梁是红山文化一定范围内居民设置的敬神祭祖的宗教圣地。

　　宗教包含内容和形式两个方面。内容是信仰和教义，形式包括术及仪式行为和建筑及设置。依据宗教遗存，考古学难以求证遗存所属宗教的教义，以及术及仪式方面的细节，无疑却可指出的是牛河梁和前文讲到的大地湾半坡四期文化 F411 宗教建筑，以及 F411 地画表现的行巫场面，说明红山文化和半坡四期文化的巫教，已获得人们的普遍信仰，发展到相当完善的地步。同时，还可认为只有在巫师已获得居民的普遍信仰，并在其倡导、组织下，才能建设起牛河梁这样规模的宗教圣地和大地湾 F411 宗教建筑。

　　红山文化居民奉祀女神。崇拜女神是母权制社会的思想。这说明红山文化在母权制时代已发展出相当规模的宗教，到了父系制社会，红山文化居民虽使宗教完善了，却未能完全地创造出与这一社会体制相适应的神。陕西宝鸡福临堡半坡四期文化遗址和泉护二期文化的泉护村遗址出现的陶祖和石祖[①]，说明这里的信仰，较红山文化居民更新了，产生了对男性祖先的崇拜，把宗教信仰推进到了新一阶段。

　　安徽含山凌家滩薛家岗文化 M4 随葬的玉龟和具有复杂纹饰的长方形玉片，被释读为卜卦器具[②]，使我们认识到最早见于大汶口文化刘林期墓葬随葬的龟甲的意义了。

　　龟甲卜卦巫教的故乡，当是大汶口文化。至花厅期，龟甲卜卦巫教仍广泛地流行于大汶口文化的居民中。大墩子花厅期 141 座墓葬，随葬龟甲的墓葬仅 7 座[③]，其中 M55 及 M58 两座位于 T103 探方，M63 和 M65 在 T101 探方，M109 与 M110 分布在 T105 探方，M207 位于 T106 探方。此墓地 T101、T102 及 T103 和 T104、T105 及 T106 花厅期墓葬之间，分布着刘林期墓葬，同时，T101 和 T102，T102 与 T103、T104 同 T105 以及 T105 和 T106 诸探方之间，或存在刘林期墓葬，或为空隙地带。前已指出这些分割墓地的墓区是家族墓区，那么，分布在不同探方即家族墓区内的上述随葬龟甲的死者，生前便是自身家族的巫师了。

　　《周礼·春官·大宗伯》谓"黄琮礼地"，与上述诸考古学文化不同，良渚文化发展出以玉琮为祭祀重器的宗教。

---

① 宝鸡市考古工作队：《宝鸡福临堡》，文物出版社，1993 年；北京大学考古学系：《华县泉护村》，科学出版社，2003 年。

② 俞伟超：《含山凌家滩玉器和考古学中研究精神领域的问题》，《文物研究》第五辑，黄山书社。

③ 南京博物院：《江苏邳县大墩子遗址第二次发掘》，《考古学集刊》(1)，中国社会科学出版社，1981 年。

　　宗教发展的结果，巫师阶层形成了，而且还产生了执掌神权的领袖；同时，由于械斗乃至战争的日益频繁，和各群体内部纠纷愈益复杂，军事领袖攫取了王权。我们从这些人留下的墓葬看到了他们在当时社会中的显赫地位。

　　在红山文化，如前所述，这类人物葬于牛河梁和胡头沟那样的石冢中，在随葬玉器墓中，有的还随葬可能具有权杖意义的浮雕饕餮图形或由其演化的勾云形玉器。

　　大汶口 M26① 和花厅 M20②（图七），是大汶口文化这类人物墓葬的两例。前者墓主人为性别不明的成年人，除随葬标志其为巫师的龟甲外，还有器物 60 余件，其中包

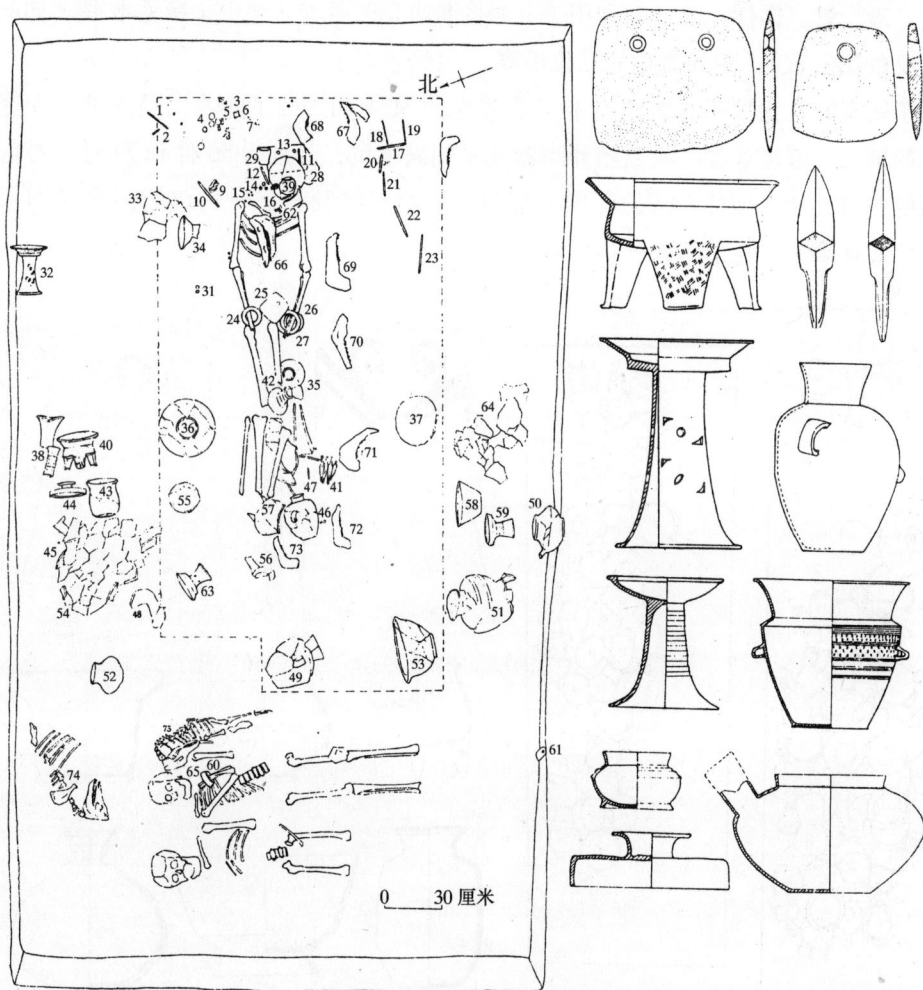

图七　花厅 M20 平面图及部分随葬品

---

① 山东省文物管理处：《大汶口》，第 15～16 页，文物出版社，1974 年。

② 南京博物院：《1987 年江苏新沂花厅遗址的发掘》，《文物》1990 年 2 期。

括大、中、小石锛一套和象牙琮、象牙梳这类珍贵物品；后者墓主人为成年男性。墓大，约近 15 平方米，具有熟土二层台。在墓主人脚下，躺着两具殉人，均为少年。随葬品极为丰富，除整只的狗、猪外，尚有玉、石、骨、陶器 70 余件，其中包括标志墓主人身份的石钺 2 件。

含山凌家滩 M4，是迄今在薛家岗文化中见到的随葬器物最丰富的大型墓。该墓面积为 3.85 平方米，随葬器物铺满墓底，十分丰富。以玉器为大宗，达 96 件，次为石器，数量 27 件，陶器数量最少，仅 4 件。石器计有斧、锛、凿、钺和镯，玉器则是斧、镯、璧、璜、管、饰件、笄、勺和用于卜卦的长方形玉片及玉龟①（参见本书《仰韶时代》一文的图三五），随葬器物的品位极高。

属于屈家岭文化早期的划城岗中一期墓地的 M74 和 M63 两墓②，是该墓地南区东边一排的第二、三座墓葬。两墓随葬陶器几乎铺满墓坑，分别为 50 件和 77 件，都随葬非实用的石钺，M63 那件石钺的孔以上部位，朱绘斜线及卷云纹构成的图案（图八），显示它们都是墓主人身份的象征物。

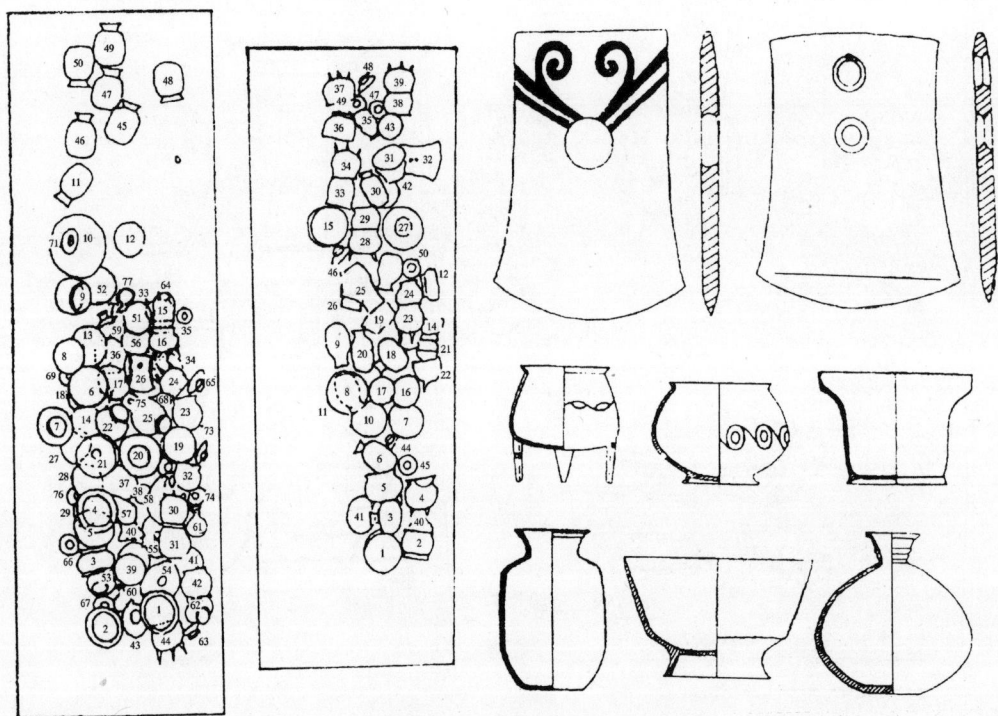

图八　划城岗 M63、M74 平面图及部分随葬品

---

① 安徽省文物考古研究所：《安徽含山凌家滩新石器时代墓地发掘简报》，《文物》1989 年 4 期。
② 湖南省博物馆：《安乡划城岗新石器时代遗址》，《考古学报》1983 年 4 期。

在良渚文化，这类人物的墓葬，以"玉殓葬"著称，基本上如反山、瑶山那样，葬于祭坛之上。

上述诸考古学文化的墓葬，除以墓的规模或丰富的、甚至高品位的随葬器物表明墓主人生前拥有大量财富外，还以龟甲及卜卦用的玉龟、具有复杂纹饰的长方形玉片，或以钺和浮雕饕餮图形玉器随葬，标志着这些墓主人生前或为巫师，或为握着军事指挥权的人物，或是身兼两职的权贵。

钺为武器，是甲骨文、金文"王"字的象形。可见"王"是由军事领袖演变来的。钺当是军队指挥权或王权的标志物。同时，应指出的是，上举大墩子和大汶口随葬龟甲的墓葬，其规模及随葬器物多寡，均存在区别，这或说明当时巫师有着职级的差别。古人云："国之大事在祀与戎"。祀与戎是国家的重要内涵，同时，祀与戎也存在于史前时代，非国家所专有。如上列举的事实证明，本文面对这一时代的祀与戎，已演化为神权和王权，复杂到为专人所从事，而且，担任这祀与戎职责的人，已形成为阶层，成为凌驾于社会之上并控制着社会的权贵。这时的祀与戎，在本质上和史前时代的祀与戎已存在着严格的区别，成为国家管理社会的职能。此时，史前的氏族组织，已蜕变为国家的机器，演化成政权，我们这里所讨论的诸考古学文化的社会，已步入文明或国家的时代。

四　社会性质与国家所处发展阶段

概括以上讨论，可将所讨论的诸考古学文化的社会特征，归纳如下：

1. 单偶制家庭在家族中的地位增强，父权家族仍是联结单偶制家庭的社会基层单位。

2. 劳动与社会分工在家族之间展开，同一氏族内的家族，在权力、财富的占有以及身份诸方面，均已存在明显分化，家族分为富裕者、掌权者的权贵家族和贫困无权的家族，权贵家族已控制了氏族的权力，居民相应地分化为穷人和富人，无权者与掌权者，平民和贵族。

3. 聚落已出现了分化。拥有强大权势和雄厚财富的聚落，成了一定范围内聚落群的中心。先进技术、社会财富，以及军事、宗教及政治权力，乃至对外关系逐渐集中于中心聚落，导致部分村落的城镇化。聚落的分化，已初具城乡分野的规模。

4. 祀与戎已发展为神权和王权。担任祀与戎职责的人，已形成为阶层，成了凌驾于社会之上并控制社会的权贵。史前的氏族组织，已蜕变为国家机器，掌握神权和王权的人物，成为控制国家机器凌驾于社会之上的主人。社会的基本居民，如这时期诸考古学文化的大量墓地及墓葬所表述的那样，是自有一定经济而生活在一定的社会组织，即家族内的人们。

除此之外，关于当时社会特征，还可从如下分析、讨论中提出两点补充。

其一，为神权与王权的关系。良渚文化位居社会主宰的那部分人，按其所控权力，可一分为三，即：既握军权又掌神权者，只握军权者，仅控神权者。他们往往共居墓地。瑶山 M7、M12，墓位居南列之中（图九），在同墓地中，随葬品最为丰富①。M7

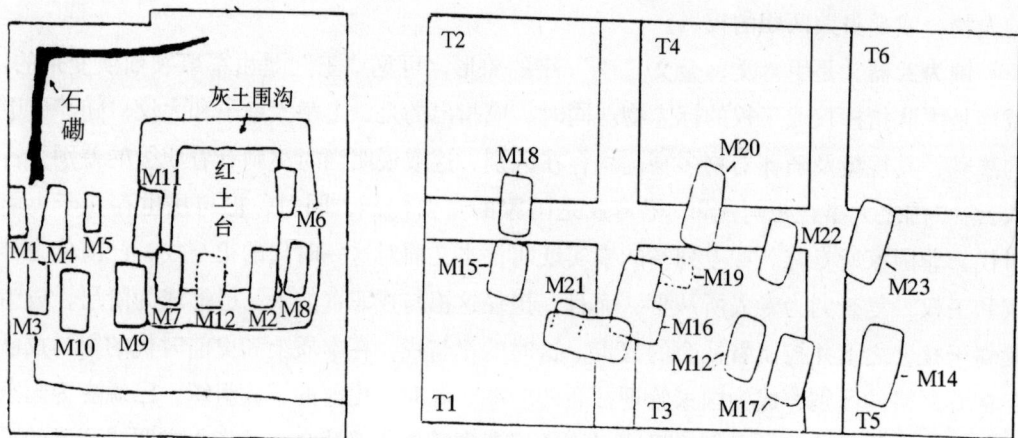

图九　瑶山、反山遗址良渚文化墓葬分布图

（图一〇）随葬器物 160 件（组），其中玉器 148 件（组），M12 是一经盗掘而遭破坏的墓，出自此墓而由余杭县文管会收集的玉器，就达 344 件，因盗掘而散失的则无法计算。反山的 M12 和 M20② 的位置，分别居反山墓地南、北排的中间。M20 随葬陶器 2 件、石器 24 件、象牙器 9 件、鲨鱼牙齿 1 枚和玉器 511 件；M12 是反山墓地随葬玉琮数量最多的一座墓，M12:98 玉琮，器形宽阔，给人富贵之感，为目前已知良渚玉琮之首，堪称"琮王"，其上精雕之神人兽面复合像等纹饰，为迄今微雕所不及，也区别于常见的良渚文化的玉琮。M12:100 玉钺，为青玉，有少量褐斑，玉质优良，具有透光性。抛光精致，光泽闪亮，两面刃部上、下角，分别着浅浮雕的"神徽"和"神鸟"。其质地和工艺，为良渚文化玉钺之冠（图一一）。四墓随葬琮、钺，表明墓主人是既控军权又掌神权的人物。寺墩（参见图五）的墓主人，是位 20 岁左右的青年男性，拥有的随葬品达 100 多件，也是至今发现的良渚文化墓葬中随葬品最为丰富的墓葬之一，该墓随葬的陶器仅 4 件，石工具数量也不多，玉器占据绝大多数，其中玉璧 24 件、玉琮 33 件和玉钺多件，可见，这位墓主人也是一位既掌军权又握神权的显赫人物。或据墓葬在墓地中的位置及随葬品的质、量，或单凭随葬品的质、量，均可说明这类既掌军权

① 浙江省文物考古研究所：《余杭瑶山良渚文化祭坛遗址发掘简报》，《文物》1988 年 1 期。
② 浙江省文物考古研究所反山考古队：《浙江余杭反山良渚墓地发掘简报》，《文物》1988 年 1 期。

又握神权的显贵，在主宰社会的那部分人中的地位居尊。为何如此，是因为在良渚文化社会中，军权尚未高于神权，两者在社会中基本处于同等地位。这点亦可从他们同居一墓地的事实中得到佐证。在军、神权力基本处于同等地位的情况下，握着这两方面权力的人物的地位，自然才能居于仅握军权或神权者之上。中国古代社会的历史，是军权演变为王权，军（王）权愈益高于神权而凌驾于神权之上。这里讲的良渚文化的情况，在其时的诸考古学文化中，或具代表性。因此，军（王）权和神权同等并立，便是其时的第五个特征。

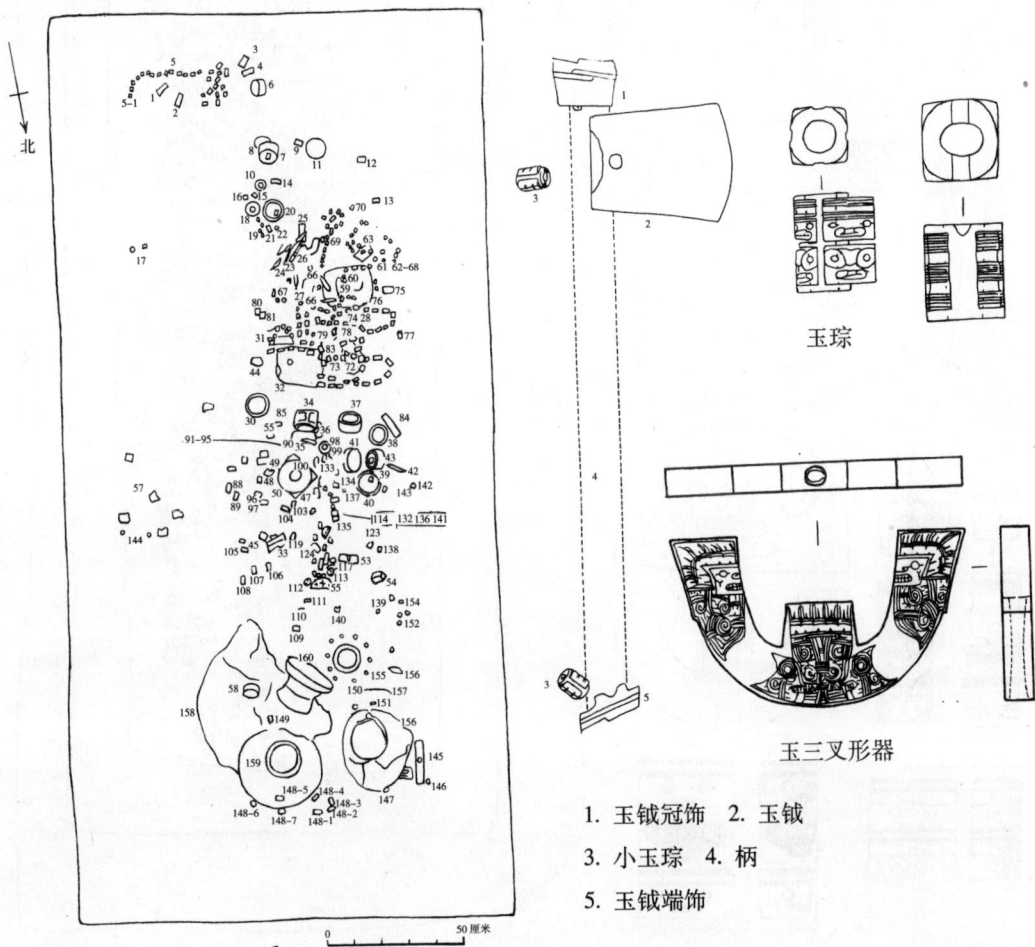

1. 玉钺冠饰 2. 玉钺
3. 小玉琮 4. 柄
5. 玉钺端饰

图一〇 瑶山 M7 平面图及部分随葬玉器

其二，诸考古学文化的那些中心聚落，在考古学文化分布范围内，只具区域性。例如，湖南、湖北发现的一批屈家岭文化的城址，其中一些城址的规模基本相等。说明它们只是各自区域内的聚落中心。同样，那些具有同等规模的显赫人物的墓葬，在同一文化中，往往多处见到。例如，在良渚文化中，像反山、瑶山这样的墓地以及墓地中那样

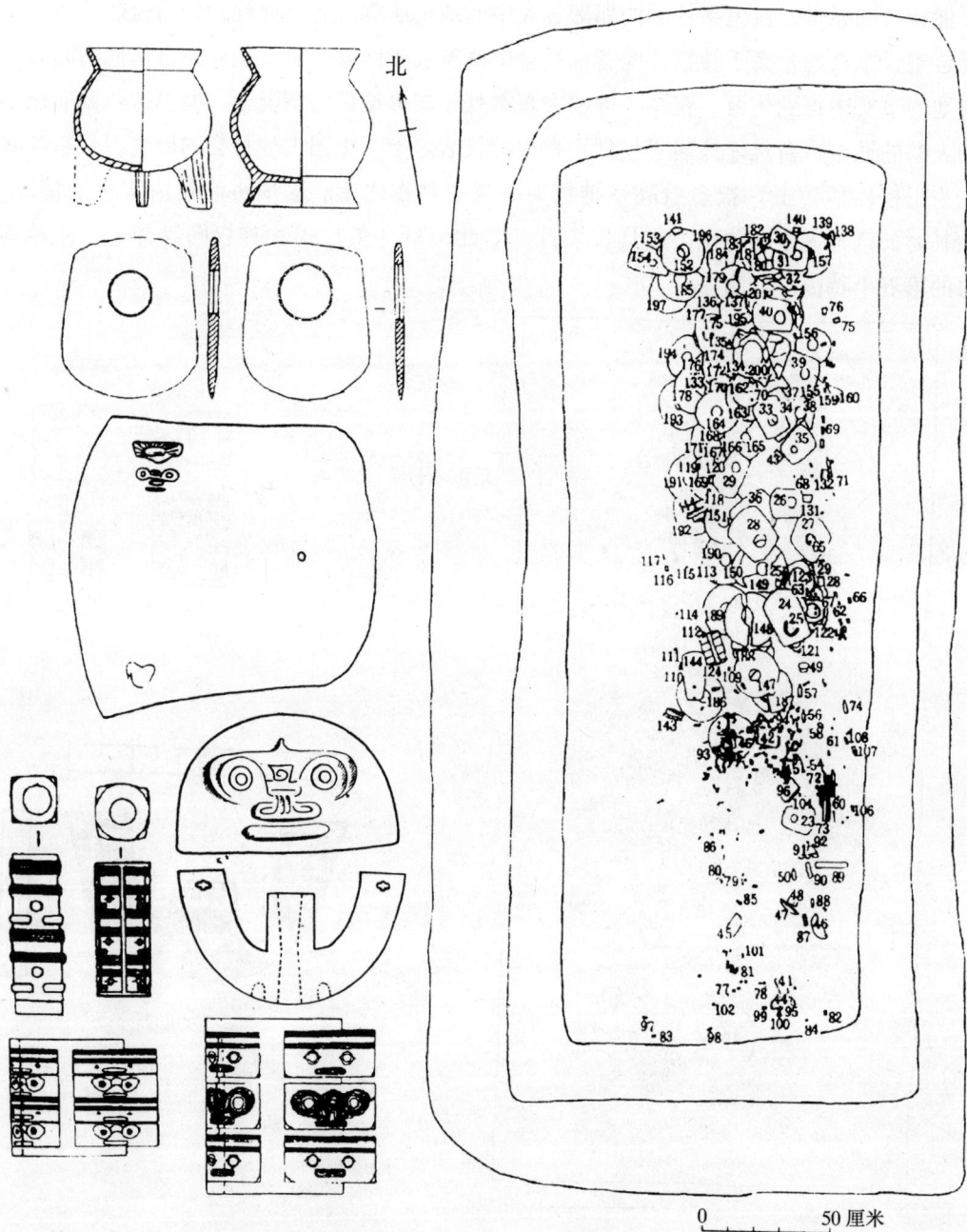

图一一　反山 M20 平面图及 M20、M12 部分随葬品

的墓葬，不仅见于良渚，也见于福泉山、寺墩、少卿山，以及现在的吴县境内的张陵山和草鞋山等处。可见，当时的政教中心在一考古学文化分布地区内，仅具区域性，说明在一考古学文化全体居民中尚未形成统一政权而处于一尊统治的局面，仍被那些权贵分

割成被他们分别统治的地域势力范围。这些被不同权贵集团统管、具有国家性质的实体，或可称之为方国。同一考古学文化内的诸方国的割据，是这时期的第六个特征。

黄河流域、长江中、下游和燕山南北及西辽河流域这一广大地区内的诸考古学文化居民，于半坡四期文化时期，已跨入了文明门槛，生活于初期阶段的国家组织中。中国文明的起源与形成是多元而无中心的。同时，任何一考古学文化也被权贵割据为多个地域政权，亦无中心可言。这时期诸考古学文化的社会发展阶段和社会性质，为上述六个特征所制约。在《良渚文化的年代和其所处社会阶段》[1] 一文中，对殉人问题进行了讨论，否定了其时社会性质为奴隶制社会说，在另一篇文章中[2]，我已否定了夏商周社会是奴隶制社会的认识。关于这一问题，就不在此多说了。

　　1997 年 4 月 29 日写于北京小石桥。是为应杜正胜教授之邀主持 1997 年 "傅斯年汉学讲座" 而写的。因故于 1998 年春才有幸主持了这个著名的讲座。原刊于《考古·文明与历史》（"史语所"，1999 年，台北），按惯例，我又将此文以《中国古代文明形成的考古学研究》之名发表于《故宫博物院院刊》2000 年 2 期。

---

①　张忠培：《良渚文化的年代和其所处社会阶段》，《文物》1995 年 5 期。
②　张忠培：《中国古代文明形成论纲》，《明报月刊》1996 年 11 月号。

晋陕高原及关中地区商代
考古学文化结构分析

　　历年来的考古发现与研究表明，早商时期二里岗至殷墟一期阶段，是商代政治、文化迅速发展的时期。随着成汤代夏革命的成功，商人的势力高度膨胀，一时与商中心区二里岗商文化面貌相当一致的考古学文化，在黄河、长江流域以及北方地区广泛分布开来，中原王朝的版图达到空前的扩张。然而这种状况，约自殷墟一期之后，开始发生了变化。在各地区非商文化迅速崛起的同时，一些地区的商文化也相继产生着变异。并且，在前者的压力或影响下，不断地向中心区收拢、退缩，使商王朝直接控制的疆域逐渐缩小。这一由考古学材料所表现出来的自二里岗至殷墟时期商文化扩张与收缩的反复过程，在晋陕高原及关中地区也得到了比较充分的反映。

一

　　商王朝对晋陕高原及关中地区的经略，一直放在十分重要的位置。早在二里岗前期，商文化就已推进到关中的东部地区，取代了当地的二里头文化。而至二里岗后期及殷墟一期阶段，商文化的势力范围更有所扩展，其中在关中地区已达到西部的扶风、岐山一带，而在晋陕高原则可能一直深入到河套地区。但就考古学材料所反映的现象来看，二里岗至殷墟一期前后，商文化在上述地区的扩张与经略，却体现着不同的模式和历程。

　　关中东部（咸阳以东）早商阶段的商文化，以往曾在华县等地有所发现①。近年来对耀县北村遗址的发掘，将当地的商文化遗存区分为三个阶段②。从而，比较清楚地反映出，这一区域从二里岗下层阶段开始即已被纳入商王朝的版图，而一直到殷墟一期前后，仍表现了同中心区商文化的高度的一致性。如在相当二里岗下层的阶段，北村遗址的鬲、盆、簋、豆等陶器，与以郑州二里岗下层为代表的早商文化中心区的同类陶器均

---

①　北京大学考古教研室华县报告编写组：《华县、渭南古代遗址调查与试掘》，《考古学报》1980 年 3 期。
②　陕西省考古研究所等：《陕西耀县北村遗址发掘简报》，《考古与文物》1988 年 2 期。

十分相似；而相当于二里岗上层时期，所增添的一些新器形如大口尊、假腹豆、敛口瓮等亦与郑州二里岗上层的同类器别无二致。在纹饰方面除大量的绳纹无须多论外，其他诸如圆圈纹、云雷纹和兽面纹等也都可以看作是二里岗上层同类纹饰的翻版；至于稍晚的下一阶段，北村遗址三期的主要器类又与安阳殷墟一期晚段前后的陶器基本相同，同时墓底设置腰坑殉牲的作风也正是该时期中心区商文化所流行的葬俗之一。可见北村遗址这连续发展的三期遗存，完全可以纳入自二里岗下层至殷墟一期晚段前后的商文化范畴。当然这一区域也有一些因素在商文化的中心区域不见或少见，例如在北村遗址一至三期始终存在的花边口沿罐等，但就其在整个文化内涵中所占比重而言，可以说很小；同时，由于北村遗址所处位置居关中东部的北部边缘，易和北方地区以花边口沿陶器为特征的文化系统往来交流。因此，三期中有着数量不多的花边口罐，除说明它和陕北及河套地区甚或更北的区域同时期居民存在着某种文化交往外，并不足影响有关北村遗址整个三期均属商文化的结论。

　　商文化在关中地区西部的出现，似乎要比东部晚了一个阶段。历年来曾在扶风、岐山等地陆续发现了一些年代可上溯到二里岗时期的商式青铜器[①]，但特征明确的商文化的陶器遗存的出现，却已到了二里岗上层晚段至殷墟一期前后。因此，商文化居民向西推进的年代，似乎应以后者为据。由此可见，商文化在关中地区的扩展，是一个由东向西、循序渐进的过程。这一现象当同商人灭夏的政治形势密切相关。夏代时期，关中的东部已被纳入二里头文化的分布区域，因此，随着成汤伐桀，为肃清夏人的势力，商人也自然地挺进到这一区域，而取代了当地的二里头文化。然而，关中西部却并非二里头文化的分布区，所以商文化居民对它的占领，不能因夏商政权的更迭而自然地获得解决，因此需要实施另外的程序及过程。

　　关中西部的商文化遗存的发现与研究，以1986年扶风壹家堡遗址的发掘反映的比较清晰与系统。壹家堡遗址的第一期遗存，年代大体上相当于殷墟第一期的偏晚阶段。由陶器所反映的情况看，在这一阶段占据主导地位的仍是比较典型的商文化因素，其中如折裆鬲、折裆甗、假腹豆等都是同时期商文化的典型器形。但与关中东部的北村遗址第三期遗存相比较所不同的是，这里还同时存在一些非商文化因素，这些因素应当是关中西部或周邻地区土著文化的渗透影响下形成的。若与同时存在的商文化因素相比，在整体文化内涵中它们显然处于次要的地位[②]。因此，尽管这里殷墟一期之时的文化遗存比关中东部加重了一些地方色彩，但就其文化内涵的主体来看，无疑仍应属于商文化的

---

①　王光永：《陕西省岐山县发现商代铜器》，《文物》1977年12期；罗西章：《扶风美阳发现商周铜器》，《文物》1978年10期。

②　北京大学考古系：《陕西扶风县壹家堡遗址发掘简报》，《考古》1993年1期。

范畴。

因此，二里岗至殷墟一期商文化分布的西界，可达关中西部的扶风一带。同时，扶风以东的关中地区，迄今尚未见到年代上相当于二里岗至殷墟一期阶段的由非商文化因素占据主导地位的它类性质的遗存的存在。据此或可推测，这一时期商人向西部地区的推进，基本上是采取了一种逐走其他文化居民的排他性占领，即占地殖民的方式。同时，在西进的过程中，在原有居民集团的影响下，殖民者也不可避免地吸取了一些为自己所需的土著文化因素。

包括河套地区在内的晋陕高原的商代考古学文化所反映的情况似乎比较复杂。在河套伊金霍洛旗的朱开沟，曾发现使用比较典型、单纯的商式器物随葬的墓例。如该地M1052 所出土的陶鬲、陶豆和铜戈，均为殷墟一期商文化中所习见的器形①。同时在该地遗址中所见到的部分陶鬲（如 T127②：1；H5030：2）和盆（H2024：3）等，也应视作同 M1052 同一阶段的商式文化遗存。目前，在这一区域尚未发现年代上明确属于二里岗时期的遗存，而龙山阶段至夏代之时的考古学文化，则显然同商文化分属于不同的文化系统，两者之间，就现有资料看，即便是具有间接的传承渊源关系的可能性，也是不会存在的。因此上述典型的商文化因素在河套地区的出现，可以认为是殷墟一期阶段，商文化在西北方的一个新扩展。但当时商文化居民向这一区域的进驻，是否也同关中地区那样，具有明显的排他性，抑或其他方式，则有待新的发现和进一步的研究。

据张家口地区的考古发现与研究可知，在二里岗上层时期，商文化居民替代了夏家店下层文化系统的居民，至少已占据了张家口的南部地区，建立起商王朝的北方据点②。尽管迄今在张家口以西至河套地区尚未见到二里岗上层时期的遗存，但仍可提出这样的质询：如果在二里岗上层时期，商人未曾积极地进行文化渗透，形成强有力的文化冲击，他们就不可能在殷墟一期前后进据于河套地区。如依商人占据张家口地区的方式推测，他们似乎也是以排他性的殖民方式，实现了对河套地区的占领。虽然这一占据的时间很可能十分短暂。

可见，商王朝对西北方的经略，至迟在殷墟一期时期达到了顶点。由于其实现了对河套和关中西部的占领，控制了分别沿渭河与黄河的南北两条西部同商中心地区联系的通道，从而在西北方形成了既便于进取又易于拱卫的犄角之势。

但是值得注意的是，直至二里岗上层时期终结，商人却始终未能越过太行山脉而占据晋中地区。由考古学资料所反映的情况看，这一时期商人和晋中地区居民的关系，显然有别于关中与河套，而表现为另一种情形。

---

① 内蒙古文物考古研究所：《内蒙古朱开沟遗址》，《考古学报》1988 年 3 期。
② 张家口考古队：《蔚县考古记略》，《考古与文物》1982 年 4 期。

太谷白燕遗址的早商时期遗存①，在晋中地区具有代表性，可以此作为例证，来了解商人与晋中地区居民的关系。

陶鬲是该遗存中最普遍且最具特征的陶器。按其谱系大体可归纳为三类：一是来源于当地前一时期高领鬲系统的绳纹口侈沿深腹鬲；二是商式的翻缘鬲；三是介于前两者之间的"中间型"鬲。后者综合了本地土著系统鬲和商式鬲两方面的特征，实际上就是前两个谱系的陶鬲，"通过融合的形式紧密结合为一体的新型鬲"②。三种陶鬲平行、稳定发展，构成了早商时期晋中地区考古学文化谱系上的重要特征。

由此可见，商文化虽曾积极地影响了晋中地区，却未能使该地区沦为商人直接占据的领地。甚至，在文化关系方面，也未能从根本上改变当地原有文化的自身本质。而表现为当地富有特色的土著文化，在商文化的冲击影响下，部分地吸收、融合了商文化的因素。"中间型"陶鬲的存在，即是这种文化融会的一个例证。

随着时间的推移，根据白燕遗址的研究，可知当地土著文化中的商文化或与之相关的因素，所占的比例也逐渐增大，反映出融合的进程在不断地深化。因此，当商人向西相继占据了关中和河套之时，对晋中地区土著文化居民似乎却采取了另外的处理方式和程序。

在人群的诸种关系中，文化和政治是既相互区别又有着联系，属于不同层面的两类范畴。一般情况下，政治关系是不易从考古学遗存中直接观察到的。上述白燕遗址所代表的晋中地区二里岗时期考古学文化遗存和二里岗商文化，各自渊源不同，特征有别，当属不同谱系的两类考古学文化。当商人代夏建立起商王朝，并不断扩大疆域和政治统治的情况下，以白燕遗址为代表的二里岗时期的晋中居民集团，在保持自身文化传统及居住领域的同时，不断地吸收商文化因素，从而在商人同与其相异的考古学文化居民的关系上，形成了区别于关中及张家口地区的另一种关系的模式。

二里岗时期晋中居民和商人的这种关系，究竟是否可理解为两者间已形成诸如文献中那种商王朝与方国（诸侯国或城邦国家）的政治隶属关系？如仅据目前所知的考古学资料尚难以得出结论，肯定与否仍须进一步研究。不过，在二里岗时期，商人不仅占领了咸阳以东的渭河流域，同时也据有了晋南和张家口，在这种掎角之势的钳制下，晋中的土著居民如不同商王朝构成某种形式的政治关系，似乎难以维持我们目前由考古学材料所见到的局面。

---

① 晋中考古队：《山西太谷白燕遗址第一地点发掘简报》，《文物》1989 年 3 期。
② 许伟：《晋中地区西周以前古遗存的编年与谱系》，《文物》1989 年 4 期。

二

大约在殷墟一期之后，晋陕高原及关中地区商代考古学文化的分布，在结构上出现了较大的变化。此前那种大一统的局面开始被打破，而呈现出一种多极、纷杂的格局。据迄今为止的考古发现，晋陕高原及关中地区大体相当于殷墟一期之后阶段的商代诸考古学文化遗存，可大致区分为以汾阳杏花村、柳林高紅 H1、西安老牛坡、武功郑家坡和扶风刘家村等代表的几种类型，它们之间以及它们同中心区商文化间的联系与区别往往处于不同的层次，表现的形式且又相当繁芜，从而使这些区域该时期考古学文化关系展现出一种更为复杂的多元结构。

分布于晋中地区以太谷白燕早商阶段遗存所代表的土著文化，在进入这一阶段后演变为以汾阳杏花村遗址晚商遗存所代表的文化类型①根据白燕和杏花村遗址的研究表明，晋中地区商代早、晚阶段文化遗存之间的联系，表现的比较紧密，文化内涵中的主体因素发展的线索也均十分清楚。因此无疑当视为同一系统考古学文化的先后接续发展的不同阶段。其中在前一阶段即已存在的以白燕早商遗存中三类陶鬲为代表的文化因素，在杏花类型之中仍反映的相当明显。而作为这一阶段的新内容，则是从外部传入的因素当中，又增添了诸如杏花村 0030 陶鬲那类来自晋陕黄河沿岸或河套地区的文化因素②。说明了晋中地区商代考古学文化发展到晚期阶段，文化结构中增加了新的搭配因素，致使多元的文化格局更为复杂。同时值得注意的是三种类型的陶鬲在整个文化构成中各自所占的比重也在不断地发生着变化。根据杏花村遗址的分期研究③，这种变化主要表现为：当地土著文化的原生因素逐渐减少，外来因素，尤其是商文化因素及其与土著文化结合而派生出来的因素所占比重日趋增多，以至出现欲反客为主的趋势。如果将这种趋势同当地早商阶段遗存联系起来考察，则比较清晰地显示了该地区自龙山时期一直延续到夏代的土著文化，进入商代以来，在外来文化的冲击影响下，开始逐渐改变了自身的文化进程，而日益向中心区商文化靠拢的历史过程。

同中心区商文化日趋紧密的联系，使得晋中地区的杏花类型及其先世成为商王朝在西北方的一个重要屏障。有商一代，除去前述各种文化因素的传播与渗透之外，晋中地区基本上没有其他外来文化的进驻。尤其是在广大北方草原地区表现得十分活跃的、以花边鬲所代表的文化集团，尽管也曾不断地向晋中地区施加着影响甚或短暂的侵入，但

---

① 晋中考古队：《山西汾阳孝义两县考古调查和杏花村遗址的发掘》，《文物》1989 年 4 期。
② 晋中考古队：《山西汾阳孝义两县考古调查和杏花村遗址的发掘》，《文物》1989 年 4 期。
③ 国家文物局、山西省考古研究所、吉林大学考古学系：《晋中考古》，文物出版社，1998 年。

正是由于有植根于当地的杏花类型的盘踞，才使其向东南方的扩张，受到了很大程度的遏制。

70 年代以来，在晋中地区南端的灵石口附近的旌介村，陆续发现了三座属于商代晚期的墓葬①，表明这一带曾作为墓地来使用。通过研究，这批墓葬在营造形制和埋葬习俗等方面，同中心区商文化同时期的同类墓葬相对比，表现出既有较多的共性，又存在一些鲜明的个性的特点，根据其中用于随葬的器物的特征，研究者将旌介商代墓葬出土的遗物划分为两群，其中占据主导地位的 A 群，同殷墟晚期墓葬所出同类器物几乎没有区别；而作为同中心区商文化相区别的 B 群，则只有较少的数量，处于一种从属的地位。因此可以认为，旌介商代晚期墓葬应当归属于商文化系统，同时又是区别于中心区商文化的一种地方类型②。在旌介商墓中出土了两件陶鬲，其中出于 M1 椁室中的宽折沿粗绳纹分裆鬲，是殷墟晚期商墓中所常见的形式；而 M2 所出的侈口筒腹瘪裆鬲，却非商文化系统传统陶鬲的形式，而和同时期关中地区的同类陶鬲比较近似。值得注意的是，M2 的陶鬲并非出在椁室，而是放置在墓葬的填土当中，同时填土中还有殉人和殉牲（牛腿），所以有关这件陶鬲的性质，似乎同 M1 陶鬲有所区别。尤其是在用作判断旌介商墓的族属的线索时，更要慎重对待。限于材料，有关该陶鬲背后所表述的历史真实，目前虽难以廓清，但上述两件不同风格的陶鬲在用于随葬中的性质差别，似乎已透露着旌介商墓墓主人所从属的集团，分别同中心区商文化及关中地区同时期文化集团之间的不同性质的联系。

在旌介商墓中先后出土了 30 余件带有""形族徽标志的青铜器，据统计约占全部有族徽标志青铜器的 81%。具有相同标志的青铜器，以往在广大的北方及中原地区屡有所见，涉及的地域相当广泛③。但像旌介商墓中这样集中的发现则还是第一次，所以旌介商墓的族属应当和""形族徽所标示的人们共同体存在着一定内在联系的认识，已为大多数研究者所接受。

以柳林高迪 H1 所代表的遗存是近年来在晋陕高原辨识出来的一种新的文化类型④。尽管这一类型的陶器遗存目前基本上都见于晋陕之间的黄河沿岸地区，但从其分布地域以及某些器形的相似因素来分析，以往在当地屡有发现的商代晚期的青铜器遗存，可能也应归入该类型。因此若以青铜器的分布及其他线索看，这一类型的分布绝非仅仅局限

---

①　戴尊德：《山西灵石县旌介村商代墓和青铜器》，《文物资料丛刊》3 辑，文物出版社；山西省考古研究所等：《山西灵石旌介村商墓》，《文物》1986 年 11 期。

②　李伯谦：《从灵石旌介商墓的发现看晋陕高原青铜文化的归属》，《北京大学学报（哲学社会科学版）》1988 年 2 期。

③　邹衡：《论先周文化》，《夏商周考古学论文集》，文物出版社，1980 年。

④　晋中考古队：《山西楼烦、孝义、柳林三县考古调查》，《文物》1989 年 4 期。

于晋陕之间的黄河两岸，陕北及河套的大部分地区很可能也已被包括在其中。

高圿 H1 所代表的文化类型，就所发现的青铜器遗存来看，文化内涵相当复杂。其中如按照来源的方式区分，大体也可像晋中地区商代遗存的陶器内涵一样，划分为本地（原生）、外来（次生）、模仿（派生）三种情况。而在数量比例的分配上，显然以本地固有和模仿改造的因素占据了主导地位。在属于外地传入的因素中，除去绝大多数直接或间接地来源于中心区商文化的制作比较精美的青铜礼器和兵器等之外，也可以看到少数源头在蒙古高原之北的米奴辛斯克盆地的北方文化的因素①。从陶器遗存所表现的情况看，这类以陶器质地中掺有陶渣的夹砂陶、器型中的花边鬲、空足三足瓮等因素所代表的文化类型，同商文化以及同时期的其他周邻文化均存在着较多区别。根据已知考古发现，这类遗存应当同龙山至夏代（或可到商代早期），分布于河套地区，拥有比较发达的花边口沿作风的朱开沟一类遗存存在着一定的传承关系。同时如同青铜器所反映的情况那样，陶器之中也包含着一定受商文化影响的因素，如器形中的陶簋，纹饰上的雷纹及内含绳纹的三角框边纹等。

如果将上述通过对青铜器和陶器遗存分析所得到的有关柳林高圿 H1 这一类型遗存的认识，放在中国北方地区更高一个层次的时空中去考察，则反映出这类遗存可以视作长期活跃于北方地区，以花边口沿作风为标识的土著文化集团，南下开拓、侵袭的前沿所在。其以广大北方草原地区为依托，采取一种较为机动的方式南下侵略，因而同商王朝经常处于一种敌对抗衡的状态。也正是在这种对抗状态下的联系与接触中使其在文化内涵方面，也拥有了一定比例的来自商文化传入的因素。

西安老牛坡遗址是关中东部地区比较具有代表性的商代遗址。该遗址经过 1985 年以来的几度发掘，发现了自二里岗下层阶段一直到殷墟晚期，基本可以接续起来的商代文化遗存②。其中属于早商阶段的遗存，同中心区的二里岗商文化很少差别，表现了与耀县北村商文化遗存相同的性质。老牛坡商代晚期的遗存是在早期文化的基础上发展起来的，两者具有明显的连续性。而其年代跨度大约在殷墟一期之后至殷墟四期。目前所正式刊布的主要是遗址Ⅲ区，年代大体相当于殷墟二期前后的墓地材料③。这里的墓葬均为土坑竖穴，大部分墓有腰坑或二层台；葬具的使用上有用棺或棺椁并用的现象；同时墓中殉人和殉犬的作风也十分盛行。在用于随葬的物品中，青铜器，尤其是青铜礼器与殷墟商文化基本相同，而很少发现有表现当地特点的因素；陶器方面，虽然在质地、颜色以及纹饰的总体特征上也表现了与中心区同时期商文化相似的性质，但在器类的组

① 李伯谦：《从灵石旌介商墓的发现看晋陕高原青铜文化的归属》，《北京大学学报（哲学社会科学版）》1988 年 2 期。

② 宋新潮：《殷商文化区域研究》，陕西人民出版社，1991 年。

③ 西北大学历史系考古专业：《西安老牛坡商代墓地的发掘》，《文物》1988 年 6 期。

合（特别是随葬陶器的组合）和具体的器物形态方面却反映出有别于中心区商文化的地方色彩。如在老牛坡遗址随葬陶器的组合，一般都是鬲和罐的搭配，而缺乏殷墟商墓中较常见的瓶、爵等；器形方面，老牛坡的陶鬲中除去商式的折裆鬲以外，还拥有一定数量的弧裆鬲，同时折裆鬲也表现出与殷墟同时期陶鬲的不同形态，例如实足根不发达，绳纹拍印到足尖等风格，均与殷墟陶鬲有一定区别；此外该地所常见的小口折肩罐的形态等也都是中心区商文化不见或少见的内容。所以就陶器所表现的内涵来分析，老牛坡商代晚期遗存应当视作区别于中心区商文化的另一种地域类型。

根据老牛坡等遗址的考察，似乎表明了早商时期在关中地区广泛分布的商文化，当进入殷墟一期之后，在当地以及周邻文化的影响和冲击下，开始不断地产生着变异，文化面貌同中心区商文化之间的距离逐渐拉大，以至最后分离演化为一种新的文化类型。其中如就陶器内容所反映的变化来看，对其影响最直接的，应当主要是兴起于关中西部的郑家坡类型。而如果从这一时期不同阶段遗存的分布形势观察，似乎还表现出老牛坡这类遗存在文化面貌不断发生变异的同时，其所立足的区域也呈现着一种由西向东逐步退缩的趋势。以至于到了殷墟晚期阶段，就基本局限于西安以东的狭小一隅。

郑家坡类型的确立，是近年来探索先周文化研究中的一项重要成果[1]。根据郑家坡、壹家堡等遗址的分期线索，可知这一类遗存的年代上限大体在殷墟一期前后，下限则基本同西周文化相联系。在分布上，较早一些的遗存目前仅见于泾水以西的关中地区，而至稍晚的阶段则已分布于关中的大部分地区。从壹家堡等遗址的材料看，郑家坡类型在露头之初，曾同分布在关中西部的商文化发生过一定的联系。如前述的绝对年代约相当于殷墟一期的壹家堡遗址第一期遗存，根据其占主导地位的折裆鬲、折裆甗等因素判断，应当归属于商文化。但与之共存的弧裆鬲、折肩罐等反映地方色彩的文化因素，按照器物形态的特征考察，无疑当同郑家坡类型有关。据此似乎可以认为当商文化尚在关中西部盘踞的阶段中，郑家坡一类遗存即已出现，并同商文化在这一区域有过一个同时并存的时期。尽管两者曾经有着在同一区域内共存的经历，但在文化内涵方面，如就郑家坡类型而言，其从出现之初一直到繁盛阶段，始终都表现了和商文化十分明显的区别。其中以绳纹拍印到足根的弧裆鬲所代表的主体因素，一直可以贯穿到整个西周时期的周文化中，因此郑家坡一类遗存很有可能是周文化的最直接来源。

按照已有发现，郑家坡一类遗存目前尚找不到源头。尽管有的研究者试图将其同当地的客省庄文化联系起来，但由于两者之间在年代上至少还存在着夏代晚期至二里岗时期（客省庄文化依现有认识，年代下限或可进入夏代）这样一个较长时间的缺环[2]，使

---

① 宝鸡市考古工作队：《陕西武功郑家坡先周遗址发掘简报》《文物》1984 年 7 期。
② 张忠培：《客省庄文化及其相关诸问题》，《考古与文物》1980 年 4 期。

探讨两者之间联系的环节，处于一种空白的状态。同时这一缺环，又正处在由于中原王朝崛起的形势的刺激和影响下，各边缘地区文化集团纷纷改变了常规进程，产生比较突兀变化的历史阶段。所以在现有资料下，讨论两者的渊源关系，显然尚不具备条件。在关中之外的周邻地区，根据已知线索，也缺乏探讨郑家坡类型遗存渊源的材料。其中东及东北部的河南、山西等地和西部的甘青地区，相关阶段的文化序列均比较清楚，而反映不出与郑家坡类型的更多联系，所以可以排除在外；而其他如陕北等地也同关中西部一样，在相关文化阶段的序列中存在着缺环，因此，有关郑家坡类型渊源的探索，还有待于相关地区文化序列建立的完善及谱系研究的进展。

以宝鸡斗鸡台瓦鬲墓（主要指初、中期）为代表的遗存①，历年来在关中地区多有发现。近年来以扶风刘家墓地等遗址的发掘为契机②，使对这类遗存的认识更为明确起来。根据已有线索，这类遗存主要繁盛于殷墟一期之后，而如就壹家堡遗址的第一期遗存之中已可见到类似该遗存的绳纹领尖裆鬲来看，这类遗存的年代上限似乎还可以上溯到稍为久远的阶段。同时也许正是由于刘家这类遗存（或其先世）的存在，才遏制了商文化进一步西进的企图。在分布形势上，这一类型中年代较早的遗存，基本只见于关中西部，以宝鸡附近为核心。所以就分布的重心而言，刘家一类遗存处于比郑家坡类型更西的区域。但在周原地区两者曾在一定时期内交错而居，同存共荣。随着商文化势力的收缩，其又同郑家坡类型一样，不断地向东扩展，大约在文、武之际一直深入到沣、镐地区。由于其同郑家坡类型在分布上的密切联系，两者在文化因素方面也表现出相互吸收与融合的趋势，文化面貌中逐渐体现出你中有我、我中有你的性质，最后随着周王朝的确立，刘家类型遗存也就逐渐消融在周文化之中。

刘家类型遗存的兴起，目前也难以追溯渊源。但如就二里岗阶段之后整个西北地区的历史背景来看，或许同关中西侧的陇东等地相继有寺洼和辛店等文化的兴起或东进的事件不无联系。

上述几种文化遗存的兴衰变化，大体反映出殷墟一期以后，晋陕高原及关中地区商代各文化集团之间的联系以及力量对比的改变。老牛坡和杏花类型均表现了与中心区商文化比较密切的联系。然而探讨这种联系的成因，却反映着完全不同的性质。作为商文化向西方推进的一支，老牛坡类型在当地或周邻文化的影响渗透下，文化面貌出现了较大的变化，逐渐演化为一种游离于中心区商文化，而仅保持着一定程度联系的地方类型遗存；杏花类型却表现了作为渊源于当地土著文化的遗存，在不断接受商文化影响的渗透、改造下，文化结构及各种成分所占比重不断产生着变化，以至形成外来及派生因素

---

① 苏秉琦：《斗鸡台沟东区墓葬》，北平史学研究所，1948 年。
② 陕西周原考古队：《扶风刘家姜戎墓葬发掘简报》，《文物》1984 年 7 期。

逐渐占据上风的结果。从而也如同老牛坡类型那样，表现出同中心区商文化具有比较紧密联系的现象。柳林高山 H1 所代表的一类遗存的出现，有如活跃在河套及北方草原地区，以花边口沿作风为主导因素的文化集团，对商文化向河套地区推进作出的一种反映。当以朱开沟 M1052 所代表的商文化在河套昙花一现后，表现出较强机动性的花边鬲遗存也开始沿黄河南下，高山 H1 等遗存应当就是这一背景下的产物。这类遗存在沿晋陕间黄河南下的同时，也不断地游动于关中北侧的广大区域。另外由李家崖等地的城防设施的构筑，表明它们这时可能以黄河沿岸为基地，同商文化（或是与商文化关系密切的杏花类型）形成一种对峙状态，也许正是有杏花类型集团的盘踞，才使它们始终未能对商王朝构成致命的威胁。郑家坡类型和刘家一类遗存从出现之初，就表现了同商文化的差别，尽管它们兴起于商文化曾据有的关中西部，并很可能与殷墟一期前后的商文化，发生过一定的关系。但就陶器内涵而言，两类遗存中均较少见到商文化的影响，因此它们和商文化之间的关系，很可能处于一种排斥的状态。郑家坡和刘家两类遗存，在兴起之初，由于各自分布的重心有别，因此在文化面貌上也保持着相当的距离，而随着刘家类型集团的向东扩展，两者在交错而居的形势下，文化联系也日趋紧密，在文化内涵上逐渐呈现出相互吸收、融合的趋势。而这种联系和融合的后果之一，就是老牛坡类型的衰变与退缩，以至商人的势力被排挤出关中，从而导致了商王朝的最终覆灭。

透过晋陕高原及关中地区商代考古学文化结构的演化过程与结果，似乎可以反映出有商一代西北地区诸居民集团之间错综复杂的联系及变化。商王朝自觉或不自觉地对关中、河套和晋中等地所采取的不同方式，可归纳为两种模式。而这两种模式在商王朝扩张中的不同凡响和有效维护商王朝统治方面所起到的不同作用，也许对商周政体的改变、西周封建制的实行起到了一种借鉴和启迪的作用。

这篇文章由我出题，经同乔梁、朱延平讨论，由乔梁执笔写成初稿，再经讨论最后由乔梁修改定稿。原载《内蒙古文物考古文集》，中国大百科全书出版社，1994 年。

人与自然关系历史的反思

人类的出现，是地球史上自产生生命和出现动物以后的自然界的最伟大变革。人类是区别其他动物的高级动物。其他动物不能自觉优化自身群体，只有适应自然界以谋生存的本能。人类却有优化自身群体、自觉利用和改造自然的能力，而且，人类自身能力的增进潜力是无限的，实践能力能不断增长。

人类成为自然界的主人

中国人从掌握棍棒开始，不断地改进工具，先后经历使用石器、火、弓箭、铜器和铁器掠夺植物、动物和地下矿藏而发展起来的。而且，随着时间的推移，速度愈益迅捷。例如：从发明种植农业到粮食成为主食的时间，经历了约7000年，自发明陶轮到使用快轮制作陶器，只经过约一千七八百年，而从发明和引进制作铜、铁技术，到普及铜铁器的使用，分别仅用了一千二三百年和四五百年。

同时，随着人征服自然能力的增长，人的自我意识也随之不断更新。从史前的万物有灵和图腾崇拜，到商代信鬼神、崇拜上帝和迷信天命；再由此发展为西周的敬天命、尽人事的态度，到战国孟子提出"民为贵，社稷次之，君为轻"的民本思想，是中国人自我价值意识逐渐提高的过程。至民本思想的提出，人便从实践至意识，觉悟到自身是自然界的主人。

生态环境的破坏与文化的衰亡

人成了自然界的主人，仍需遵循自然规律，否则，生态环境被破坏，导致文化衰落或消亡。这并非危言耸听，早有历史为证。

其一，据1958年于华县考古调查，查明该县距今8000年老官台文化遗址仅有2处，距今7000年半坡文化遗址增长为5处，距今6000年西阴文化遗址速增为8处。而且，随着时代的变迁，遗址规模愈益变大。至西阴文化时期，农业发展了，粮食成为人们的主食，人口迅速膨胀，原住的渭河流域不足耕用，西阴文化居民便向四周殖民，扩张生存空间。一支进入到河套地区，发展到夏代之时，河套便逐渐演变成无人之地。所以，现在考古学家无论经过怎样仔细的调查，在河套地区除见到数量极少的商代前后期之交的商人遗迹外，都找不到商代的前四百年遗址。到了商代的后两百年，这里才有亦农亦牧的居民住居，史称鬼方。西阴文化另一支居民，向西迁徙，经历马家窑文化、半山—马厂文化，到夏代演变为四坝文化之时，占据了武威以西的整个河西走廊，甚至进入了新疆的哈密地区，适应当地的生态环境，一部分居民成了养羊人，另一部分居民则亦农亦牧。四坝文化经历一段繁荣时期之后，便突然消失了。以致考古学的调查档案中，于河西走廊缺乏四坝文化后裔的记载，也无商代至西周这八九百年的史迹记录，只见东周时期沙井文化这类牧民的踪迹。

其二，在内蒙古东部的西拉木伦河流域这一可农可牧的地区，早在距今八千年就已发育出中国最早使用玉饰的兴隆洼文化。这一文化虽经营农业，但不发达，于距今7000 年，兴隆洼文化转化为赵宝沟文化。在后岗一期文化影响下，赵宝沟文化又演变为红山文化。至距今 6000 年，红山文化居民依靠农业的发展而兴盛起来，向东北殖民，开发科尔沁草原。到距今五千二三百年，发明了制铜工艺，将治玉工艺推进到了鼎盛阶段，红山文化成了和良渚文化并列的玉文化中心，广泛建筑了规模浩大的"坛、庙、冢"。好景不长，很快出现衰落趋势，于距今四千八九百年，红山文化转变为小河沿文化后，便迅速消失了。

间隔了六七百年后，于距今4000 年，西拉木伦河流域突然兴盛了夏家店下层文化。这文化的居民掌握了青铜工艺，能制作金器和精美陶器，宗教相当发达，留下了许多带有石围墙的祭祀遗迹。他们的聚落规模很大，其中很多聚落都用石头或夯土建成了城墙。夏家店下层文化向东北殖民，开拓科尔沁草原，同时占据了燕山南北，直到张家口地带，和先商文化及夏文化进行文化交往。其文化发达水平，可和先商文化乃至夏文化比个高低，先商文化还吸收了它的若干文化因素，例如绘在陶礼器上的饕餮纹图案，将其演变为商文化的青铜器装饰。然而，这夏家店下层文化命短，在夏商之际，便从西拉木伦河流域消失了。西拉木伦河流域再度成了无人烟地区。又隔了400 多年，这一地区出现了从辽河流域迁来的魏营子文化牧民。他们是于西周兴盛起来的夏家店上层文化的先辈，即文献中记载的东胡。

其三，河西走廊、河套地区和西拉木伦河流域，都是文化间歇地带。除了西拉木伦河流域在小河沿文化和夏家店下层文化之间的六七百年中，成了荒凉地域外，三地都是在夏代之后，到商代晚期或东周之前的四百或六百多年期间，成了无人烟地区，随后于三地出现的又都是亦农亦牧或牧业文明。这当不是偶然的。那么，是什么原因造成的？

这三地均处北纬 40°左右，气候相近，植被基本相同，地理环境方面，西拉木伦河较优，三地均是可农宜牧地区。所以，搞清楚了一地何以是文化间歇地带的原因，或许便知其余两地文化间歇地带的成因。

近年来在西拉木伦河流域不同地区发现的几个地层剖面，所说明的该地区的地层结构情况基本相同。即：这地区在更新世晚期和全新世早期，是沙和砾石的堆积，其上是一永冻层，再其上便是风成沙地，风成沙地之上，是一层能长植物的土壤层。约从距今一万二三千年开始至今，这地区的地层结构，便是风成沙地和土壤层的循环反复堆积。在土壤层中往往发现不同时期的人类活动遗存，风成沙地中无人类遗存，即是文化空白层。以此地层结合如上所述这地区文化兴衰情况，可作出如下解释。

这里的兴隆洼文化和赵宝沟文化的农业并不发达。其居民的食物结构，粮食不占主要地位，虽然有农耕，但对植被破坏不大。常年的风成沙，不仅未吞没植被，反而往往被植被溶蚀。红山文化，尤其是夏家店下层文化的相当发达的农业，大面积深层次地破坏了植被，常年的风成沙吞没了耕地，进而形成风成沙地。在这一过程中，红山文化和夏家店下层文化生存之源的农业逐渐衰落，居民人口数量下降，最后难以在此生活下来，被迫迁徙到燕山南北地带和努鲁儿虎山以南的大、小凌河流域。

人和自然的和谐

中国人的土地，是中国人的生存空间，是中国人的衣食之源。即使中国人的科学水平，已进步到能点石成金、呼风唤雨之时，只要还住在这块土地上，此理仍不变。因此，我们中国人必须永远保护、滋养好国土，爱护好地上、地下的资源，利用、开发应科学、合理，保持人与自然的和谐，使之生态平衡，才能有利于中国人的长远发展。

杀鸡取卵式地使用国土，滥用地上、地下资源，历代常见。本文上面讲的几个故事，只是由考古学揭示的众多史实中的几个例证。滥用土地导致文化的衰落，乃至毁灭，并非危言耸听之闻，乃是已经发生的确凿事实，然而，这些事实并未成为前车之鉴。当今滥用土地、伐木毁林、水土流失、污染河流与空气，比历代更甚。《光明日报》1997 年 8 月 30 日刊载的《多少黄土付东流》一文说："遍布各区的水土流失面积共达三百六十七万平方公里，占我国总面积的百分之三十八点二"，"建国以来，由于水土流失而毁掉的耕地达四千多万亩，每年平均一百万亩"。《光明日报》1997 年 11 月 12 日载《辽河不清，辽宁难兴》文称："辽河水系每年流淌着十六亿吨污染物"，"如今辽河的干流、支流不再是碧水清波，而是污水浊浆，河流城市段鱼虾绝迹，连浮游生物也不见踪影"，难怪何博传教授于《明报月刊》1997 年 4 月号发文惊呼："今天的中国环境，可谓草木遭殃，水土哀鸣，人畜同罪"，"再过不了多少年，中国已承载不了中国人"，进而指出"贫困——人口——环境这个圈的恶性循环是第一号中国问题"。可见，尽管我们利用、改造自然的能力，超过祖先千万倍，仍和古人一样，不能违背自然规律，无权滥用土地和资源。现在的情景已岌岌可危，如不悬崖勒马，那滥用土地、资源导致文化衰败甚至消亡的古人，便是我们未来的下场！

　　因此，中国内地在新世纪中发展经济、兴旺文化，就得尊重自然规律，科学地、合理地使用土地、资源，治理国土，保护环境和维护生态平衡，使人——经济——文化——环境得以良性循环。

　　　　原刊于香港《明报月刊》1998 年 1 月号。

河套地区先秦两汉时期
的生业、文化与环境

　　1999 年 8 月 26 日，我和乔梁抵西安，当日、次日参观了陕西省考古研究所于神木、府谷调查、发掘所获得的资料，自 28 日起，经延安、靖边、榆林、东胜、包头、准格尔、和林格尔、凉城、呼和浩特、察右前旗、大同、偏关、太原和侯马，9 月 12 日从侯马返回北京，对河套地区古代的文化、生业与环境的历史变迁，作了一次考古学考察。

　　参加这次考察的还有曹玮、魏坚、海金乐及田建文四位同志。曹玮参加了陕北及内蒙古的考察，魏坚和海金乐、田建文分别只参加了内蒙古与山西有关地区的工作。

　　考察的年代范围，迄于汉代以前时期，重点为新石器时代至西周。同时，限于时间较短，我们除对少数遗址至现场调查外，对大多数遗址只是据有关单位于考古普查时采集的陶片，进行了考古学文化与年代的鉴别。现将这次考察所取得的初步认识，简要报告于下。

一　文化的更替与兴衰

　　河套地区迄至南北朝时期的遗址总数及不同时代遗址数量的多寡，尚无确实的统计资料。经过较详细的文物普查而得出的榆林地区迄至南北朝时期的遗址数量及其比例关系，或许能反映河套地区迄至南北朝时期遗址数量的比例关系。现将《中国文物地图集·陕西分册》中公布的榆林地区迄至南北朝时期的遗址数量与比例列成下表。

旧石器时代	新石器时代	夏商周	秦汉	三国至南北朝
1	820	90	267	8
0.084	69.13	7.58	22.51	0.67

　　此表区分遗址的年代较为粗疏。我们这次考察，参照渭河流域先秦时期的文化分类与编年，亲摩诸遗址采集的陶片的结果，认为可将榆林地区先秦时期的遗址划分为以下文化或时期：半坡文化（年代为公元前第 5 千纪）、西阴文化（年代为公元前第 4 千纪早、中期）、半坡四期至泉护二期文化时期或偏晚（年代为公元前 4 千纪晚期至公元前

3 千纪前期)、客省庄文化时期（年代为公元前 3 千纪后期)、夏和商代后期至西周。此次于榆林地区考察，未见商代前期及东周时代的遗存，不过，以往于内蒙古河套地区的考古工作却发现过这两个时期的材料，榆林地区或许也当存在这两类遗存。

同时，通过对河套地区遗存的分析，我们还可提出如下认识：这里的半坡文化居民是源于渭河流域的外来移民。其后的西阴文化、半坡四期—泉护二期文化及其偏晚时期、客省庄文化时期及夏时期的诸考古学文化，是和半坡文化同属一谱系的不同历史发展阶段的诸文化。在夏代之后，河套地区出现了商移民，数量不多，占地范围较小，时间也延续不长。自商代后期稍晚，这里活跃一支颇具地方特色的青铜文化，暂可称之为以高沿 H1 为代表的遗存。这支青铜文化不属商或周文化谱系，却同商人及周人有着文化联系并受其文化影响，自身已掌握了较高的制作青铜工艺技术，或即是史籍中所言的鬼方。虽经考古学者对这支青铜文化长期寻找，至今所见遗存数量很少。这或许与他们虽强悍而文化并不兴旺的族群特性有关。进入东周时期，分布于这地区而被史籍称为狄、戎的，可能是这支青铜文化的后裔。

依据上述河套地区，主要是榆林地区考古学文化的脉络与演变，现将这次考察时进行了较为全面观察的靖边、宜川两县的遗址数量比例关系列成下表：

半坡文化	西阴文化	半坡四期—泉护二期文化及其偏晚时期	客省庄文化时期	夏	商代后期至西周
0.0555	27.77	27.77	25.00	0.0555	0.0277

不同时期遗址数量的多寡，说明居民分布稠密还是稀疏，同时也反映了文化的兴衰。结合以上两表，似可提出下列问题。

其一，榆林地区的新石器时代遗址，占迄止三国—南北朝遗址总量的 69.13%，秦汉遗址占 22.51%，夏商周和三国—南北朝时期，分别只占 7.58% 和 0.67%。这说明此地新石器时代文化最为兴旺，其次为秦汉时期，而夏商周时期和三国—南北朝时期的此地文化，尤其是后者，则处于衰落时期。为何出现这样的文化兴衰更替呢？而在秦汉之后，此地文化更为衰落呢？

其二，半坡文化何能移民至此，并能站稳脚跟，生息繁衍，且自西阴文化至客省庄文化时期经历了约 2000 年的文化兴盛？这一谱系文化至夏代为何开始衰落，还难觅其后裔的踪迹？

其三，商人为何能移民至内蒙古河套地区？却未能在此立住脚跟，繁盛其文化？其后在此出现的鬼方、狄、戎诸族群为何虽强悍而文化并不兴旺呢？至秦在此击溃匈奴，设置郡县，为何又能出现虽短暂而确实勃兴的文化？

我们观察视野所及的这个时代，社会生产力水平较低，人们仍处在相当自发而且是盲目地谋取生存的历史时期，自然环境对生业与文化有着极大的制约作用，生业形态与文化兴衰对自然环境存在着很大的依赖关系，上述现象是否与此有关呢？可否从这些方面回答以上问题？这仍需进一步论证。

二　地貌的历史变迁

我们手中还没有掌握河套地区自然环境演变的全面而精确的资料，对这一地区本文所要探讨的这一时期的自然环境的历史变化，还难以作出科学的说明。现今我们所知的如下三个考古地层剖面所表述的该地区地貌的历史演变，或许能说明本文所涉及的时期这地区自然环境的历史变化。

其一，是靖边城西北的五庄果梁遗址的地层情况。这里在半坡四期—泉护二期文化时期曾存在规模很大的村落。我们于 8 月 30 日上午到这处遗址进行了调查。我在当天日记中写着："早饭后出靖边城，空气新鲜，视野所及，蓝天白云之下，尽是沙地，沙地中长了柳树、杨树、沙柳等植物，地面上生长着相当稀疏的草，到了五庄果梁，下车见到的满是黄沙，我感到失望了，这还能找到古代居民的遗存吗？认真寻找，却在地面上除见到宋金时期的瓷片外，还可看到相当丰富的属于半坡四期—泉护二期时期的陶片。这里植林固沙工作做得很好，沙被固定了。这和我于延安地区见到的情况，实存在着较大的区别。不过，在这遗址树行之间堆积着新的带状沙丘。据发掘过这处遗址的乔建军同志告诉我，这里发现的窑洞式房屋，和深及数米的窖穴，或坐落在黄土内，或穿过黄土地面而深入于黄土之中。这说明当时此地地面尚无风沙，黄土堆积已很深厚"。

其二，9 月 1 日下午，我们离开榆林向红碱淖进发，沿途考察了属于夏时期的神木新华遗址。榆林通向红碱淖的柏油公路像一条黑色带子，系在沙漠之中，长长地飘向远方，公路两侧生长着白杨、柳树、沙柳、沙棘、沙蒿、沙米、沙芥、柠条及风滚草等植物，十分喜人，把沙漠固定下来了，不过极目远眺，见到的仍是一片黄沙。陕西省于今年发掘的新华遗址，靠近一条小河，坐落在沙漠之中。发掘的情况表明，这处遗址地处黄土，我们这次考察却在遗址的旁边发现了一处断崖，暴露出来的堆积情况是：下层及上层均为黄沙，中层色灰呈沙性，内含较多的夏时期的陶片，块大，棱角及边缘锐利，似可经认真粘对后复原成整器，此层当是原生的废弃堆积。这表明夏时期居民选择此地作为住址之前，附近已存在黄沙堆积，居住该地之时，还不断遭受流沙侵袭，致使村落被废弃，遗弃的村落又被流沙淹埋。

其三，是侯仁之、俞伟超两位先生于 1963 年深入乌兰布和考察，而于 1973 年发表的《乌兰布和沙漠的考古发现和地理环境的变迁》（刊《考古》1973 年 2 期）一文所谈到的该地地貌于汉代前后变化的情况，该文指出：乌兰布和沙漠的北部，在两千多年前，原是人民炽盛的汉朝朔方郡辖地，这里发现的三座古城废墟，就是朔方郡最西部的临戎、三封及窳浑三个县城。三城废墟已半被沙湮，彼此之间又有大沙阻绝，难以通行。据《水经注》记载，临戎县城当在黄河之东，现在发现的临戎这座废城却在黄河之西，其间相去大约5公里。根据这一线索，向临戎废墟以西的沙丘地带进行探索，在大约30公里的距离内，果然发现有已废的河道三条，相距最近的一条，应是黄河东移以前最后的一条河道。这里的黄河不仅东移，据侯、俞两位当年的考察和我们这次调查，且都见到了黄河自大青山向南挪移的踪迹。侯、俞两位的文章还说，位于窳浑县城东北的汉屠申泽，也被湮废，旧迹在茫茫沙漠之中已渺无觅处。侯、俞两位进而对调查时见到的地层剖面作了分析，并说："现在乌兰布和沙漠北部地区，很可能就是古黄河的一个冲积平原，平原上有些地方还有成片的沙碛分布，后来在上面又覆盖了厚度不等的一层类似湖相沉积的黏土，这一覆盖的黏土层，厚的地方可能有数米，浅的地方就观察所得，只有数十厘米。……在汉代开垦以前，这一带地方原是一片一望无际的大草原……到了汉代移民在这里着手垦荒的时候，水源也还相当丰沛，因此在比较安全的社会条件下，汉代垦区也就稳定地发展起来。后来可能是由于垦区的变迁，广大地区之内，田野荒芜，这种情况一再重演，就造成了非常严重的后果，因为这时地表已无任何作物的覆盖，从而大大助长了强烈的风蚀作用，终于使大面积的表土破坏，覆沙飞扬，逐渐导致了这一地区流沙的形成"。

显然，沃土变沙漠的原因，与其归之于"垦区的变迁"或垦区的荒废，还不如说成是超出对土地承受力的利用，即农垦的本身。因为农垦不仅破坏了植被，也破坏了地表上覆盖的"类似湖相沉积的黏土"，才"大大助长了强烈的风蚀作用"。两位学者当然深知沃土变沙漠的这一根本原因，在这篇文章的字里行间中也透露了这层意思，但为什么没有直面道出来，而写成这样呢？

直接的原因是当时正处在史无前例的"文化大革命"时期。作者在这篇文章的开头就写道：他看到了《人民日报》上刊登的从乌兰布和沙漠里传出的农垦捷报《沙漠里的大寨花》，"心潮澎湃，不能自已"，想起了1963年深入乌兰布和沙漠考古调查时见到的"数以百计，成群分布的古墓以及若干古城和村落的废墟，……这些古代人类活动的遗迹，对于研究乌兰布和沙漠在人类历史时期的变化，关系十分密切"。这里作者写这篇文章的动机，即通过乌兰布和沙漠在人类历史时期的变化，来探讨如何利用、开发土地的成败经验。在当时的历史条件下，作者难以直笔说出汉代的农垦是使乌兰布和由沃土变沙漠的直接原因，即使作者敢于这样写，文章也刊登不出来。看来，我们应该创造能自主、自由地思考又进行科学研究和发表科研成果的环境，这才能充分地发挥科技是第一生产力的作用。如果当时存在着能道出汉代农垦是使乌兰布和由沃土变沙漠的社会环境，而当时的领导人又能据此作出正确的决策的话，乌兰布和便开不出"沙漠里的大寨花"，乌兰布和及其周边的地理环境，就不会遭到进一步的破坏。

靖边的五庄果梁、神木的新华和乌兰布和三地，地理上呈自南而北分布，具体说来，五庄果梁位于新华的西南，乌兰布和则在新华的西北，三地恰连成一个"之"字。乌兰布和同五庄果梁及新华的地层结构有别。乌兰布和是在沙碛之上，覆盖着"类似湖相沉积的黏土"，地貌"原是一片一望无际的大草原"，汉代移民垦荒破坏了草原及其赖以生长的"类似湖相沉积的黏土"，从而"大大助长了强烈的风蚀作用"，"导致了这一地区流沙的形成"，使草原变成了沙漠。五庄果梁及新华的地质结构为黄土堆积，据两地的考古地层剖面，可以认为在夏代之前，而晚于半坡四期至泉护二期文化或偏晚时期之后，即公元前3千纪前期之后，而很可能是在客省庄文化时期偏晚阶段，即公元前3千纪后期偏后阶段，才出现沙化现象，至夏代，榆林地区沙化愈演愈烈。为何如此，是否与该地区古代居民的生业有关呢？这还需再作些分析。

三　环境与生业的变化

谈到生业的变化，由于河套地区，尤其是其中属于宁夏及其相邻的内蒙古地区的考古工作，尚未深入甚或基本上未开展起来，加之这地区的古代生业可能存在着发展不平衡的现象，故对其还难以说得十分清楚。目前可以确指的还只是河套地区的东部，且只能勾画出如下一个基本轮廓。即：自公元前第5千纪半坡文化或稍前时期的居民（如分布于岱海附近的属后岗一期文化谱系的居民），开始启动农业。不过在当时的产业结构中，采集渔猎经济和家畜饲养，尤其是前者，还占着相当大的比重。随着时间的推移，种植农业进一步发展，使该地区的西阴文化和半坡四期—泉护二期文化及其偏晚时期的诸文化繁荣起来，至客省庄文化时期，遗址数量相对较前减少，或许是种植农业的发展出现危机的表征现象。至此，这地区的文化与文明的发展进程及水平，还能和黄河腹地并驾齐驱、比个高低的话，那么，当中原的夏王朝将人们带入更高一级的文明时，正如前文已指出的那样，这地区出现了严重的沙化现象，自然环境恶化，使种植农业经济急剧地衰落下来。榆林地区夏时期遗址数量迅速减少，以及商移民未能在伊克昭盟站稳脚跟，当都是环境恶化使农业难以为继的结果。于是，自商代后期稍晚，经历西周至战国，与变化了的环境相适应，这地区先是出现了兼营农业而主营牧业的居民，后转化为纯粹的牧民。需指出的是，他们创造的文化虽自具特色，却拉大了这地区和黄河腹地及长江中、下游地区之间的经济、文化的差距，使这地区成了经济及文化的落后地区。可见，自半坡文化至客省庄文化时期这长达3000年间的垦殖农业的过度发展，是造成这地区的生业由种植农业转化为牧业的根本原因。

经历自商代后期偏后至战国时期长达800余年的荒废和牧民的经营，河套地区的自然环境得到了改善，地力有所恢复，为秦汉移民垦殖提供了客观条件，然而，由于秦汉时期过度地开发农业，如前文指出的在乌兰布和所见到的情景那样，"终于使大面积的表土破坏，覆沙飞扬，逐渐导致了这一地区流沙的形成"，河套地区出现了历史上第二次大规模的沙浸，并使一些地方变成了沙漠。

可见，对我们观察所及河套地区在这长达5000多年历史中的环境、生业、文化的关系，似可概括如下：环境适宜——农业发展、文化兴旺——环境恶化——发展牧业、文化衰退——生态恢复、环境适宜——农业发展、文化发达——环境恶化这样一个循环中，而且，随着这一循环的过程，如果以此地区和同时期黄河腹地作一比较的话，我们可以见到的只是它们之间经济、文化水平的差距是越来越扩大了。这是一个恶性的循环。以往的历史未能摆脱这一恶性循环，而是使这一恶性循环愈演愈烈。

怎样走出这一恶性循环造成的困境？80年代初期，胡耀邦同志提倡在三北地区建设防护林带、念草木经的主张，使我们在当时看到了一线希望。然而，这一主张随着这位老人的逝世被搁浅了，正如朱镕基总理最近所指出的："治理的力度还远远不够，治沙防沙的速度赶不上土地沙化蔓延的速度"。近年来，江泽民同志提出实施西部开发战略，朱镕基同志不止一次地指出：退田还林，退耕还牧，切实加强改善生态环境保护和建设，积极调整产业结构，是实施西部地区大开发的根本与关键。历史的经验说明，开发西部应是一个较长时间才能实践的事业，朱总理基于历史与现实提出的积极调整产业结构，发展西部的思路，在现代经济背景下，自然不仅是农、牧业之间的调整，是于产业方面有着更广阔的思考。这就是保护西部、包括河套地区环境，走出历史困境，繁荣其经济与文化的希望所在。

稿成于1999年12月17日上午。原刊《中国文物报》2000年6月18日第三版。

考古学——连接中国西部古今之桥

西部地区地下、地上文物十分丰富，且富特色，我们应对地下地上文物，加强以考古学为主的多学科研究，揭示文物的内在功能，营造与自然生态环境和谐的文物生态环境，在西部两大文明建设中，充分发挥文物的作用。

一 文化、族群的分化与融合及中西文化交流

中国自秦汉以来，就是一个以汉族为主的中央集权的多民族国家，至近代形成了以汉族为主的中华民族。周、秦、汉、唐的都城均设在现在的西安，政治重心在中国西部。至唐代，中国西部早已成了以汉族为主的多民族地区，它和中国东部相比，有着如下不同之处：

其一，是少数民族较多；

其二，是中西两大文明交流的前沿地带。

故西部地上，尤其是地下均保存大量的少数民族活动和中西两大文明交流的珍贵遗存。在西部开发中，我们应妥善地保护好这类遗存，还应对这类遗存通过以考古学为主的多学科的研究，揭示不同民族的交相辉映的灿烂文化及其历史定位，以及中西两大古文明交融的情景，和以汉文化为主体的中华文化形成过程。这将对于增进民族团结、稳定西部，发挥重要作用。

在史前时代，渭河流域是中国古文化和古文明的一个摇篮。中国古文化与古文明的形成与发展，是多元的，同时，前进的总趋向，又是通过融合而达到统一的。例如，在史前时代与分布于以渭河流域为中心的这一独立起源的谱系文化并立的，在黄河下游、西拉木伦河、长江中游和长江下游还存在着四大起源有别、谱系不同的文化，这五大谱系文化经夏、商时期大规模的文化碰撞与交流，尤其是西周实行的封邦建国，以藩屏周的政策，终于至西周晚期已基本融合成了华夏文化。至汉代，又以华夏文化为主，融合其他文化，终于形成了汉文化。可是，汉文化不是固定不变的纯粹的文化，以这文化为特征的汉族，正如毛泽东同志早已指出的那样，是个杂种。

同时，西部的民族史也证明，西部历史上乃至现今的一些民族的文化渊源或族源，

是与汉族同源的。例如，在史前时代，上述分布于渭水流域的这一独立起源的谱系文化，在其向东移民扩张的同时，也向甘、青、川、藏地区移民扩张，至公元前三千二三百年起，形成马家窑文化和齐家文化这两个分支文化，至夏代或商代早期，这两支以农耕为主的文化，开始向以牧业为主的文化转变，例如卡约文化。由于商周王朝注重对东南地区的争夺与开发，而疏于和西部的联系，使这两支文化出现了新的变异，最终形成为氐、羌两族。现今西部地区的许多民族的族源，均可追寻至氐、羌两族。

上述的例证说明，谱系互异的文化，能融合成一种文化，不同的族群，可以融合为一个族群。反之，同一谱系文化，也能分化为不同的文化，同一族群也可分裂为不同的族群。总之，文化以及以语言与文化界定的族群，都是一定历史时期的产物，是随着历史的进程而变化的。因此，应以动态的发展观念来认识和处置这类问题。

中国是个内陆国家，在夏代以前，中国和西方的文化与文明，没有接触，均沿着自己的道路走了过来，两者之间还隔着一个西域。在汉代的记载中，西域一名，有广狭两义。就广义说，是指我国新疆及其以西包括中亚、南亚、西亚等地；依狭义而言，则是指巴尔喀什湖以东以南和我国新疆地区。这里居住着"深目，多须髯"的居民，文化也别于华夏。源于渭河流域而被称之为马厂文化及其后裔的四坝文化，于夏朝进入哈密地区，商周时期进一步增进了中西之间的文化交往，至汉代张骞通西域，建立都护府进行管理之同时，形成了沟通中西两大文明交往的"丝绸之路"，至唐代，这条中西经济文化交往路线虽时有断阻，但总的趋势却是向前发展的。以往研究中西文化交往的中国学者，尤其是50年代以来的中国学者，多强调中国对西方的文化影响，忽视西方文明对中国社会发展所起的促进作用，认识多有偏颇。在经济文化交往中，这是一条双方都需要的能实现中西经济文化互补、促进中西两方社会发展的交通渠道。通过这条丝绸之路，中国得到了自己不能生产的产品，农业及手工业生产技术和思想层面上的文化，在此无需一一提及，只需简单地光顾一下从西方传入的驯马术、制铁术以及佛教对中国社会发展的影响，就足知西方文明对中国的作用了。

驯马术是在夏代传入中国的。最初接受这一技术的，当是四坝文化，后来传入中原。是马和驯马术的传入，才使长城地带的牧业居民，转化为游牧居民，用之作为交通工具，才能加速物质的运转和信息的迅速传递，缩短了人们的空间距离，产生了新的时间效应。没有驯马术，商朝就不会产生战车，简而言之，我们就不能见到现今考古学者手铲下的高度发展的商周文明。

制铁术的传入，当在西周后期。它的传入，使中国在传统的手工业中，增加了一个新的技术门类，促进了社会分工，进一步增进了中国社会的分化。以铁制作的武器，比青铜兵器更为锋利。同时，它才是能代替石头成为农业生产中基本工具的金属。以之用于农业生产，提高了农业生产力，方能使个体家庭成为经营农业的基本单位，它是冲击家族农村公社，乃至战国时期社会变革的第一动力。

佛教是在东汉不晚于明帝时期传入的。冯友兰在《中国哲学简史》（北京大学出版社，1996 年）中指出："佛教传入中国，是中国历史中最重大的事件之一。从它传入以后，它就是中国文化的重要因素，在宗教、哲学、文学、艺术方面有其特殊影响。"没有佛教的传入，今天我们就见不到敦煌、云岗和龙门这样的艺术珍品，中国就不会产生道教，汉代的儒学就不会发展为宋明理学，也不会于宋朝出现书院。没有书院，就不会在清朝末期学习西方教育制度时迅速地出现学校。

文化与社会的发展，既依赖于内需、内在矛盾与机制，又需相互交流与碰撞，或曰外部的刺激或外因。虽不能把后者视为文化与社会前进的主要动力，但外因与内因的位置与关系并非固定不变，一旦外来因素被输入者纳入自身体系时，就改变了它原先的位置，成了内因了。这是历史上屡见不鲜的事实。我们在上面只讲了几个例证，即使如此，亦可清楚地见到传进的西方文化的影响深远，作用与意义之重大。前面说过，驯马术的传入，是商周时期发展高度发达的青铜文明的一个重要原因，这里还需进一步指出的是，西方文化传入的积累，是产生汉唐帝国辉煌文明和使唐帝国成为当时世界最先进国家的一个重要因素。

二　生业、文化与环境

西部地区除四川盆地和渭河流域外，大部分地区，不是高原，就是高山；不是大河的上游，就是内陆河，加之沙漠纵横，雨水又少，环境相当脆弱。这是现今见到的西部地理环境。同时，开发西部，也需搞清楚西部生业、文化与环境及其关系的历史变迁，以作为当代西部开发的借鉴。然而，现今考古学对渭河流域以外的广大西部地区的文化，尤其是生业与自然环境的历史变化及三者的关系，基本上缺乏研究。这是西部开发向考古学提出的一个十分重要的课题。现以河套东部为例，作些说明。

至今的研究说明，河套地区不是新石器文化的起源地区。公元前 5000 年，移来两支外来居民，即半坡文化居民和后岗一期文化居民，开始经营锄耕农业。当时的生业结构，除种植农业外，还有渔猎和家畜饲养，尤其是渔猎还占着相当大的比重。由于半坡文化的发展及其转化为西阴文化，以及外地的西阴文化居民，又接踵迁徙而来，至公元前四五千年之交，我们在河套地区既见不到后岗一期文化踪迹，又找不到其子孙的遗存，显然，他们被半坡文化及其后裔西阴文化居民挤出了河套地区。根据靖边、宜川两县的遗址数量统计，西阴文化遗址的数量，竟是半坡文化遗址的 50 倍。从此，该地的文化转入了与黄河腹地诸文化同步发展的繁荣时期。

这个由主营农业带来的繁荣时期，大约保持了 1500 年，即经历了西阴文化和半坡四期—泉护二期文化及其偏晚时期，到公元前2500年前后，即相当于渭河流域客省庄文化时期，出现了衰退的征兆；此时期的遗址，比前时期遗址的数量，少了近三个百分点。这衰退现象发展迅速，给人的感觉非常突然。到了夏代，遗址的数量，竟只有前一时期遗址数量的四十五分之一。到商代，这一谱系文化竟不见其踪迹。

神木夏时期遗址的堆积情况，可对上述文化衰败现象作出说明。1999年，我们在这遗址调查时，于这处坐落在黄土地层的遗址旁边，在其断崖上发现暴露出来的堆积情况是：下层及上层均为黄沙，中层色灰呈沙性，内含较多的夏时期陶片。这当是原生的废弃堆积。这堆积表明，夏时期居民选择此地作住址之前，附近已存在黄沙堆积，居住该地之时，还不断遭受流沙侵袭，致使村落被废弃，遗弃的村落，又被流沙淹埋。为何出现如此情况，其中的一个重要原因，当是以往约近3000年农业的过度垦殖，导致严重沙化的结果。

上述沙化的情况，是十分严重的，不仅使原居民消失得无影无踪，也使商代前期的移民难以站稳脚跟。考古学者在河套地区发现的这时期的遗址，数量很少，规模不大。河套地区经历了700多年的荒废，才于商代后期稍晚，经历西周至战国，与该地区变化了的环境相适应，先是出现了兼营农牧业而后主营牧业的居民，再后又转化为基本纯粹的牧民。这类居民，史称之为鬼方、狄、戎或匈奴，数量不多。需指出的是，他们创造的文化虽自具特色，却拉大了该地区和黄河腹地及长江中、下游地区之间的经济、文化的差距，使这地区成了经济及文化的落后地区。但经过约近千年的土地荒芜和居民经营牧业，却使河套地区的自然环境得到了改善，地力有所恢复，为秦汉移民垦殖这块土地，提供了客观条件。然而，由于秦汉时期过度地开发农业，如考古学者考察乌兰布和沙漠所见到的情景那样，"终于使大面积的表土破坏，覆沙飞扬，逐渐导致了这一地区流沙的形成"，河套地区出现了第二次大规模的沙浸，并使一些土地变成了沙漠。

据我们所知，这里所说的河套东部地区的情况，在西北地区具有典型性。

上述河套地区在这长达约五千年中的环境、生业和文化的关系，可概括如下：环境适宜——农业发展、文化兴旺——环境恶化、土地荒芜——经营牧业、文化衰退——生态恢复、环境适宜——农业发展、文化发达——环境恶化这样一个循环中。而且，随着这一循环过程，如果以此地区和同时期黄河腹地作一比较的话，我们可以见到的只是它们之间经济、文化水平的差距越来越扩大了。这是一个恶性循环。以往的历史未能摆脱这一恶性循环，而是使这一恶性循环愈演愈烈。这是当今西部开发必须面对的问题。

三　文物保护与利用的思考

治理、改善西部环境和人民脱贫致富，是开发西部的出发点，是追求的目标，是检验西部开发的试金石。土地沙漠化，不仅是一个重大的生态环境问题，也是一个非常严峻的经济与社会可否持续发展的问题，我国沙漠及沙漠化土地面积，占国有面积的16.7％。当前，沙漠化土地面积正以年速2460平方公里扩展，而且，还存在加速扩大的趋势。今年沙尘暴时间提前，次数增多，频率加快，时间拉长，已使我们再一次感受到西部环境恶化的严重性了。污染水、工业、化肥、农药和水土流失造成的环境恶化也相当严重，黄河断流，长江已见不到清水，快成"黄河"了，再让环境恶化，不仅影响现代化进程，进一步降低人民生活质量，甚至危害人民的生存，西部人民不能以牺牲环境为代价来脱贫致富。朱镕基同志近年来一再指出：退田还林还草，减少载牧，围栏封育，切实加强生态环境的保护和建设，积极调整产业结构，是实施西部开发的根本与关键。同时，我们想指出的是，以往的历史经验证明，开发西部，既不能求快，又不能贪大，所谓"欲速则不达"，应在市场经济原则和国家实行宏观调控相结合的情况下进行，不宜建大城市，多建中、小城市，要实现城市园林化，居民点城镇化，再造山川秀美，让人民生活既富裕，又有包含文化品味和享受美好环境的生活质量。朱总理基于历史与现实提出的积极调整产业结构，发展西部的思路，在现代经济背景下，自然不仅是农、牧业之间的调整，是在现今科技发展基础上有着更广阔的更为深入的思考。这是走出历史困境，治理、改善西部环境，繁荣其经济与文化，提高人民生活质量的希望所在。

保护好西部地下、地上文物，加强文物景点的建设，推进文物旅游事业的健康发展，必将促进西部环境的保护、治理和改善，是再造西部美好山川的必需，必将有益于西部经济的起飞，人民必将脱贫致富，进而提高自身的生活质量，必将推进西部的社会发展和精神文明建设。在西部开发中，应将文物保护和文物景点建设纳入退耕还林还草的规划，纳入经济和社会发展计划，纳入城乡建设规划，纳入财政预算，同时，应将文物旅游事业纳入调整产业结构，纳入经济和社会发展计划，在系统、科学的规划指导和全局观念制约下，做好这方面的工作。为此，我提出如下两点建议：

（1）在西北地区建设长城地带和"丝绸之路"这两条旅游线，有关地区应以此为经线，根据自身历史文化实际形成纬线，使西北地区形成既有联系又相对独立、互具特色的旅游网络。

（2）西南地区可开发巴、蜀、滇和夜郎为主的历史文化与现代少数民族风情相结合的旅游网络。

西北、西南自公元前3000年初期前后始，就存在密切的经济、文化的联系，它们中的某些地区，甚至分布着同一考古学文化或同一族群，所以，这两区的旅游网络应紧密联结起来，以反映它们之间本来存在的文化联系，形成整体。市场经济，切忌地方保护主义割据。旅游更是如此，只有全面开放，才能使各地依据自身历史文化特色形成具有个性的文物景点，才能营造文物旅游路线的整体优势。

既然是文物旅游，就必须遵循文物自身规律。文物工作，无非是保护、利用四字。利用的形式多种多样，既有层面之分，又有层次之别，例如研究、著书、写文章和展示等等。展示有不同形式，如不同形式的博物馆和这里谈的文物旅游景点等等。本文讨论的利用，暂限定为文物旅游景点这个方面。文物不能再生，所以，应让文物尽可能延长寿命，使之万世长存。文物保护不了，何谈文物利用，故相对于保护来说，利用应处于第二位。如何利用和怎样利用，既取决于文物自身性能，同时也应取决于和服从于文物保护，并需接受保护的检验和制约。只有这样，才能形成文物保护与利用的良性循环，才能持续地发挥文物的作用，才能持续地发展文物事业，也只有这样，才能推进文物旅游持续发展。

同时，也应指出，只有通过利用，才能显现文物的内在功能，发挥文物的作用，即其社会和经济的效益。所以，我们应在"有效保护"的前提下，积极开展文物的利用。基于这个道理，我才在此提出建设西部地区文物旅游网络的建议。

为了实现这个建议，还需有相应的措施。对此，我的意见是：

（1）国家文物局应在文化部领导之下，主导全局，统筹规划，协调有关地区的工作。

（2）应在基本搞清楚西部地区文物底数的前提下，着力探讨如下诸问题：考古学文化区系类型及其相互关系；中西两大文明的碰撞与交融；华夏——汉文化在西部诸文化中的作用和不同时代的生业、产业、文化与环境的关系。为此，应组织力量，积极开展以考古学为主的多学科参与的研究工作。同时，成立由资深专家组成的西部地区文物考古工作咨询委员会。

（3）建议国务院每年下拨相当数量的资金，作为专款。此项专款应实行国际通行的基金管理体制管理。

这是应邀参加文化部 2000 年在青海西宁召开的西部文化工作座谈会大会上的发言。原载《北方文物》2001 年 4 期，《新华文摘》2002 年 2 期全文转载。

古国文明灿烂辉煌

——宿白、张忠培谈九六中国十大考古新发现

　　笔者：每年的考古"十大发现"是如何评选出来的呢？评选活动的权威性如何？评选的十大发现需要具备哪些条件？

　　张忠培教授（以下简称"张"）：评选十大考古新发现活动始于 1990 年底。国家文物局委托《中国文物报》社于每年初邀请部分著名考古学家评选上一年度的十项考古新发现，并于 1991 年初正式评选出 1990 年及"八五"期间（1986～1990 年）的各十项重大考古新发现。此后，这项工作一直延续下来，影响也日渐深远，并逐渐成为中国文物考古事业发展中的一件盛事。

　　历次评选委员会的阵容十分强大，几乎囊括从旧石器时代至宋元各个方面的有代表性的著名考古学家，其中有中国考古学会理事长苏秉琦、副理事长宿白、徐苹芳、黄景略，以及邹衡、俞伟超、严文明、卢兆荫、吕遵谔、张森水、徐光冀、李伯谦等一批考古学会常务理事和理事。专家们不仅在考古学研究方面具有很高的造诣，有的还曾多次赴发掘现场参与指导、检查，对全国的考古发掘情况较为熟悉。

　　每年十大考古新发现的评选，事先要由组织者经初步筛选后提出几十项考古发现为候选名单，再经专家们集中讨论，逐项评议，对争议较大的则采用投票表决的方式最后确定。可以说，评选程序相当严格，因而将评选结果作为该年度考古成果的突出代表并不为过。

　　今年年初举行的评选会也严格执行以往的评选办法，首先由组织者从全国各地申报的考古发掘项目中遴选出三十项作为候选名单，并将评选材料提前一周时间交付各位出席评选会的专家参考。专家们在会上对这些候选项目逐项进行认真评议，还请部分专家按时代分别介绍、评述该时代诸发掘项目的成果及价值等情况，然后将大家一致同意的项目和有争议的项目分别筛选出来，最后再对有争议的项目进行投票表决。此次评选由于分歧较大，赞成票数较为分散，新石器时代的孟津妯娌遗址和商周时期的平顶山应国贵族墓地竟然经三次投票才得以脱颖而出。从这些可以看出，整个评选活动是极为严肃和认真的，科学性和有效性是不容置疑的。

笔者：从 1990 年至今，评选全国十大考古新发现的活动已历七届。那么 1996 年的十大发现与以往各年度的十大发现相比有何特点呢？

张：1996 年，中国考古工作取得大丰收，故参加评选的项目具有数量多、质量高两大特点。囿于十项的限制，每年获得十大发现殊荣的考古新发现的质量是不等同的。1996 年十大发现个个价值十分重大，就是一些落选的项目按照以往的标准，也足以位列十大之列，如经投票表决而落选的湖南澧县八十垱遗址和浙江嘉兴市南河浜遗址，一处是 8000 年前的聚落址，发现中国目前所知数量最为丰富、品种多样的早期水稻实物，对研究中国稻作农业起源有极为重要的意义；一处发现 6000 年前的崧泽文化人工堆筑的祭台，揭露出完整的墓地，对探索高度发达的良渚文化祭祀现象的起源有难得价值。不夸张地说，它们若在前些年完全可以列入十大发现，故而在评选会开始后，我首先就向会议主持人提出建议，要求将 1996 年的评选分三档进行，即将长沙三国吴纪年简牍称作"世纪发现"，而后是"十大发现"和"重大发现提名荣誉奖"。

此外，1996 年十大发现还具有文化年代全、地域分布广的特点。从时代上看，其中包括旧石器时代一项，新石器时代两项，商周时期一项，秦汉时期一项，三国至宋元时期五项。从分布地域上看，既有中华文明发生和发展的中心区，也有当时所谓的边远地区，更包括两个历史上的少数民族政权——鲜卑和吐蕃的遗存。可以说，这些都表明中国考古学在纵、横两个方面都取得重大成果。

考古新篇章——丰都烟墩堡旧石器时代遗址

笔者：包括"鬼城"丰都在内的广大地区，由于三峡工程的兴建将不得不永沉水底。为抢救保护淹没区的古文化遗产，近年来，考古工作者开展了大规模的抢救发掘工作，获得一系列重要发现，使三峡地区古文化的神秘面纱逐渐被揭开。去年由中国科学院古脊椎动物与古人类研究所发掘的四川丰都县烟墩堡旧石器时代遗址被评为十大发现，它对复原三峡地区古文化的面貌有何价值？

张：三峡地区是中华民族形成和发展的重要地区之一，在中华文明发展史上具有特殊的地位，如这里地处南北方交界地带，对研究中国南北方旧石器文化的交流有特别重要的意义；历史上著名的巴人即起源、形成和消亡在这里，为解开巴人之谜、巴楚之谜等历史谜团均有赖于在此开展大规模的考古发掘和研究。由于自然条件较为恶劣等多方面原因，三峡地区以往的考古发掘几近空白。1993 年底至 1994 年 7 月，国家文物局为制定三峡地区的文物保护规划，组织全国三十家科研单位和大学的几百位专业人士深入三峡地区开展大规模的考古调查、勘探与试掘，基本摸清了三峡地区地下文物的家底，为配合三峡工程制定文物保护规划提供了科学依据，并随后制定出文物保护规划。这个规划尚待有关部门批准。因此，配合三峡工程的文物保护工作尚未正式开始，哪来的"大规模的抢救性发掘工作"？

丰都烟墩堡遗址的发掘是在经费相当困难的条件下进行的，1995 和 1996 两年共揭露遗址面积达 800 余平方米，清理出 1 万余件标本，其中石制品达 1200 余件，数量较多，且多为石片石器，这与中国南方所知的大型砾石石器的工艺传统迥然不同，可能代表一种新的旧石器文化。难得的是，从部分石制品可拼合来看，遗址基本上属原地埋藏，为复原当时人的生活提供了珍贵资料。这一发现丰富了人们对中国旧石器时代文化的认识，对解释三峡地区古文化的形成与发展也有一定的意义。

烟墩堡遗址的发掘再次向人们展示出三峡地区考古的迷人前景，表明三峡工程淹没区的抢救性考古发掘工作必须做好，只有这样，才能上无愧于祖先，下无愧于子孙。较如火如荼的三峡工程建设而言，目前配合工程建设而开展的考古工作相对滞后，希望有关方面能共同努力，早日批准三峡地区的文物保护规划，加紧实施抢救性考古发掘等一系列文物保护措施，使祖国宝贵的文化遗产的损失降到最低限度。

入选在意料之外——孟津妯娌遗址

笔者：应该说，由河南省洛阳市文物工作队等发掘的孟津县妯娌新石器时代聚落遗址，能够入选全国十大考古新发现多少有些出乎人们的意料之外。孟津所在的嵩洛地区，是中国考古工作开展较早、史前时期文化面貌较为清晰的地区，不知这一史前遗址的发现有何特别之处？对已取得相当成果的仰韶文化研究有何补充和发展？

张：确切地说，妯娌遗址应属于仰韶时代秦王寨文化，或称之为仰韶文化秦王寨类型。其重要性在于它揭示出一个完整的墓地和一个布局较为清晰的聚落址，这在黄河中游地区仰韶时代遗存中尚属首次。经发掘可知，遗址由居住区、制造石器的工场及仓窖区、墓葬区等部分组成，各部分自成单元，其中墓葬区位于遗址南部，墓葬分布比较密集，清理出的墓葬 56 座，在墓室规模、随葬品丰厚程度等方面都存在一定差别，以男性墓穴居尊，最大的一座墓室长 5 米余，宽约 4 米，是中国已知史前时期规模最大的墓葬。

妯娌遗址的规模远逊于邻近的同一时期的郑州西山、大河村等遗址，这表明当时嵩洛地区的仰韶时代秦王寨文化已出现级差，诚如后世城乡分化，出现了中心聚落与非中心聚落的差别。同时，就是这么小的一个遗址，竟然也出现等级差异，有的墓葬甚至还用了石璧、穿孔石钺等"礼器"，透过这些现象，我们可以看出当时社会正发生剧烈的变革，从一个侧面看到文明形成之初的情景。

长江文明之光——成都史前古城址群

笔者：去年成都市文物考古工作队一下子在四川地区发现新津县宝墩古城、都江堰市芒城、温江县鱼凫城、郫县古城、崇州环河古城五座古城，着实令人为之震惊。有的日本学者认为其中的新津县龙马乡宝墩古城（他们称"龙马古城"）是 5000 年前的中国古代都市国家遗址，比目前所知的黄河文明早上千年，它将与美索不达米亚、埃及等并列为世界都市文明的发祥地之一。不知您是如何评价这一发现的？

张：这五座城址大小不等，形状各异，其中宝墩古城面积最大，呈长方形，面积达60 万平方米；芒城古城面积最小，作不规则的长方形，面积约 12 万平方米；鱼凫城和环河古城形状特殊，前者作不规则的五边形，面积约 32 万平方米，而 1996 年 10 月发现的环河古城分内外两重，面积约 15 万平方米。从出土遗迹、遗物及城址本身的建筑技术分析，这五座城均属于史前时朝，年代均在公元前 2000 年以前，但相互间还存在年代上的差异，按我个人的认识，有的城可能早至公元前两千八九百年前后。即约当屈家岭文化时期。这五座古城是继 1986 年广汉市三星堆两座商周窖藏坑发现十年后四川地区最重大的考古发现，对复原四川地区史前文化面貌有难得的价值。它的意义在于：一是表明成都平原的史前研究出现了新的转机；一是这五座城的存在，是当地史前史进入新阶段的标志，说明成都平原其时的发展水平并不落后于中国其他广大地区，将使人们认识到三星堆文化的出现绝不是偶然的。至于日本学者说宝墩古城比目前所知的黄河文明早上千年，则不是事实。

笔者：张教授，近年来您提出公元前三千二三百年分布于黄河、长江中下游和燕山南北及西辽河流域的原始居民已进入文明时代的门槛。此次成都平原这五座城址的发现，是否可以说明当时长江上游地区在此时也进入了文明时代？

张：城是文明的重要标志之一，史前聚落址周围以夯土城墙围护起来，这是社会发展到一定阶段的需要，而筑城事先要有所规划、需要花费相当大的人力和物力才能完成，表明当地已出现剩余劳动，人们已不再整天为填饱肚子而四处奔波。特别是宝墩古城南北长 1000 米，东西宽 600 米，历经 4000 多年的风雨之后地面残存最高处仍达 5米，可以想见这一古城建成之初该具有何等的气势，所需人力和物力之大也是可以想见的。但仅通过这五座古城的发现就说明当时成都平原地区已进入文明时代，目前还为时尚早，需要做大量的考古工作才能作出判断，如弄清城内布局，揭露与城相关的墓地，进而分析当时是否已出现等级差异、社会分化等内容。这并非否定这五座古城发现的意义，恰恰是这五座古城的发现，为人们认识长江上游地区文明的起源与形成提供了重要的线索。

揭开应国的面纱——平顶山应国墓地

笔者：应国是西周姬姓封国，是周王朝在南方的重要屏障，春秋早期为楚国所灭。这个周代小邦在浩瀚的中国古代典籍中只有几行简单的记述。1986 年以来，河南省文物考古研究所等对位于河南平顶山市新华区北滍村滍阳岭上的应国贵族墓地进行了为期十年的发掘，清理应国贵族墓 42 座，获得青铜器、玉器、石器等类文物 4000 余件，让人们得以重新系统了解应国的文化面貌。

张：确实，平顶山应国贵族墓地是继河南三门峡市上村岭虢国墓地、山西曲沃县曲村镇北赵村晋侯墓地等之后发掘的又一完整的周代封国的贵族墓地，丰富了人们对周代分封历史的认识。这些考古发现一再说明，似乎再难以用奴隶制说来图解西周的历史了。这批墓葬时代涉及西周及春秋早期，它们沿滍阳岭自南向北分布，包括应侯、应伯等人的墓葬在内的大墓周围分布一些小墓，时代早晚衔接，具有"族坟墓"的特征，有助于人们探讨当时的礼制。墓葬中出土的 4000 余件随葬品，数量丰富，种类繁多，对研究当时的青铜、玉石等类工艺有一定价值。

特别值得指出的是，出土的许多青铜礼器上还铸有标示"应侯"等字样的铭文，有的根据铭文则可判定它们为当时邓、申等邦国的铜器，由于与应联姻等原因而被带到应国，这为人们研究应国历史及西周历史提供了第一手资料。

低级别西汉诸侯王墓实例——长清济北王陵

笔者：1949 年以来，汉代考古取得一系列令人瞩目的成就，河北满城县中山靖王刘胜墓、湖南长沙市马王堆墓群等发掘成果曾轰动海内外。近年来，大型汉墓的发掘依然持续不断，成绩斐然，河南永城县梁王陵、江苏徐州市狮子山楚王陵等均属难得的发现。去年，山东省文物局、山东大学等又发掘了位于山东长清县归德镇双乳山的西汉济北王陵，不知这一发掘较其他汉诸侯王墓有何特别之处？

宿白教授（以下简称"宿"）：长清济北王陵的价值，在于它未被盗扰，保存相当完整，且墓主人级别较已知的梁王、楚王等西汉诸侯王略低，为人们提供了了解汉代诸侯分封制度的又一系统资料。据《史记》等记载，西汉济北国始封于汉文帝前元二年（公元前 179 年），是文帝分原齐国而成的七国之一，其国力、国势远逊于当时的梁、楚等国，是级别较低的诸侯国。尽管如此，这座济北王陵的规模仍相当可观，它凿石为藏，总长 85 米，总深 22 米，凿石量近 9000 立方米，规模宏大，工程量惊人。墓葬由墓道和内外墓室组成，墓道与墓室交界处的两侧各设一段象征阙门的石壁，较为特殊；

墓室内设两椁三棺，其中椁室还分内藏椁与外藏椁。墓主人的殓葬方式与以往发现的汉代诸侯王多以玉衣殓葬的习俗不同，未用玉衣，而是面部覆盖由象征额、颐、腮、颊、颌、耳等的玉片组成的一套玉覆面，头枕由九件玉片、三件玉板、两件玉虎头饰及竹板组合而成的玉枕，这些表明它可能代表下玉衣一等的汉诸侯王的一种葬制。

墓中随葬品计有铜器、玉器、漆器、铁器、陶器、金饼、车马器具等 2000 余件，数量较为丰富，类别较为齐全。除玉覆面和玉枕外，以五辆结构各不相同的马车的发现最为重要。这五辆马车中大车三辆，小车两辆，其中一辆独辕的大车，车马器具皆鎏金，装饰豪华，与《续汉书·舆服志》所记载的"王车"相吻合。此外，墓中随葬的20 件金饼也较为特殊，其数量和重量为以往所发现的西汉诸侯王墓所罕见。这二十枚金饼重约 4200 余克，其中十九枚较大，一枚较小，上面多刻有"王"、"齐"及"齐王"刻铭。

通过墓中出土的汉武帝时期的五铢钱及其他文物分析，这座济北王陵应葬于西汉武帝时期。而葬于武帝时期的济北王计有两位，一位为刘胡，一位是最后一代济北王刘宽，有的学者认为这座诸侯王陵的墓主人可能为后者。

世纪性惊人发现——长沙三国吴纪年简牍

笔者：湖南长沙市文物工作队在长沙走马楼 22 号井内清理出的三国吴纪年简牍，可算是去年最为轰动的考古发掘成果，部分学者将其称作本世纪最重要的考古发现之一。不知这批简牍与以往发现的居延汉简、敦煌汉简等有何区别？价值主要体现在哪些方面？

宿：这批简牍虽未经全面整理，具体数目不详，但最保守的估计也要达 10 万枚，超过以往中国所发现的简牍的总和。它们包括竹简、木简、木牍、封检和标识签牌等，涉及券书、司法文书、长沙郡所属人名民簿、名刺和官刺、账簿等多方面，内容十分丰富。通过部分简牍上的墨书纪年分析，它们应是吴嘉禾元年至六年（公元 232～238年）长沙郡的部分档案。嘉禾年间正是东吴孙权政权最为兴盛的时期，包括长沙郡在内的荆州已为吴所占据，这其中的佃田租税券书、户籍、账簿等简牍，真实而详细地记录了当时的现实生活、经济关系及社会交往等内容，为研究东吴政治、经济、军事、租税、户籍、司法、职官等方面的制度提供了难得的第一手资料。而以往出土的居延汉简、敦煌汉简虽数量亦达上万枚，但多反映屯戍、来往书信等方面内容，不若这批简牍系统、完整。

三国及其后的两晋南北朝是中国历史上一个非常重要的时期，不少学者力主这一时期是中国封建社会的开始，即形成所谓的"魏晋封建说"。自本世纪二三十年代以来，魏晋封建说与西周封建说、战国封建说一直并峙于史学界，期间虽因某种特殊的原因，战国封建说曾被各类教科书广为引用，魏晋封建说略显颓态，但近年来它又开始广受重视，支持者日众。然而，由于缺乏充分的直接史料（即当时人所书的文献资料），探讨中国古史分期的学者们大都仅根据后世编修、内容简单的一些典籍加以分析，对一些问题的理解难免出现这样或那样的偏差，故而长期以来论争不休，难成定论。就魏晋南北朝时期而言，目前所掌握的直接史料仅为新疆吐鲁番、甘肃敦煌等地出土的少量十六国及南北朝时期的文献资料，而三国时期的魏、蜀、吴三国尚未发现任何片纸只字；流传下来的西晋陈寿所撰《三国志》内容十分简单，仅具纪传而无志表，虽经后世增补，仍难以完备。这次长沙一次发现这么多文献资料，大大增补了史料之阙，将有力地推动三国时期政治制度、社会关系、经济关系、赋税制度等方面的研究，也预示着沉寂相当一段时日的中国古史分期问题有望取得突破性进展。

东北考古大突破——喇嘛洞鲜卑贵族墓地

　　笔者：1993 年以来由辽宁省文物考古研究所连续发掘的北票市南八家乡四家坂村喇嘛洞鲜卑贵族墓地，被认为是近年来东北地区考古工作中最重要的发现之一。这一发现在揭示东北地区历史面貌方面有何具体意义？

　　宿：鲜卑是中国历史上十分重要的少数民族，魏晋以后纵横中国北方数百年，是"五胡乱华"的重要角色，曾在华北、东北等地相继建立北魏、前燕、后燕、北燕、西燕等的政权。但是，就是这样一个影响力相当广泛的民族，以往寻找、确定族属鲜明的鲜卑墓葬却十分困难，更别提完整的墓群了。这次在北票喇嘛洞发现的包括 37 座墓葬的鲜卑贵族墓地，在历史上尚属首次，为人们判别鲜卑遗存提供了明确的标尺。

　　此次清理墓地中的 22 座墓葬，皆属 3 世纪末到 4 世纪的鲜卑遗存。根据墓圹的大小、随葬品的多寡，它们可分大、中、小三种类型，但皆为长方形竖穴木棺墓，填土中放置陶器，棺内摆放随葬品，展现出鲜卑民族的独特葬俗。随葬品可分铜、铁、金、银、陶等多种类别，其中铜鹿形器、铜面罩、铁掌形器、铁环形器等属首次发现，形制特殊，显现鲜卑民族的文化特色。出土的铁器以镰、犁铧、犁镜、镬、凿、雷等一批农具最为重要，表明当时鲜卑民族已由游牧向农耕转变，有助于人们揭示鲜卑民族的社会发展进程。

　　同时，也由于鲜卑所处的东、北与高句丽等少数民族毗邻的特殊地理位置，喇嘛洞墓地的发掘对研究当时鲜卑与其他民族的关系，以及中原地区向东北地区甚至朝鲜半岛和日本的文化传播也有一定的价值。据史料记载，高句丽的佛教是由内地传入的，但必须经过鲜卑；朝鲜半岛的农耕、马具等也是从鲜卑传入或受鲜卑的影响而普及的。喇嘛洞墓地的发掘，为这些问题的探讨提供了契机，其中 17 号墓出土的一套由头盔、铁甲及马具等组成的甲骑具装（十六国时期流行的骑兵装备），是中国已知时代最早的甲骑具装实物之一，较朝鲜半岛和日本出土者早一百余年，证实朝鲜半岛和日本出土的甲骑具装是在鲜卑甲骑具装的影响下产生的。

张：长期以来，我们在东北地区考古学研究中存在一定的偏误，即认为高句丽是东北地区最早的由中国当地少数民族建立的国家。其实，东北地区特别是辽西地区的文明进程起步很早且独自形成系列：早在新石器时代的红山文化晚期即已迈入文明社会的门槛，夏以来这里先后活跃着夏家店下层文化、夏家店上层文化的先民，至春秋、战国早期，更创造出相当繁盛的文明；燕及其后的秦汉王朝，已将东北地区的相当一部分纳入了自己的版图，鲜卑与高句丽均是魏晋时期东北地区深受汉文化影响的重要少数民族，通过喇嘛洞墓地的发现，可知当时鲜卑的社会发展水平，中原地区文化向高句丽的传播要通过鲜卑这一环节。

佛像大发现——青州龙兴寺佛教造像窖藏

笔者：今天的青州，虽然是山东半岛一座普普通通的城市，但在历史上却颇负盛名。它不仅长期是山东地区政治、经济、文化的中心，而且还是著名的佛教中心，西晋以来，这里广建寺院，开凿石窟，雕塑佛像，目前城南的驼山、云门山尚遗留一批石窟造像，香港、台湾等地市场上也多见青州一带雕凿的佛像。去年 10 月，青州市博物馆发掘的青州龙兴寺佛教造像窖藏出土有北魏至北宋时期的二百余件佛教造像，可以称作这一时期青州佛教艺术的集中代表。请您对这一窖藏在佛教考古研究上的意义予以评价。

宿：青州龙兴寺佛教造像窖藏的发现是中国佛教艺术的一次集中发现，单就数量而言，仅次于本世纪 50 年代河北曲阳县修德寺窖藏造像群。龙兴寺窖藏中出土的佛教造像以北齐时期青州本地雕凿的优质石灰石像为最多，表现佛、菩萨、弟子、罗汉、飞天、供养人等诸多题材，包括造像碑、单体造像等类型，大都形体较大，有的造像碑甚至高达 3 米，并且大体保存完整，具有较高的艺术水平，这些为多小型造像的曲阳修德寺窖藏所难以比拟。

龙兴寺窖藏出土的石造像采用浮雕、透雕、线刻等多种技法雕刻，大都雕琢精细，线条流畅，造型生动，颇为精彩。但最为难得的还属一批北朝时期彩绘和贴金装饰的石造像的发现。中国早期的石佛像皆施彩绘、贴金，达到一种金碧辉煌的艺术效果，但岁月的流逝，使这些外表装饰已脱落殆尽，人们只能在甘肃敦煌莫高窟等地石窟中保留的部分塑绘上窥见其昔日风采。而此次出土的北朝时期石造像上的彩绘和贴金装饰，绝大多数竟能突破时空局限，至今大体完好，令人惊叹。彩绘以朱砂、宝蓝、孔雀绿、赭石等矿物颜料为材，描饰供养人、僧侣等形象，有的甚至表现人物故事，为以往所不见，而且它们本身即为精彩的北朝时期绘画作品，在中国绘画史研究上应占有相当的地位。贴金主要施用于佛像皮肤裸露部分及菩萨、供养人、飞天等的部分装饰件，有的至今完整，亦颇为难得。

还需说明的是，龙兴寺窖藏引出的龙兴寺遗址的发现也十分重要。约建于北魏时期的龙兴寺，是一座延续千年之久的古刹名寺，至明代初年才遭毁弃。由于这里在明初即成为德王府的花园，此后又一直被辟为农田，使寺院基址难得完整地保存下来。经勘探得知，寺院南北长200米，东西宽150米，作东西三院布局，南北三路，其中中路和东路均为佛殿，西路为僧房，尚保持宋以前中国早期寺院的布局特点。千百年来不断的大兴土木及一连串的天灾人祸，昔日"天下万寺"的局面早已不存在，中国早期寺院遗址不仅存世寥寥，而且大都面目全非。龙兴寺遗址为中国已知唯一保存完整的早期寺院遗址，对它的大规模发掘，将使人们有望系统领略中国早期佛教寺院的风貌。

丝绸之路繁荣的见证——都兰吐蕃墓群

笔者：位于青海都兰县热水乡、夏日哈乡一带的吐蕃统治下的吐谷浑人的墓群，经青海省文物考古研究所十多年的发掘，目前已告一段落，成果是多方面的。墓地的主人吐谷浑人对今人而言十分陌生，它是怎样一个民族？对它的墓地的发掘有何意义？

宿：都兰吐蕃墓群与辽宁北票市喇嘛洞鲜卑贵族墓地的发掘一样，均为研究中国古代少数民族的文化提供了难得的第一手资料。吐谷浑原为鲜卑的一支，4世纪初，首领吐谷浑率所部西迁甘肃、青海地区，并征服群羌，建立自己的国家。唐代以后，吐谷浑部族开始内迁，几经迁徙，逐渐融入中华民族大家庭中。严格说来，分布甘青地区的早期吐谷浑人的成分较为复杂，统治者为鲜卑人，普通民众多为当地的原始部族。包括近千座墓葬在内的都兰墓群主要是唐代吐蕃统治下的吐谷浑人的遗存。目前已清理的60座墓葬，均倚山面河，几座或几十座集中分布在一起，一座大墓周围往往散布多座小墓；墓室分单室、双室和多室等几种形式；葬式多为屈肢葬，另有一定数量的二次扰乱葬；墓室内或葬一人，或葬男女二人，或合葬三人。其中的热水乡血渭一号墓的陪葬遗迹占地面积达1500平方米，由27个圆坑和五条陪葬沟组成，内殉87匹马及牛、狗等一批动物。这些葬俗均为以往所不见，对其进行认真研究，既有助于了解以往知之甚少的吐谷浑和吐蕃的埋葬习俗，也可望为人们提供了解西北地区古代民族构成及发展进程的一把金钥匙。

笔者：这60座墓葬出土丝织品、金银器、漆器、木器、皮革制品、石器、陶器等类文物 2500 余件，其中丝织品的发现更是十分难得。目前丝织物共发现 350 余片，品种庞杂，是否表明这里曾是东西方文化交汇的地方？

宿：确实，这次出土的丝织品不仅数量多、种类杂，而且保存较好，至今仍色彩鲜艳，是七八世纪中国丝织品最集中、最重要的发现之一。据研究，出土的丝织品可分 130 余种，其中 18 种为中亚、西亚地区织造的，其余则为中原地区产品。在西方丝织品中，以粟特锦数量最多，另有少量波斯锦，具有鲜明的异域风格。中原地区丝织品包括锦、绫、罗、绢、纱、绸、绗等，花纹式样繁复，风格多样，对研究当时的织造工艺有难得的价值。

不仅仅是丝织品展现出东西方文化交融的面貌，其他类文物也具有这一特点。这些并不奇怪，是与这里所处的独特的地理位置分不开的。都兰正好处在丝绸之路交通要道上，是经青海湖南岸去往中亚和西亚的必经之地。都兰墓群中出土这些品类丰富、数量繁多的东西方文物，充分反映出当时丝绸之路的繁荣状况。

南宋石雕精华——华蓥南宋安丙家族墓

笔者：去年由四川省文物考古研究所发掘的四川华蓥市南宋安丙家族墓，以墓室石刻最为著名。有的学者甚至认为安丙墓石刻比著名的大足石刻还要精美，那么，它的艺术性具体表现在何处？

宿：其实，安丙家族墓的发掘成果并非仅仅体现在其墓室内的石刻上，首先是安丙其人在南宋历史上极为重要。南宋时期四川地区抗金、抗元均是当时的大事，而安丙在诛杀叛将吴曦后，曾任四川宣抚使等要职，是南宋开禧和嘉定年间陕南、甘南、川北等地抗金的实际统帅，为保证南宋王朝北部边界的安定立下汗马功劳。他死时被赠少师，并谥"忠定"，地位十分显赫，此次发掘安丙及其家族的墓葬五座，特别是又发现了长达 5000 余字的安丙的墓志，可与《宋史·安丙传》相印证，是研究安丙其人及南宋这段时期军事历史的珍贵实物资料。

这五座墓葬从南向北依次分布于华蓥市双河镇昭勋村的晶然山腰，皆为券顶石室墓，墓室内均深浮雕大量人物、花卉及动物图案，其中安丙及其夫人李氏的墓葬以巨石仿造房屋建成，进深三进，从墓门向内分别以高浮雕技法雕刻力士、青龙及白虎、官吏与乐伎及花卉形象，雕刻手法高超，形象生动，气势恢宏，颇具匠心，其间还穿插以反映"童子启门"及侍女形象等内容的壁画，格外华美绚丽，它们是川贵地区目前所知雕刻最复杂、工艺水平最高的石雕墓，对揭示南宋时期四川地区的工艺及经济、文化等许多方面都有重要价值。

此外，安丙墓和李氏夫人墓两墓并列，墓道前有统一规划而筑成的祭台、水沟、柱础等地面建筑遗迹，其中发现的 8 个柱础作三开一进布局，按照安丙生平的地位，它很可能是牌坊的遗存。祭台及水沟部分还发现 8 个圆雕的石翁仲。这些也都为人们了解宋代丧葬习俗提供了新材料。

原刊于香港《明报月刊》1997 年 5 月号。